ALLENSBACHER JAHRBUCH DER DEMOSKOPIE 1978–1983

Band VIII

Herausgegeben von

Elisabeth Noelle-Neumann

und

Edgar Piel

K · G · Saur

München · New York · London · Paris 1983

Redaktion: Erna-Luise Begus und Edgar Piel
Graphik: Uta Müller

CIP-Kurztitelaufnahme der Deutschen Bibliothek

Allensbacher Jahrbuch der Demoskopie ...
– München ; New York ; London ; Paris : Saur
Erscheint unregelmäßig. – Früher im Verl.
Molden, Wien, München, Zürich, Innsbruck

Bd. 8. 1978/83 (1983) –

Fotosatz: Schwetzinger Verlagsdruckerei, 6830 Schwetzingen
Druck/Binden: Druckerei Pustet, Regensburg

ISBN 3-598-20710-7

INHALT

EINLEITUNG

Elisabeth Noelle-Neumann: Vorbemerkung   IX
Elisabeth Noelle-Neumann: Selbstbeherrschung – Kein Thema   XI
Edgar Piel: Die Flucht ins Private   XIX
Edgar Piel: Langeweile. Ein Schicksal?   XXXI
Erläuterungen   XLVII
Verzeichnis der Querschnitte   LI

Kapitel I:

DIE DEUTSCHEN   1

A. Gesellschaftliche Daten   3
B. Selbstbild – Menschenbild – Weltbild   7
C. Wissen – Kenntnisse – Fähigkeiten   26
D. Wohnen   38
E. Essen – Trinken – Rauchen   50
F. Sitten – Bräuche – Gewohnheiten   56
G. Freizeit – Reisen – Sport   63

Kapitel II:

SOZIALES LEBEN   75

A. Mitmenschen – Nachbarschaft   77
B. Liebe – Ehe – Familie   84
C. Jugend   100
D. Alter   109
E. Religion und Kirche   117
    1. Glaubensinhalte   117
    2. Die Kirchen   125
    3. Der Papst   130
    4. Reformation – Martin Luther   132
    5. Jugend und Kirche   134
F. Bildung und Ausbildung   141
    1. Schule   141
    2. Berufsausbildung   144
    3. Universität   150

G. Gesundheit und Gesundheitswesen 163
H. Wohlfahrtsverbände 173
I. Das Ausländerproblem 175

Kapitel III:

STAAT UND POLITIK 181

A. Nationalbewußtsein – Geschichtsbewußtsein 183
B. Gesamtdeutsche Fragen – Berlin – Wiedervereinigung 197
C. Gesellschaftsordnung 217
D. Politische Institutionen 230
   1. Der Bundespräsident 230
   2. Bundestag und Bundesrat 234
   3. Kanzler – Regierung – Opposition 239
   4 a. Vorstellungen von Parteien 258
      b. CDU/CSU 269
      c. SPD 276
      d. FDP 279
      e. Neue Parteien – Die Grünen 292
E. Ämter – Behörden – Verwaltung 299
F. Recht und Gesetz 304
   1. Innere Sicherheit – Kriminalität – Terrorismus 314
   2. Äußere Sicherheit 325
G. Politische Themen und Prioritäten 334
H. Politische Beteiligung 339
I. Wahlen 345

Kapitel IV:

DIE WIRTSCHAFT 369

A. Die wirtschaftliche Lage 371
B. Steuern und Staatsschulden 382
C. Soziale Gruppen im Wirtschaftsleben 388
   1. Unternehmer 388
   2. Junge Selbständige und Handwerker 391
   3. Arbeitnehmer und Gewerkschaften 398
D. Arbeit und Beruf 407
   1. Arbeitsplatz und Berufsporträt 407
   2. Berufszufriedenheit und Einstellung zur Arbeit 426
   3. Berufs- und Arbeitsplatzwechsel 443
   4. Arbeitslosigkeit 448
   5. Berufstätige Frauen 469

E. Einkommen 474
F. Eigentum und Konsum 480
G. Auto und Verkehr 500
H. Energie und Technik 511

Kapitel V:

DIE MEDIEN 535

A. Einfluß der Medien 537
B. Fernsehen und Rundfunk 542
C. Presse 561
D. Bücher 569
E. Film 577

Kapitel VI:

DEUTSCHLAND UND DIE WELT 579

A. Kontakte und Einstellungen zu anderen Nationen 581
B. Außenpolitik 595
C. Europäische Gemeinschaft 598
D. Vereinigte Staaten von Amerika 606
E. Sowjetunion 624
F. Verteidigungspolitik – NATO 628
G. Entspannungspolitik – Ostpolitik 637
H. Rüstung und Abrüstung 638
I. Krisen und internationale Konflikte 647
    1. Israel und die arabischen Staaten 648
    2. Iran 653
    3. Afghanistan 654
    4. Polen 657
    5. El Salvador 661
    6. Falkland-Inseln 665
J. Entwicklungsländer 666

Kapitel VII:

HOFFNUNGEN – BEFÜRCHTUNGEN – PERSPEKTIVEN 669

SCHLUSS 689

PERSONEN- UND SACHWORTREGISTER 691

Die Trend-Grafik zur Sonntagsfrage befindet sich in der Einstecktasche

ANALYTISCHE TEXTE

Zahlen zum Goethejahr 1982
allensbacher berichte 29
Jugend und Kirche
Renate Köcher 134
Reizklima
Edgar Piel 178
Lieb' Vaterland...?
Edgar Piel 183
Zum bevorstehenden Barbie-Prozeß in Frankreich
allensbacher berichte 195
Eine demoskopische Deutschstunde
Elisabeth Noelle-Neumann 198
Wechseljahre. Die Chancen der FDP
Elisabeth Noelle-Neumann 285
Die Jugend denkt anders
Gerhard Herdegen 328
Demoskopie im Härtetest
allensbacher berichte 366
Jedem das Seine
Edgar Piel 379
Arbeitslosigkeit hat kein Gesicht
Elisabeth Noelle-Neumann 465
Alles in Butter
Edgar Piel 492
In immer mehr Familien gibt es Zweitwagen
Jochen Hansen 503
Sehenden Auges. Zur Bilder/Buch-Zukunft
Elisabeth Noelle-Neumann 555
Anti-Amerikanismus – eine Randerscheinung
Elisabeth Noelle-Neumann 616
El Salvador – Wo liegt denn das?
allensbacher berichte 663
Stimmungsaufschwung
allensbacher berichte 671
Viele wünschen sich in die Vergangenheit
allensbacher berichte 685

VORBEMERKUNG

Zweimal haben wir versucht, den Titel „Jahrbuch" wörtlich zu nehmen, mit den Bänden für 1976 und für 1977. Es hat sich nicht bewährt. Mit nur einer Jahreszahl im Titel setzte sich anscheinend die Idee fest, das Jahrbuch sei eine Art Telefonbuch, überholt, wenn das nächste erscheine, ein kurzfristiges Nachschlagewerk und bestimmt nicht zum Lesen gedacht.

Das war nun genau das Gegenteil von dem, was wir uns seit dem Erscheinen des ersten Allensbacher Jahrbuchs für die Zeit von 1947 bis 1955 vorgenommen hatten. Kein Lexikon sei es – alphabetisch geordnet sei nur das Stichwortregister –, mit der Sammlung aller Allensbacher Umfrageergebnisse von allgemeinem Interesse sei es eine Lektüre zur Zeitgeschichte, oder auch als Gruppenbild der deutschen Bevölkerung zu verstehen: so hatten wir damals die Absicht erklärt.

Wir priesen die Zahlensprache an: vielleicht ein bißchen spröde, aber wie sonst, wenn nicht in Tabellen, könne man so viele Informationen geben? Diejenigen, die sich tatsächlich entschlossen, die Jahrbücher kapitelweise zu lesen, bestätigen, es sei wirklich ein Lesebuch, richtig spannend. Aber andere setzten uns hartnäckig zu: wie gut es doch wäre, wenn man zwischen den Tabellen von Zeit zu Zeit eine Interpretation fände, Texte, menschenfreundlicher als Zahlen, ein Anstoß zum Nachdenken über alle die ausgebreiteten Befunde.

Im Jahrbuch 1978 bis 1983 sind zum ersten Mal Texte aufgenommen worden. Ebenfalls sind wir zum größeren Zeitraum, für den die Ergebnisse zusammengestellt sind, zurückgekehrt. Damit schicken wir nun unser achtes Jahrbuch auf den Weg, um im vierten Jahrzehnt über die Deutschen zu berichten.

Die zeitlichen und räumlichen Grenzen weiten sich aus. Die INTERVERSA, Hamburg, hat uns als Mäzen die Möglichkeit gegeben, eine zuerst 1953 durchgeführte Umfrage 1979 mit praktisch unverändertem Fragebogen zu wiederholen. So können wir in diesem Jahrbuch den sozialen Wandel beschreiben, der sich seit der unmittelbaren Nachkriegszeit bis in unsere Gegenwart, bis in die 80er Jahre hinein zugetragen hat.*)

---

*) Elisabeth Noelle-Neumann, Edgar Piel (Hrsg.): Eine Generation später. Bundesrepublik Deutschland 1953–1979, München, New York, London, Paris 1983. K. G. Saur.
Siehe auch die langfristigen Wandel beschreibenden Bände: Elisabeth Noelle-Neumann: Werden wir alle Proletarier? Wertewandel in unserer Gesellschaft, Zürich, Osnabrück 1978, Edition Interfrom.
Elisabeth Noelle-Neumann: Eine demoskopische Deutschstunde, Zürich, Osnabrück 1983, Edition Interfrom.

Eigentümlich ist, daß sich zu vielen der Trends, die wir für die Bundesrepublik Deutschland erkennen, sehr ähnliche Entwicklungen nicht nur in anderen europäischen Ländern, sondern auch in Israel, den USA und Japan finden. Diese Länder und Konturen übergreifenden Bewegungen sind sichtbar geworden durch die erst in den letzten Jahren erfolgreich durchgeführten großen international vergleichenden Umfragen, aus denen wir hier zum ersten Mal Ergebnisse einschließen können.

Für die deutschen Ergebnisse, wie sie seit Gründung des Allensbacher Instituts in den Jahrbüchern veröffentlicht werden, interessierte sich auch das Ausland so sehr, daß in einem ersten Band 1967 (Nachdruck 1981) und in einem zweiten Band 1981 die wichtigsten Teile der Jahrbücher auch in englischer Übersetzung unter dem Titel „The Germans"*) veröffentlicht wurden.

In den vorausgegangenen Bänden wurden immer wieder auch methodische Probleme erörtert.**) Deshalb mag hier als Beleg für die Verläßlichkeit der Methode ein Hinweis genügen. Die Präzision der demoskopischen Ergebnisse läßt sich kaum besser erweisen als in jenem in regelmäßigem Abstand wiederholten Experiment, das wir uns in Allensbach gleichsam als Härtetest auferlegt haben: die Allensbacher Wahlprognose. Acht Mal haben wir hintereinander auf der Grundlage einer knapp zurückliegenden Umfrage die Ergebnisse der unmittelbar nachfolgenden Bundestagswahl ausgerechnet. Diese Allensbacher Ergebnisse wurden gleich nach der Schließung der Wahllokale und kurz vor der ersten Hochrechnung von uns im Fernsehen bekanntgegeben. Was die Methode taugt, sollte an ihren Ergebnissen überprüfbar werden: Das war und ist der Sinn der Allensbacher Wahlprognose. Bis heute ist dieser Härtetest (S. 366) der Demoskopie jedesmal so ausgefallen, daß auch hartnäckige Zweifler staunten; denn niemals wichen die Zahlen der Prognose um mehr als durchschnittlich ein Prozent von den tatsächlichen Wahlergebnissen ab.

Allensbach, im Oktober 1983   Elisabeth Noelle-Neumann
                                                Edgar Piel

---

*) Elisabeth Noelle-Neumann (Hrsg.), The Germans. Public Opinion Polls, 2 Bände, London 1981, Greenwood Press.

**) Zuletzt in Allensbacher Jahrbuch der Demoskopie Band VI. 1976. Elisabeth Noelle-Neumann, „Die Empfindlichkeit demoskopischer Meßinstrumente".

SELBSTBEHERRSCHUNG – KEIN THEMA

WERDEN DIE URSACHEN DER JUGENDUNRUHEN IN DER FALSCHEN RICHTUNG GESUCHT?*)

Elisabeth Noelle-Neumann

Es ist richtig, das Thema existiert nicht. Wenn von den Ursachen der Jugendunruhen gesprochen wird, dann kommt das Stichwort Selbstbeherrschung nicht vor. Es liegt gleichsam entgegengesetzt zu der Richtung, in der alle suchen. Der erfolgreichste Text unter allen Deutungsversuchen, die „Thesen zu den Jugendunruhen 1980" der Eidgenössischen Kommission für Jugendfragen, ist sowieso ganz anders gestimmt: „Selbstbeherrschung" gibt es dort weder als Wort noch als Idee. Wie dieser Text gestimmt ist, das muß dem Zeitgefühl ganz besonders entsprechen, das kleine Heft hätte sonst nicht so vehemente Zustimmung finden können. Lieblosigkeit, Kälte der Umwelt werde von den jungen Menschen mit Gewalttätigkeit beantwortet, sagen die Thesen, vitale Bedürfnisse nach Freiraum und Kreativität einerseits, Ruhe und Geborgenheit andererseits äußerten sich darin, Sehnsucht nach einer Welt ohne Druck, ein Gefühl, betrogen zu sein.

Ein weiterer Bestseller in der Schweiz, von dem im Frühjahr 1982 innerhalb von drei Wochen 12 000 Exemplare verkauft wurden, die Schrift der Genfer Philosophie-Professorin Jeanne Hersch „Antithesen zu den Thesen zu den Jugendunruhen 1980", verspricht sich alles von einer besseren Umwelt: mehr Aufrichtigkeit, weniger Nachgiebigkeit der Erwachsenen, mehr Zuwendung, aber gepaart mit Festigkeit in der Weitergabe von Sitten und Kultur. „Mehr tun! – weniger lassen!" war der Wahlslogan der erfolgreichen bürgerlichen Parteien, die im März 1982 bei den Züricher Stadt- und Gemeinderatswahlen zum ersten Mal seit 54 Jahren wieder eine Mehrheit im Stadtparlament gewannen.

Im Grunde werden in den Thesen und Antithesen die Erwachsenen angesprochen, wenn auch mit ganz verschiedenen Empfehlungen, wie man der Jugendunruhen Herr werden könne; mit weniger Druck, meinen die einen, mit mehr Druck, meinen die anderen. Sollte es gar keinen Ansatzpunkt geben, der nicht nur den Erwachsenen, sondern auch den jungen Leuten sagt, was sie tun können, selbst tun können, um eine als mißlich empfundene Lage zu verbessern?

*) Nachdruck aus „Frankfurter Allgemeine Zeitung" Nr. 119 v. 25. 5. 1982.

Jeanne Hersch bemerkt an einer Stelle ihrer Antithesen, aus unerfindlichen Gründen habe sich nur in einem einzigen Bereich heute noch Wetteifer behauptet und finde Anerkennung: im Sport. Aus unerfindlichen Gründen? Unerfindliche Gründe verdienen immer Aufmerksamkeit. In einer Abhandlung über „manifeste und latente Funktionen" sagt der amerikanische Soziologe Robert K. Merton, wenn man ein fest etabliertes, regelmäßiges, aber rational nicht gut begründbares Verhalten sehe, dann spreche viel dafür, daß dieses Verhalten eine latente Funktion erfülle, das heißt eine unbeabsichtigte, unbewußte Funktion. Als Beispiel führt Merton die Regentänze der Hopi-Indianer an: Sie bringen zwar keinen Regen, aber in dieser Notlage erfüllen sie die latente Funktion, die Stammesangehörigen mehr Gemeinsamkeit empfinden zu lassen.

Das amerikanische Gallup-Institut veröffentlichte vor wenigen Jahren einen Bericht, daß der Anteil sporttreibender Amerikaner von 24% 1961 auf 47 Prozent 1977 gestiegen sei. Dieses Ergebnis, heißt es in dem Bericht, zeige eine der dramatischsten Veränderungen im amerikanischen Lebensstil, die vom Gallup-Institut (1935 gegründet) je gemessen worden seien. Es sei auch nicht einfach eine Frage des Lebensstandards; denn nicht so sehr die teuren Sportarten, wie Golf oder Fischen oder Jagen, hätten sich ausgebreitet, sonders besonders das Radfahren, Tennis, Rollschuhlaufen. Tägliche Gymnasik hätten 1964 24% der Amerikaner, 1977 aber 46% betrieben. Das berühmte Jogging, das in den 70er Jahren aufkam, wird nach dem Bericht des Instituts von einem Drittel der jungen Amerikaner unter 25 Jahren täglich praktiziert.

Die gleichen Beobachtungen machte das Allensbacher Institut in der Bundesrepublik. „Treiben Sie Sport?" lautete eine Testfrage, die 1950 zum ersten Mal in einer Allensbacher Umfrage der Bevölkerung vorgelegt wurde. Die Antwort: „Ja, ich treibe Sport", ist von 23% 1950 auf 44% 1973, 50% 1977 und 52% 1982 gestiegen.

Könnte es sein, daß Sporttreiben heute die latente Funktion hat, Selbstbeherrschung zu trainieren unter modernen Lebensumständen, die dazu immer weniger Chance bieten?

Es ist vielleicht bisher nicht so aufgefallen, wieviel schwerer es heute ist als früher, Selbstbeherrschung zu erlernen. Zunächst ist ein Zusammenhang zwischen steigendem Wohlstand und größerer Notwendigkeit, zur Selbstbeherrschung fähig zu sein, auch nicht erkannt worden. Man braucht gar nicht weit in die Menschheitsgeschichte zurückgehen, selbst ein Blick nur auf die letzten Jahrhunderte reicht aus, um zu erkennen, daß bei Knappheit der Mittel, Mühe, sich gegen Kälte zu schützen, schwerer Arbeit, um sich die Nahrung zu beschaffen, äußere Umstände, Fremdzwang den Selbstzwang, die Selbstbeherrschung gewaltig unterstützten. In der dünnen Oberschicht, die in den vergangenen Jahrhunderten im Wohlstand lebte, haben sich zahlreiche Verhaltensweisen und Erziehungsgrundsätze entwickelt, mit denen die Fähigkeit zur Selbstbeherrschung trainiert wurde. Viele Fragen der höfischen Etikette, der unbequemen Kleiderordnungen, der gesellschaftlichen Gebote haben wahrscheinlich diese latente Funktion gehabt. Auch das wohlhabende Bürgertum des 18. und 19. Jahrhunderts übernahm spartanische Regeln, durch die der einzelne von Kindheit an lernte, sich selbst in die Gewalt zu bekommen. Natürlich gab es mißratene Söhne und Töchter, aber es wurden große Anstrengungen gemacht, der materiellen Fülle entgegenzusteuern.

Als im 20. Jahrhundert in den westlichen Industrieländern der Massenwohlstand entstand, hätte sich die gesellschaftliche Aufmerksamkeit darauf richten müssen, als Korrelat nun auch Techniken der Selbstbeherrschung zu vermitteln. Aber in einer eigentümlichen Konstellation hat sich im 20. Jahrhundert das Gegenteil durchgesetzt. Die Außenstützen der Selbstbeherrschung, die in der Religion, in den gesellschaftlichen Normen und den damit verbundenen Erziehungsgrundsätzen und in den Regeln des Arbeitslebens lagen, sind nacheinander entfernt worden, in geistesgeschichtlichen und politischen Bewegungen, die mit den Namen von Freud und Marx verknüpft sind.

Dieses Einziehen der Außenstützen ist in den letzten drei Jahrzehnten mit den Mitteln der Demoskopie laufend beobachtet worden. Der Verlust kirchlicher Bindungen gehörte zu den schärfsten Einbrüchen, die durch die Allensbacher-Interversa-Langzeituntersuchung „Eine Generation später", bei der mit praktisch unverändertem Fragebogen Einstellungen und Verhaltensweisen der Bevölkerung 1953 und 1979 verglichen wurden, sichtbar gemacht wurden*). Es wurde aber nicht gleich bemerkt, daß zahlreiche, demoskopisch aufgezeigte Veränderungen alle in dieselbe Richtung wirken mußten; die Anforderungen an die Selbstbeherrschung wuchsen, und zugleich wurden die Möglichkeiten und Gelegenheiten, Selbstbeherrschung zu trainieren, reduziert.

Als seit der Mitte der 60er Jahre Tugenden wie Pünktlichkeit, Ordnung, Sauberkeit, Fleiß, Sparsamkeit, Höflichkeit als Erziehungswerte – Tugenden, zu denen man ein Kind erziehen soll – bei der Bevölkerung an Bedeutung verloren, wurde dies vielfach begrüßt als eine Befreiung, als Abwerfen von überflüssigem Drill. Man erhoffte sich eine nicht mehr durch autoritäre Forderungen verklemmte junge Generation – spontaner, kreativer, sensibler. Daß es neben der instrumentellen, direkt erkennbaren Nützlichkeit dieser Tugenden, auf die man in einer Wohlstandsgesellschaft vielleicht bis zu einem gewissen Grad verzichten könnte, vielleicht noch etwas Weiteres gibt, daß es mit diesen Tugenden vielleicht noch eine weitere Bewandtnis haben könnte, wurde nicht wahrgenom-

---

*) Elisabeth Noelle-Neumann/Edgar Piel (Hrsg.): Eine Generation später. Bundesrepublik Deutschland 1953–1979. Saur, München/New York/London/Paris 1983.

men. Tatsächlich aber wird mit all diesen Tugenden in kleinen Schritten, in täglicher Wiederholung auch Selbstbeherrschung trainiert. Pünktlichkeit ist nicht eine Frage von viel oder wenig Zeitdruck, sondern eine Sache der Selbstbeherrschung, und ebenso ist es mit Sauberkeit, Ordnung, mit Fleiß, Höflichkeit, Sparsamkeit.

Die ausgefransten Jeans waren als Protest gegen den Konsumfetischismus gedacht. Aber zugleich war damit das Gebot, das Selbstbeherrschung trainierte, saubere und nichtzerrissene Kleidung zu tragen, aufgehoben. Seit fünfzehn Jahren ist demoskopisch zu beobachten, wie die Gebote der Sauberkeit zerfallen. Daß Mädchen ihre Schulkleidung rein und ordentlich halten sollen, meinten 1964 77%, 1975 68% und 1980 noch 60% der Bevölkerung der Bundesrepublik ab 16 Jahre. Für Jungen lauteten die entsprechenden Ergebnisse: 64%, 55%, 49%. Daß Jungen und Mädchen immer ein sauberes Taschentuch bei sich haben sollen, dachten 1964 62%, 1975 44% und 1980 40%. Wahrscheinlich kommt das Taschentuch dennoch in Mitteleuropa nicht aus dem Gebrauch; denn eine 1981 in der DDR in Kraft getretene Schulordnung fordert, Eltern und Lehrer sollten gemeinsam darauf achten, „daß es für jeden Schüler zur festen Gewohnheit werde, täglich gewaschen, gekämmt und mit einem sauberen Taschentuch zur Schule zu kommen ...". Das Kämmen wird übrigens auch in der Bundesrepublik wieder mehr als noch vor wenigen Jahren befürwortet. 1964 forderten 62%, 1975 49%, aber 1980 wieder 54%, daß Jungen und Mädchen ordentlich gekämmt zur Schule gehen sollten. Es spricht aber viel dafür, daß es sich hier nicht um Anzeichen handelt, daß der Wert fester Gewohnheiten bei der Körperpflege für junge Menschen wieder deutlicher gesehen wird, sondern daß praktische Gründe für das Kämmen sprechen: Erfahrungen mit der Ausbreitung von Läusen.

Feste Gewohnheiten bieten eine „Entlastung" (Arnold Gehlen), sie üben und sie erleichtern die Selbstbeherrschung. Aus der Praxis des Psychotherapeuten berichtete bei einem Bergedorfer Gespräch über den Jugendprotest im November 1981*) der Heidelberger Professor Stierlin, das Zurückweichen der Forderungen von außen sei ein schweres Problem für junge Leute. Bei anderer Gelegenheit berichtete ebenfalls aus psychotherapeutischer Praxis der Mainzer Professor Otto Ewert, auf pünktliches Erscheinen von jungen Leuten zu einem Termin könne man nicht rechnen. Indessen nehmen mit guter Absicht immer mehr Mütter ihre Forderung zurück, daß die Familienmitglieder zum Essen pünktlich erscheinen sollten. Eine Frage an Hausfrauen, 1966 und dann wieder 1978 gestellt, lautete: „Wie halten Sie es mit der Tischzeit: Achten Sie ziemlich streng darauf, daß immer pünktlich gegessen wird und alle zur bestimmten

---

*) 70. Bergedorfer Gesprächskreis, 28. November 1981: „Was bleibt noch vom staatsbürgerlichen Grundkonsens? Jugendprotest, Wertwandel, Krise der politischen Kultur."

Uhrzeit am Tisch sitzen, oder läßt sich das in Ihrem Haushalt nicht so genau einrichten?" – „Achte darauf, daß pünktlich gegessen wird", sagten 1966 42% der Hausfrauen, 1978 27%. „Läßt sich nicht so einrichten" stieg von 33% auf 45%. „Man soll von Kindern verlangen, daß sie ihre Sachen aufräumen, nicht so herumliegen lassen", meinten 1964 70% der Bevölkerung, 1975 57% und 1980 schließlich noch 54%.

Weggefallen sind die Außenstützen einer Selbstkontrolle auch mit dem Angebot der Pille und der völligen Umwälzung der Sexualmoral. Ein Zusammenleben eines jungen Mädchens mit einem Mann, ohne verheiratet zu sein, fanden unter-30jährige junge Männer 1967 zu 48%, 1973 zu 87% in Ordnung; bei unter-30jährigen jungen Frauen stieg der Prozentsatz derer, die nichts dabei fanden, von 24% im Jahr 1967 auf 92% im Jahr 1973.

Modeworte sind immer ein Signal. Es lohnt sich, sie zu entschlüsseln. Eine Studentin beklagte sich bei mir, sie sei es leid, ihre Bekannten sprächen von nichts mehr als von Selbstverwirklichung. Könnte mit Selbstverwirklichung nicht eigentlich gemeint sein Selbstbeherrschung?

„Wenn Sie das Wort ‚Selbstverwirklichung' hören, woran denken Sie da?" lautete eine Allensbacher Frage im Frühjahr 1981. 21% der Unter-30jährigen antworteten: „Tun, wozu ich Lust habe, nicht von Zwängen behindert werden." Mehr als doppelt so viele, 49%, der Unter-30jährigen dachten an „Selbstverwirklichung durch Anstrengung, an mir arbeiten" – „etwas leisten".

Der Berufsbereich als Chance der Selbstverwirklichung ist für viele verdorben durch den Verdacht, ausgebeutet zu werden. Der Zerfall der Freude an der Arbeit in den letzten 15 Jahren ist demoskopisch vielfach dokumentiert.

Es ist die Wiederholung des Musters, die so eigentümlich anmutet: der Zerfall der Möglichkeiten, Selbstbeherrschung zu üben, in so vielen Lebensbereichen zugleich. Alle Möglichkeiten, Ich-Stärke zu gewinnen, sind in der modernen Lebendslandschaft junger Menschen so weit wie möglich weggeräumt.

Aus unerfindlichen Gründen, schrieb Jeanne Hersch, habe sich im Sport der Wetteifer behauptet und finde Anerkennung. So unerfindlich ist das nicht. Beim Sport muß kein junger Menschen den Verdacht haben, ausgebeutet zu werden. Beim Sport darf man etwas leisten, da läßt sich Selbstbeherrschung trainieren und erfahren, daß es von einem selbst abhängt, ob etwas gelingt oder nicht gelingt. Da kann man bei einem Versagen nicht den anderen die Schuld geben, man sucht sie am besten bei sich selbst. Etwas von sich selbst verlangen, nicht von den anderen – das ist eine Erfahrung, die Sport mit Selbstbewußtsein verknüpft.

Selbstbeherrschung – kein Thema. In keiner der Diagnosen der Jugendunruhen ist ein Wort darüber zu lesen. Nur zwei Erklärungen lassen sich dafür finden:

Entweder, man nimmt an, daß Selbstbeherrschung sich gleichsam von allein entwickelt, daß man dafür keine besonderen Vorkehrungen zu treffen braucht; oder Selbstbeherrschung wird für nicht besonders wichtig gehalten, anderes, zum Beispiel Spontaneität, Kreativität, Sensibilität, ist wichtiger. Wie aber, wenn Selbstbeherrschung zu gewinnen nicht leicht wäre, sondern schwer zu erwerben, nur durch ständige Übung? Und wenn Selbstbeherrschung nicht überflüssig wäre, sondern eng verbunden mit Selbstwußtsein und dann also auch eng verbunden mit Glück? Der Zusammenhang von Selbstbewußtsein und glücklichem Lebensgefühl ist gesichert. Man kann wohl Selbstbewußtsein auf verschiedene Weise gewinnen: indem man mit sich selbst fertig wird, tut, was man sich vornimmt, tut, wozu man sich überwinden muß, und durchhält auch auf dürren, freudlosen Strecken. Selbstbeherrschung also ist eine Möglichkeit zum Selbstbewußtsein. Eine andere ist: Selbstbewußtsein durch Bestätigung von außen, auch durch Macht über andere. Es ist immer wieder auffallend, wie sehr sich die Gesundheit bessert, wenn einem Menschen Macht zufällt.

Wenn das Gewinnen von Selbstbewußtsein durch Selbstbeherrschung nicht eingeübt ist, so könnte es naheliegen, sich nach außen zu wenden und durch gemeinsame Gewalttätigkeit das Selbstbewußtsein zu gewinnen. Wenn der Weg, über Selbstbewußtsein zum Glück zu kommen, nicht eingeübt ist, so könnte man sehr leicht auf den Ausweg der Drogen verfallen.

Es sei gut, sagt man, daß die jungen Leute heute nicht mehr verklemmt seien durch Tugenden wie Gehorsam, Disziplin, sondern daß Spontaneität, Kreativität sich frei entfalten könnten. Es ist möglich, daß dies keine Alternative ist, sondern daß Selbstbeherrschung geradezu die Voraussetzung der Kreavität ist. Der amerikanische Sozialpsychologe und Verhaltensforscher Mihaly Csikszentmihalyi, Universität von Chicagao, fand bei einem Vergleich von Familien mit eskapistischen Verhaltensweisen und „produktiven" Familien, daß die produktiven Familien Väter mit besonders ausgeprägtem Ordnungssinn hatten*). Der Zusammenhang wäre erklärt, indem Ordnung entlastet und Kräfte freisetzt.

So gesehen, würden alle Strategien, die auf Abbau von Pünktlichkeit, Sauberkeit, Ordnung, Fleiß, Höflichkeit, Sparsamkeit abzielen, in Wirklichkeit das Selbstbewußtsein junger Menschen schwächen und noch außerdem, statt Kräfte freizusetzen, Kräfte binden. Eine demoskopische Frage nach guten Vorsätzen liefert da ein eigentümliches Indiz. Die Frage, seit 1957 elfmal gestellt, lautet: „So etwas kann man ja schwer ausdrücken, aber ist hier auf der Liste etwas dabei, was Sie sich jetzt manchmal vornehmen?" Dazu legt der Intervie-

---

*) Mihaly Csikszentmihalyi: The Meaning of Things. Kapitel 6. Cambridge University Press, New York 1981.

wer eine Liste mit guten Vorsätzen vor. Wir dachten dabei eigentlich vor allem an Vorsätze wie „mehr an andere denken, weniger egoistisch sein" oder „mehr arbeiten, besser arbeiten" oder „immer die Wahrheit sagen" und ähnliches.

Wir erfuhren indessen aus unseren Umfragen, daß derartige gute Vorsätze gar keine Rolle spielen. „Mehr arbeiten, besser arbeiten" nahmen sich 1957 nur 3% vor; da strichen wir diesen Vorsatz von der Liste. „Mehr an andere denken, weniger egoistisch sein" nahmen sich nie mehr als 8% vor; wir änderten im Februar 1982 die Formulierung und schrieben auf die Liste: „Gut sein, selbstlos sein." Viel änderte sich dadurch nicht, 14% erkannten darin einen guten Vorsatz, den sie manchmal fassen. An der Spitze der guten Vorsätze steht: „Weniger essen", von 22% 1957 auf jetzt 45% im Februar 1982 gestiegen. Genauso hoch mit ebenfalls 45%, die sich darin wiedererkennen, rangiert 1982: „Auch wirklich tun, was ich mir vornehme."

Der Überfluß, die fast beliebige Erreichbarkeit von Nahrungs- und Genußmitteln,hätte ein ausdauerndes Training zur Selbstbeherrschung, zum Maßhalten von Kindheit an erfordert; da dies aber als Problem nicht gesehen wurde, werden nun die Kräfte gebunden in einem täglichen Kleinkrieg mit sich selbst.

Ebenso wie beim Sport – die Vorsätze, öfter Sport zu treiben, stiegen von 12% 1957 und 16% 1964 auf 1982 31% an – kann man auch in dem Schlankheitsideal unserer Zeit eine latente Funktion vermuten: vielleicht geht es dabei nicht um Schönheit, die Auffassungen davon haben in den letzten Jahrhunderten öfter gewechselt; vielleicht geht es auch nicht um Gesundheit, sondern um eine Unterstützung der Selbstbeherrschung angesichts der grenzenlosen Fülle des Angebots. Da aber Selbstbeherrschung nicht früh eingeübt wird, fällt sie so außerordentlich schwer, daß es zu Überreaktionen kommt, wie Professor Stierlin bei dem zuvor erwähnten Bergedorfer Gespräch ausführte. In den USA beobachtet man eine steigende Zahl von Todesfällen bei jungen Frauen durch Magersucht. Aufhören zu essen scheint leichter als maßzuhalten. Maßhalten – ein anderes Wort für Selbstbeherrschung – ein altmodisch, angestaubt klingendes Wort, bis man daran denkt, daß die abendländische Kultur auf dem Ideal des Maßhaltens aufgerichtet worden ist.

Bei diesem Bergedorfer Gespräch vom November 1981 war von Anfang an über die These, ein mangelndes Einüben von Selbstbeherrschung könne eine Ursache der Jugendunruhen sein, keine Verständigung möglich. Wieso könne man, hieß es, von einem Zurückweichen der Außenstützen von Selbstbeherrschung, einem Zurückweichen der Fremdzwänge sprechen? Ganz im Gegenteil seien die Fremdzwänge in der modernen Welt durch Technik und Bürokratie unerträglich gestiegen, die „Summe der Abhängigkeiten" habe zugenommen, sagte Ralf Dahrendorf. Mehr Freiraum brauche die junge Generation. Es wurde an die Thesen der Eidgenössischen Kommission für Jugendfragen erinnert.

Man kann die gegenwärtigen Klärungsversuche beispielsweise der Züricher Thesen als einen massiven Angriff auf das Selbstbewußtsein junger Menschen sehen. An allem ist die Umwelt schuld: die Lieblosigkeit, die Kälte der Gesellschaft, die Verständnislosigkeit für die Verzweiflung junger Menschen. Das Bildungs- und Ausbildungswesen vermittelt nicht die Fähigkeit, Probleme zu strukturieren. Das Korsett der Sachzwänge ist unerträglich, die Verweigerung von Freiraum, kein Verständnis für die Sehnsucht junger Menschen nach einer Welt ohne Druck, Sehnsucht, eine eigene Identität aufzubauen, bis hin zur Anklage, die Umwelt verweigere den jungen Menschen die Anerkennung.

Die Fixierung auf die Umwelt kann sich aus der Sozialgeschichte des letzten Jahrhunderts erklären. Soziale Umwälzungen verlangen den Angriff auf bestehende Verhältnisse. Aber die Beibehaltung des Musters jetzt, im letzten Viertel des 20. Jahrhunderts, drängt die junge Generation in die Rolle, sich als Opfer zu sehen.

Der Bischof von Aachen, Klaus Hemmerle, zitierte in seinem Weihnachtsglückwunschbrief 1981 einen jungen Mann aus einer öffentlichen Diskussionsveranstaltung: „Ich möchte fort von hier. Ich möchte irgendwo sein, wo Friede sicher ist und Umwelt sauber, wo ich arbeiten kann, was ich möchte, wo ich einfach leben kann und Mensch sein ohne Zwänge." Der Aussteiger. Ein Echo auf die Diagnosen der Jugendunruhen: Die Umwelt ist schlecht, du selbst kannst nichts tun, du kannst nicht einmal fortgehen. Bei der Umwelt die Fehler suchen und nicht bei sich selbst: Wie sollte die Jugend nicht wehleidig sein; diese Perspektive – von den Erwachsenen vorgegeben – ist ja genau, was man wehleidig nennt.

Beim Bergedorfer Gespräch über die Jugendunruhen gab es nur einen Teilnehmer, Hartmut von Hentig, der Strategien zur Selbstbeherrschung und damit Strategien zur Stärkung der Person entwickelte: zum Beispiel in der Bielefelder Laborschule die Pausenklingel abzuschaffen, damit jeder auf seine eigene Uhr sehe, wann er zurück in die Klasse müsse. Oder auch: Tiere versorgen, weil man da Verantwortung erlebe und etwas tun müsse, egal, ob man dazu Lust oder nicht Lust habe.

Aus der Mitte des 30jährigen Krieges, aus einem Gedicht von Paul Fleming mit dem selbstbewußten Titel „An sich", kommen die zwei Zeilen, die hier zu bedenken wären: „Wer sein selbst Meister ist und sich beherrschen kann, dem ist die ganze Welt und alles untertan."

Das ist wahrscheinlich nicht überholt.

DIE FLUCHT INS PRIVATE

DIE EINSAME MASSE UND DIE NEUE GEMEINSCHAFT DER EMOTIONEN*)

Edgar Piel

Bürokratische Verwaltung, 08/15-Behandlung auf Ämtern, in Krankenhäusern, Massenabfertigung mit zugehörigem und unvermeidlichem Formularwesen, Wohnsilos, Großstädte, Massentourismus: Wer hätte das alles nicht schon gehörig fürchten, ja hassen gelernt: die moderne Anonymität. Die große Kritik an der Anonymität ist aber inzwischen so alt wie das Jahrhundert.

1. KRITIK DER ANONYMITÄT

In den fünfziger Jahren hat der amerikanische Soziologe David Riesman diese Kritik in einer umfassenden sozialwissenschaftlichen Studie der Lebensverhältnisse in Amerika auf einen Nenner gebracht: „The Lonely Crowd". „Die einsame Masse", das war der Titel von Riesmans Buch, der auch bei uns gewirkt hat wie ein langerwartetes Stichwort.

Der neue Mensch der Epoche sei der außengeleitete Mensch, hieß es bei Riesman. Die Menschen würden in der industriellen Massengesellschaft aus all ihren hergebrachten, religiösen, familiären oder schlicht freundschaftlichen Bindungen herausgelöst, isoliert. Diese Isolation, in die alle geraten, sei aber nur die Konsequenz des technischen Denkens. Denn dieses technische Denken hat ja offensichtlich nur ein Ziel: alles und alle in Funktionszusammenhänge einzupassen. Familie, Liebe – Liebe, wenn dies mehr sein soll als die sexuelle Ableitung von Triebüberschüssen –, Religion, Heimatgefühl, menschliche Verbundenheit allgemein, aber auch alte Häuser oder knorrige Bäume scheinen nur zu stören, wo die Welt reibungslos funktionieren soll, und müssen deshalb zerstört werden. So etwa könnte man die Kritik an der modernen Gesellschaft – ein wenig aktualisiert – zusammenfassen.

Riesmans Gedankengang leuchtete sofort ein und scheint, seitdem er ausgesprochen wurde, nur wahrer geworden zu sein. Gewiß: immer mehr Verbindun-

*) Zuerst veröffentlicht in „Die politische Meinung", Juli/August 1983

gen werden hergestellt; aber nicht von Mensch zu Mensch, sondern von einem kommunikativen Knotenpunkt zum anderen. Flughafenneubauten, Autobahnen, der permanente Blick auf den anderen Kontinent via Satellit und der automatische Anschluß an ein weltweites Fernsprech- und Informationsnetz scheinen nur noch der Allgegenwärtigkeit eines unansprechbaren, unangreifbaren und unbegreifbaren Man zu dienen, der Supermacht einer globalen Anonymität.

2. UMORIENTIERUNG AUF DEN SOZIALEN NAHBEREICH

Umso erstaunlicher ist es, wenn in einer empirisch-soziologischen Langzeituntersuchung, die das Institut für Demoskopie Allensbach fast über den gesamten Zeitraum der Bundesrepublik hinweg durchgeführt hat, geradezu das Gegenteil von all dem deutlich zu werden scheint. Es zeigt sich in dieser Untersuchung nämlich, daß in genau dem Zeitraum, in dessen Verlauf die Bundesrepublik zu einem der hochtechnisiertesten Staaten der Welt geworden ist, die Kontakte zwischen den Menschen nicht abgeschnitten, die Verbindungen nicht allesamt aufgelöst, sondern – im privaten Bereich zumindest – dichter geworden sind.

Es gibt mehr Besuche innerhalb der Familie als früher, der Kreis der Familie, mit dem man regelmäßig verkehrt, ist größer geworden, man geht häufiger zu Freunden und Bekannten, zu Nachbarn und Kollegen. Alles, was mit Verein und Geselligkeit zu tun hat, hat Konjunktur. Wer heute aus irgendeinem Grund umziehen muß in eine andere Gegend, ist darüber nur noch in den seltensten Fällen glücklich. Nur noch 9% sagen, daß sie von dort, wo sie gerade wohnen, gerne wegziehen würden. Dies sagte aber 1953 fast jeder vierte, genau 24%. Mobil zu sein – wenn damit mehr gemeint ist als die weiterhin freudig genossene Urlaubsreise – hat seinen Reiz verloren. Dazu gehört auch, daß man im allgemeinen ungern seinen Arbeitsplatz wechselt. Daß man heute – soweit man in der Lage ist – häufiger die Mundart seiner Wohngegend spricht als noch in den 60er Jahren, wo Mundart vielfach für Provinzialität und Unbildung stand, kann als Zeichen einer zurückgewonnenen Vertrautheit und neuen sozialen Identität genommen werden, als Zeichen einer Identität, die nur in dicht und fest gewordenen Nahbeziehungen, in einer kontaktreichen privaten Lebenswelt, möglich ist.

Ich möchte diese Veränderung der Beziehungen im Nahbereich mit ein paar Zahlen noch etwas genauer dokumentieren. Als 1953 die Menschen in Deutschland gefragt wurden: „Was würde Ihnen wohl am meisten fehlen, wenn Sie weg müßten von hier?", stand an der Spitze dessen, was genannt wurde: „Die ganze Landschaft hier". Also Heimatgefühl, Zugehörigkeitsgefühl, Umweltvertrautheit waren damals stark verknüpft mit der natürlichen Umgebung. An zweiter

Stelle kamen: das Haus, die Wohnung. Dann erst kamen „die Verwandten, die hier leben". An vierter Stelle kam der Bekanntenkreis mit 36% Nennungen, und an fünfter Stelle – auch das ist gewiß interessant – sagte man: „Die Grabstätten von Familienangehörigen würden mir fehlen". Ich glaube, an dieser Reihenfolge kann man eine Struktur der sozialen Orientierung ablesen.

Wenn wir uns die Reihenfolge ansehen, die bei einer solchen Frage heute als Ergebnis herauskommt, merken wir sofort eine ganz eindeutige Umakzentuierung. Vorn steht nicht mehr die Landschaft (vielleicht taugt die Landschaft heute gar nicht mehr in dem Maße dafür wie damals), sondern der Bekanntenkreis. Damals glaubten 36%, daß ihnen der am meisten fehlt, heute glauben das 65%. An zweiter Stelle steht auch jetzt mit 54% Nennungen (damals 42%): das Haus, in dem man lebt, die Wohnung. An dritter Stelle stehen die Verwandten (damals 38%, heute 45%). Die Landschaft ist von der ersten Stelle auf die vierte Stelle herabgerutscht. Dann kommen an fünfter Stelle die Nachbarn. Die standen früher an siebenter Stelle hinter der Kirchengemeinde. Die Nachbarn werden statt zu 16% jetzt zu 27% genannt. Damals sagten 12%, wenn sie wegziehen müßten, würde ihnen gar nichts fehlen. Das sagen heute nur noch ganze 3%.

Was die Nachbarschaftsbeziehungen angeht, so zeigt sich, daß es im Laufe der letzten dreißig Jahre in fast allen Punkten einer konkreten Nachbarschaftshilfe und Nachbarschaftsbeziehung zu deutlichen Verbesserungen gekommen ist. Damals, 1953, wurde eine Liste von Punkten zusammengestellt und gefragt, was alles zu der Verbindung hinzugehört, die man zu den Nachbarn hat. Zu den Punkten gehörten Unterhaltungen, kleine Gefälligkeiten wie Nachrichten, Briefe oder Pakete füreinander annehmen, gemeinsame Feste feiern: Namenstag, Geburtstag, Kommunion usw., Ausleihen von Gegenständen, Kinder beaufsichtigen. Es ging dabei nicht so sehr darum, die Situation der Nachbarschaft auf dieser Liste vollständig zu erfassen. Es sind vielmehr die kleinen Dinge, die beobachtet werden sollten. Aber gerade an denen zeigt sich, ob Verhältnisse besser oder schlechter werden.

All diese Punkte einer konkreten Nachbarschaftshilfe geben ganz gute Indikatoren ab, um zu sehen, ob sich zwischen den Menschen überhaupt etwas tut. Und es zeigt sich nun, daß heute bis auf den gemeinsamen Kirchgang alle anderen Punkte häufiger als Anfang der fünfziger Jahre genannt werden. Und zwar ist der Trend zu mehr Nachbarschaft, mehr Miteinander und Füreinander offenbar noch gar nicht auf dem Höhepunkt. Die Entwicklung geht weiter. Die Zahl der Befragten mit regelmäßigen nachbarschaftlichen Gesprächskontakten ist zwischen 1953 und 1979 sehr deutlich von 51% auf 74%, zwei Jahre später, also bis 1981 verfolgt, sogar auf 78% gestiegen. „Wir laden die Nachbarn zu uns ein", sagten 1953 14%, 1979 35%, 1981 37%. Ausleihen und Borgen von irgendwelchen Gegenständen steigt in dieser Zeit von 22% sogar auf 39% an.

3. INTENSIVERES FAMILIENLEBEN

Auch innerhalb der Familie scheint das Miteinander intensiver geworden zu sein. Auf dem Hintergrund dessen, was wir von überall hören, auch auf dem Hintergrund dessen, was wir aus der Sozialforschung an Einzelwahrnehmungen in den 60er Jahren hatten, ist auch das einigermaßen überraschend.

Auf die Frage, ob man in einer schwierigen Lage, wenn man nicht mehr weiter weiß, jemand in seiner Nähe hat, mit dem man alles besprechen kann, verweisen heute vielmehr Menschen auf ihre engsten Familienangehörigen als früher. Dabei schien doch die Familie am Ende der sechziger Jahre vielen Leuten, die das Ohr an der Zeit zu haben glaubten, nur noch ein unbegreifliches Relikt aus alten Tagen zu sein, von dem für die Zukunft nichts mehr erwartet wurde. Nun, am Ende der siebziger Jahre, nannten plötzlich 53% der Männer ihre Frau als den Menschen, mit dem sie alles besprechen. 44% der Frauen verwiesen auf ihren Mann. Bei den Männern folgte meistens: Mutter, Vater, Bruder, bei den jungen Männern noch Freund oder Freundin, bei den Frauen das gleiche in entsprechend weiblicher Abwandlung, also: Mutter, Tochter oder Sohn und Schwester. Bei den jungen Frauen auch hier der Hinweis auf Freundin oder Freund. Alle anderen Vorgaben auf der Liste, die man den Befragten an die Hand gegeben hatte, ob Pfarrer, Kollegen oder Parteifreunde, gerieten weit ab unter „ferner liefen".

Auf den ersten Blick scheint sich hier im Zeitalter der gelebten und durchlebten Institutionskritik schließlich eine ganz und gar konventionelle Kommunikationskonstellation ergeben zu haben. Konventionell ist das aber nur vor dem Hintergrund dessen, was wir durch die Presse, durch die Medien an offenbaren Veränderungen um uns herum mitbekommen haben. Dabei konnte man ja in den letzten Jahren leicht den Eindruck gewinnen, daß wirkliche Kommunikation nur noch in Gruppentherapien, bei irgendwelchen Lebensberatern oder unter dem fanatisierenden Einfluß irgendwelcher Gurus in Poona stattfindet.

Natürlich gibt es tatsächlich eine Zunahme neuartiger Gruppenbildungen in Gestalt von Selbsthilfegruppen, die ihren besonderen Sinn, wenn er gut umrissen ist, durchaus erfüllen mögen, oder in der vereinnahmenden Form neuer Sekten. Aber typisch ist das vorläufig nicht, bzw. typisch ist das nur für den Exotismus, den Journalisten brauchen, um die Nachrichten vom täglichen Einerlei verkaufskräftig zu würzen.

Vor diesem Hintergrund unseres illustrierten Hochglanzpapiers also mag die demoskopisch sich abzeichnende Konstellation für Vertraulichkeit konventionell wirken. Aber so konventionell ist das gar nicht, wenn man unter Konventionen das versteht, was immer schon so üblich war. Es ist nämlich noch vor dreißig Jahren gar nicht üblich gewesen, daß sich die Eheleute in einem solchen Ausmaß gegenseitig auch als vertraute Gesprächspartner empfunden haben.

1953 gaben nur 37% der Männer ihre Frau als den Menschen an, mit dem sie glaubten, alles besprechen zu können. Das war nur ziemlich genau die Hälfte der damals verheirateten Männer, der verheirateten Männer, von denen heute vier von fünf ihre Frau nennen.

4. AUF DER SUCHE NACH MENSCHLICHEM MASS

Nachbarschaftsbeziehungen, Familienleben – das alles ist gemeint, wenn man heute von einem neuen, dichteren Gewebe der „kleinen Netze" spricht. Eine erfreuliche Entwicklung. Tatsächlich? Und die Kritik an der Anonymität in dieser Gesellschaft, von der wir am Anfang gesprochen haben, geht diese Kritik an den wahren Sachverhalten einfach vorbei? Aber haben wir nicht jeder für sich genügend und zum Teil lebenslange Erfahrung mit dieser Anonymität? Wird es nicht immer schwieriger, für irgendetwas, das falsch läuft in diesem Land, noch einen Verantwortlichen zu finden? Sind die Beobachtungen der Sozialwissenschaftler, die wir hier angeschaut haben, nicht ein wenig zu schön, um wahr zu sein?

Der technokratische Staat hat, als er noch in der Zukunft stand, alle möglichen Befürchtungen hervorgerufen. Sind nun diese *negativutopischen Prognosen* und Befürchtungen mit der Feststellung einer intensivierten Beziehungsstruktur im Privatbereich widerlegt? Ich glaube, wir dürfen uns durch die Masse der Einzelfeststellungen nicht das Fragen austreiben lassen. Kein Zweifel, die intensive Entwicklung der „kleine Netze" im Nahbereich läßt sich nun schon seit einer Weile beobachten. Aber ist das, was sich da herausbildet, den Aufgaben gewachsen, auf die es ankäme? Haben wir Hinweise, Indikatoren an der Hand, an denen wir ablesen können, ob die Entwicklung der „kleinen Netze", also – um es einmal recht knapp und unschön im Fachjargon zu sagen – etwa die dichtere Vernetzung des Nachbarschafts- und Familienbereichs, zur Hoffnung Anlaß gibt, zur Hoffnung, daß hier wie von selbst eine Möglichkeit entstanden ist, um den sicherlich immer größer werdenden gesellschaftlichen Problemdruck aufzufangen? Eben darauf käme es ja an, daß wir in die Lage versetzt werden, die Probleme, die da sind oder auf uns zukommen, auszuhalten, so daß sich die Flucht ins Abseits erübrigt.

Wenn die Entwicklung der „kleinen Netze" nur auf den Ausbau idyllischer Fluchtpunkte einer Flucht in die Nischen des Privaten und Unverbindlichen hinausläuft, ist das so positiv kaum zu bewerten, wie es auf den ersten Blick aussehen mag. Diese Flucht geht ja dann auf Kosten der daseinsgewährenden Institutionen und übergreifenden gesellschaftlichen oder politisch organisierten Lebenszusammenhänge. Wo die übergeordneten Zusammenhänge aber vernachlässigt würden, würde es auch bald keine Möglichkeit mehr geben für das Private.

Small is beautyful. Der Gigantismus der technokratischen Gesellschaften ist sicherlich verhängnisvoll, und die Suche nach menschlichem Ausmaß und Maß ist wichtig. Nur können wir nicht so tun, als seien die Riesen-Probleme schon aus der Welt, wenn wir uns abwenden.

Sobald die Entwicklung der „kleinen Netze" als Alternative zu den „großen Netzen", zu Gesellschaft und Staat, verstanden wird, wenn es dabei also nicht bloß um eine gewiß positiv zu bewertende Ausdifferenzierung der Mikrostrukturen, sondern um das ganz andere geht, läuft man Gefahr, das Ende des Privaten mit zu programmieren. Dieses Ende würde bestenfalls in der Belanglosigkeit, schlimmstenfalls – damit das Ganze funktionstüchtig bleibt – in der Zwangsrekrutierung der Privatiers und Privatidylliker liegen. Aber vielleicht ist das, was dazwischen liegt, doch noch schlimmer, nämlich die Ungewißheit und Angst, die im Abseits entsteht, während weder das eine noch das andere geschieht, aber permanent geschehen könnte.

Es ist also klar, daß der Blick, bei dem wir im Privaten vorhin so viel Neues und Gutes zu sehen bekommen haben, so noch nicht genügt. Wenn wir die Perspektive etwas breiter fassen, bemerken wir nämlich, daß dieser Trend zum Privaten zugleich mit einem Rückzug der Interessen aus allen möglichen übergreifenden Bereichen verbunden ist. Man kann das sehr gut sehen, wenn man sich über das Private hinaus ein paar Entwicklungen anschaut, die in den letzten Jahren sowohl im Bereich des Berufslebens wie auch im Bereich der Politik vor sich gegangen sind.

Der Bereich der Berufsarbeit. Wenn früher einmal die Berufsarbeit deutlich als Faktor der Persönlichkeitsentwicklung betrachtet wurde – das ist ja die Voraussetzung der Kritik von Marx an der entfremdeten Arbeit gewesen –, so gibt es heute eine Art Versachlichung, der Ernüchterung. Die Berufszufriedenheit scheint seit 1950 zwar gestiegen zu sein. Auch die Zufriedenheit mit den Kollegen ist – wo nicht gestiegen wie bei den meistens berufstätigen Frauen – auf einem hohen Level, etwa um die 70% herum, gleichgeblieben. Aber etwas anderes kann man ebenfalls feststellen: das Interesse, das die einzelnen der Arbeit entgegenbringen, hat sich gleichzeitig abgeschwächt. Man würde zwar häufiger als früher seinen jetzigen Beruf wiederwählen – auch daran kann man die allgemeine Berufszufriedenheit ablesen –, aber auf die Frage, ob die jetzige Arbeit interessant oder eintönig ist, lassen mittlerweile weniger Menschen etwas von jenem Enthusiasmus erkennen, den früher jeder zweite zeigte. Genau 50% sagten damals, ihre Arbeit sei i m m e r interessant. Das sagen jetzt nur noch 38%. Dafür sagen 46% jetzt, daß ihre Arbeit immerhin m e i s t e n s interessant sei. Das sind 16% mehr als 1953. Wer häufig Fragebogen auswertet, weiß jedoch, daß diese Antwort eine Ausweichantwort ist. Man will damit eigentlich andeuten, daß man seine Tätigkeit im allgemeinen für s o interessant nicht hält.

Versachlichung: Zwar ist die Lust, überhaupt arbeiten zu gehen, in dieser Gesellschaft beträchtlich gesunken – die Zahl derjenigen, die sagen: „Es wäre am schönsten zu leben, ohne arbeiten zu müssen", hat sich unter den Berufstätigen in den letzten zwanzig Jahre fast verdoppelt –, aber die Einsicht in die Notwendigkeit und in die Vorteile der beruflichen Dauerbindung ist gestiegen. Man weiß die Vorteile eines festen Arbeitsplatzes wohl zu schätzen. Im Moment mehr denn je. Die ganz auf Reibungslosigkeit und Unverbindlichkeit abgestellte Formulierung: „Ich finde meine Arbeit interessant, aber ich lasse es nicht dahin kommen, daß sie mein übriges Leben stört", mit der sich in den USA 21% der Berufstätigen identifizieren, unterschreiben in der Bundesrepublik 44%. 32% der Deutschen wünschen sich vor allem „eine Arbeit, bei der ich ganz sicher vor Entlassung bin". Die Japaner etwa sagen das zu 13, die Amerikaner nur zu 10%.

Der Vorteil der beruflichen Bindung läuft für die meisten Menschen bei uns auf eine kühle Geldrechnung hinaus: Konsum, Lebensstandard, Krankenkasse, Altersabsicherung. Für all das ist es aber – in einem gewissen Rahmen natürlich – ziemlich egal, was man beruflich tut. Dieses Desinteresse hat sicherlich auch mit der allgemeinen Arbeitsorganisation in der industriellen Gesellschaft zu tun. Wenn man sieht, in welchem Ausmaß das Gefühl von Entscheidungsfreiheit am Arbeitsplatz Schritt für Schritt in den letzten fünfzehn Jahren abgebaut worden ist, kann man schon verstehen, daß auch die Arbeitsfreude in Mitleidenschaft gezogen worden ist. Aber diese Arbeit wird nicht anders, geschweige denn besser, wir gewinnen keine größere Freiheit im Beruf, wenn wir generell unser Interesse aus dem Berufsbereich abziehen. Im Gegenteil.

5. DER BEREICH DER POLITIK

Es gibt eine zunehmende Politisierung der Gesellschaft; und zwar in dem Sinne, daß nicht nur die Strukturen, Bewegungen und Möglichkeiten des Marktes heute ohne die zumindest von Ferne steuernden politischen Maßnahmen kaum noch zu denken sind, nicht nur die Arbeitswelt aus der Tiefe des Politischen heraus mancherlei Veränderung erfahren hat – man denke etwa an die Mitbestimmungsregelung –, sondern: auch Bildung, Erziehung und – man denke an die Scheidungsgesetzgebung – die Beziehungen in Ehe und Familie sind heute vom Politischen weit mehr als früher tangiert.

Mit dem Instrumentarium der Demoskopie ist dementsprechend ein wachsendes politisches Interesse der Bevölkerung nachvollziehbar. Wahrscheinlich war es der vorausgehende jahrelange politisch-totalitäre Druck, der das politische Interesse am Anfang der fünfziger Jahre recht gering sein ließ. Nur etwa jeder vierte Bundesbürger zeigte sich daran interessiert, die eigene öffentliche Angelegenheit, die ja die Politik in der Demokratie sein soll, auch nur zur Kenntnis zu nehmen. Ein Drittel ungefähr wollte auf dieses Thema am liebsten gar nicht angesprochen werdene. Dieses Desinteresse ist seitdem Schritt für Schritt abgebaut worden. Mittlerweile bezeichnet sich ungefähr jeder zweite Bundesbürger als politisch interessiert.

Damals waren nur 19% der frischgebackenen Demokraten davon überzeugt, daß man mit der Wahl zum Bundestag einen Einfluß auf die Politik nehmen kann. 67% glaubten resigniert, daß man bei einer unbefriedigenden Politik nichts machen kann, oder hatten jedenfalls keine Vorstellung, was man denn machen soll. Inzwischen sind immerhin 38% von der unfehlbaren Wirkung auch schon ihres Stimmkreuzleins überzeugt, und 21% haben andere positive Möglichkeiten ihres politischen Einflusses entdeckt: Bürgerinitiativen, Demonstrationen, persönliche Kontakte oder Briefe an Abgeordnete und Politiker.

Auch dies erscheint auf den ersten Blick erstaunlich erfreulich zu sein. Allerdings: ein Grund für ein demokratisches Freudenfest ist auch hier nicht gegeben. Denn immer noch glauben 42% der Bürger dieses Staates, daß man bei einer unbefriedigenden Politik wenig machen kann. Das Interesse an Politik ist gestiegen, man unterhält sich häufiger über Politik als früher in den fünfziger Jahren; daß die Wahlbeteiligung bei uns sehr hoch ist, weiß jeder. Sogar die Einsicht darein, daß die Vorgänge in der Politik für das Leben des Einzelnen wichtig sind, ist – theoretisch jedenfalls – größer geworden als früher. Aber der Grad der politischen Informiertheit ist so gut wie nicht gewachsen. Wenn man politische Sachkenntnis prüft, kommen heute trotz des Fernsehens keine besseren Ergebnisse zustande als vor dreißig Jahren.

Trotz des Fernsehens? Das gestiegene Interesse für Politik scheint tatsächlich gar nicht das Ergebnis der Durchdringung des Lebens mit Politik, der Politisierung des Alltags zu sein, sondern – das haben viele Experimente in den sechziger Jahren gezeigt – ein Ergebnis des Fernsehens. Die gleichen Experimente haben auch gezeigt, daß das Fernsehen zwar die Bereitschaft fördert, über Fragen jedweder Art ein Urteil abzugeben; diese Bereitschaft ist aber vom Grad der jeweiligen Informiertheit fast gänzlich abgekoppelt. Das Informationsmedium Fernsehen erzeugt weniger Informiertheit als vielmehr das gute Gefühl, informiert zu sein. Es sorgt für eine Art Verstehens-Illusion, vor allem dort, wo man sein Informationsbedürfnis hauptsächlich durch Fernsehen zu decken versucht.

6. EINE NEUE STRUKTUR DER SOZIALEN WIRKLICHKEIT

Das Stichwort, mit dem man sowohl die emotionale Einstellung zur Arbeitswelt wie die Einstellung zum Bereich der Politik kennzeichnen könnte, heißt Unverbindlichkeit. Die meisten Menschen haben gelernt, beide Bereiche als notwendig zu betrachten, aber als etwas, das ihrer Identität fremd gegenübersteht.

Verdichtung der Beziehungen, zunehmende Vereinstätigkeit, mehr Kommunikation im engsten Kreis der Familie und Freunde, Abnahme der Bereitschaft zur Mobilität bei gleichzeitiger emotionaler Distanzierung von der Welt des Berufs und der öffentlichen Angelegenheiten, der Politik. Diese m ö g e n sein und s o l l e n sein, aber sie sollen dort bleiben, wo sie sind. Man würde am liebsten wie der Handlungsreisende in Kafkas „Hochzeitsvorbereitungen auf dem Lande" nur seinen Körper auf die Straße schicken, während man selbst von zu Haus aus über alles sein mächtiges Urteil fällt. Was der Bildungsroman im 19. Jahrhundert immer wieder programmatisch durchgespielt hat, nämlich, daß sich die Subjektivität an der Fremdheit der Welt abarbeiten, sich die subjektivistischen Hörner abstoßen muß und so zur Wirklichkeit kommt, leuchtet heute im allgemeinen nicht mehr ein. Die Wirklichkeit, das war einmal ein Synonoym für Beruf, Gesellschaft und Politik. Selbstverwirklichung, der Begriff scheint heute das Höchste zu bezeichnen und meint doch nur noch die Aufforderung an den Einzelnen, vom Boden abzuheben, sich von der Wirklichkeit abzusetzen. Das Selbst-, das Menschsein fängt abends nach 17 Uhr an – und dann steht da ja noch das ganze Wochenende von Freitagabend bis Montagmorgen zur Verfügung. Die Privatwelt, der personell überschaubare Raum, ist zwar nicht zur einzigen, aber zur eigentlichen Welt geworden.

Dies alles in einen Blick zu bekommen ergibt nun überraschenderweise Anfang der sechziger Jahre genau die soziale Struktur einer Gesamtgesellschaft, die der Münsteraner Soziologe Helmut Schelsky in einem Aufsatz von 1956 als Spezifikum der Großstadt herausgearbeitet hat. Der moderne Großstädter, schrieb Schelsky damals, bejahe die Polarität von versachlichter Berufstätigkeit und privater Freizeit, in der er lebe und sich auch wohlfühle. Die moderne Großstadt organisiere sich in ihrem Tageslauf und in ihrer Siedlungsweise genau nach diesem Koordinatenkreuz. Es sei die extreme Privatheit, die in den Vorstädten mit Grün und Frischluft – Schelsky hatte das, wie gesagt, 1956 geschrieben – die Anspannung des Tages vergessen mache und in der der Großstädter sich als Person gegenüber der Funktionalisierung seines Berufsdaseins und gegenüber der Anonymität der ihn umgebenden Menschenmenge bestätige. Die sogenannte Einsamkeit und Verlorenheit sei von ihm „längst umgewandelt worden in einen von ihm bejahten Tatbestand, nämlich in die unverbindliche Isoliertheit seines privaten Lebensraumes, zu dem außer seiner Familie eben nur noch frei gewählte Freundschaften und Bekanntschaften gehören." Wer heute noch einsam sei in der Großstadt, sei es aus individuellen Ursachen, nicht als Großstädter schlechthin.

Dies ist die knappe Strukturbeschreibung der sozialen Wirklichkeit der Großstadt aus den fünfziger Jahren und zeichnet doch haargenau schon die Struktur, die wir als die soziale Struktur der gesamten Gesellschaft in der Bundesrepublik der achtziger Jahre erkennen können. Dieses Land scheint seit damals eine einzige Großstadt geworden zu sein, wobei die großstädtischen Verhaltens- und Denkweisen heute bis weit in das flache Land hineinreichen.

7. „ALLES SCHEINT IMMER KOMPLIZIERTER ZU WERDEN."

Schelsky betrachtete damals diese Struktur, die sich also in den Großstädten zuerst herauskristallisiert hat, mit großem Wohlgefallen. Und auch ich habe nicht bestritten, daß vieles von dem, was wir bisher erkennen konnten, auf den ersten Blick einen guten Eindruck macht. Auch diese Beobachtung ist sicherlich erfreulich: Auf die Frage „Glauben Sie, daß man den meisten Menschen vertrauen kann?", die das Institut für Demoskopie Allensbach seit den frühen fünfziger Jahren immer wieder gestellt hat, sind bis 1976 hin immer optimistischere Antworten gegeben worden. Während sich 1953 noch deutlich die allgemeine Verunsicherung der Menschen nach dem Krieg abzeichnete und 83% der Bevölkerung das Gefühl äußerten, daß man den meisten Mitmenschen nicht trauen kann, gaben 1976 nur noch 39% ihr generelles Mißtrauen zu Protokoll. Andere 39% hatten inzwischen ein Gefühl von grundsätzlichem Vertrauen in ihre menschliche Umwelt entwickelt.

Seitdem, seit 1976, zeigt sich aber in den Allensbacher Zahlen wieder eine rückläufige Bewegung, die uns skeptisch macht. Die letzten Ergebnisse der pauschalen Vertrauensklimamessung vom Sommer 1981 machen deutlich: Das Vertrauen wird kontinuierlich wieder kleiner. Hatten 1978 immerhin noch 34% von Vertrauen gesprochen, so waren es im Sommer 1979 schon nur noch 30%; zuletzt, 1981, haben nur noch 28% der Erwachsenen in der Bundesrepublik einen allgemeinen Vertrauensvorschuß für ihre Mitmenschen bereit.

Wie soll man sich das erklären? Was ist los? – Man besucht sich häufiger als früher, man redet miteinander, man feiert miteinander, aber man mißtraut sich gegenseitig? Muß man die Allensbacher Beobachtungen so verstehen? Ich glaube nicht. Wenn jeder zweite Erwachsene meint, daß man den meisten Menschen nicht vertrauen kann, so will er damit gewiß nicht zum Ausdruck bringen, daß er seinen Kindern oder Freunden nur mit einem gewissen Mißtrauen begegnet. Das Gegenteil mag der Fall sein. Wer überzeugt ist, daß man im allgemeinen nicht mißtrauisch genug sein kann gegenüber Fremden, oder wer auch nur schlicht das Gefühl hat, daß die gesellschaftlichen Verhältnisse, also diese unsere Wirklichkeit, immer komplizierter werden, der sucht wahrscheinlich gerade in seinem engsten Bereich eine Insel der Zutraulichkeit, von Freundschaft und gegenseitigem Wohlwollen. Die Welt wird nicht nur fremd, sie scheint nicht nur immer komplizierter zu werden, es steigt auch die Angst, daß das Ganze allmählich immer menschenfeindlicher wird.

Chemieverseuchte Umwelt, Lärm, Technik: das ist die Richtung, aus der mittlerweile all das kommt, was uns ängstigt. Zu den deutlichsten demoskopischen Befunden der letzten Jahre gehört die wachsende Irritation durch die Technik. Die Technik, auf die wir doch angewiesen sind wie auf das tägliche Brot, wird heute längst nicht mehr als Garant des Wohlstandes und der Lebensqualität, als

Segen erfahren, wie noch in den sechziger Jahren. Die meisten sind irritiert, und es wächst die Zahl derer, die pauschal alle Technik als Fluch verteufeln. Grob gesprochen könnte man die Situation vieler Menschen in dieser Gesellschaft so beschreiben: Die Welt wird immer fremder, während alle, die sich kennen, miteinander leben oder beieinander wohnen, immer dichter zusammenrücken. Man kann das auch umkehren: Während alle immer enger zusammenrücken, ihre Werte und persönliche Bestätigung im privaten Bereich sichern, wird die Welt immer fremder. Was nicht mehr zum unmittelbaren Erfahrungsbereich gehört – und das wird ja immer mehr –, wirkt bedrohlich. Auf die eigenen Kinder angesprochen, bekommt man von den Erwachsenen um 50 Jahre und darüber viel Positives zu hören. Ich sagte: Sohn und Tochter werden heute weit häufiger als Gesprächspartner und Vertraute genannt als früher. Die Jugend im ganzen aber – und das ist etwas, dem man ja nicht auf der Straße begegnet, sondern das man allenfalls im Fernsehen, in den Massenmedien besichtigen kann – scheint sehr vielen Erwachsenen als gewalttätig.

Um noch einmal die Formulierung aufzugreifen, mit der sich heute mehr als ein Viertel der Bevölkerung identifiziert: Es scheint alles immer komplizierter zu werden. Der Rückzug aufs Private, so schön und bewunderungswürdig die Werte von Familie und Freundschaft auch sind, mildert das Fremdheitsgefühl gegenüber der allgemeinen Wirklichkeit nicht, sondern verstärkt es allenfalls, läßt die Welt bedrohlich erscheinen. Dabei werden wir in unseren Ängsten immer abhängiger von dem, was uns die Massenmedien als Grund zur Angst präsentieren. Denn daß sich diese Ängste nicht nur nach Maßgabe der objektiven Gegebenheiten steigern oder – je nachdem – beruhigen, merkt man, wenn man sieht, daß in den letzten Jahren zwar die Furcht vor kriminellen Delikten gefallen ist, während man doch aus jedem Polizeibericht erfahren kann, daß in Wirklichkeit diese Delikte zunehmen.

8. FREMDHEITSERFAHRUNG UND ANGSTIDEOLOGIE

Fremdheitserfahrung erzeugt jene diffuse Angst, die permanent auf Stichworte lauert, und die Medien geben uns solche immer neuen Stichworte bereitwillig an die Hand. Ein Beispiel ist da auch die Angstwelle, die in den letzten Jahren über uns hinweggerollt ist.

Der Sozialpsychologe Gerhard Kleining hat schon in den 60er Jahren Ansätze zu einer Art Angstideologie festgestellt. Die Beobachtungen, die Kleining auf diesen Gedanken gebracht haben, lassen sich heute in demoskopischen Untersuchungen weitgehend bestätigen. „Die Befragten, und zwar dieselben, die sich so kritisch über die moderne Zeit äußern", so hat Kleining damals seine Erfahrungen zusammengefaßt, „sind durchaus fähig, sehr viel Positives und Angenehmes über ihre Umwelt zu sagen". Man müsse sie nur bitten, spontan ihr eigenes Leben zu beschreiben und zu bewerten. Dann zeige es sich, daß es ihnen gut gehe, daß sie im ganzen ziemlich zufrieden seien, daß sie Reisen unternehmen und jedenfalls mit der „Welt" alles in allem gut zurechtkämen. „Nichts mehr von Angst, Schuld, Einsamkeit, Flucht", die längst – ohne daß dahinter nicht auch ein Großteil von Realerfahrung stecken würde – die Bestandteile einer „kulturellen Ideologie" geworden seien.

Angst als Ideologie? Angst als Ideologie, das hilft heute vielleicht sogar dabei, eine Menge von Komplikationen bei der Annäherung zum Nahkontakt zu vermeiden. Die Sache ist paradox: „Ich habe Angst vor Ihrer Politik, Herr Schmidt", sagte ein junger Mann auf dem Kirchentag 1981 in Hamburg zum Bundeskanzler. Das Fernsehen war dabei. Das Publikum applaudierte. Wer sagt, daß er auch Angst hat vor der Politik von Helmut Schmidt oder Kohl oder Strauß, ist bald in einer trauten Schar von Fremden, die sich gemeinsam ängstigen und also schon keine Fremden mehr sind. Er braucht keine Angst mehr zu haben. Wenn wir nur alle ordentlich Angst haben, sind wir stark: Das ist der unausgesprochene Refrain zu dem Lied, das so vielen heute nicht mehr aus dem Kopf geht. Angst zu haben, ist zum Erkennungszeichen, zum Ausweis einer besonderen Sensibilität und menschlichen Qualität geworden.

Aber die Sache ist weniger harmlos als sie klingt. Beim Rückzug ins Private besteht die Gefahr, daß die Ängste und Aversionen immer größer werden; die Ängste und Aversionen gegen das, was der öffentliche Raum, verantwortungsvolle Politik, erfordern.

Was sich zeigt, ist auch dies: Die Angst folgt nach, sie scheint allmählich auch in den privaten Raum einzudringen, sobald dieser nur als Schutz und Zuflucht vor der ängstigenden Wirklichkeit verstanden wird. Es ist konsequent, daß neben der Angst vor der Technik, vor dem Krieg, vor Lebensmittelversuchung, vor einer immer komplizierteren Umwelt allmählich auch die Angst aufsteigt, „daß andere mich nicht mehr mögen, mit ihre Freundschaft entziehen". Hier ist die Gefahr benannt, die innen in der scheinbaren Idylle des Privaten lauert. Die Angst davor haben 1979 erst 7% gespürt; gut ein Jahr später hatten schon 12% dieses deprimierende Gefühl. Ich glaube, das ist die Weise, wie Menschen auf eine immer dichter werdende Wirklichkeit und Umwelt reagieren, auf eine Wirklichkeit, in der die Faktoren, die wirken, immer unfaßbarer werden, die Faktoren, von denen niemand mehr weiß, wie er sie noch begreifen – und weniger noch, wie er sie beeinflußen soll.

Dokumentation: Soweit die zitierten demoskopischen Werte nicht in diesem Jahrbuch aufgeführt sind, wurden sie folgender Veröffentlichung entnommen: Elisabeth Noelle-Neumann/Edgar Piel (Hrsg.): Eine Generation später. Bundesrepublik Deutschland 1953–1979. K. G. Saur, München 1983.

LANGEWEILE. EIN SCHICKSAL?

VERBESSERUNG DER LEBENS- UND ARBEITSSITUATION

Edgar Piel

Es sieht so aus, als hätten wir in den vergangenen zwei bis drei Jahrzehnten im gesamtgesellschaftlichen Ausmaß mit der Einrichtung einer blühenden Konsumgesellschaft die Probe aufs Exempel des Goethe-Worts unternommen, das da heißt: „Alles in der Welt läßt sich ertragen, nur nicht eine Reihe von schönen Tagen." Es sind ja im Laufe dieser Zeit nicht nur die Zahl der schweißtreibenden Arbeitstage für die meisten Menschen hier beträchtlich reduziert worden, sondern zugleich sind die freien Tage, die dabei entstanden sind, mit einem ungeahnten Alltagskomfort eingerichtet worden. Es wird nicht nur weniger gearbeitet – die durchschnittliche Wochenarbeitszeit eines Industriearbeiters betrug 1953 z. B. noch inclusiv Urlaub und Feiertage, 43,4 Stunden, 1978 aber nur noch 33 Stunden –, sondern auch die Zahl derjenigen, die im Arbeitsleben eingespannt sind, ist beträchtlich gesunken. Wenn 1925 noch 51,3% der deutschen Bevölkerung erwerbstätig waren, so waren dies 1953 nur noch 43,7% und 1978 schließlich nur noch 41,1%.

Dabei wurde nicht nur der gesamte Wohn- und Freizeitbereich modernisiert und besser ausgestattet als je zuvor, sondern auch die Arbeitsplätze selbst werden heute von einem Großteil der noch von der fast täglichen Arbeit Betroffenen als schöner und angenehmer beschrieben als früher. Wenn im Zusammenhang mit der Erinnerung ans Wirtschaftswachstum der zurückliegenden Jahre über Streß und schwierige Arbeit geklagt wird, dann am ehesten von Leuten, die selbständig oder freiberuflich tätig sind.

Während man noch in den fünfziger Jahren mit einer kurzen Liste von Grundnahrungsmitteln, etwa Butter, Eier, Fleisch und Wurst, und der Frage: „Könnten Sie mir sagen, ob Sie von irgendwelchen dieser Lebensmittel (hier auf der Liste) mehr essen würden, wenn die Preise nicht so hoch wären?" den meisten Befragten den Mund wässrig machen konnte, kann man mittlerweile auf die Weise kaum noch jemand zu dem Wunsch nach einem zusätzlichen Bissen verlocken. Die Feststellung des Züricher Philosophen Hermann Lübbe, daß sich „der heutige Trendtyp gemessen an den wichtigsten Indikatoren des Lebensstandards konsumpraktischen Sättigungsgrenzen" genähert habe, ist in weitem Ausmaß erst einmal auch buchstäblich zu verstehen. Hunger, quer durch die Menschheitsgeschichte bis in dieses Jahrhundert hinein sicherlich das Motiv nicht nur

zum Jagen, sondern auch zum Kämpfen, zum Arbeiten, zu Verbrechen und – oft
nur in Nebenfolge – zur Kultur, kommt nur noch als Appell zum Mitleid mit den
Armen auf der anderen Seite der Erde mühsam ins Bewußtsein. Auf die Frage,
worin man jeweils für sich den Sinn des Lebens sieht, hört man in der Bundesrepublik neben dem Hinweis auf die Familie von immer mehr Menschen die Antwort: „Ich sehe meinen Lebenssinn darin, daß ich glücklich bin, viel Freude
habe" oder – ohne Umschweife: „Ich will mein Leben genießen." (Tabelle
Seite 8)

Die demoskopische Wahrnehmung, daß sich auch die Stimmung und Zufriedenheit der Menschen in diesem Land verbessert haben, verwundert nur deshalb, weil wir aus den Massenmedien ein so ganz anderes Bild von unseren
Mitmenschen gewonnen haben. Aus einem Zahlenvergleich des Allensbacher
Institutes jedenfalls geht hervor, daß die Menschen ihre vielfach verbesserte
Lebens- und Arbeitssituation nicht nur wahrgenommen haben, sondern auch
als positiv empfinden.

ZUNEHMENDE LANGEWEILE

Aber nicht nur die steigenden Arbeitslosenzahlen, sondern auch zunehmende
soziale Empfindlichkeiten und private und politische Ängste haben lange schon
klar gemacht, daß nicht alles Gold ist an den Verhältnissen, die uns so lange als
glänzend erschienen sind. In demoskopischen Interviews antworteten 1974 auf
die Frage: „Würden Sie gern jetzt oder später aus Deutschland auswandern?"
nur 7% der Deutschen mit ja, 1981 hat sich diese Zahl auf 18% erhöht (Tabelle
Seite 192). Obwohl sich das ‚Ja' in einem Interview sicherlich leichter dahinsa-
gen läßt, als daß man es in die Tat umsetzt – nur die wenigsten wandern tatsächlich aus –, muß man die Entwicklung dieser Zahlen doch als Hinweis für ein sich
ausbreitendes Unbehagen ernst nehmen. Ebenso wie man eine andere Entwicklung als sozialpsychologischen Indikator der allgemeinen Lebenssituation und

Frage: *„In den letzten Jahren ist die Auswanderung für Deutsche nach verschiedenen Ländern
erleichtert worden. Würden Sie selbst gern auswandern?"*

1974 lautete die Frage: *„Würden Sie gern jetzt oder später aus Deutschland auswandern?"*

	1950 August %	1958 Januar %	1966 April %	1974 Juli %	1981 November %
Ja	25	10	14	7	18
Nein................................	71	85	79	84	69
Unentschieden	4	5	7	9	13
	100	100	100	100	100

tatsächlichen Lebensqualität ernst nehmen muß: In der Bundesrepublik scheint sich nämlich zusammen mit einer unübersehbaren Verbesserung der Lebensverhältnisse zugleich auch die Erfahrung von Langeweile ausgebreitet zu haben. In den Interviews des Instituts für Demoskopie Allensbach ist seit den fünfziger Jahren in unregelmäßigen Abständen immer wieder die Frage gestellt worden: „Kennen Sie das, wenn einem manchmal an Sonntagen oder Feiertagen die Zeit so lang wird?" 1958 sagten auf diese Frage 23% aller Erwachsenen „Ja, kenne ich", 1981 gaben schließlich 36% diese Antwort (Tabelle Seite 64). Noch einmal Goethe: „Alles in der Welt läßt sich ertragen, nur nicht eine Reihe von schönen Tagen."

Frage: *„Kennen Sie das, wenn einem manchmal an Sonntagen oder Feiertagen die Zeit so lang wird?"*

	Juli 1981		
	Ja, kenne ich %	Nein, kenne ich nicht %	Unentschieden %
Bevölkerung insgesamt	36	63	1 = 100
Männer	33	66	1 = 100
Frauen	39	60	1 = 100
ALTERSGRUPPEN			
16–29 Jahre	39	60	1 = 100
30–44 Jahre	27	72	1 = 100
45–59 Jahre	31	68	1 = 100
60 Jahre und älter	47	52	1 = 100
SCHULABSCHLUSS			
Volksschule	39	60	1 = 100
Höhere Schule	30	68	2 = 100
KONFESSION			
Protestanten	37	62	1 = 100
Katholiken	35	64	1 = 100
Andere und ohne	34	64	2 = 100
BERUFSKREISE			
Angelernte Arbeiter	45	55	× = 100
Facharbeiter	37	63	× = 100
Einfache Angestellte/Beamte	38	61	1 = 100
Leitende Angestellte/Beamte	20	78	2 = 100
Selbständige, freie Berufe	35	65	× = 100
POLITISCHE ORIENTIERUNG			
CDU/CSU-Wähler	38	61	1 = 100
SPD-Wähler	34	65	1 = 100
FDP-Wähler	29	69	2 = 100
Wähler der GRÜNEN	38	62	× = 100
ORTSGRÖSSE			
Dörfer	33	67	× = 100
Kleinstädte	37	62	1 = 100
Mittelstädte	37	63	× = 100
Großstädte	36	62	2 = 100

Aber was ist an der zunehmenden Langeweile so schlimm? Gewiß, es gibt Schöneres als sich zu langweilen; aber sollen wir nicht – so wir nicht Helden oder masochistische Arbeitstiere sind – lieber ein gewißes Maß an Langeweile in Kauf nehmen als all die Gefahr, Krieg, Not und Mühsal, durch die in der Vergangenheit den Menschen immer wieder die Langeweile ausgetrieben worden ist? Oder andersherum, gehörte nicht auch zum Bild vom Paradies, das sich die Menschen gemacht haben, immer ein gerütteltes Maß an Langeweile? Und hat uns nicht erst – um die Fragen zuzuspitzen – das übereifrige und politisch streberhafte Bürgertum in den letzten zweihundert Jahren mit seiner totalen Technifizierung und Industrialisierung der Welt das Paradies verdorben?

Langeweile, die im Bürgertum und auch bei den Arbeitern des letzten Jahrhunderts nur noch mit Unproduktivität und Faulheit gleichgesetzt wurde, war ja für jene soziale Schicht in Europa, die damals eine ganze Epoche lang sowohl von der Arbeit als auch von der Macht abgeschnitten war, für die Aristokratie, geradezu ein positives Statusmerkmal. Der junge Georg Büchner hat sich seinerzeit darüber lustig gemacht, indem er in seinem Stück „Leonce und Lena" einen Prinzen vorführt, der sich die ganze Welt nur noch aus der Langeweile heraus erklären kann: „Was die Leute nicht alles aus Langeweile treiben! Sie studieren aus Langeweile, sie beten aus Langeweile, sie verlieben, verheiraten und vermehren sich aus Langeweile und sterben endlich aus Langeweile, und – das ist der Humor davon – alles mit den wichtigsten Gesichtern, ohne zu merken, warum, und meinen Gott weiß was dazu. Alle diese Helden, diese Genies, diese Dummköpfe, diese Heiligen, diese Sünder, diese Familienväter sind im Grunde nichts als raffinierte Müßiggänger."

Immerhin, das Ergebnis aristokratischer Langeweile war die Ausdifferenzierung von Etikette und höfischem Umgang im Zirkel von Gleichen mit Gleichen, die Erfindung dessen, was man den guten Ton nannte. Die Spuren, die davon bis heute noch in unserer Zivilisation vorhanden sind, sind durchaus nicht zu verachten. Wenn Demokratisierung am Ende nicht bloß auf die Angleichung aller an alle auf unterster Ebene hinauslaufen soll, könnte es sein, daß wir für ein Zeitalter, in dem Maschinen einen großen Teil der Schwerarbeit verrichten und für immer mehr Menschen Freiraum und Zeit schaffen, alle von der historisch vergangenen Aristokratie lernen müssen.

Auch lernen müssen, uns mit Anstand zu langweilen? – Ich glaube, wer so etwas sagt, weiß nicht, was er sagt, kennt nicht den sozialpsychologischen Befund. Schon für den macht- und arbeitslosen Adel war die Langeweile mehr und Schlimmeres als nur die Beigabe oder Voraussetzung für Muße und Kultur, sondern war oft mit einer geradezu krankhaften Melancholie gekoppelt. Und Melancholie ist nicht nur die traurig schöne Stimmung, die automatisch dort auftritt, wo man sich von einem gutgepolsterten Logenplatz aus allgemein Gedanken über den Weltlauf macht, sondern ist oft genug der Anfang von verheerenden, selbstzerstörerischen Depressionen.

LANGEWEILE, EIN SOZIALPSYCHOLOGISCHER INDIKATOR

Wenn heute in demoskopischen Interviews mehr Menschen als früher sagen, daß sie sich manchmal oder häufig langweilen, heißt das natürlich nicht, daß damit jeder, der das sagt oder auch nur die Mehrzahl von ihnen als melancholisch oder gar depressiv zu bezeichnen ist. Trotzdem müssen wir die Entwicklung, wie gesagt, als sozialpsychologischen Indikator ganz ernst nehmen. Bei einer größeren statistischen Untersuchung des Phänomens Langeweile zeigt sich nämlich, daß diejenigen, die auf die harmlos klingende Frage, ob einem an Sonntagen oder Feiertagen die Zeit so lang wird, vom Gefühl einer solchen Zeitdehnung sprechen, zugleich auch in fast allen Punkten der Wirklichkeitsbetrachtung und Wirklichkeitseinschätzung auf markante Weise negativer gestimmt sind als solche Menschen, die dieses Gefühl nicht kennen.

Wenn man in einem Interview zum Beispiel an Hand einer Vorgabenliste mit verschiedenen Eigenschaften von den Befragten die Bundesrepublik beschreiben läßt, suchen Befragte, die von sich sagen, daß sich sich manchmal langweilen, eher die negativen als die positiven Punkte heraus. Personen, die von Langeweile nicht geplagt werden, verweisen etwa zu 82% auf die „schöne Landschaft" in Deutschland. Wer sich viel langweilt, stimmt dem weniger oft zu. Daß die Bundesrepublik ein Land sei, „in dem sich gut leben läßt", finden im allgemeinen von fünf Befragten wenigstens drei. Von den Gelangweilten sagt das nicht einmal jeder zweite. Eine „hochstehende Kultur" nehmen in der Bundesrepublik die, die sich langweilen, nur halb so oft zur Kenntnis, wie Personen ohne Langeweile. Dagegen: Wer sich viel langweilt, hat zugleich oft das Gefühl, daß bei uns vieles im argen liegt. Besonders die „Radikale Jugend", „große soziale Ungerechtigkeiten" und ähnliches scheinen den Blick der Gelangweilten auf sich zu ziehen. (Tabelle auf folgender Seite.)

Auf dem Hintergrund sozialhistorischer Untersuchungen über Langeweile, Melancholie und Gesellschaft überrascht es vielleicht, daß sich heute Menschen, die sich mit sich selbst viel langweilen, sich selbst überdurchschnittlich oft als Benachteiligte oder als Menschen beschreiben, die von Staat und Politik enttäuscht sind. Vor die Alternative Freiheit oder Gleichheit bzw. Freiheit oder Gerechtigkeit gestellt, entscheiden sie sich eher für die Gerechtigkeit oder für die Gleichheit als für die Freiheit. Wir sagten, Langeweile war einmal ein Statusmerkmal für bestimmte Teile des Adels oder der Aristokratie. Wenn Ralf Dah-

Frage: „*Hier auf der Liste steht einiges, was man über eine Nation, ein Land sagen kann. Wenn Sie jetzt einmal an die Bundesrepublik denken: Suchen Sie doch bitte einmal alles heraus, was Ihrer Meinung nach auf die Bundesrepublik zutrifft.*"

	Personen, die sich		Altersgruppen				Berufskreise	
	nie lang-weilen	lang-weilen	16–29		60 und älter		Einfache Ange-stellte/Beamte	
			ohne Langeweile	mit Langeweile	ohne Langeweile	mit Langeweile	ohne Langeweile	mit Langeweile
	%	%	%	%	%	%	%	%
Schöne Landschaft	82	75	82	68	92	78	89	71
Gute soziale Absicherungen im Alter bei Krankheit	74	64	71	63	89	67	75	56
Ein Land, in dem es sich gut leben läßt	63	47	51	55	71	43	57	46
Mächtige Industrienation	61	55	64	60	57	46	63	59
Gute Sportler	49	38	46	44	48	25	45	30
Viel Hektik, Streß	48	46	61	60	36	27	50	48
Hochstehende Kultur	48	28	32	21	58	34	47	25
Fleißige, arbeitsame Menschen	47	37	36	34	57	43	41	34
Viel Kriminalität	45	48	41	53	57	42	51	38
Ein Land mit großer Tradition	40	26	30	27	50	31	44	22
Große wissenschaftliche Leistungen	38	35	31	33	47	42	39	32
Eine gut funktionierende Demokratie	33	29	34	26	27	39	32	31
Radikale Jugend	33	49	21	38	44	58	32	38
Tapfere Soldaten	17	19	12	4	23	35	23	16
Verliert an Bedeutung	16	22	19	26	25	15	20	24
Ein Land mit großem Nationalbewußtsein	14	19	9	22	17	25	11	26
Land mit großer Zukunft	13	10	10	12	8	11	11	6
Große soziale Ungerechtigkeiten	13	22	15	20	11	15	13	17
Reich an Rohstoffen	10	11	13	15	8	10	8	12
Arbeitet zu wenig mit anderen Ländern zusammen	4	8	2	13	5	7	3	10

Vgl. auch S. 581

rendorf heute dagegen beobachtet, daß die Arbeit zum Privileg der sozial und bildungsmäßig Bessergestellten zu werden droht, dann entspricht dem, daß das Erlebnis von Langeweile schon jetzt eher bei angelernten Arbeitern als bei leitenden Angestellten oder Beamten zu Hause ist. In den unteren und einfachen Schichten klagt man mehr als doppelt so häufig über Langeweile als in der Mittel- oder Oberschicht. Langeweile tritt ebenfalls überdurchschnittlich häufig bei jungen Menschen und andererseits bei älteren Menschen auf. Sie scheint vor allem ein Phänomen einer mäßigen sozialen Integriertheit zu sein.

Auf Anhieb könnte man meinen, daß die negativere Wahrnehmung der Wirklichkeit unmittelbar nicht mit der Langeweile an sich zu tun hat, sondern daß hier nur die Randposition derjenigen zum Ausdruck kommt, die neben ihrer je nach dem relativen Benachteiligung auch noch die Last der Langeweile zu tragen haben. Dem steht aber entgegen, daß auch dann noch, wenn man Menschen aus ein und derselben Schicht oder Altersgruppe miteinander vergleicht, der Zusammenhang zwischen Langeweile und überdurchschnittlicher Skepsis erkennbar bleibt. Ältere Menschen, die sich langweilen, sehen sich und die Welt negativer als ihre Altersgenossen, die sich nicht langweilen. Ein mittlerer Beamter oder Angestellter, der sich in seiner Freizeit oft langweilt, glaubt eher, daß er, aufs Ganze gesehen, im Leben schlecht weggekommen sei, als einer, der in seiner Freizeit immer weiß, was er tun soll. Ein sich langweilender einfacher Arbeiter bezeichnet sich eher als jemand, der von Staat und Politik enttäuscht ist, als einer, der das Gefühl von Langeweile nicht kennt. Insgesamt sehen sich Menschen mit Langeweileerlebnissen doppelt so oft selbst als Pessimisten wie Menschen, die von solchen Gefühlen nichts wissen.

Frage: *„Auf dieser Liste werden verschiedene Personengruppen aufgeführt. Wo würden Sie überall sagen: ‚Das könnte auch auf mich passen' – ich meine, zu welchen dieser Gruppen würden Sie sich selbst auch zählen? Sie brauchen mir nur die entsprechenden Nummern anzugeben."* (L)

Auszug

	Juli 1981					
	Personen, die sich		Angelernte Arbeiter		Einfache Angest./Beamte	
	nie langweilen %	langweilen %	ohne Langeweile %	mit %	ohne Langeweile %	mit %
Benachteiligte	8	12	16	25	5	8
Jemand, der von Staat und Politik enttäuscht ist	21	23	20	26	21	25
Jemand, dem politische Freiheit über alles geht	29	20	18	11	31	25
Sozial eingestellte Menschen	44	38	37	28	45	43
Optimisten	41	31	27	21	45	33
Pessimisten	6	13	7	17	7	12

Dieser Pessimismus findet seine konkrete Gestalt natürlich nicht nur, wenn man die Bundesrepublik beschreiben läßt, sondern generell im Blick auf die Welt; der Pessimismus kommt sowohl bei den unmittelbaren Zukunftserwartungen wie auch bei den Erwartungen für fernere Zeiten zum Ausdruck.

Anhand von Meinungsumfragen läßt sich ganz allgemein in den letzten zehn-, fünfzehn Jahren ein Zusammenbruch des Fortschrittsoptimismus und der Technikbegeisterung in Deutschland feststellen. Während 1966 noch 72% der

Bevölkerung die Technik alles in allem für einen Segen hielten, hat sich die Zahl der unbekümmerten Technikfreunde mittlerweile mehr als halbiert. Die meisten Menschen sind skeptisch geworden. Sie sehen Vor- und Nachteile. Von Technik als Fluch sprachen 1966 3% der Bevölkerung, mittlerweile sind daraus 11% geworden. Aber auch hier ist die total negative Technikeinstellung vor allem bei Menschen mit viel Langeweile verbreitet. Von ihnen wird die Technik, ohne die die Welt nicht mehr sein kann, überdurchschnittlich oft nur als Fluch betrachtet.

Frage: *„Glauben Sie, daß die Technik alles in allem eher ein Segen oder eher ein Fluch für die Menschheit ist?"*

	1966 Aug.	1976 Sept.	1981 Juli	Juli 1981 Personen, die sich nie langweilen	langweilen
	Bev. insges.				
	%	%	%	%	%
Segen	72	50	37	39	33
Fluch	3	10	11	9	15
Teils, teils	17	35	48	49	46
Kein Urteil	8	5	4	3	6
	100	100	100	100	100

An dieser Stelle überrascht es natürlich nicht mehr, wenn man bemerkt, daß bei denen, die sich langweilen, im ganzen auch mehr Furcht vor einem neuen Weltkrieg vorhanden ist als bei den übrigen Menschen. Auf die Frage: „Was meinen Sie, wenn heute einer heiratet und eine Familie gründet – kann der beruhigt in die Zukunft sehen, oder muß man Angst haben, daß ein neuer Krieg kommt?"

Frage: *„Was meinen Sie, wenn heute einer heiratet und eine Familie gründet – kann der beruhigt in die Zukunft sehen, oder muß man Angst haben, daß ein neuer Krieg kommt?"*

	Personen, die sich nie lang- weilen	lang- weilen	Januar 1979 Altersgruppen							
			16–29		30–44		45–59		60 u. älter	
			ohne mit Langeweile		ohne mit Langeweile		ohne mit Langeweile		ohne mit Langeweile	
	%	%	%	%	%	%	%	%	%	%
Beruhigt in die Zukunft sehen	46	41	51	49	49	49	46	42	35	26
Angst, daß neuer Krieg kommt	21	31	16	26	21	25	22	36	30	38
Unentschieden	33	28	33	25	30	26	32	22	35	36
	100	100	100	100	100	100	100	100	100	100

Vgl. auch S. 691

reagiert die Gruppe der Gelangweilten mit 31% „Angst" deutlich beunruhigter als die andere Gruppe der Befragten, die diese Angst zu 21% ausspricht. Besonders im mittleren Alter zwischen 45 und 59 Jahren scheinen Menschen, die sich langweilen, verstärkt auf solche Ängste anzusprechen.

IM TEUFELSKREIS DER LANGEWEILE

Der Nervenarzt und Paläoanthropologe Rudolf Bilz, der nach jahrelangen Beobachtungen an Tieren und Menschen eine systematische Darstellung des Phänomens Langeweile versucht hat, hat an Langeweilesituationen „ohne Ausnahme Käfig- bzw. Gefängnis-Charakter" zu erkennen geglaubt. Ein Hund langweilt sich, wenn er dauernd in der Wohnung eingesperrt ist, ein Pferd langweilt sich, wenn es den Winter über im Stall steht. Sobald die Tiere aber ihren Auslauf bekommen, reagieren sie sich ab.

Wie ist das beim Menschen? Was soll das heißen, Langeweilesituationen haben Gefängnis-Charakter? Wer sich an Sonntagen oder Feiertagen langweilt, tut das doch nicht, weil er eingesperrt ist. Im Gegenteil bietet ja gerade die Freizeit auch den Freiraum, um etwas, was nicht so langweilig ist, zu unternehmen. Wenn man sagt, die Situation des gelangweilten Menschen besitzt Gefängnis-Charakter, dann beschreibt das auf der einen Seite die Lage, in die jeder geraten kann: man muß warten – am Bahnhof, im Wartezimmer, auf einer Behörde. Die Zeit ist tote Zeit und dehnt sich scheinbar bis ins Unendliche, während man selbst weder weg kann noch zur Sache kommt. Auf der anderen Seite entsteht aber auch bei jenen, die sich nicht nur ausnahmsweise, sondern fortwährend in ihrer Freizeit langweilen, so etwas wie eine psychische Gefängnissituation. Man scheint in das Langeweileverhalten wie in einen Zirkel, in einen Teufelskreis zu geraten. Die Langeweile wirkt auf die Dauer ganz offenbar wie eine Lähmung, die sich auf Physis und Hirn legt, und die nicht nur die körperliche Aktivität beeinträchtigt, sondern auch das Denken, das Erleben, das Fühlen, die Vorstellungskraft des Menschen, seine Phantasie, seine Wünsche. Die Lähmung scheint sogar bis in seine Träume hinein zu wirken.

Wenn man sich anschaut, wie sich Menschen, die sich in ihrer Freizeit viel langweilen, selbst beschreiben, versteht man, was hier mit Lähmung gemeint ist. Den Befragten wurde für diese Selbstbeschreibung eine Reihe von Karten vorgelegt, auf denen verschiedene Eigenschaften und Versatzstücke einer solchen Beschreibung notiert waren. „Bei welchen davon würden Sie sagen, so ungefähr trifft das auch auf mich zu?"

Dabei zeigt sich: wer sich viel langweilt, führt mit großer Wahrscheinlichkeit tatsächlich auch alles in allem ein monotoneres Leben als andere. Selbstbe-

Frage: „*Hier auf diesen Karten stehen verschiedene Eigenschaften und Beschreibungen. Bei welchen davon würden Sie sagen, so ungefähr trifft das auch auf mich zu? Würden Sie mir einfach die Nummern angeben.*" (K)

	Januar 1979 Personen, die sich nie langweilen %	langweilen %
Ich unterhalte mich sehr gern mit anderen Leuten	73	70
Ich bin häuslich, habe Freude am Familienleben	64	56
Ich verkehre am liebsten immer mit denselben Freunden und Bekannten	58	65
Am Sonntag schlafe ich gern lange aus	51	53
Ich bin genügsam, ich brauche nicht viel	49	55
Ich probiere immer gern neue Sachen aus	46	40
Zu allem, was ich mache, lasse ich mir Zeit; ich lasse mich nicht hetzen	44	51
Am Wochenende bleibe ich meistens zu Hause	41	48
Andere sagen von mir, ich sei eine heitere Natur, immer gut aufgelegt	40	33
Ich stecke voller Pläne, habe sehr viel vor	39	27
Ich wünschte mir manchmal, ich wäre schlagfertiger, als ich bin	34	41
Ich nehme mir oft etwas vor, aber dann mache ich's doch nicht	32	44
Ich bin gern allein, für mich	20	25
Ich fahre im Urlaub meistens an denselben Ort	19	18
Ich sehe nicht ein, daß ich mich mehr anstrengen soll, als man von mir verlangt	18	23
Ich würde gern am Wochenende etwas Größeres unternehmen, habe dazu aber oft keine Lust und Energie mehr	14	24
Ich brauche jemand, der micht antreibt, damit ich etwas unternehme	12	23
Manchmal fehlen mir einfach die Ideen, etwas Interessantes zu unternehmen	12	24

schreibungspunkte wie „Ich verkehre am liebsten immer mit denselben Freunden und Bekannten" oder „Am Wochenende bleibe ich meistens zu Hause" oder „Ich sehe nicht ein, daß ich mich mehr anstrengen soll, als man von mir verlangt" werden von denen, die sich langweilen, deutlich bevorzugt. Ungefähr jeder vierte sagt von sich: „Ich brauche jemand, der mich antreibt, damit ich etwas unternehme". Aber nicht nur die Aktivität der Gelangweilten scheint merkwürdig gebremst zu sein, auch ihre geistige Beweglichkeit wirkt seltsam eingeschränkt und läßt selbst für die Betroffenen zu wünschen übrig. „Ich wünsche mir manchmal, ich wäre schlagfertiger, als ich bin", sagt fast jeder zweite von sich. Während jeder vierte das Gefühl hat, daß ihm „einfach die Ideen, etwas Interessantes zu unternehmen" fehlen, geben von den Aktiveren 46% zu Protokoll, daß sie zur Zeit „voller Pläne" stecken, „sehr viel vor haben".

Ich sagte, die lähmende und ängstigende Wirkung der Langeweile geht bis in die Träume hinein: Gelangweilte Menschen berichten häufig darüber, daß sie sich immer wieder im Traum in folgender Situation befinden: man will laufen, will sich bewegen, aber man kann nicht. 25% haben diesen Traum. Von den weniger Gelangweilten kennen den Traum nur 19%. Dieser Traum spiegelt genau die Situation, wie sie die Gelangweilten nur allzuoft empfinden. „Ich würde gern am Wochenende etwas Größeres unternehmen, habe dazu aber oft keine Lust und Energie mehr", sagen ja ebenfalls 24% von sich. Von der Gegengruppe sagen das halb soviel.

Frage: *„Wir haben einmal untersucht, wovon die Menschen träumen. Sind da Träume darauf, die Sie in den letzten Monaten gehabt haben?"* (L)

Auszug	Juli 1981	
	Personen, die sich	
	nie	
	langweilen	langweilen
	%	%
Ich ertrinke, ich ersticke, ich gehe unter	5	11
Von verstorbenen Menschen	20	25
Vom Tod	8	13
Daß ich laufen, mich bewegen will und es nicht kann	19	25

Vgl. auch S. 22

Auch vom Ersticken, vom Ertrinken, vom Tod träumen gelangweilte Menschen doppelt so oft wie die anderen. Man kann dabei auf den Verdacht kommen, daß die Langeweile unbewußt vielfach auf eine Art Totstelleffekt hinausläuft. Langeweile, das ist ja – um es paradox auszudrücken – der quälende Zustand der Apathie, der Leid- und auch Freudlosigkeit, in dem die Schutzvorkehrungen gegen das Leben mit seinen sicherlich manchmal auch bösen Überraschungen so stark sind, daß sie jegliche Form menschlicher Lebendigkeit abwürgen. Der Käfig- und Gefängnischarakter der Langeweilesituation entsteht dadurch, daß man sich offenbar aus der Monotonie nicht einmal mehr herausdenken kann. In der Untersuchung zur Langeweile wurden den Befragten zwei Lebensformen vorgelegt und mit der Frage verbunden: Welche dieser Lebensweisen entspricht eher derjenigen, wie sie selbst auch leben? Die eine Lebensweise stellt sich so dar: „Bei mir passiert im allgemeinen nicht viel. Mein Leben läuft seinen gewohnten, gleichmäßigen Gang." Die andere so: „Bei mir passiert sehr oft etwas Neues. Mein Leben ist voller Abwechslung und unerwarteter Ereignisse." Es überrascht natürlich nicht, daß die große Mehrheit der Gelangweilten ihr Leben auf die erste Weise beschreibt: „Bei mir passiert im allgemeinen nicht viel." Wenn man aber bedenkt, daß die Langeweile bis in den Schlaf und in die

Frage: „*Hier unterhalten sich zwei über ihr Leben. Würden Sie es bitte einmal lesen. Welche von beiden lebt eher so, wie Sie auch leben?*" (B)

Frage: „*Was meinen Sie wohl, welcher von beiden lebt im Grunde glücklicher?*"

| | Januar 1979 | |
| | Personen, die sich | |
	nie langweilen %	langweilen %
„Bei mir passiert im allgemeinen nicht viel. Mein Leben läuft seinen gewohnten, gleichmäßigen Gang."	55	68
„Bei mir passiert sehr oft etwas Neues. Mein Leben ist voller Abwechslungen und unerwarteter Ereignisse."	42	28
Andere Antwort	3	4
	100	100
„Glücklicher lebt, dessen Leben seinen gewohnten Gang geht."	31	37
„Glücklicher lebt, dessen Leben voller Abwechslung verläuft."	36	33
Unentschieden	33	30
	100	100

Alpträume hinein quälend wirkt, kann man doch überrascht sein, daß die Gelangweilten auf die Nachfrage, welcher von den beiden Lebensläufen glücklicher verläuft, mehrheitlich tatsächlich das Gefühl äußern, Glück sei dort am ehesten garantiert, wo das Leben den gewohnten Gang geht und wo nicht allzu viel Neues passiert.

Das Leben des Gelangweilten verläuft nicht nur monoton, es entsteht vielmehr in dieser Monotonie offenbar auch die Tendenz, die unguten Gefühle, die man gegenüber sich selbst und der ganzen Welt entwickelt, durch zunehmende Gleichgültigkeit zu bekämpfen. Wer sich langweilt, hat auch seltener das Bedürfnis, sich sozial zu engagieren oder auch nur als sozial eingestellt zu gelten. Das Syndrom der Langeweile scheint wie eine Sucht zu verlaufen. Wie beim Alkoholiker entsteht im Gelangweilten offensichtlich immer stärker das Bedürfnis, gegen die Negativitäten des Lebens nur mit einem Doppelten zu reagieren: mit noch mehr Verzicht auf Vielfalt, auf Extravaganzen, mit noch mehr Langeweile, die so schon da und dort bis zur Stupidität geht. Wer die Entwicklung des Tanzstils junger Leute über den hier beobachteten Zeitraum hinweg, also etwa seit der Mitte der fünfziger Jahre, beobachtet, hat das, was hier gemeint ist, plastisch vor Augen. Gegenüber der Disco-Hopserei der achtziger Jahre erscheint die Rage und phantastische Beweglichkeit des damaligen Rock'n' Roll wie ein natürlicher Reflex auf die ersten Ansätze der sich in der Wohlstandsgesellschaft ausbreitenden Langeweile. Mittlerweile dient das Tanzen der jungen

Menschen weniger als Ausgleich zu einem immer gleichförmiger und unterschiedsloser gestalteten Alltag oder Sonntag. Eher hat man den Eindruck, daß hier ein ganz und gar unklösterliches Exerzitium praktiziert wird: die Einübung in die Monotonie. Die letzte, gerade vorüberrauschende Neue Deutsche Welle der populären Gesangskunst und Musikkultur scheint dabei geradezu auf einen Härtetest hinauszulaufen: Wieviel Eintönigkeit kann ein 16jähriger vertragen, ohne vor Langeweile zu sterben? Wenn er durchhält, wird er mit großer Wahrscheinlichkeit auch die sich ausbreitende Langeweile überleben.

Je mehr man sich aber langweilt, um so passiver wird man, um so mehr wird man tatsächlich auch zu einem Opfer der Umstände, unter denen man lebt und schließlich nur noch leidet. Dabei werden die Erfahrungen vom Leben, von der Wirklichkeit und die Hoffnungen auf die Zukunft immer schwärzer. Das ist das Käfigartige an der Situation von Menschen, die sich langweilen. Wir haben von einem Teufelskreis gesprochen. Der in Amerika arbeitende österreichische Psychologe Paul Watzlawick hat einmal gesagt, daß das Problem des falschen, im Endeffekt krankmachenden Lebens darin bestehe, daß wir Menschen dazu neigen, die Lösung unserer Probleme immer in einer gesteigerten Dosis dessen zu suchen, was uns die Probleme eingebrockt hat.

SOZIALPOLITISCHE SYMPTOME

Hier nun, nachdem wir uns einige Dimensionen des sozialpsychischen Syndroms der Langeweile vergegenwärtigt haben, erscheinen uns auch das auffällige Plädoyer der Gelangweilten für Gleichheit und Gerechtigkeit und ihre Skepsis gegenüber dem andern Prinzip, dem der Freiheit, in einem anderen Licht. Freiheit, darin steckt die Aufforderung zur Selbstverantwortung, zur Selbstorganisation; Freiheit setzt die ungeheure Energie voraus, für die Strukturierung des Lebens und der freien Zeit, die man hat, selbst zu sorgen. Gleichheit oder Gerechtigkeit erscheinen demgegenüber aus der laxen, leicht verschwommenen Sicht des Gelangweilten wie eine große Garantie der sozialen Spannungslosigkeit: Wo Gerechtigkeit herrscht, erwartet man keine sozialen Unruhen, dort scheint der gewohnte Gang des Lebens gesichert zu sein. Das Plädoyer für Gleichheit und Gerechtigkeit im Munde der Gelangweilten ist nicht so sehr ein Ausdruck einer gesteigerten sozialen Sensibilität als ein Beleg für unsere Beobachtung: nämlich daß Langeweile selbst dafür sorgt, daß am Ende nichts mehr anderes gewünscht wird, als das, was Monotonie erzeugt.

Mit dem Wort von Watzlawick ist der Teufelskreis beschrieben, aus dem man so einfach nicht herauskommt und von dem man auch nicht recht sagen kann, wie man überhaupt hineingerät. Steht am Anfang die Angst vor dem Leben, die dann das Denken und Fühlen einengt und die Wirklichkeit schließlich nur noch

FREIHEIT ODER GLEICHHEIT

Frage: „Hier unterhalten sich zwei, was letzten Endes wohl wichtiger ist, Freizeit oder möglichst große Gleichheit – wenn Sie bitte einmal lesen. Welcher von beiden sagt eher das, was auch Sie denken?" (B)

Der eine: „Ich finde Freiheit und möglichst große Gleichheit eigentlich beide gleich wichtig. Aber wenn ich mich für eines davon entscheiden müßte, wäre mir die persönliche Freiheit am wichtigsten, daß also jeder in Freiheit leben und sich ungehindert entfalten kann."

Der andere: „Sicher sind Freiheit und möglichst große Gleichheit gleich wichtig. Aber wenn ich mich für eines davon entscheiden müßte, fände ich eine möglichst große Gleichheit am wichtigsten, daß also niemand benachteiligt ist und die sozialen Unterschiede nicht so groß sind."

	Personen, die sich		16–29		Juli 1981 Altersgruppen 30–44		45–59		60 u. älter	
	nie lang-weilen	lang-weilen	ohne Langeweile	mit	ohne Langeweile	mit	ohne Langeweile	mit	ohne Langeweile	mit
Am wichtigsten –	%	%	%	%	%	%	%	%	%	%
Freiheit	55	40	59	43	54	43	58	40	50	37
Gleichheit . .	30	43	25	41	30	49	30	49	35	38
Unentschieden	15	17	16	16	16	8	12	11	15	25
	100	100	100	100	100	100	100	100	100	100

FREIHEIT ODER GERECHTIGKEIT

Frage: „Hier unterhalten sich zwei, was letzten Endes wohl wichtiger ist, Freiheit oder Gerechtigkeit – wenn Sie bitte einmal lesen. Welcher von beiden sagt eher das, was auch Sie denken?" (B)

Der eine: „Ich finde Freiheit und Gerechtigkeit eigentlich beide gleich wichtig. Aber wenn ich mich für eines davon entscheiden müßte, wäre mir die persönliche Freiheit am wichtigsten, daß also jeder in Freiheit leben und sich ungehindert entfalten kann."

Der andere: „Sicher sind Freiheit und Gerechtigkeit gleich wichtig. Aber wenn ich mich für eines davon entscheiden müßte, fände ich Gerechtigkeit am wichtigsten, daß also niemand benachteiligt ist und die sozialen Unterschiede nicht so groß sind."

	Personen, die sich		16–29		Juli 1981 Altersgruppen 30–44		45–59		60 u. älter	
	nie lang-weilen	lang-weilen	ohne Langeweile	mit	ohne Langeweile	mit	ohne Langeweile	mit	ohne Langeweile	mit
Am wichtigsten –	%	%	%	%	%	%	%	%	%	%
Freiheit	46	33	49	33	50	33	46	37	39	29
Gerechtigkeit	37	44	39	49	31	52	38	39	42	40
Unentschieden	17	23	12	18	19	15	16	24	19	31
	100	100	100	100	100	100	100	100	100	100

beängstigender aussehen läßt, oder steht am Anfang die Phantasielosigkeit, eine falsche, anregungslose Sozialisation, die den Blick für die Farben, das Gefühl für die gute Seite an Widerständen und Spannungen im Leben nicht geweckt hat?

DIE FRAGE NACH DER URSACHE

Diese Fragen sind natürlich nur im Einzelfall zu klären. Wir sind davon ausgegangen, daß im Laufe der letzten 25 Jahre die Zahl derjenigen, die sich in ihrer Freizeit langweilen, beträchtlich größer geworden ist, und wir haben zu zeigen versucht, daß diese Entwicklung alles andere als harmlos ist. Eine solche Entwicklung geht aber über den zufälligen Einzelfall hinaus. Wie sollen wir uns das, was da vor sich geht, erklären? – Rudolf Bilz hat als Verhaltensforscher die Ursache der zunehmenden Langeweile in den modernen Gesellschaften durch den Wegfall von Feindtönung der Umwelt erklärt. Feindtönung, das ist der Charakter der Umwelt, der die Tiere und vorzivilisierten Menschen immer wieder hellwach sein läßt und selbst im Schlaf dafür sorgt, daß die Aufmerksamkeitsschwelle niemals so hoch wird, daß der Schlafende nicht gleichzeitig durch seine Wahrnehmung mit der Umwelt verbunden wäre. In einer feindgetönten Umwelt steht das Nervensystem sozusagen dauernd auf dem Sprung. Wo der Feind hinter jedem Busch lauern könnte, gibt es keine Langeweile. Tiefschlaf ist dagegen ein Symptom von Zivilisation.

Nun gibt es aber in Mitteleuropa nicht erst seit einem Vierteljahrhundert genügend Polizei auf der Straße, daß man bei Tag und des nachts im allgemeinen vor Dieben, Mördern und wilden Tieren seine Ruhe hat. Wenn Bilz vom Wegfall der Feindtönung als Ursache für die sich ausbreitende Langeweile in den letzten Jahrzehnten spricht, versteht er diesen Begriff in einem sehr weiten Sinne. Man kann – meint Bilz – den Begriff der Feindtönung so weit fassen, „daß auch die Autoritäten unter diesen Nenner fallen, vor denen wir vor einem halben Jahrhundert Respekt hatten". Dazu gehörte auch das Gefühl, daß der Mensch ständig durch ein höheres Wesen von außen her beobachtet wird. „Wir können es uns kaum vorstellen, was es heißt, immerfort in der sensorischen Zange eines übermächtigen Wesens zu sein". Mittlerweile gibt es niemand mehr, auch nicht auf dem Lande, der etwa bei einem Gewitter noch an ein Strafgericht Gottes glauben würde und zitternd Kerzen ins Fenster stellte.

Mit dem letzten großen Versachlichungsschub in den sechziger Jahren, bei dem nicht nur viel Aberglauben vertrieben worden ist, sondern alles in Frage gestellt wurde, was sich selbst nicht durch funktionale Rationalität oder auf der anderen Seite durch politisch-ideologische Funktionalität legitimieren konnte, sind auch die weltlichen Autoritäten in starkem Ausmaß in Mitleidenschaft gezogen worden. Unter dem teilweise ganz unerfüllbaren Legitimierungszwang gegenüber allem und jedem sind auch die letzten hergebrachten hierarchischen Strukturierungen der Gesellschaft vergangen.

Man kann die allgemeine Skepsis und Kritik an den hergebrachten Formen von Autorität, die seit den späten sechziger Jahren in Permanenz geübt werden, gewiß als Fortschritt in Richtung Gleichheit feiern. In einer Gesellschaft, in der sich die Langeweile ausbreitet, wird man allerdings den Verdacht nicht los, daß hier im Untergrund auch das vorhin beschriebene Syndrom der Langeweile mit am Werk ist. Alle Anstrengungen, die wir in den letzten Jahren in Richtung Gleichheit unternommen haben, etwa um Chancengleichheit zu verwirklichen, sind zwar, so sie nicht gut waren, zumindest gut gemeint gewesen. Es hat sich aber gezeigt, daß das Prinzip der Chancengleichheit, das in einer modernen, aufgeklärten Gesellschaft unabdingbar ist, bei seiner Verwirklichung oft nur die Macht der bürokratisch-rationalen und alles auf unterster Ebene gleichmachenden Verwaltung gestärkt hat. Ohne die alles erfassende Bürokratie scheint auch das schöne Ideal der Chancengleichheit heute nicht realisierbar zu sein. Wir wissen aber, daß das Individuelle und Einzigartige in Wirklichkeit nicht rational zu erfassen, daß das Besondere nicht verwaltet werden kann. Indem die Bürokratie automatisch größer werden mußte, ist auch die Monotonie penetrant geworden. Die Folge ist, daß das Freiheitsgefühl der Menschen immer kleiner wird. Das gilt von der Schulbank über den Arbeitsplatz bis zum Gefühl, mit dem die Bürger heute vor den politischen Problemen stehen.

Rudolf Bilz meinte in den sechziger Jahren, es sei denkbar, daß die Verwissenschaftlichung und Versachlichung unserer Welt und unseres Weltbildes eines Tages gleichgesetzt wird mit der Verlangweiligung des Welt-Erlebens und des Lebens. Die Spuren dessen, was das bedeutet, haben wir in den demoskopischen Zahlen sichtbar zu machen versucht. Daß immer mehr Menschen, wo sie nicht handeln, immer häufiger davon träumen auszuwandern, läßt darauf schließen, daß der Gegenimpuls, die Lust zum Ausbruch aus dem täglichen Trott im Zirkel der Langeweile, noch nicht ganz erloschen ist. Vielleicht ist die zunehmende Kontaktfreudigkeit und Geselligkeit unter den Menschen, die die Demoskopen ebenfalls in den letzten Jahren festgestellt haben, eine Art Selbstheilungsstrategie des sozialen Körpers. Allerdings dürften es dabei die, die sich langweilen, ihren aufgeschlosseneren, aufgeweckteren Mitmenschen wiederum besonders schwer machen. Denn es ist ja nicht nur so, daß sich ihnen die Welt in graueren Farben zeigt als den anderen. Sie selbst, das zeigen die Ausdrucksbeschreibungen, die die Interviewer sich nach den jeweiligen Interviews notiert haben, sehen im ganzen auch weniger fröhlich, weniger einladend in die Welt.

ERLÄUTERUNGEN

Basis

Im „Allensbacher Jahrbuch der Demoskopie" sind Ergebnisse von Umfragen verschiedener Art und Größe zusammengestellt. Der Leser kann jedoch für jede Tabelle anhand des Verzeichnisses für Querschnitte auf Seite LI feststellen, wie die Umfrage, die dem Resultat zugrunde liegt, beschaffen ist, auf welche Bevölkerungsgruppen sie sich bezieht.

Die Umfrageergebnisse werden ohne besondere Kennzeichnung wiedergegeben, wenn die Befragungen an einen statisch-repräsentativen Querschnitt der erwachsenen Bevölkerung ab 16 Jahre im Bundesgebiet mit West-Berlin gerichtet und 2000 Personen, nach dem Quoten-Verfahren ausgewählt, einem mündlichen Interview unterzogen wurden.

Umfrageergebnisse, die sich auf andere Bevölkerungsgruppen beziehen bzw. die durch Befragung anderer Querschnitte gewonnen wurden, sind am linken Rand der Tabelle durch große Buchstaben gekennzeichnet. So stützten sich zum Beispiel Umfrageergebnisse, die mit dem Buchstaben „A" gekennzeichnet sind, auf die Befragung eines statistisch-repräsentativen Querschnitts der Bevölkerung ab 16 Jahre im Bundesgebiet mit West-Berlin von 1000 Personen.

Alle Tabellen geben den Termin an, an dem die Umfrage stattgefunden hat, auf die sie sich beziehen. Es handelt sich jeweils um den Zeitpunkt der Befragung selbst, nicht um den Zeitpunkt der Auswertung.

Prozente

Das Jahrbuch enthält Tabellen, bei denen sich die Prozentzahlen auf mehr als 100 addieren lassen. Es handelt sich dabei um Fragen, auf die mehrere Antworten gegeben werden konnten.

Wenn auf eine Antwortvorgabe weniger als 0,5 Prozent der Stimmen entfallen, ist an Stelle einer Prozentzahl ein „×" in die Tabelle eingefügt.

Das Zeichen „–" statt einer Prozentzahl bedeutet, daß in dieser Rubrik keine Antwort vorkommen kann.

Abkürzungen

Neben der Darstellung der Gesamtergebnisse (ohne Bezeichnung, bzw. abge-
kürzt: Bev. insges.) sowie der Ergebnisse für Männer (M) und Frauen (F) werden
einzelne Umfrageergebnisse ausführlicher präsentiert, z. B. nach Altersgruppen,
regionaler Gliederung, Berufskreisen.

BERUFSKREISE: Hierunter sind zusammengefaßt sowohl die Berufstätigen
selbst als auch ihre nicht berufstätigen Familienangehörigen. Zur Gruppe der
„Arbeiter" gehören also nicht nur die berufstätigen Arbeiter und Arbeiterinnen,
sondern auch deren Familienangehörige.

POLITISCHE ORIENTIERUNG: Eine Aufgliederung nach Befragten, die sich
für eine der drei großen Parteien ausgesprochen haben. Alle übrigen Befragten
bleiben unberücksichtigt.

STADT UND LAND: Untergliederungen der Umfrageergebnisse nach der
Wohnortgröße der Befragten weisen aus: DÖRFER (weniger als 2000 Einwohner), KLEINSTÄDTE (2000 bis unter 20 000 Einwohner), MITTELSTÄDTE
(20 000 bis unter 100 000 Einwohner), GROSSSTÄDTE (100 000 und mehr Einwohner).

REGIONALE GLIEDERUNG: Die Bundesländer wurden folgendermaßen
zusammengefaßt: NORDDEUTSCHLAND MIT WEST-BERLIN (West-Berlin,
Schleswig-Holstein, Hamburg, Bremen, Niedersachsen); NORDRHEIN-WEST-
FALEN; RHEIN-MAIN-GEBIET/SÜDWESTDEUTSCHLAND (Hessen, Rheinland-Pfalz, Saarland, Baden-Württemberg); BAYERN.

SOZIALE SCHICHT: Der Interviewer stuft die Schichtzugehörigkeit des
Befragten nach Anweisungen des Instituts ein, wobei er das Bildungsniveau,
den Lebensstil und die finanziellen Verhältnisse des Befragten berücksichtigt.

Zeichen

(O) = OFFENE FRAGE: Bei einer „offenen Frage" finden sich im Fragebogen
keine vorgedruckten Antworten, sondern die Antworten der befragten Personen werden im Wortlaut notiert. Um die Antworten auf solche Fragen auswerten
zu können, muß man sie „verschlüsseln", also Kategorien zuordnen, die das
Gemeinsame einer größeren Zahl von Antworten bezeichnen.

(×) = GEGABELTE BEFRAGUNG: Wenn man nicht sicher ist, ob die Reihenfolge der in einer Frage präsentierten Antwortmöglichkeiten das Ergebnis
beeinflußt, wird ein Verfahren angewendet, das in der englischen Fachsprache

als „split-ballot-technique" bekannt ist. Von Interview zu Interview wechselnd, werden die Alternativen einer solchen Frage in umgekehrter Reihenfolge vorgelesen.

Das ausgewiesene Durchschnittsergebnis dieser gegabelten Befragung ist insofern ein „neutraler" Befund, als die Wirkung der Reihenfolge, in der die Alternativen vorgelesen werden, eliminiert ist. Vgl. Seite 14.

(L) = LISTE; (K) = KARTE, KARTENSPIEL: In vielen Fällen haben die befragten Personen Gelegenheit, ihre Antworten auf eine bestimmte Frage aus einer Liste herauszusuchen, die ihnen der Interviewer vorlegt. Listen und Karten werden in der Regel verwendet:

1. wenn die Befragten mit einer Frage gebeten werden, über eine große Anzahl von Gegenständen Auskunft zu geben, zum Beispiel, welche von dreißig Zeitschriften sie in den letzten acht Tagen gelesen haben oder nicht, welche Fernsehsendungen sie an einem bestimmten Tag gesehen haben oder nicht, welche Einrichtungsgegenstände sie in ihrer Wohnung haben, und so fort. Die Liste dient als Gedächtnisstütze und soll die Vollständigkeit der Angaben sichern (aided recall); in ähnlicher Funktion werden Listen oder Karten benutzt, wenn man nicht das „aktive" Wissen feststellen will, also nicht, was der befragten Person auf eine bestimmte Wissensfrage von allein einfällt, sondern das „passive" Wissen: Wissen, das wach wird, wenn man die Begriffe bzw. die möglichen Antworten vor Augen hat.

2. wenn bei einer Frage zahlreiche Anwortmöglichkeiten oder Antworten mit längerem Wortlaut vorgegeben sind und damit gerechnet werden muß, daß der Text beim bloßen Vorlesen nicht von allen Befragten sinngemäß aufgenommen wird. In diesem Fall können die zur Auswahl gestellten Antworten noch einmal auf einem gesonderten Blatt (Liste) nachgelesen werden. Ein Beispiel dafür ist auf Seite 16.

3. wenn bei einer schwierigen Frage allen Befragten – also auch solchen mit geringem Ausdrucksvermögen – die gleiche Chance gegeben werden soll, Stellung zu nehmen.

4. wenn eine Frage unter verschiedenen Gesichtspunkten systematisch beantwortet werden soll. Die Liste sichert, daß der Befragte alle Gesichtspunkte zur Kenntnis nimmt, über die er aussagen soll.

5. wenn die Einstellung der Befragten in eine Art Skala eingestuft werden soll – etwa von „sehr gut = + 5" bis „sehr schlecht = – 5". Die Befragten bestimmen selbst ihren Standort auf der Skala.

6. wenn bei Fragen, die vielleicht Hemmungen begegnen, die Aussage erleichtert werden soll. Die Befragten werden aufgefordert, auf einer Liste mit

numerierten Auswahlantworten die zutreffende Antwort auszuwählen und dem Interviewer lediglich die entsprechende Listennummer anzugeben. So werden beispielsweise zur Ermittlung von Einkommensgruppen oder Parteirichtung oft Listen verwendet.

(B) = BILDBLATT, DIALOG: Im Jahrbuch finden sich viele Beispiele dafür, daß den befragten Personen Bildblätter vorgelegt wurden, die bestimmte Fragestellungen während der Interviews illustrieren sollten, etwa wem man eher zustimmen würde. Vgl. Seite 10 und 12/13.

Die Diaglogform ist ein Hilfsmittel, um schwierige Gegenstände zu veranschaulichen und durch das eher gewohnte und lebendige Bild einer Gesprächssituation das Interesse des Befragten wachzurufen, Partei zu ergreifen.

Statistische Fehlerspannen

Die in diesem Buch zusammengestellten Umfrageergebnisse beruhen auf Stichprobenerhebungen, die jeweils nur einen kleineren, nach mathematisch-statistischen Prinzipien ausgewählten Teil der interessierenden Gesamtgruppe (einen „repräsentativen Querschnitt") erfaßt. Naturgemäß sind die so gemessenen und auf die Gesamtheit hochgerechneten Prozentwerte mit gewissen Zufallsfehlern behaftet, die vor allem vom Umfang der Stichprobe abhängen.

Die Größe dieser statistischen Fehlerspannen ist berechenbar, und entsprechende Fehlertabellen sind in jedem Statistik-Buch zu finden.

Hier soll nur beispielhaft die Größenordnung dieser Fehler deutlich gemacht werden: Geben etwa bei 2000 befragten Personen 30% eine bestimmte Antwort, so muß mit einer Fehlerspanne von ± 2% gerechnet werden. Das bedeutet, daß der tatsächliche Prozentsatz in der Grundgesamtheit, aus der die Stichprobe gezogen wurde, mit hoher Sicherheit zwischen 28 und 32% liegt. Bei 1000 Befragten wären fast 3%, bei nur 500 Personen etwa 4% Fehlerspanne einzukalkulieren.

VERZEICHNIS DER QUERSCHNITTE

Ohne
Zeichen: 2000 Personen ab 16 Jahre im Bundesgebiet mit West-Berlin.

A: 1000 Personen ab 16 Jahre im Bundesgebiet mit West-Berlin.

B: 500 Personen ab 16 Jahre im Bundesgebiet mit West-Berlin.

C: 4000–8000 Personen ab 14 Jahre im Bundesgebiet mit West-Berlin (Allensbacher Werbeträger-Analyse).

D: 2000 Personen von 18 bis 79 Jahren im Bundesgebiet mit West-Berlin, zur Hälfte durch Random-, zur Hälfte durch Quoten-Stichprobe ausgewählt.
Diese Tabellen entstammen der Allensbacher Studie „Eine Generation später: Bundesrepublik Deutschland 1953–1979", hrsg. von E. Noelle-Neumann und Ed. Piel, K. G. Saur Verlag, München 1983.

E: 1078 Personen ab 55 Jahre im Bundesgebiet mit West-Berlin.

F: 1091 Auszubildende, die 1980 die Prüfung vor der Industrie- und Handelskammer Münster abgelegt haben. Schriftliche Befragung.

G: 500 Studenten an 33 Universitäten im Bundesgebiet mit West-Berlin.

H: 3010 Hochschullehrer und 1880 Nachwuchswissenschaftler an 47 Hochschulen im Bundesgebiet mit West-Berlin.

I: 2000 Personen ab 18 Jahre im Bundesgebiet mit West-Berlin.

J: 240, im Juni 1979 befragte Personen, die sich innerhalb der letzten drei Jahre beruflich selbständig gemacht haben, bzw. überlegt haben, ob sie sich selbständig machen sollten, davon dann aber Abstand nahmen.

DIE ALLENSBACHER JAHRBUCH-REIHE

Band I   1947–1955
Jahrbuch der öffentlichen Meinung, herausgegeben von
Elisabeth Noelle-Neumann und Erich Peter Neumann,
3. Aufl. 1975, XLII, 412 Seiten, Leinen, DM 68,–
ISBN 3-598-20711-5

Band II   1957
XLVIII, 388 Seiten, Leinen, DM 68,–
ISBN 3-598-20712-3

Band III   1958–1964
XXIV, 644 Seiten, Leinen, DM 78,–
ISBN 3-598-20713-1

Band IV   1965–1967
LVI, 545 Seiten, Leinen, DM 78,–
ISBN 3-598-20714-×

Band V   1968–1973
LVI, 666 Seiten, Leinen, DM 78,–
ISBN 3-598-20715-8

Band VI   1974–1976
Allensbacher Jahrbuch der Demoskopie,
herausgegeben von Elisabeth Noelle-Neumann,
XXXIV, 355 Seiten, Leinen, DM 68,–
ISBN 3-598-20716-6

Band VII   1976–1977
XLIX, 402 Seiten, Leinen, DM 88,–
ISBN 3-598-20717-4

Band VIII 1978–1983
herausgegeben von Elisabeth Noelle-Neumann
und Edgar Piel, München 1983,
LI, 716 Seiten, Leinen, DM 198,–
ISBN 3-598-20710-7

Sämtliche Bände sind beim Verlag K · G · Saur erhältlich

K·G·Saur München · New York · London · Paris
K · G · Saur Verlag KG · Postfach 71 10 09 · 8000 München 71 · Tel. (0 89) 79 89 01

Kapitel I

DIE DEUTSCHEN

A. GESELLSCHAFTLICHE DATEN

Die folgenden Tabellen geben Auskunft über die erwachsene Bevölkerung der Bundesrepublik Deutschland (mit West-Berlin) nach den Ergebnissen der Volkszählungen vom 15. September 1950, vom 6. Juni 1961 und vom 27. Mai 1970, den amtlichen Fortschreibungen sowie den Ergebnissen des Mikrozensus vom Mai 1981 (Quelle: Statistisches Jahrbuch 1982 für die Bundesrepublik Deutschland), wonach im Jahr 1981 die deutsche Wohnbevölkerung ab 16 Jahre rund 46,5 Millionen umfaßte. Die amtlichen Statistiken sind mit * gekennzeichnet; ** bezeichnen Ermittlungen des Instituts für Demoskopie Allensbach. Sie beziehen sich auf die erwachsene Bevölkerung der Bundesrepublik Deutschland (mit West-Berlin) ab 16 Jahre, wenn nicht anders vermerkt.

	1950 %	1961 %	1970 %	1978 %	1981 %
GESCHLECHT:*					
Weiblich	54,5	54,2	53,6	54,1	53,9
Männlich	45,5	45,8	46,4	45,9	46,1
	100,0	100,0	100,0	100,0	100,0
ALTER:*					
16–29 Jahre	27,5	27,7	25,1	24,7	26,3
30–44 Jahre	27,8	23,9	27,4	26,1	29,1
45–59 Jahre	26,2	27,1	22,0	22,3	23,0
60 Jahre und älter	18,5	21,3	25,5	26,9	25,6
	100,0	100,0	100,0	100,0	100,0

	1950 %	1961 %	1970 %	1978 %	1981 %
WOHNSITZ IM BUNDESLAND:*					
Schleswig-Holstein	5,0	4,1	4,1	4,2	4,5
Hamburg	3,4	3,2	2,9	2,8	2,8
Bremen	1,2	1,3	1,2	1,1	1,1
Niedersachsen	13,2	11,8	11,7	12,0	12,0
Nordrhein-Westfalen	26,6	28,4	28,0	27,7	27,6
Hessen	8,8	8,6	8,8	8,9	8,9
Rheinland-Pfalz	6,0	6,1	6,0	6,2	6,2
Saarland	–	1,9	1,8	2,0	1,7
Baden-Württemberg	12,9	13,8	14,7	14,2	14,2
Bayern	18,2	16,9	17,3	17,6	17,9
West-Berlin	4,7	3,9	3,5	3,3	3,1
	100,0	100,0	100,0	100,0	100,0

ALTERSAUFBAU DER WOHNBEVÖLKERUNG AM 31. 12. 1980

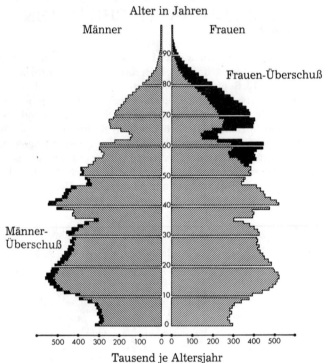

Alter in Jahren

Männer   Frauen

Frauen-Überschuß

Männer-Überschuß

500 400 300 200 100   0   0   100 200 300 400 500

Tausend je Altersjahr

	1950	1961	1970	1978	1981
FAMILIENSTAND:*					
Ledig	23,8	24,4	20,1	22,6	24,8
Verheiratet	63,2	63,0	66,1	62,9	60,9
Verwitwet, geschieden	13,0	12,6	13,8	14,5	14,3
	100,0	100,0	100,0	100,0	100,0

	1980 %	1982 %
LEBENSPHASEN (Bevölkerung insgesamt ab 14 Jahre)**		
Junge Unverheiratete, unter 35 Jahren	23	24
Junge Verheiratete ohne Kinder	4	3
Verheiratete mit kleinen Kindern	11	10
Verheiratete mit älteren Kindern	13	13
Ältere Verheiratete ohne Kinder im Haushalt	33	33
Ältere Unverheiratete, 35 Jahre oder älter	16	17
	100	100

SCHULABSCHLUSS**	1978	1980	1982
	Gesamtbevölkerung ab 14 Jahre		
	%	%	%
Volksschule/Hauptschule	66	66	64
Mittlere Reife	24	24	26
Abitur	10	10	10
	100	100	100

			1982		
	Ges.		Altersgruppen		
	ab 16	16–29	30–44	45–59	60 u.ä.
	%	%	%	%	%
Männer					
Volksschule/Hauptschule	62	54	57	68	73
Mittlere Reife	23	29	26	20	14
Abitur	15	17	17	12	13
	100	100	100	100	100
Frauen					
Volksschule/Hauptschule	67	49	59	73	80
Mittlere Reife	25	37	32	21	16
Abitur	8	14	9	6	4
	100	100	100	100	100

BERUFSAUSBILDUNG**	1978	1980	1982
Mehrfachnennungen möglich	Gesamtbevölkerung ab 14 Jahre		
	%	%	%
Abgeschlossene Lehre	40	40	39
Andere abgeschlossene Berufsausbildung	30	30	31
Ohne Berufsausbildung	38	39	36

			1982		
	Ges.		Altersgruppen		
	ab 16	16–29	30–44	45–59	60 u.ä.
	%	%	%	%	%
Männer					
Abgeschlossene Lehre	56	58	54	57	54
Andere abgeschlossene Berufsausbildung	31	21	38	32	31
Ohne Berufsausbildung	13	21	8	11	15
	100	100	100	100	100
Frauen					
Abgeschlossene Lehre	33	41	41	31	24
Andere abgeschlossene Berufsausbildung	26	30	32	25	21
Ohne Berufsausbildung	41	29	27	44	55
	100	100	100	100	100

BERUFSKREISE*	1950 %	1961 %	1970 %	1981 %
Arbeiter und Landarbeiter	52,1	49,8	45,6	40,0
Angestellte	17,2	22,7	30,7	37,3
Beamte	4,7	6,7	7,7	9,7
Selbständige; freie Berufe	13,5	12,1	8,7	8,5
Landwirte	12,5	8,7	7,3	4,5
	100,0	100,0	100,0	100,0

BERUFSTÄTIGKEIT**	1978 %	1980 %	1982 %
	Gesamtbevölkerung ab 14 Jahre		
Berufstätig	50	46	43
Mithelfende im eigenen Betrieb	3	3	3
In Berufsausbildung . .	3	3	4
Arbeitslos	–	2	4
Schüler, Student	6	7	8
Rentner	16	18	20
Hausfrauen, ohne Beruf	22	21	18
	100	100	100

Diese Angaben beziehen sich auf Berufstätige (1981: 24 Millionen Personen oder 52% der erwachsenen Bevölkerung ab 16 Jahre) und Nichtberufstätige, die nach ihrem eigenen früheren Beruf (Rentner) bzw. nach dem Beruf des Ernährers (Schüler, Hausfrauen) eingestuft wurden.

NETTO-MONATSEINKOMMEN:**	Haushalte			Hauptverdiener im Haushalt		
	1978 %	1980 %	1982 %	1978 %	1980 %	1982 %
Unter 750 DM	2	} 4	} 3	3	} 5	} 4
750– 999 DM	4			5		
1000–1249 DM	7	4	3	11	6	5
1250–1499 DM	9	6	6	17	11	9
1500–1749 DM	12	9	8	19	15	14
1750–1999 DM	12	11	11	15	16	18
2000–2499 DM	18	17	17	14	20	22
2500–2999 DM	15	15	15	8	11	12
3000–3499 DM	} 13	13	14	} 5	7	7
3500–3999 DM		8	9		4	4
4000–4999 DM	} 8	7	7	} 3	3	2
5000 DM und mehr		6	7		2	3
	100	100	100	100	100	100

PREISINDEX FÜR DIE LEBENSHALTUNG MITTLERER ARBEITNEHMERHAUSHALTE*
1970 = 100

1968	1969	1970	1971	1972	1973	1974	1975	1976	1977	1978	1979	1980	1981
95,0	96,9	100	105,2	110,8	118,3	126,3	134,0	139,9	144,8	148,4	154,1	162,2	171,7

PRIVATHAUSHALTE:*	1950 %	1961 %	1970 %	1978 %	1981 %
mit 1 Person	20	21	25	29	31
mit 2 Personen	25	27	27	29	29
mit 3 Personen	23	22	20	18	17
mit 4 und mehr Personen	32	30	28	24	23
	100	100	100	100	100
Personen je Haushalt einschließlich Kinder unter 16 Jahre	2,99	2,88	2,74	2,52	2,46

B. SELBSTBILD – MENSCHENBILD – WELTBILD

Frage: „Sind Sie im allgemeinen mit Ihrem jetzigen Leben zufrieden, oder wünschen Sie sich manches anders?"

	1958	1967	1973	1977	1979	1979 Männer	Frauen
		Bevölkerung insgesamt					
	%	%	%	%	%	%	%
Zufrieden	45	57	58	62	59	60	58
Wünsche mir manches anders	52	37	37	34	36	34	37
Unentschieden	3	6	5	4	5	6	5
	100	100	100	100	100	100	100

IM ALLGEMEINEN ZUFRIEDEN

Frage: „Haben Sie den Eindruck, daß die meisten Leute bei uns in der Bundesrepublik mit ihrem Leben alles in allem zufrieden sind oder nicht so zufrieden?"

Frage: „Sind Sie eigentlich mit Ihrem Leben alles in allem zufrieden oder nicht so zufrieden?"

	August 1982		
	Zufrieden	Nicht so zufrieden	Unentschieden
	%	%	%
Einschätzung der anderen Leute	47	40	13 = 100
Eigenes Lebensgefühl	79	21	x = 100

Frage: „Wenn Sie Ihr Leben noch einmal von vorn anfangen könnten: Würden Sie dann vieles anders machen, oder alles wieder genauso?"

	März 1981						
	Bevölkerung insgesamt	Männer	Frauen	16–29	Altersgruppen 30–44	45–59	60 u.ä.
	%	%	%	%	%	%	%
Vieles anders	41	41	41	34	43	47	42
Alles wieder genauso . . .	29	28	30	35	28	25	28
Unmöglich zu sagen . . .	30	31	29	31	29	28	30
	100	100	100	100	100	100	100

Weitere Ergebnisse s. JB VI, 11

SINN DES LEBENS

Frage: „Man fragt sich ja manchmal, wofür man lebt, was der Sinn des Lebens ist. Worin sehen Sie vor allem den Sinn Ihres Lebens? Könnten Sie es nach dieser Liste hier sagen?" (L)

	1974	1979	1982	1982	
	Bevölkerung insgesamt			Männer	Frauen
PRIVATES GLÜCK	%	%	%	%	%
Daß meine Familie versorgt ist	67	56	54	58	50
Daß ich glücklich bin, viel Freude habe	48	51	52	54	50
Daß es meine Kinder gut haben	58	50	49	45	52
Die Welt kennenzulernen, etwas von der Welt zu sehen	34	36	33	37	30
Das Leben genießen	27	36	38	44	33
Daß ich es zu einem eigenen Haus, einem Eigenheim bringe	26	19	16	21	12

BEZIEHUNG ZUR GESELLSCHAFT					
Im Leben etwas zu leisten, es zu etwas bringen	54	42	39	46	33
Daß ich von meinen Mitmenschen geachtet werde, Ansehen habe	36	35	30	31	28
Daß andere mich mögen, daß ich bei anderen beliebt bin	37	34	29	27	31
An meinem Platz mithelfen, eine bessere Gesellschaft zu schaffen	46	24	24	26	22
Ganz für andere dazusein, anderen zu helfen	24	15	15	9	19

ETHISCHE VERPFLICHTUNG					
Daß ich vor mir selber bestehen kann	59	41	43	40	45
Tun, was mein Gewissen mir sagt	46	36	38	34	42
Daß ich in meinem irdischen Leben mich bewähre, um vor meinem Schöpfer bestehen zu können	26	19	21	14	26
Das tun, was Gott von mir erwartet	21	16	18	12	23
Mit allen Kräften mich für eine bestimmte Idee einzusetzen	23	15	15	17	14

JEDER IST SEINES GLÜCKES SCHMIED

Frage: „*Zwei Männer unterhalten sich über das Leben. Der eine sagt: ‚Jeder ist seines Glückes Schmied. Wer sich heute wirklich anstrengt, der kann es auch zu etwas bringen.'* Der andere sagt: ‚*Tatsächlich ist es so, daß die einen oben sind, und die anderen sind unten und kommen bei den heutigen Verhältnissen auch nicht hoch, so sehr sie sich auch anstrengen.'* Was würden Sie persönlich sagen – wer von den beiden hat eher recht – der erste oder der zweite?*"

	1955 März %	1963 Nov. %	1975 Aug. %	1978 Mai %	1980 Mai %
Jeder ist seines Glückes Schmied	53	62	62	63	61
Die einen bleiben oben, die anderen unten	35	25	27	26	23
Unentschieden	12	13	11	11	16
	100	100	100	100	100

	Mai 1980		
	Jeder seines Glückes Schmied %	Die einen oben, die andern unten %	Unentschieden %
Bevölkerung insgesamt	61	23	16 = 100
Männer	61	24	15 = 100
Frauen	60	23	17 = 100
ALTERSGRUPPEN			
16–29	53	29	18 = 100
30–44	60	23	17 = 100
45–59	62	24	14 = 100
60 und älter	67	18	15 = 100
SCHULBILDUNG			
Volksschule	59	26	15 = 100
Höhere Schule	64	18	18 = 100

DAS LEBEN ALS AUFGABE

Frage: „*Zwei Männer/Frauen unterhalten sich über das Leben.*

Der/die eine: Ich betrachte mein Leben als eine Aufgabe, für die ich da bin und für die ich alle Kräfte einsetze. Ich möchte in meinem Leben etwas leisten, auch wenn das oft schwer und mühsam ist.

Der/die andere: Ich möchte mein Leben genießen und mich nicht mehr abmühen als nötig. Man lebt schließlich nur einmal, und die Hauptsache ist doch, daß man etwas von seinem Leben hat.

Was meinen Sie: Welche(r) von beiden macht es richtig, der/die erste oder der/die zweite?" (X)

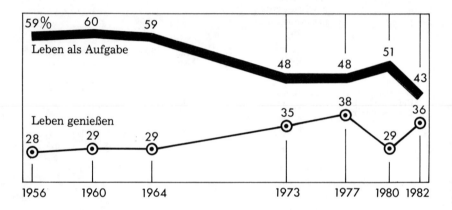

ZUR EMANZIPATION DER FRAU

	Aufgabe		Genießen		Unentschieden	
	Männer %	Frauen %	Männer %	Frauen %	Männer %	Frauen %
1956 . . .	55	62	33	24	12	14
1960 . . .	60	62	29	26	11	12
1964 . . .	59	60	31	26	10	14
1973 . . .	47	48	38	33	15	19
1977 . . .	48	49	38	36	14	15
1980 . . .	44	48	37	33	19	19
1982 . . .	43	43	37	34	20	23

GERN DAHEIM UND UNTERWEGS

Frage: „Hier auf der Liste stehen vier Punkte. Wenn Sie die Punkte mal durchlesen – wie geht es Ihnen selbst, was trifft für Sie zu" (L)

	November 1977		
	Gesamt %	Männer %	Frauen %
„Ich bin am liebsten zu Hause, weggehen tue ich nur, wenn es unbedingt sein muß."	22	19	24
„Ich bin sehr gern zu Hause, gehe aber auch immer wieder mal gern aus – gerade so, wie es eben kommt."	65	65	64
„Mir ist es schon lieber, wenn ich ausgehen kann, als zu Hause zu sitzen. Viel los ist zu Hause ja doch nicht."	11	13	10
„Ich halte es zu Hause nicht lange aus, zu Hause gefällt es mir nicht."	2	3	2
	100	100	100

WER BIN ICH?

Frage: „Hier auf diesen Karten stehen verschiedene Eigenschaften und Beschreibungen. Bei welchen davon würden Sie sagen, so ungefähr trifft das auch auf mich zu?" (K)

	Januar 1979 %
Ich unterhalte mich sehr gern mit anderen Leuten	72
Ich bin häuslich, habe Freude am Familienleben	61
Ich verkehre am liebsten immer mit denselben Freunden und Bekannten	61
Am Sonntag schlafe ich gern lange aus	52
Ich bin genügsam, ich brauche nicht viel	51
Zu allem, was ich mache, lasse ich mir Zeit; ich lasse mich nicht hetzen	46
Am Wochenende bleibe ich meistens zuhause	44
Ich probiere immer gern neue Sachen aus	44
Andere sagen von mir, ich sei eine heitere Natur	38
Ich wünschte mir manchmal, ich wäre schlagfertiger, als ich bin	37
Ich nehme mir oft etwas vor, aber dann mach ich's doch nicht	36
Ich stecke voller Pläne, habe sehr viel vor	34
Ich bin gern allein, für mich	22
Ich sehe nicht ein, daß ich mich mehr anstrengen soll, als man von mir verlangt	20
Ich fahre im Urlaub meistens an denselben Ort	19
Ich würde gern am Wochenende etwas Größeres unternehmen, habe dazu aber oft keine Lust und Energie mehr	17
Ich brauche jemand, der mich antreibt, damit ich etwas unternehme	16
Manchmal fehlen mir einfach die Ideen, etwas Interessantes zu unternehmen	16

Vgl. auch Seite 14, 15

MANCHMAL EINSAM

Frage: „Fühlen Sie sich manchmal einsam, sehr allein?"

	1949	1973	1980	Dörfer	Klein-	Mittel-	Groß-
	Bevölkerung insgesamt				städte	städte	städte
	%	%	%	%	%	%	%
Häufig	19	7	7	5	5	9	9
Manchmal . . .	26	22	24	23	23	26	25
Selten	10	20	25	26	25	23	24
Nie	45	51	44	46	47	42	42
	100	100	100	100	100	100	100

Weitere Ergebnisse s. JB I, 15; V, 143; VI, 18

Frage: „Wenn Sie bitte einmal diese beiden Bilder ansehen. Was meinen Sie, wo Sie sich wohler fühlen, an welchem Strand möchten Sie lieber sein – oben oder unten?" (B)

Vergleiche Bildblatt auf Seite 13

	Bevölkerung insgesamt	Männer	Mai 1977 Frauen	Altersgruppen			
				16–29	30–44	45–59	60 u.ä.
	%	%	%	%	%	%	%
Oben	69	70	67	62	73	74	66
Unten	24	22	26	32	22	21	21
Unentschieden . .	7	8	7	6	5	5	13
	100	100	100	100	100	100	100

SCHNELL AUF DU UND DU

Frage: „Die Menschen sind ja verschieden: Die einen sagen, wenn sie neue Leute kennenlernen, ziemlich schnell, schon nach kurzer Bekanntschaft ‚Du' zueinander. Bei den anderen dauert es lange, bis sie zum ‚Du' übergehen. Wie geht es Ihnen in dieser Hinsicht?"

A	1974	1980	Männer	Frauen	Altersgruppen				Schulabschluß	
	Bevölkerung insgesamt				16–29	30–44	45–59	60 u.ä.	Volks- schule	Höhere Schule
	%	%	%	%	%	%	%	%	%	%
Sage schnell „Du"	25	32	39	25	56	29	20	16	35	25
Dauert lange . .	41	38	30	47	16	39	50	56	37	43
Ganz verschieden . .	34	30	31	28	28	32	30	28	28	32
	100	100	100	100	100	100	100	100	100	100

NOCH EINMAL: WER BIN ICH?

C

Auszug – Das paßt auf mich, trifft auf mich zu –	1980 %	1982 Gesamt %	Männer %	Frauen %
Von anderen Menschen unabhängig zu sein, ist mir sehr wichtig	–	56	59	53
Ich habe einen großen Bekanntenkreis	54	55	58	51
Ich mache nur das, wovon ich wirklich überzeugt bin .	55	53	55	52
Es fällt mir leicht, neue Leute kennenzulernen	46	49	50	48
Gewöhnlich rechne ich bei dem, was ich mache, mit Erfolg	42	45	53	39
Ich kann mich sehr rasch auf etwas Neues einstellen . .	–	43	45	41
Ich probiere immer wieder gern etwas Neues aus	27	42	36	48
Andere sagen von mir, ich sei eine heitere Natur, immer gut aufgelegt	41	42	40	44
Ich habe meistens eine passende Antwort zur Hand, bin schlagfertig	39	39	45	35
Ich werde oft von anderen eingeladen	35	39	36	42
Ich kann mich leicht für etwas begeistern	39	39	36	43
Wenn ich etwa Neues habe, dann zeige ich das gern den anderen	–	38	31	45
Ich übernehme gern Verantwortung	35	35	41	30
Wenn ich mehr Geld hätte, könnte ich meine Freizeit besser nutzen	–	35	38	32
Ich stecke voller Pläne, habe sehr viel vor	32	34	38	31
Ich bin selten unsicher, wie ich mich verhalten soll . . .	34	34	38	31
Bin sehr energisch, kann mich durchsetzen	39	31	34	29
Wenn ich krank bin, ist das schlimmste für mich, wenn ich nicht arbeiten kann	–	31	28	33
Es macht mir Spaß, andere Menschen von meiner Meinung zu überzeugen	27	30	37	24
Ich bin manchmal etwas unentschlossen, schüchtern .	–	30	22	36
Ich glaube, ich habe einen Spürsinn für das, was auf mich zukommt	–	28	25	30
Manchmal reizt es mich direkt, ein Risiko einzugehen .	–	23	29	18
Ich merke öfter, daß sich andere nach mir richten	19	22	24	21
Mir ist es sehr wichtig, etwas Neues zu schaffen, bei etwas den Anfang zu machen	–	19	22	17
Ich übernehme bei gemeinsamen Unternehmungen gern die Führung	17	19	25	13
Mir ist es sehr wichtig, mich durchzusetzen, gegen den Strom zu schwimmen, mich von anderen abzuheben . .	–	12	14	11
Ich bin anderen oft um einen Schritt voraus	10	10	13	8

– = nicht gefragt

Vgl. auch Seite 11 und 15

SOZIALORIENTIERUNG

Frage: *„Auf dieser Liste werden verschiedene Personengruppen aufgeführt. Wo würden Sie überall sagen: ‚Das könnte auch auf mich passen' – ich meine, zu welchen dieser Gruppen würden Sie sich selbst auch zählen?"* (L)

	Bevölkerung insgesamt %	Männer %	Frauen %	16–29 %	30–44 %	45–59 %	60 u.ä. %
Mittelstand	45	43	47	42	50	49	39
Jemand, der grundsätzlich jede Art von Gewalt ablehnt	43	37	48	41	43	42	44
Sozial eingestellte Menschen	42	42	42	41	46	44	38
Leute, die sich über die Zukunft unseres Landes Gedanken machen	41	44	39	38	44	40	43
Optimisten	38	39	37	44	44	35	28
Jemand, der sich für Natur- und Umweltschutz einsetzt	33	34	32	41	34	30	26
Überzeugte Demokraten	31	40	24	29	37	31	29
Jemand, der fordert, daß alle Atomwaffen verboten werden	29	27	31	36	27	27	27
Jemand, dem die politische Freiheit über alles geht	26	33	21	27	27	26	25
Arbeiterklasse	23	28	19	25	22	22	23
Religiöse, gläubige Menschen	23	17	28	10	16	22	45
Jemand, der von Staat und Politik enttäuscht ist	22	25	18	27	19	22	19
Liberale	20	25	16	20	24	21	16
Politisch Einflußlose	19	19	19	19	18	18	20
Kernkraftgegner	16	15	17	28	15	10	11
Idealisten	12	13	12	14	13	11	12
Musische Menschen, Künstler	12	10	13	12	11	12	12
Konservative	12	13	11	5	9	14	19
Benachteiligte	10	11	8	10	8	10	11
Fortschrittliche, Progressive	9	11	7	15	9	5	4
Pessimisten	8	8	8	8	10	8	7
Intellektuelle	5	6	4	8	4	5	4
Erfolgreiche, Aufsteiger	4	5	2	3	6	4	2
NATO-Gegner	3	4	2	5	2	1	1

(Juli 1981; Altersgruppen)

GUTE VORSÄTZE

Frage: „So etwas kann man ja schwer ausdrücken, aber ist hier auf der Liste etwas dabei, was Sie sich jetzt manchmal vornehmen? (1982 und 1983: was Sie sich in letzter Zeit vorgenommen haben?)"
(L)

	1978 April %	1980 Dez. %	1982 Jan. %	1983 Jan. %
Mich nicht soviel ärgern	45	44	43	49
Mehr spazierengehen	43	37	46	48
Weniger essen	41	40	40	41
Das Leben leichter nehmen, nicht zu schwer	37	30	31	37
Sparsamer sein, mehr auf das Geld achten	29	37	39	36
Öfter Sport treiben	35	25	30	36
Weniger rauchen	25	25	26	22
Mich mehr beherrschen, weniger gehenlassen, tatsächlich tun, was ich mir vornehme	19	17	18	22
Mehr bei mir selber die Fehler suchen	28	22	21	21
Anderen gegenüber freundlicher sein, weniger schroff	20	19	19	21
Mehr unternehmen	–	–	17	18
Weniger schüchtern sein, selbstsicherer werden	18	15	14	17
Weniger Alkohol trinken	–	–	16	15
Weniger fernsehen	–	–	17	12
Pünktlicher sein	14	10	11	12
Mehr Zeitung lesen	–	–	11	12
Öfter in die Kirche gehen	11	10	11	10
Mehr an andere denken, weniger egoistisch sein	8	7	8	10
Unangenehme Sachen nicht aufschieben, sondern gleich anpacken	45	41	–	–
Andere Menschen besser verstehen, sich mehr in sie hineindenken	33	28	–	–
Mich weiterbilden, meine Kenntnisse erweitern	29	25	–	–
Mehr mit anderen Menschen zusammen unternehmen	–	24	–	–
Mehr schlafen	24	20	–	–
Energischer sein, nicht zuviel nachgeben	21	17	–	–
Diplomatischer sein, geschickter vorgehen	20	15	–	–
Nicht so in den Tag hineinleben, mehr an den Sinn des Lebens denken	19	14	–	–
Immer die Wahrheit sagen	12	11	–	–

UMWELT ODER VERERBUNG?

Frage: „Was ist eigentlich entscheidender dafür, was aus einem Menschen wird: die Umwelt, in der er aufwächst, oder die Vererbung, die Erbanlage? Ich meine – was davon ist wichtiger?" (X)

Wichtiger ist –	1954 Dez. Gesamtbev. %	1977 Mai %	Volks- schule %	Höhere Schule %	Altersgruppen 14–29 %	30–44 %	45–59 %	60 u.ä. %
Umwelt	50	67	65	71	77	74	64	48
Vererbung	29	17	19	15	11	12	20	29
Weiß nicht	21	16	16	14	12	14	16	23
	100	100	100	100	100	100	100	100

ALTERNATIVES LEBEN

Frage: „Manchmal liest man ja in der Zeitung, daß jemand, der in guten Verhältnissen in der Großstadt gelebt hat, alles aufgibt und aufs Land zieht, um dort als Bauer oder Handwerker eine neue Existenz zu beginnen. Hatten Sie da schon einmal das Gefühl, das würde ich auch gern machen, wenn ich könnte, oder könnten Sie sich das gar nicht vorstellen?"

	Mai 1981 Bevölkerung insgesamt %	Altersgruppen 16–29 %	30–44 %	45–59 %	60 u.ä. %
Würde ich auch gern machen	34	44	34	30	27
Könnte ich mir gar nicht vorstellen	44	37	44	48	48
Weiß nicht	22	19	22	22	25
	100	100	100	100	100

DER NOTGROSCHEN

Frage: „Ein altes Sprichwort sagt: Spare in der Zeit, so hast Du in der Not. Kann man das für die heutige Zeit wieder anwenden, oder hat es heutzutage wenig Sinn, für Notzeiten zu sparen?"

	1955* Juli %	1981 März %	Männer %	Frauen %	16–29 %	Altersgruppen 30–44 %	45–59 %	60 u.ä. %
Sparen hat Sinn	57	63	60	66	48	57	70	79
hat wenig Sinn	33	26	28	25	36	31	23	15
Unentschieden	10	11	12	9	16	12	7	6
	100	100	100	100	100	100	100	100

* = 3000 Befragte ab 18 Jahre

VOLKSWEISHEITEN

Frage: „Hier sind einige Sprichwörter aufgeschrieben. Sind da Sprichwörter dabei, denen Sie voll und ganz zustimmen, die Sie aus eigner Erfahrung unterschreiben könnten?" (L)

A

	Ges.	Februar 1978 Altersgruppen			
		16–29	30–44	45–59	60 u.ä.
	%	%	%	%	%
Es ist nicht alles Gold, was glänzt	70	64	71	71	73
Wer den Pfennig nicht ehrt, ist den Taler nicht wert	61	46	55	65	81
Reden ist Silber, Schweigen ist Gold	57	45	54	62	67
Undank ist der Welt Lohn	52	32	54	55	65
Wer andern eine Grube gräbt, fällt selbst hinein	46	41	37	56	53
Frisch gewagt ist halb gewonnen	46	40	45	51	51
Gut Ding will Weile haben	45	36	43	48	54
Gegen Dummheit kämpfen Götter selbst vergebens	45	34	45	49	53
Kleider machen Leute	45	50	44	39	45
Eigener Herd ist Goldes wert	45	27	43	54	62
Besser der Spatz in der Hand als die Taube auf dem Dach	44	31	45	51	51
Man muß das Angenehme mit dem Nützlichen verbinden	44	50	46	43	37
Sich regen bringt Segen	43	26	38	51	59
Freunde in der Not gehen hundert auf ein Lot	41	26	39	45	55
Der Krug geht so lange zum Brunnen bis er bricht	40	25	38	45	54
Nach getaner Arbeit ist gut ruh'n	39	31	37	41	51
Müßiggang ist aller Laster Anfang	38	20	34	46	54
Was Hänschen nicht lernt, lernt Hans nimmermehr	37	25	34	42	47
Der Mensch denkt, Gott lenkt	37	21	31	44	54
Morgenstund' hat Gold im Mund	34	15	28	42	52
Bescheidenheit ist eine Zier, doch weiter kommt man ohne ihr	30	27	28	27	36
Warum in die Ferne schweifen? Sieh', das Gute liegt so nah	27	13	22	34	38
Jung gefreit, hat nie gereut	24	13	22	28	34
Nichts ist schwerer zu ertragen als eine Reihe von guten Tagen	18	9	16	20	28
Mit dem Hut in der Hand kommt man durch das ganze Land	15	6	11	20	26

Frühere Ergebnisse s. JB V, 145

LOTTERIE

Frage: „*Über Lotterien wie Lotto, Toto, Klassenlotterie usw. kann man ja unterschiedlicher Meinung sein. Hier auf dieser Liste sind drei Meinungen aufgeschrieben. Wo würden Sie sagen: So denke ich auch?*" (L)

	Januar 1980		
	Gesamt %	Männer %	Frauen %
Ich bin nicht grundsätzlich gegen Lotterien	51	46	55
Ich finde Lotterien eine ganz spannende und unterhaltsame Sache	40	46	36
Ich bin grundsätzlich gegen Lotterien	8	6	8
Unentschieden	1	2	1
	100	100	100

SPIELE UND SPIELER

Frage: „*Spielen Sie Lotto, Toto oder so etwas?*" (L)

C	Frühjahr 1979				
			Es spielen –		
	Zahlen- lotto %	Fernseh- lotto %	Fußball- toto %	Pferde- wette %	Klassen- lotterie %
Jede Woche	35	7	5	1	1
Seltener	20	42	5	4	6
Nie	45	51	90	95	93
	100	100	100	100	100

Frage: „*Kreuzen Sie bitte an, wie oft Sie da mitspielen, Geld einsetzen.*" (L)

	Frühjahr 1979								
	Ges.	Männer	Frauen	Altersgruppen					
				14–17	18–24	25–39	40–49	50–59	60 u.ä.
	%	%	%	%	%	%	%	%	%
Jede Woche	44	53	36	17	32	47	55	54	41
Seltener	25	20	30	25	32	28	21	21	24
Nie	31	27	34	58	36	25	24	25	35
	100	100	100	100	100	100	100	100	100

EINMAL IM LEBEN MÜSSTE MAN DOCH...

Frage: „Jeder Mensch hat ja seine Träume, stellt sich öfter vor, etwas ganz Besonderes zu tun. Haben Sie schon mal davon geträumt, etwas von den Dingen auf dieser Liste hier zu tun? Wenn Sie etwas davon schon tun oder sind, zählt es hier nicht mit!" (L)

Ich habe mir schon mal vorgestellt –	Ges. %	Männer %	Frauen %	Januar 1980 Altersgruppen 16–29 %	30–44 %	45–59	60 u.ä. %
einen Lotto-Gewinn zu machen	64	66	63	68	68	64	56
eine Weltreise zu machen	53	53	54	64	58	51	40
mich für den Frieden in der Welt einzusetzen	31	30	31	30	27	30	35
jemandem das Leben zu retten	26	28	24	28	24	26	24
der Hektik des Alltags zu entfliehen und in ein abgelegenes Dorf zu ziehen	22	21	23	24	26	22	16
eine Katastrophe zu verhindern	20	23	17	18	21	19	21
an meinem Arbeitsplatz für andere wichtige Erleichterungen durchzusetzen	17	22	13	19	21	18	10
eine für die Menschheit wichtige Erfindung zu machen	16	21	11	20	17	14	11
Entwicklungshelfer in einem armen Land zu sein	15	15	16	22	18	11	8
mich aktiv für den Umweltschutz einzusetzen	14	17	12	19	15	13	9
mich selbständig zu machen	14	19	10	24	17	11	5
ein berühmter Sportler zu sein	12	18	7	21	13	8	4
ein großer Künstler zu sein	11	10	12	16	10	10	9
mich für Außenseiter der Gesellschaft einzusetzen	9	7	11	13	11	7	5
im Kibbuz zu arbeiten	5	3	7	8	8	2	2
in einer politischen Versammlung eine Rede zu halten	5	7	3	6	6	4	4
eine Gruppe von Freiheitskämpfern anzuführen	3	4	2	6	3	1	2
Nichts davon	8	8	9	4	6	8	14

Frage: „Was würden Sie sagen: Leiden Sie zur Zeit eigentlich unter Streß oder nicht?"

Frage: „Haben Sie eigentlich den Eidruck, daß die meiten Leute in der Bundesrepublik zur Zeit unter Streß leiden oder nicht?"

AUSSER ATEM?

Frage: „Man hört häufiger, daß wir in einer so gehetzten Zeit leben. Wie geht es Ihnen selbst: Gehören Sie zu den Menschen, die viel zu wenig Zeit haben, oder würden Sie das nicht von sich sagen?"

A	September 1982	
	Befragter selbst %	Die anderen Leute %
Leide(n) unter Streß .	31	61
Nein, nicht	62	19
Keine Angabe/ Weiß nicht	7	20
	100	100

C	1961 Sept. %	1976 Mai %	1981 April %
Nicht zu wenig Zeit	56	58	63
Viel zu wenig Zeit	44	42	37
	100	100	100

GELD IM BEUTEL

Frage: „Wissen Sie im allgemeinen immer ganz genau, wieviel Geld Sie im Geldbeutel haben, oder nur so ungefähr, oder eigentlich gar nicht?"

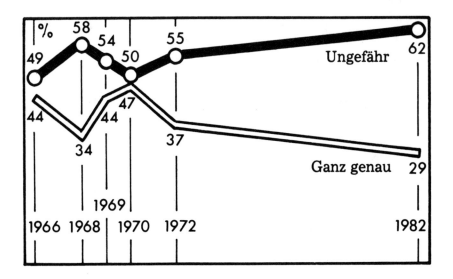

VOR ALLEM: SORGEN UM DIE ZUKUNFT

Frage: „Würden Sie mir sagen, was im Augenblick Ihre größten Sorgen und Schwierigkeiten sind?"
(O)

	Ges.	Männer	Frauen	16–29	Altersgruppen 30–44	45–59	60 u.ä.
	%	%	%	%	%	%	%
Sorgen wegen einer unsicheren Zukunft, wegen Krieg	23	25	21	15	23	27	23
Sorgen wegen Krankheit in der Familie	19	16	22	7	12	22	36
Sorgen im Zusammenhang mit der Arbeit, dem Arbeitsplatz	15	17	13	27	19	12	3
Geldsorgen	15	17	14	18	15	16	13
Wohnungssorgen	3	3	3	4	4	3	1
Andere Sorgen	14	12	15	15	15	12	12
Nichts Besonderes, keine Sorgen	24	23	25	25	27	23	23

Februar 1980

Weitere Ergebnisse s. JB VII, 15

ALPTRÄUME

Frage: „Wir haben einmal untersucht, wovon die Menschen träumen. Hier ist eine Liste. Sind da Träume darauf, die Sie in den letzten Monaten gehabt haben?" (L)

	1956 April %	1970 Sept. %	1981 Juli %
Von meiner Arbeit, meinem Beruf	23	25	24
Von verstorbenen Menschen	22	20	24
Von Reisen	14	20	21
Daß ich laufen, mich bewegen will und es nicht kann . . .	21	21	20
Daß ich falle, abstürze	14	14	15
Von viel Geld	10	13	11
Von Wasser	11	9	11
Daß ich verfolgt werde	9	10	10
Vom Tod	6	6	10
Von einem neuen Krieg	7	5	9
Daß ich fliege	6	7	8
Von der Flucht	5	4	6
Von der Kriegsgefangenschaft	5	4	4
Von Fliegerangriffen	6	4	4
Daß ich schwimme	3	3	4
Vom Feuer an der Front	4	3	3
Nur anderes	9	9	14
Träume nie, fast nie	24	22	19

ÄNGSTE

Frage: „Kommt es in letzter Zeit öfter vor, daß Sie Angst haben vor etwas, was auf dieser Liste steht?" (L)

	1979 März %	1980 Nov. %	1982 Juli %
UMWELT – TECHNIK Angst daß/vor –			
man immer mehr chemisch verseuchte Lebensmittel zu sich nimmt	36	47	44
ich unschuldig das Opfer eines Verkehrsunfalls werde	39	45	37
alles immer komplizierter wird	23	29	28
ich oder jemand aus der Familie arbeitslos wird	–	–	23
ich durch den täglichen Lärm um mich herum immer nervöser werde	21	25	22
das Trinkwasser hier immer weniger zu genießen ist	14	17	21
es hier in der Nähe in einem Kernkraftwerk zu einem größeren Unfall kommt	–	14	19
die Autoabgase mich krank machen	18	17	14
GEWALT – BETRUG Angst daß/vor –			
ich überfallen und beraubt werde	17	18	23
bei mir zu Hause eingebrochen wird	20	22	21
man mir bestimmte Freiheiten, Rechte einengt	21	18	17
ich unterwegs bestohlen werde	9	16	15
aufdringlichen Hausierern oder Vertretern	17	22	14
das Auto aufgebrochen wird	14	19	12
man mir während eines Auslandsaufenthaltes etwas stiehlt	11	18	11
ich beim Einkaufen betrogen werde	9	15	11
ich von Handwerkern übers Ohr gehauen werde	13	15	9
Sittlichkeitsverbrechern	13	11	–
ich von einem Betrüger um meine Ersparnisse gebracht werde	9	7	–
jemand mein Haus, meine Wohnung anzündet	7	5	–
man mir in der Gastwirtschaft zuviel berechnet	5	5	–
ich am Arbeitsplatz bestohlen werde	3	4	–
man mir nachstellt, mich umbringen will	5	3	–
MENSCHLICHE FEHLLEISTUNGEN Angst daß/vor –			
das Rauchen auf die Dauer meiner Gesundheit schadet	19	17	19
ich einsam werde, zu wenig mit anderen zusammenkomme	15	14	16
ich etwas Wertvolles verliere und nicht wiederbekomme	16	19	14
ich immer träger werde, immer weniger unternehme	14	17	13
andere mich nicht mehr mögen, mir ihre Freundschaft entziehen	7	12	12
ich dem Leistungsdruck am Arbeitsplatz nicht mehr gewachsen bin	11	11	10
meine Kinder mich immer weniger anerkennen	8	9	–
ich vielleicht zuviel alkoholische Getränke trinke	8	9	–

BEFÜRCHTUNGEN

Frage: „*Es soll einmal untersucht werden, was den Menschen heute Sorgen bereitet, was sie bedrückt. Könnten Sie diese Karten bitte jetzt einmal auf diese Streifen hier verteilen – je nachdem, was für Sie persönlich zutrifft?*" (K)

(Vier gestaffelte Antworten waren möglich, von ,sehr besorgt' bis ,überhaupt nicht besorgt')

	1972 Jan. %	1979 März %	1981 Nov. %
Es waren ,sehr besorgt', daß –			
die Preise immer mehr steigen	49	28	43
unsere Gesundheit immer mehr bedroht wird	34	27	30
die Kriminalität in Deutschland immer stärker zunimmt	41	26	28
es zu einem Krieg in Europa kommt	–	–	27
immer mehr Jugendliche dem Rauschgift verfallen	–	25	25
die Luft- und Wasserverseuchung zunimmt	34	25	24
unsere Regierung zu schwach ist	10	11	24
die Radikalen unsere Demokratie bedrohen	16	19	23
man mit seinem Geld nicht auskommt	21	16	22
in Fleisch und Lebensmitteln zuviel schädliche Stoffe enthalten sind	–	–	19
Sitte und Moral immer mehr verfallen	20	14	17
uns etwas zustößt	11	13	16
die Menschen immer einsamer werden	–	–	16
der ,kleine Mann' und der Arbeitnehmer immer weniger zu sagen haben	12	12	15
das Leben immer schwerer wird	12	11	14
ich oder jemand, der mir nahesteht, arbeitslos werden könnte	–	–	14
die Berufsarbeit immer schwieriger wird	11	13	12
die persönlichen Angaben, die ich bei Behörden oder anderen Stellen machen muß, an andere weitergegeben werden, für die sie nicht bestimmt waren	–	12	11
es in der Bundesrepublik zu einem Unfall mit einem Kernkraftwerk kommt	–	13	11
man sich durch das Rauchen schadet	–	13	10
man sich durch Alkohol schadet	–	12	10
man heute im Beruf immer wieder umlernen muß	–	–	6

– = nicht gefragt

SKEPSIS ...

Frage: „Finden Sie, daß wir alles in allem in einer glücklichen Zeit leben, oder würden Sie das nicht sagen?"

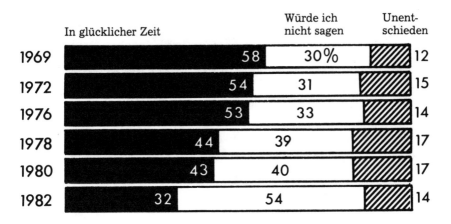

	In glücklicher Zeit	Würde ich nicht sagen	Unentschieden
1969	58	30%	12
1972	54	31	15
1976	53	33	14
1978	44	39	17
1980	43	40	17
1982	32	54	14

... VOR ALLEM BEI DEN JÜNGEREN

Frage: „Finden Sie, daß wir alles in allem in einer glücklichen Zeit leben, oder würden Sie das nicht sagen?"

	Altersgruppe 16–29 Jahre		
	1969 %	1980 %	1982 %
In glücklicher Zeit	66	49	31
Würde ich nicht sagen	25	32	55
Unentschieden	9	19	14
	100	100	100

C. WISSEN – KENNTNISSE – FÄHIGKEITEN

Frage: „Jetzt möchte ich Sie bitten, an einem interessanten Experiment mtzumachen. Wenn man irgendein Wort hört, dann fällt einem ja meist alles mögliche dazu ein. Es kommen einem bestimmte Gedanken oder Gefühle, die gerade zu diesem Wort passen; wenn Sie zum Beispiel das Wort ‚Kultur' nehmen, woran könnten Sie da vor allem denken? Ich lese Ihnen jetzt verschiedenes vor, und Sie sagen mir bitte immer, ob Ihnen bei ‚Kultur' dies sehr oder etwas oder gar nicht in den Sinn kommt."

A   September 1982

	Ja	Etwas	Nein
KULTUR	%	%	%
Kunst	87	9	4 = 100
Sprache	69	18	13 = 100
Tradition	63	21	16 = 100
Tischsitten	57	25	18 = 100
Erziehung	50	27	23 = 100
Phantasie	40	25	35 = 100
Deutsche	39	31	30 = 100
Wertvolle Menschen	37	25	38 = 100
Körperpflege	33	26	41 = 100
Persönliche Gespräche	33	30	37 = 100
Freizeit, Urlaub	31	31	38 = 100
Verantwortung	30	25	45 = 100
Natur	29	26	45 = 100
Technik	22	26	52 = 100
Mode	21	34	45 = 100
Luxus	19	26	55 = 100
Bürgerlich	17	26	57 = 100
Arbeit, Beruf	17	25	48 = 100
Überflüssig	3	11	84 = 100

ZIVILISATION

Frage: „*Jetzt möchte ich Sie bitten, an einem interessanten Experiment mitzumachen. Wenn man irgendein Wort hört, dann fällt einem ja meist alles mögliche dazu ein. Es kommen einem bestimmte Gedanken oder Gefühle, die gerade zu diesem Wort passen; wenn Sie zum Beispiel das Wort ‚Zivilisation' nehmen, woran könnten Sie da vor allem denken? Ich lese Ihnen jetzt verschiedenes vor, und Sie sagen mir bitte immer, ob Ihnen bei ‚Zivilisation' dies sehr oder etwas oder gar nicht in den Sinn kommt.*"

A ZIVILISATION	September 1982		
	Ja %	Etwas %	Nein %
Technik	71	16	13 = 100
Körperpflege	67	19	12 = 100
Tischsitten	66	22	12 = 100
Erziehung	62	24	14 = 100
Sprache	57	22	21 = 100
Verantwortung	57	22	21 = 100
Luxus	55	24	21 = 100
Arbeit, Beruf	53	26	21 = 100
Kunst	52	26	22 = 100
Freizeit, Urlaub	46	26	32 = 100
Deutsche	43	25	32 = 100
Mode	42	29	29 = 100
Tradition	40	24	36 = 100
Persönliche Gespräche	35	28	37 = 100
Natur	35	25	40 = 100
Bürgerlich	32	30	38 = 100
Wertvolle Menschen	30	24	46 = 100
Phantasie	19	22	59 = 100
Überflüssig	16	15	69 = 100

SCHREIBWEISE

Frage: „*In einer Sprache ändert sich ja die Schreibweise mit der Zeit, und man kann oft verschiedener Meinung sein, wie man ein Wort schreibt. Wir möchten für ein neues Sprachbuch feststellen, wie einige Wörter im Augenblick in der Praxis geschrieben werden. – Ob Sie so gut sein würden, die vier Wörter, die ich Ihnen jetzt sage, aufzuschreiben?*"

	Richtig geschrieben –					
	REPUBLIK	LEBENSSTANDARD	SATELLIT		RHYTHMUS	
	1981 %	1957 %	1981 %	1981 %	1957 %	1981 %
Bevölkerung insgesamt .	78	36	51	31	11	21
SCHULBILDUNG						
Volksschule	71	29	42	24	8	15
Höhere Schule	92	62	68	46	22	33

BEKANNTE NAMEN

Frage: „Hier auf diesen Karten stehen Namen von Persönlichkeiten, die in der ersten Hälfte unseres Jahrhunderts im öffentlichen Leben eine Rolle gespielt haben. Sind hier welche dabei, die Sie zumindest dem Namen nach kennen? Würden Sie mir die Karten bitte herauslegen." (K)

	1982 Febr. %		1982 Febr. %
POLITIKER			
Hermann Göring	92	**SCHRIFTSTELLER**	
Paul von Hindenburg	84		
Friedrich Ebert	81	Thomas Mann	84
Rosa Luxemburg	74	Bertolt Brecht	82
Franz von Papen	49	Joachim Ringelnatz	56
Erich Ludendorff	49	Ina Seidel	25
Heinrich Brüning	46		
Ernst Thälmann	45		
Walter Rathenau	45		
Alfred Hugenberg	24	**KÜNSTLER**	
Matthias Erzberger	19		
		Marlene Dietrich	95
WISSENSCHAFTLER		Heinrich Zille	63
		Käthe Kollwitz	57
Max Planck	78	Emil Jannings	48
Otto Hahn	65	Paul Klee	36
Graf Hermann von Keyserling	10	Franz Marc	22

FREMDWÖRTER

Frage: „Hier auf dieser Liste stehen einige Fremdwörter, die nicht so bekannt sind. Bei welchen davon wissen Sie zufällig genau, was damit gemeint ist, was das Wort bedeutet?" (L)

A	Februar 1982 %		Februar 1982 %
Brutalität	93	Zinsen	95
Aggressiv	89	Kriminell	94
Spezialität	89	Charakter	93
Dritte Welt	87	Diskussion	92
Egoismus	87	Job	91
Branche	84	Inflation	91
Toleranz	83	Playboy	91
Koalition	77	Literatur	89
Police	75	Opposition	86
Dynamisch	75	Konsequenz	84
Faszination	71	Konjunktur	82
Status	61	Trend	80
Kooperation	60	Windsurfing	80
Ökumenisch	55	Dividende	72

ZAHLEN ZUM GOETHE-JAHR 1982

Das Goethe-Jahr ist unversehens fortgeschritten ins Wagner-, Luther- und Marx-Jahr. Was kommt bei einem solchen Gedenkjahr heraus? Einige Feierstunden, unzählige Aufsätze, Artikel, Rundfunk- und Fernsehsendungen und viele Bücher. Aber kommt von alldem etwas beim Publikum an?

Das Institut für Demoskopie Allensbach hat im März 1982 an einen repräsentativen Querschnitt der deutschen Bevölkerung einige Fragen gestellt, die zwölf Monate später zum Teil wiederholt worden sind. „Woher wissen Sie etwas über Goethe?" Die meisten Deutschen wissen das, was sie über Goethe wissen, natürlich durch die Schule. Anders als früher kann heute aber auch mehr als jeder zweite auf das Fernsehen als Quelle seines Kulturwissens, in diesem Fall seiner Goethekenntnisse, verweisen. Doch lassen sich dabei noch keine besonderen Auswirkungen des Goethe-Jahres erkennen. 1982 sagten 58%, zwölf Monate später 59%, daß sie im Fernsehen oder Rundfunk von Goethe gehört hätten.

Erstaunlich ist allerdings, wieviel Menschen mittlerweile Goethe im Zusammenhang mit einem Theaterbesuch gegenwärtig haben. Die Zahl derjenigen, die Goethe im Theater kennengelernt zu haben behaupten, ist im Laufe des letzten Jahres von 24% auf 33% gestiegen. Es mag jedoch sein, daß der eine oder andere Befragte bei dieser Antwort den festen Vorsatz zu einem Theaterabend mit Goethe schon vorsorglich als verwirklicht betrachtet hat. Aber auch das würde weder gegen Goethe noch gegen die besondere Akzentuierung eines Gedenkjahres für Goethe sprechen. Goethe aus der Lektüre seiner Werke zu kennen, geben 34% an. Im März 1982 sagten das erst 30%. Es muß offenbar nicht immer Simmel sein. Vielleicht hat sich im Laufe des Goethe-Jahres mancher wieder an seine Schullektüre erinnert, an den „Götz" und an das Zitat, das ihm seitdem besser über die Lippen geht. Dafür würde auch sprechen, daß nur Personen mit einem höheren Schulabschluß sich häufiger als vor einem Jahr an ihre Goethelektüre erinnern. Bei Volksschulabsolventen ist die Zahl der Befragten, die sich daran erinnern, ein Werk von Goethe gelesen zu haben, im selben Zeitraum von 19 auf 17% gesunken.

Was die an die Wiederkehr des 150. Todestages von Goethe anknüpfende Publizistik angeht, so bestätigt sich, was in der Kommunikationsforschung immer wieder bemerkt worden ist: Wer auf ein Thema nicht vorbereitet ist, der nimmt es kaum wahr, auch wenn es plötzlich häufig in den Zeitungen erscheint. Obwohl Goethe im letzten Jahr auch in Zeitschriften mit breit gestreuter Leserschaft behandelt worden ist – sowohl der STERN als auch die QUICK haben den Mann aus Frankfurt und Weimar auf ihre Weise ja durchaus mit ausführlichen Artikeln bedacht –, sagen Befragte mit Volksschulbildung heute kaum häufiger als vor einem Jahr, daß sie etwas in Zeitungen oder Zeitschriften über Goethe gelesen hätten. Bei Befragten mit höherer Schulbildung ist die Zahl jener, die auf solche Lektüre verweisen, dagegen um 8% gestiegen.

Goethe als Gesprächsthema: Auch hier hat sich das Gedenkjahr ausgewirkt. Mehr als ein Viertel der Befragten sagen, daß ihr Wissen von Goethe unter anderem in Gesprächen zustande gekommen ist. Ein Jahr früher sagten das erst 22%. Damit ist zugleich die Zahl derjenigen gestiegen, die durch ihre Eltern von Goethe gehört haben. 1983 sagt das jeder fünfte.

Die meisten Deutschen haben Goethe in der Schule kennengelernt. 14% haben seitdem von Goethe ihren eigenen Angaben zufolge nicht mehr viel gehört. An dieses Ergebnis anknüpfend fragte man weiter: „Welche Erinnerung haben Sie an das, was Sie über Goethe in der Schule gelernt haben?" Ein Viertel der Befragten verbindet mit dem Stichwort „Goethe in der Schule" immerhin eine angenehme Erinnerung. Allerdings muß man dann dazu sagen, daß gut eine Generation vorher auf diese Frage hin ein besseres Ergebnis zustande gekommen ist. Damals, 1949, sprachen sogar 31% von einer angenehmen Erinnerung an ihren Deutschunterricht mit Goethe. Nur sehr wenige hatten 1949 die Schulstunden, in denen Goethe, der deutsche Dichter par excellence, behandelt wurde, in unangenehmer Erinnerung. Trotz – oder wegen – aller Didaktik und allen schülergerechten Unterrichts, der seitdem ins Land gegangen ist, hat sich die Zahl derjenigen, die sich an Goethe als an einen unangenehmen Lehrstoff erinnern, von 5 auf 10% verdoppelt. Und auch das spricht nicht für die besondere Qualität der modernen didaktischen Bemühungen: Statt 39% geben heute 47% der Befragten zu, daß sie nur eine ganz blasse Erinnerung an die Schulstunden zum Thema Goethe haben. Dabei überrascht vor allem, daß die jüngeren, die zum Teil gerade die Schule hinter sich haben, sich heute kaum besser an ihre Begegnung mit Goethe in der Schule erinnern als ältere Menschen. Dieses wenig erfreuliche Ergebnis mag auch damit zu tun haben, daß in den letzten zwanzig Jahren im Deutschunterricht immer weniger Zeit auf die Lektüre und Auseinandersetzung mit klassischer Literatur verwandt worden ist. So ist es auch nicht verwunderlich, daß heute nur noch 8% der Befragten von Goethe als einem Dichter sprechen, den sie besonders schätzen. Was man nicht kennt, kann man nicht lieben.

„allensbacher berichte", März 1983, Nr. 8

UNSER GOETHE

Frage: „Gibt es einen Dichter, den Sie besonders schätzen?"

	1949 Mai %	1982 März %
Ja	59	39
davon: Goethe	15	8
Schiller	9	5
Nein	41	61
	100	100

... IM BÜCHERSCHRANK

Frage: „Besitzen Sie ein Buch oder Bücher von Goethe?"

		März 1982	
	Ges. %	Volks- schule %	Höhere Schule %
Ja	35	21	59
Nein	65	79	41
	100	100	100

Frage: „Woher wissen Sie etwas über Goethe? Könnten Sie es mir bitte nach dieser Liste hier sagen." (L)

	Bevölkerung insgesamt		Schulabschluß			
			Volksschule		Höhere Schule	
	1982 März %	1983 Febr. %	1982 März %	1983 Febr. %	1982 März %	1983 Febr. %
Schule	84	86	81	81	90	93
Ausschließlich ‚Schule' genannt	20	14	25	19	10	8
Radio, Fernsehen	58	59	57	55	60	65
Lesen seiner Werke	30	34	19	17	48	57
Theaterbesuch	24	33	14	21	42	49
Aufsätze in Zeitungen oder Zeitschriften	27	32	23	24	34	42
Gespräche	22	29	18	22	29	37
Literaturgeschichte	25	28	16	16	41	44
Meine Eltern	14	20	9	12	22	29
Vorträge	7	9	5	5	12	14

ERINNERLICH

Frage: „Welche Erinnerung haben Sie an das, was Sie über Goethe in der Schule gelernt haben? Eine angenehme oder unangenehme Erinnerung, oder nur noch eine blasse Erinnerung?"

	1949 Mai Bev. insges. %	1982 März %	Altersgruppen				Schulabschluß	
			16–29 %	30–44 %	45–59 %	60 u. ä. %	Volks- schule %	Höhere Schule %
Angenehme Erinnerung	31	25	22	24	27	28	18	37
Unangenehme Erinnerung	5	10	15	9	8	9	9	12
Nur noch blasse Erinnerung . . .	39	47	46	53	48	41	50	42
Gar keine Erinnerung	25	18	17	14	17	23	23	9
	100	100	100	100	100	100	100	100

BELESENHEIT

Frage an Studenten*): „Auf diesen Karten stehen die Namen von Schriftstellern. Könnten Sie die Karten einmal auf diese Liste verteilen – Karten mit Schriftstellern, die Sie nicht kennen, legen Sie einfach beiseite." (K, L)

Februar 1978
Studenten

Deutschsprachige Schriftsteller	Schätze ich %	Schätze ich nicht %	Nur Name bekannt %	Völlig unbekannt %
Max Frisch	82	5	8	5 = 100
Heinrich Böll	82	12	3	3 = 100
Bertolt Brecht	81	13	4	2 = 100
Thomas Mann	81	10	7	2 = 100
Friedrich Dürrenmatt	79	6	10	5 = 100
Hermann Hesse	76	10	12	2 = 100
Heinrich Heine	74	9	14	3 = 100
Günter Grass	68	20	8	4 = 100
Siegfried Lenz	67	7	17	9 = 100
Franz Kafka	66	19	11	4 = 100
Günter Wallraff	55	14	20	11 = 100
Ingeborg Bachmann	41	6	29	24 = 100
Peter Handke	41	18	25	16 = 100
Rolf Hochhuth	36	11	24	29 = 100
Hans Magnus Enzensberger	36	10	29	25 = 100
Carl-Friedrich von Weizsäcker	35	14	38	13 = 100
Martin Walser	32	8	29	31 = 100
Karl Jaspers	32	10	41	17 = 100
Peter Weiss	31	7	29	33 = 100
Ludwig Marcuse	28	13	30	29 = 100
Rainer Kunze	28	5	36	31 = 100
Luise Rinser	26	9	35	30 = 100
Werner Bergengruen	23	9	29	39 = 100
Anna Seghers	22	6	34	38 = 100
Sarah Kirsch	18	5	42	35 = 100
Ilse Aichinger	17	4	33	46 = 100
Uwe Johnson	16	6	30	48 = 100
Carl Améry	15	7	39	39 = 100
Gabriele Wohmann	15	5	28	52 = 100
Rudolf Hagelstange	12	6	28	54 = 100
Robert Neumann	8	4	28	60 = 100
Hans Joachim Schädlich	5	3	27	65 = 100

(Fortsetzung)

*) 480 Studenten aller Fakultäten im Bundesgebiet und in West-Berlin

(Fortsetzung)

Februar 1978

Studenten

Fremdsprachige Schriftsteller	Schätze ich %	Schätze ich nicht %	Nur Name bekannt %	Völlig unbekannt %
Ernest Hemingway	78	9	9	4 = 100
Alexander Solzenizyn	61	20	15	4 = 100
Jean-Paul Sartre	60	19	16	5 = 100
Albert Camus	56	6	18	20 = 100
John Steinbeck	56	9	19	16 = 100
Henry Miller	44	21	25	10 = 100
Françoise Sagan	42	17	27	14 = 100
James Joyce	39	9	30	22 = 100
Jean Anouilh	37	6	26	31 = 100
Georges Simenon	37	11	23	29 = 100
Eugène Ionesco	32	9	31	28 = 100
Truman Capote	29	9	29	33 = 100
William Faulker	26	6	34	34 = 100
Marcel Proust	22	4	41	33 = 100
André Gide	20	4	32	44 = 100
Sinclair Lewis	9	6	29	56 = 100

HEINRICH BÖLL – GÜNTER GRASS

Frage: „Haben Sie schon mal etwas vom deutschen Schriftsteller Heinrich Böll (Parallelumfrage: Günter Grass) gehört oder ein Buch von ihm gelesen, oder ist Ihnen dieser Name nicht bekannt?"

März 1978

	Buch von ihm gelesen %	Nur Name bekannt %	Unbekannt %
HEINRICH BÖLL			
Bevölkerung	31	58	11 = 100
ALTERSGRUPPEN			
16–29	42	51	7 = 100
30–44	35	59	6 = 100
45–59	25	65	10 = 100
60 und älter	21	58	21 = 100
GÜNTER GRASS			
Bevölkerung insgesamt	24	56	20 = 100
ALTERSGRUPPEN			
16–29	24	56	20 = 100
30–44	29	55	16 = 100
45–59	20	61	19 = 100
60 und älter	20	53	27 = 100

MUSIK – MUSIC

Frage: „Hören Sie gern Musik?"

C	1978 %	1980 %	1981 %
Ja, höre gern Musik	81	78	75
Es geht	16	19	21
Nein, höre nicht gern Musik	3	3	4
	100	100	100˙

Frage: „Auf diesen Karten stehen verschiedene Musikarten. Könnten Sie die Karten bitte auf die Liste hier verteilen, je nachdem, wie gut Ihnen die Musik gefällt. Obenhin legen Sie die Musik, die Sie besonders gern hören, die Ihnen sehr gut gefällt; in die Mitte legen Sie die Karten mit Musik, die Sie auch noch gern hören, und in die unterste Spalte kommen die Karten mit Musik, die Ihnen weniger gut gefällt, die Sie nicht gern hören. Karten, wo Sie sich nicht entscheiden können, legen Sie einfach beiseite." (K)

C   September 1980

Besonders gut gefällt:	Bevölkerung ab 14 Jahre insgesamt %	Altersgruppen						Schulbildung	
		10–13 %	14–20 %	21–29 %	30–44 %	45–59 %	60 u. älter %	Volks- schule %	Höhere Schule %
DEUTSCHE UNTERHALTUNGSMUSIK									
Deutsche Volksmusik	42	17	7	15	35	59	70	50	26
Deutsche Schlager	36	34	19	28	39	48	38	42	20
Blasmusik, Marschmusik	32	13	4	12	26	46	55	38	17
Traditionelle Tanzmusik	29	6	8	20	28	43	33	31	25
MUSIK DER 60er/70er JAHRE									
Beat- und Popmusik	25	42	50	58	32	7	2	22	32
Rockmusik	22	44	61	47	20	5	1	19	27
Dixieland-Jazz, Swing	14	11	15	20	21	13	3	10	21
Modern Jazz	8	17	18	14	8	4	1	6	11
OPERETTEN, MUSICALS									
Operetten	29	1	2	11	27	38	49	31	24
Musicals	20	6	13	19	25	21	17	18	22
KLASSISCHE MUSIK									
Chormusik	18	5	4	7	15	21	33	18	18
Klassische Konzertmusik	18	11	8	15	19	21	24	11	34
Oper	14	2	1	6	13	19	22	10	22
Geistliche Musik	9	5	4	5	7	11	15	7	12
MUSIK VON HEUTE									
Disco-Musik	22	65	59	44	22	7	1	23	20
Reggae	11	13	32	24	10	2	×	10	14
New Wave	5	9	22	10	3	×	1	5	6
Punk	4	9	18	6	2	2	×	5	3
LIEDER, FOLKLORE									
Musik deutschsprachiger Liedermacher	24	16	27	37	28	20	12	22	28
Ausländische Folklore	15	8	10	19	22	15	8	13	20
Französische Chansons	14	5	11	18	21	12	8	9	24

BELIEBTE INSTRUMENTE

Frage: „*Spielen Sie ein Instrument?*" „*Und was spielen Sie?*" (L)
Frage an Kinder zwischen 10 und 13 Jahren: „*Spielst Du ein Instrument?*" „*Und was spielst Du?*" (L)
(Mehrfachnennungen möglich)

	Gesamt-bevölkerung ab 14 Jahre %	September 1980 Kinder von 10 bis 13 Jahren insgesamt %	Jungen %	Mädchen %
Es spielen ein Instrument	26	57	47	70
darunter:				
Klavier	8	15	15	16
Block-, Altflöte	7	37	24	53
Gitarre	7	13	15	11
Mundharmonika	5	6	9	2
Akkordeon	4	3	1	5
Geige und andere Streichinstrumente	2	3	3	3
Elektrisches Klavier, Heimorgel	2	2	1	3
Trompete, Posaune, Saxophon	1	2	1	3
Orgel	1	2	3	2
Querflöte, Klarinette	1	1	1	x
Schlagzeug, Trommel	1	x	x	x
Harfe, Zither	1	x	x	x
Anderes Instrument	1	4	1	6
Es spielen kein Instrument	74	43	53	30
	100	100	100	100

SÄNGER

Frage: „*Singen Sie in einem Chor, einem Gesangverein oder in einer anderen Gruppe?*"

C		September 1980			
	Bevölkerung insgesamt %	Männer %	Frauen %	Volks-schule %	Höhere Schule %
Es singen in einem Chor, Gesangverein	10	10	10	10	9

ELVIS

Frage: „*Vor einigen Wochen ist der amerikanische Sänger Elvis Presley gestorben. Haben Sie davon gehört?*" (Ja, gehört = 96%)
„*Mögen Sie seine Musik, oder haben Sie sie nur früher gern gehört, oder war das nie Ihr Geschmack?*"

	Sept. 1977 %
Mag seine Musik	40
Früher gern gehört	16
War nie mein Geschmack	37
Kein Urteil	7
	100

ENGLISCH IST FAVORIT

Frage: „Hier ist eine Liste mit verschiedenen Sprachen. Ist eine dabei, die Sie einigermaßen gut sprechen oder verstehen?" (L)

	1961	1973	1979	Männer	Frauen	Volks-	Höhere
	Bevölkerung insgesamt					schule	Schule
	%	%	%	%	%	%	%
Englisch	22	31	41	45	38	23	79
Französisch	11	13	13	13	13	3	34
Holländisch	4	9	5	6	4	4	7
Polnisch	3	2	2	2	2	2	2
Russisch	2	2	2	3	1	1	2
Italienisch	2	2	2	3	2	1	4
Spanisch	1	1	2	3	2	1	5
Dänisch	1	2	1	2	1	1	1
Schwedisch	x	1	1	1	1	x	1
Norwegisch	x	1	1	1	1	1	1
Keine davon	69	57	52	48	57	70	15

Weitere Ergebnisse s. JB III., 136; V., 167

ENGLISCH LESEN IST LEICHTER

Frage: „Könnten Sie mir bitte nach dieser Liste noch sagen, wie gut Sie diese Sprache(n) können?" (L)

	Oktober 1980			
	Englisch	Französisch	Italienisch	Spanisch
	%	%	%	%
Ich spreche sie fließend	6	1	x	x
Ich spreche sie einigermaßen, verstehe und lese sie aber ziemlich flüssig	15	3	1	1
Ich tue mich mit dem Sprechen recht schwer, verstehe und lese sie aber einigermaßen	13	5	1	1
Ich verstehe und lese zwar ein wenig, kann die Sprache aber kaum sprechen	8	5	1	1
Ich kenne nur einige Wörter in dieser Sprache	8	8	4	3
Nichtbefragte Restgruppe: Kann diese Sprache nicht	50	78	93	94
	100	100	100	100

FREMDSPRACHEN LERNEN

Frage: „Gibt es eine Fremdsprache, die Sie gern lernen oder vervollkommnen möchten?"
(1980 und 1982: Ja = 56%)

Falls „Ja": „Und an welche Sprache denken Sie da?"
„Brachen Sie die Sprachkenntnisse eher in Ihrem Beruf oder privat in Ihrer Freizeit?"

– denken an –	Okt. 1980 Personen, die Fremd- sprachen lernen möchten %	Sept. 1982 %	– benötigen diese –	Sept. 1982 Personen, die Fremd- sprachen lernen möchten %
Englisch	55	75	privat	73
Französisch	36	50		
Spanisch	13	21	eher im Beruf	7
Italienisch	9	16		
Russisch	–	9	Beides	20
Andere Sprachen	14	11		100

MUNDART SPRECHEN

Frage: „Können Sie die Mundart hier aus der Gegend sprechen?" (Ja: 1966 = 59%; 1980 = 53%)

Frage an Personen, die die Mundart der Wohngegend beherrschen: „Wenn Sie Mundart oder Dialekt sprechen – bei welchen Gelegenheiten tun Sie das meistens?"

	November 1980			
	In der Familie %	Im Freun- deskreis %	Bei der Arbeit %	Bei anderen Gelegenheiten %
Insgesamt	70	67	35	3
SCHULBILDUNG				
Volksschule	74	70	38	2
Höhere Schule	60	58	25	5
REGIONALE VERTEILUNG				
Norddeutschland mit West-Berlin	54	55	36	6
Nordrhein-Westfalen	65	60	22	3
Rhein-Main/Südwest	78	75	37	1
Bayern	77	74	43	×
ORTSGRÖSSEN				
Dörfer	78	78	47	2
Kleinstädte	76	73	35	3
Mittelstädte	72	68	31	1
Großstädte	57	53	28	4

Frühere Ergebnisse s. JB IV, 66

D. WOHNEN

Frage: „Wir möchten einmal wissen, was den Menschen an einem Wohnort besonders wichtig ist. Was braucht man Ihrer Meinung nach alles, um an einem Ort gern zu leben? Was wäre Ihnen da besonders wichtig? Könnten Sie das bitte aus diesen Karten heraussuchen." (K)

Frage: „Und wenn Sie jetzt einmal hier an Ihren Wohnort denken, würden Sie sagen, Sie vermissen hier etwas von diesen Dingen, die Ihnen besonders wichtig sind?" (K)

	Wichtig für jeden Wohnort			Vermißt am eigenen Wohnort		
	Ges. %	Männer %	Frauen %	Ges. %	Männer %	Frauen %
UMWELT						
Gute, reine Luft	78	77	79	25	25	25
Viel Wald und Grün	75	74	77	15	14	15
Angenehmes Klima	67	64	70	24	23	24
Schöne Ausflugsziele in der Umgebung	58	58	59	11	12	10
EINKAUF						
Gute Einkaufsmöglichkeiten	77	73	81	20	19	21
GESELLIGKEIT						
Freundliche Menschen	78	73	81	14	15	14
Nette Lokale, Möglichkeiten zum Ausgehen	48	54	44	19	21	17
Viele verschiedene Vereine, denen man sich anschließen kann	32	37	29	7	8	6
ARBEIT						
Gute Arbeitsmöglichkeiten	71	76	67	24	23	24
Gute Gelegenheit für Nebenverdienste	21	21	21	11	10	11
WOHNEN						
Schöne Wohngegend	61	60	61	11	12	11
Gutes Wohnungsangebot	58	59	56	23	24	23
Ort mit gutem Ruf	33	30	34	6	6	6
VERKEHR						
Gute Verbindungen im Nahverkehr	63	59	65	19	19	20
Günstige Eisenbahnverbindungen in alle Richtungen	43	40	46	16	15	17
BILDUNG/INFORMATION						
Gute Schulen	63	63	63	13	14	12
Zeitungen, mit gutem Lokalteil	36	38	35	8	8	7
SPORT UND SPIEL						
Wanderwege in der Umgebung	56	55	57	11	11	12
Hallenbad, Schwimmbad	53	55	51	14	14	14
Genügend Kindergärten und Kinderspielplätze	53	52	54	18	17	18
Sportanlagen, die jeder benutzen kann	47	53	41	16	18	14
Radfahrwege in der Umgebung	37	36	38	17	17	17

März 1981

EINHEIMISCH

Frage: „*Könnten Sie mir sagen, ob Sie immer hier am Ort gelebt haben, oder sind Sie von woanders zugezogen?*" Nachfrage an Personen, die zugezogen sind: „*Würden Sie mir sagen, wie lange Sie schon hier am Ort leben?*"

D	1953	1979	1953	1979	1953	1979
	Insgesamt		Männer		Frauen	
	%	%	%	%	%	%
Habe immer hier gelebt	40	42	42	45	38	40
Habe mit Unterbrechung hier gelebt . . .	7	7	9	7	6	7
Bin zugezogen	53	51	49	48	56	53
Vor weniger als 1 Jahr	3	1	3	1	3	2
Vor 1–5 Jahren	11	9	10	10	12	8
Vor 6–10 Jahren	18	10	18	8	17	10
Vor 11–20 Jahren	10	12	8	12	12	12
Vor länger als 20 Jahren	11	19	10	17	12	21
	100	100	100	100	100	100

HIER BIN ICH – HIER BLEIB ICH

Frage: „*Würden Sie gern oder ungern von hier wegziehen?*" (Von dieser Stadt, von diesem Ort)

D	1953	1979	1953	1979	1953	1979
	Insgesamt		Männer		Frauen	
	%	%	%	%	%	%
Gern wegziehen	24	9	23	8	25	9
Nicht besonders gern	21	25	23	28	19	23
Gar nicht gern	49	58	48	56	49	61
Weiß nicht	6	8	6	8	7	7
	100	100	100	100	100	100

UMWELTVERSCHMUTZUNG

Frage: „*Glauben Sie, daß die Verschmutzung von Natur und Umwelt bei uns in der Bundesrepublik (Parallelumfrage hier in der Gegend) ein ernstes Problem ist oder nicht so ernst?*"

A	August 1982	
	In der Bundesrepublik %	Hier in der Gegend %
Ernstes Problem	81	49
Nicht so ernst	13	42
Weiß nicht	6	9
	100	100

ZURÜCK AUFS LAND?

Frage: „Wo möchten Sie am liebsten leben, wenn Sie es sich frei aussuchen könnten: auf dem Lande, in einer Kleinstadt, einer Mittelstadt oder in einer Großstadt?"

	1950 Juni	1972 Nov.	1980 Jan.	16–29	30–44	45–59	60 u. ä.
	Gesamtbevölkerung				Altersgruppen		
	%	%	%	%	%	%	%
Land	25	27	35	32	29	39	40
Kleinstadt	20	22	22	15	24	21	28
Mittelstadt	24	27	25	29	29	22	21
Großstadt	27	21	14	18	15	15	9
Unentschieden	4	3	4	6	3	3	2
	100	100	100	100	100	100	100

Weitere Ergebnisse s. JB VII, 251

MEHR LEBENSQUALITÄT – ABER WELCHE?

Frage: „Wo haben die Menschen Ihrer Ansicht nach ganz allgemein mehr vom Leben: auf dem Land oder in der Stadt?"

	Oktober 1977			
	Land	Stadt	Kein Unterschied	Weiß nicht
	%	%	%	%
Bevölkerung insgesamt	43	39	11	7 = 100
ALTERSGRUPPEN				
16–29	33	50	11	6 = 100
30–44	43	38	11	8 = 100
45–59	47	36	11	6 = 100
60 und älter	49	32	11	8 = 100
STADT UND LAND				
Dörfer	56	31	8	5 = 100
Kleinstädte	46	37	9	8 = 100
Mittelstädte	42	39	10	9 = 100
Großstädte	35	44	11	10 = 100

Frühere Ergebnisse s. JB II, 134

MANCHMAL LAUT ...

Frage: „Wohnen Sie ruhig, oder ist es manchmal im Haus oder von draußen sehr laut?"

A	Wohne ruhig 1969 Juli %	1981 Febr. %	Manchmal laut 1969 Juli %	1981 Febr. %	Oft, immer laut 1969 Juli %	1981 Febr. %
Bevölkerung insgesamt	57	65	32	29	11	6
SOZIALE SCHICHT						
Oberschicht und gehobene Mittelschicht	63	72	27	22	10	6
Breite Mittelschicht, Büroberufe	55	65	31	29	14	6
Breite Mittelschicht, handarbeitende Berufe	55	60	36	34	9	6
Einfache soziale Schicht	62	59	30	34	8	7

... VON DER STRASSE

Frage an Personen, die durch Lärm gestört werden (35 Prozent = 100): „Was ist das für Lärm?" (O)

A			Februar 1981 Störungen durch –			
	Straßenlärm %	Kinder %	Laute Nachbarn %	Flugzeuglärm %	Arbeitslärm %	Anderes %
Personen, die durch Lärm gestört werden	67	17	14	8	5	22

LÄRM

Frage: „Es wird ja viel über den Lärm gesprochen – ich meine den Verkehrslärm, Industrielärm, Lärm der Großstadt usw. Glauben Sie, daß es heute mehr Lärm gibt als vor zehn Jahren, oder war es damals schon genauso wie heute?"

	1965 März %	1979 Sept. %
Heute mehr Lärm	90	83
War damals genauso . . .	6	11
Weiß nicht	4	6
	100	100

MÜNCHEN

Frage: „Wenn ein Preis vergeben werden sollte für die ideale deutsche Großstadt: Welche von den Städten, die Sie kennen, würden Sie nennen?" (O)

Februar 1980

	%
München	30
Berlin	14
Hamburg	12
Düsseldorf	6
Köln	6
Frankfurt	5
Stuttgart	5
Hannover	3
Andere Stadt genannt . .	14
Keine Angabe	6

ACHT GROSSSTÄDTE ...

Frage: „Wir möchten einmal wissen, was den Menschen in einer Großstadt besonders wichtig ist. Was braucht man Ihrer Meinung nach alles, um in einer Großstadt gern zu leben? Wenn wir einmal an Wohnen, Arbeit und Verkehrsbedingungen denken: Was wäre da in einer Großstadt ideal? (K)... Und jetzt zu den kulturellen Einrichtungen in einer Großstadt. Was wäre da Ihrer Meinung nach ideal? (K)... Und schließlich noch zu den Gaststätten und Geschäften. Was müßte es da alles in einer Großstadt geben? Was wäre da Ihrer Meinung nach ideal?" (K) (Fortsetzung nächste Seite)

| | Februar 1980 Das ist ideal in – | | | |
	München %	Berlin %	Hamburg %	Düsseldorf %
VERKEHR				
Gute Verbindungen mit U-Bahn, Straßenbahn und Bussen	71	74	74	57
Mit Leben erfüllte Fußgängerzonen	58	45	46	47
Günstige Eisenbahnverbindungen in alle Richtungen	52	38	58	55
Daß man als Fußgänger bequem durch die Stadt kommt	48	52	45	53
Gute Autobahnanschlüsse	43	30	42	53
Genügend übersichtliche Wegweiser in der Stadt	31	36	29	30
Zentrale Lange	29	23	27	38
Flüssiger Autoverkehr in der Stadt	23	36	26	30
Ein bedeutender Flughafen	22	29	18	28
Ausreichende Zahl von Taxis	18	26	22	24
Gute und sichere Radfahrwege	14	18	19	10
ARBEIT				
Gute Arbeitsmöglichkeiten	55	57	61	66
Gute Verdienstmöglichkeiten	53	56	56	59
Sichere Arbeitsplätze	39	47	42	47
Hauptsitz bedeutender Unternehmen der Wirtschaft wie Handel und Industrie, Banken, Versicherungen	26	26	27	34
EINKAUF				
Große Kaufhäuser	67	72	69	71
Schöne, ansprechende Geschäfte in der Innenstadt	67	65	59	67
Günstig erreichbare Supermärkte	56	53	61	50
Markt mit Ständen, wo man einkaufen kann	55	42	53	41
Kleiner Einkaufsladen an der Ecke	27	39	35	28
Flohmarkt, wo man einfach alles bekommt	24	33	31	22
WOHNEN				
Schöne Wohngegenden in der Umgebung	57	46	52	50
Sehenswerte Altstadt, schöne alte Häuser	45	33	39	59
Gute Luft	32	35	32	24
Freundliche, entgegenkommende Nachbarn	29	36	23	21
Guteingerichtete Kinderspielplätze	29	34	27	20
Ausreichende Zahl von Kindergärten	24	33	26	17
Wenig Straßenlärm in den Wohnvierteln	20	27	24	24
Angemessene Mietpreise	16	33	17	17
Ausreichend Wohnungen im Stadtzentrum	14	23	19	14

(Fortsetzung)

... IM VERGLEICH

(Fortsetzung)

„Könnten Sie mir jetzt noch sagen, was von den Karten, die Sie eben alle herausgesucht haben, ist in
... (Name der als ideal genannten Großstadt) so verwirklicht, wie Sie es sich etwa vorstellen? Wenn
Sie etwas nicht ganz genau wissen, sagen Sie es so, wie Sie es vermuten." (K)

	Februar 1980 Das ist ideal in – Köln %	Frankfurt %	Stuttgart %	Hannover %
VERKEHR				
Gute Verbindungen mit U-Bahn, Straßenbahn und Bussen	63	69	67	60
Mit Leben erfüllte Fußgängerzonen	41	38	47	36
Günstige Eisenbahnverbindungen in alle Richtungen	62	63	60	60
Daß man als Fußgänger bequem durch die Stadt kommt	54	42	47	55
Gute Autobahnanschlüsse	41	53	35	29
Genügend übersichtliche Wegweiser in der Stadt	38	28	28	31
Zentrale Lage	38	42	25	29
Flüssiger Autoverkehr in der Stadt	28	29	28	26
Ein bedeutender Flughafen	23	42	18	17
Ausreichende Zahl von Taxis	19	24	17	29
Gute und sichere Radfahrwege	19	11	9	26
ARBEIT				
Gute Arbeitsmöglichkeiten	51	63	64	47
Gute Verdienstmöglichkeiten	51	63	49	40
Sichere Arbeitsplätze	40	51	55	41
Hauptsitz bedeutender Unternehmen der Wirtschaft wie Handel und Industrie, Banken, Versicherungen	28	40	20	26
EINKAUF				
Große Kaufhäuser	69	72	74	58
Schöne, ansprechende Geschäfte in der Innenstadt	66	63	71	61
Günstig erreichbare Supermärkte	59	65	63	59
Markt mit Ständen, wo man einkaufen kann	54	43	41	43
Kleiner Einkaufsladen an der Ecke	35	33	37	41
Flohmarkt, wo man einfach alles bekommt	22	25	12	20
WOHNEN				
Schöne Wohngegenden in der Umgebung	48	49	61	55
Sehenswerte Altstadt, schöne alte Häuser	57	51	34	43
Gute Luft	20	16	30	31
Freundliche, entgegenkommende Nachbarn	41	27	36	29
Guteingerichtete Kinderspielplätze	27	28	39	28
Ausreichende Zahl von Kindergärten	29	23	30	29
Wenig Straßenlärm in den Wohnvierteln	15	17	18	24
Angemessene Mietpreise	17	21	18	31
Ausreichend Wohnungen im Stadtzentrum	14	24	16	17

(Fortsetzung)

(Fortsetzung)

	München %	Berlin %	Hamburg %	Düsseldorf %
ERZIEHUNG, INFORMATION				
Gute Schulen	57	55	59	47
Möglichkeiten zur Weiterbildung (Volkshochschule, Abendkurse usw.)	57	57	55	50
Zeitungen mit gutem Lokalteil	45	45	44	38
Universität, Hochschule	47	50	46	27
Verschiedene Museen	49	47	42	24
Bedeutender Zoo	41	50	46	10
Vielseitige Bibliotheken	43	43	38	23
Kongreßzentrum für verschiedene Veranstaltungen	31	41	41	24
Vielfältiges Angebot an Vorträgen	26	30	29	17
UNTERHALTUNG				
Theater, Oper, wo auch internationale Stars auftreten	53	62	52	45
Volkstümliche Feste, Jahrmärkte	48	35	41	32
Volkstheater, wo auch Mundartstücke gespielt werden	42	28	42	17
Bedeutende Sportveranstaltungen	41	41	33	39
Kunstausstellungen	39	40	36	23
Konzerte mit berühmten Musikern	38	46	39	26
Große Auswahl an Kinos	35	43	42	40
Echt gute Diskotheken	28	29	26	25
Kritisch eingestellte Kleinkunstbühne, Kabarett	27	35	20	24
GASTLICHKEIT				
Gemütliche kleine Kneipen	56	63	52	57
Gute Konditoreien, Cafés	51	60	51	48
Spezialitäten für Feinschmecker	48	53	44	40
Einladende Straßencafés, wo man direkt nahe der Straße sitzen kann	47	59	31	49
Moderne, elegante Restaurants	39	46	34	45
Einladende Schnellimbißstuben	30	31	31	31
Genügend gute Hotels	20	28	22	22
Bars, Nachtlokale, wo man nicht geneppt wird	18	26	18	20
SPORT, ERHOLUNG				
Grünanlagen, Parks in der Stadt	79	74	71	70
Schöne Ausflugsziele in der Umgebung	73	60	62	66
Beheizte Schwimmbäder	60	60	64	56
Sportanlagen, wo jeder seinen Sport treiben kann	52	51	48	40
Wanderwege in der Umgebung	51	48	45	38
Vereine, Clubs für verschiedene Hobbies und Freizeitbeschäftigungen	44	43	42	37
Eissporthalle	28	30	17	24
Aussichtsturm, von dem man auf die Stadt blicken kann	20	30	23	4

Februar 1980
Das ist ideal in –

(Fortsetzung)

(Fortsetzung)

	Februar 1980			
		Das ist ideal in –		
	Köln	Frankfurt	Stuttgart	Hannover
	%	%	%	%

ERZIEHUNG, INFORMATION

Gute Schulen	61	47	63	53
Möglichkeiten zur Weiterbildung (Volkshochschule, Abendkurse usw.)	57	56	56	57
Zeitungen mit gutem Lokalteil	38	46	53	52
Universität, Hochschule	47	41	25	35
Verschiedene Museen	39	43	33	50
Bedeutender Zoo	45	55	48	47
Vielseitige Bibliotheken	35	32	32	36
Kongreßzentrum für verschiedene Veranstaltungen	23	37	34	26
Vielfältiges Angebot an Vorträgen	19	30	28	16

UNTERHALTUNG

Theater, Oper, wo auch internationale Stars auftreten	45	55	42	38
Volkstümliche Feste, Jahrmärkte	38	35	53	36
Volkstheater, wo auch Mundartstücke gespielt werden	41	31	34	22
Bedeutende Sportveranstaltungen	34	42	39	33
Kunstausstellungen	29	43	31	28
Konzerte mit berühmten Musikern	33	41	28	29
Große Auswahl an Kinos	30	45	26	36
Echt gute Diskotheken	26	30	18	21
Kritisch eingestellte Kleinkunstbühne, Kabarett	18	20	12	16

GASTLICHKEIT

Gemütliche kleine Kneipen	51	56	48	52
Gute Konditoreien, Cafés	54	56	61	64
Spezialitäten für Feinschmecker	36	49	32	48
Einladende Straßencafés, wo man direkt nahe der Straße sitzen kann	34	44	33	29
Moderne, elegante Restaurants	34	50	42	38
Einladende Schnellimbißstuben	32	31	31	38
Genügend gute Hotels	22	29	16	16
Bars, Nachtlokale, wo man nicht geneppt wird	17	21	17	16

SPORT, ERHOLUNG

Grünanlagen, Parks in der Stadt	73	66	79	81
Schöne Ausflugsziele in der Umgebung	78	73	82	74
Beheizte Schwimmbäder	59	59	61	57
Sportanlagen, wo jeder seinen Sport treiben kann	43	46	48	45
Wanderwege in der Umgebung	49	46	70	59
Vereine, Clubs für verschiedene Hobbies und Freizeitbeschäftigungen	49	48	41	43
Eissporthalle	22	21	13	22
Aussichtsturm, von dem man auf die Stadt blicken kann	17	29	35	16

GÄRTEN –
ZU ZIER UND NUTZEN

Frage: „Haben Sie einen Garten, einen Zier-
oder Nutzgarten, wo Sie Gemüse ziehen
oder so?"

C	1978 %	1980 %	1982 %
Ziergarten	31	33	33
Nutzgarten	27	26	27
Keinen Garten	45	45	42
	103	104	102

DIE EIGENEN VIER WÄNDE

Frage: „Besitzen Sie oder jemand in Ihrem
Haushalt ein Haus oder eine Eigentumswohnung?"

C	Haushalte 1978 %	1980 %	1982 %
Einfamilienhaus . . .	26	33	34
Zweifamilienhaus . .	8	10	11
Drei- oder Mehr-familienhaus	2	3	3
Eigentumswohnung	4	5	5
Ferienhaus, Ferien-wohnung	1	1	1
Nichts davon	61	51	49
	102	103	103

ZUFRIEDENHEIT MIT DER WOHNUNG

Fragen: „Wie groß ist Ihre Wohnung?" „Ist eine Küche vorhanden?" „Hat Ihre Wohnung ein Bade-
zimmer oder Dusche?" „Sind Sie im großen und ganzen mit Ihrer Wohnung zufrieden?"

August 1981

Die Wohnung besteht aus –	Ges. %	Ange-lernte Arbeiter %	Fach-arbeiter %	Einfache Ange-stellte/-Beamte %	Leitende Ange-stellte/ Beamte %	Selbstän-dige, freie Berufe %	Land-wirte %
5 Zimmern	28	16	24	23	38	48	68
4 Zimmern	20	19	21	21	24	19	6
3 Zimmern	29	28	35	31	24	17	13
2 Zimmern	17	27	15	18	11	12	6
1 Zimmer	6	10	5	7	3	4	7
	100	100	100	100	100	100	100
Küche	96	96	98	96	98	94	95
Badezimmer/Duschraum . . .	96	81	97	97	98	93	90
Mit ihrer Wohnung sind –							
sehr zufrieden	33	24	25	34	43	45	36
zufrieden	52	57	58	51	44	47	54
nicht zufrieden	15	19	17	15	13	8	10
	100	100	100	100	100	100	100

AUF WOHNUNGSSUCHE

Frage: „Suchen Sie zur Zeit eine Wohnung oder kennen Sie jemand, der eine Wohnung sucht?"

Frage an Wohnungssuchende: „Wie dringend brauchen Sie eine Wohnung? – Suchen Sie eine Mietwohnung, oder eine Eigentumswohnung, oder ein eigenes Haus?"

Nachfrage: „Aus welchem Grund möchten Sie wechseln? Könnten Sie es mir nach dieser Liste hier sagen?" (L)

	August 1981 %		August 1981 Wohnungs- suchende %
Suche selbst eine Wohnung ..	6	Meine jetzige Wohnung ist mir zu klein	40
Kenne jemand, der sucht	25		
Suche selbst u. kenne jemand .	1	Ich möchte eine eigene Wohnung für mich haben	28
Weder noch	68		
	100	Die jetzige Wohnung ist altmodisch, schlecht ausgestattet . . .	20
		Wo ich wohne, ist es mir zu laut, ist die Luft zu schlecht ..	19
		Ich suche eine Wohnung am Stadtrand, im Grünen	18
	Wohnungs- suchende %	Mir gefällt die Wohngegend hier nicht	17
Es brauchen eine Wohnung –		Meine jetzige Wohnung ist mir zu teuer	15
sehr dringend	24	Die Wohnung hier liegt für mich nicht verkehrsgünstig ..	12
dringend	31		
nicht so dringend	45	Ich suche eine Altbauwohnung in der Stadt	11
	100	Ich will ganz aus dem Ort hier wegziehen	7
und zwar:		Ich suche eine Wohnung auf dem Land	7
Mietwohnung	92	Ich möchte eine kleinere Wohnung	7
Eigentumswohnung	3	Mein Vermieter hat mir gesagt, daß ich ausziehen muß	4
Eigenes Haus	8		

ERSTREBENSWERT?

Frage: „Manche Menschen leben fünfzehn oder zwanzig Jahre lang ganz, ganz sparsam und leisten sich nichts, bis sie ihr eigenes Haus haben und alles ordentlich eingerichtet ist. Finden Sie, daß sich diese Einschränkungen lohnen, oder finden Sie, man sollte sich mit dem, was man im Augenblick hat, das Leben so schön wie möglich machen?"

Januar 1982

	Bev. ges. %	Arbeiter %	Berufskreise Angestellte %	Beamte %	Selbständige, freie Berufe %	Landwirte %
Lohnt	38	37	35	42	47	65
Lohnt nicht	45	45	49	44	42	18
Unentschieden	17	18	16	14	11	17
	100	100	100	100	100	100

WOHNZIMMER

Frage: „*Hier sind sechs Wohnzimmer abgebildet. Welches von diesen Zimmern gefällt Ihnen am besten – ich meine: Für welches würden Sie sich entscheiden, wenn Sie in einem davon wohnen sollten?*" (B)

Bei Rückfragen: „*Einmal ganz abgesehen von den Preisen der Möbel.*" (B)

Vergleiche dazu das nebenstehende Bildblatt

	August 1980						
	Nr. 1	2	3	4	5	6	Unentschieden
	%	%	%	%	%	%	%
Bevölkerung insgesamt	9	21	19	14	16	16	5 = 100
Männer	9	19	19	16	16	16	5 = 100
Frauen	9	23	19	12	16	16	5 = 100
ALTERSGRUPPEN							
16–19 Jahre	11	12	6	6	24	38	3 = 100
30–44 Jahre	14	19	15	9	24	16	3 = 100
45–59 Jahre	7	24	26	21	11	7	4 = 100
60 Jahre und älter	3	30	32	21	6	3	5 = 100
BERUFSKREISE							
Angelernter Arbeiter	7	19	22	24	11	16	1 = 100
Facharbeiter	10	19	21	17	14	17	2 = 100
Einfache Angestellte, Beamte	10	19	17	11	20	20	3 = 100
Leitende Angestellte, Beamte	12	18	17	8	21	15	9 = 100
Selbständige, freie Berufe	9	33	21	6	17	10	4 = 100
Landwirte	3	39	22	17	10	7	2 = 100

Weitere Ergebnisse s. JB IV, 102; VI, 239, 241; VI, 256

MAHLZEITEN IN DER KÜCHE

Frage: „*Wo essen Sie im allgemeinen zu Hause: in der Küche, im Wohnzimmmer, oder wo sonst?*"

		Es essen daheim in –	
	Küche	Wohn-/ Eßzimmer	anderem Raum
	%	%	%
Bevölkerung insgesamt – Juli 1962	66	31	3 = 100
– August 1981	59	39	2 = 100
Oberschicht	42	55	3 = 100
Mittelschicht (Büroberufe)	59	39	2 = 100
Mittelschicht (Handarbeiter)	67	31	2 = 100
Einfache Schicht	74	24	2 = 100

E. ESSEN – TRINKEN – RAUCHEN

Frage: „*Gut essen und trinken – bedeutet Ihnen das viel, oder ist das für sie eher Nebensache?*"

Frage: „*Wenn jemand von Ihnen sagen würde, Sie sind ein Feinschmecker, hätte der recht oder nicht recht?*"

A   September 1978

Gut essen und trinken –	Ges. %	Männer %	Frauen %	Schulabschluß Volksschule %	Höhere Schule %
bedeutet mir viel	64	66	63	63	67
ist eher Nebensache	36	34	37	37	33
	100	100	100	100	100

Feinschmecker –					
hätte recht	42	42	42	37	52
hätte nicht recht	36	37	34	39	28
Unentschieden	22	21	24	24	20
	100	100	100	100	100

UND DIE LINIE?

Frage: „*Achten Sie beim Essen und Trinken darauf, daß Sie nicht zunehmen?*"

November 1978

	Ges. %	Männer 16–29 %	Altersgruppen 30–44 %	45–59 %	60 u. ä. %	Ges. %	Frauen 16–29 %	Altersgruppen 30–44 %	45–59 %	60 u. ä. %
Ja, achte darauf	37	30	38	42	42	67	66	69	75	59
Nein	63	70	62	58	58	33	34	31	25	41
	100	100	100	100	100	100	100	100	100	100

ZUGELANGT

Frage: „*Es gibt ja starke und schwache Esser.
Natürlich kann man das schwer beschreiben,
aber wenn Sie sich dieses Bild hier ansehen …
Auf diesen vier Tellern ist ja verschieden viel
drauf. Wieviel essen Sie im allgemeinen zur
Hauptmahlzeit – könnten Sie das vielleicht
hiernach sagen? Wenn Sie den Teller nachfül-
len, sagen Sie bitte getrennt, wieviel Sie so im
allgemeinen beim ersten Mal und wieviel Sie
beim zweiten Mal nehmen …*" (B)

	August 1981	
	Beim 1. Mal %	Beim 2. Mal %
Zur Hauptmahlzeit –		
Teller 1	27	24
Teller 2	44	4
Teller 3	23	1
Teller 4	4	×
Nehme nur einmal	–	61
Keine Angabe	2	10
	100	100

UNBEKÜMMERT UM KALORIEN

Frage: „*Viele Menschen interessieren sich gar
nicht dafür, wieviel Kalorien oder Joule die
Dinge haben, die sie essen. Wissen Sie zufällig,
wieviel Kalorien oder Joule eine Tafel Schokolade hat?*"

	Oktober 1979		
	Bev. insges. %	Männer %	Frauen %
Geschätzte Kalorien –			
unter 250	4	4	4
250–349	4	3	4
350–449	4	4	3
450–549	5	3	7
550–649	4	2	5
650–749	2	1	3
750–999	2	1	2
1000 und mehr	2	1	3
Weiß nicht	73	81	69
	100	100	100

Anmerkung: 23,8% der Angaben erfolgte in Kalorien; 1,3% in Joule. 100 Gramm Milchschokolade
enthalten durchschnittlich 565 Kalorien = 2366 Joule.

GEMEINSAME MAHLZEITEN

Frage an Personen in Mehrpersonenhaushalten (82% = 100):
„Wie ist es werktags bei Ihnen in der Familie: Bei welchen Mahlzeiten sind Sie werktags alle zusammen?"

„Und wie ist es am Sonntag, bei welchen Mahlzeiten sind Sie am Sonntag alle zusammen?"

September 1982
Mehrpersonenhaushalte

Werktags	Insge-samt %	Angelernte Arbeiter %	Fach-arbeiter %	Einfache Ange-stellte, Beamte %	Leitende Ange-stellte, Beamte %	Selb-ständige, freie Berufe %	Land-wirte %
Beim Früh-stück	51	50	43	52	56	52	59
Beim Mittag-essen	30	30	26	29	28	32	54
Beim Abend-essen	78	79	81	80	79	62	79
Bei keiner Mahlzeit	12	16	11	11	10	15	9
Sonntags							
Beim Frühstück	79	79	76	81	84	77	77
Beim Mittag-essen	91	95	92	91	91	86	98
Beim Abend-essen	77	75	74	80	81	69	78
Anderes	2	4	1	2	3	3	–
Bei keiner Mahl-zeit	1	–	2	1	1	2	–

NÜCHTERNE FESTE?

Frage: „Angenommen, Sie sind zu einem Fest eingeladen, und als Sie hinkommen, erfahren Sie, daß der Gastgeber nur alkoholfreie Getränke anbietet. Wäre Ihnen das eher angenehm, oder fänden Sie das etwas schade, daß es nichts Alkoholisches gibt?"

	1973 Dez.	1981 Dez.	1973 Dez.	1981 Dez.	1973 Dez.	1981 Dez.
	Gesamt % %		Männer % %		Frauen % %	
Angenehm	21	30	13	21	29	38
Etwas schade	39	31	55	44	25	19
Würde mir nichts aus-machen, mir egal	40	39	32	35	46	43
	100	100	100	100	100	100

STETER TROPFEN

Nach eigener Aussage trinken (fast) täglich oder öfter mal –	Gesamt		Männer		Frauen	
	1973 %	1981 %	1973 %	1981 %	1973 %	1981 %
Bier, Wein und außerdem Schnaps, Likör oder andere Alkoholika	26	20	31	23	22	16
Bier und außerdem Schnaps, Likör oder andere Alkoholika, aber keinen Wein	17	15	27	24	8	6
Wein und andere alkoholische Getränke, aber kein Bier	14	11	6	5	21	16
Bier und Wein, aber keine anderen alkoholischen Getränke	9	10	11	15	7	9
nur Bier	8	10	10	15	6	6
nur Wein	5	7	2	4	8	10
Schnaps oder Likör, teilweise auch andere Alkoholika, aber nie Bier oder Wein	4	3	3	1	5	4
nur andere Alkoholika	2	3	1	2	3	4
Es trinken nur gelegentlich oder nie Alkohol	15	21	9	11	20	29
	100	100	100	100	100	100

Frage an regelmäßige*) Alkoholtrinker: „Können Sie mir vielleicht nach dieser Liste hier sagen, bei welchen Gelegenheiten Sie dieses Getränk normalerweise trinken?" (L)

	Dezember 1981 Regelmäßige Alkoholtrinker %
Zu Hause mit Gästen	73
Wenn ich bei Freunden, Bekannten eingeladen bin	70
Zu Hause im Familienkreis	68
Im Restaurant, Gasthaus beim Essen	60
Bei Festen, öffentlichen Veranstaltungen	54
Im Lokal, in der Kneipe, Bar	50
Zu Hause beim Essen	48
Beim Fernsehen	43
Zu Hause, wenn ich allein bin	32
Im Verein, im Klub	25
Bei Ausflügen	25
Als Zuschauer bei oder nach Sportveranstaltungen	13
Am Arbeitsplatz (Büro, Fabrik, Schule, Hausarbeit usw.)	11
In der Kantine	9
Im Freien (ohne besonderen Anlaß)	8
Am Kiosk, Stand, Stehausschank	6

*) „Täglich, fast täglich; öfter mal"

FRÜH ÜBT SICH ...

Frage: „Von welchem Alter an könnte Ihrer Meinung nach ein Kind oder ein Jugendlicher ruhig mal ein Glas Bier oder Wein trinken?"

| | Ges. | Männer | Frauen | \multicolumn{4}{c}{Dezember 1981 Altersgruppen} | Personen m. Kindern u. 16 Jahren im Haushalt |
| | | | | 16–29 | 30–44 | 45–59 | 60 u. ä. | |
	%	%	%	%	%	%	%	%
„Unter 10 Jahren"	1	1	1	1	1	x	1	1
„Zwischen 10 und 14 Jahren" .	11	14	10	18	9	12	5	14
„Zwischen 15 und 17 Jahren" .	52	53	49	59	54	46	46	55
„Ab 18 Jahren"	30	26	32	19	31	33	37	25
„Überhaupt nicht"	6	6	8	3	5	9	11	5
	100	100	100	100	100	100	100	100

Frühere Ergebnisse s. JB VI, 251

IMMER GIBT ES EINEN GRUND

Frage: „Hier sind einige Gründe aufgeschrieben, warum man Alkohol trinkt. Was ist Ihrer Meinung nach der Hauptgrund, weshalb die meisten Menschen Alkohol trinken?" (L)

	Dezember 1981 Gesamt %	Männer %	Frauen %
Weil Alkohol fröhlich, heiter und beschwingt machen kann . . .	50	49	50
Weil Alkohol die Menschen geselliger machen kann	48	50	47
Weil einem alkoholische Getränke schmecken	48	55	42
Weil man sich nicht davon ausschließen möchte, wenn in Gesellschaft Alkohol getrunken wird	37	37	38
Weil man über dem Alkohol seine Sorgen vergessen kann	34	32	36
Weil Alkohol entspannend wirken kann	31	33	29

Frühere Ergebnisse s. JB VI, 250

Frage: „Manchmal betrinkt sich jemand so richtig, weil er Sorgen hat. Finden Sie, das ist ein wirklicher Grund, um sich zu betrinken, oder halten Sie das nicht für gerechtfertigt?"

	Wirklicher Grund %	Nicht gerechtfertigt %	Unent- schieden %
Bevölkerung insgesamt – Dezember 1973 . .	16	65	19 = 100
– Dezember 1981 . .	14	69	17 = 100

TRINKER

Frage: „Kennen sie jemand persönlich, von dem
Sie wissen (Parallelumfrage:... von dem Sie sagen würden), daß es ein Trinker ist?"

	Ja, kenne jemand	
	1973	1981
	%	%
Bevölkerung insgesamt ..	41	52
Männer	46	54
Frauen	36	50

BESORGNISERREGEND

Frage: „Sind Sie besorgt, daß bei uns in der
Bundesrepublik heute zuviel Alkohol getrunken wird, oder finden Sie das nicht besorgniserregend?"

	Dezember 1981
	%
Besorgt	59
Nicht besorgt	25
Unentschieden	16
	100

RAUCHEN: VERZICHT

Frage: „Es gibt ja viele Gelegenheiten, wo Raucher und Nichtraucher zusammenkommen, und die
Frage ist dann immer: Sollen Raucher auf das Rauchen verzichten oder ruhig rauchen. Hier auf
dieser Liste stehen zwei Standpunkte. Welcher Meinung sind Sie, wo würden Sie zustimmen?"

Der eine: „In Gegenwart von Nichtrauchern sollte jemand ganz aufs Rauchen verzichten. Es wäre
rücksichtslos, und für diejenigen, die nie rauchen, ist es sehr unangenehm, die rauchige Luft einat-
men zu müssen."

Der andere: „Man kann nicht verlangen, daß jemand ganz aufs Rauchen verzichtet, wenn Nichtraucher dabei sind. So lästig ist es für die Nichtraucher nun auch wieder nicht."

	1976	1979	1976	1979	1976	1979
	Gesamt		Raucher		Nichtraucher	
	%	%	%	%	%	%
In Gegenwart von Nichtrauchern aufs Rauchen verzichten	44	43	30	23	53	57
Das kann man nicht verlangen	44	43	58	61	34	30
Unentschieden	12	14	12	16	13	13
	100	100	100	100	100	100

... ODER VERBOT

Frage: „Heute ist das Rauchen an vielen Stellen verboten, weil Nichtraucher sich belästigt fühlen
könnten. Halten Sie diese Verbote für berechtigt oder unberechtigt?"

	1975	1979			1979	
	Bev. insgesamt		Männer	Frauen	Raucher	Nicht-raucher
	%	%	%	%	%	%
Berechtigt	70	51	47	56	30	67
Unberechtigt	12	16	19	13	28	7
Kommt darauf an	18	33	34	31	42	26
	100	100	100	100	100	100

F. SITTEN – BRÄUCHE – GEWOHNHEITEN

Frage: „Darüber, welche Höflichkeitsformen selbstverständlich sind, hat man ja vielfach andere Vorstellungen als früher. Ich möchte Ihnen jetzt einiges vorlesen und Sie fragen, ob Sie das heute noch für angebracht halten oder nicht:
Halten Sie es für eine nette Sitte, wenn (Parallelumfrage: ... für notwendig, daß) ein Mann der Frau immer in den Mantel hilft, oder halten Sie das für übertrieben (... überholt)?
Gefällt es Ihnen, wenn ein Mann seiner Frau beim Aussteigen oder Einsteigen die Wagentür aufhält oder finden Sie das übertrieben (Parallelumfrage: Muß ein Mann um das Auto herumgehen und seiner Frau die Wagentür aufhalten, oder ist das heute überholt?
Wenn ein Mann mit seiner Frau im Café sitzt, und sie geht schnell zum Telefonieren: Finden Sie es dann nett, wenn er aufsteht, wenn sie wiederkommt, oder ist das übertrieben? (Parallelumfrage: ... muß er dann aufstehen, wenn sie wiederkommt, oder ist das übertrieben?"

		Ges.	Männer	Frauen	\multicolumn{4}{c}{November 1980 Altersgruppen}			
					16–29	30–44	45–59	60 u.ä.
		%	%	%	%	%	%	%
IN DEN MANTEL HELFEN								
Bewertung:	Ist eine nette Sitte ...	78	71	83	61	77	85	89
	Ist übertrieben	10	14	7	19	10	7	4
	Unentschieden	12	15	10	20	13	8	7
		100	100	100	100	100	100	100
Anspruch:	Ist notwendig	44	46	42	20	38	50	68
	Ist überholt	28	29	28	49	27	24	14
	Unentschieden	28	25	30	31	35	26	18
		100	100	100	100	100	100	100
DIE WAGENTÜR AUFHALTEN								
Bewertung:	Gefällt	49	41	57	30	49	50	71
	Ist übertrieben	31	35	27	45	31	31	16
	Unentschieden	20	24	16	25	20	19	13
		100	100	100	100	100	100	100
Anspruch:	Muß sein	14	14	14	5	11	12	27
	Ist überholt	55	57	54	69	59	53	40
	Unentschieden	31	29	32	26	30	35	33
		100	100	100	100	100	100	100
AUFSTEHEN IM CAFÉ								
Bewertung:	Ist eine nette Sitte ...	23	15	29	8	17	26	39
	Ist übertrieben	66	74	60	79	70	64	51
	Unentschieden	11	11	11	13	13	10	10
		100	100	100	100	100	100	100
Anspruch:	Mann muß aufstehen .	7	7	8	1	4	7	18
	Ist übertrieben	82	81	82	91	86	80	70
	Unentschieden	11	12	10	8	10	13	12
		100	100	100	100	100	100	100

GRUSS...

Frage: „*Wenn Sie sehen, daß ein Herr eine Dame mit einem Handkuß begrüßt – finden Sie das eine nette Sitte, oder gefällt Ihnen das nicht?*"

	1956	1962	1972	1980	Männer	Frauen	Altersgruppen			
							16–29	30–33	45–59	60 u.ä.
	%	%	%	%	%	%	%	%	%	%
Das ist eine nette Sitte	29	36	42	45	38	52	34	41	47	59
Das gefällt mir nicht	48	40	35	32	39	25	39	34	31	22
Kommt darauf an	13	12	12	13	12	13	16	15	10	10
Unentschieden	10	12	11	10	11	10	11	10	12	9
	100	100	100	100	100	100	100	100	100	100

... UND KUSS

Frage: „*Manchmal sieht man, daß sich Leute, die gut bekannt miteinander sind, beim Begrüßen auf die Wange küssen. Tun Sie das auch manchmal?*"

Nachfrage an Personen, die das auch tun: „*Und machen Sie das nur bei Frauen, oder nur bei Männern, oder machen Sie da keinen Unterschied?*"

Frage an alle: „*Gefällt Ihnen diese Sitte, oder gefällt sie Ihnen eigentlich nicht?*"

	November 1980					
	Männer	Frauen	Altersgruppen			
			16–29	30–44	45–59	60 u.ä.
	%	%	%	%	%	%
Ja	26	42	42	37	32	28
– nur bei Frauen	17	10	14	15	11	11
– nur bei Männern	x	1	2	1	x	1
– kein Unterschied	9	31	26	21	21	16
Nein	74	58	58	63	68	72
	100	100	100	100	100	100
Ja, diese Sitte gefällt mir	22	33	38	29	22	21
Gefällt teils, teils	25	28	25	27	26	28
Nein, gefällt mir nicht	43	31	27	36	43	43
Unentschieden	10	8	10	8	9	8
	100	100	100	100	100	100

TRINKGELDER

Frage: „Es gibt ja feste Gewohnheiten und andere, die nicht so festgelegt sind. Wie machen Sie das zum Beispiel beim Trinkgeld? Bei welchen Gelegenheiten, ich meine: wem von dieser Liste hier geben Sie schon mal ein Trinkgeld?" (L)

		Oktober 1982			
	Bev. insges.	Ober- schicht	Mittelschicht Büro- berufe	Handarb. Berufe	Einfache Schicht
Trinkgeld für den/die –	%	%	%	%	%
Kellner, der Bedienung im Restaurant	71	81	72	63	55
Friseur, der Friseuse	58	66	60	50	43
Personal im Krankenhaus	41	49	41	36	32
Taxifahrer	34	44	35	24	21
Zimmermädchen	33	45	33	26	22
Angestellten einer Transportfirma, wenn er größere Gegenstände ausliefert	33	43	30	30	22
Handwerker	31	39	27	28	22
Zeitungsboten	29	36	28	25	19
Toilettenfrau	29	42	29	20	21
Bediensteten der Müllabfuhr	24	30	22	20	19
Briefträger, wenn er die Post direkt bei mir abgibt	23	30	21	21	15
Fremdenführer, Reiseleiter	19	26	20	12	8
Automechaniker	15	19	14	13	6
Mann, der Kohlen oder Heizöl liefert	13	18	11	10	11
Tankwart	12	17	11	9	7
Portier	11	18	11	7	5
Putzfrau	8	13	7	5	6
Schornsteinfeger	7	7	8	9	5
Schlafwagenschaffner	4	6	4	2	1
Museumswärter	4	6	3	2	1
Gärtner	3	4	3	1	3
Fensterputzer	2	4	2	2	2
Bademeister, dem Personal im Schwimmbad .	2	2	3	1	3
Sportwart, dem Platzwart	1	2	1	1	1
Mann, der den Gas- oder Stromverbrauch abliest	1	2	1	1	3
Gebe kein Trinkgeld	18	11	17	23	32

SONNTAGS MORGENS

Frage: „Wir möchten einmal feststellen, was die Menschen so sonntags morgens alles tun. Wenn Sie sich mal zurückerinnern: Was haben Sie am letzten Sonntag so zwischen 9 und 12 Uhr vormittags gemacht? Könnten Sie mir das sagen, vielleicht nach dieser Liste hier?" (L)

	Juli 1982				
	Ges. %	Dörfer %	Klein- städte %	Mittel- städte %	Groß- städte %
Gründlich ausgeschlafen	48	51	46	46	50
Gekocht, Haus- und Küchenarbeiten erledigt	36	40	39	33	35
Gebadet, Körperpflege gemacht	33	22	27	30	45
Zeitungen, Zeitschriften, Buch gelesen	26	18	22	24	33
In der Kirche gewesen	22	28	28	19	17
Spaziergang, Autofahrt gemacht	19	21	18	16	22
Mit Kindern beschäftigt, gespielt	16	15	20	16	13
Mich ausgeruht, nichts getan	16	15	14	17	15
Mich länger mit jemandem unterhalten	14	17	13	14	14
Mich mit meinem Hobby beschäftigt	13	10	10	16	15
Fernsehsendung angeschaut	10	10	9	10	10
Beim Frühschoppen im Wirtshaus gewesen	10	9	13	11	7
Bekannte, Verwandte besucht	8	9	9	10	7
Sport getrieben	8	8	7	9	7
Auf dem Friedhof gewesen	7	6	10	6	7
Reparaturen in meiner Wohnung gemacht	5	4	5	5	7
Briefe oder Karten geschrieben	5	3	4	7	4
Kirchliche Morgenfeier im Radio gehört	5	6	7	4	5
Mußte beruflich arbeiten, hatte Dienst	5	7	6	5	2
Auf einem Sportplatz zugeschaut	4	1	5	4	4

...MITTAGS

Frage: „Gibt es bei Ihnen am Sonntagmittag meistens ein richtiges Sonntagsessen mit allen Vorbereitungen und so, oder kein ausgesprochenes Sonntagsessen?"

	Oktober 1977		
	Richtiges Sonntagsessen %	Kein bes. Sonntagsessen %	Essen sonntags meist auswärts %
Bevölkerung insgesamt	72	23	5 = 100

SONNTAGNACHMITTAG

Frage: „Wie ist es bei Ihnen am Sonntagnachmittag: Sind Sie da viel mit Freunden oder Bekannten zusammen oder meistens nur in der engeren Familie oder allein?"

C

	Männer %	Frauen %	Ledig %	Verheiratet %	Geschieden %	Verwitwet %
			November 1977			
				Familienstand		
Mit engerer Familie						
Männer	52	–	16	66	24	13
Frauen	–	51	23	66	32	34
Mit Freunden, Bekannten						
Männer	27	–	64	16	36	15
Frauen	–	24	51	15	29	19
Meist allein						
Männer	9	–	8	5	36	60
Frauen	–	14	13	8	26	37
Ganz verschieden						
Männer	12	–	12	13	4	12
Frauen	–	11	14	11	13	10
	100	100				

OSTERBRÄUCHE

Frage: „In vielen Familien werden in der Osterzeit besondere Bräuche gepflegt. Haben Sie selbst an Ostern oder in den Tagen davor etwas von dieser Liste hier gemacht?" (L)

C

	April 1978 %
Osterstrauß aufgestellt	52
Gekochte Eier gefärbt	51
Verwandte, Bekannte besucht	47
Osterspaziergang gemacht	45
Osternest für Geschenke gemacht	38
In die Kirche gegangen	35
Ostereier, Süßigkeiten versteckt, gesucht	34
Eier ausgeblasen und bemalt	24
Osterhasen, Osterlamm, Ostertorte gebacken	16
In Urlaub gefahren	13
Osterschmuck gebastelt	10
Am Palmsonntag einen Palmen, Palmzweig, Äpfel, Eier usw. in der Kirche weihen lassen	7
Passionsaufführung, Konzert besucht	3
Einen Palmen gemacht, Palmschmuck gebastelt	2

EIN BESONDERES FAMILIENFEST

Frage: „Was bedeutet für Sie das Weihnachtsfest – was würden Sie hier vor allem nennen?" (L)

	1978 Ges. %	14–29 %	Altersgruppen 30–44 %	45–59 %	60 u.ä. %
Ein besonderes Familienfest	68	64	72	72	65
Eine Zeit der Besinnung	47	30	48	52	60
Christi Geburt, ein kirchliches Fest	45	36	44	47	56
Eine Mahnung zum Frieden	42	32	41	44	52
Eine Gelegenheit zu schenken und beschenkt zu werden	38	41	35	39	38
Eine Gelegenheit, gut zu anderen Menschen zu sein	31	21	31	35	41
Eine Zeit der Erinnerung	29	18	24	32	47
Ein willkommener Urlaub	21	33	27	16	6
Eine Zeit, in der ich mich besonders einsam und allein fühle	7	4	4	6	14

KEIN WEIHNACHTEN OHNE...

Frage: „Worauf möchten Sie an Weihnachten nicht verzichten – könnten Sie es nach dieser Liste hier sagen?" (L)

Es möchten nicht verzichten auf –	1974 Bev. %	1978 insgesamt %	14–29 %	Altersgruppen 30–44 %	45–59 %	60 u.ä. %
den Weihnachtsbaum	63	68	62	76	72	62
Kinder	46	50	29	66	56	49
Weihnachtslieder	41	40	25	47	41	50
den Braten, auf das Festessen	36	38	39	41	39	33
die Weihnachtsbeleuchtung, die vielen Lichter in der Stadt	24	38	42	38	33	35
den Kirchgang	34	34	18	30	40	51
einen guten Tropfen	32	31	29	35	29	29
Glocken	29	31	21	30	32	43
das Weihnachtsgebäck	26	31	32	30	30	31
den Gabentisch, auf die Geschenke	29	30	40	30	27	21
die Krippe	12	16	12	17	17	17
Fernsehen	17	14	10	10	16	24
Keine Antwort	10	7	11	4	5	7

SPIELZEUG

Frage: „Einmal angenommen, Sie wollen einem kleinen Jungen etwas zu Weihnachten schenken. Sein größter Wunsch ist ein Spielzeugpanzer zum Aufziehen. (Parallelumfrage: ... Kriegsflieger/ ... Spielzeugauto/ ... Zinnsoldaten) Würden Sie ihm den Panzer (Parallelumfrage: ... Kriegsflieger/ ... Auto/ ... Zinnsoldaten) schenken, oder würden Sie ein anderes Geschenk aussuchen?"

Dezember 1981

Spielzeug –

	Auto %	Zinnsoldaten %	Panzer %	Kriegsflieger %
Ja, würde seinen Wunsch erfüllen . .	89	51	27	19
Ein anderes Geschenk aussuchen . .	4	38	64	66
Unentschieden	7	11	9	15
	100	100	100	100

VERLOBUNG

Frage: „Finden Sie es heute noch angebracht, daß sich junge Leute offiziell verloben, oder finden Sie, man sollte heiraten, ohne sich vorher zu verloben?"

	1959 April %	1976 Sept. %	1981 Jan. %	Altersgruppe 16–29 Jahre Männer %	Frauen %
Offiziell verloben	71	55	53	34	46
Nicht verloben	16	22	20	36	29
Unentschieden	13	23	27	30	25
	100	100	100	100	100

G. FREIZEIT – REISEN – SPORT

Frage: „Wenn Sie einmal ganz allgemein an das Wochenende, an Ihre Freizeit denken – was ist Ihnen da alles in allem wichtiger: möglichst viel Entspannung, ausruhen, oder etwas unternehmen und erleben?"

	1977 Jan. %	1978 Jan. %	1979 Jan. %	1983 Jan. %
Entspannung, Ausruhen	47	42	31	32
Etwas unternehmen, erleben	26	25	29	32
Beides gleich wichtig	27	33	40	36
	100	100	100	100

MEHR UND MEHR FREIZEIT

Frage: „Wieviel Stunden bleiben Ihnen im allgemeinen am Tag als Freizeit – ich meine: Stunden neben Ihrer Arbeit, in denen Sie machen können, was Sie wollen?" (Schlafen, essen, anziehen usw. gilt nicht als Freizeit) (O)

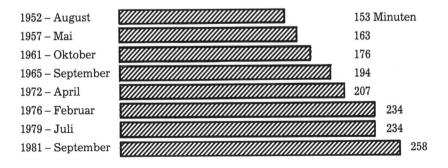

1952 – August	153 Minuten
1957 – Mai	163
1961 – Oktober	176
1965 – September	194
1972 – April	207
1976 – Februar	234
1979 – Juli	234
1981 – September	258

LANGWEILE

Frage: „Kennen Sie das, wenn einem manchmal an Sonntagen oder Feiertagen die Zeit so lang wird?"

	1958 Bevölkerung insges. %	1979 %	1981 %	16–29 %	Altersgruppen 30–44 %	45–59 %	60 u. ä. %
Ja, kenne ich	23	35	36	39	27	32	47
Nein, kenne ich nicht	77	65	64	61	73	68	53
	100	100	100	100	100	100	100

Weitere Ergebnisse s. JB VI, 44

MUSSEBESCHÄFTIGUNGEN

Frage: „Was machen Sie in Ihrer Freizeit, wenn es von der Jahreszeit her möglich ist? Kreuzen Sie bitte an, was Sie häufig, was ab und zu, und was Sie nie machen." (L)

Auszug – Das mache ich häufig –	Gs. %	Männer %	Frauen %	Frühjahr 1982 14–19 %	20–29 %	Altersgruppen 30–39 %	40–49 %	50–59 %	60 u. ä. %
Im Garten arbeiten	32	32	32	8	16	37	40	46	40
Mich mit dem Auto beschäftigen, Autofahren	24	35	14	19	35	31	30	23	12
Blumen, Pflanzen züchten, veredeln	22	17	26	8	12	21	25	32	30
Zum Essen ausgehen	22	22	21	17	30	29	24	19	14
Heimwerken, Do-it-yourself-Arbeiten	20	33	9	16	22	25	25	20	15
In Diskotheken gehen	7	8	7	29	18	4	1	1	1
Sprachen lernen	7	5	8	15	8	7	6	6	4
Musizieren, Musikinstrument spielen	7	8	6	14	8	7	6	5	5
Malen, Zeichnen	6	6	6	13	9	7	4	5	4
Modellieren, Werken, Töpfern, Keramikarbeiten . . . . . ·	5	4	6	5	8	6	6	5	2
Mich mit dem Motorrad beschäftigen, Motorradfahren . .	5	8	1	15	9	3	2	1	1
Omnibusausflüge mit Teilnahme an Verkaufsveranstaltungen	3	4	3	×	1	2	2	2	6

SPIELE

Frage: „Hier auf der Liste stehen verschiedene Spiele. Was davon haben Sie selbst schon irgendwann einmal gespielt?" (L)

	1957 %	1978 %
Mensch ärgere Dich nicht ...	81	24
Mühle	74	18
Schwarzer Peter	66	5
Dame	64	14
Halma	56	10
Pfänderspiel	53	1
Sechsundsechzig	50	6
Blindekuh	48	1
Federball	47	12
Skat	37	24
Quartett-Spiel	37	4
Tischtennis	35	15
Domino	35	3
Schafkopf, Doppelkopf	33	10
Kegeln	33	18
Schach	28	14
Mikado	25	3
Patience legen	15	5
Französisches Billard	11	2
Bridge	7	1
Roulette	7	2
Canasta	7	9
Telespiele, Backgammon, Kniffel, Scrabble, Memory ...	–	1
Nichts davon gespielt	4	24

ZEITVERTREIB IN ZUKUNFT

Frage: „Auf dieser Liste stehen einige Freizeitbeschäftigungen. Was, vermuten Sie, werden die Menschen in Zukunft in ihrer Freizeit immer häufiger machen?" (L) „Was davon, meinen Sie, werden die Menschen in Zukunft immer weniger machen?" (L)

Dezember 1980

	In Zukunft –	
	häufiger %	weniger %
Fernsehen	57	11
Sport treiben	44	14
Sich ausruhen, entspannen	42	17
Video-Cassetten anschauen	42	5
Spazierengehen, wandern	37	19
Freunde, Bekannte besuchen, Gäste einladen	35	14
Schallplatten, Cassetten hören ...	32	5
Videotext, Bildschirmtext empfangen	31	6
Basteln, Handarbeiten	26	30
Bücher lesen	22	39
Radio hören	19	14
Zeitschriften lesen ..	17	10
Zeitung lesen	16	13
Theater, Konzerte besuchen	14	32
Selbst Musik machen	12	43

SPIELBANK

Frage: „*Sind Sie selber schon in einer Spielbank gewesen?*

Frage an Spielbankbesucher (20% = 100): „*War das hier in Deutschland, oder war das im Ausland?*"

	Juni 1981 %
Ja, ein- zweimal	14
drei- zehnmal	5
öfter als zehnmal	1
Nein, noch nie	80
	100

	Juni 1981 Spielbankbesucher %
In Deutschland	67
Im Ausland	26
Ganz verschieden	11

Frage an Spielbankbesucher (20% = 100): „*Haben Sie da nur zugesehen oder auch selbst gespielt?*"

	Juni 1981 Spielbankbesucher %
Selbst gespielt	55
Nur zugesehen	45
	100

SAMMLUNGEN

Frage: „*Es gibt ja unzählige Dinge, die man so sammeln kann. Könnten Sie mir nach dieser Liste sagen, was Sie persönlich sammeln – ich meine für andere oder für sich, weil Sie selbst Spaß daran haben?*" (L)

	November 1978 Ges. %	Männer %	Frauen %		November 1978 Ges. %	Männer %	Frauen %
Briefmarken	82	84	76	Kleine Porzellanfiguren	7	3	15
Münzen	38	42	30	Kleine Modellautos .	4	5	4
Kochrezepte	22	7	59	Sportlerbilder	4	4	4
Kunstgegenstände . . .	19	19	20	Streichholzschachteln	4	3	5
Steine	16	15	17	Puppen	3	2	6
Seltene Bücher	15	16	11	Bilder von Autos . .	2	3	1
Biergläser	13	15	10	Aschenbecher . . .	1	1	1
Bierdeckel	7	8	6	Anderes	6	6	5
Es sammeln nichts					3	4	2

VERGNÜGUNGEN AUSSER HAUS

Frage: „*Wohin gehen Sie häufiger?*" (L)

C   Mai 1978

Bevorzugt von:	Gesamt	Altersgruppen					
		14–19	20–29	30–39	40–49	50–59	60 u. ä.
JÜNGEREN JAHRGÄNGEN	%	%	%	%	%	%	%
Zu Einladungen bei Freunden und Bekannten	59	65	73	66	58	50	44
Schaufensterbummel, Geschäfte ansehen	40	44	44	42	36	40	34
Ins Café, Gasthaus, Restaurant	36	42	51	42	29	27	23
Als Zuschauer zu Sportveranstaltungen	23	33	28	26	26	18	10
Zum Tanzen	21	56	37	18	13	8	5
Ins Kino	17	54	37	14	5	4	3
Zum Kartenspielen	15	15	18	16	15	14	12
MITTLEREN JAHRGÄNGEN							
Wochenendfahrten, Wanderungen, Reisen	35	26	39	42	34	37	30
Zu Vereinsveranstaltungen/ Klubveranstaltungen	27	28	28	30	30	22	20
Zu Betriebsfesten, kleinen Feiern im Kollegenkreis	19	14	23	21	20	19	10
In Ausstellungen, Museen	18	12	17	20	20	19	19
Konzerte, Theater	18	13	15	21	20	18	21
Zu bildenden Vorträgen, Fortbildungskursen	15	8	17	19	16	14	12
Zu Parteiabenden, Wahlversammlungen	5	2	5	7	5	4	4
ÄLTEREN JAHRGÄNGEN							
Spaziergänge	58	32	53	60	61	64	69
Die Familie besuchen	38	14	39	41	39	39	46
In die Kirche	23	13	11	17	24	29	40
Zu Besuch bei Nachbarn	22	9	16	22	24	25	32

REISEN

Frage: „Haben Sie in den letzten zwölf Monaten eine oder mehrere Urlaubs- oder Erholungsreisen gemacht, wo Sie länger als fünf Tage von zu Hause weg waren?"

C		Mehrere Urlaubs- reisen %	Eine Urlaubs- reise %	Keine Urlaubs- reise %
Bevölkerung insgesamt	– 1978	19	37	44 = 100
	– 1979	21	38	41 = 100
	– 1980	18	39	43 = 100
	– 1981	18	39	43 = 100
	– 1982	19	37	44 = 100
BERUFSKREISE				
Angelernte Arbeiter		10	29	61 = 100
Facharbeiter		14	38	48 = 100
Einfache Angestellte, Beamte		21	41	38 = 100
Leitende Angestellte, Beamte		34	40	26 = 100
Selbständige, freie Berufe		28	38	34 = 100
Landwirte		3	14	83 = 100

Weitere Ergebnisse s. JB VII, 235

ERHOLUNGSURLAUB

Frage an Personen, die in den letzten 12 Monaten eine Urlaubs- oder Erholungsreise machten: „Man kann ja auf ganz verschiedene Art Urlaub machen. Wenn Sie diese Urlaubsreise(n) noch etwas näher beschreiben – was von dieser Liste trifft da alles zu?" (L)

C	Sommer 1981 Urlauber in den letzten 12 Monaten		
	Insgesamt %	Männer %	Frauen %
Erholungsurlaub	65	64	66
Badeurlaub	37	37	37
Familienurlaub	27	28	26
Urlaub mit Bekannten, Verwandten	23	22	23
Besuchsreise, Verwandten-, Bekanntenbesuch	19	17	20
Winterurlaub im Schnee	17	18	16
Rundreise (von Ort zu Ort, mit kürzeren Aufenthalten)	14	15	13
Erlebnisreise, Abenteuerreise	12	13	10
Campingreise	10	13	7
Studienreise, Bildungsurlaub, Sprachferien	8	9	8
Städtereisen, Reise in nur eine Großstadt	7	7	7
Anderer Aktivurlaub, andere Sport-, Hobbyreise	6	8	5
Weltreise, Fernreise	3	3	3
Kreuzfahrt, Schiffsreise	2	3	2
Cluburlaub (z. B. Méditerranée, Robinson usw.)	1	1	1

BELIEBTESTES VEHIKEL: DAS AUTO

Frage an Urlauber: „Wie haben Sie diese Urlaubsreisen/Urlaubsreise gemacht? Sind Sie mit der Bahn gefahren, oder im eigenen Wagen, oder mit einem Omnibus, oder Flugzeug (1981: „.. einem Linien- oder Charterflugzeug") oder wie?"

C	1978	1979	1980	1981	1982
			Urlauber insgesamt		
	%	%	%	%	%
Personenkraftwagen, eigener Wagen	56	59	56	59	59
gemieteter Wagen	–	–	2	2	2
Flugzeug	18	20	22	19	21
Eisenbahn	16	21	22	20	20
Omnibus	10	14	13	13	13
Schiff	3	3	5	3	3
Motorrad, Moped, Fahrrad	–	1	2	2	2
Andere Angaben	5	5	4	4	2

– = nicht ermittelt. – Weitere Ergebnisse s. JB VII, 238

SCHON DORT GEWESEN

Frage an Personen, die in den letzten 12 Monaten eine oder mehrere Urlaubsreise(n) machten: „Wo sind Sie gewesen – innerhalb der Bundesrepublik (mit West-Berlin), oder in der DDR, oder im Ausland?" (L)

C	1979	1982		1979	1982
	Urlauber in den letzten 12 Monaten			Urlauber in den letzten 12 Monaten	
BUNDESREPUBLIK	%	%		%	%
DEUTSCHLAND			EUROPA		
Bayern	19	18	Österreich	25	23
Nordsee, Ostsee	16	15	Italien	16	15
Baden-Württemberg	9	8	Spanien, Portugal	13	12
Übriges Bundesgebiet	20	19	Frankreich	11	8
			Schweiz	8	8
DEUTSCHE			Jugoslawien	7	7
DEMOKRATISCHE			Holland, Belgien,		
REPUBLIK	5	4	Luxemburg	6	5
			Griechenland	4	5
AUSSEREUROPÄISCHE			Nordeuropa: Dänemark,		
LÄNDER			Schweden, Norwegen,		
USA, Canada, Alaska	2	2	Finnland	5	4
Nordafrika; Marokko,			England, Irland,		
Tunesien	2	2	Schottland	3	3
Andere afrikanische			Tschechoslowakei,		
Länder	1	1	Polen, Rußland	2	2
Naher Osten, übriges			Bulgarien, Ungarn,		
Asien	–	2	Rumänien	2	2
Mittel- oder Südamerika	1	1			

– = nicht ermittelt. – Weitere Ergebnisse s. JB VII, 236

DAHIN, DAHIN MÖCHT' ICH IN DEUTSCHLAND

Frage: „Hier auf der Liste stehen verschiedene deutsche Landschaften. Wo, in welcher Gegend möchten Sie am liebsten einmal Urlaub machen? Suchen Sie etwa drei davon heraus." (L)

MÜNCHEN UND BERLIN

Frage: „Hier auf der Liste stehen verschiedene deutsche Großstädte: Welche möchten Sie am liebsten einmal besuchen? Vielleicht suchen Sie etwa drei davon heraus." (L)

	1982 Jan. %
Schwarzwald	40
Allgäu	35
Bayerischer Wald	33
Nordseeküste	28
Lüneburger Heide	23
Ostfriesische Inseln	21
Chiemgau	20
Ostseeküste	19
Harz	14
Spessart	10
Ostfriesland	10
Sauerland	6
Odenwald	6
Steinhuder Meer	5
Bergisches Land	4
Taunus	4
Das Alte Land	3
Emsland	3
Oldenburger Land	2

	1980 Febr. %
München	64
Berlin	59
Hamburg	43
Nürnberg	19
Köln	18
Stuttgart	17
Düsseldorf	16
Bremen	16
Frankfurt	14
Hannover	7
Essen	2

WOCHENENDAUSFLUG

Frage: „Verreisen Sie manchmal übers Wochenende, oder machen Sie manchmal eine kurze Urlaubsreise von weniger als sechs Tagen? Könnten Sie mir sagen, wie oft in den letzten 12 Monaten?"

	1980 %	1981 %
Es machten in den letzten 12 Monaten Wochenend- oder Kurzurlaub	49	54
und zwar:		
10mal und mehr	4	5
5- bis 9mal	6	6
3- bis 4mal	16	18
2mal	14	14
1mal	10	10
Es machen keinen Wochenend- oder Kurzurlaub	51	46
	100	100

SPORT

Es treiben Sport –	Ges. %	Männer %	Frauen %	Juni 1982 16–29 %	Altersgruppen 30–44 %	45–59 %	60 u. ä. %
Regelmäßig	20	24	16	37	20	15	8
Gelegentlich	32	38	27	45	38	32	14
Nein	48	38	57	18	42	53	78
	100	100	100	100	100	100	100

	Ges. %	Schulabschluß Volks- schule %	Höhere Schule %	Dörfer %	Stadt und Land Klein- städte %	Mittel- städte %	Groß- städte %
Regelmäßig	20	15	28	20	21	22	16
Gelegentlich	32	26	43	30	30	32	35
Nein	48	59	29	50	49	46	49
	100	100	100	100	100	100	100

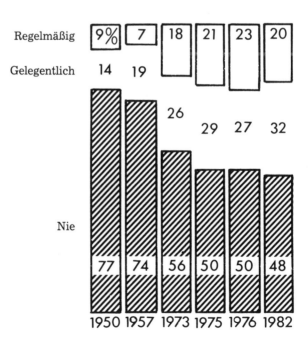

Regelmäßig   9%   7   18   21   23   20

Gelegentlich   14   19

26

29   27   32

Nie

77   74   56   50   50   48

1950 1957 1973 1975 1976 1982

SPORTLER: AKTIV

Frage: „Was machen Sie in Ihrer Freizeit, wenn es von der Jahreszeit her möglich ist? Kreuzen Sie bitte an, was Sie häufig, was ab und zu und was Sie nie machen." (L)

C Auszug: Sport – Das mache ich häufig –	Ges. %	Männer %	Frauen %	Frühjahr 1982					
				Altersgruppen					
				14–19 %	20–29 %	30–39 %	40–49 %	50–59 %	60 u. ä. %
Schwimmen	24	24	25	39	33	26	23	21	11
Sportlich Radfahren, Trimm- Dich-fahren	12	12	12	19	13	15	12	12	4
Kegeln, Bowling	11	13	9	9	12	15	16	11	6
Turnen, Gymnastik	10	6	13	15	11	12	10	9	7
Jogging, Wald- oder Geländelauf.	8	10	6	15	12	9	7	4	2
Fußballspielen	7	14	1	20	12	8	5	3	2
Tischtennis	6	9	4	19	10	6	5	2	2
Tanzsport	6	5	8	13	10	6	6	4	2
Ski-Abfahrtslauf	6	7	4	10	9	8	6	2	1
Tennis	5	6	4	8	7	7	5	4	1
Ski-Langlauf	5	6	4	4	5	7	6	6	2
Leichtathletik	4	7	2	11	5	4	4	3	1
Angeln, Fischen	3	6	1	5	4	3	4	4	1
Volleyballspielen	3	4	3	10	5	3	2	1	×
Bergsteigen	3	3	3	2	2	4	4	4	1
Tauchen	2	3	1	4	3	2	1	1	×
Segeln	2	3	1	2	2	3	2	2	×
Motorboot fahren	1	2	1	1	2	2	2	1	×
Surfen	1	2	1	2	3	1	1	×	×
Squash	1	2	1	1	2	1	1	×	x

... PASSIV

C Es besuchen Sport- veranstaltungen –	Ges. %	Männer %	Frauen %	Frühjahr 1979				
				Altersgruppen				
				14–29 %	30–39 %	40–49 %	50–59 %	60 u. ä. %
Häufig	14	22	7	23	15	13	9	6
Selten	35	44	27	43	42	39	30	21
Nie	51	34	66	34	43	48	61	73
	100	100	100	100	100	100	100	100

RASENFREUNDE

September 1982

Es interessieren sich für Fußball–	Gesamt	Männer	Frauen	Altersgruppen 16–29	30–44	45–59	60 u. ä.
	%	%	%	%	%	%	%
Sehr	26	45	9	29	28	26	18
Etwas	39	41	38	37	41	43	37
Nicht	35	14	53	34	31	31	45
	100	100	100	100	100	100	100

WELTMEISTERSCHAFT

Frage: „Haben Sie die Fußball-Weltmeisterschaft in Spanien verfolgt, oder hat Sie das nicht so interessiert?"

	1982 Sept. %
Ja, verfolgt	42
Ja, zum Teil	33
Nein, nicht interessiert	25
	100

BLOSS GLÜCK GEHABT

Frage: „Was meinen Sie, warum ist die deutsche Fußball-Nationalmannschaft ins Endspiel gekommen – war das hauptsächlich Glück oder spielerisches Können?"

A	1982 Sept. %
Hauptsächlich Glück	61
Hauptsächlich Können	11
Anderes / weiß nicht	3
Personen, die an der WM nicht interessiert waren	25
	100

KEINE SCHÖNE ERINNERUNG

Frage: „Glauben Sie, daß das Verhalten der deutschen Fußballspieler in Spanien unserem Ansehen im Ausland eher genützt oder eher geschadet hat?"

September 1982

	Genützt %	Geschadet %	Weder noch %	Unmöglich zu sagen %	
Bevölkerung insgesamt	2	62	19	17	= 100

DABEI SEIN IST ALLES

Frage: „Wenn ein Land bei den Olympischen Spielen viele Goldmedaillen gewinnt: Glauben Sie, daß dadurch sein Ansehen in der Welt steigt, oder hat das darauf keinen Einfluß?"

	1968 %	1972 %	1980 %
Ansehen steigt	53	48	44
Kein Einfluß	31	39	46
Unentschieden	16	13	10
	100	100	100

... ABER NICHT IN MOSKAU

Frage: „Einmal angenommen, die Amerikaner beschließen endgültig, ihre Sportler aus Protest gegen den russischen Einmarsch in Afghanistan nicht zu den Olympischen Spielen nach Moskau zu schicken. Was meinen Sie, sollten sich unsere Sportler dann auch nicht beteiligen, oder sollten sie trotzdem zu den Spielen nach Moskau gehen?"

A	1980 Jan. %
Sollten sich nicht beteiligen	49
Trotzdem nach Moskau gehen	35
Unentschieden	16
	100

SPORT UND POLITIK

Frage: „Die Bundesregierung und der Bundestag haben ja dem Olympischen Komitee in Deutschland empfohlen, keine deutschen Sportler zu den Olympischen Spielen nach Moskau zu schicken. Finden Sie diese Entscheidung richtig oder nicht richtig?"

			Mai 1980					
	Bev. insg. %	16–29 %	Altersgruppen 30–44 %	45–59 %	60 u.ä. %	SPD %	Politische Orientierung CDU/CSU %	FDP %
Richtig	58	47	58	61	65	54	70	58
Nicht richtig	40	51	40	35	34	44	29	42
Keine Angabe	2	2	2	4	1	2	1	×
	100	100	100	100	100	100	100	100

NIE MEHR OLYMPIA?

Frage: „Angenommen, die Olympischen Spiele werden abgeschafft, es würden in Zukunft keine Olympischen Spiele mehr stattfinden. Würden Sie das begrüßen oder bedauern, oder wäre Ihnen das egal?"

	1976 Aug. %	1980 Aug. %	16–29 %	Altersgruppen 30–44 %	45–59 %	60 u. ä. %
Bedauern	55	63	67	66	62	55
Gleichgültig	34	28	25	25	28	34
Begrüßen	8	5	5	5	5	4
Unentschieden	3	4	3	4	5	7
	100	100	100	100	100	100

Kapitel II

SOZIALES LEBEN

A. MITMENSCHEN – NACHBARSCHAFT

Frage: „Wenn Sie einmal an die Leute denken, die Sie so Tag für Tag sehen, in Ihrer Nachbarschaft, oder am Arbeitsplatz – würden Sie sagen, die meisten machen einen zufriedenen Eindruck, oder sind die meisten eher unzufrieden?"

	1972	1976	1978	1980	Ortsgröße unter 20 000 Einwohner	Ortsgröße über 20 000 Einwohner
	Bevölkerung insgesamt					
	%	%	%	%	%	%
Zufrieden	56	59	55	54	58	50
Unzufrieden	28	28	29	31	28	34
Unmöglich zu sagen	16	13	16	15	14	16
	100	100	100	100	100	100

Frage: „Unterhalten Sie mit Ihren Nachbarn oder Mietern in Ihrem Haus irgendwelche Verbindungen? Hier ist eine Liste. Könnten Sie mir sagen, was bei Ihnen zutrifft?" (L) „Und was könnten Sie noch über Ihre Nachbarn sagen?" (L)

	1981 Nov. %		1981 Nov. %
Art der Verbindungen		Kritik	
Unterhalte mich mit ihnen	78	Sind zu laut	11
Annahme von Nachrichten für Nachbarn, wenn sie gerade nicht zu Hause sind	60	Nehmen zu wenig Rücksicht auf andere	10
Gratulationen bei Geburtstag, Namenstag, Kommunion, Konfirmation in Nachbarsfamilien	52	Mischen sich zu viel ein	8
Teilnahme an Begräbnissen von Nachbarn	51	Stopfen den Mülleimer zu voll	8
Ausleihen oder Borgen von irgendwelchen Gegenständen	39	Vergessen oft, den Hausflur zu putzen	7
Nachbarn zu sich einladen	37	Zu lebhafte, freche Kinder	6
Einkäufe für Nachbarn miterledigen	26	Haben störende Haustiere	6
Auf die Kinder von Nachbarn aufpassen	20	Lassen alles mögliche im Gang herumstehen	5
Tun uns zusammen, um etwas gemeinsam durchzusetzen	18	Streiten immer	4
Gemeinsamer Kirchgang	8	Unangenehme Küchengerüche stören mich	4
Nichts davon	11	Wollen immer etwas von mir haben	3
		Sind unzuverlässig	3
		Beschweren sich immer beim Vermieter	3
		Verbrauchen zuviel Wasser	2
		Nichts davon	66

NACHBARLICHES

Frage: „Unterhalten Sie sich eigentlich oft mit den Leuten, die so um Sie herum wohnen?"

	Sehr oft %	Ziemlich oft %	Gelegent- lich %	Selten %	Nie, fast nie %
März 1969	9	22	42	21	6 = 100
November 1979	15	28	40	14	3 = 100

Frage: „Manche Leute sagen: Es darf einem nicht gleichgültig sein, was die Leute/die Nachbarn über einen denken. Man muß sich schon etwas danach richten. – Würden Sie dieser Meinung im großen und ganzen zustimmen oder nicht zustimmen?"

	1976 Bevölkerung insgesamt %	1980 Männer %	Frauen %	16–29 %	Altersgruppen 30–44 %	45–59 %	60 u. ä. %
Ja	46	49	46	52	35	45	54	62
Nein	37	30	30	29	38	32	28	20
Unentschieden	17	21	24	19	27	23	18	18
	100	100	100	100	100	100	100	100

Weitere Ergebnisse s. JB V, 143

Frage: „Welche Eigenschaften schätzen Sie besonders an Ihren Mitmenschen? Können Sie einmal die wichtigsten Eigenschaften heraussuchen?" (L)

	1975 Aug. %	1978 Juli %	1983 Febr. %	16–29 %	Altersgruppen 30–44 %	45–59 %	60 u. ä. %
Geselligkeit	71	58	65	76	65	63	59
Unternehmungslust	57	51	53	73	61	43	37
Gewandtheit, sicheres Auftreten	57	48	49	49	47	49	50
Sparsamkeit	52	48	47	27	33	54	73
Aufgeschlossenheit für alles Neue, Moderne	51	24	45	65	49	41	29
Berufliche Zielstrebigkeit, Arbeitseifer	50	48	46	32	37	57	55
Häuslichkeit	46	44	43	24	33	47	67
Sportlichkeit	35	32	33	47	37	28	19
Aufgeschlossenheit für Politik	27	45	28	31	25	26	28
Belesenheit	26	25	27	21	26	30	32
Kunstsinn	15	16	19	24	15	15	24

SKALEN DER TOLERANZ

Frage: „Auf dieser Liste hier stehen eine Reihe ganz verschiedener Personengruppen. Könnten Sie einmal alle heraussuchen, mit denen Sie n i c h t als Arbeitskollegen oder im gleichen Haus zusammen sein möchten?" (L)

„Und welche könnte es ruhig auch unter Ihrem engsten Freundeskreis geben? Woran würden Sie sich da nicht stoßen?" (L)

A	Oktober 1981	
	Nicht als Arbeitskollegen, nicht im gleichen Haus %	Im Freundeskreis geduldet %
Überzeugte Kommunisten	63	13
Überzeugte Nationalsozialisten	63	10
Leute, die öfter betrunken sind	58	16
Frauen, die ihr Geld als „leichte Mädchen" verdienen	53	17
Personen, die wegen Diebstahls vorbestraft sind	45	19
Personen, die schon einige Monate in einer Anstalt für Geisteskranke waren	42	20
Personen mit Arbeitslosenunterstützung, die sich nicht wirklich um einen Arbeitsplatz bemühen	41	19
Gastarbeiter	26	36
Neger	23	39
Personen, die schon einen Selbstmordversuch gemacht haben	15	37
Juden	14	41
Kinder von Verbrechern	12	11
Leute mit vielen Kindern	11	59
Personen, die wegen eines schweren Verkehrsunfalls vorbestraft sind	9	48
Leute, die zusammenleben ohne verheiratet zu sein	7	65
Krebskranke	7	56
Personen, die in einem Armenviertel aufgewachsen sind	6	53
Menschen mit unehelichen Kindern	4	71
Geschiedene	3	74
Personen, die als uneheliche Kinder aufgewachsen sind	2	67
Personen, die als Waisenkinder aufgewachsen sind	1	76

Weitere Ergebnisse s. JB VI, 26, 27

RAT UND VERTRAUEN

Frage: „Wenn Sie in einer schwierigen Lage w i r k l i c h Rat brauchen und gar nicht weiterwissen: würden Sie sagen, das müssen Sie g a n z mit sich a l l e i n ausmachen, oder gibt es da für Sie einen Menschen, mit dem Sie a l l e s besprechen können?"

D	1953	1979	1953	1979	1953	1979
	Insgesamt		Männer		Frauen	
	%	%	%	%	%	%
Gibt es	68	80	63	76	71	82
Gibt es nicht	6	6	6	7	7	6
Brauche niemand, mache alles mit mir selbst aus	26	14	31	17	22	12
	100	100	100	100	100	100

Frage: „Glauben Sie, daß man den meisten Menschen vertrauen kann?"

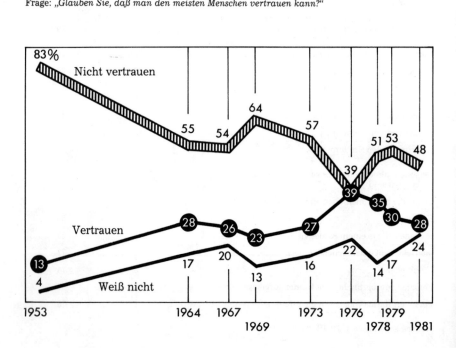

TREFFPUNKTE

Frage: „*Wenn Sie sich mit Ihren Bekannten einmal l ä n g e r unterhalten wollen: Wo treffen Sie sich da im allgemeinen?*" (L)

D	1953 Insgesamt %	1979 Insgesamt %	1953 Männer %	1979 Männer %	1953 Frauen %	1979 Frauen %
Bei mir zu Hause	68	82	62	79	73	84
Bei Bekannten in der Wohnung	53	69	50	66	56	72
In einem Lokal in der Nachbarschaft	13	18	21	25	6	13
Vereinslokal, Klublokal	8	14	15	21	3	9
Park, Anlagen, Spaziergang	16	13	16	10	16	16
In Lokalen, die nicht in der Nachbarschaft liegen	6	10	10	12	3	8
Andere Angaben	1	1	2	1	1	1
Unterhalte mich nie länger	8	3	6	2	9	3

GESELLIGKEITEN

Frage: „*Hier ist eine Liste. Können Sie mir sagen, wohin Sie häufiger gehen?*" (L)

D	1953 Insgesamt %	1979 Insgesamt %	1953 Männer %	1979 Männer %	1953 Frauen %	1979 Frauen %
Zu Einladungen bei Freunden und Bekannten	31	64	29	62	30	65
Zu Spaziergängen	53	57	53	50	54	63
Wochenendfahrten, Wanderungen, Reisen	19	41	23	42	17	40
Zu Besuch bei Nachbarn	14	26	13	23	15	30
Zu Sportveranstaltungen	18	24	33	38	7	11
Zu Vereinsveranstaltungen, Klubveranstaltungen	14	23	23	32	7	15
In die Kirche	35	18	29	15	39	22
Konzert, Theater	17	15	18	13	17	16
Zum Kartenspielen	7	13	13	20	2	7
Ins Kino	24	9	26	12	23	6
Zu Betriebsfesten	6	7	8	10	4	6
Zu Parteiabenden, Wahlversammlungen	2	4	4	5	1	3
Nichts davon	4	3	3	2	5	4
Gehe nirgendwo häufiger hin	7	2	5	2	9	2

GASTLICHKEIT

Frage: „Wievielmal im Monat haben Sie jetzt so durchschnittlich Gäste bei sich zu Hause?" „Wie oft im Monat sind Sie bei jemand eingeladen, gehen Sie zu Besuch?"

C	Sommer 1980			
	Besuch im Monat –			
	mehr als 4 mal	3–4 mal	1–2 mal	seltener/nie
	%	%	%	%
Es sind Gastgeber	22	21	34	23 = 100
Es sind Gast	22	19	34	25 = 100

KAFFEEKRÄNZCHEN

Frage an Frauen: „Kürzlich schrieb eine Zeitung, daß es die gemütlichen Kaffeekränzchen kaum noch gibt. Wir möchten gern herausfinden, ob diese Zeitung recht oder nicht recht hat. Würden Sie mir sagen, ob Sie persönlich regelmäßig mit einigen Freundinnen zu einer Kaffeerunde zusammenkommen?"
„Wie oft treffen Sie sich zu solch einer Kaffeerunde?"

		Oktober 1977			
	Frauen insgesamt	Altersgruppen			
		16–29	30–44	45–59	60 u. ä.
	%	%	%	%	%
Kaffeekränzchen –					
mehrmals in der Woche	3	3	2	2	5
einmal in der Woche	12	11	10	14	15
seltener	16	9	14	20	16
Es gehören keiner Kaffeerunde an	69	77	74	64	64
	100	100	100	100	100

Weitere Ergebnisse s. JB. I, 26

STAMMTISCH

Frage an Männer: „Kürzlich schrieb eine Zeitung, daß es die gemütlichen Stammtischrunden kaum noch gibt. Wir möchten gern herausfinden, ob diese Zeitung recht hat. Würden Sie mir sagen, ob Sie persönlich zu einer Stammtischrunde gehören?"
„Wie oft treffen Sie sich zum Stammtisch?"

		Oktober 1977			
	Männer insgesamt	Altersgruppen			
		16–29	30–44	45–59	60 u. ä.
	%	%	%	%	%
Stammtischrunde –					
mehrmals in der Woche	6	10	4	3	7
einmal in der Woche	19	11	20	22	25
seltener	5	3	4	8	6
Es haben keinen Stammtisch	70	76	72	67	62
	100	100	100	100	100

Weitere Ergebnisse s. JB. I, S. 25

SCHREIB MAL WIEDER!

Frage: „Haben Sie in den letzten vierzehn Tagen einen Brief oder eine Karte geschrieben – ich meine privat, nicht geschäftlich?"

C	1959 Sept. %	1978 März %	Männer %	Frauen %
Ja, Brief bzw. Karte geschrieben	50	44	35	52
Nein	50	56	65	48
	100	100	100	100

VEREINSMITGLIEDSCHAFTEN

D	1953 Gesamt %	1979 Gesamt %	1953 Männer %	1979 Männer %	1953 Frauen %	1979 Frauen %
Es sind in mindestens e i n e m Verein Mitglied	53	57	72	72	36	45
und zwar in:						
Sport- und Turnverein	12	27	22	37	3	19
Gewerkschaften	12	11	23	19	3	5
Religiösem oder caritativem Verein	7	9	8	7	12	11
Gesangverein, Musikverein, Kirchenchor	6	6	13	9	3	3
Andere Berufsvereinigungen	9	5	16	9	4	2
Schützenverein, Feuerwehr, Jagdverein	4	5	9	10	x	2
Bürgerverein, gesellige Clubs	4	4	7	5	2	3
Frauen- und Mütterverein	4	4	–	–	8	6
Gartenbau-, Kleintierzüchterverein	2	3	3	4	1	2
Kriegsversehrten- und Hinterbliebenenverbände .	3	1	4	2	3	1
Flüchtlingsverbände	4	1	5	1	4	1
Sonstige	7	5	9	5	5	5
	75	81	119	108	48	60
Es sind in keinem Verein Mitglied	47	43	28	28	64	55
	100	100	100	100	100	100

ANZAHL DER VEREINSMITGLIEDSCHAFTEN

	1953 Gesamt %	1979 Gesamt %	1953 Männer %	1979 Männer %	1953 Frauen %	1979 Frauen %
Es sind in mindestens e i n e m Verein Mitglied	53	57	72	72	36	45
und zwar in –						
1 Verein	33	34	38	39	28	30
2 Vereinen	14	15	23	20	6	10
3 Vereinen	4	6	7	9	1	4
4 und mehr Vereinen	2	2	4	4	1	1
Es sind in keinem Verein Mitglied	47	43	28	28	64	55
	100	100	100	100	100	100

B. LIEBE – EHE – FAMILIE

Frage: „*Glauben Sie an die große Liebe?*"

Frage an Personen, die an die große Liebe glauben: „*Glauben Sie, daß einem die große Liebe nur einmal im Leben begegnen kann oder auch öfter?*"

	Januar 1980				Januar 1980	
	Ja	Nein	Un-gewiß		Personen, die an die große Liebe glauben	
	%	%	%		Männer	Frauen
					%	%
Männer	52	32	16 = 100	Kann begegnen –		
Frauen	63	25	12 = 100	einmal	37	47
ALTERSGRUPPEN				öfter	53	40
16–29	57	27	16 = 100	ungewiß	10	13
30–44	59	29	12 = 100			
45–59	58	28	14 = 100		100	100
60 u. ä.	58	28	14 = 100			

Frage: „*Glauben Sie, daß eine F r a u Kinder haben muß, um glücklich zu sein?*"

„*Glauben Sie, daß ein Mann Kinder haben muß, um glücklich zu sein?*"

A

August 1981

	F r a u e n betreffend			M ä n n e r betreffend		
	Ja	Nein	Unentschieden	Ja	Nein	Unentschieden
	%	%	%	%	%	%
Bevölkerung insgesamt	37	38	25 = 100	34	41	25 = 100
Männer	33	41	26 = 100	33	41	26 = 100
Frauen	41	36	23 = 100	34	42	24 = 100
ALTERSGRUPPEN						
16–29	20	52	28 = 100	20	50	30 = 100
30–44	34	46	20 = 100	35	44	21 = 100
45–59	48	29	23 = 100	39	38	23 = 100
60 und älter	51	24	25 = 100	43	33	24 = 100

Weitere Ergebnisse s. JB VII, 154

WÜNSCHENSWERT

Frage: „*Welche Eigenschaft schätzen Sie besonders an einer Frau* (Frage an Männer), *einem Mann* (Frage an Frauen)? *Hier habe ich eine Liste. Ob Sie sie einmal durchgehen und mir die fünf wichtigsten nennen?*" (L) –

Frage: „*Und sexuelle Anziehungskraft: würden Sie die zu den fünf wichtigsten Eigenschaften zählen?*"

Geschätzte Eigenschaften an Frauen	Ges.	Altersgruppen 14–24	25–44	45–59	60 u. ä.	Schulbildung Volksschule	Mittlere Reife	Abitur
	%	%	%	%	%	%	%	%
Sexuelle Anziehungskraft	67	79	73	59	48	64	72	71
Natürlichkeit	58	58	61	62	49	53	65	72
Treue	54	59	54	55	48	55	54	48
Wärme, Herzlichkeit	51	47	52	52	55	47	55	72
Sauberkeit	47	36	46	54	55	53	39	26
Sparsamkeit	46	28	41	61	63	53	35	29
Hübsches Aussehen	40	63	45	31	16	36	48	52
Ehrlichkeit	38	52	38	31	32	35	44	47
Humor	33	43	35	30	24	30	37	44
Sollte gut kochen können	32	25	33	33	34	35	27	23
Fleiß	30	18	25	35	51	35	25	11
Klugheit	30	33	32	23	28	26	36	41
Ordnungsliebe	23	10	22	25	36	23	25	17
Pünktlichkeit	12	13	12	8	13	11	15	9
Verschwiegenheit	9	9	9	8	12	8	13	9
Tüchtigkeit im Beruf	7	8	7	7	4	7	8	7
Selbstlosigkeit	5	3	6	4	4	5	5	4

August 1978
Männer

Geschätzte Eigenschaften an Männern — **Frauen**

	Ges.	14–24	25–44	45–59	60 u. ä.	Volksschule	Mittlere Reife	Abitur
Treue	62	66	61	60	63	62	65	55
Wärme, Herzlichkeit	58	55	63	60	53	55	67	65
Ehrlichkeit	49	58	51	46	44	56	47	55
Fleiß	44	21	42	51	58	51	30	23
Natürlichkeit	43	55	43	46	34	40	50	52
Sexuelle Anziehungskraft	42	55	50	41	22	39	49	46
Klugheit	38	35	40	38	37	31	50	64
Humor	37	48	40	32	29	33	47	39
Tüchtigkeit im Beruf	36	29	40	36	37	37	34	33
Sparsamkeit	32	14	25	35	48	39	17	7
Sauberkeit	27	23	25	30	32	31	22	13
Praktische Veranlagung	20	20	22	22	18	21	20	16
Ritterlichkeit	17	7	15	21	24	16	19	20
Pünktlichkeit	17	12	16	17	21	17	18	10
Gutes Aussehen	15	33	16	9	9	15	18	12
Ordnungsliebe	15	7	12	17	24	18	10	4
Verschwiegenheit	10	7	11	10	10	9	12	15

Frühere Ergebnisse s. JB VI, 161

DAS GLÜCK OHNE EHE

Frage: *„Glauben Sie, daß eine Frau verheiratet sein muß, um wirklich glücklich zu leben, oder halten Sie das nicht für so wichtig?"*

	August 1978 Verheiratet sein %	Nicht so wichtig %	Unentschieden %
Insgesamt	28	58	14 = 100
Männer	28	57	15 = 100
Frauen	28	60	12 = 100
ALTERSGRUPPEN			
16–29 Jahre	14	72	14 = 100
30–44 Jahre	25	62	13 = 100
45–59 Jahre	28	58	14 = 100
60 Jahre und älter	45	40	15 = 100
FAMILIENSTAND			
Ledig	9	78	13 = 100
Verheiratet	32	53	15 = 100

DEUTSCHE EHEN BESSER ALS IHR RUF?

Frage: *„Glauben Sie, daß die meisten Ehen heute in Deutschland glücklich, gleichgültig oder unglücklich verlaufen?"*

	Verheiratete Frauen 1949 %	1963 %	1976 %	1978 %	Männer 1949 %	1963 %	1976 %	1978 %
Glücklich	12	24	21	29	17	34	35	36
Gleichgültig	43	37	46	48	39	37	39	40
Unglücklich	24	10	7	6	22	5	5	7
Keine Meinung	21	29	26	17	22	24	21	17
	100	100	100	100	100	100	100	100

WACHSENDE TOLERANZ?

Frage: *„Ist es nach Ihrer Ansicht eigentlich notwendig, daß Mann und Frau in allen Dingen immer der gleichen Meinung sind?"*

D	Verheiratete insgesamt 1953 %	1979 %	Männer 1953 %	1979 %	Frauen 1953 %	1979 %
Nein, nicht notwendig	65	78	69	79	62	78
Ja, notwendig	31	15	28	16	33	15
Unentschieden	4	7	3	5	5	7
	100	100	100	100	100	100

UNTERSCHIEDLICHE ANSICHTEN

Frage an Verheiratete: „Könnten Sie mir nach dieser Liste sagen, worin Sie mit Ihrer Frau/Ihrem Mann eher verschiedener Ansicht sind?" (L)

D	1953	1979	1953	1979
	Männer		Frauen	
Meinung über:	%	%	%	%
Bekannte und Freunde	32	43	27	37
Kindererziehung	20	23	21	29
Geldfragen	29	24	27	28
Politische Fragen	11	23	9	22
Einrichtung unserer Wohnung	20	23	17	23
Religiöse Fragen	16	20	15	22
Berufliche Dinge	12	15	8	12
Wir sind in allem einig	9	3	13	2
Nichts davon	6	1	4	1
Andere Antwort	1	3	1	2
Keine Antwort	14	15	14	14

BERUFSARBEIT ALS GESPRÄCHSTHEMA

Frage an verheiratete Männer: „Sprechen Sie über Ihre Arbeit manchmal mit Ihrer Frau?"
„Haben Sie es gern, wenn Ihnen Ihre Frau erzählt, was sie alles zu tun hat?"

Frage an verheiratete Frauen: „Spricht Ihr Mann manchmal mit Ihnen über seine Arbeit?"
„Hat es Ihr Mann gern, wenn Sie ihm erzählen, was Sie alles zu tun haben?"

D		Verheiratete		
	1953		1979	
Bericht von –				
	Männer	Frauen	Männer	Frauen
ARBEIT DES MANNES	%	%	%	%
Bespreche/bespricht alles mit ihr/mir	39	42	29	31
Spreche/spricht oft darüber	22	28	32	34
Erzähle/erzählt schon	29	22	31	27
Nein	10	8	8	8
	100	100	100	100
ARBEIT DER FRAU				
Habe ich/hat er sehr gern	31	30	23	20
Habe ich/hat er ganz gern	31	28	42	30
Es geht	21	22	28	33
Nein	17	20	7	17
	100	100	100	100

TROTZ SCHWIERIGKEITEN ZUFRIEDEN

Frage an Verheiratete: „Darf ich Ihnen hier eine Liste zeigen? – Wenn Sie bitte heraussuchen, was für Sie zutrifft und mir die Nummer angeben." (L)

	1957 Männer %	1978 Männer %	1957 Frauen %	1978 Frauen %
Meine Ehe ist ganz besonders glücklich. Noch nie hat es auch nur die kleinsten Auseinandersetzungen gegeben	8	4	10	4
Unsere Ehe ist bis jetzt glücklich gewesen. Wir verstehen uns in allem ausgezeichnet. Eine ernsthafte Krise hat es nie gegeben	33	34	29	35
Wenn es in unserer Ehe auch manchmal Schwierigkeiten gibt, so verstehen wir uns doch im großen und ganzen sehr gut	43	56	43	50
Wenn man einmal verheiratet ist, dann muß man sich mit vielem abfinden. Aber es gibt in meiner Ehe doch Schwierigkeiten, über die ich sehr unglücklich bin	6	7	8	10
Meine Ehe ist ziemlich unglücklich. Manchmal denke ich, es wäre besser, wenn wir uns scheiden ließen	1	1	1	2
Keine Entscheidung	9	3	9	4

ABWERTUNG DER EHE

Frage:„Halten Sie die Einrichtung der Ehe grundsätzlich für notwendig oder für überlebt?"

	1949 %	1963 %	1976 %	1978 %	1949 %	1963 %	1976 %	1978 %
	Verheiratete Männer				Verheiratete Frauen			
Notwendig	90	92	72	71	92	95	73	65
Überlebt	3	3	9	11	3	1	8	13
Unentschieden	7	5	19	18	5	4	19	22
	100	100	100	100	100	100	100	100

BIS DASS DER TOD …?

Frage: „Wenn heute jemand heiratet, ist das Ihrer Ansicht nach gefühlsmäßig eine Bindung auf Lebenszeit, oder nicht unbedingt?"

Juli 1979

	Männer gesamt %	16–29 %	30–44 %	45–59 %	60 u. ä. %	Frauen gesamt %	16–29 %	30–44 %	45–59 %	60 u. ä. %
Auf Lebenszeit	54	46	49	53	61	51	48	49	51	62
Nicht unbedingt	40	47	46	40	32	44	49	48	44	30
Kein Urteil	6	7	5	7	7	5	3	3	5	8
	100	100	100	100	100	100	100	100	100	100

Weitere Ergebnisse s. JB VI, 28

SPIEGLEIN, SPIEGLEIN ...

Frage: „Glauben Sie, daß es für das Glück einer Frau viel oder wenig ausmacht, wie hübsch sie ist?"

Bedeutet	August 1980 Frauen %	Männer %
viel	51	52
wenig	26	26
Unentschieden	23	22
	100	100

EHE AUF ZEIT

Frage: „Wenn man die Möglichkeit einführen würde, einen Ehevertrag auf Zeit abzuschließen, der immer wieder erneuert werden kann – hielten Sie das für eine gute Idee oder keine gute Idee??"

	1973 Okt. %	1978 Aug. %
Keine gute Idee	61	60
Gute Idee	25	27
Unentschieden	14	13
	100	100

EHEN OHNE TRAUSCHEIN

Frage: „Wir möchten einmal wissen, wieviel Leute ohne Trauscheine zusammen leben. Darf ich fragen: Leben Sie mit einem Partner, einem Lebensgefährten zusammen?"

C	April 1982 Ja %
Bevölkerung insgesamt	6
ALTERSGRUPPEN	
14–19 Jahre	3
20–29 Jahre	15
30–39 Jahre	7
40–49 Jahre	5
50–59 Jahre	2
60 Jahre und älter	2

	April 1982 Ja %
Bevölkerung insgesamt	6
BERUFSKREISE	
Angelernte Arbeiter	6
Facharbeiter	5
Einfache Angestellte/Beamte	7
Leitende Angestellte/Beamte	5
Selbständige, freie Berufe	7
Landwirte	1

... NICHT OHNE KONSEQUENZEN

Frage: „Heute leben ja viele Paare unverheiratet zusammen. Finden Sie das alles in allem gut oder nicht so gut?"

	1982 Sept. %
Finde ich gut	46
Finde ich nicht so gut	36
Unentschieden	18
	100

„Sollten Ihrer Meinung nach bestimmte Dinge, wie Erbschaftsfragen, Steuerangelegenheiten und ähnliches für unverheiratete Paare ähnlich geregelt sein wie für Ehepaare oder nicht?"

	1982 Sept. %
Sollten ähnlich geregelt sein	39
Sollten nicht ähnlich geregelt sein	41
Weiß nicht	20
	100

GROSSFAMILIEN

Frage: „*Haben Sie schon einmal von den sogenannten Großfamilien gehört, zu denen sich mehrere Männer und Frauen zusammenschließen?*" (Ja, gehört: 1972 = 91%; 1978 = 88%)

„*Sind Sie für Großfamilien, in denen sich verschiedene Ehepaare Haushalt und Kindererziehung teilen, oder dagegen – was von dieser Liste hier würden Sie sagen?*" (L)

	1972 Okt. Ges. %	1978 Nov. Ges. %	Männer unter 30 %	Männer über 30 %	Frauen unter 30 %	Frauen über 30 %
Grundsätzlich gegen Großfamilie	61	60	37	68	48	64
Für Großfamilie, aber nur, wenn damit kein sexueller Partnertausch verbunden ist	19	24	36	16	38	23
Für Großfamilie, auch mit sexuellem Partnertausch	3	4	12	3	5	2
Kein Urteil	17	12	15	13	9	11
	100	100	100	100	100	100

EHESCHEIDUNG

Frage: „*Soll die Ehescheidung möglichst leichtgemacht werden oder möglichst schwergemacht werden, oder sollten Ehen überhaupt unlösbar sein?*"

Nachfrage an Personen, die angeben, Ehen sollten unlösbar sein: „*Meinen Sie alle Ehen oder nur Ehen, die in der Kirche getraut worden sind?*"

D	1953 Gesamt %	1979 Gesamt %	1953 Männer %	1979 Männer %	1953 Frauen %	1979 Frauen %
Ehe sollte unlösbar	33	9	28	7	34	11
und zwar: alle Ehen	27	7	24	5	28	8
nur kirchlich getraute	5	2	4	2	6	3
Scheidung sollte möglichst schwer sein	29	28	29	26	29	30
Scheidung sollte möglichst leicht sein	13	28	16	33	12	24
Lassen, wie es ist	15	20	18	20	14	19
Weiß nicht	10	15	9	14	11	16
	100	100	100	100	100	100

WENIGER GESCHWISTER

Frage: „Haben oder hatten Sie Geschwister, oder sind Sie das einzige Kind? Wieviel Geschwister haben oder hatten Sie?"

November 1977
Anzahl der Geschwister

	keins %	eins %	zwei %	drei %	vier %	fünf u. mehr %
Bevölkerung insgesamt	20	22	21	15	10	12 = 100
ALTERSGRUPPEN						
16–29 Jahre	23	28	21	15	7	6 = 100
30–44 Jahre	21	26	22	15	8	8 = 100
45–59 Jahre	19	21	21	16	12	11 = 100
60 Jahre und älter	17	12	17	17	13	24 = 100
SCHULBILDUNG						
Volksschule	18	19	20	16	11	16 = 100
Höhere Schule	24	29	22	13	7	5 = 100

VATER, MUTTER UND ZWEI KINDER

Frage: „Was betrachten Sie heute als die ideale Größe einer Familie: Vater, Mutter und wieviel Kinder?"

	1978 %	1980 %	1981 %
1 Kind	11	11	12
2 Kinder	61	60	59
3 Kinder	21	19	18
4 Kinder	4	4	4
5 Kinder und mehr	1	1	1
Kein Kind	2	5	6
	100	100	100

Frühere Ergebnisse s. JB VII, 155

Frage: „Wenn jemand sagt, man kann es heute gar nicht verantworten, ein Kind in die Welt zu setzen – würden Sie da zustimmen oder nicht zustimmen?"

A   August 1978

	Zustimmen %	Nicht zustimmen %	Unentschieden %
Bevölkerung insgesamt . . .	12	75	13 = 100
ALTERSGRUPPEN			
16–29	12	73	15 = 100
30–44	15	72	13 = 100
45–59	13	75	12 = 100
60 u. ä.	9	78	13 = 100

KINDERFEINDLICH?

Frage: „Manche Leute sagen, die Deutschen sind kinderfeindlich. Würden Sie dem im großen und ganzen zustimmen oder nicht zustimmen?"

November 1978

	Gesamt %	Männer %	Frauen %	16–29 %	30–44 %	45–59 %	60 u. ä. %
				Altersgruppen			
Nicht zustimmen	46	49	43	39	41	46	58
Zustimmen	42	38	45	48	49	39	30
Unentschieden	12	13	12	13	10	15	12
	100	100	100	100	100	100	100

MIT KINDERN GLÜCKLICHER?

Frage: „Welche Ehen sind Ihrer Meinung nach am glücklichsten – Ehen mit Kindern oder Ehen ohne Kinder, oder finden Sie das Eheglück hängt nicht davon ab, ob man Kinder hat oder nicht?"

A	Mit Kindern		Ohne Kinder		Eheglück hängt nicht von Kindern ab		Kein Urteil	
	1972 %	1978 %	1972 %	1978 %	1972 %	1978 %	1972 %	1978 %
Bevölkerung insgesamt	47	56	2	2	44	39	7	3
Verheiratete insgesamt	51	59	1	1	42	37	6	3

Frage an Eltern mit Kindern im Alter von 2–25 Jahren: „Welche dieser Beschreibungen trifft am besten auf Ihre Familie zu?" (L)

	1965 Sept. %	1978 April %
Bei uns gibt es schon ab und zu Meinungsverschiedenheiten oder manchmal auch einen Streit. Wir sind aber trotzdem eine glückliche Familie	60	66
Wir führen ein sehr glückliches Familienleben. Wir verstehen uns alle ausgezeichnet. Bei uns gibt es eigentlich nie Streit.	24	14
Bei uns gibt es eigentlich öfter Streit und Auseinandersetzungen, denn man kann ja unmöglich immer derselben Meinung sein. Aber in unserer Familie fühlen wir uns doch alle am besten aufgehoben	13	16
Unser Familienleben ist nicht so sehr eng. Bei uns geht jeder mehr seine eigenen Wege	3	4
	100	100

GEMEINSAMKEITEN

Frage an Personen, die nicht allein im Haushalt leben (84 = 100%): „In einem Haushalt hat zwar nicht jeder die gleichen Interessen, aber es gibt doch manches, was man öfter mit anderen in der Familie gemeinsam macht. Könnten Sie bitte lesen, was auf dieser Liste steht, und mir alles nennen, was auch bei Ihnen zutrifft?" (L)

C	Frühjahr 1977 %
Wir sitzen oft zusammen beim Fernsehen	72
Wir machen häufiger Gesellschaftsspiele (Karten, Würfeln, Puzzle usw.)	41
Wir machen gemeinsam den Haushalt, die Hausarbeit (Kochen, Putzen, Spülen, Gartenarbeit usw.)	41
Wir gehen zusammen öfter Verwandte, Bekannte besuchen	40
Wir machen öfter gemeinsam Ausflüge, Wanderungen	38
Bei uns zuhause wird viel gelesen	35
Wir gehen abends öfter zusammen aus	20
Wir treiben häufiger zusammen Sport (Gymnastik, Federball, Tischtennis, Schwimmen usw.)	18
Wir singen, musizieren öfter zusammen	9

ERZIEHUNGSZIELE

Frage: „Wir haben einmal eine Liste zusammengestellt mit den verschiedenen Forderungen, was man Kindern für ihr späteres Leben alles mit auf den Weg geben soll, was Kinder im Elternhaus lernen sollen. Was davon halten Sie für b e s o n d e r s wichtig?" (L)

	1967 Okt.	1977 Dez.	1982 Jan.	1983 Febr.
	%	%	%	%
Höflichkeit und gutes Benehmen	85	76	75	76
Die Arbeit ordentlich und gewissenhaft tun	76	70	70	75
Sparsam mit Geld umgehen	75	65	66	65
Andersdenkende achten, tolerant sein	59	64	65	72
Sich durchsetzen, sich nicht so leicht unterkriegen lassen	59	68	63	68
Menschenkenntnis, sich die richtigen Freunde und Freundinnen aussuchen	53	60	61	62
Gesunde Lebensweise	58	57	58	60
Wissensdurst, den Wunsch, seinen Horizont ständig zu erweitern	47	49	46	49
Sich in eine Ordnung einfügen, sich anpassen	61	51	45	46
Freude an Büchern haben, gern lesen	36	28	36	36
Interesse für Politik, Verständnis für politische Zusammenhänge	30	29	30	33
Bescheiden und zurückhaltend sein	37	28	27	31
Festen Glauben, feste religiöse Bindung	39	24	25	27
Technisches Verständnis, mit der modernen Technik umgehen können	29	24	25	24
An Kunst Gefallen finden	21	17	19	21

Weitere Ergebnisse s. JB VI, 13

ORDNUNG UND SAUBERKEIT

Frage: „Eine Frage zur Kindererziehung. Manches kann man ja Kindern nachsehen und es nicht so wichtig nehmen, wenn es mal nicht passiert, aber anderes wieder sollte man ihnen nie durchgehen lassen. Wenn Sie diese Liste hier durchsehen: Was davon sollte ein Mädchen/Junge Ihrer Ansicht nach unbedingt immer tun, wo sollte man bei einem Mädchen/Jungen auf keinen Fall Nachsicht üben?" (L)

Januar 1980

Wichtig ist, daß das Kind –	Betr.: Mädchen Männer	Frauen	Betr.: Jungen Männer	Frauen
	%	%	%	%
täglich die Zähne putzt	88	91	89	93
sich den Hals wäschte	70	70	64	66
sich vor jedem Essen die Hände wäscht	69	73	72	76
immer saubere Fingernägel hat	68	73	51	57
sich regelmäßig die Füße wäscht	60	64	64	62
ordentlich gekämmt zur Schule geht	58	65	42	51
kein Butterbrotpapier auf die Straße wirft	55	59	61	67
seine Sachen aufräumt, nichts herumliegen läßt	55	58	50	52
seine Schulkleidung immer rein und ordentlich hält	54	64	43	54
auf saubere Schuhe achtet	43	50	33	39
immer ein sauberes Taschentuch bei sich hat	39	52	32	39
immer mit Messer und Gabel ißt	35	43	30	34

EIN AUGE ZUDRÜCKEN ...

Frage: *„Über die Erziehung gehen die Meinungen ja auseinander. Bei was auf diesen Karten hier finden Sie, das dürfen Eltern ihren Kindern auf keinen Fall durchgehen lassen, und bei was davon können Eltern schon mal ein Auge zudrücken, ich meine: bei Kindern unter 14 Jahren?"* (K, L)

	November 1982	
	Nicht durch-	Ein Auge
Wenn –	gehen lassen	zudrücken
	%	%
ein Kind sich Geld aus dem Portemonnaie, dem Geldbeutel der Eltern nimmt	94	4
die Schule geschwänzt wird	82	18
die Eltern von den Kindern angeschwindelt werden	75	24
sie im Bus oder in der Bahn schwarzgefahren sind	61	38
die Eltern eine freche Antwort bekommen	61	38
Kinder eine Scheibe eingeworfen haben	41	59
Kinder bei einer Prüfung geschummelt, gemogelt haben	27	73
Kinder nicht aufräumen	27	73
Kinder ohne Erlaubnis Äpfel von Nachbars Bäumen pflücken	24	75

VATER IST RESPEKTSPERSON

Frage an Frauen: *„Vor wem hat Ihr Kind/haben Ihre Kinder den größeren Respekt, vor Ihrem Mann oder vor Ihnen? (Frage an Männer: ... vor Ihrer Frau oder vor Ihnen?)"*

	Eltern mit Kindern zwischen 2 und 25 Jahren im Haushalt			
	1965	1979	1965	1979
	Sept.	März	Sept.	März
		Männer		Frauen
Die Kinder haben den größeren Respekt vor –	%	%	%	%
Vater	53	56	54	53
Mutter	13	15	14	20
beiden gleich	34	29	32	27
	100	100	100	100

Frage: *„Hier unterhalten sich zwei Mütter, ob man ein Kind schlagen sollte, wenn es sehr ungezogen ist. Welcher von den beiden würden Sie zustimmen?"* (B)

	1971	1978
	Dez.	Jan.
	Hausfrauen	
	%	%
„Es ist grundsätzlich verkehrt, daß man ein Kind schlägt, man kann jedes Kind auch ohne Schläge erziehen."	40	44
„Schläge gehören auch zur Erziehung, das hat noch keinem Kind geschadet."	47	44
Unentschieden	13	12
	100	100

KINDERLOSE UND KINDERREICHE

Frage: „Es ist ja bekannt, daß man über einen Menschen, auch wenn man ihn noch nie gesehen hat, etwas sagen kann, wenn man ganz bestimmte Dinge weiß. Wenn Sie von einem Ehepaar nur wissen, daß es vier Kinder (keine Kinder) hat: was sind das wohl für Leute, was würden Sie gefühlsmäßig vermuten? Welche von diesen Eigenschaften treffen wahrscheinlich auf ein Ehepaar mit vier Kindern (ohne Kinder) zu?"

August 1978

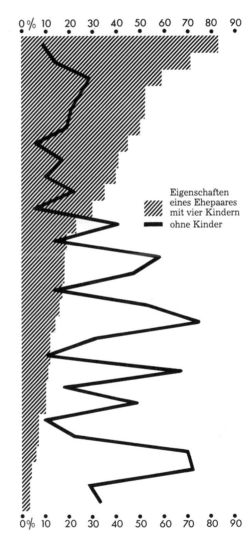

0 % 10 20 30 40 50 60 70 80 90

Kinderlieb

Die Frau fühlt sich oft überlastet

Haben viel Spaß zusammen

Der Mann hilft oft bei der Hausarbeit

Werden öfter schief angesehen

Glücklich

Einfache Leute

Sympathisch

Sozial eingestellt

Denken an die Zukunft

Religiös, gehen regelmäßig zur Kirche

Haben einen großen Freundeskreis

Haben oft Streit miteinander

Finanziell gut gestellt

Haben viele Hobbys

Beliebt, geschätzt

Haben eine schöne Wohnung

Die Frau ist berufstätig

Fortschrittlich, modern

Leben zurückgezogen, abgekapselt

Gehen viel aus, unternehmen viel

Gebildet

Immer gut angezogen

Verantwortungslos

Lesen viel

Machen schöne Urlaubsreisen

Finden leicht eine Wohnung

Langweilen sich öfter

Egoistisch, denken nur an sich

Eigenschaften
eines Ehepaares
mit vier Kindern
ohne Kinder

0 % 10 20 30 40 50 60 70 80 90

GEBURTENRÜCKGANG

Frage: „Hier unterhalten sich zwei darüber, ob Politiker mit Gesetzen etwas gegen den Geburtenrückgang tun können. Welcher von beiden sagt eher das, was auch Sie denken?" (B)

C	August 1978		
	Ges. %	Männer %	Frauen %
„Ich bin sicher, daß mehr Kinder geboren würden, wenn die Politiker mit Gesetzen dafür Anreize schaffen würden."	53	54	51
„Ich glaube nicht, daß die Politiker am Geburtenrückgang etwas ändern können. Es liegt nicht an den Gesetzen, wenn eine Gesellschaft wenig Kinder möchte."	35	34	36
Unentschieden	12	12	13
	100	100	100

FÖRDERUNG VON FAMILIEN

Frage: „Zur Förderung der Familien sind ja in letzter Zeit viele Vorschläge gemacht worden. Hier
auf dieser Liste sind einige aufgeschrieben. Welche davon erscheinen Ihnen besonders wichtig,
wofür sollten sich die Politiker besonders einsetzen?" (L)

A	1979 Nov. %
Daß Familien mit Kindern finanziell unterstützt werden, z. B. mit Steuererleichterungen, Mietzuschüssen	61
Förderung von größeren Wohnungen für Familien mit Kindern	58
Daß wieder mehr anerkannt wird, was Frauen als Mütter leisten	57
Daß mehr Einrichtungen für Kinder geschaffen werden, also mehr Spielplätze, Kindergärten, Kindertagesstätten	51
Daß der Wert der Familie wieder mehr anerkannt wird	50
Mehr Kindergeld, damit nicht mehr so viele Mütter mitverdienen müssen	50
Förderung von mehr Halbtagsstellen, Teilzeitarbeitsplätzen für Mütter	43
Daß Familien für neugeborene Kinder einen Zuschuß vom Staat bekommen	38
Daß in der Bundesrepublik wieder mehr Kinder auf die Welt kommen	37
Einführung eines Erziehungsgeldes für berufstätige und nichtberufstätige Mütter für ein bis zwei Jahre nach der Geburt	37
Daß anstatt der Mutter auch der Vater Urlaub zur Betreuung des Babys nehmen kann und Erziehungsgeld bekommt	28

EMANZIPATION BEMERKBAR

Frage: „Man hört öfter, daß die Frauen heute selbständiger, selbstbewußter sind als früher, sie hören nicht mehr einfach auf das, was die Männer sagen, sondern haben eine eigene Meinung. Was ist Ihr Eindruck: Finden Sie das auch, oder kann man das nicht so sagen?"

Falls Antwort „Finde ich auch": „Begrüßen Sie das oder begrüßen Sie das nicht?"

	1972 Juni	1979 Nov.	1972 Juni	1979 Nov.	1972 Juni	1979 Nov.
	Gesamt		Männer		Frauen	
	%	%	%	%	%	%
Finde ich auch	82	78	80	76	83	79
Kann man nicht sagen	12	14	13	15	11	14
Unentschieden	6	8	7	9	6	7
	100	100	100	100	100	100
Begrüße ich	83	80	75	70	90	89
Schwer zu sagen	7	6	11	9	4	3
Begrüße ich nicht	10	14	14	21	6	8
	100	100	100	100	100	100

Frage: „Finden Sie, Mann und Frau sollten in der Ehe gleiche Rechte haben, oder finden Sie, der Mann sollte mehr Rechte haben?"

	1954 Jan.	1973 Okt.	1979 Nov.	Männer	Frauen	Ledig	Verhei-ratet	Ge-schie-den	Ver-witwet
	Gesamtbevölkerung						Familienstand		
	%	%	%	%	%	%	%	%	%
Beide sollten gleiche Rechte haben	48	74	75	70	80	85	74	83	61
Der Mann sollte mehr Rechte haben	34	13	9	11	7	5	8	6	17
Kommt darauf an	16	12	14	17	12	8	16	9	19
Kein Urteil	2	1	2	2	1	2	2	2	3
	100	100	100	100	100	100	100	100	100

NOCH IMMER NICHT ENTSCHIEDEN ...

Frage: „Wer, glauben Sie, hat es im allgemeinen leichter im Leben: die Männer oder die Frauen?"

	1974	1976	1979	Männer	Frauen
	Bevölkerung insgesamt				
	%	%	%	%	%
Männer haben es leichter	38	40	44	28	56
Frauen haben es leichter	19	20	17	29	8
Beide gleich	37	34	33	36	30
Keine Angabe	6	6	6	7	6
	100	100	100	100	100

MÄNNER KOCHEN GERN

Frage: „Wer kocht im allgemeinen bei Ihnen im Haushalt?"

	Haushalte insgesamt						Personen, die im Haushalt kochen			
D	1953 Männer %	1979 Männer %	1953 Frauen %	1979 Frauen %			1953 Männer %	1979 Männer %	1953 Frauen %	1979 Frauen %
Ich selbst	3	11	82	89	Koche sehr gern . . .		31	50	69	51
Andere Person . . .	93	87	17	10	Koche gern		33	43	29	44
Niemand, esse auswärts	4	2	1	1	Koche nicht gern . . .		36	7	2	5
	100	100	100	100			100	100	100	100

GEFÄLLIG BEI DER HAUSARBEIT ...

Frage: „Wenn Sie von einer Familie hören, wo der Mann seiner Frau regelmäßig (Parallelumfrage: manchmal) bei der Hausarbeit hilft: Würden sie sagen, das gefällt Ihnen oder gefällt Ihnen nicht?"

	Regelmäßig			Manchmal	
	1970 April %	1976 Jan. %	1979 Nov. %	1976 Jan. %	1979 Nov. %
Gefällt	74	80	77	86	86
Gefällt nicht	13	12	11	6	6
Unentschieden	13	8	12	8	8
	100	100	100	100	100

ÜBEREINSTIMMENDE VORSTELLUNGEN

Frage an berufstätige Männer, die verheiratet sind oder mit einer Partnerin zusammenleben: „Könnten Sie sich vorstellen, nicht mehr in Ihrem Beruf zu arbeiten und dafür den Haushalt zu versorgen, oder wäre das nichts für Sie?"

Frage an Frauen, deren Ehemann oder Partner berufstätig ist: Könnten Sie sich vorstellen, daß Ihr Mann nicht mehr in seinem Beruf arbeitet und statt dessen den Haushalt versorgt, oder wäre das nichts für Ihren Mann?"

	Männer mit Partner/in bzw. verheiratet %	Frauen %	Juni 1981 Altersgruppen					
			16–29		30–44		45–59	
			Männer %	Frauen %	Männer %	Frauen %	Männer %	Frauen %
Könnte ich mir vorstellen . . .	27	28	45	49	26	26	23	19
Wäre nichts für mich/ihn	64	65	45	44	66	66	67	75
Unentschieden	9	7	10	7	8	8	10	6
	100	100	100	100	100	100	100	100

VATER ANWESEND BEI GEBURT DES KINDES

Frage: *„Zur Zeit wird viel darüber gesprochen, ob bei der Geburt eines Kindes der Vater dabeisein darf oder nicht. Was meinen Sie dazu? Sind Sie dafür oder nicht dafür, daß die Väter während der Geburt dabeisein dürfen?"*

Frage an Väter: *„Sind Sie selbst bei der Geburt eines Kindes dabeigewesen?"*

Frage an Mütter: *„War Ihr Mann bei der Geburt eines Kindes dabei?"*

	Dafür		Nicht dafür		Unentschieden	
	1975	1980	1975	1980	1975	1980
	%	%	%	%	%	%
Bevölkerung	54	58	30	26	16	16
VÄTER						
– die schon bei der Geburt eines Kindes dabei waren	85	80	10	8	5	12
– die noch nie bei der Geburt eines Kindes dabei waren	47	48	34	27	19	25
MÜTTER						
– deren Ehemänner bei der Geburt eines Kindes dabei waren	85	95	9	4	6	1
– deren Ehemänner nicht bei der Geburt eines Kindes dabei waren	53	58	36	30	11	12

MEHR GLEICHBERECHTIGUNG IM BERUF ERWÜNSCHT

Frage: *„Auf welchen Gebieten müßte es Ihrer Meinung nach bei uns in der Bundesrepublik noch mehr Gleichberichtigung für die Frauen geben als bisher? Welche Punkte von der Liste hier würden Sie nennen?"* (L)

	November 1979		
	Ges.	Männer	Frauen
	%	%	%
Bei den Löhnen und Gehältern	61	55	66
Bei den Aufstiegschancen im Beruf	57	50	62
Im politischen Leben, bei der Besetzung politischer Ämter	42	39	44
Beim Auftreten der Frau in der Öffentlichkeit, wie frei sich eine Frau in der Öffentlichkeit bewegen, was sie tun und lassen kann	34	27	41
Bei der Berufswahl, bei der Frage, welche Berufe einem Mädchen offenstehen	33	30	35
Bei Rechten, die man in Ehe und Familie hat	28	21	35
Bei Kaufverträgen, Mietverträgen, im Verkehr mit Behörden	22	17	26
Bei der Frage, was die Kinder lernen, welche Ausbildung sie bekommen sollen	18	15	21
Bei der Kindererziehung in der Familie	16	15	17
Nichts davon	10	14	8

C. JUGEND

Frage: „Wenn Sie von der Jugend sprechen – bis zu welchem Alter rechnen Sie einen Menschen noch zur Jugend?"

	1952*) Bevölkrg. insg. %	1981 %	Altergruppen 14–20 %	21–29 %	30–44 %	45–59 %	60 u. ä. %
Unter 20 Jahren	19	13	19	14	12	11	11
20–24 Jahre	29	27	31	22	28	29	26
25–29 Jahre	24	31	36	32	32	31	25
30 bis 35 Jahre	19	23	12	26	22	23	30
Über 35 Jahre	7	5	1	4	5	4	7
Keine Angabe	2	1	1	2	1	2	1
	100	100	100	100	100	100	100

*) ab 18 Jahre

AM SCHÖNSTEN ZWISCHEN 20 UND 30

Frage: „Welche Zeit im Leben eines Menschen halten Sie für die schönste: die Kindheit, das Jugendalter, das Leben um die 20, 30 herum, die reiferen Jahre oder das Alter?"

	Kindheit %	Jugend %	Leben um 20/30 %	Reifere Jahre %	Alter %	Unentschieden %
Bevölkerung insgesamt – 1967	18	27	35	13	1	6 = 100
– 1981*)	14	22	34	18	3	11 = 102
Männer	15	21	35	18	2	11 = 102
ALTERSGRUPPEN						
14–20 Jahre	11	47	34	1	1	8 = 102
21–29 Jahre	22	21	43	5	1	11 = 103
30–44 Jahre	14	13	44	18	1	11 = 101
45–59 Jahre	18	21	26	27	2	8 = 102
60 Jahre und älter	10	15	25	29	6	19 = 104
Frauen	14	22	33	19	3	11 = 102
ALTERSGRUPPEN						
14–20 Jahre	10	41	37	x	2	12 = 102
21–29 Jahre	16	16	48	4	x	17 = 101
30–44 Jahre	14	15	41	22	1	8 = 101
45–59 Jahre	15	28	20	26	2	10 = 101
60 Jahre und älter	13	17	27	28	8	10 = 103

*) = ab 14 Jahre

ALLGEMEINURTEILE

Frage: „Wenn Sie einmal an die heutige Jugend, an die jungen Menschen so zwischen 14 und 20 Jahren denken. Das ist sicher nicht ganz leicht zu sagen, aber was glauben Sie, was trifft auf die meisten jungen Menschen zwischen 14 und 20 heute alles zu? Wenn Sie mir bitte die entsprechenden Punkte nennen." (K)

A

		Februar 1981						
	Bevölkerung insgesamt	Altersgruppen					Schulbildung	
		14–20	21–29	30–44	45–59	60 u. ä.	Volks-schule	Höhere Schule
	%	%	%	%	%	%	%	%
Haben es nicht leicht, einen guten Ausbildungsplatz zu finden	77	87	88	77	74	69	77	79
Möchten vieles anders machen, vieles verändern . .	72	82	72	70	74	69	74	70
Werden in der Schule, im Beruf stark gefordert	57	70	70	59	52	45	56	60
Geld ist ihnen besonders wichtig	52	42	49	50	54	59	56	44
Anspruchsvoll	48	38	43	45	52	56	51	43
Mode ist ihnen wichtig	48	50	51	52	44	43	49	46
Für alles Neue aufgeschlossen	45	63	52	41	41	39	47	43
Bequem, strengen sich nicht gern an	44	29	36	45	52	50	46	41
Unbeschwert, unbekümmert	43	35	39	40	49	47	47	37
Lassen sich stark von Gefühlen leiten	43	38	48	44	47	37	42	44
Haben viel Zeit, können das tun, was sie gern möchten . .	41	20	35	37	51	51	45	33
Denken nicht an die Zukunft .	36	20	28	34	42	47	40	29
Wissen, was sie wollen	34	54	44	28	31	25	32	37
Gewalttätig	33	22	23	26	38	47	38	24
Gleichgültig	33	20	29	31	40	39	33	33
Haben keine Ideale	29	12	21	31	32	40	30	28
Tolerant	28	46	33	27	24	20	25	34
Schwärmerisch, verträumt .	28	31	28	34	25	22	29	26
Interessieren sich nicht für Politik	27	31	28	26	28	22	25	28
Sind anpassungsfähig	26	46	36	26	19	15	22	33
Undankbar	25	10	12	24	34	35	30	16
Ohne moralischen Halt, hemmungslos	24	12	19	18	29	37	29	16
Zielstrebig	24	41	33	21	18	17	22	26
Naturverbunden	18	32	20	13	13	17	16	21
Phantasielos	17	9	15	20	15	19	16	18
Ernst	11	15	11	11	9	11	10	14
Gefühllos, herzlos	11	3	7	8	13	18	13	8

ALLGEMEINURTEILE

Frage: „Wenn Sie einmal an die heutige Jugend, an die jungen Menschen so zwischen 14 und 20 Jahren denken. Das sich sicher nicht ganz leicht zu sagen, aber was glauben Sie, was trifft auf die meisten jungen Menschen zwischen 14 und 20 heute alles zu? Wenn Sie mir bitte die entsprechenden Punkte nennen." (K)

A   Februar 1981

	Bevölkerung insgesamt	Altersgruppen 14–20	21–29	30–44	45–59	60 u. ä.
	%	%	%	%	%	%
Wissen nicht, was sie wollen	48	33	40	52	48	59
Haben Phantasie	43	63	44	48	38	30
Nicht anpassungsbereit	40	19	34	40	46	50
Fröhlich	38	60	35	36	33	34
Interessieren sich für Politik	36	37	40	37	33	36
Bereit sich einzusetzen	35	57	37	32	31	27
Idealistisch, haben viele Ideale	35	37	43	36	32	29
Denken an die Zukunft	33	59	33	31	33	22
Ziellos	33	21	31	37	29	38
Bereit, sich für eine Sache anzustrengen	32	45	38	32	28	23
Nicht sehr tolerant	30	23	20	32	34	36
Haben nicht viel für die Natur übrig	30	23	29	28	28	37
Legen wenig Wert auf Mode	29	17	27	31	36	29
Friedliebend	28	44	28	26	29	21
Stehen mit beiden Beinen im Leben, sind sachlich	26	34	25	25	26	23
Haben zuwenig Zeit, das zu tun, was sie gern möchten	25	50	36	22	15	15
Geld ist ihnen nicht besonders wichtig	25	19	22	29	26	24
Werden in der Schule, im Beruf zuwenig gefordert	22	6	12	22	25	34
Lassen sich stark vom Verstand leiten	19	30	18	20	18	13
Gefühlvoll, herzlich	15	30	15	15	14	8
Zuwenig aufgeschlossen für Neues	14	16	11	18	12	12
Machen sich zuviel Sorgen	12	13	14	10	15	10
Im Grunde genommen konservativ	9	9	11	11	8	7
Dankbar	9	13	5	9	9	10
Moralisch gefestigt	7	11	8	6	8	3
Bescheiden	7	8	6	5	9	6
Haben es leicht, einen guten Ausbildungsplatz zu finden	6	4	2	5	8	8

DAFÜR MUSS MAN JUNG SEIN

Frage: „Gibt es irgend etwas, wo Sie sagen würden, das kann nur ein junger Mensch machen, dazu muß man jung sein? Woran denken Sie da?"

	Gesamt	Männer	Frauen	Februar 1981 Altersgruppen				
				14–20	21–29	30–44	45–50	60 u. ä.
	%	%	%	%	%	%	%	%
Sport treiben, Leistungssport . .	25	29	21	29	23	20	24	29
Sich amüsieren	21	19	23	32	17	21	19	21
Existenz, Unternehmen, Familie gründen	15	12	17	5	14	13	18	20
Lernen, Ausbildung, Fort- bildung	12	12	13	14	13	13	13	9
Hart, risikoreich, abenteuerlich leben	12	13	11	11	15	10	12	12
Sorglos sein	12	12	11	9	9	13	15	10
Auswandern, im Ausland arbei- ten, in die weite Welt reisen . . .	6	6	7	3	9	7	6	6
Ausflippen, Gammeln	4	5	4	7	5	4	3	4
Wie man sich anzieht	4	2	5	2	3	5	4	2
Verliebt sein, Freunde, Freundinnen haben	3	2	3	4	2	3	4	2
Ideale haben und sich dafür einsetzen	2	2	2	1	x	1	3	2
Es gibt nichts, was nur ein junger Mensch machen kann, heute kann man in jedem Alter alles machen	9	9	10	9	13	13	7	6
Andere Antwort/weiß nicht . . .	11	12	11	14	11	10	10	11

SIND IDEALE HINDERLICH?

Frage: „Von jungen Menschen hört man heute: Wer im Leben weiterkommen, es zu etwas bringen will, der muß seine Ideale aufgeben. Finden Sie, das stimmt, oder stimmt es nicht?"

	Bevölkerung insgesamt	Februar 1981 Altersgruppen			
		16–29	30–44	45–59	60 u. ä.
	%	%	%	%	%
Stimmt	16	20	15	16	12
Zum Teil	32	33	34	33	27
Stimmt nicht	40	36	42	40	42
Unentschieden	12	11	9	11	19
	100	100	100	100	100

ERFOLG DURCH GLÜCK UND KÖNNEN

Frage: „Was meinen Sie, wovon hängt der Erfolg in erster Linie ab: vom Glück oder vom Können?"

| | Erfolg hängt ab von – | | | | | |
| | Können | | Glück | | beiden | gleich |
	1970 %	1980 %	1970 %	1980 %	1970 %	1980 %
Bevölkerung insgesamt	42	36	13	13	45	51
ALTERSGRUPPEN						
16–29 Jahre	41	30	12	17	47	53
30–44 Jahre	40	34	14	13	46	53
45–59 Jahre	46	41	11	11	43	48
60 Jahre und älter	39	38	17	12	44	50

FALLS ALLEIN: AM LIEBSTEN LESEN

Frage: „Gibt es etwas, was Ihnen wirklich Freude macht, was Sie besonders gern tun, wenn Sie allein sind?" (L)

D   Personen unter 25 Jahren

| | 1953 | 1979 | 1953 | 1979 | 1953 | 1979 |
| | Gesamt | | Männer | | Frauen | |
	%	%	%	%	%	%
Lesen	32	29	25	22	37	36
Einem Hobby nachgehen	12	12	18	18	8	7
Sport	11	13	22	17	3	9
Handarbeiten, Haus-, Gartenarbeit*) . . .	11	7	x	x	19	12
Radio, Musik	9	20	13	21	7	19
Fernsehen	–	6	–	8	–	5
Arbeit, Beruf	6	3	8	3	4 .	3
Theater, Kino	6	x	5	x	7	1
Verwandte, Bekannte besuchen	–	5	–	5	–	4
Wandern, spazierengehen	4	5	4	3	4	6
Reisen	–	3	–	4	–	1
Sonstiges	3	4	4	4	3	4
Nein, gibt nichts	26	28	10	27	31	30

*) = Frage nur an Frauen
– = nicht gefragt

LEBENSWERT

Frage: „*Wir haben vor einiger Zeit einmal Leute gefragt, was für sie das Leben lebenswert macht, was ihnen besonders wichtig ist. Hier auf diesen Karten sind einige Antworten aufgeschrieben. Wenn Sie sich die einmal ansehen und mir sagen, ob da etwas dabei ist, wo auch Sie meinen, dafür lohnt es sich zu leben.*" (K)

	Gesamt	Februar 1981 Altersgruppen				
		14–20	21–29	30–44	45–59	60 u. ä.
	%	%	%	%	%	%
Gute Freunde haben	83	90	87	83	79	78
In Freiheit leben	82	85	83	85	81	78
Lieben und geliebt werden	77	81	83	83	75	64
Die Natur erleben	68	54	62	66	71	78
Kinder haben	67	44	62	77	73	66
An seinem Beruf Freude haben	64	68	68	73	68	46
Die Welt sehen, viele Reisen machen . . .	61	79	73	63	53	47
Beruflichen Erfolg haben	56	57	58	63	60	42
Gut essen, gut trinken	56	49	59	60	60	49
Für andere da sein	55	49	48	54	58	62
Ein Vaterland, eine Heimat haben	50	26	36	45	59	70
Feste Überzeugung vom Sinn des Lebens haben	49	44	43	50	53	53
Immer Neues lernen	49	61	55	56	43	35
Sport treiben, körperlich fit bleiben . . .	46	60	51	50	45	32
Seine Fähigkeiten entdecken	45	60	54	52	37	31
Viel Geld verdienen	39	50	48	43	43	21
Träume haben	37	55	49	43	28	20
Einen festen religiösen Glauben haben . .	34	18	19	26	40	55
Schöpferisch sein	27	27	32	35	23	21
Sich mit Kunst beschäftigen	19	16	19	23	16	20
In den Tag hinein leben können	15	29	21	12	9	11

FORTSCHRITT? – WOHIN DENN?

Frage: „*Glauben Sie an den Fortschritt – ich meine, daß die Menschheit einer immer besseren Zukunft entgegengeht, oder glauben Sie das nicht?*"

	1972	1975	1978	1980	1982	1972	1975	1978	1980	1982
	Bevölkerung insgesamt					Altersgruppe 16–29 Jahre				
	%	%	%	%	%	%	%	%	%	%
Glaube an Fortschritt	60	48	34	28	27	72	55	37	30	31
Glaube nicht daran	19	30	40	35	46	13	26	38	33	42
Unentschieden	21	22	26	37	27	15	19	25	37	27
	100	100	100	100	100	100	100	100	100	100

TRAUMBERUFE

Frage: „Jeder Mensch hat ja einen heimlichen Traumberuf, was er am liebsten machen würde oder gern einmal geworden wäre, wenn es die Möglichkeit gäbe. Hier auf dieser Liste stehen einige Berufe. Was davon wäre Ihr Traumberuf?" (L)

	Sept. 1980 Männer 14–20 Jahre %		Sept. 1980 Frauen 14–20 Jahre %
Pilot	36	Modeschöpferin	29
Fußballer	33	Ärztin	28
Autorennfahrer	27	Tierpflegerin	26
Rockmusiker	15	Entwicklungshelferin	19
Arzt	13	Mannequin	19
Astronaut	13	Schauspielerin	16
Detektiv	13	Forscherin	15
Schiffskapitän	13	Architektin	14
Forscher	13	Journalistin	14
Schauspieler	10	Pilotin	14
Förster	10	Schriftstellerin	9
Architekt	9	Schlagersängerin	9
Journalist	9	Malerin	8
Topmanager	8	Eiskunstläuferin	7
Entwicklungshelfer	8	Rockmusikerin	7
Tierpfleger	8	Topmanagerin	6
Schriftsteller	6	Detektivin	6
Schlagersänger	5	Astronautin	6
Dressman	5	Balletttänzerin	6
Gärtner	2	Försterin	5
Politiker	2	Schiffskapitän	4
Maler	2	Autorennfahrerin	4
Dirigent	2	Politikerin	3
Balletttänzer	2	Gärtnerin	3
Modeschöpfer	1	Dirigentin	2

REISEN UND FORTBILDUNG

Frage an Personen unter 25: *„Wenn Sie mehr Geld oder Zeit hätten – was würden Sie dann gern alles tun?"* (L)

D	1953 Männer %	1979 Männer %	1953 Frauen %	1979 Frauen %
Reisen	60	82	65	82
Mich beruflich fortbilden	61	41	28	43
Sport treiben	50	71	31	51
Basteln, malen. Musik/Handarbeiten machen	28	24	39	42
Mit meiner Familie zusammen sein	22	30	35	24
Lesen	22	21	28	36
Ins Theater gehen	21	15	41	29
Mehr in kirchlicher Gemeindearbeit tun	5	x	7	5
Nachbarn einladen	5	12	6	16
An kirchlichen Veranstaltungen teilnehmen	4	4	6	1
Mich um politische Dinge kümmern	8	14	1	8
Mehr Fernsehen	–	12	–	6

MENSCHLICHE BEZIEHUNGEN

Fragen an Personen unter 25 Jahren

„Glauben Sie, daß man den meisten Menschen vertrauen kann?"	1953 Männer %	1979 Männer %	1953 Frauen %	1979 Frauen %
Kann vertrauen	22	29	15	36
Kann nicht vertrauen	73	49	79	42
Weiß nicht	5	22	6	22
	100	100	100	100

„Glauben Sie, daß man eine Familie braucht, um wirklich glücklich zu sein oder glauben Sie, man kann allein genauso glücklich leben?"				
Braucht Familie	63	45	73	71
Allein genauso glücklich	19	29	19	21
Allein ist man glücklicher	2	4	x	x
Unentschieden	16	22	8	8
	100	100	100	100

„Würden Sie mir sagen, wielange Sie schon verheiratet sind?" (Falls mehrmals, die jetzt bestehende Ehe)	Verheiratete			
Weniger als zwei Jahre	87	29	57	38
2–5 Jahre	13	66	43	52
6–10 Jahre	x	5	x	10
	100	100	100	100

TOLERANZ

Frage: „*Wenn Sie von jemand herausbekommen haben, daß er in wichtigen Fragen ganz anderer Meinung ist als Sie: würden Sie zu so jemand noch v o l l e s Vertrauen haben können oder eigentlich nicht?*"

(Bei Rückfragen: „*Ganz anderer Meinung in politischen Fragen, religiösen Fragen, Ansichten über andere Menschen ...*")

	1956 Juni	1977 Sept.	Altersgruppen				Schulabschluß	
			16–29	30–44	45–59	60 u.ä.	Volks- schule	Höhere Schule
	%	%	%	%	%	%	%	%
Ja	52	49	54	55	50	35	43	60
Nein	39	35	29	30	35	46	38	27
Kommt drauf an	4	2	3	3	2	1	2	4
Unentschieden	5	14	14	12	13	18	17	9
	100	100	100	100	100	100	100	100

EINDRUCK: ÜBERWIEGEND GUT

Frage: „*Haben Sie von den jungen Menschen, die heute etwa zwischen 16 und 25 Jahren sind, einen überwiegend günstigen oder ungünstigen Eindruck?*"

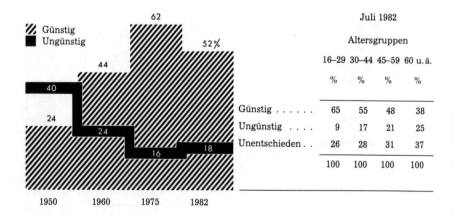

Juli 1982

Altersgruppen

	16–29	30–44	45–59	60 u.ä.
	%	%	%	%
Günstig	65	55	48	38
Ungünstig	9	17	21	25
Unentschieden..	26	28	31	37
	100	100	100	100

D. ALTER

Frage: „Haben Sie von den älteren Menschen, die heute etwa 60 Jahre oder älter sind, einen überwiegend günstigen oder ungünstigen Eindruck?"

	1975 Sept.	1979 Sept.	1982 Juli	16–29	Altersgruppen 30–44	45–59	60 u.ä.
	Bevölkerung insgesamt						
	%	%	%	%	%	%	%
Überwiegend günstig	69	68	64	51	64	69	73
Ungünstig	9	7	9	12	9	8	7
Kein Urteil	22	25	27	37	27	23	20
	100	100	100	100	100	100	100

ALT WERDEN

Frage: „Machen Sie sich eigentlich manchmal Gedanken über das Alter/Älterwerden, ich meine, wie das sein wird, wenn Sie einmal alt/älter sind?"

	Bevölk. insgesamt	Männer	Frauen	14–20	21–29	Altersgruppen 30–44	45–59	60 u.ä.
						Februar 1981		
	%	%	%	%	%	%	%	%
Oft	21	15	26	6	10	10	28	40
Manchmal	39	39	39	27	37	47	45	34
Selten	21	25	18	20	27	29	17	14
Nie	19	21	17	47	26	14	10	12
	100	100	100	100	100	100	100	100

AUF DEM ABSTELLGLEIS?

Frage: „Jemand sagte uns neulich: Wenn man älter wird, bekommt man bald von allen Seiten zu spüren, daß man nicht mehr gebraucht wird, man fühlt sich wie aufs Abstellgleis geschoben. Sehen Sie das auch so, oder sind Sie da ganz anderer Meinung?"

E

	Bevölkerung ab 55 Jahre insgesamt	Allein-stehende	In Mehr-Personen-Haushalten	Volks-schule	Höhere Schule
			November 1979		
	%	%	%	%	%
Sehe ich auch so	21	27	18	24	13
Bin ganz anderer Meinung	59	50	62	56	65
Unentschieden	20	23	20	20	22
	100	100	100	100	100

IM SAUSESCHRITT ...

Frage: „Haben Sie manchmal das Gefühl, daß unsere Zeit zu schnellebig ist, daß man kaum noch mitkommen kann?"

E

	Juni 1970	Nov. 1979
	Bevölkerung 55–70 Jahre	
	%	%
Ja, habe dieses Gefühl	60	66
Nein	28	23
Unentschieden	12	11
	100	100

RUHE UND MUSSE

Frage: „Jeder Lebensabschnitt hat ja seine besonderen Vorzüge. Was würden Sie als die besten Seiten Ihres jetzigen Lebensalters betrachten – was ist das schönste an dem Alter, in dem Sie gerade stehen, was sind die größten Vorteile?"

	1970 Bevölkerung insgesamt %	1981 Bevölkerung insgesamt %	14–20 %	21–29 %	30–44 %	45–59 %	60 u.ä. %
			Altersgruppen				
Habe Zeit, Ruhe, Muße	9	15	9	5	5	14	36
Gute finanzielle Lage, wirtschaftliche Sicherheit, Besitz	12	11	5	8	14	16	11
Bin frei und ungebunden	7	10	38	17	5	2	5
Lebenserfahrung, Übersicht, besseres Urteil	7	10	x	6	16	18	6
Unabhängigkeit, man braucht sich nicht nach anderen zu richten, hat seine Selbständigkeit	5	9	10	10	9	7	9
Gesundheit	13	8	5	12	7	7	9
Die Hoffnung – Gedanken, Erwartungen für die Zukunft	6	7	22	18	4	1	1
Stolz auf das Geschaffene, Geleistete	5	7	1	1	12	12	5
Abgeklärtheit, Gelassenheit, vernünftiger, ruhiger	6	7	1	4	11	10	5
Jugend – jung sein	10	6	15	14	6	x	1
Glückliche Ehe, Familie	7	6	2	8	9	5	4
Freude an Kindern, Enkeln	6	6	x	5	9	4	7
Freude am Beruf, am Studium	5	4	4	7	7	3	1
Mehr Fähigkeit, bewußt zu leben, zu genießen	2	3	x	3	4	3	2
Liebe, Freundschaft	2	1	5	1	1	x	1
Das erworbene Wissen, Können, Fähigkeiten	2	1	x	x	1	x	x
Das augenblickliche Alter ist das beste	2	2	x	1	4	2	1
Jedes Alter hat seine Vorteile	4	1	x	1	2	1	1
In dem augenblicklichen Alter gibt es nichts Schönes	10	8	3	5	5	10	13
Andere Antwort	2	2	4	2	3	1	2
Keine Angabe	14	6	4	8	7	9	3

PLÄNE

Frage: „*Hier auf dieser Liste steht einiges, was man sich für das Alter vornehmen kann. Ist etwas dabei, was auch Sie vorhaben, ich meine, wo Sie schon feste Pläne haben?*" (L)

E	November 1979 Nicht-Rentner ab 55 Jahre %
Mich mehr mit meinem Hobbys beschäftigen (Sammlung, Gartenarbeit, Sport, Musik)	47
Mehr als früher lesen	36
Mehr Geselligkeit pflegen, mehr mit anderen Menschen zusammenkommen	33
Größere Reisen machen . . .	32
Häufiger Veranstaltungen besuchen	26
Solange wie möglich in meinem Beruf arbeiten	24
Mich um den Haushalt meiner Kinder kümmern, die Enkel betreuen	22
Mir eine Nebenbeschäftigung suchen, etwas dazuverdienen	13
In einem Verein, einer Partei, in der Gemeindepolitik mitarbeiten	10
In eine andere Wohnung, ein anderes Haus ziehen	8
Die Wohnung anders einrichten	8
In ein Altenheim ziehen . . .	6
Eigenes Haus bauen oder kaufen	5
In einen anderen Ort ziehen .	4
Mich zurückziehen, nicht mehr soviel mit anderen Menschen zusammenkommen	2
Nichts davon, aber andere Pläne	8

... UND IHRE VERWIRKLICHUNG

Frage: „*Ist auf dieser Liste irgend etwas, was Sie gemacht haben, seit Sie Ihre Rente, Ihre Pension beziehen?*" (L)

E	November 1979 Rentner %
Habe mehr als früher gelesen	34
Habe mich mehr mit meinen Hobbys beschäftigt (Sammlung, Gartenarbeit, Sport, Musik)	32
Habe mich mehr um den Haushalt meiner Kinder gekümmert, meine Enkel betreut	24
Habe größere Reise gemacht .	24
Habe mehr Geselligkeit gepflegt, bin mehr mit anderen Menschen zusammengekommen	24
Habe meine Wohnung anders eingerichtet	19
Bin in ein anderes Haus, eine andere Wohnung gezogen . .	15
Habe häufiger Veranstaltungen besucht . .	13
Habe mich zurückgezogen, bin nicht mehr soviel mit anderen Menschen zusammengekommen	10
Habe mir eine Nebenbeschäftigung gesucht, etwas dazuverdient .	10
Bin an einen anderen Ort gezogen	8
Habe in einem Verein, einer Partei, in der Gemeindepolitik mitgearbeitet	8
Habe ein eigenes Haus gebaut, gekauft	5
Habe weiter in meinem Beruf gearbeitet	3
Bin in ein Altersheim gezogen	3
Nichts davon	16

VEREINSAMT?

Frage: „Fühlen Sie sich manchmal einsam, sehr allein?"

E	Ja, häufig %	Ja, manchmal %	Selten %	Nie %
Bevölkerung zwischen 55–70 Jahre				
Juni 1970	10	21	17	52 = 100
November 1979	6	21	20	53 = 100

HOBBYS

Frage: „Jeder Mensch hat ja seine Hobbys, seine Steckenpferde, seine Lieblingsbeschäftigungen. Könnten Sie mir nach dieser Liste sagen, was davon Sie besonders gern tun, was Sie vor allem interessiert?" (L)

E	Bevölk. ab 55 Jahre insgesamt %	Männer %	Frauen %	Schulbildung Volks- schule %	Höhere Schule %
Zeitungen, Illustrierte lesen	61	60	62	62	58
Fernsehen	58	58	59	61	51
Blumen, Pflanzen, Garten	55	46	61	58	46
In der Natur wandern, die Landschaft erleben	52	55	49	48	62
Bei schönem Wetter draußen sitzen	49	45	52	51	43
Bücher lesen	40	37	42	32	63
Radio hören	39	37	40	40	35
Reisen	38	34	41	31	59
Musik	35	30	38	29	51
Handarbeiten machen	34	5	53	35	29
Kreuzworträtsel lösen	30	28	31	28	36
Mich mit Kindern beschäftigen	29	22	33	29	28
Schaufenster-Bummel, Geschäfte ansehen	28	13	38	28	28
Sportereignisse verfolgen	25	49	9	25	23
Tierpflege, Tierhaltung, z. B. Katzen, Hunde, Vögel, Zierfische, Goldhamster usw.	24	25	23	25	19
Karten spielen	22	27	19	23	20
Ins Kino gehen, Theater, Konzerte besuchen	17	12	21	12	34
In einem Verein mitarbeiten, ehrenamtlich tätig sein	17	24	13	16	20
Aus dem Fenster sehen	15	11	18	18	9
Basteln	15	21	12	15	16
Fotografieren, malen, töpfern	12	17	8	7	24
Mich mit meiner Sammlung beschäftigen	9	15	6	7	15
Mich weiterbilden, Kurse besuchen	9	10	9	6	18
Selber Sport treiben	8	10	7	7	13
Angeln, fischen	4	9	1	4	7

WERTEWANDEL

Frage: „In den letzten Jahrzehnten hat sich in den Vorstellungen und Grundsätzen der Menschen ja viel geändert. Wo sind Sie mit den heute modernen Vorstellungen gar nicht einverstanden, womit können Sie sich nicht abfinden?" (L)

E	November 1979 Bevölkerung ab 55 Jahre %
Daß Pflichtbewußtsein heute nicht mehr soviel gilt	57
Daß viele Frauen heute den Beruf wichtiger nehmen als Ehe und Familie	57
Wie gleichgültig viele Menschen geworden sind	57
Wie wichtig den Menschen heute Geld und materielle Dinge sind	49
Daß alles kritisiert wird, Autorität nicht anerkannt wird	46
Wie heute Kinder erzogen werden	45
Daß die Menschen heute kaum noch Ideale haben, für die sie sich einsetzen	40
Daß nichts Bestand hat, dauernd alles verändert wird	36
Wie heute darauf vertraut wird, daß der Staat für einen sorgt, statt sich selbst zu helfen	29
Daß die Deutschen nicht mehr so nationalbewußt sind	28

RATSCHLÄGE FÜR DIE JUNGEN

Frage: „Hier auf dieser Liste stehen verschiedene Ratschläge, die man jüngeren Leuten geben kann. Was davon würden auch Sie jüngeren Leuten raten?" (L)

E – Auszug –	November 1979 Bevölkerung ab 55 Jahre insgesamt %	Schulbildung Volks- schule %	Höhere Schule %
Man sollte soviel lernen wie möglich	81	79	86
Man sollte immer darauf achten, unabhängig zu sein, nicht auf andere Menschen angewiesen zu sein	69	69	70
Man sollte immer einen Kreis von guten Freunden pflegen, sonst ist das Leben leer	69	67	74
Man sollte schon frühzeitig Interessen und Hobbys entwickeln, um im Alter sinnvoll zu leben	54	49	69
Man sollte sich rechtzeitig darum bemühen, ein eigenes Haus, eine eigene Wohnung zu erwerben	50	52	44
Der Mensch braucht die Religion, den festen Glauben	47	47	46
Man sollte soviel reisen wie möglich und fremde Länder kennenlernen	36	31	52
Man sollte vor allem versuchen, das Leben zu genießen	32	33	28
Man sollte immer versuchen, die Welt um einen herum mitzugestalten, zu verbessern	30	26	40
Man sollte das Privatleben immer wichtiger nehmen als den Beruf	28	29	25

KONTAKTE

Frage: „Wenn Sie einmal an die Leute denken, mit denen Sie gern und oft zusammen sind – sind alle etwa in Ihrem Alter und älter oder sind da auch viele oder einige Jüngere darunter?"

E	November 1979 Bevölkerung ab 55 Jahre %
Alle gleich alt oder älter	33
Viele Jüngere	22
Einige Jüngere	47

Frage: „Mit welchen Leuten verstehen Sie sich im allgemeinen besser – mit Leuten, die jünger sind als Sie, mit älteren, mit gleichaltrigen – oder spielt das Alter dabei keine Rolle?"

E	November 1979 Bevölkerung ab 55 Jahre %
Mit jüngeren	8
Mit älteren	6
Mit gleichaltrigen	26
Alter spielt keine Rolle	61

... MÖGLICHST IN DER NÄHE

KINDER UND ENKEL

Frage: „Haben Sie Kinder oder Enkelkinder, die bei Ihnen im Haus oder in der Nähe wohnen?"

E	November 1979 Bevölkerung ab 55 Jahre insgesamt %
Im Haus	27
In der Nähe	46
Nicht in der Nähe	16
Keine Kinder/ Enkelkinder	15

Frage: „Finden Sie es gut oder nicht gut, wenn die ältere Generation einer Familie in der Nähe von der jüngeren Generation wohnt, so daß man sich häufig besuchen kann?"

Frage: „Finden Sie es gut oder nicht gut, wenn die ältere und die jüngere Generation einer Familie in einem Haushalt zusammenleben?"

E	November 1979 In der Nähe wohnen %	Gemeinsamer Haushalt %
Gut	62	14
Nicht gut	10	56
Kommt darauf an .	25	26
Kein Urteil	3	4
	100	100

FINANZIELL GUTGESTELLT

Frage: „Wenn Sie einmal an die alten Leute denken, die Sie gut kennen: Sind da die meisten finanziell gut versorgt, oder sind viele dabei, die jetzt nicht so gut dastehen?"

	November 1979				
	Bevölkerung insgesamt %	| Altersgruppen			
		16–29 %	30–44 %	45–59 %	60 u.ä. %
Gut versorgt	60	60	65	57	55
Viele stehen nicht gut da	28	25	22	32	35
Weiß nicht	12	15	13	11	10
	100	100	100	100	100

SELBSTEINSTUFUNG

Frage: „Wo auf dieser Liste würden Sie sich einstufen, welcher Punkt dieser Liste trifft am ehesten auf Sie zu?" (L)

E	November 1979	
	Bevölkerung ab 55 Jahre insgesamt	Rentner
	%	%
Meine wirtschaftlichen Verhältnisse sind zufriedenstellend. Ich habe genug Geld, um mir ein schönes Leben zu machen	33	32
Es reicht. Ich komme mit meinem Geld im großen und ganzen gut aus, aber ich kann keine großen Sprünge machen	56	55
Ich bin ziemlich knapp dran, es reicht gerade zum Leben, aber es bleibt mir auch nichts übrig	10	13
Ich habe kaum das notwendigste. Oft weiß ich gar nicht, wie ich durchkommen soll	1	x
	100	100

DIE EINKOMMENSSITUATION

E	November 1979		
	Bevölk. ab 55 J. insgesamt	Allein- stehende	Rentner
	%	%	%
Es leben in Haushalten mit einem Nettoein- kommen von –			
unter 1000 DM	13	31	15
1000 bis 1249 DM	10	22	13
1250 bis 1499 DM	13	16	16
1500 bis 1999 DM	19	13	19
2000 bis 2499 DM	14	4	13
2500 bis 2999 DM	8	4	7
3000 bis 3999 DM	8	2	6
4000 DM u. mehr	5	1	3
Keine Angaben	10	7	8
	100	100	100

ZUWENDUNGEN

Frage: „Es ist ja vielfach üblich, daß Kinder oder andere Verwandte einem zum Lebensunterhalt etwas beitragen. Ist etwas auf dieser Liste hier, was Sie von Ihren Kindern oder anderen Verwandten bezahlt bekommen?" (L)

E	November 1979	
	Bevölk. ab 55 Jahre insgesamt	Rentner
	%	%
Miete, Teil der Miete . .	4	5
Heizungskosten	3	4
Geldgeschenke	3	4
Telefonrechnung	3	3
Zeitung, Zeitschrift . .	2	3
Die Stromrechnung . .	2	2
Urlaub	2	2
Teurere Kleidungs- stücke	2	2
Rundfunk-/ Fernsehgebühr	1	1
Nichts davon	88	86

ALLGEMEINBEFINDEN BEFRIEDIGEND

Frage: „*Wenn die Menschen älter werden, dann ist es doch ziemlich unterschiedlich mit dem Allgemeinbefinden. Die einen fühlen sich noch recht wohl, und den anderen geht es nicht mehr ganz so gut. Wenn Sie mal an sich selbst denken – welche dieser Beschreibungen würde am besten auf Sie zutreffen?*" (L)

E	1970 Juni	1979 Nov.
	Bevölkerung 55 bis 70 Jahre	
	%	%
Ich fühle mich immer vollkommen auf der Höhe, vom Älterwerden habe ich bisher nicht das geringste gemerkt	8	9
Abgesehen von kleineren Beschwerden geht es mir im großen und ganzen recht gut. Über Altersbeschwerden kann ich kaum klagen .	38	45
Bei mir ist es so, daß ich doch hin und wieder merke, daß ich älter werde und daß mir die Gesundheit zu schaffen macht. Mal fühle ich mich wohl, mal spüre ich, daß ich nicht mehr der Jüngste bin .	39	37
Ich bin leider gesundheitlich gar nicht mehr auf der Höhe	15	9
	100	100

ALTENHEIME?

Frage: „*Was haben Sie ganz allgemein für einen Eindruck von unseren Altenheimen – sind die meisten gut geführt, so daß alte Menschen sich dort wohlfühlen können, oder sind die Zustände in den meisten Altenheimen ziemlich unbefriedigend?*"

E		November 1979		
	Gut geführt	Zustände unbefriedigend	Teils, teils	Weiß nicht
	%	%	%	%
Bevölkerung ab 55 Jahre insgesamt	20	21	40	19 = 100

ALLEINSTEHENDE MÖCHTEN SOLANGE ARBEITEN WIE MÖGLICH

Frage: „*Hier unterhalten sich zwei. Welcher von beiden denkt eher so wie Sie?*" (B)

E		November 1979			
		Berufstätige ab 55 Jahre –			
	Gesamt	Männer	Frauen	Alleinstehende	in Mehr-Personen-Haushalten
	%	%	%	%	%
Ich würde gern arbeiten, solange ich kann. Mein Beruf bringt mir viel Freude, ich könnte nur schweren Herzens darauf verzichten	46	40	55	74	41
Ich arbeite keinen Tag länger, als ich muß. Danach kann ich dann endlich all die Dinge tun, die mir Freude machen	42	49	32	16	47
Unentschieden	12	11	13	10	12
	100	100	100	100	100

E. RELIGION UND KIRCHE

1. GLAUBENSINHALTE

Frage: „Kennen Sie das, daß einem das Leben oft so sinnlos vorkommt?"

	Bevölkerung insgesamt	Altersgruppen			
		16–29	30–44	45–59	60 u. ä.
	%	%	%	%	%
Kenne ich nicht –					
1964	57	67	58	50	49
1972	53	55	54	52	51
1978	57	59	60	54	53
1981	52	50	53	55	50
Geht mir manchmal so –					
1964	33	27	33	38	35
1972	38	38	40	38	37
1978	37	35	35	40	39
1981	39	42	40	37	37
Geht mir oft so –					
1964	10	6	10	12	16
1972	9	7	6	10	12
1978	6	6	5	6	8
1981	9	8	7	8	13

KEINE ANTWORT?

Frage: „Glauben Sie, daß die Religion auf die meisten Probleme und Fragen unserer Zeit eine Antwort geben kann, oder ist sie zuwenig zeitgemäß und überholt?"

	1975	1979	1982	1975	1979	1982	1975	1979	1982
	Gesamtbevölkerung			Protestanten			Katholiken		
	%	%	%	%	%	%	%	%	%
Überholt	52	47	50	55	52	55	46	38	39
Kann Antwort geben	29	30	34	23	22	26	36	44	47
Keine Meinung	19	23	16	22	26	19	18	18	14
	100	100	100	100	100	100	100	100	100

Juli 1982

	Männer	Frauen	Altersgruppen			
			16–29	30–44	45–59	60 u. ä.
	%	%	%	%	%	%
Überholt	57	44	56	61	54	28
Kann Antwort geben	29	38	26	27	28	53
Keine Meinung	14	18	18	12	18	19
	100	100	100	100	100	100

WERTUNGEN: ZEITGEMÄSS UND GUT

Frage: „Auf diesen Karten steht verschiedenes. Wenn Sie es bitte einmal ansehen. Was davon ist typisch für unsere Zeit, was ist zeitgemäß und was nicht? Würden Sie die Karten auf dieses Blatt verteilen. Karten, bei denen Sie sich nicht entscheiden können, legen Sie ganz beiseite!" (K, L)
„Und könnten Sie diese Karten noch mal durchsehen und jetzt alle herauslegen, wo Sie sagen würden, das finde ich gut, da bin für dafür?"

– Auszug–

Typisch für unsere Zeit, zeitgemäß und ich finde es gut	Juli 1982		
	Bevölkerung insgesamt	Protestanten	Katholiken
	%	%	%
Für die Gleichberechtigung von Mann und Frau eintreten	65	66	65
Reisen und die Welt erleben	65	66	63
Daß sich Bürgerinitiativen bilden gegen Mißstände	64	63	62
Möglichst viel erleben, was Freude macht	62	62	61
Kritisch sein, nichts gedankenlos übernehmen	58	58	57
Wenn ein junges Mädchen die Pille nimmt	56	57	52
Hilfe für unterentwickelte Völker	54	54	55
Wenn ein Mann und eine Frau unverheiratet zusammenleben	50	50	44
Freude an sexuellen Beziehungen haben	47	47	44
Daß auch der einfache Mann mitreden kann im Betrieb, in der Politik	47	46	47
Daß jedermann an den Dingen, die das Leben schön und interessant machen, teilhaben kann	46	46	46
Keine Vorbehalte gegen Menschen anderer Rassen haben	35	37	34
Daß man keine Ängste und keine moralischen Hemmungen hat, wenn man etwas tun will, was einem Spaß macht	34	35	29
Damit soziale Gerechtigkeit angestrebt wird, Abbau ungerechten Reichtums	33	33	31
Sich für die technischen Errungenschaften begeistern	32	32	32
Wenn man für die Schwangerschaftsunterbrechung ist	32	34	22
Begeisterung für Pop-Musik	30	29	28
Daß man die Verbrecher nicht einfach bestraft, sondern versucht, sie mit wissenschaftlichen Methoden zu guten Menschen zu machen	28	25	35
Vieles, was früher als höheres Schicksal galt, haben die Menschen heute selbst in der Hand	27	29	24
Wenn mehrere junge Leute in einer Wohngemeinschaft, einer Kommune, zusammenleben	27	28	24
Im technischen Fortschritt eine Gefahr sehen	25	24	25
Mit anderen mitfühlen, nicht gleichgültig gegenüber den Mitmenschen sein	23	24	22
Das Läuten der Kirchenglocken	21	20	24
Daß die Menschen unruhig sind und Veränderungen wollen	20	20	19
Mit Hilfe der Wissenschaft die Gesellschaft planmäßig verbessern	20	20	19
Einfacher leben, nicht so anspruchsvoll	19	19	19
Daß man sich uneigennützig für andere Menschen einsetzt	14	15	13
Das Glück der Menschen ist grundsätzlich machbar, wenn man alle modernen Erkenntnisse nutzt	11	13	10

Fortsetzung

Fortsetzung

	Juli 1982		
	Bevölkerung insgesamt	Protestanten	Katholiken
	%	%	%
Daß man auch in scheinbar aussichtslosen Fällen mit allen Mitteln der modernen Medizin das Leben von Schwerkranken künstlich erhält	8	7	10
Den wissenschaftlichen Fortschritt über alles stellen . . .	8	8	8
Konflikte zwischen der älteren und jüngeren Generation .	8	9	8
Auch menschliche Beziehungen und das, was in der Seele vorgeht, kann rein wissenschaftlich erklärt werden	8	10	6
Daß neue Kirchen gebaut werden	7	5	9
Daß man vor wichtigen Entscheidungen betet	7	5	10
Sich in seinem Leben nach der Bibel richten	5	4	6
Anwendung von Gewalt, um etwas durchzusetzen	3	3	3

... DAS IST MIR HEILIG!

Frage: „Könnten Sie jetzt bitte diese Karten hier durchsehen. Bei was davon würden Sie sagen: Das lasse ich mir nicht nehmen, das ist mir heilig, darauf lasse ich nichts kommen?" (K)

	1975 Mai %	1978 Juli %
Darauf lasse ich nichts kommen; das ist mir heilig:		
– das Weihnachtsfest in der Familie	77	73
– meine persönliche Freiheit, daß ich selber entscheiden kann	77	70
– daß Eltern ihre Kinder erziehen können, so wie sie es für richtig halten	–	61
– daß wir in der Familie, in der Verwandtschaft zusammenhalten	65	60
– ein gegebenes Versprechen unter allen Umständen zu halten	68	60
– in einer freiheitlichen Staatsform zu leben	–	60
– daß ich meine Pflicht erfülle	56	46
– daß am Sonntag Ruhetag ist, nicht gearbeitet wird	51	45
– die christliche Taufe	57	41
– daß ich Deutscher bin	48	40
– die Heimatliebe	48	35
– daß ich regelmäßig in Urlaub fahren kann	32	35
– meine Ideale	44	31
– das Vaterunser	49	27
– daß ich jederzeit mein eigenes Auto fahren kann	23	27
– daß meine Arbeit pünktlich aufhört, daß ich pünktlich Schluß machen kann	23	25
– daß ich abends ungestört fernsehen kann	22	24
– daß ich für den Fortschritt und eine bessere Gesellschaft eintreten kann . . .	–	23
– Kirchgang	33	22
– das Kruzifix	33	17
– daß ich mich nach der Mode kleide	17	16
– das Neue Testament	33	15
– die Prozession	18	7
– eine Wallfahrt	15	7
Nichts davon	2	3

DIE ZEHN GEBOTE

Frage: „Haben die zehn Gebote der Bibel für Sie Gültigkeit?"

	Juli 1978						
	Bevölkerung insgesamt	Männer	Frauen	Altersgruppen			
				16–29	30–44	45–59	60 u. ä.
	%	%	%	%	%	%	%
Gültig	48	42	53	27	46	54	67
Überholt	14	16	13	22	15	13	7
Teils, teils	29	32	26	39	30	25	21
Kein Urteil	9	10	8	12	9	8	5
	100	100	100	100	100	100	100

DAS VIERTE GEBOT

Frage: „Hier stehen zwei Meinungen; welcher von beiden würden Sie eher zustimmen?

Meinung 1: Ganz egal, welche Vorzüge und Fehler die Eltern haben, man muß sie immer lieben und ehren.

Meinung 2: Man muß seine Eltern nicht achten, wenn sie es nicht durch ihr Verhalten und ihre Einstellung verdient haben."

	Meinung 1 Immer lieben	Meinung 2 Nicht unbedingt	Un- entschieden
	%	%	%
Bevölkerung insgesamt 1981	48	32	20 = 100
Altersgruppe 18–24 Jahre	28	50	22 = 100

LESEN IN DER BIBEL

Frage: „Lesen Sie manchmal in der Bibel, also im Alten oder Neuen Testament – ich meine außerhalb des Gottesdienstes?"

	1966 Apr.	1968 Nov.	1978 Juli	1982 Juli	Katholiken	Protestanten	1968	1978	1982
							16–29jährige		
	%	%	%	%	%	%	%	%	%
Häufig	5	6	4	5	6	3	2	1	1
Hin und wieder	15	12	11	11	14	10	8	5	6
Selten	17	23	23	22	25	22	21	15	16
Nie	63	59	62	62	55	65	69	79	77
	100	100	100	100	100	100	100	100	100

RELIGION IM ELTERNHAUS

Frage: „Würden Sie sagen, Sie hatten ein sehr religiöses Elternhaus, oder hatten Ihre Eltern keine besondere Beziehung zur Religion?"

	1968	1979	1982	1968	1979	1982	1968	1979	1982
	Bevölkerung insgesamt			Katholiken			Protestanten		
	%	%	%	%	%	%	%	%	%
Sehr religiös	31	27	26	47	43	45	19	16	13
Mittel	38	37	36	35	36	37	42	39	38
Keine besondere Beziehung	23	27	28	14	14	13	29	34	35
Teils, teils	6	7	8	4	5	4	8	9	11
Keine Angabe	2	2	2	×	2	1	2	2	3
	100	100	100	100	100	100	100	100	100

Frage: „Glauben Sie, es ist wichtig für die Kinder, daß sie religiös erzogen werden, oder finden Sie, das macht praktisch keinen Unterschied, oder hat es sogar eher einen schlechten Einfluß?"

	1979	1982	1979	1982	1979	1982	1979		
	Gesamtbevölkg.		Protestanten		Katholiken		16–29jährige, deren Elternhaus war –		
							sehr religiös	mäßig religiös	kaum religiös
	%	%	%	%	%	%	%	%	%
Wichtig	51	46	44	38	65	63	56	35	16
Kein Unterschied	34	38	39	45	26	26	29	49	53
Schlechter Einfluß	5	3	4	3	2	2	4	3	13
Unentschieden	10	13	13	14	7	9	11	13	18
	100	100	100	100	100	100	100	100	100

TISCHGEBET

Frage: „Es gibt ja manches, was in den einen Familien üblich ist und in den anderen Familien nicht üblich ist. Zum Beispiel: Wenn Sie an Ihre Kindheit zurückdenken – wurde da vor oder nach der Mahlzeit ein Tischgebet gesprochen?"

Frage: „Und tun Sie es heute?"

	1965 Febr. %	1982 Mai %		1965 Febr. %	1982 Mai %
Ja, Tischgebet wurde gesprochen	62	47	Ja, Tischgebet heute	29	11
Nein	38	53	Manchmal	17	14
			Nein, nie	54	75
	100	100		100	100

ANSPRÜCHE UND ERWARTUNGEN

Frage: „Was glauben Sie, was die Menschen von der Religion erwarten, wobei könnte die Religion helfen?" (L)

	Juli 1982		
	Bevölkerung insgesamt %	Prote- stanten %	Katho- liken %
Um mit dem Sterben fertig zu werden	65	64	71
In schwerem Leid Trost zu finden	61	59	67
Wenn man im Leben nicht mehr weiter weiß	53	49	62
Die Hoffnung auf ein Weiterleben nach dem Tod	52	49	58
Auch in verzweifelten Situationen den Glauben an den Sinn des Lebens nicht zu verlieren	49	45	58
Daß die Menschen einander helfen, daß sie füreinander da sind	44	41	51
Um einen Maßstab zu haben für Gut und Böse	38	35	44
Daß es mehr Gerechtigkeit gibt unter den Menschen	37	32	44
Das der Mensch Vergebung findet für Schuld, Sühne und Unzulänglichkeiten	37	31	46
Daß der Mensch sich nicht als Letztes ansieht, daß ein höheres Wesen über ihm steht	36	33	42
Um dem Leben überhaupt einen Sinn zu geben	35	31	45
Den Glauben an die Menschheit nicht verlieren	30	27	36
Daß der Mensch etwas hat, was ihn über seinen Alltag erhebt	25	21	31
Schutz der Menschenwürde	24	20	30
Daß die Menschen ihren Egoismus überwinden	23	22	27

AUFGABEN EINES CHRISTEN

Frage: „Hier unterhalten sich zwei über die Aufgaben eines Christen. Welcher von beiden sagt eher das, was auch Sie denken?" (B)

	1971 Bevölkerung insgesamt %	1982 %	Prote- stanten %	Katho- liken %
„Ich halte es für die Aufgabe des Christen zu versuchen, die Gesellschaft zu ändern, gegen alles anzukämpfen, was er als Christ für falsch und ungerecht hält"	21	25	25	25
„Das sehe ich anders: Ein Christ ist kein Gesellschaftsverän- derer, seine Aufgabe ist es nur, an sich selbst zu arbeiten und christlich zu leben"	60	55	53	58
Unentschieden	19	20	22	17
	100	100	100	100

FATALISMUS?

Frage: „Glauben Sie, daß im Leben jedes einzelnen alles vorherbestimmt ist, oder glauben Sie das nicht?"

	Bevölkerung insgesamt %	Männer %	Frauen %	16–29 %	30–44 %	45–59 %	60 u. ä. %
				Mai 1979			
				Altersgruppen			
Glaube ich nicht	54	62	48	63	59	50	43
Glaube ich	30	23	36	20	25	34	41
Unentschieden	16	15	16	17	16	16	16
	100	100	100	100	100	100	100

ASTROLOGIE

Frage: „Glauben Sie an einen Zusammenhang zwischen dem menschlichen Schicksal (Parallelumfrage: Charakter) und den Sternen?"

A	Schicksal					Charakter	
	1950 %	1956 %	1964 %	1975 %	1982 %	1975 %	1982 %
Ja	30	29	24	24	16	24	24
Nein	50	58	60	62	61	62	54
Unentschieden	20	13	16	14	23	14	22
	100	100	100	100	100	100	100

WELTUNTERGANG

Frage: „Glauben Sie, daß die Welt einmal untergehen wird oder glauben Sie, die Welt bleibt ewig bestehen?"

	Bevölkerung insgesamt %	Prote-stanten %	Katho-liken %	Andere/ Ohne %
			Mai 1979	
			Konfession	
Wird untergehen	38	31	44	44
Bleibt ewig	32	35	28	30
Unentschieden	30	34	28	26
	100	100	100	100

LEBEN NACH DEM TODE

Frage: „*Glauben Sie, daß es in irgendeiner Form ein Leben nach dem Tode gibt?*"

	1956 %	1964 %	1971 %	1975 %	1980 %	1982 %	Protestanten %	Katholiken %
			Bevölkerung insgesamt					
Ja	42	39	35	36	40	42	35	56
Nein	34	35	42	40	35	31	37	19
Unmöglich zu sagen	24	26	23	24	25	27	28	25
	100	100	100	100	100	100	100	100

SEELENWANDERUNG

Frage: „*Haben Sie einmal davon gehört, daß es eine Seelenwanderung geben soll, daß also eine Seele nach dem Tode in einen anderen Körper einzieht? – Halten Sie das für möglich, oder glauben Sie nicht daran?*"

A	1966 Jan. %	1977 Dez. %
Glaube nicht daran	48	57
Halte es für möglich	11	16
Weiß nicht, nie davon gehört .	41	27
	100	100

TIERSEELEN?

Frage: „*Viele Menschen sagen ja, auch Tiere hätten eine Seele. Sie könnten Freud und Leid empfinden und könnten lachen und weinen. Finden Sie, das stimmt, oder kann man das nicht sagen?*"

A	1977 Okt. %
Stimmt	69
Kann man nicht sagen	29
Unentschieden	2
	100

Frühere Ergebnisse s. JB III, 198

PFLANZENSEELEN?

Frage: „*Viele Menschen sagen ja, auch Pflanzen hätten eine Seele. Glauben Sie das auch, oder glauben Sie das nicht?*"

A	Oktober 1977		
	Glaube es %	Glaube es nicht %	Unentschieden %
Bevölkerung insgesamt	24	63	13 = 100

2. DIE KIRCHEN

Frage: „*Es gibt verschiedene Ansichten darüber, zu welchen Fragen die Kirche Stellung nehmen soll, und wo sie sich am besten heraushält. Hier habe ich eine Liste. Könnten Sie das bitte einmal lesen und mir sagen, zu welchen Problemen die Kirche Stellung nehmen sollte, wo Sie es wichtig finden, daß die Kirche ihren Standpunkt klarmacht?*" (L)

A

1978
Juli
%

Probleme der in unserer Gesellschaft Benachteiligten, zum Beispiel alte Leute, Alleinstehende, Behinderte	50
Euthanasie, ärztliche Sterbehilfe für unheilbar Kranke	45
Schutz, Förderung der Familie	40
Entwicklungshilfe	38
Friedenspolitik, Abrüstung	36
Eherechtsreform, Reform der Ehescheidung	36
Abtreibung, Schwangerschaftsabbruch	35
Probleme der Gastarbeiter in Deutschland	29
Ausbau der sozialen Sicherung, wie Besserstellung der Frauen in der Altersversorgung, Krankenschutz, Besserstellung der Unfallopfer	26
Darstellung von Gewalt im Fernsehen, Film, Zeitschriften	25
Pornographie, inwieweit freizügige Darstellungen im Fernsehen, in Illustrierten und in der Werbung erlaubt sein sollen	25
Innere Sicherheit, Bekämpfung von Verbrechen und Terrorismus	20
Umweltschutz	16
Bildungsziele, was die Kinder in den Schulen lernen sollen	14
Sparsam sein, weniger verbrauchen	13
Ostpolitik, Verhältnis zum Ostblock	9
Berufliche Fortbildung, Weiterbildung	8
Ausgewogene Berichterstattung im Fernsehen, Radio, in den Zeitungen und Illustrierten	8
Probleme der Begabtenauslese, der Notengebung und Zeugnisse in den Schulen	7
Probleme des Städtebaus, Stadtplanung	5
Mitbestimmung der Arbeitnehmer in der Unternehmensführung	4
Ob wir ein sozialistisches Wirtschaftssystem einführen sollen	4
Mitbestimmung am Arbeitsplatz, an Entscheidungen, die die eigene Arbeit betreffen	4
Steuerreform	3
Wie heute die Zulassung zum Studium eingeschränkt wird	3
Nichts davon	20

PASST DIE KIRCHE IN UNSERE ZEIT?

Frage: „Wie gut paßt die Kirche Ihrer Meinung nach eigentlich in unsere Zeit? Hier habe ich eine Leiter. Zehn würde bedeuten, sie paßt sehr gut in unsere Zeit, und Null würde heißen, die Kirche paßt überhaupt nicht in unsere Zeit. Welche Stufe von Null bis zehn würden Sie da wählen?" (B)

	1974	1979	1982
	Durchschnittswerte		
Bevölkerung insgesamt	5,6	5,4	5,4
Männer	5,2	4,8	4,8
Frauen	5,9	5,9	5,9
ALTERSGRUPPEN			
16–29 Jahre	4,5	4,5	4,3
30–44 Jahre	5,7	4,9	4,9
45–59 Jahre	5,6	5,8	5,8
60 Jahre und älter	6,2	6,4	6,6
SCHULBILDUNG			
Volksschule	5,3	5,7	5,8
Mittlere Reife	5,0	4,9	5,0
Abitur	4,9	4,6	4,5
BERUFSKREISE			
Angelernte Arbeiter	5,9	5,7	5,8
Facharbeiter	5,5	5,3	5,0
Einfache Angestellte, Beamte	5,2	5,1	5,2
Leitende Angestellte, Beamte	5,7	5,5	5,7
Selbständige, freie Berufe	5,4	5,9	5,4
Landwirte	6,7	6,1	7,0
ORTSGRÖSSE			
Unter 5000 Einwohner	6,0	6,1	6,1
5000 bis unter 20 000 Einwohner	5,9	5,3	5,7
20 000 bis unter 100 000 Einwohner	5,4	5,4	5,3
100 000 und mehr Einwohner	5,1	5,1	5,0

DIE CHRISTLICHE BOTSCHAFT

Frage: „Es gibt mehrere Gründe, warum es den Menschen heute möglicherweise schwerfallen kann,
an die christliche Botschaft zu glauben. Hier auf diesen Karten steht einiges. Würden Sie mir bitte
alle herauslegen, die Ihrer Ansicht nach zutreffen?" (K)

	Juli 1982 Bevölkerung insgesamt %	Protestanten %	Katholiken %
Die Menschen wollen so leben, wie es ihnen Spaß macht, und kein schlechtes Gewissen dabei haben	56	55	54
Die Kirchen haben zu oft zu den Herrschenden, Besitzenden, also den Stärkeren gehalten und nicht zu den Schwächeren	51	51	49
Die Kirche redet nicht in der Sprache unserer Zeit	48	48	46
Die Naturwissenschaften erklären die Welt ganz anders als das Christentum	44	46	37
Das Christentum hat versagt, die Menschen sind nicht besser geworden, es gibt immer noch Kriege	47	51	39
Die Gegenwart beweist, daß die Menschen auch ohne den christlichen Glauben liebenswürdig, ehrlich und pflichtbewußt sind	33	35	28
Es gibt nur noch sehr wenige gläubige Christen, man ist schon ein halber Außenseiter, wenn man dazugehört	33	32	34
Die Kirche tritt nicht für soziale Gerechtigkeit ein	30	32	25
Nichts davon	11	10	10

...UND DIE KIRCHEN

Frage: „Wo auf dieser Liste würden Sie sich einstufen, bei welchem Punkt?" (L)

	1979 Katholiken %	1982 Katholiken %	1979 Protestanten %	1982 Protestanten %
Ich bin gläubiges Mitglied meiner Kirche und stehe zu ihrer Lehre	42	38	14	14
Ich fühle mich als Christ, aber die Kirche bedeutet mir nicht viel	28	25	34	28
Ich möchte gern glauben, aber ich fühle mich unsicher	6	9	6	7
Ich habe meine eigenen Glaubensansichten, meine eigene Weltanschauung, ganz unabhängig von der Kirche	10	10	20	19
Ich lebe und arbeite. – Das übrige ergibt sich von selbst, dazu brauche ich keinen Glauben	4	5	8	9
Der Glaube sagt mir gar nichts. Statt dessen setze ich mich für die Aufgaben in unserer Welt und für die Probleme meiner Mitmenschen ein	2	2	4	5
Ich weiß nicht so recht, woran ich eigentlich glauben soll. Deshalb lasse ich solche Fragen offen	6	7	12	11
Keine Angabe	2	4	2	7
	100	100	100	100

TEILNAHME AM GOTTESDIENST

Es gehen regelmäßig zur Kirche –	Protestanten 1980 %	1983 %	Katholiken 1980 %	1983 %
Insgesamt	8	6	31	32
Männer	4	5	24	25
Frauen	11	7	37	38
ALTERSGRUPPEN				
16–29 Jahre	2	4	16	19
30–44 Jahre	5	3	20	26
45–59 Jahre	8	6	36	29
60 Jahre und älter	18	12	51	54
POLITISCHE ORIENTIERUNG				
CDU/CSU	11	8	46	40
SPD	7	5	14	20
FDP	9	13	16	32
Die Grünen	–	–	–	12
STADT UND LAND				
Dörfer	11	7	40	43
Kleinstädte	10	7	32	43
Mittelstädte	8	8	30	31
Großstädte	6	4	23	19

Frühere Ergebnisse s. JB VI, 38

KIRCHGÄNGER

Frage: *„Wenn Sie von jemandem nur wissen, daß er regelmäßig (Parallelumfrage: nie) in die Kirche geht: Was ist das wohl für ein Mensch, welche von diesen Eigenschaften würden Sie bei ihm vermuten?"* (K)

A

	März 1979 Geht in die Kirche – regelmäßig %	nie %		März 1979 Geht in die Kirche – regelmäßig %	nie %
Hilfsbereit, guter Mensch	44	12	Aufgeschlossen	17	16
Freundlich, höflich	32	11	Fanatisch	15	10
Ehrlich	31	25	Engstirnig	12	13
Altmodisch, konservativ	30	4	Autoritär	9	8
Glücklich	28	10	Belesen	9	9
Politisch eher rechts	28	4	Intelligent	8	14
Verträglich, harmonisch	27	10	Unternehmungslustig, aktiv	6	11
Sozial eingestellt	25	11	Politisch aktiv, interessiert	6	13
Vertrauenerweckend	23	9	Fortschrittlich	5	16
Tolerant	20	21	Erfolgreich	4	11
Sympathisch	18	14	Egoistisch	4	14
Von sich überzeugt, selbstbewußt	18	31	Politisch eher links	2	25
Provinziell	17	3	Nichts davon	20	34

ZUSTIMMUNG

Frage an Katholiken: „Über die katholische Kirche gibt es ja unterschiedliche Meinungen – zustimmende und ablehnende. Darf ich zunächst einmal fragen, was Ihnen an der katholischen Kirche gefällt, was Sie gutfinden? Könnten Sie es nach dieser Liste hier sagen?" (L)

	1974	1979	1982
	Katholiken insgesamt		
	%	%	%
Sie pflegt überlieferte Traditionen und kulturelle Werte	42	41	45
Sie gibt einem das Gefühl der Gemeinschaft	46	41	41
Ich bin einfach froh, daß es die Kirche gibt und daß wir in ihr Christus und einander begegnen	39	35	36
Sie ermöglicht eine Kindererziehung, die ich für gut halte	43	32	34
Sie setzt sich für die Familie ein	40	30	29
Daß die Kirche nicht jede Veränderung mitmacht	25	27	29
Ich finde dort eine seelische Heimat	31	27	28
Man erfährt und erlebt in ihr, wofür man da ist	30	22	23
Sie ist ein Anwalt für die Schwachen und Unterdrückten	36	23	22
Wie die Kirche sich erneuert und verändert	42	27	21
Sie redet den Politikern ins Gewissen	24	21	20
Man begegnet dem göttlichen Geheimnis in ihr	24	19	20
Die Kirche sagt mir, wie ich zu leben habe	24	18	19
Finde nichts gut	11	15	17

Frühere Ergebnisse s. JB V, 101

... UND KRITIK

Frage an Katholiken: „Könnten Sie mir jetzt noch sagen, was Sie an der Kirche stört?" (L)

	1974	1979	1982
	Katholiken insgesamt		
	%	%	%
Ihre Einstellung zu Fragen der Empfängnisverhütung	49	46	49
Die Kirche ist zu reich, hat zuviel Geld	52	43	43
Ihre Einstellung zu anderen sexuellen Fragen	31	34	39
Die herkömmlichen Formen der Frömmigkeit	42	33	34
Sie hält zu sehr am Überlieferten fest	40	33	34
Daß der Staat die Kirchensteuer einzieht	38	28	28
Die Kirche tut zuwenig, was sie von anderen verlangt	42	26	25
Sie setzt sich zuwenig für die Armen und Schwachen ein	25	23	24
Sie mischt sich zu stark in die Politik ein	34	19	22
Sie stellt moralisch zu hohe Anforderungen an den einzelnen	19	22	20
Die Kirche nimmt zuwenig klar und entschieden Stellung	24	18	17
Daß die Kirche zu eng mit dem Staat verbunden ist	21	12	14
Die Kirche paßt sich zu stark der Zeit an	9	9	9
Man findet keine seelische Heimat in ihr, keine Gemeinschaft in der Kirche	9	7	8
Nichts stört	11	16	18

3. DER PAPST

November 1978

		Gesamt	Protestanten	Katholiken	Andere
		%	%	%	%
Frage: „Diesmal wurde ja ein polnischer Kardinal und nicht ein Italiener zum Papst gewählt. Finden Sie das gut oder nicht gut?"	Gut	79	76	83	75
	Nicht gut	2	3	2	1
	Ist mir egal	15	16	13	19
	Kein Urteil	4	5	2	5
		100	100	100	100
Frage: „Glauben Sie, daß der neue Papst die katholische Kirche sehr verändern wird, oder meinen Sie, es wird alles so ziemlich beim alten bleiben?"	Wird verändern	27	26	30	22
	Beim alten bleiben . . .	53	50	54	55
	Unentschieden	20	24	16	23
		100	100	100	100
Frage: „Glauben Sie, daß der neue Papst erreichen wird, daß die Gläubigen im Ostblock nicht mehr benachteiligt werden, oder wird er das nicht erreichen?"	Wird das erreichen . . .	26	24	30	18
	Glaube ich nicht	37	36	37	46
	Unentschieden	37	40	33	36
		100	100	100	100

Frage: „Wie gefällt Ihnen dieser Papst?"

Frage: „Papst Johannes Paul II. ist ja nun schon einige Zeit im Amt. Nach dem, was Sie bisher über ihn gehört haben, ist Papst Johannes Paul II. ein fortschrittlicher Papst, oder ist er eher konservativ?"

	1978 Nov. %	1979 Nov. %	1980 Dez. %
Ausgezeichnet	19	21	20
Gut	51	46	44
Einigermaßen	10	16	16
Wenig/gar nicht	2	6	9
Kein Urteil	18	11	11
	100	100	100

	1979 Nov. %	1980 Okt. %
Fortschrittlich	60	48
Eher konservativ	22	30
Unentschieden	18	22
	100	100

PAPSTBESUCH

Frage: „Begrüßen Sie es, daß der Papst in die Bundesrepublik kommt, oder finden Sie das nicht so gut, oder ist Ihnen das egal?"

JOHANNES PAUL ALS VORBILD

Frage: „Wenn Sie jetzt einmal an Papst Johannes Paul denken, und was Sie über ihn als Mensch wissen: Würden Sie sagen, Papst Johannes Paul ist für Sie persönlich in irgendeiner Hinsicht ein Vorbild, oder würden Sie das nicht sagen?"

	September 1980		
	Bev. insg. %	Prote- stanten %	Katho- liken %
Begrüße ich	44	31	64
Finde ich nicht so gut	6	6	4
Ist mir egal	50	63	32
	100	100	100

	Dezember 1980		
	Bev. insg. %	Prote- stanten %	Katho- liken %
Ist ein Vorbild . . .	38	27	56
Würde ich nicht sagen	44	52	28
Weiß nicht	18	21	16
	100	100	100

AKTUELLE THEMEN

Frage: „Hier auf der Liste stehen einige Themen und Fragen aus dem Bereich der Kirche. Zu was davon sollte der Papst bei seinem Deutschlandbesuch vor allem Stellung nehmen, was ist da Ihrer Meinung nach besonders wichtig?" (L)

	September 1980		
	Bevölkerung insgesamt %	Prote- stanten %	Katho- liken %
Das Verhältnis zwischen der evangelischen und der katholischen Kirche	42	43	45
Die Frage der Abtreibung	42	39	45
Die Frage der Geburtenkontrolle	42	40	44
Das Verhältnis von Staat und Kirche in der Bundesrepublik . .	42	38	48
Der Zölibat, dazu, daß Priester nicht heiraten dürfen	40	37	43
Die Situation der Katholiken in der DDR	26	24	32
Die Rolle der Kirche in den Entwicklungsländern	25	23	27
Die Rolle der Frau in der Kirche	24	21	28
Die Stellung der Kirche zu den Problemen in den Entwicklungsländern	24	22	25
Der Fall des Tübinger Theologen Hans Küng	22	21	23
Der Fall des Bischofs Lefebvre	12	9	16
Nichts davon, keine Angabe	7	9	3

DAS ATTENTAT

Frage: „*Papst Johannes Paul II. ist ja 1981 von einem türkischen Attentäter auf dem Petersplatz in Rom niedergeschossen worden. Die italienische Polizei hat nun festgestellt, daß der bulgarische Geheimdienst in den Mordanschlag auf den Papst verwickelt war. Haben Sie davon gehört oder nicht?*" (Ja: 85 Prozent)

Frage: „*Jetzt heißt es, daß auch der sowjetische Geheimdienst seine Hand dabei im Spiel hatte. Geheimdienstchef zur Zeit des Attentats war der jetzige Parteichef Jurij Andropow. Glauben Sie, daß die Sowjetunion wirklich mit dem Papstattentat zu tun hatte? Halten Sie das für …*"

	Januar 1983				
	Sicher %	Wahr-scheinlich %	Eher unwahr-scheinlich %	Ausge-schlossen %	Unmöglich zu sagen %
Bevölkerung insgesamt	10	33	26	6	25 = 100

4. DIE REFORMATION – MARTIN LUTHER

„Eine Frage zur Geschichte: *War das Zeitalter Martin Luthers* (Parallelumfrage: *der Reformation*) *Ihrer Meinung nach ganz besonders wichtig für unsere Geschichte, oder nicht wichtiger als andere Epochen auch?*"

A

	Januar 1983					
	Zeitalter Martin Luthers			Zeitalter der Reformation		
	Bev. insg. %	Schulabschluß		Bev. insg. %	Schulabschluß	
		Volks-schule %	Höhere Schule %		Volks-schule %	Höhere Schule %
Ganz besonders wichtig	35	30	42	38	34	46
Nicht wichtiger als andere Epochen auch	42	42	42	32	28	38
Weiß nicht	23	28	16	30	38	16
	100	100	100	100	100	100

Frage: „*Ich lese Ihnen jetzt einiges vor, was man über Luther sagen kann, und Sie sagen mir jedesmal, ob Sie da zustimmen oder nicht zustimmen. Wenn man sagt –*

Luther hat die Freiheit des einzelnen in der christlichen Religion gestärkt. Würden Sie da zustimmen oder nicht?

Alles in allem hat das Leben und Wirken Luthers auch in der katholischen Kirche vieles zum Besseren verändert. Würden Sie da zustimmen?

Daß die Einheit der christlichen Kirche zerstört wurde, daran ist nicht nur Luther schuld, sondern zu einem großen Teil auch die katholische Kirche. Würden Sie da zustimmen oder nicht zustimmen?"

	Januar 1983			
	Bevölk. insgesamt %	Protestanten %	Katholiken %	Andere/ ohne %
Freiheit gestärkt				
Zustimmen	62	74	50	57
Nicht zustimmen	11	7	16	5
Weiß nicht	27	19	34	38
	100	100	100	100
In katholischer Kirche auch Gutes bewirkt				
Zustimmen	46	51	42	39
Nicht zustimmen	16	13	21	12
Weiß nicht	38	36	37	49
	100	100	100	100
Kirchenspaltung nicht Luthers Schuld allein				
Zustimmen	62	71	54	57
Nicht zustimmen	11	6	17	9
Weiß nicht	27	23	29	34
	100	100	100	100

KIRCHENSPALTUNG

Frage: „*Wenn Sie einmal an Luther und die Folgen bis heute denken, vor allem an die Aufteilung der Kirche in katholisch und protestantisch: Hat das Ihrer Meinung nach der christlichen Kirche alles in allem mehr Vorteile oder mehr Nachteile gebracht?*"

	Januar 1983			
	Bevölk. insgesamt %	Protestanten %	Katholiken %	Andere/ ohne %
Mehr Vorteile	24	28	20	24
Mehr Nachteile	23	18	27	24
Weiß nicht	53	54	53	52
	100	100	100	100

5. JUGEND UND KIRCHE

Renate Köcher

In wenige Diskussionen hat die katholische Kirche in den letzten Jahren so engagiert eingegriffen wie in die Debatte um die Zulässigkeit des Schwangerschafts-Abbruchs. „Abtreibung ist Mord" lautete die schärfste Stellungnahme gegen die Neuregelung des § 218, die gegen den erbitterten Widerstand der Kirche durchgesetzt wurde. In der Bevölkerung und besonders in der Jugend traf die Kirche mit ihrem Engagement verbreitet auf Unverständnis und teilweise auf leidenschaftlichen Widerspruch. Die Mehrheit der Jugend hing der Fristenlösung an; lediglich 4 Prozent der Unter-30jährigen sprachen sich für das völlige Verbot der Abtreibung aus. Selbst unter den kirchennahen Katholiken zählte jeder zweite zu den Verfechtern der Fristen- oder Indikationslösung.

Zu den „Ehen auf Probe" bezog Papst Johannes Paul II Stellung und verurteilte sie scharf. Mehr als 2,5 Millionen Menschen in der Bundesrepublik leben in einer „Ehe ohne Trauschein". Anzeichen der Betroffenheit angesichts der päpstlichen Stellungnahme, Verteidigung, leidenschaftlicher Widerspruch jedoch blieben aus. Diese Stille scheint schlimmer als alle leidenschaftlichen Kontroversen, wie sie z. B. die Enzyklika Humanae Vitae oder das Engagement der Kirche in der Abtreibungsdebatte auslöste; denn Kontroverse heißt immer noch Dialog, heißt, als Dialogpartner Bedeutung und Wirkung zu haben. Die Stille aber signalisiert Gleichgültigkeit, Achselzucken.

Frage: „*Wenn ein Mann und eine Frau zusammenleben, ohne daß sie standesamtlich getraut sind: Finden Sie, das geht zu weit, oder finden Sie nichts dabei?*"

Nachfrage an Personen, die nichts dabei finden oder unentschieden sind: „*Einmal angenommen, Sie selbst stünden vor dieser Frage: Wäre es für Sie persönlich denkbar, daß Sie mit einer Frau/einem Mann ohne standesamtliche Trauung zusammenleben?*"

	März 1978			
	16–19 Jahre		20–29 Jahre	
	Männer	Frauen	Männer	Frauen
	%	%	%	%
Finde nichts dabei	90	84	75	78
Unentschieden	5	14	9	12
Geht zu weit	5	2	16	10
	100	100	100	100

Wer heute in der Bundesrepublik eine „Ehe ohne Trauschein" führt, braucht Kritik nicht zu fürchten, wird durch den Schutzschild einer einig wohlwollenden öffentlichen Meinung abgeschirmt. 80 Prozent der Unter-30jährigen und auch die breite Mehrheit der älteren Bevölkerung betrachten diese Lebensform als akzeptabel; die meisten können sich die „Ehe ohne Trauschein" auch als eigene Lebensweise vorstellen.

Dies sind nur zwei Beispiele dafür, wie tief die Kluft zwischen den Auffassungen der Kirche und der jungen Bevölkerung geworden ist. Die Kirche, die Religion ist dabei, ihre wegweisende Funktion zu verlieren, ihren Einfluß auf die Entscheidungen und Werte der Gesellschaft.

60 Prozent der jungen Generation werten Religion als ein Relikt vergangener Zeit, überholt und nicht geeignet, bei den heutigen Problemen und Fragen Hilfestellung zu geben.

Die Entfremdung zwischen der Jugend und den Kirchen vollzog sich in nur wenigen Jahren. Mitte der sechziger Jahre begann der stetige Exodus der Jugend aus den Kirchen. Während im Laufe der fünfziger und zu Beginn der sechziger Jahre die Jugend wie auch die gesamte Bevölkerung sich den Kirchen immer mehr zuneigten, bröckelten diese Bindungen von etwa 1964 an ab. Noch 1963 gehörte der regelmäßige Kirchgang für 52 Prozent der jungen Katholiken zwischen 16 und 29 Jahren zu den festen Gewohnheiten; wenige Jahre später, 1968 konnte die katholische Kirche nur noch bei 40 Prozent ihrer jungen Gläubigen auf die regelmäßige Begegnung bauen; der Höhepunkt des Zusammenbruchs kirchlicher Orientierungen datiert auf den kurzen Zeitraum von 1970 bis 1973. Seitdem ist der Auszug der Jugend aus den Kirchen noch keineswegs beendet, doch vollzieht er sich zögernder, als wirkten hier, bei der noch kirchentreuen Minderheit, Bindungskräfte, die den großen Gemeinden der fünfziger und sechziger Jahre nicht eigen waren.

	Altersgruppe 16–29 Jahre									
	Katholiken					Protestanten				
	1953*	1963	1967/69	1973	1980	1953*	1963	1967/69	1973	1980
	%	%	%	%	%	%	%	%	%	%
Es gingen zur Kirche										
– regelmäßig	50	52	40	24	16	9	11	6	3	2
– unregelmäßig	23	26	28	22	24	26	33	25	9	15
– selten	19	18	22	30	37	45	42	48	53	48
– nie	8	4	10	24	23	20	14	21	35	35
	100	100	100	100	100	100	100	100	100	100

* ab 18 Jahre

Die Entfernung der jungen Protestanten von der Kirche verlief ähnlich drama-
tisch, auch wenn sie auf den ersten Blick harmloser anmutet, da die regelmäßig
in den Kirchen anzutreffende protestantische Gemeinde in der Bundesrepublik
sich nie mit den Massen der katholischen Kirchenbesucher messen konnte.

Bei der jungen Generation waren die Bindungskräfte am schwächsten entwik-
kelt, wurde auf die Begegnung mit der Kirche am leichtesten verzichtet. Junge
und ältere Generation haben sich daher in ihrem Verhältnis zur Kirche ausein-
andergelebt, besonders in katholischen Haushalten.

Angesichts der sich leerenden Gotteshäuser trösteten sich manche in den Kir-
chen mit Zweifeln, ob denn der Kirchenbesuch ein wirklich ausschlaggebender
Indikator für die Bindung der Gläubigen an ihre Kirche, für die Tiefe ihrer
Religiosität sei. Die Hoffnung gründete sich auf die These, daß hier zwar feste
Gewohnheiten aufgegeben wurden, nicht jedoch die sie begründenden Über-
zeugungen, Glaubensinhalte.

Wie trügerisch diese Hoffnung ist, macht heute die Selbstcharakteristik von
unregelmäßigen Kirchgängern deutlich: „Ich bin ein gläubiges Mitglied meiner
Kirche und stehe zu ihrer Lehre", so beschreiben sich 85 Prozent der Katholiken, die regelmäßig in die Kirche gehen, aber nur 16 Prozent der Katholiken, die
unregelmäßig oder nie den Gottesdienst besuchen; anstelle der Kirchenbindung
treten in diesem Kreis die Einstellungen: „Ich fühle mich als Christ, aber die
Kirche bedeutet mir nicht viel" und: „Ich habe meine eigenen Glaubensansichten, meine eigene Weltanschauung, ganz unabhängig von der Kirche". Damit ist
der Kirchenbesuch weit mehr als ein formales Kriterium, trennt vielmehr kirchennahe von kirchenfernen Menschen. (Vgl. S. 127)

Nur jeder achte, junge Katholik beschreibt sich mit dem Satz: „Ich bin ein gläubiges Mitglied meiner Kirche und stehe zu ihrer Lehre". Weit verbreiteter, Mehr-
heitsmeinung dagegen ist die Distanzierung von der Kirche, die sich in den
Haltungen ausdrückt: „Ich habe meine eigenen Glaubensansichten, meine
eigene Weltanschauung, ganz unabhängig von der Kirche" (21 Prozent) und „Ich
fühle mich als Christ, aber die Kirche bedeutet mir nicht viel" (35 Prozent).
Diese Trennung zwischen Christ sein und der Kirche nahestehen – ist sie denkbar? Können christliche Werte und Überzeugungen ohne die Kirche, ja in der
bewußten Abgrenzung von ihr tradiert werden?

Konsequent durchdacht läßt das Bekenntnis zum Christentum bei gleichzeitiger Abgrenzung von der Kirche, wie sie mehr als jeder dritte junge Katholik
vornimmt, nur zwei Deutungen zu: entweder signalisiert diese Haltung Skepsis,
ob die Kirche heute wirksam und glaubhaft christliche Werte verkörpert und
vertritt; oder in dieser Haltung drückt sich ein sehr oberflächliches Bekenntnis
aus, in dem die Aussage „Ich fühle mich als Christ" lediglich für die formale
Zugehörigkeit zu einer Religionsgemeinschaft steht, nicht jedoch für bewußt
gelebtes Christentum.

Diese letzte Deutung erfährt vielfache Bestätigung. Denn es ist Illusion anzunehmen, dieser Niedergang an Kirchlichkeit könne losgelöst von der Entwicklung religiöser Überzeugungen erfolgt sein, nur als ein Anzeichen für Verständigungsschwierigkeiten zwischen den Kirchen und den nach wie vor überzeugt Gläubigen.

Nur ein Drittel der Jugendlichen beschreibt sich heute als religiös; richtet sich die Fragestellung konkreter auf die Gültigkeit der christlichen Gebote für das eigene Leben, so wird sie nur noch von jedem vierten der Unter-30jährigen uneingeschränkt bejaht. Die Auseinandersetzung mit der Bibel ist den meisten Jugendlichen fremd. (S. 120)

Ein großer Teil der Unter-30jährigen reagiert völlig ratlos, wenn nach der Bedeutung von Religion für die Menschen gefragt wird. Noch am ehesten wird von Religion Trost bei persönlichem Leid und Trauer erwartet, Halt in Lebenskrisen, und damit in ihrer Bedeutung auf Ausnahmesituationen reduziert. Religion dagegen als sinngebendes Element und als Orientierungshilfe im alltäglichen Leben und Umgang mit anderen Menschen ist nur einer verschwindenden Minderheit selbstverständlich; mehr als jeder dritte kann sich überhaupt nicht vorstellen, daß Religion etwas geben kann, helfen kann. (vgl. S. 122)

Dementsprechend gering wird der Beitrag der Religion zum eigenen Leben veranschlagt. Unter allem, was für junge Leute heute das Leben „lebenswert" macht, wird dem christlichen Glauben die geringste Bedeutung beigemessen.

Frage: „Man fragt sich ja manchmal, wofür man lebt, was der Sinn des Lebens ist. Worin sehen Sie vor allem den Sinn Ihres Lebens?"

	März 1981			
	Junge Katholiken		Junge Protestanten	
	kirchennah	kirchenfern	kirchennah	kirchenfern
– Auszug –	%	%	%	%
Das tun, was Gott von mir erwartet	26	5	8	7
Ganz für andere dazusein, anderen zu helfen	20	10	22	11
An meinem Platz mithelfen, eine bessere Gesellschaft zu schaffen . .	44	31	43	37
Das Leben genießen	35	57	43	61

Die Abwendung von den Kirchen ist damit nur das offen zutage tretende Symbol für die Loslösung von der christlichen Religion – eine Feststellung, die nicht der kritischen Prüfung entheben darf, ob die Kirchen die Abwendung von der Religion und von ihnen selbst nicht hätten aufhalten können.

Fatalistisch wurde diese Trennung von manchen als eine unausweichliche Folge des wissenschaftlichen Fortschritts gewertet; das zunehmende Wissen und damit die wachsende Macht des Menschen zur Gestaltung seiner Welt, wie die Verwissenschaftlichung – so die Argumentation – den Boden, auf dem der Glaube Nahrung findet, verkarsten.

Mehrere Anzeichen widersprechen dieser Begründung. Als ein Beleg sei die Hoffnung auf ein Leben nach dem Tode angeführt. 1956 verneinten 34 Prozent der Bevölkerung die Frage, ob sie an ein Leben nach dem Tod glaubten, 1980 – 24 Jahre später – sind es 35 Prozent. Keine Anzeichen für wachsende, durch Fragen nach Beweisen genährte Zweifel lassen sich hier feststellen.

Ein anderer Erklärungsversuch, vorgebracht von Beobachtern der wachsenden Entfremdung zu Religion und Kirche, die diese Entwicklung begrüßen und teils mit missionarischem Sendungsbewußtsein zu unterstützen trachten, wertet die Abwendung als Reifungsprozeß; der Mensch unserer Zeit sei mündiger, fähiger zur autonomen, aus vorgegebenen Sinnzusammenhängen gelösten Existenz, er bedürfe der Religion, der Kirche nicht mehr. Diese Überzeugung, für einen gläubigen Christen kaum gedanklich nachzuvollziehen, hat in der Gesellschaft starke Wirkung gezeigt. Nirgends kann dies deutlicher hervortreten als in den Werten, die Eltern ihren Kindern mitgeben möchten, um sie für den Lebensweg zu rüsten. Einen festen Glauben, eine starke religiöse Bindung hält nur eine Minderheit der Eltern heute für ein wesentliches Rüstzeug für ein sinnvolles und glückliches Leben. Im Oktober 1979 meinten nur 26 Prozent der Eltern mit Kindern unter 16 Jahren, ein fester Glaube, eine feste religiöse Bindung sei von den Dingen, die man Kindern mit auf den Weg ins spätere Leben geben soll, besonders wichtig. (Vgl. S. 93)

Damit jedoch wird die Bindung an Religion und Kirche von der Wurzel her zerstört. Wer nicht in seinem Elternhaus den Aufbau und die Stärkung religiöser Bindung erfährt, findet nur mühsam zu Glauben und Kirche während insgesamt 27 Prozent der Bevölkerung ihr Elternhaus als ausgesprochen religiös erlebt haben, wuchsen unter den heute 16- bis 29jährigen nur noch 19 Prozent in einer solchen Atmosphäre auf. (Vgl. S. 121)

Die Chance, daß diese junge Generation aus eigenem Antrieb ihre Kinder wiederum zum Glauben hinführt, ist denkbar gering. Ist die Überlieferung religiöser Überzeugungen erst einmal derart gestört, läßt sich die Entwicklung nicht mehr kurzfristig umkehren. Die heute 16- bis 29jährigen, die teils selbst schon Eltern sind, teils in den nächsten Jahren in diese Verantwortung hineinwachsen, messen einer religiös geprägten Umgebung für ein Kind kaum Bedeutung zu, wenn sie selbst nicht in einem religiös eingestellten Elternhaus großgeworden sind. (Vgl. S. 121)

Die verbreitete Überzeugung, es sei für ein Kind ohne Bedeutung, ob es in einer religiösen Umgebung aufwachse oder nicht, fordert indes zur Überprüfung heraus; diese These beinhaltet, daß die religiöse Prägung ein Sozialisationsfaktor minderer Bedeutung sei, dessen Wegfall die Persönlichkeit, Einstellungen und Lebenszufriedenheit nicht beeinträchtigt.

Ein Vergleich von kirchennahen und kirchenfernen Jugendlichen macht es schwer, dieser These zu folgen. Ihre Lebenshaltung unterscheidet sich deutlich. Kirchennahe Jugendliche zeichnen sich nicht nur durch die stärkere Orientierung an christlichen Normen aus, durch den Wunsch, „das zu tun, was Gott von mir erwartet", „für andere dazusein, anderen zu helfen", sondern allgemein durch das Streben, zu wirken, etwas zu leisten.

Anstelle dieser Motivstruktur erhält bei kirchenfernen Jugendlichen ein Lebensziel überragende Bedeutung: „das Leben zu genießen".

Frage: *„Zwei Menschen unterhalten sich über das Leben. Der eine sagt: Ich möchte mein Leben genießen und mich nicht mehr abmühen als nötig. Man lebt schließlich nur einmal, und die Hauptsache ist doch, daß man etwas von seinem Leben hat. Der zweite sagt: Ich betrachte mein Leben als eine Aufgabe, für die ich da bin und für die ich alle Kräfte einsetze. Ich möchte in meinem Leben etwas leisten, auch wenn das oft schwer und mühsam ist. Was meinen Sie, welcher von den beiden macht es richtig?"*

	März 1981			
	Junge Katholiken		Junge Protestanten	
	kirchennah	kirchenfern	kirchennah	kirchenfern
	%	%	%	%
Leben genießen	31	47	39	55
Leben als Aufgabe	51	30	41	27
Unentschieden	18	23	20	18
	100	100	100	100

Diese unterschiedlichen Grundhaltungen prägen die Verhaltensweisen der Jugendlichen bis in die kleinsten alltäglichen Handlungen (S. 10). Unter-30jährige, die in einem ausgesprochen religiösen Elternhaus großgeworden sind, lassen weit eher als ihre Altersgenossen das Bemühen erkennen, Selbstdisziplin zu üben und – auch dies eine Ausprägung der freiwilligen Begrenzung eigener Wünsche – auf andere Menschen besonders einzugehen. „Andere Menschen besser zu verstehen, sich mehr in sie hineinzudenken", geben 36 Prozent dieses

Kreises als einen Vorsatz an, aber nur 16 Prozent der Jugendlichen, deren Elternhaus keine Beziehung zu Religion hatte.

Und stehen wir damit vor dem von Zwängen zum Glück befreiten Menschen? Ist der von der Religion ab-, dem Lebensgenuß zugewandte Mensch zur Selbstherrlichkeit erstarkt?

Bei der getrennten Betrachtung von in ausgesprochen religiösen Elternhäusern Aufgewachsenen und den Jugendlichen, deren Erziehung nicht religiös geprägt war, fällt die eigentümlich große Kluft in der Bewertung des eigenen Lebens auf: Jugendliche aus religiösem Elternhaus beschreiben sich weit eher ohne Vorbehalte als einen glücklichen, einen sehr glücklichen Menschen:

Frage: *„Wenn jemand von Ihnen sagen würde: dieser Mensch ist sehr glücklich – hätte er damit recht oder nicht recht?"*

| | März 1979 Jugendliche, deren Elternhaus war – | | |
| | sehr religiös | wenig religiös | kaum religiös |
	%	%	%
Hätte recht	47	34	23
Teils, teils	38	51	50
Nicht recht	9	6	15
Keine Angabe	6	9	12
	100	100	100

Der Verlust religiöser Bindungen, die damit zusammenhängende „Befreiung" von den Zwängen vorgegebener Normen hat die Gesellschaft ärmer zurückgelassen.

Die Herauslösung aus religiösen Normen geschah nicht isoliert, sondern ist nur ein besonders augenfälliges Beispiel zusammenbrechender Werte. Gleichzeitig hat jedoch die Jugend an Mut verloren, an Vertrauen in die Zukunft. Während Zukunftsoptimismus und der Glaube an die Bewältigung künftiger Probleme früher bei der Jugend stärker ausgeprägt waren als bei älteren Menschen, läßt sich heute ein in allen Jahrgängen verbreiteter Pessimismus feststellen. 56 Prozent der Unter-30jährigen fürchten, daß das Leben für die Menschen immer schwerer wird. (Vgl. Seite 682)

Unwillkürlich zögert man, einer Generation, die derart unbehaglich in die Zukunft sieht, den Mut und die Tatkraft zuzutrauen, die sie braucht. Es war immer eine der wesentlichen Aufgaben der Kirchen, der Religion, Mut und Beharrungsvermögen zu stärken, wenn sie niederzubrechen drohten. Doch ob die Kirchen hier heute noch ihren Beitrag leisten können, scheint angesichts des gestörten Verhältnisses gerade zu jungen Menschen fraglich.

F. BILDUNG UND AUSBILDUNG

1. SCHULE

Frage: „Was glauben Sie – wird heutzutage von den Kindern in der Schule zuviel verlangt, oder glauben Sie nicht?"

Frage: „Lernen die Kinder heute in der Schule ganz andere Dinge als früher, so daß Sie Ihrem Kind/Ihren Kindern auch nicht immer helfen können, oder gibt es da keine Probleme?"

September 1982

	Eltern gesamt %	Eltern schulpflichtiger Kinder %
Wird zuviel verlangt . . .	39	50
Glaube ich nicht	39	37
Unentschieden	22	13
	100	100

Eltern schulpflichtiger Kinder

	insgesamt %	Volks-schule %	Höhere Schule %
Heute ganz andere Dinge	64	73	50
Keine Probleme . . .	34	25	48
Keine konkrete Angabe	2	2	2
	100	100	100

HAUSAUFGABEN

Frage an Eltern schulpflichtiger Kinder: „Kommt Ihr Kind / kommen Ihre Kinder mit den Hausaufgaben meistens allein zurecht, oder braucht es / brauchen sie Hilfe?"

September 1982

	Eltern insgesamt %	Väter %	Mütter %	Schulabschluß Volks-schule %	Höhere Schule %
Kommt / kommen alleine zurecht	44	34	52	42	47
Braucht / brauchen Hilfe	23	27	19	22	24
Ganz unterschiedlich	30	34	27	33	25
Weiß nicht	3	5	2	3	4
	100	100	100	100	100

MUTTER HILFT

Frage an Eltern schulpflichtiger Kinder: „*Wer hilft denn meistens bei den Hausaufgaben?*" (Mehrfachangaben möglich)

September 1982

	Eltern insgesamt	Väter	Mütter	Eltern mit Schulkindern unter 10 Jahren	über 10 Jahre
	%	%	%	%	%
Ich	31	21	40	37	30
Mein Mann / meine Frau	25	45	8	32	20
Älterer Bruder / ältere Schwester	6	5	8	6	7
Nachhilfelehrer(in)	2	2	2	×	3
Jemand anders	3	3	3	2	5
In der Regel keine Hilfe nötig	39	32	45	25	43
	106	108	106	102	108

BEGABUNGEN

Frage: „*Wenn Sie jetzt einmal an die verschiedenen Begabungen denken, die sich bereits bei Schulkindern zeigen können: Auf welchen Gebieten, würden Sie sagen, ist es unbedingt notwendig, daß man die besonders Begabten schon möglichst früh erkennt, auswählt und über das normale Maß hinaus fördert? Können Sie es bitte nach dieser Liste hier sagen?*" (L)

Januar 1982

	Bevölkerung insgesamt	Schulabschluß Volksschule	Höhere Schule
	%	%	%
Musik, Singen	51	47	58
Rechnen, Lösen mathematischer Probleme	47	48	46
Phantasie, schöpferisches Denken	46	36	61
Malen, Zeichnen............................	38	34	45
Technik.................................	38	38	36
Naturwissenschaftliches Experimentieren	34	28	42
Turnen, Gymnastik	32	33	30
Literarischer Ausdruck, Stilempfinden	22	16	30
Schauspielerische Darstellung	21	16	29
Organisation	19	18	21
Skifahren, Eislaufen	16	15	16
Fußball spielen	16	19	11
Bei nichts davon, keine konkrete Angabe	9	11	7

AUSLESE

Frage: „Es wird davon gesprochen, eigene Klassen oder Schulen für besonders begabte Kinder einzurichten, um sie so besser fördern zu können. Würden Sie dies begrüßen, oder finden Sie das nicht so gut?"

Januar 1982

	Würde ich begrüßen %	Finde ich nicht so gut %	Kommt drauf an %	Unent- schieden %
Bevölkerung insgesamt	34	35	23	8 = 100
SCHULABSCHLUSS				
Volksschule	35	30	25	10 = 100
Höhere Schule	32	42	21	5 = 100
ALTERSGRUPPEN				
16–29 Jahre	30	39	24	7 = 100
30–44 Jahre	36	39	19	6 = 100
45–59 Jahre	35	33	25	7 = 100
60 Jahre und älter	35	27	25	13 = 100

ENTSCHEIDUNG DURCH LEISTUNG ODER LOS?

Frage: „Ich möchte Ihnen jetzt einen Fall erzählen und Sie fragen, was Sie dazu meinen: Ein Vater hat zwei Söhne, die zur Schule gehen. In den Ferien kann einer von beiden im Austausch mit einem englischen Jungen nach England fahren, und nun überlegt die Familie, wer von den beiden Jungen der Glückliche sein soll. Schließlich sagt der Vater, ‚wer das nächste Mal das bessere Zeugnis bekommt, darf fahren'. (Parallelumfrage: ‚wir wollen auslosen, wer nach England fahren darf.)

Finden Sie, da hat der Vater gerecht gehandelt oder nicht?"

	Entscheidung durch –					
	Leistung			Los		
	1975 Aug. %	1981 März %	1981 Nov. %	1975 Aug. %	1981 März %	1981 Nov. %
Gerecht	40	43	45	61	68	65
Nicht gerecht	54	53	48	24	24	24
Unentschieden	6	4	7	15	8	11
	100	100	100	100	100	100

2. BERUFSAUSBILDUNG

Frage: „Wenn Sie einmal an die Zeit zurückdenken, als Sie sich für Ihre Berufsausbildung entschieden haben – wer hat dabei eine besondere Rolle gespielt, wer hat Ihnen da besonders geholfen?"

F		Dezember 1980			
	Ausgebildete			Berufe	
	Insgesamt	Männer	Frauen	Gewerb- liche	Kauf- männische
	%	%	%	%	%
Vater	42	43	40	45	40
Mutter	40	30	50	34	43
Berufsberater vom Arbeitsamt	13	11	14	11	14
Schulkameraden, Freunde	12	11	13	11	12
Lehrer	9	8	11	8	10
Geschwister	7	6	7	6	7
Andere Verwandte	5	5	5	5	5
Betrieblicher Ausbilder	5	5	4	6	4
Geistlicher, Pfarrer, Sozialarbeiter, Jugendpfleger	1	1	1	1	1
Andere Bekannte	6	6	6	7	6
Niemand hat mir besonders geholfen	33	36	29	31	34

Fragen: „Hatten Sie schon einen festen Berufswunsch, als Sie aus der Schule kamen, oder hatten Sie damals noch keine bestimmten Vorstellungen?"
„Und haben Sie Ihre Ausbildung in dem Beruf gemacht, den Sie sich gewünscht haben?"

Frage an Personen, die einen festen Berufswunsch hatten, aber ihre Ausbildung nicht in dem gewünschten Beruf machen konnten: „Warum ging das nicht?"

F		Dezember 1980			
	Ausgebildete			Berufe	
	Insgesamt	Männer	Frauen	Gewerb- liche	Kauf- männische
	%	%	%	%	%
Hatte festen Berufswunsch . . . . und erhielt entsprechende Ausbildung	66	65	67	66	66
– ja	34	37	30	34	33
– nein	32	28	37	32	33
Begründung:					
Ich habe keine Ausbildungsstelle gefunden . . .	23	19	27	24	22
Der Berufsberater hat mir abgeraten	4	3	5	4	4
Aus gesundheitlichen Gründen	3	3	2	2	3
Aus familiären Gründen	2	1	4	1	3
Ich habe die begonnene Ausbildung abgebrochen, da ich gesehen habe, daß ich für diesen Beruf nicht geeignet bin	1	2	1	2	1
Aus finanziellen/anderen Gründen	2	2	2	3	2
Hatte keine bestimmte Vorstellung	34	35	33	34	34
	100	100	100	100	100

ERWARTUNGEN

Frage: „Wenn Sie sich jetzt einmal erinnern, was Sie vor Beginn der Berufsausbildung von Ihrem Beruf erwartet haben?"

F	Dezember 1980
	Ausgebildete insgesamt %
Abwechslungsreiche Tätigkeit	85
Eine Ausbildung, die gute fachliche Kenntnisse vermittelt	82
Gute spätere Verdienstmöglichkeiten	65
Gesicherter Arbeitsplatz	64
Nette Arbeitskollegen	62
Ein Beruf, der Zukunft hat	59
Ein Beruf mit Aufgaben, die viel Verantwortungsbewußtsein erfordern	48
Ein Beruf, bei dem ich viel mit Menschen zu tun habe	44
Keine Schichtarbeit	43
Keine körperlich zu anstrengende Arbeit	30
Ein Beruf, der angesehen und geachtet ist	29
Ein Beruf, bei dem man etwas Nützliches für die Allgemeinheit tun kann	24

SCHWIERIGKEITEN

Frage: „Sicherlich gibt es im Laufe der Ausbildungszeit auch immer irgendwelche Schwierigkeiten. Können Sie sich an solche größeren oder kleineren Schwierigkeiten erinnern, die Sie selbst anfangs oder zwischendurch hatten? Hier ist einiges dazu aufgeschrieben". (L)

F	Dezember 1980
	Ausgebildete insgesamt %
Es gab Zeiten, wo ich mich unsicher und allein gelassen fühlte	37
Ich mußte zuviel Sachen tun, die mit meiner Ausbildung nichts zu tun hatten	34
Es hat zu lange gedauert, bis ich endlich einmal selbständig etwas machen durfte	27
Mein Vorgesetzter hat mich kaum gelobt	27
Ich hatte einen schwierigen Vorgesetzten, mit dem ich nicht gut zurecht kam	26
Es fiel mir schwer, mich an die geregelte Arbeitszeit zu gewöhnen	21
Ich kam mit älteren Kollegen nicht gut aus	9
Ich hatte lange das Gefühl, meiner Arbeit nicht gewachsen zu sein	9
Ich habe mich mit den anderen Auszubildenden nicht gut verstanden	4
Nichts davon	14

ANSPORN DURCH BENOTUNG

Frage: „Wurde Ihre Arbeit, Ihre Leistung im Ausbildungsbetrieb regelmäßig beurteilt, wurde Ihnen da etwas mitgeteilt?"

„Haben Sie diese Beurteilungen eher angespornt oder eher entmutigt, oder hatten die keinen Einfluß auf Ihre Leistungen?"

F   Dezember 1980

| | Ausgebildete | | | Berufe | |
| | Insgesamt | Männer | Frauen | Gewerbliche | Kaufmännische |
	%	%	%	%	%
Ja, Leistung wurde beurteilt	54	62	45	66	46
und das war –					
– Ansporn	32	36	28	39	27
– Entmutigung	3	3	3	4	3
– ohne Einfluß	19	23	14	23	16
Nein, keine Beurteilung	46	38	55	34	54
	100	100	100	100	100

ZUSÄTZLICHE FÄCHER GEWÜNSCHT

Frage: „Wenn es die Möglichkeit gäbe, neben der fachlichen Ausbildung noch andere Fachgebiete näher kennenzulernen, für welche der folgenden Gebiete hätten Sie sich dann noch interessiert?" (L)

F   Dezember 1980

| | Ausgebildete | | | Berufe | |
| | Insgesamt | Männer | Frauen | Gewerbliche | Kaufmännische |
	%	%	%	%	%
Fremdsprachen	40	32	49	26	49
Rechtskunde	33	32	34	23	40
Mathematik	28	32	24	31	27
Wirtschaft	26	28	25	15	34
Psychologie	26	25	27	17	31
Gesundheit	24	16	34	21	27
Politik	18	21	14	16	19
Physik	15	25	5	28	7
Biologie	15	12	18	16	14
Chemie	12	16	7	17	8
Andere Angabe	15	14	15	13	16
Keine Angabe	3	3	3	4	2

ERGÄNZEN SICH BETRIEB UND BERUFSSCHULE FÜR DIE AUSBILDUNG?

Frage: „War Ihre Ausbildung im Betrieb und auf der Berufsschule aufeinander abgestimmt, d. h. hat sich beides im allgemeinen gut ergänzt, oder war da oft kein Zusammenhang?"

F	Ausgebildete insgesamt	Berufe Gewerb- liche	Berufe Kauf- männische	Beschäftigte im Ausbildungsbetrieb 1–49	Beschäftigte im Ausbildungsbetrieb 50–199	Beschäftigte im Ausbildungsbetrieb 200–499	Beschäftigte im Ausbildungsbetrieb 500 u. mehr
	%	%	%	%	%	%	%
Gut ergänzt	15	23	10	9	12	16	24
Kein Zusammenhang .	37	30	41	42	44	33	28
Teils, teils	48	47	49	49	44	51	48
	100	100	100	100	100	100	100

Dezember 1980

GESELLSCHAFTSTHEMEN SIND WICHTIG

Frage: „Hat es während Ihrer Ausbildung im Betrieb Diskussionsveranstaltungen gegeben, bei denen gesellschaftliche Themen wie z. B. Rohstoffversorgung, Energieeinsparung, Umweltschutz, Humanisierung der Arbeitswelt und ähnliches behandelt wurden?"

Frage: „Einmal ganz allgemein gesprochen, finden Sie es wichtig oder nicht so wichtig, wenn in der Ausbildung auch solche Themen behandelt werden?"

F	Dezember 1980 Ausgebildete insgesamt %		F	Dezember 1980 Ausgebildete insgesamt %
Diskussionsveranstaltungen gab es –			Gesellschaftsthemen sind –	
Öfter	4			
Manchmal	11		Wichtig	64
Selten	16		Nicht so wichtig	19
Nie	69		Unentschieden	17
	100			100

Frage: „Die Anforderungen an einen Beruf können sich ja mit der Zeit ändern. Wenn Sie jetzt einmal an die Zukunft ihres Berufs denken, wie würden Sie da Ihre praktische Ausbildung beurteilen, – und wie beurteilen Sie Ihre theoretische Ausbildung?"

F	Praktische Ausbildung Ausgebildete insgesamt	Praktische Ausbildung Berufe Gewerb- liche	Praktische Ausbildung Berufe Kauf- männische	Theoretische Ausbildung Ausgebildete insgesamt	Theoretische Ausbildung Berufe Gewerb- liche	Theoretische Ausbildung Berufe Kauf- männische
	%	%	%	%	%	%
Sehr gut	13	14	12	10	10	10
Gut	43	44	43	45	50	42
Es geht	31	32	30	33	32	34
Nicht gut	10	8	11	11	8	12
Kein Urteil	3	2	4	1	×	2
	100	100	100	100	100	100

Dezember 1980

VERANTWORTUNG UND SELBSTÄNDIGKEIT

Frage: *„In der Ausbildungszeit kann man ja im Betrieb mehr lernen, als nur die Arbeit gut zu machen, sondern auch andere Dinge, die einen im Leben weiterbringen. Hier steht einiges aufgeschrieben. Kreuzen Sie bitte an, was davon auf Sie voll und ganz, teilweise oder gar nicht zutrifft".* (L)

F   November 1980

Ich habe gelernt –	voll und ganz %	teil- weise %	gar nicht %
für verschiedene Arbeiten selbst die Verantwortung zu übernehmen	62	33	5 = 100
selbständig zu arbeiten	62	31	7 = 100
einzuschätzen, was ich gut kann, und was mir weniger liegt	58	33	9 = 100
mit anderen zusammenzuarbeiten	55	35	10 = 100
mir selbst auch schwierigere Aufgaben zuzutrauen	45	43	12 = 100
auch Vorgesetzten gegenüber meine Meinung zu vertreten	35	51	14 = 100
mich durchzusetzen	29	51	20 = 100
erst im Umgang mit meinen Arbeitskollegen, mit anderen Menschen leicht Kontakt zu bekommen und mit ihnen umzugehen	29	47	24 = 100
vor einer größeren Gruppe meine Meinung zu sagen	22	44	34 = 100
mich für andere einzusetzen	26	48	26 = 100

IM AUSBILDUNGSBERUF TÄTIG

Frage: *„Sind Sie zur Zeit in dem Beruf tätig, in dem Sie ihre Ausbildung abgeschlossen haben?"*

F   Dezember 1980

	Ausgebildete Insgesamt %	Männer %	Frauen %	Berufe Gewerb- liche %	Kauf- männische %
Im Ausbildungsberuf tätig	69	59	82	67	72
Im gleichen Berufsfeld tätig	5	3	6	3	6
In einem anderen Berufsfeld tätig	6	5	6	3	7
Im Anschluß an die Ausbildung weiterer Bildungsgang	11	18	3	17	7
Zur Zeit Soldat, Zivildienstleistender, soziales Jahr	7	13	×	8	6
Zur Zeit arbeitslos	2	2	3	2	2
	100	100	100	100	100

DER ANFANG WAR SCHWER

Frage: „Wie war das eigentlich, als Sie von der Schule in den Ausbildungsbetrieb kamen: Wie haben Sie sich an Ihren Ausbildungsplatz, an die neue Umgebung und die neuen Aufgaben gewöhnt? Ist Ihnen das eher schwer oder eher leichtgefallen?"

F	Ausgebildete			Berufe	
	Insgesamt	Männer	Frauen	Gewerbliche	Kaufmännische
	%	%	%	%	%
Eher schwergefallen	29	25	33	26	31
Eher leichtgefallen	71	75	67	74	69
	100	100	100	100	100

ZUFRIEDENHEIT IM BERUF

Frage: „Wenn Sie noch einmal vor der Berufsentscheidung stünden: würden Sie sich dann wieder für den gleichen Beruf entscheiden, oder würden Sie einen anderen, aber ähnlichen Beruf wählen, oder würden Sie sich für einen ganz anderen Beruf entscheiden?"

F	Dezember 1980				
	Ausgebildete			Berufe	
	Insgesamt	Männer	Frauen	Gewerbliche	Kaufmännische
	%	%	%	%	%
Wieder den gleichen Beruf	40	41	38	43	37
Einen anderen, aber ähnlichen Beruf	23	24	21	19	25
Einen ganz anderen Beruf	26	24	30	25	27
Weiß nicht	11	11	11	13	11
	100	100	100	100	100

Frage: „Würden Sie sagen, daß Sie Ihre Arbeit voll und ganz befriedigt, oder nur zum Teil oder überhaupt nicht?"

F			Dezember 1980						
	Berufstätige insgesamt	Ausgebildete		Berufe		Beschäftigte im Ausbildungsbetrieb			
		Männer	Frauen	Gewerbliche	Kaufmänn.	1–49	50–199	200–499	500 u. mehr
	%	%	%	%	%	%	%	%	%
Voll und ganz . .	38	37	39	36	40	46	37	37	30
Zum Teil	56	56	57	58	54	51	56	54	63
Überhaupt nicht .	6	7	4	6	6	3	7	9	7
	100	100	100	100	100	100	100	100	100

3. UNIVERSITÄT

Frage: „*Interessieren Sie sich für Fragen, die die Universitäten betreffen?*"

Frage: „*Haben Sie von unseren Universitäten alles in allem eine gute oder keine gute Meinung?*"

Frage: „*Hat sich Ihre Meinung über die Universitäten hier in der Bundesrepublik in den letzten zehn Jahren verbessert oder verschlechtert, oder ist sie gleichgeblieben?*"

April 1979

Interessiert –	Ges. %	Meinung –	Ges. %	Meinung –	Ges. %
sehr	8	gut	32	verbessert	16
einigermaßen	25	nicht gut	26	verschlechtert	26
nicht besonders	35	Unentschieden	35	gleichgeblieben	34
Gar nicht, keine Antwort	32	Keine Angabe	7	Unentschieden	24
	100		100		100

ZU VIELE AKADEMIKER?

Frage: „*Ich möchte Ihnen jetzt noch einige Aussagen vorlesen, die man im Zusammenhang mit unseren Universitäten öfter hört. Könnten Sie mir bitte immer sagen, ob Sie zustimmen oder nicht zustimmen*".

A   April 1979

	Zustimmen %	Nicht zustimmen %	Unent- schieden %
So viele wie heute studieren, können später gar nicht als Akademiker unterkommen	78	7	15 = 100
An unseren Universitäten wird heute zuviel über Politik geredet	60	20	20 = 100
Viele Studenten machen sich auf Kosten der Steuerzahler ein bequemes Leben	56	25	19 = 100
Wenn Eltern ihre Kinder studieren lassen, müssen sie Angst haben, daß die Kinder sich völlig verändern, ihnen fremd werden	40	36	24 = 100
In unsere Universitäten wird zuviel Geld gesteckt, sie werden vom Staat zu sehr gefördert	32	39	29 = 100
Die Universitäten tragen wesentlich zum Wohlstand der Bundesrepublik bei	30	36	34 = 100
Der Staat soll den Universitäten mehr Freiheit lassen	19	54	27 = 100

DAS BILD VON DEN JUNGEN AKADEMIKERN

Frage: „Wenn Sie jetzt einmal an die jungen Leute denken, die studiert haben, die in den letzten Jahren ein Studium abgeschlossen haben. Sicher treffen diese Beschreibungen nicht auf jeden zu, aber welche von den Aussagen auf diesen Karten hier treffen wohl auf die meisten von ihnen zu?" (K)

POSITIVE BEURTEILUNG	1979 April %	NEGATIVE BEURTEILUNG	1979 April %
Haben eine umfassende Allgemeinbildung	58	Haben wenig Ahnung vom Berufsleben	48
Können gut reden	57	Stellen zu hohe Ansprüche	47
Haben gute Aufstiegschancen	52	Sprechen hochgestochen, benutzen zu viele Fremdwörter	44
Verdienen gut	49	Oft politisch radikal	43
In der Gesellschaft angesehen	44	Glauben, alles besser zu wissen	40
Sind vielseitig interessiert	43	Sehen auf andere, die nicht studiert haben, herab, sind überheblich	36
Haben eine fundierte Fachausbildung	40		
Sind für führende Stellungen geeignet	35	Versuchen, anderen ihre politische Ansicht aufzudrängen	29
Sind tüchtig, fleißig	21	Wollen sich nicht anstrengen	24
Tolerant, vorurteilsfrei	16	Weltfremd, schweben in den Wolken	21
Ehrlich, zuverlässig	15		
Setzen sich für das Allgemeinwohl besonders ein	11		

SELBSTEINSTUFUNG

Frage: „Auf dieser Liste sind verschiedene Personengruppen aufgeführt. Zu welchen dieser Gruppen würden Sie sich selbst auch zählen?" (L)

	Februar 1978 Studenten %	Dezember 1977 Bevölkerung insgesamt %	16- bis 29jährige %
Unabhängig im Denken	57	42	48
Liberale	44	23	22
Mittelstand	43	50	42
Optimisten	43	33	35
Fortschrittliche, Progressive	38	17	29
Intellektuelle	37	6	7
Aktive Bürger	28	22	22
Einfache Leute	18	42	36
Religiöse Menschen	15	22	9
Arbeiterklasse	9	25	23
Konservative	9	11	4
Arbeitnehmer	9	38	47
Erfolgreiche, Aufsteiger	8	5	5
Benachteiligte	7	9	9

STUDENT UND GESELLSCHAFT

Frage: „*Auf diese Kärtchen haben wir verschiedene Meinungen aufgeschrieben, die von Studenten in unseren Interviews geäußert wurden. Würden Sie diese Ansichten bitte einmal lesen und die Karten auf diese Liste verteilen, je nachdem, ob Sie zustimmen oder nicht zustimmen?*" (L)

G   Dezember 1978

Studenten

	voll und ganz %	Stimmt – teilweise %	nicht %
Wer heute studiert, muß sich Sorgen machen, daß er später auf der Straße sitzt und seine Berufswünsche nicht realisieren kann .	58	37	5 = 100
Die Einführung der Regelstudienzeit ist nichts anderes als ein Instrument zur Disziplinierung der Studenten	53	32	15 = 100
Insgesamt ist in unserer Demokratie ein großes Maß von Freiheit und Rechtssicherheit verwirklicht	52	35	13 = 100
Von den Parteien ist zuwenig Bereitschaft da, g e m e i n s a m eine Lösung für die brennenden Probleme, wie Terrorismus und Arbeitslosigkeit, zu finden	45	37	18 = 100
Politik richtet sich bei uns nach der Stärke der Interessenverbände und nicht nach dem als richtig und notwendig Erkannten . . .	44	45	11 = 100
Man muß heute in der Bundesrepublik aufpassen, was man sagt, weil man schnell als Sympathisant der Terroristen abgestempelt wird	43	34	23 = 100
Die Hochschulverfassung ist autoritär	41	42	17 = 100
Die Reform der Universität hat zu einer Verschulung des Studiums geführt. Für freie geistige Entfaltung ist an der Universität kein Platz mehr	37	43	20 = 100
Durch den Leistungsdruck an der Universität steht man dauernd unter Zwang und kann sich als Persönlichkeit kaum entfalten . .	35	48	17 = 100
Die zwischenmenschlichen Beziehungen sind an den Universitäten meist oberflächlich; man kann kaum Freundschaften schließen und ist in Gefahr zu vereinsamen	33	46	21 = 100
Die Schulen und Universitäten produzieren den Typ des Angepaßten, belohnen den Opportunisten und verhindern die Entfaltung des kritischen Bewußtseins	33	42	25 = 100
Die heutige Jugend ist kritisch und unabhängig. Wer behauptet, sie traue sich nicht, ihre Meinung zu sagen, kennt sie nicht	32	44	24 = 100
Man bekommt als Student von der übrigen Bevölkerung oft Ablehnung und Mißtrauen zu spüren	28	43	29 = 100
Das Grundgesetz wird bei uns zunehmend ausgehöhlt, es wird immer mehr im reaktionären und autoritären Sinne verfälscht . .	28	35	37 = 100
Klassenkonflikte werden in der Bundesrepublik nicht mehr ausgetragen, sondern totgeschwiegen	24	38	38 = 100

Fortsetzung

Fortsetzung

Dezember 1978

Studenten

	voll und ganz %	Stimmt – teilweise %	nicht %
Die deutsche Politik soll sich freimachen von westlicher Bevormundung	22	40	38 = 100
Regierung und Parlament vertreten nicht mehr die Interessen des Volkes	22	45	33 = 100
In den Parteien herrscht keine Demokratie	21	46	33 = 100
Freie und gleiche Diskussion wird in der Bundesrepublik nicht mehr geführt, echte Opposition nicht mehr geduldet	21	38	41 = 100
In den Parteien findet keine Diskussion mehr statt, weil die Leute an der Spitze es nicht zulassen, daß ihre Politik in Frage gestellt wird	17	51	32 = 10
Die Universität dient vor allem dem Verwertungsinteresse der Industrie	17	41	42 = 100
Im großen und ganzen kommen bei uns die besten Männer und Frauen an die Spitze in Parteien, Gewerkschaften und Industrie .	13	34	53 = 100
Es gibt in der Bundesrepublik keine Möglichkeit mehr, sich durch die Presse zuverlässig zu informieren	13	35	52 = 100

GRUPPIERUNGEN

Frage: „Gehören Sie irgendwelchen studentischen Gruppen, Verbindungen oder Interessengemeinschaften an, oder haben Sie irgendwelchen angehört?"

Frage: „Wie würden Sie Ihren eigenen politischen Standort beschreiben? Würden Sie sagen:"

G	1966 Studenten %	1978 Studenten %
Ja, politische Gruppe	6	14
studentische Verbindung .	11	6
konfessionelle Gruppe . . .	7	2
anderen studentischen Gruppen	3	2
Nie einer studentischen Gruppe angehört	73	76
	100	100

G	1978 Studenten %	1982 Studenten %
Weit links	9	9
Gemäßigt links	39	43
Mitte	36	30
Gemäßigt rechts bzw. gemäßigt konservativ	13	14
Weit rechts bzw. stark konservativ	1	2
Keine Angabe	2	2
	100	100

POLITISCHES INTERESSE

Frage: „Interessieren Sie sich für Politik?"

„Würden Sie sich gern irgendwie politisch betätigen, oder wäre das nichts für Sie?"

G	1978 Dez. Studenten %	G	1978 Dez. Studenten %
Es interessieren sich für Politik:		Politische Betätigung –	
Sehr	24	Wäre nichts für mich	43
Ziemlich	39	Würde ich gern	28
Etwas	31	Tue ich schon	18
Gar nicht	6	Unentschieden	11
	100		100

GEWALTANWENDUNG GEGEN SACHEN ODER PERSONEN

Frage: „Hier unterhalten sich drei darüber, ob man in bestimmten Situationen Gewalt anwenden kann. Welcher sagt am ehesten das, was auch Sie denken?" (B)

G	1978 Studenten %	1982 Studenten %
Ich meine, wenn es um die Durchsetzung wichtiger politischer Ziele geht, dann ist Gewalt gegenüber Sachen und Personen ein legitimes Mittel	8	7
Das geht mir zu weit. Gewalt gegenüber Personen ist auf keinen Fall zu rechtfertigen. Bei Gewalt gegenüber Sachen ist das anders; die halte ich in bestimmten Situationen durchaus für legitim	25	23
Ich lehne Gewalt gegen Sachen genauso ab wie gegen Personen. Kein politisches Ziel kann in meinen Augen eine Anwendung von Gewalt rechtfertigen	62	63
Unentschieden	5	7
	100	100

Frage: „Wenn Sie einmal alles zusammen nehmen – das Materielle und das Kulturelle, das Politische und das Private –: sind Sie zufrieden, in der Bundesrepublik zu leben, oder glauben Sie, daß das Leben in einem anderen Land besser wäre?"

G	1966 Studenten %	1978 Studenten %	1982 Studenten %
Zufrieden, in der Bundesrepublik zu leben	63	64	54
Leben in einem anderen Land wäre besser	22	15	18
Unentschieden	15	21	28
	100	100	100

BERUFSZIEL

Frage: „Haben Sie bereits ein Berufsziel, ich meine, wissen Sie schon, was Sie werden wollen?"

G   Dezember 1978
                                     Studenten
                                         %

Ja, genauere Vorstellungen .	48
Ja, ungefähre	45
Nein, gar keine	7
	100

SCHWIERIGKEITEN

Frage: „Glauben Sie, daß Sie nach Abschluß Ihres Studiums es eher leicht oder eher schwer haben werden, eine Stellung zu finden, die Ihren Wünschen entspricht?"

G   Dezember 1978
                                     Studenten
                                         %

Eher schwer	61
Eher leicht	24
Unmöglich zu sagen	15
	100

SCHWEDEN ALS VORBILD

Frage: „Gibt es irgendwelche Länder, von denen Sie meinen, sie könnten für die Bundesrepublik gesellschaftspolitisch ein Vorbild sein?" (L)

G   Dezember 1978
                                     Studenten
                                         %

Schweden	37
Holland	17
Schweiz	17
USA	7
Frankreich	7
England	6
China	6
Jugoslawien	5
Japan	2
DDR	2
Sowjetunion	2
Albanien, Brasilien, Südafrika	1
Nein, kein Land	32
Unentschieden	10

ARBEITSLOS?

Frage: „Rechnen Sie damit, daß Sie nach dem Studium eine Zeitlang arbeitslos sein werden, oder glauben Sie nicht?"

G   Dezember 1978
                                     Studenten
                                         %

Rechne nicht mit Arbeitslosigkeit	42
Rechne damit	39
Unmöglich zu sagen	19
	100

KONTAKT MIT PROFESSOREN

Frage: „Kommen Sie öfter dazu, Angelegenheiten, die Ihr Studium betreffen, mit Ihren Professoren persönlich zu besprechen?"

G   Dezember 1978
                                     Studenten
                                         %

Oft	9
Hin und wieder	28
Selten	37
Nie	26
	100

ANSICHTEN ZUR LAGE DER FORSCHUNG AN HOCHSCHULEN

Frage an Hochschullehrer: *„Auf diesen Karten steht einiges, was Hochschullehrer über ihr eigenes Fachgebiet gesagt haben. Könnten Sie bitte alle Karten heraussuchen, die auch auf die Situation in Ihrem Fach zutreffen?"* (K)

Aussagen: *„Unser Fach hat in den letzten 10 Jahren in Deutschland große Fortschritte gemacht"*
„Hier in der Bundesrepublik hat die Forschung meines Faches keine Chancen, mit ausländischen Entwicklungen zu konkurrieren. Wir sind in eine aussichtslose Randlage geraten"

„In den letzten beiden Jahren wurde das Geld für die Hochschulen außerordentlich gekürzt. Hat sich daraus für die Forschung in Ihrem Fach schon größerer Schaden ergeben?"

„Zuviel Studenten im Verhältnis zum vorhandenen Lehrpersonal"

H   Wintersemester 1976/77

Zustimmende Aussagen bezüglich –

	Fortschritt in Deutschland	Konkurrenz mit Ausland	Schaden infolge Mittel- kürzung	Zuviel Studenten
	%	%	%	%
Professoren insgesamt	51	10	45	44
Professoren folgender Fächer:				
Werkstoff- und Verfahrenstechnik	67	4	49	9
Physik	66	5	39	14
Elektro-Technik, Informatik	64	6	42	49
Klinische Medizin	62	18	51	57
Architektur, Raumordnung, Vermessungswesen	62	15	48	62
Erziehungswissenschaften	61	7	52	71
Politische Wissenschaft, Publizistik	60	4	56	51
Biowissenschaften	58	8	43	47
Bauingenieurwesen	57	×	33	39
Theoretische Medizin	57	12	41	55
Agrarwissenschaften	56	10	52	23
Wirtschaftswissenschaften	56	15	45	52
Psychologie	55	24	45	73
Maschinenbau und allgemeine Ingenieurwissenschaften	55	7	36	21
Chemie	52	6	42	20
Geowissenschaften	51	9	28	41
Orientalistik	49	8	45	8
Soziologie, Ethnologie	49	20	58	58
Mathematik	48	8	34	47
Geographie	43	9	43	68
Archäologie und Kunstwissenschaften	39	19	48	49
Geschichte	36	13	46	29
Germanistik, Romanistik, Anglistik	33	8	56	69
Theologie	32	7	44	9
Kleine philologische Fächer	30	11	48	31
Philosophie	27	12	42	47
Jura	20	6	47	63

WAS GEHÖRT ZUR FORSCHUNG?

Frage: „Als Hochschullehrer hat man sehr unterschiedliche Tätigkeiten auszuüben. Könnten
Sie nach dieser Liste sagen, was davon nach Ihrer Meinung zur Forschung gehört?" (L)

H	Wintersemester 1976/77 Professoren %
Einen Aufsatz über eigene Forschungsergebnisse schreiben .	83
Mit dem Doktoranden über seine Arbeit sprechen	82
Fachliteratur lesen	79
Gedankenaustausch mit Kollegen	78
Eine neue Idee formulieren	77
Wissenschaftlichen Gedanken nachhängen	72
Empirische Befunde auswerten und interpretieren	69
Eine These empirisch untersuchen	63
Durch eine empirische Untersuchung eine weitverbreitete Annahme bestätigen oder widerlegen	62
Literaturbericht lesen, um zu sehen, was es Neues gibt	60
Sich Gedanken über eine neue Versuchsanordnung machen .	58
Eine These im Literaturstudium überprüfen	53
Einen Bericht über den Stand der Forschung schreiben . . .	50
Eine Dissertation begutachten	42
Einen Antrag für eine Untersuchung formulieren	32
Eine Vorlesung vorbereiten	27
Ein Lehrbuch schreiben	27
Ein Gutachten verfassen	24

BEDINGUNGEN FÜR FORSCHUNG

Frage: „Hier sind einige Ansichten zur Lage der Forschung an den Hochschulen – welchen würden Sie zustimmen?" (L)

H   Wintersemester 1976/77

	Professoren	Assistenten/ wissenschaftl. Mitarbeiter	Doktoranden
	%	%	%
Wenn die Hochschullehrer nicht mehr zugleich Forscher sind, wird die Lehre steril	92	77	67
Die Belastung durch Lehre und Selbstverwaltung ist so gestiegen, daß intensive Forschungsarbeit an der Hochschule vielfach nicht mehr möglich ist	73	63	49
Der enge Kontakt mit den Studenten ist ein belebendes Element, das sich auch für die Forschung anregend auswirkt	61	50	46
Die Idee der Universität, Wissenschaftler sehr unterschiedlicher Disziplinen zu vereinen, schafft besonders gute Voraussetzungen für die Entwicklung der Forschung	56	50	52
Die gegenwärtigen Hochschulstrukturen erlauben nicht mehr, daß der fähigste Wissenschaftler die Führungsrolle in der Forschung übernimmt	33	31	35
Wegen der Politisierung ist an den Hochschulen wertfreie Forschung kaum noch möglich	13	11	13
Die besseren Chancen in der Wirtschaft machen es unmöglich, hochqualifizierte Mitarbeiter an der Hochschule zu halten oder für die Hochschulforschung zu gewinnen	10	12	14
Die Strukturveränderungen der letzten Jahre haben eine Verbesserung der Bedingungen für Forschung an den Hochschulen gebracht, es muß sich alles nur etwas einlaufen	9	9	7

ERKENNTNISSE UND INTERESSE

Frage: „Es wird häufig die Frage gestellt, wem oder wozu die Ergebnisse von Forschung nützen sollen. Diese Frage stellt sich natürlich unterschiedlich, je nach der Art von Forschung, die man macht. Wem oder wozu sollen Ihre eigenen Forschungsergebnisse hauptsächlich dienen? Woran denken Sie in erster Linie bei Ihrer Forschung, und was haben Sie weniger oder gar nicht vor Augen? Könnten Sie diese Karten bitte entsprechend auf dieses Blatt verteilen?" (K)

H   Wintersemester 1976/77

Daran denken bei ihrer Forschung „in erster Linie/häufig:"	Professoren %	Assistenten/ wissenschaftl. Mitarbeiter %	Doktoranden %
Einen bisher nicht verstandenen Zusammenhang mit Hilfe einer neuen Erkenntnis besser erklärbar machen	81	77	71
Um Forschungsprobleme mit Hilfe einer neuen Methode besser in den Griff zu bekommen und aussagekräftige Ergebnisse zu erzielen	65	68	58
Eine Erweiterung des Bewußtseins der Menschen von sich selbst, ihrer Umgebung, ihrer Geschichte, Kunst und Kultur	35	34	31
Die bessere Bekämpfung von Krankheiten	21	20	26
Verbesserung im Erziehungs- und Bildungswesen ..	19	21	14
Lebenshilfe, Zusammenleben der Menschen	17	17	20
Entscheidungshilfe für Wirtschaft und Verwaltung .	15	15	16
Verminderung der Abhängigkeit einzelner Menschen von der Willkür anderer	15	18	16
Etwas gegen die Zerstörung unseres Lebensraums durch die Zivilisation tun	15	16	17
Wirtschaftlich verwertbare neue Verfahren, Werkstoffe, Produkte	15	17	18
Verbesserung für sozial benachteiligte Gruppen ...	14	17	16
Entscheidungshilfe für Politiker	13	12	11
Den Einfluß der Wissenschaft auf Staat und Gesellschaft stärken	11	9	9
Probleme der Entwicklungsländer	10	8	11
Gesündere und bessere Ernährung	7	7	10
Die Erhaltung des Friedens	7	7	9
Verbesserung militärischer Einrichtungen	1	1	1

HEMMNISSE

Frage: „Es gibt in der heutigen Situation der Hochschule vielerlei Hemmnisse, die Forschung erschweren können. Hier steht verschiedenes, was wir von anderen Hochschulwissenschaftlern gehört habe. Was davon trifft auch für Ihre Situation zu?" (K)

H	Wintersemester 1976/77 Professoren %
Zur Forschung gehört auch schöpferische Muße. Die fehlt	57
Aus dem Institutsetat, Universitätsetat gibt es zur Zeit zuwenig oder keine Forschungsmittel	57
Die Lehrverpflichtungen sind so gestiegen, daß man heute kaum noch zur Forschung kommt	49
Ich bin momentan durch Selbstverwaltung neben den Lehrverpflichtungen so überlastet, daß ich kaum noch zur Forschung komme	38
Stellen für Mitarbeiter sind gestrichen worden	38
Die Genehmigung von Personalstellen dauert oft so lange, daß gute Mitarbeiter, die man in Aussicht hat, bis dahin längst woanders sind	34
Die Einflußnahme der Universitätsverwaltung (Hochschulverwaltung) hemmt die Arbeit	33
Man bekommt kaum gute Leute für Forschung, weil die Stellen auf zu kurze Zeit befristet sind	33
Mit fehlt bei dem ganzen Betrieb einfach die Zeit, mich auf eine lohnende Forschungsarbeit zu konzentrieren	33
Es ist oft schwer, geeignete Mitarbeiter zu finden	33
Wenn man bei der DFG oder anderen Geldgebern Mittel für ein Projekt haben will, muß man die Ergebnisse im Grunde schon vorher angeben können, sonst wird der Antrag abgelehnt	21
Zur Zeit ist es fast aussichtslos, Forschungsmittel zu bekommen. Es lohnt sich kaum Anträge zu stellen	19
Wir haben keine geeigneten Räume für Mitarbeiter und Forschungseinrichtungen	18
Hier an der Universität habe ich nicht die kompetenten Gesprächspartner, die ich für meine Forschung brauche	17
Man verliert die Lust an der Forschung angesichts der 40-Stunden-Mentalität mancher Mitarbeiter	17
Wir stehen ganz am Anfang. Unser Institut, unser Labor ist noch im Aufbau	13
In der BRD hat die Forschung meines Faches keine Chancen, mit ausländischen Entwicklungen zu konkurrieren. Wir sind in eine aussichtslose Randlage geraten	10
Als Forscher ist man heute durch staatliche Planung und zu starken staatlichen Einfluß auf die Auswahl der Forschungsthemen eingeengt	9
Für meine Arbeiten käme als Geldgeber praktisch nur die DFG in Frage. Aber ich weiß schon im voraus, daß ich dort meinen Antrag nicht durchbringe, weil meine Richtung dort nicht gefragt ist	8
Mit macht die Arbeit mit Studenten mehr Spaß. Ich sehe darin zur Zeit die wichtigere Aufgabe	7
Hier in meiner Umgebung ist die Stimmung ausgesprochen forschungsfeindlich	6
Wenn ich etwas anfangen wollte, brauchte ich Mitarbeiter. Die würden aber später keine Stelle mehr finden. Also lasse ich die Forschung sein	6
Der ganze Forschungsbetrieb dient heute doch nur der Karriere der Leute, die das machen. Das stößt mich ab. Mir fehlt im Augenblick eine gute Forschungsidee	2
Ich sehe keinen praktischen Nutzen in der weiteren Forschung in meinem Fach; und nur für bedrucktes Papier zu arbeiten, liegt mir nicht	1

FÖRDERER DER WISSENSCHAFT

Frage: „*Welche Bedeutung messen Sie den hier aufgeführten Institutionen für die For-schungsförderung in Ihrem Fach bei. Würden Sie die Karten bitte entsprechend auf diese Liste verteilen?*" (K)

H   Wintersemester 1976/77

	Professoren	Assistenten/ wissenschaftl. Mitarbeiter	Doktoranden
Es halten für sehr wichtig:	%	%	%
Deutsche Forschungsgemeinschaft	95	91	78
Stiftung Volkswagenwerk	62	51	33
Max-Planck-Gesellschaft	46	43	48
Bundesministerium für Forschung und Technologie	36	35	34
Bundesministerium für Bildung und Wissenschaft	27	37	37
Stifterverband für die Deutsche Wissenschaft	23	10	6
Gesellschaft der Freunde und Förderer der Universität, des Instituts	22	15	10
Internationale Organisationen (z. B. UNESCO, OECD, NATO usw.)	18	18	18
Fritz Thyssen Stiftung	15	8	4
Fraunhofer-Gesellschaft	11	10	8
Landesamt für Forschungsförderung	8	6	4
Friedrich-Ebert-Stiftung	8	9	10
Arbeitsgemeinschaft Industrieller Forschungsvereinigungen	6	4	2
Konrad-Adenauer-Stiftung	5	5	7
Stiftung Mitbestimmung	4	6	6
Friedrich-Naumann-Stiftung	4	4	4
Bosch Stiftung	2	2	2

KARRIERE-VORSTELLUNGEN

Frage: *„Jetzt zu den Unterschieden zwischen einer Laufbahn an der Hochschule und außerhalb der Hochschule. Könnten Sie diese Karten hier verteilen, je nachdem, ob diese Aussagen in Ihrem Fach besser zur Laufbahn an der Hochschule oder besser zur Laufbahn außerhalb der Hochschule passen"* (K, L)

H   Wintersemester 1976/77

Professoren

	Paßt besser zur Laufbahn –	
	an der Hochschule %	außerhalb der Hochschule %
Große Freiheit in der Auswahl der eigenen Aufgaben und Arbeitsgebiete	86	2
Weitgehende Freiheit in der Einteilung seiner Arbeitszeit	79	3
Vielfältige Anregungen für die eigene geistige Weiterentwicklung	75	2
Gute Selbstverwirklichungsmöglichkeiten, Entfaltung der eigenen Interessen, Neigungen	72	4
Vielseitiges, interessantes Arbeitsfeld	59	4
Sicherer Arbeitsplatz, geringe Entlassungsgefahr	54	7
Viel eigene Entscheidungskompetenz	53	13
Langfristig gesichertes Einkommen	50	6
Hohes Ansehen in der Gesellschaft	39	5
Sinnvolle Lebensaufgabe	38	3
Angenehmes Arbeitsklima	35	8
Hohe Leistungsanforderungen und -erwartungen	35	13
Gute Sozialleistungen und Vergünstigungen	33	11
Tätigkeit frei von politischen Erwägungen und Zwängen	30	15
Viele Möglichkeiten für Nebentätigkeiten	29	11
Möglichkeit zur Konzentration auf das Wesentliche, geringe Belastung durch sachfremde Aufgaben	27	20
Nutzen der eigenen Arbeit für die Gesellschaft	26	8
Große Anforderungen an das persönliche Durchsetzungsvermögen	21	32
Gute Arbeitsvoraussetzungen, gute Ausstattung mit Mitarbeitern und Sachmitteln	21	33
Starker Konkurrenzdruck unter den Mitarbeitern	20	31
Gutes Sprungbrett für weitere Karriere	19	22
Wirkliche Leistung wird anerkannt und honoriert	17	25
Geringe Bürokratisierung	13	28
Strenge Leistungskontrolle	13	37
Wenig Streß	10	7
Hohes Einkommen	8	44
Anwendung moderner Planungs- und Organisationstechniken	7	48
Keine Festlegung für lange Zeit, leichte Möglichkeit, in andere Berufe zu wechseln	5	26
Rasche Aufstiegsmöglichkeiten	4	36
Gute Aussichten auf regelmäßige Beförderung	4	29
Viele attraktive Stellenangebote	4	24

G. GESUNDHEIT UND GESUNDHEITSWESEN

Frage: „Wie würden Sie im großen und ganzen Ihren Gesundheitszustand beschreiben?"

	1955 Aug. %	1963 Nov. %	1973 Febr. %	1980 Jan. %	1982 Febr. %
Sehr gut	18	17	19	20	19
Ziemlich gut	31	37	42	41	41
Es geht	40	38	33	33	34
Ziemlich schlecht	9	7	4	5	5
Sehr schlecht	2	1	2	1	1
	100	100	100	100	100

WENIGER FRÜHAUFSTEHER

Frage: „Es ist ja so, daß man meist nicht jeden Tag zu genau derselben Zeit aufsteht. Könnten Sie mir sagen, um wieviel Uhr Sie heute früh aufgestanden sind?"

A   Werktage Montag bis einschließlich Freitag

	1962 Gesamtbev. %	1978 %	1962 Berufstätige %	1978 %	1962 Nichtberufstätige %	1978 %
Vor 6.00 Uhr	26	15	33	20	16	13
6.00–6.29	22	20	26	22	16	14
6.30–6.59	16	18	15	19	17	14
7.00–7.29	14	16	10	13	20	15
7.30–8.29	13	18	8	13	22	15
8.30 und später	9	13	8	13	9	29
	100	100	100	100	100	100

SCHLAF

Frage: „*Fühlen Sie sich zur Zeit im allgemeinen gut ausgeschlafen, oder haben Sie häufig das Gefühl, daß Sie nicht genug Schlaf bekommen?*"

	1963 %	1977 %	1978 %	1979 %
Gut ausge-schlafen	40	44	43	43
Es geht	32	30	31	30
Nicht genug Schlaf	28	26	26	27
	100	100	100	100

Frage: „*Wie oft nehmen Sie zur Zeit Schlafmittel ein, würden Sie sagen...*"

	Dezember 1982	
	Männer %	Frauen %
„täglich"	1	3
„mehrmals in der Woche"	3	5
„etwa einmal in der Woche"	2	5
„seltener"	12	19
„nie"	82	68
	100	100

BRILLENTRÄGER

C

	Es tragen eine Brille %	Frühjahr 1982 und zwar –		Es tragen keine Brille %
		ständig %	gelegentlich %	
Bevölkerung insgesamt	54	28	26	46
Männer	49	28	21	51
Frauen	59	28	31	41
ALTERSGRUPPEN				
14–19 Jahre	21	12	9	79
20–29 Jahre	29	16	13	71
30–39 Jahre	36	18	18	64
40–49 Jahre	50	22	28	50
50–59 Jahre	75	32	43	25
60–69 Jahre	89	47	42	11
70 Jahre und älter	92	56	36	8

DIE ERSTEN, ZWEITEN, DRITTEN ZÄHNE

Frage: „*Gehen Sie übrigens in regelmäßigen Abständen zum Zahnarzt oder eigentlich erst dann, wenn's weh tut?*"

	1979 Okt. %
Regelmäßig	36
Wenn es weh tut	34
Ganz verschieden	15
Habe schon die Dritten Zähne	15
	100

ANGST VOR DEM KRANKWERDEN

Frage: „*Manche Menschen haben zum Beispiel Angst vor einer drohenden Krankheit. Haben Sie auch häufig oder manchmal Angst, krank zu werden, oder machen Sie sich darüber keine Sorgen?*"

	Dezember 1978		
	Ges. %	Männer %	Frauen %
Häufig Angst	11	6	15
Manchmal Angst	42	39	46
Keine Sorgen	43	51	36
Unentschieden	4	4	3
	100	100	100

HERZ- UND KREISLAUFBESCHWERDEN

Frage: „Bei der heutigen Hast und Unruhe ist es kein Wunder, wenn die Gesundheit darunter leidet.
Könnten Sie mir nach dieser Liste sagen, ob auch Sie unter irgend etwas davon manchmal oder
häufig leiden?" (L)

	Ges.	Männer	Frauen	Oktober 1979 Altersgruppen 16–29	30–44	45–59	60 u.ä.
	%	%	%	%	%	%	%
Herz- und Kreislaufbeschwerden	37	31	43	24	27	44	55
Magen- oder Darmbeschwerden	23	20	26	21	22	27	23
Übergewicht	20	19	22	11	24	26	18
Leber-, Nieren-, Gallenbeschwerden . .	14	11	17	7	13	17	19
Eisenmangel	9	3	14	8	9	9	9
Diabetes	5	4	6	1	2	5	13
Gicht	5	5	4	1	2	4	11
Nichts davon	35	41	30	53	39	28	22

REZEPTFREIE HEILMITTEL

Frage: „Es gibt ja eine ganze Reihe von Medikamenten und Heilmitteln, die man ohne Rezept, also
ohne ärztliche Verschreibung kaufen kann. Was von dieser Liste hier haben Sie persönlich in den
letzten drei Monaten verbraucht oder verwendet, was nicht vom Arzt verschrieben war?" (L)

C	1978 %	1980 %	1982 %
Mittel gegen Zahnschmerzen, Kopfschmerzen	25	22	23
Fußpflegemittel	–	–	14
Mittel gegen Schnupfen	11	12	12
Vitamintabletten oder Vitaminbrausetabletten	9	10	12
Mittel gegen Halsschmerzen	11	10	11
Mittel zur Desinfektion von Mund und Rachen	11	9	10
Hustensaft, Hustentropfen	9	10	10
Verdauungsregulierende Mittel	9	10	9
Mittel gegen Nervosität, zur Beruhigung	5	7	7
Einreibemittel zum Vorbeugen gegen Sportverletzungen	–	–	6
Mittel gegen Ischias, Rheuma, Gelenkschmerzen	4	6	6
Mittel gegen Pickel, Akne, Mitesser	4	5	6
Herz- und Kreislaufmittel	5	7	5
Mittel gegen Magen- und Gallenbeschwerden	4	5	5
Schlankheitsmittel	3	3	3
Stärkungsmittel	2	4	3
Mittel gegen Hautausschlag, Allergie	–	3	3
Salben, Dragees zur Pflege der Venen	2	3	3
Mittel gegen vorzeitige Alterserscheinungen	2	3	3
Nichts davon verwendet in den letzten drei Monaten	40	44	42

NATURHEILMITTEL

Frage: „Was halten Sie ganz allgemein von Naturheilmitteln (in der Medizin)? Halten Sie persönlich Naturheilmittel für wirksam oder nicht für wirksam?"

	1970 %	1975 %	1980 %	1982 %
Wirksam	45	47	44	41
Teils, teils, unentschieden	34	37	38	42
Nicht wirksam	7	5	8	7
Kein Urteil	14	11	10	10
	100	100	100	100

HAUSMITTEL

Frage: „Manchmal genügt es ja, daß man sich mit irgendeinem Hausmittel behandelt und gar nicht erst zum Arzt geht. Hier sind verschiedene Hausmittel aufgeschrieben. Welche davon kennen Sie, von welchen haben Sie schon einmal gehört? Legen Sie die Karten bitte heraus." (K)
„Und welche davon halten Sie für gut – ich meine: Bei welchen kann man sich meist darauf verlassen, daß es hilft?" (K)

November 1981

	Davon gehört %	Halte ich für gut %
Gegen eine Beule mit der Messerklinge drücken	69	51
Katzenfell bei Rheuma oder Ischias	67	42
Lindenblütentee zum Schwitzen	65	55
Essigwickel gegen Fieber	52	38
Bei Halsschmerzen getragenen Wollstrumpf um den Hals wickeln	49	28
Bei Rheuma von Brennesseln oder Ameisen beißen lassen	45	17
Arnika zur Wundbehandlung	38	29
Warzen besprechen lassen	34	8
Bei Zahnschmerzen heiße Kartoffel im Leinenbeutel auf die Backe	32	12
Löwenzahn-Milch oder Wolfsmilch auf die Warzen tun	29	9
Kastanien in der Tasche gegen Rheuma	29	6
Bei Nasenbluten Schlüsselbund in den Nacken	27	15
Ohrringe bei kleinen Kindern gut für Zähne und Augen	20	5
Quark auf offene Beine	18	8
Hundefett gegen Tuberkulose	17	6
Bei Leibschmerzen heiße Gerste oder Weizen im Leinenbeutel	16	8
Rote Waldschnecke über Warzen laufen lassen	15	3
Quarzsteine oder Kupferdraht gegen Erdstrahlen	13	3
Bei Schlaflosigkeit Farnkraut unter das Kopfkissen legen	10	3
Kuhmist auf Furunkel	10	2
Pferdefett gegen Haarausfall	7	2
Kenne keines davon bzw. nichtbefragte Restgruppe	8	8

SCHON KRANK GEWESEN

Frage: „Wie oft sind Sie bisher in Ihrem Leben ernsthaft krank gewesen? Noch gar nicht, oder nur ein-, zweimal, oder schon öfter, oder sogar sehr oft?"

Krank gewesen –	Bev. insg. %	Männer %	Frauen %	Altersgruppen 16–29 %	30–44 %	45–59 %	60 u.ä. %
noch gar nicht	38	42	36	56	49	29	17
ein-, zweimal	41	40	41	35	40	45	43
schon öfter	18	16	20	8	10	22	34
sehr oft	3	2	3	1	1	4	6
	100	100	100	100	100	100	100

Oktober 1979

DIE ÄRZTE

Frage: „Auf dieser Liste steht verschiedenes, was man über Ärzte manchmal hören kann. Würden Sie das bitte einmal lesen und mir sagen, wo Sie zustimmen, was Sie auch sagen würden? Sie können mehreres nennen." (L)

	1977 Febr. %
POSITIVE AUSSAGEN	
Die Ärzte haben heute in der Regel eine technisch hervorragend ausgestattete Praxis	58
Man kann Vertrauen haben, daß sie ihre ärztliche Kunst verstehen	48
Opfern sich für ihre Patienten auf, haben einen schweren Beruf, lange Arbeitstage, Nachtdienst	47
Verstehen es, den Menschen Mut zu machen und wissen, wie man auf Patienten eingehen muß	33
Bilden sich medizinisch laufend weiter, halten ihr Wissen immer auf dem neuesten Stand	28
Verantwortungsbewußt, lassen nicht locker, prüfen jede Möglichkeit, wie sie den Patienten helfen können	27

NEGATIVE AUSSAGEN	
Die meisten Ärzte behandeln ihre Patienten zu oberflächlich, nehmen sich nicht genügend Zeit für den einzelnen	54
Sind häufig nur daran interessiert, an Patienten möglichst viel zu verdienen	39
Wenn man dringend einen Arzt braucht, ist er meist nicht zu erreichen	32
Untersuchen und behandeln ihre Patienten viel zu sehr mit technischen Geräten. Der persönliche Kontakt zwischen Arzt und Patient geht dabei verloren	28
Um Patienten nicht an andere Ärzte zu verlieren, sind sie bereit, alles zu verschreiben, was die Leute haben wollen	25
Überheblich, herablassend, lassen es einen richtig spüren, daß man ihnen im Grunde hilflos ausgeliefert ist	16

VERDIENST

ANSEHEN ...

Frage: „Haben Sie von den Ärzten im großen und ganzen eine gute oder keine gute Meinung?"

Frage: „Ein Arzt verdient heute im Durchschnitt fünfmal soviel wie ein Facharbeiter. Meinen Sie, dieser Unterschied ist alles in allem in Ordnung, oder sollte das geändert werden?"

	1977 Febr. %
Gute Meinung	55
Keine gute Meinung	14
Unentschieden, teils, teils	31
	100

	1977 Febr. %
Ist in Ordnung	26
Sollte geändert werden	58
Unentschieden	16
	100

GÖTTER IN WEISS

Frage: „Wenn jemand von ,Göttern in Weiß' spricht: Was glauben Sie, was damit gemeint ist?" (O)

„Man hört ja manchmal, daß Ärzte unnötige Operationen durchführen, um damit Geld zu verdienen. Glauben Sie, das sind Einzelfälle, oder denken Sie, das kommt häufiger vor?"

A	1982 März %
Ärzte, Mediziner	64
Andere Angaben	5
Weiß nicht	33
	102

	1982 März %
Sind Einzelfälle	47
Kommt häufiger vor	28
Kommt drauf an	10
Unmöglich zu sagen	15
	100

PATIENTEN IM KRANKENHAUS

Frage: „Haben Sie schon einmal im Krankenhaus gelegen?"

	1958 %	1970 %	1977 %	Die Befragten lagen in –	1970 %	1977 %
Ja, einmal	29	26	21	staatlichem Krankenhaus	64	65
zweimal	14	17	18	Krankenhaus der Kirche oder		
öfter	21	31	37	Wohlfahrtsverbänden	28	27
Nein, noch nie	36	26	24	privaten Krankenhäusern	6	6
				Andere/keine Angaben	2	2
	100	100	100		100	100

GRAD DER ERKRANKUNG

Frage: „Wie schwer waren Sie erkrankt, könnten Sie es mir nach dieser Liste sagen?" (L)

November 1977

Krankenhauspatienten in den letzten 10 Jahren

	Insges. %	Männer %	Frauen %	16–29 %	30–44 %	45–59 %	60 u.ä. %
				Altersgruppen			
Es war ein leichter Fall	30	36	26	45	32	24	19
Ich war ernsthaft krank. aber nicht schwerkrank	27	27	26	21	20	26	41
Ich lag auf der Intensivstation	10	12	9	5	8	13	15
Ich war schwer krank, aber nicht in Lebensgefahr	9	10	8	2	6	15	12
Ich war nur zur Beobachtung im Krankenhaus	5	5	5	5	5	5	4
Es bestand Lebensgefahr	4	5	4	3	3	6	5
Ich hatte eine Geburt	11	–	18	16	21	6	–
Keine Angabe	4	5	4	3	5	5	4
	100	100	100	100	100	100	100

DIE KRANKENHÄUSER

Frage: *„Hier auf den Karten steht verschiedenes, was man über Krankenhäuser sagen kann. Was davon trifft Ihrer Meinung nach auf unsere heutigen Krankenhäuser zu, ich meine nach dem, was Sie darüber wissen oder gehört haben?"* (K)

	1970 %	1977 %
POSITIVE ANSICHTEN:		
Hilfsbereite Schwestern	56	62
Modernste medizinisch-technische Einrichtung	32	61
Sehr sauber	50	58
Gutes Essen	42	44
Freundliche, nett eingerichtete Krankenzimmer	32	37
Besonders gute Ärzte	26	35
Schöne Parkanlagen	30	35
Im Haus ist alles ruhig, man hört wenig Geräusche	25	32
Genügend Platz in den Zimmern	18	30
NEGATIVE ANSICHTEN:		
Die Chefärzte haben zuwenig Zeit für die Kranken	54	68
Die Ärzte haben zuwenig Zeit für den einzelnen Patienten	57	67
Zuwenig Schwestern	70	43
Ganz strenge Regelung der Besuchszeit	48	43
Manchmal werden dort Leute ganz falsch behandelt	33	43
Zuviel Patienten in einem Raum	46	42
Meistens überfüllt, überbelegt	55	42
Kalt und nüchtern eingerichtet	26	41
Massenbetrieb, man ist nur eine Nummer	34	41
Zuwenig Ärzte, Fachärzte	59	41
Zuwenig Toiletten, liegen zu weit von den Zimmern weg	24	32
Unzureichende Waschgelegenheiten	21	25
Zu viele Ausländer als Ärzte	16	25
Ärzte, die fachlich nicht auf dem neuesten Stand sind	13	19
Häßliche Zimmer	12	17
Herzlose, abgebrühte Schwestern	13	16
Veraltet, rückständig organisiert	17	13

LÄNGER ALS NÖTIG AUF STATION?

Frage: *„Manche Leute sagen, daß man länger im Krankenhaus festgehalten wird als nötig. Andere wieder sagen, man wird zu schnell entlassen. Wie ging es Ihnen?"*

	November 1977			
	Gerade richtig entlassen %	Länger festgehalten als nötig %	Zu schnell entlassen %	Weiß nicht mehr %
Krankenhaus-Patienten in den letzten 2 Jahren insgesamt	68	17	12	3 = 100

GROSS UND STAATLICH?

Frage: „Die Krankenhäuser kann man ja nach diesen drei Gruppen einteilen. Wenn sie die Wahl hätten, in was für eins würden Sie am ehesten gehen?" (B)

	1970 %	1977 %
Staatliche Krankenhäuser	48	47
Private Krankenhäuser	18	16
Krankenhäuser der Kirchen und Wohlfahrtsverbände	16	14
Ganz egal, weiß nicht	18	23
	100	100

Frage: „In der letzten Zeit sind viele kleine Krankenhäuser geschlossen worden, weil man sagte, daß sie nicht die medizinischen Einrichtungen und Fachärzte bieten können wie die großen Krankenhäuser. Begrüßen oder bedauern Sie diese Entwicklung?"

	November 1977 %
Bedaure	42
Begrüße	31
Unentschieden	27
	100

SELBSTBETEILIGUNG AN KOSTEN

Frage: „Um die Krankenhäuser von den steigenden Kosten zu entlasten, wurde vorgeschlagen, für alle Patienten eine Selbstbeteiligung einzuführen. Danach würde jeder, der im Krankenhaus behandelt wird, pro Tag 10 Mark selbst bezahlen. Wie finden Sie diesen Vorschlag? Wären Sie persönlich bereit oder nicht bereit, 10 Mark pro Tag selbst zu bezahlen, wenn zum Ausgleich dafür der Beitrag zur Krankenkasse nicht steigen würde?"

Frage: „Finden Sie, daß die Krankenhäuser im großen und ganzen gut und sparsam wirtschaften, oder wird da zuviel Geld verschwendet?"

Zur Selbstbeteiligung –	November 1977 %	In Krankenhäusern wird –	November 1977 %
nicht bereit	61	gut und sparsam gewirtschaftet	33
bereit	24	zuviel Geld verschwendet . .	31
Unentschieden	15	Unentschieden	36
	100		100

BEITRAG DER RENTNER

Frage: „Rentner zahlen ja, wie Sie vielleicht wissen, keinen Beitrag zur Krankenkasse. Um die finanzielle Lage der Krankenkassen zu verbessern, hat man nun vorgeschlagen, daß auch die Rentner einen kleinen Beitrag an ihre Krankenkasse zahlen sollen. Sind Sie dafür oder dagegen, daß die Rentner auch einen kleinen Krankenkassenbeitrag zahlen?"

A

	Mai 1977		
	Dafür %	Dagegen %	Unentschieden %
Bevölkerung insgesamt	48	44	8 = 100
ALTERSGRUPPEN			
16–29 Jahre	55	38	7 = 100
30–44 Jahre	54	34	12 = 100
45–59 Jahre	49	46	5 = 100
60 Jahre und älter	34	58	8 = 100

STERBEHILFE

Frage: „Die ärztliche Kunst ist heute schon so weit fortgeschritten, daß man das Leben von todkranken Menschen durch medizinische Maßnahmen oft um einige Zeit verlängern kann. Darüber gibt es verschiedene Meinungen. Wenn Sie diese beiden Standpunkte bitte einmal lesen, wo würden Sie da zustimmen?
1. Die Ärzte sollten das Leben eines Todkranken um jeden Preis verlängern – ohne Rücksicht auf den Aufwand an ärztlicher Kunst, an Geräten, Medikamenten und auch, wenn es für den Kranken mit großen Schmerzen verbunden ist.
2. Um jeden Preis, das geht zu weit. Es gibt Grenzen dafür, was man einem Menschen an Schmerzen zumuten kann und auch, was man medizinisch in einem solchen Fall aufwenden sollte."

B

Juni 1977

	Bevölk. insges.	Altersgruppen 16–29	30–59	60 u.ä.	Konfession Prote- stanten	Katho- liken	Beim Tod/Sterben eines Menschen – dabei gewesen	nicht dabei gewesen
	%	%	%	%	%	%	%	%
Das Leben verlängern – um jeden Preis	14	5	15	22	12	17	18	9
nicht um jeden Preis	77	90	76	67	81	73	73	83
Unentschieden	9	5	9	11	7	10	9	8
	100	100	100	100	100	100	100	100

Frage: „Wenn Sie bitte einmal lesen, was hier steht: würden Sie dem zustimmen oder nicht zustimmen?" ‚Ein schwerkranker Patient im Krankenhaus soll das Recht haben, den Tod zu wählen und zu verlangen, daß der Arzt ihm eine todbringende Spritze gibt." (L)

	1973 Juni %	1977 Juni %	Altersgruppen 16–29 %	30–59 %	60 u.ä. %	Konfession Protestanten %	Katholiken %
Zustimmen	53	55	63	56	48	57	52
Nicht zustimmen	33	29	25	26	39	27	33
Unentschieden	14	16	12	18	13	16	15
	100	100	100	100	100	100	100

Frage: „Wenn es um die Frage geht, ob das Leben eines todkranken Menschen noch verlängert werden soll, oder ob man nichts mehr unternehmen soll; oder ob man etwas tun sollte, um das Sterben zu verkürzen, und wenn der Kranke noch in der Lage ist, die Entscheidung selbst zu treffen – sollte man es ihm dann allein überlassen, oder sollten andere, zum Beispiel die Ärzte, ein Pfarrer oder die Angehörigen mit entscheiden?"

B

Juni 1977
%

Kranker allein	56
Andere mit	35
Unentschieden	9
	100

Frage: „Wenn aber der Todkranke nicht mehr fähig ist, selbst zu entscheiden, wer sollte dann Ihrer Meinung nach die Entscheidung treffen, ob das Leben verlängert oder das Sterben verkürzt werden soll?"

B

Juni 1977
%

Die Angehörigen	54
Die behandelnden Ärzte	35
Eine Gruppe von Ärzten, die für solche Fälle eingesetzt wird	27
Ärzte und Juristen gemeinsam . .	5
Ärzte und Pfarrer gemeinsam . . .	8
Ärzte, Juristen und Pfarrer gemeinsam	10
Andere	9

H. WOHLFAHRTSVERBÄNDE

Frage: „Haben Sie zufällig schon einmal etwas über die Tätigkeit der Wohlfahrtsverbände, wie Caritas, Arbeiterwohlfahrt oder Evangelisches Hilfswerk und andere gehört?"

	1960 März %	1968 Febr. %	1981 Nov. %
Ja	97	92	96
Nein	} 3	7	} 4
Unentschieden . .		1	
	100	100	100

Frage: „Sind diese Wohlfahrtsverbände bei uns heute sehr wichtig, nicht allzu wichtig oder eigentlich ziemlich überflüssig?"

	1960 März %	1968 Febr. %	1981 Nov. %
Sehr wichtig	55	59	61
Nicht allzu wichtig	28	22	24
Ziemlich überflüssig . . .	8	5	4
Unentschieden	9	6	6
Wohlfahrtsverbände unbekannt	×	8	5
	100	100	100

FINANZIERT AUS ÖFFENTLICHEN MITTELN

Frage: „Von wem sollten diese Organisationen ihr Geld v o r a l l e m bekommen – was finden S i e a m besten?" (L; nur drei Angaben!)

	1973 Sept. %	1979 April %
Vom Staat, aus Steuermitteln	76	62
Von der Kirche	55	58
Von der Wirtschaft, den Unternehmern	45	37
Durch die Fernsehlotterie	18	37
Von Privatleuten, durch Spenden und Haussammlungen	21	30
Von den Gewerkschaften	26	27
Durch die Mitgliedsbeiträge	16	25
Durch den Verkauf von Wohlfahrtsmarken	12	22

PERSÖNLICHE MITARBEIT

Frage: „Könnten Sie sich vorstellen, daß Sie selber irgendwie in der Wohlfahrtspflege mitarbeiten, ich meine, wenn Sie genügend Zeit hätten, oder kommt das für Sie nicht in Frage?"

A	1962 März %	1967 Dez. %	1973 Sept. %	1979 April %
Könnte mir vorstellen, daß ich mitarbeite	49	47	41	37
Kommt für mich nicht in Frage	47	50	54	59
Arbeite schon ehrenamtlich mit	4	3	5	4
	100	100	100	100

EHRENAMTLICHE HILFELEISTUNGEN

Frage: *„Auf diesen Karten stehen verschiedene Hilfeleistungen, die von Gemeindeverwaltung, Kirchen und verschiedenen Organisationen übernommen werden. An diesen Hilfeleistungen kann sich jeder beteiligen. Wie ist das bei Ihnen: Haben Sie in den letzten ein, zwei Jahren zufällig einmal irgend etwas davon im Dienst der Kirche oder einer Organisation oder öffentlichen Verwaltung gemacht – ich meine entweder beruflich oder als freiwilliger Helfer?"* (K, L)

Frage an Personen, die sich allgemein für ehrenamtliche Tätigkeiten der Wohlfahrtspflege interessieren: *„Wären Sie ernsthaft bereit, sich für das eine oder andere ehrenamtlich einzusetzen?"* (K)

A   April 1979

	In den letzten 1, 2 Jahren gemacht %	Bereit zur Mitwirkung %
Besuch bei Kranken, Bettlägerigen	18	14
Unterstützung eines Bedürftigen mit Geld oder Sachen	16	10
Besuch bei verlassenen Alten, sich um ihre Sorgen kümmern .	11	14
Einkauf für Kranke, ältere Menschen	10	18
Beaufsichtigung von Babys oder kleinen Kindern, mit ihnen spazierengehen, um eine Mutter zu entlasten	9	13
Hilfe im Haushalt bei Krankheit: zum Beispiel kochen, saubermachen	9	9
Mithilfe bei Haussammlungen	8	7
Hilfe und Beistand für Menschen in schwierigen Familienverhältnissen	8	8
Hilfe bei der Wohnungssuche	8	5
Beaufsichtigung von Schularbeiten	7	10
Erteilung von Rat und Auskunft in Rechts- und Sozialfragen . .	7	6
Sich im Notfall um die Wäsche kümmern, z. B. waschen, bügeln, flicken	6	7
Begleitung gehbehinderter Menschen	6	8
Mithilfe bei Straßensammlungen	5	5
Mithilfe bei der Betreuung von Kindern und Jugendlichen in den Ferien	4	11
Mithilfe in Krankenhäusern oder Altenheimen	4	7
Mitarbeit bei organisatorischen Aufgaben der Wohlfahrtsverbände (Kassierer, Schriftführer, Vorstand usw.)	3	6
Einzelbetreuung schwieriger Kinder und Jugendlicher	2	4
Mithilfe bei der Nachbetreuung entlassener Strafgefangener . .	2	6
Betreuung körperlich oder geistig behinderter Kinder	2	6
Betreuung gefährdeter Jugendlicher, z. B. Trinker, Rauschgiftsüchtiger	2	6
Übernahme einer Vormundschaft	2	7
Mithilfe in Kindertagesstätten oder Kinderheimen	2	7
Mithilfe beim Verkauf von Wohlfahrtsmarken	2	3
Mithilfe bei der Bahnhofsmission	×	2
Noch nichts davon gemacht/kein Interesse an ehrenamtlicher Mitarbeit	58	38

I. DAS AUSLÄNDERPROBLEM

„Eine Frage zu den Gastarbeitern aus den Ländern der Europäischen Gemeinschaft, also den Ländern auf dieser Liste hier. Gastarbeiter aus diesen Ländern dürfen ohne weiteres und jederzeit hier bei uns arbeiten und wohnen. Wußten Sie das, oder hören Sie das zum ersten Mal?" (L)
(Ja, wußte ich = 71%)

„Wie finden Sie diese freie Wahl des Wohnorts und des Arbeitsplatzes innerhalb der ganzen Europäischen Gemeinschaft: Finden Sie diese Regelung gut oder nicht gut?"

A   März 1979

	Gut %	Nicht gut %	Unentschieden %
Bevölkerung insgesamt	59	24	17 = 100
BERUFSKREISE			
Angelernte Arbeiter	48	31	21 = 100
Facharbeiter	59	26	15 = 100
Einfache Angestellte und Beamte	62	21	17 = 100
Leitende Angestellte und Beamte	71	18	11 = 100
Selbständige Geschäftsleute, freie Berufe	60	20	20 = 100
Landwirte	54	30	16 = 100

KONKURRENTEN?

Frage: *„Über die Ausländer hier bei uns in der Bundesrepublik kann man ja unterschiedliche Meinungen hören. Die einen sagen, die Ausländer nehmen den Deutschen die Arbeitsplätze weg, und die anderen meinen, daß die Ausländer nur die Arbeit machen, die die Deutschen nicht tun wollen. Welche Meinung haben auch Sie?"*

	1982 März %
Die Ausländer nehmen Arbeitsplätze weg	39
Ausländer machen Arbeiten, die die Deutschen nicht tun wollen	35
Unentschieden	26
	100

SOZIALLEISTUNGEN

Frage: *„Was würden Sie sagen? Sollen unsere Sozialleistungen, also Kindergeld, Arbeitslosengeld, Renten uneingeschränkt auch für ausländische Arbeitnehmer hier bei uns gelten oder nicht?"*

J		1982 Juni
Sollen gelten		37
Sollen nicht gelten		33
Kommt drauf an		25
Unentschieden		5
		100

EINBÜRGERUNG?

Frage: *„Wenn ausländische Arbeitnehmer län-*
gere Zeit bei uns in der Bundesrepublik bleiben
und ihre Familie hier haben möchten: sollten
dann alle Kinder nachkommen dürfen, oder äl-
tere Kinder ab 16 nicht mehr?"

I	1982 Juni %
Alle Kinder	15
Kinder ab 16 Jahre nicht mehr	59
Kommt drauf an	17
Unentschieden	9
	100

Frage: *„Es wurde ja kürzlich diskutiert, ob die*
Kinder von Türken (Parallelumfrage: Gastar-
beitern), die schon mehrere Jahre in der Bun-
desrepublik leben und arbeiten, deutsche
Staatsbürger werden sollen, wenn sie 18 Jahre
alt sind. Sind Sie für oder gegen diese Vor-
schlag?"

A	Februar 1982	
	Gastarbeiter %	Türken %
Dafür	24	19
Dagegen	52	59
Unentschieden	24	22
	100	100

SCHWIERIGKEITEN IN DER SCHULE

Frage: *„Man hört ja öfter, daß die Kinder ausländischer Arbeitnehmer in den deutschen Schulen*
Schwierigkeiten haben. Halten Sie das für ein dringendes Problem, oder ist das Ihrer Meinung nach
nicht so wichtig?"

Bevölkerung insgesamt	Dringendes Problem %	Nicht so wichtig %	Unentschieden %
– März 1978	61	23	16 = 100
– Januar 1980	65	21	14 = 100

ABHILFE

Frage an Personen, die die Schwierigkeiten der ausländischen Kinder in deutschen Schulen als
wichtiges Problem ansehen bzw. unentschieden sind (77% bzw. 79% = 100): *„Angenommen, Sie*
hören, daß sich hier in der Gegend eine Arbeitsgruppe bildet, um ausländischen Kindern bei ihren
Schwierigkeiten in deutschen Schulen zu helfen: Hätten Sie da wohl ein paar Stunden in der Woche
Zeit, um dabei mitzuhelfen?"

Bevölkerung ingesamt	Würde mithelfen %	Fehlt an Zeit %	Unentschieden %
– März 1978	30	51	19 = 100
– Januar 1980	26	55	19 = 100

ZU VIELE AUSLÄNDER?

Frage: „Leben in der Bundesrepublik heute zu viele Ausländer oder nicht zu viele?"

	1981 Aug. Bevölkerung insgesamt	1982 Juni	Politische Orientierung			
			CDU/ CSU	SPD	FDP	Grüne
	%	%	%	%	%	%
Zu viele	79	82	89	81	74	60
Nicht zu viele	8	8	6	8	13	20
Unentschieden	13	10	5	11	13	20
	100	100	100	100	100	100

Frage: „Kürzlich wurde davon gesprochen, den ausländischen Arbeitnehmern vom Staat eine Prämie zu zahlen, damit sie in ihre Heimatländer zurückkehren. Sind Sie für oder gegen diesen Vorschlag?"

I	1982 Juni %
Dafür	55
Dagegen	25
Unentschieden	20
	100

Frage: „Ist die Bundesrepublik bei der Anerkennung von Ausländern, die hier um politisches Asyl bitten, im allgemeinen zu großzügig, oder eher zu kleinlich, oder würden Sie sagen, sie verhält sich gerade richtig?"

	1981 Aug. %
Zu großzügig	71
Zu kleinlich	4
Gerade richtig	23
Weiß nicht	2
	100

ASYLANTEN

Frage: „Unser Grundgesetz sagt ja, daß politisch Verfolgte ein Recht darauf haben, in der Bundesrepublik Asyl zu finden. Halten Sie diese Regelung für gut, oder meinen Sie, daß man sie besser abschaffen sollte?"

I	1982 Juni %
Halte ich für gut	51
Besser abschaffen	28
Weiß nicht	21
	100

Frage: „Was ist Ihr Eindruck, haben die meisten von denen, die bei uns um politisches Asyl bitten, unter politischer Verfolgung in ihren Heimatländern zu leiden, oder haben die meisten ganz andere Gründe, warum sie in die Bundesrepublik kommen wollen?"

	1981 Aug. %
Die meisten leiden unter politischer Verfolgung	16
Die meisten haben ganz andere Gründe	61
Unmöglich zu sagen	23
	100

REIZKLIMA

Edgar Piel

1982 führte das Institut für Demoskopie Allensbach im Auftrag von Capital eine Umfrage zum Thema „Ausländerfeindlichkeit" durch. Der folgende Aufsatz erschien in Heft 11/82 der Zeitschrift Capital.

„Die Bundesrepublik Deutschland ist kein Einwanderungsland." Angesichts der Zahlen, die zur Zeit in bezug auf die verschiedensten Ausländergruppen kursieren – die Gesamtzahl dürfte sich nach einer Verlautbarung des Bundesinnenministeriums jetzt der Fünf-Millionen-Grenze nähern – liest sich dieser Kabinettsbeschluß vom 12. November 1981 am ehesten wohl wie ein frommer Wunsch. Die Bundesrepublik ist seit mindestens einem Vierteljahrhundert ein Einwanderungsland, auch wenn wir uns die Konsequenzen, die damit verbunden sind, nie so recht klargemacht haben. Aber Konsequenzen haben es an sich, daß sie am Ende von selber klarwerden.

Wer auch nur sporadisch in eine Zeitung schaut oder die Nachrichten im Fernsehen verfolgt, weiß, was mit „Konsequenzen" gemeint ist. Immer wieder ist ja in der letzten Zeit das Stichwort von der sich ausbreitenden Ausländerfeindlichkeit gefallen. Es sind gehässige Parolen an Wände geschmiert worden. Gerhart Baum hatte als Innenminister mehrmals auf die steigende Zahl extremistischer Gewalttaten gegen Ausländer hingewiesen. Dies sind Symptome, die den Ernst der Situation unbezweifelbar machen.

Schon 1981 haben in einer Umfrage des Allensbacher Instituts 79% der Bevölkerung sich über die Anzahl der Ausländer in der Bundesrepublik beunruhigt gezeigt. Inzwischen ist die Zahl derjenigen, die das Gefühl haben, es lebten zu viele Ausländer bei uns, noch größer geworden. Für 82% der Deutschen scheint die Grenze der Aufnahmefähigkeit längst überschritten zu sein. Die Stimmung ist nicht gut gegenüber Fremden und droht noch schlechter zu werden.

Trotzdem hat der Kölner Soziologe Professor Erwin K. Scheuch recht, wenn er die Rede von einer sich ausbreitenden Ausländerfeindlichkeit, der wir in der letzten Zeit oft genug begegnet sind, nicht nur für unverantwortlich, sondern sachlich im Moment schlicht für falsch hält. Die 82%, die heute ganz einfach in der Masse, in der bloßen Zahl der Ausländer ein Problem sehen, sind nicht ohne weiteres oder über den Daumen gepeilt in grundsätzliche Gegner von Ausländern oder gar Ausländerfeinde umzurechnen.

Die schlimmen Ausländer-raus-Parolen werden nur von einer in der Bevölkerung isolierten Minderheit propagiert. Die überwiegende Mehrheit ist für eine Lösung des Problems, bei der weder rechtliche noch humanitäre Aspekte aus dem Blick geraten. 55% etwa stimmen dem Vorschlag zu, daß man ausländi-

Februar 1982

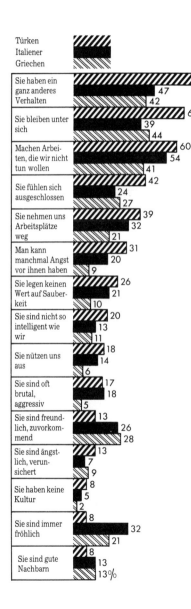

Türken
Italiener
Griechen

Sie haben ein ganz anderes Verhalten — 69 / 47 / 42

Sie bleiben unter sich — 64 / 39 / 44

Machen Arbeiten, die wir nicht tun wollen — 60 / 54 / 41

Sie fühlen sich ausgeschlossen — 42 / 24 / 27

Sie nehmen uns Arbeitsplätze weg — 39 / 32 / 21

Man kann manchmal Angst vor ihnen haben — 31 / 20 / 9

Sie legen keinen Wert auf Sauberkeit — 26 / 21 / 10

Sie sind nicht so intelligent wie wir — 20 / 13 / 11

Sie nützen uns aus — 18 / 14 / 6

Sie sind oft brutal, aggressiv — 17 / 18 / 5

Sie sind freundlich, zuvorkommend — 13 / 26 / 28

Sie sind ängstlich, verunsichert — 13 / 7 / 9

Sie haben keine Kultur — 8 / 5 / 2

Sie sind immer fröhlich — 8 / 32 / 21

Sie sind gute Nachbarn — 8 / 13 / 13%

schen Arbeitnehmern vom Staat eine Prämie zahlen solle, wenn sie in ihre Heimatländer zurückkehren wollen.

Eine Mehrheit ist auch dafür, daß Ausländern, die hier arbeiten, uneingeschänkt unsere Sozialleistungen – also Kindergeld, Arbeitslosengeld und Renten – gewährt werden. Im Ausländerproblem steckt aber nicht nur das Gastarbeiter-, sondern auch das Asylantenproblem. Die Zahl der Asylsuchenden ist von 33 000 im Jahre 1978 auf 108 000 Bewerber 1980 gestiegen. Auch hierzu sagten 73% der Befragten: „Mehr können wir nicht aufnehmen. Es gibt schon zu viele bei uns." Aber grundsätzlich hält doch jeder zweite die von den Vätern des Grundgesetzes uns auferlegte Verpflichtung, politisch Verfolgten Asyl zu gewähren, für eine gute Sache.

Als grundsätzliche Ausländergegner bezeichnen sich selbst 10% der Befragten. Wer die Entwicklung der Ausländerproblematik hier bei uns im Blick halten will, wird sich diese – gemessen an der allgemeinen schlechten Stimmung – kleine Gruppe und ihre Entwicklungsfähigkeit genauer anschauen müssen.

Dabei fällt als erstes auf, daß wir es hier nicht bloß mit alten Menschen zu tun haben, bei denen man eine Verunsicherung durch Ungewohntes am ehesten vermutet. Die älteren Menschen über 60 Jahre bezeichnen sich zwar etwas häufiger als der Bevölkerungsdurchschnitt als Ausländergegner. Noch häufiger aber bekunden jüngere Menschen unter 30 ihre grundsätzliche Antihaltung.

Zwischen Volksschulabsolventen und Personen mit einem höheren Schulabschluß ist in dieser Frage der Unterschied weit geringer als man das vielleicht erwarten würde. Richtig erkennbar wird hier der Unterschied erst, wenn man die Rede auf die eigentliche Problemgruppe unter den Ausländern, die Türken, bringt. Dieser Gruppe gegenüber neigen Personen mit einfacher Bildung tatsächlich in weitaus stärkerem Ausmaß zu abwertenden Pauschalierungen als Personen mit höherer Schulbildung.

Der eigentliche Einfluß, der hier wirkt, scheint vor allem anderen die Angst vor der Arbeitslosigkeit zu sein. Das könnte die überdurchschnittliche Ausländergegnerschaft in der Jugend erklären. Und auch die besonders starke Beunruhigung, die man bei Menschen mit einfacher Schulbildung beobachten kann, läßt mit steigender Berufsqualifikation, also schon bei Facharbeitern oder einfachen Angestellten, merklich nach. Eine statistische Korrelationsanalyse macht deutlich, daß es einen Zusammenhang zwischen dem Gefühl von sozialer Benachteiligung und Enttäuschung über Politiker und Parteien auf der einen Seite und der prinzipiellen Ablehnung von Ausländern andererseits gibt. Genau das ist der Punkt, an dem aus dem sozialempirischen Material heraus sichtbar wird, wie prekär die derzeitige Stimmung ist. Man muß sehen, daß aus diesem Unbehagen, den Befürchtungen, es gehe um die letzten Happen des Wohlfahrtskuchens, und den Ängsten vor Arbeitslosigkeit ein emotionales Gemisch entstanden ist, das sich gut als sozialer Sprengstoff eignet.

Der Jahrzehnte während Menschenstrom aus fremden Ländern hat Folgen, die sich nicht von selber erledigen und die auch nicht mit Aufrufen zur Toleranz zu beseitigen sind. Wenn die Integrationsversuche früher erfolgreich, richtig und sinnvoll waren, so zeigt sich, daß ab einer bestimmten Anzahl von Fremden, die integriert werden sollen, das beste Integrationskonzept kontraproduktiv wirkt. Die Verunsicherung, die durch soziale und kulturelle Integration immer als erstes erzeugt wird und die jahrelang nur ein privates Problem derjenigen war, die zu uns kamen, wird in mehrmillionenfacher Vervielfältigung unweigerlich zu einem allgemeinen sozialen Problem. Am Ende treibt gerade die unausgesprochene Aufforderung zur Anpassung beide Seiten, die Integrierenden und die, die sich integrieren lassen sollen, verängstigt in ihre angestammten und hergebrachten Verhaltensmuster zurück.

Das alles gilt in erster Linie für die Türken, die als die größte Gruppe von Ausländern zugleich – und auch unter kulturellem Aspekt – den weitesten Weg nach Europa haben. Die Deutschen empfinden die Türken doppelt so oft als verängstigt und unsicher als zum Beispiel die Italiener. Feindschaftsgefühl und Aggressionen, die bislang nur vereinzelt, wie gefährliche Stichflammen, sichtbar geworden sind, sind – man kann sich das von jedem Psychologen erklären lassen – nur die Kehrseite der Ängste; der Ängste, die den Handlungsspielraum für vernünftige Lösungen kleiner werden lassen.

Kapitel III

STAAT UND POLITIK

A. NATIONALBEWUSSTSEIN – GESCHICHTSBEWUSSTSEIN

Frage: „*Das Wort Vaterland: Hat das für Sie einen guten Klang, oder finden Sie, das Wort paßt nicht mehr in die heutige Zeit?*"

	Bevölkerung insgesamt		16–29		Altersgruppen 30–44		45–59		60 u. ä.	
	1975 %	1981 %	1975 %	1981 %	1975 %	1981 %	1975 %	1981 %	1975 %	1981 %
Guter Klang	60	59	41	35	55	54	63	69	82	81
Paßt nicht mehr	38	39	56	61	42	44	35	29	17	17
Keine Antwort	2	2	3	4	3	2	2	2	1	2
	100	100	100	100	100	100	100	100	100	100

LIEB' VATERLAND ...?

Zahlen zu einer aktuellen Diskussion

Edgar Piel

Wenn man die Deutschen auf ihr Nationalbewußtsein anspricht, reagieren viele auch heute noch, also mehr als dreißig Jahre nach der Gründung der Bundesrepublik, seltsam irritiert. Man findet eine derartige Irritation, diese Schwierigkeiten mit der nationalen Identität, die es hierzulande gibt, sonst kaum irgendwo, weder in Amerika noch bei unseren unmittelbaren Nachbarn in Europa, den Dänen, Niederländern, Franzosen und Schweizern. Nicht einmal die Österreicher, die doch ein traumatisches Stück Vergangenheit mit uns gemeinsam haben, können uns in diesem Punkt folgen.

59% der Deutschen gaben in einer Umfrage vom Februar 1981 an, daß das Wort Vaterland für sie einen guten Klang hat. Das ist nicht sehr viel; aber dieses Ergebnis ist immerhin alles in allem nicht schlechter als vor sechs Jahren. Damals gaben 60% an, daß das Wort Vaterland ganz gut klingt.

Demoskopische Fragen sehen oft harmlos aus. Die Frage, mit der die Interviewer die Deutschen angesprochen haben, heißt wörtlich: „Das Wort *Vaterland*: Hat das für Sie einen guten Klang, oder finden Sie, das Wort paßt nicht mehr in die heutige Zeit?" Erkenntnisse gewinnt man mit solchen Fragen aber oft erst bei näherem Hinsehen. Dann erweist sich auch unsere Frage nach dem Vaterland mit einemmal als ein äußerst sensibles Instrument, das untergründige Bewegungen, Erschütterungen und vielleicht gefährliche Risse im gesellschaftlichen und politischen Gebilde wahrnehmbar macht.

Wenn die SPD-Wähler zu 55%, die FDP-Wähler zu 57% heute angeben, daß das Wort Vaterland für sie gut klingt, läßt sich aus diesen Zahlen noch keine massenhafte Begeisterung herauslesen. Beide Gruppen liegen immer noch unter dem Bevölkerungsdurchschnitt von 59%. Aber beide Gruppen haben immerhin gleichermaßen 6% zugelegt seit 1975. Damals empfanden nämlich nur 49% der SPD-Wähler und 51% der FDP-Wähler den Begriff Vaterland als zeitgemäß.

Während also die beiden regierenden Parteien in ihrer Bemühung um ein positives Verhältnis zum Nationalen offenbar erfolgreich waren, und die CDU/CSU in dieser Hinsicht mit 71% sowieso wenig zu wünschen übrigließ, scheint sich eine andere wichtige Gruppe in unserer Gesellschaft in eine ganz andere Richtung zu bewegen: die Jugend. Schon 1975 haben nur 41% der 16- bis 29jährigen am Wort Vaterland einen Wohlklang entdecken können. Diese Zahl ist seitdem auf 35% gesunken. 61%, also weit mehr als jeder zweite Jugendliche sagt klipp und klar, daß dieses Wort nicht mehr in unsere Zeit paßt. Je jünger die Befragten sind, um so krasser wird die Ablehnung. Die Probleme einer vaterlosen Gesellschaft, die wir im individuellen Bereich und für das soziale Rollenspiel als schwerwiegende Identitätsstörungen kennengelernt haben, scheinen mittlerweile in den politischen Bereich durchzuschlagen.

Nach zwei verlorenen Kriegen und nach einem verheerenden Mißbrauch des Nationalstolzes ist vielen in unserem Land die Lust am Patriotismus vergangen. Das haben schon frühere Untersuchungen, etwa Schelskys Bericht über „Die skeptische Generation" von 1957 gezeigt. Diese Erfahrung betrifft jedoch vor allem die Menschen, die heute um 50 sind und älter. Und gerade diese Generation gibt nach langer Skepsis jetzt ihre Vorbehalte allmählich auf. Wenn demgegenüber gleichzeitig so viele Jugendliche mit dem Begriff Vaterland nichts mehr anfangen können, dann müssen wir das als Symptom für Gegenwärtiges nehmen; für Gegenwärtiges, das andere, neue Erklärungen verlangt.

Die Diskussion über Vaterland, Nationalität oder Kulturnation Deutschland steht noch bevor. Die Probleme, das deutet sich in den Allensbacher Zahlen an, sind schon da, wir müssen nur den Mut haben, sie zur Kenntnis zu nehmen.

NATIONALSTOLZ MIT EINSCHRÄNKUNGEN

Frage: „Sind Sie stolz darauf, ein Deutscher zu sein? Würden Sie sagen ...“

	1971 Okt. %	1975 Nov. %	1981 Nov. %	1982 Juli %	1983 Febr. %	Altersgruppen 16–29 %	30–44 %	45–59 %	60 u. ä. %
„Unbedingt“	42	36	35	29	37	23	33	41	50
„Überwiegend“	34	40	41	41	41	43	42	40	40
„Eher nicht“	7	6	8	10	9	14	10	8	4
„Gar nicht“	4	6	4	4	5	8	5	3	1
Unentschieden	13	12	12	16	8	12	10	8	5
	100	100	100	100	100	100	100	100	100

STOLZ WORAUF?

Frage an Personen, die angaben, sie seien stolz darauf, Deutsche zu sein (70 Prozent): „Worauf kann man denn als Deutsche(r) besonders stolz sein? Worauf sind Sie denn besonders stolz? Könnten Sie es nach dieser Liste sagen?“ (L)

	Juli 1982 Personen, die stolz waren, Deutsche zu sein
Man kann besonders stolz sein auf –	%
schöne Landschaften	46
Fleiß und Strebsamkeit	44
Dichter und Denker	37
den Wohlstand, den wir erreicht haben	37
Komponisten und Musiker	28
Erfinder und Entdecker	26
die deutsche Sprache	25
Volkskunst, überliefertes Brauchtum	25
eine lange Tradition	25
Sportlerinnen, Sportler	21
historische Baudenkmäler	20
die Nation ganz allgemein	18
Speisen und Getränke des Landes	18
große Staatsmänner, Politiker . . .	16
große Unternehmen, führende Männer in der Wirtschaft	15
Kaiser und Könige	11
große militärische Siege	5

GROSSE DEUTSCHE

Frage: „Welcher große Deutsche hat Ihrer Ansicht nach am meisten für Deutschland geleistet?“ (O)

	1977 Okt. %	1983 Jan. %
Konrad Adenauer	42	39
Otto von Bismarck	13	11
Helmut Schmidt	2	9
Willy Brandt	9	4
Ludwig Erhard	6	4
Theodor Heuß	3	2
Adolf Hitler	3	1
Dichter, Künstler, Philosophen	5	7
darunter: J. W. von Goethe	2	4
Martin Luther . .	1	1
Andere demokratische Politiker	7	4
Monarchen und Feldherren .	4	2
Wissenschaftler, Erfinder . . .	2	2
Weiß nicht	14	17.

Frühere Ergebnisse s. JB VI, 58

EINIGKEIT UND RECHT UND FREIHEIT ...

Frage: „Könnten Sie sagen, wie die ersten Worte heißen, mit denen unsere Nationalhymne anfängt?"

Frage: „Finden Sie, wir brauchen eine Nationalhymne, oder braucht man eigentlich keine?"

A	1961 Okt. %	1981 Nov. %		1961 Okt. %	1981 Nov. %
„Einigkeit und Recht und Freiheit" . .	35	45	Brauchen Nationalhymne . .	85	69
„Deutschland, Deutschland über alles"	46	37	Brauchen keine	11	20
Weiß nicht	19	18	Keine Angaben	4	11
	100	100		100	100

WANN?

Frage: „Können Sie sich erinnern, wann Sie zum letzten Mal unsere Nationalhymne, das Deutschlandlied gehört haben?"

WO?

Frage: „Und wo war das, bei welcher Gelegenheit?"

A	1961 Okt. %	1981 Nov. %		1961 Okt. %	1981 Nov. %
JA, gehört	64	61	Fernsehen	24	37
in der letzten Woche	6	27	Rundfunk	19	9
vor 2–4 Wochen	16	17	Sportveranstaltung	14	26
vor 5–7 Wochen	4	4	Politische Veranstaltung	6	2
vor 2–3 Monaten	16	6	Militärische Anlässe	×	2
vor 4–12 Monaten	15	5	Nationale Feierstunde	1	×
länger als 1 Jahr her	7	2	Andere Gelegenheit	5	1
Weiß nicht mehr	36	39	Nicht befragte Restgruppe	36	39
	100	100		105	115

Frage: „Bei internationalen Sportveranstaltungen, wie zum Beispiel der Fußball-Weltmeisterschaft, werden vor Spielbeginn die Nationalhymnen gespielt. Vielleicht ist es Ihnen auch schon aufgefallen, daß Sportler aus manchen Ländern dabei auch den Text ihrer Hymne mitsingen, andere, wie auch die Sportler aus der Bundesrepublik, tun das nicht. Bedauern Sie es, daß unsere Sportler die Nationalhymne nicht mitsingen, finden Sie das gut, oder ist es Ihnen egal?"

	September 1982 %
Ist mir egal	52
Bedauere ich	36
Finde ich gut	6
Weiß nicht	6
	100

SCHWARZ – ROT – GOLD

Frage: „Freuen Sie sich, wenn Sie irgendwo die schwarz-rot-goldene Bundesflagge sehen?"

	1951 Mai %	1961 Okt. %	1977 Sept. %	1981 Juli %	1982 Sept. %
Ja, ich freue mich	23	46	47	47	59
Nein, ich freue mich nicht	33	22	30	29	33
Ist mir gleichgültig	21	21	12	12	4
Kommt auf die Gelegenheit an	–	4	4	4	1
Unentschieden / keine Antwort	23	7	7	8	3
	100	100	100	100	100

AUSGEZEICHNET

Frage: „Sie haben sicher schon gehört, daß vom Staat an verdiente Bürger Orden verliehen werden. Sind Sie grundsätzlich dafür oder dagegen, daß es solche Orden gibt?"

	1966 Jan. %	1975 Juli %	1982 Okt. %	16–29 %	30–44 %	45–59 %	60 u. ä. %	SPD %	CDU/CSU %	FDP %
	Bevölkerung insges.			Altersgruppen				Polit. Orientierung		
Dafür	43	28	42	33	38	43	52	36	52	43
Dagegen	22	40	23	30	25	17	18	28	15	22
Unentschieden	35	32	35	37	37	40	30	36	33	35
	100	100	100	100	100	100	100	100	100	100

GOLDEN SEVENTIES

Frage: „Wann in diesem Jahrhundert ist es nach Ihrem Gefühl Deutschland am besten gegangen?"

	1951 Okt. %	1959 Juni %	1963 Dez. %	1970 April %	1980 Juni %
In der Gegenwart, heute	2	42	63	81	80
Zwischen 1933 und 1939	42	18	10	5	3
Zwischen 1920 und 1933, Weimarzeit	7	4	5	2	2
Vor 1914, im Kaiserreich	45	28	16	5	4
Weiß nicht	4	8	6	7	11
	100	100	100	100	100

GROSSMACHTGELÜSTE?

Frage: *„Glauben Sie, daß Deutschland noch einmal zu den mächtigsten Staaten der Welt gehört?"*

	1955 %	1965 Bevölkerung %	1972 insgesamt %	1975 %	1980 %	16–29 %	Altersgruppen 30–44 %	45–59 %	60 u. ä. %
Glaube ich nicht	48	52	67	62	59	55	61	62	56
Glaube ich	25	17	12	18	22	25	23	22	19
Unmöglich zu sagen . . .	27	31	21	20	19	20	16	16	25
	100	100	100	100	100	100	100	100	100

WENIG WELTLÄUFIGKEIT

Frage: *„In welchem Land der Welt würden Sie am liebsten leben?"*

	1950 Okt. %	1954 Juli %	1966 April %	1979 Sommer %	18–24 %	25–29 %	Altersgruppen 30–44 %	45–59 %	60–79 %
In Deutschland, in der Bundesrepublik	68	66	54	68	50	60	60	76	81
In anderem europäischem Land	15	18	25	15	19	20	19	13	11
In einem Land außerhalb Europas	12	14	16	12	23	17	16	7	4
Unentschieden	5	4	5	5	8	3	5	4	4
	100	102	100	100	100	100	100	100	100

UNBELIEBT

Frage: *„Man hört oft, daß die Deutschen in der Welt unbeliebt sind. Was meinen Sie, woran das liegt?"* (O)

Gründe für Unbeliebtheit –	1955 Mai %	1969 Juni %	1980 Jan. %	16–29 %	Altersgruppen 30–44 %	45–59 %	60 u. ä. %
unsere n e g a t i v e n Eigenschaften	45	60	61	64	62	63	55
– Überheblichkeit, Rechthaberei	16	13	17	17	18	19	15
– Schlechtes Benehmen im Ausland	8	6	4	4	6	3	4
– vom Krieg, vom Dritten Reich her	13	38	36	40	35	37	33
– zu strebsam, arbeitswütig	×	×	6	6	5	8	4
unsere p o s i t i v e n Eigenschaften	25	20	22	17	21	25	24
– Fleiß, Tüchtigkeit	20	19	19	16	19	22	21
Wir sind nicht unbeliebt	14	9	9	7	11	9	9
Andere / keine Angabe	16	17	11	18	11	12	19
	100	106	103	106	105	109	107

UNSERE TUGENDEN

Frage: „Was halten Sie – einmal ganz allgemein gesagt – für die besten Eigenschaften der Deutschen?" (O)

A	1952	1962	1972	1978	1980	Altersgruppen			
						16–29	30–44	45–59	60 u. ä.
	%	%	%	%	%	%	%	%	%
Fleiß, Tüchtigkeit	72	71	63	61	66	57	67	69	72
Ordnungsliebe, Zuverlässigkeit, Gründlichkeit . .	21	12	21	23	21	15	25	21	23
Sparsamkeit	×	×	×	9	12	11	12	12	15
Sauberkeit	×	×	10	12	11	3	8	14	13
Intelligenz, erfinderischer Geist	9	4	2	4	8	12	8	7	6
Offenheit, Ehrlichkeit, Aufrichtigkeit	×	6	7	5	7	6	6	9	6
Gutmütigkeit, Gutwilligkeit	12	3	2	5	7	8	7	7	7
Treue	11	4	4	3	4	2	3	7	6
Ausdauer, Zähigkeit . . .	8	4	2	4	3	3	3	3	9
Mut, Tapferkeit, soldatische Fähigkeiten .	7	3	1	2	1	1	×	2	1
Bescheidenheit	3	×	×	1	1	×	1	1	2
Andere Angaben	13	12	11	10	11	13	13	8	12
Weiß nicht	4	14	20	15	15	13	8	6	4

... UND UNSERE UNTUGENDEN

Frage: „Was halten Sie – einmal ganz allgemein gesagt – für die schlechtesten Eigenschaften der Deutschen?" (O)

A	1973	1975	1978	1980
	%	%	%	%
Angeberei, Protzerei	12	16	16	12
Intoleranz, Herrschsucht	7	8	10	12
Materialistisches Denken	12	8	10	11
Zu arbeitsam, strebsam	6	8	10	9
Selbstsüchtig, ohne Hilfsbereitschaft	6	5	4	8
Zu korrekt, zu genau	4	5	9	7
Unangenehmes Auffallen im Ausland	4	3	6	4
Betragen sich schlecht, unhöflich	5	4	4	4
Nicht kinderlieb	1	1	4	3
Nationalistisch, zuviel Nationalstolz	5	2	3	3
Unausgeglichen, in Extreme fallend	2	1	2	2
Kein Nationalbewußtsein	4	3	4	2
Provinziell, spießig	2	2	2	1
Wir haben keine schlechten Eigenschaften	5	8	6	5
Andere Angaben	13	11	9	13
Weiß nicht	24	24	20	17

Frage: „Wenn Sie kein Deutscher / keine Deutsche wären, was wären Sie dann am liebsten?" (L)

	1979 Jan. %	1980 Sept. %	Altergruppen 16–29 %	30–44 %	45–59 %	60 u. ä. %
Nordamerikaner	21	19	22	19	20	14
Schwede	18	19	18	22	18	16
Franzose	17	19	21	20	17	16
Holländer	12	10	8	8	8	17
Engländer	6	7	7	5	9	6
Finne	3	4	5	4	4	2
Spanier	4	3	4	3	3	2
Italiener	3	3	3	3	2	3
Russe	1	1	1	1	1	×
Anderes	8	12	11	12	12	12
Unentschieden	7	7	3	5	8	12

AUSWANDERN?

Frage: „Würden Sie selbst gern auswandern?"

	1959 Aug. Bevölkerung %	1974 Juli insgesamt %	1982 Sept. %	16–29 %	Altersgruppen 30–44 %	45–59 %	60 u. ä. %
Ja	25	7	18	34	21	13	3
Nein	71	84	68	45	59	81	91
Unentschieden	4	9	14	21	20	6	6
	100	100	100	100	100	100	100

SCHWIERIGE ZEITEN

Frage: „Wenn Sie einmal an die Probleme denken, denen die Menschen (Parallelumfrage: Politiker) in der Bundesrepublik heute gegenüberstehen, und sie mit den Problemen vergleichen, die in den Nachkriegsjahren nach 1945 zu bewältigen waren: Was glauben Sie, hatten es die Menschen / Politiker nach 1945 schwerer, oder haben es die Menschen / Politiker heute schwerer?"

		Mai 1980				
		Die Menschen			Die Politiker	
	1945 %	heute %	Unentschieden %	1945 %	heute %	Unentschieden %
Bevölkerung insgesamt ...	77	9	14 = 100	34	38	28 = 100
ALTERSGRUPPEN						
16–29 Jahre	62	8	30 = 100	27	30	43 = 100
30–44 Jahre	75	11	14 = 100	25	47	28 = 100
45–59 Jahre	82	9	9 = 100	38	42	20 = 100
60 und älter	88	7	5 = 100	46	33	21 = 100

HISTORISCHE PERSPEKTIVE

Frage: „Alles, was zwischen 1933 und 1939 aufgebaut worden war und noch viel mehr, wurde durch den Krieg vernichtet. Würden Sie sagen, daß Hitler ohne den Krieg einer der größten deutschen Staatsmänner gewesen wäre?"

	1955 Mai %	1960 Juni %	1967 Mai %	1978 Nov. %
Wäre er nicht gewesen	36	43	52	55
Ja, wäre er gewesen	48	34	32	31
Weiß nicht	16	23	16	14
	100	100	100	100

ZWEIFEL?

Frage: „Eine Frage zu Hitler und dem Nationalsozialismus. Die einen sagen: Wenn man mal vom Krieg und der Judenverfolgung absieht, war das Dritte Reich gar nicht so schlecht. Andere sagen: Das Dritte Reich war in jedem Fall eine schlechte Sache. Welcher Meinung sind Sie?"

A	1975 April %	1977 Nov. %	1978 Nov. %	1979 Febr. %	Altersgruppen 16–29 %	30–44 %	45–59 %	60 u. ä. %
In jedem Fall eine schlechte Sache .	42	40	40	50	57	53	48	42
Gar nicht so schlecht	35	38	37	32	19	30	39	42
Unentschieden	23	22	23	18	24	17	13	16
	100	100	100	100	100	100	100	100

LERNERFOLGE

Frage: „Wenn jemand sagt, der nationalsozialistische Staat war ein Unrechtsstaat, ein Verbrecherregime: Nach dem, was Sie heute über die Hitler-Zeit wissen oder persönlich erlebt haben – würden Sie sagen, das stimmt, das war ein Unrechtsstaat, ein Verbrecherregime, oder kann man das nicht sagen?"

A	1964 Mai ‰	1977 Sept. %	1978 Nov. %	1979 Febr. %
Das stimmt	54	60	71	71
Kann man nicht sagen	28	31	21	20
Es war nicht alles schlecht, nicht alle waren Verbrecher	10	3	3	5
Anderes, weiß nicht	8	6	5	4
	100	100	100	100

DIE SITUATION VOR 1933

Frage: „Es wird vielfach gesagt, Deutschland hat 1933 nur noch die Wahl gehabt, entweder kommunistisch oder nationalsozialistisch zu werden. Stimmt das Ihrer Ansicht nach, oder stimmt das nicht?"

	1956 Juni %	1962 Aug. %	1979 Mai %	Altersgruppen 16–29 %	30–44 %	45–59 %	60 u. ä. %	Politische Orientierung SPD %	CDU/CSU %	FDP %
Stimmt nicht . . .	28	29	30	29	31	30	30	33	27	40
Stimmt vielleicht .	15	17	16	12	14	20	17	16	16	17
Stimmt unbedingt	22	22	18	6	11	22	34	14	25	15
Weiß nicht	35	32	36	53	44	28	19	37	32	28
	100	100	100	100	100	100	100	100	100	100

KEINE SELBSTVORWÜRFE

Frage: „Man hört manchmal, daß die deutsche Bevölkerung im Dritten Reich alles mitgemacht und zu wenig Widerstand gegen Hitler geleistet hat. Wie sehen Sie es: Gab es Ihrer Ansicht nach im Dritten Reich für die Bevölkerung Möglichkeiten, an den Verhältnissen, zum Beispiel den Konzentrationslagern oder den Judenverfolgungen, etwas zu ändern, oder gab es solche Möglichkeiten praktisch nicht?"

	Bev. insg. %	September 1977 Altersgruppen 16–29 %	30–44 %	45–59 %	60 u. ä. %
Ja, es gab Möglichkeiten	11	15	17	7	4
Nein, es gab praktisch keine Möglichkeiten	68	47	59	83	86
Unentschieden / kein Urteil	21	38	24	10	10
	100	100	100	100	100

Gedenktag?

Frage: „Wissen Sie zufällig, in welchem Jahr der 20. Juli, ich meine das Attentat auf Hitler, eigentlich war?"

	1943 und früher %	Jahresangaben: 1944 (Richtig) %	1945 und später %	Weiß nicht %
April 1956	14	59	1	26 = 100
September 1976	13	51	3	33 = 100
Februar 1982	10	54	4	32 = 100

FURCHT VOR HITLER

Frage: „Glauben Sie, daß ein Mann wie Hitler bei uns wieder an die Macht kommen könnte, oder halten Sie das für ausgeschlossen?"

	1975 April Bevölkerg. %	1977 Aug. insg. %	16–29 %	Altersgruppen 30–44 %	45–59 %	60 u. ä. %
Ausgeschlossen	58	57	52	62	60	52
Könnte wieder an die Macht kommen	18	23	29	20	19	24
Unentschieden	24	20	19	18	21	24
	100	100	100	100	100	100

... UND NEO-NAZIS

Frage: „In der Bundesrepublik ist in letzter Zeit wieder häufiger von Rechtsradikalen und Neo-Nazis die Rede. Halten Sie persönlich den Rechtsradikalismus für eine ernstzunehmende Gefahr für die Zukunft, oder würden Sie das nicht sagen?"

A

	Bev. insg. %	16–29 %	Altersgruppen 30–44 %	45–59 %	60 u. ä. %	Politische Orientierung SPD %	CDU/CSU %	FDP %
				November 1980				
Ernste Gefahr	55	59	60	47	52	58	49	56
Keine ernste Gefahr	30	25	27	41	30	28	34	31
Unentschieden	15	16	13	12	18	14	17	13
	100	100	100	100	100	100	100	100

... ODER WAS LEHRT UNS DIE GESCHICHTE

Frage: „Hier unterhalten sich zwei darüber, was man aus der Hitlerzeit lernen kann. Welcher von beiden sagt eher das, was auch Sie denken?" (B)

A

Februar 1979
%

„Das Wichtigste, was ich aus den Greueltaten der Nazis gelernt habe, ist: daß man gegen jedes System kämpfen muß, das den Leuten an der Spitze unbeschränkte Macht gibt"   63

„Ich meine, daß die Greueltaten der Nazis nur zeigen, was für Verbrecher im Hitler-Deutschland an der Macht waren. Ich glaube nicht, daß jede Diktatur Verbrechen zur Folge haben muß"   21

Unentschieden   16

100

NICHT RUHEN LASSEN

Frage: „Ende 1979 wird voraussichtlich die Verjährung für Verbrechen während der Hitlerzeit in Kraft treten. Haben Sie davon gehört?" (1979: Ja, gehört = 91 Prozent)
„Sind Sie persönlich dafür, jetzt einen Schlußstrich zu ziehen, oder sind Sie persönlich dafür, die Naziverbrechen auch weiter zu verfolgen?" (X)

	1969 Jan. %	1979 Febr. %	16–29 %	Altersgruppen 30–44 %	45–59 %	60 u. ä. %
Schlußstrich ziehen	67	47	42	48	54	57
Weiter verfolgen	23	40	48	40	32	31
Unentschieden	10	13	10	12	14	12
	100	100	100	100	100	100

KLAUS BARBIE

Frage: „Der NS-Verbrecher Klaus Barbie, der seit Kriegsende in Bolivien gelebt hat, wurde jetzt ja an Frankreich ausgeliefert. Dort wird ihm der Prozeß gemacht, weil er während des Krieges als Gestapo-Chef für den Tod vieler französischer politischer Gefangener verantwortlich war. Haben Sie davon gehört oder nicht?" (Ja, davon gehört = 95 Prozent)

Frage: „Was meinen Sie: Sollten NS-Verbrechen auch heute noch, fast vierzig Jahre nach Kriegsende, verfolgt werden oder nicht mehr?"

	Bev. insges. %	16–29 %	Altersgruppen 30–44 %	45–59 %	60 u. ä. %	SPD %	Wähler CDU/CSU %	FDP %	Grüne %
Verfolgt werden	55	59	53	56	49	62	48	58	62
Nicht verfolgt werden .	31	24	33	33	36	27	35	38	21
Unentschieden	14	17	14	11	15	11	17	4	17
	100	100	100	100	100	100	100	100	100

Februar 1983

ZUM BEVORSTEHENDEN BARBIE-PROZESS
IN FRANKREICH

Ende Januar ist in Bolivien der ehemalige Gestapo-Chef von Lyon, Klaus Barbie, verhaftet worden. Anfang Februar wurde Barbie dann aus Bolivien ausgewiesen und der französischen Polizei übergeben. Barbie war in den 50er Jahren
von französischen Gerichten wegen der Folterung und Ermordung von Wider-
standskämpfern und der Deportation von mehr als 7000 Juden schon zweimal in
Abwesenheit zum Tode verurteilt worden. Sowohl Frankreich wie auch die
Bundesrepublik hatten seitdem mehrmals Auslieferungsbegehren an Bolivien
gerichtet. Da Barbie jetzt in einem französischen Gefängnis sitzt, wird sich
zunächst einmal die französische Justiz in einem großen Prozeß mit dem düste-
ren Kapitel der deutschen Besatzungszeit zwischen 1940 und 1945 beschäftigen.

In der deutschen Presse sind die neuen Ereignisse im Fall Barbie in den letzten
Monaten sehr genau verfolgt worden. Und auch die Bevölkerung zeigt sich in
einer repräsentativen Umfrage vom Februar dieses Jahres weitgehend informiert.

Das Institut für Demoskopie Allensbach hat schon vor vier Jahren, im Februar
1979, zum Problem der Verjährung von NS-Verbrechen gefragt, ob man dafür
ist, auch in Zukunft Naziverbrechen weiter zu verfolgen. Jetzt im Februar 1983
ist aus aktuellem Anlaß eine ähnliche Frage gestellt worden: „Was meinen Sie:
sollten NS-Verbrechen auch heute noch, fast vierzig Jahre nach dem Kriegsende, verfolgt werden oder nicht mehr?" Das Ergebnis überrascht: immerhin
sagen nun 55%, also weit mehr als jeder zweite, daß man solche Verbrechen, wie
sie Barbie vorgeworfen werden, auch heute noch verfolgen sollte. 31% sind für
eine Einstellung der Verfolgung und 14% sind auch jetzt unentschieden. Auch
jüngere Menschen wollen von einer Verjährung in einem solchen Fall nichts
wissen. Die Unter-30jährigen halten zu 59% auch jetzt noch die Verfolgung für
angebracht. Diese Einstellung ist aber in der Bundesrepublik kein Privileg der
Jungen. Auch 56% der 45–59jährigen denken ähnlich. Nur die Über-60jährigen,
die in den Verbrechern ihre eigene Generation wiedererkennen können, antworten zögernder. Aber auch in dieser Altersgruppe sind 49% für eine Weiterverfolgung. Jeder dritte sagt allerdings, daß man seiner Meinung nach lieber von einer
weiteren Verfolgung absehen sollte.

SPD-Wähler und Wähler der GRÜNEN sind jeweils zu 62% dafür, daß man auch
in Zukunft noch NS-Verbrecher vor Gericht bringt. FDP-Wähler sagen das zu
58%, CDU/CSU-Wähler plädieren zu 48% in diese Richtung.

Für die vielen Faschismus- bzw. Antifaschismustheorien, die in den letzten
20 Jahren entwickelt worden sind, dürfte es interessant sein, daß heute vor
allem die Oberschicht sich für eine weitere Verfolgung ausspricht. In der vorlie-

genden Allensbacher Befragung haben sich 61% dieser soziodemographischen
Gruppe so ausgesprochen. Die Befragten aus der Mittelschicht – egal ob aus
Büroberufen oder handarbeitenden Berufen – haben zu 52% für eine Verfolgung
heute und von der einfachsten Schicht 48% für eine Weiterverfolgung plädiert.
Für manchen Faschismustheoretiker sollten diese Ergebnisse einige liebgewon-
nene Klischees in Frage stellen.

Die Ergebnisse der Umfrage zur Verjährung von NS-Verbrechen aus dem Jahre
1979 und von 1983, obgleich in der Formulierung nicht ganz identisch, zeigen,
daß, anders als 1979, jetzt mehr Menschen für eine Weiterverfolgung sprechen
als für den großen Schlußstrich unter die Brutalitäten des Nationalsozialismus.
Man kann jedoch vermuten, daß die aktuellen Umstände, nämlich, daß der
anstehende Barbie-Prozeß nicht bei uns, sondern in Frankreich stattfinden soll,
dieses Plädoyer diesmal erleichtert haben. Denn aus der Umfrage läßt sich auch
deutlich ablesen, daß die meisten Menschen bei uns nichts dagegen haben, daß
Barbie in Frankreich ist. Die Frage, an der sich das ablesen läßt, lautete: „Sollte
Ihrer Meinung nach ein Prozeß gegen den NS-Verbrecher Barbie besser hier in
der Bundesrepublik stattfinden, oder ist es gut so, daß er in Frankreich stattfindet?". Nur 20% der Befragten antworteten auf diese Frage mit: „Sollte hier stattfinden", während mehr als jeder zweite (58%) sagt: „Soll in Frankreich stattfinden". Diese Einstellung geht – mit minimalen Abweichungen – durch alle sozialen Gruppen, Altersstufen und Bildungsschichten. Das Ergebnis scheint auf den
ersten Blick den Vorwurf zu bestätigen, daß die Deutschen zu bequem sind, zu
einer eigenen Bewältigung ihrer Vergangenheit. Andererseits könnte es aber
wohl auch sein, daß hier das Rechtsempfinden vieler Deutscher zum Ausdruck
kommt, ein Rechtsempfinden, das es für besser hält, daß der Verbrecher dort
seine Richter findet, wo er sein Unheil angerichtet hat.

So oder so, die Folge ist aber, daß wir nun – das wurde schon in der deutschen
Presse beklagt – die Aufklärung über das Kapitel Deutsche in Frankreich wäh-
rend des Krieges in „leicht verfremdeter Form" aus Lyon importieren müssen.
Das Licht, das jetzt in die Sache kommt, wird für beide Seiten schmerzlich sein.

„allensbacher berichte", Ende April 1983/Nr. 10

B. GESAMTDEUTSCHE FRAGEN –
BERLIN – WIEDERVEREINIGUNG

Frage: „Einmal angenommen, im Fernsehen kommt ein Beitrag mit dem Titel: Die deutsche Nation heute*. Könnten Sie nach dieser Liste sagen, was ist mit der deutschen Nation in diesem Fall gemeint?" (L)

Frage: „Einmal angenommen, im Fernsehen kommt ein Beitrag mit dem Titel: Die deutsche Kultur. Von wo wird da berichtet? Könnten Sie es nach dieser Liste sagen?" (L)

* In repräsentativen Parallelumfragen wurde noch nach der „deutschen Nation morgen" und der „deutschen Nation gestern" gefragt.

B	November 1981			
	Deutsche Nation			Deutsche
Gemeint ist / sind –	heute	morgen	gestern	Kultur
	%	%	%	%
die Bundesrepublik	43	38	6	23
die Bundesrepublik und die DDR zusammen	32	30	20	19
die Bundesrepublik, die DDR und die ehemals deutschen Ostgebiete	12	12	52	20
alle deutschsprachigen Gebiete	7	11	14	29
Unmöglich zu sagen	6	9	8	9
	100	100	100	100

EINE DEMOSKOPISCHE DEUTSCHSTUNDE

NATIONALGEFÜHL, VATERLAND UND WIEDERVEREINIGUNG

Elisabeth Noelle-Neumann

„Sehen Sie nicht, wie schädlich der Stolz ist?" schrieb mir ein Zuschauer nach einer Fernsehdiskussion mit Bundespräsident Karl Carstens. Ich hatte gemeint, man könne ohne Stolz nicht leben, es ging um Stolz auf den eigenen Beruf, eigene Arbeit, aber auch Stolz auf das eigene Land. Stolz auf die eigene Arbeit, das empfinde er eigentlich nicht, sagte der Bundespräsident.

Ich war meiner Sache auch nicht sehr sicher. Da gibt es die vielen warnenden Stimmen, daß Stolz bei den Deutschen immer gleich ausufere in Hochmut und Überheblichkeit. Vielleicht wird dem einzelnen noch ein Recht auf Selbstbewußtsein zugebilligt, aber eine Übertragung ins Nationale erscheint unzulässig. James Joyce hat einmal in bezug auf Irland geschrieben: „Nationen brauchen ein Selbstbewußtsein wie Individuen." Ist das richtig, oder ist das falsch?

Hans Mommsen, Professor für neuere Geschichte an der Ruhr-Universität Bochum, griff in einem Aufsatz „Zum Problem des deutschen Nationalbewußtseins in der Gegenwart" (1979) an „die wiederholte Behauptung, daß ein staatliches Gemeinwesen nicht ohne ein klares Selbstbewußtsein nationaler Identität auskommen könne". Er erklärte: „Die Übertragung des Begriffs der Identität aus der Individualpsychologie auf Gesellschaft und politische Systeme ist angesichts der idealistischen Auffüllung derartiger Begriffe durch die deutsche Tradition mindestens dilettantisch ..." und weiter: „Die Beschwörung eines Nationalgefühls, das nur die angeblich positiven nationalen Tugenden der Deutschen zusammenfaßt, ohne der Gesamtheit nationalistischer und chauvinistischer Konnotationen zu neuem Leben zu verhelfen, die maßgeblich zum Scheitern des kurzlebigen deutschen Nationalstaates beigetragen haben, ist eine Quadratur des Kreises."

Er erwägt den Gedanken, ob das gemeinsame Erlebnis der Fernsehserie Holocaust vielleicht das Bewußtsein nationaler Solidarität bewirken könne: „Nicht tausend Jahre heiler, sondern zwölf Jahre unheilvoller deutscher Geschichte vermögen uns vielleicht zu dem zu verhelfen, was man ein ‚gesundes' Nationalgefühl nennt." Wenn Stolz bei den Deutschen so bedenklich ist, dann ist es konsequent, zu fragen, ob nicht das notwendige Gemeinsame in der Scham gefunden werden könne.

In solchen Überlegungen verbindet sich moralische Intention mit Konstruktionsfreude. Es ist aber fraglich, ob die Annahmen zutreffen, auf die sich Historiker wie Hans Mommsen stützen. „In unserem Zusammenhang", sagt er, „muß es

in erster Linie darauf ankommen, den flüssigen Charakter von Nationenbil-
dungs- beziehungsweise nationalen Solidarisierungsprozessen im Blick zu
haben ..." Im Sinne solcher „Flüssigkeit" konstatiert er: „Meinungsumfragen
zeigen, daß namentlich bei der jüngeren Generation die Vorstellung einer die
Bevölkerung der DDR umschließenden nationalen Gemeinsamkeit an Kraft
verliert und die nationale Identifikation jüngerer Staatsbürger der Bundesrepublik nahezu ausschließlich auf diese bezogen bleibt." Und: „Die Herausbildung
eines nationalen Teilstaatsbewußtseins in der Bundesrepublik ist auf Grund
einer Vielzahl verfügbarer Meinungsumfragen nachgewiesen worden."

Diese Aussage, die Mommsen 1979 machte, läßt sich aus dem Material von
Allensbacher Umfragen selbst für einen zwei Jahre später liegenden Zeitpunkt
nicht bestätigen. Sicher, es gibt hier eine methodische Schwierigkeit, die leicht
zu Fehlschlüssen führt. Mit den üblichsten, einfachsten Fragemodellen der
Demoskopie erfaßt man am besten das Aktuelle, obenauf Liegende; was nicht
aktuell ist, wird leicht unterbelichtet, oder es bleibt umgekehrt in den Ergebnissen wie eine leere Phase stehen als ein erstarrtes Anliegen, dessen Virulenz nicht
mehr einzuschätzen ist.

Das gilt ganz charakteristisch für Themen wie die deutsche Wiedervereinigung,
ein die Bevölkerung der DDR einschließendes Nationalgefühl und die Frage, ob
sich im Gebiet der Bundesrepublik Deutschland ein „Teilstaatsbewußtsein"
herausgebildet hat. Wenn man heute nach den wichtigsten politischen Anliegen
der Bevölkerung offen, also ohne Auswahlliste fragt, wird kaum jemand antworten: „Die deutsche Wiedervereinigung" (1981: 1%); man weiß ja, daß das so bald
– wenn überhaupt – nicht zu erreichen ist, man hält sich bei solcher Frage an das
Aktuelle. Für Hans Mommsen wird von einem derartigen Befund bestätigt: „Die
deutsche Einheit ist für die große Mehrheit der westdeutschen Bevölkerung
kein vitales Problem." Aber diese Interpretation kann bezweifelt werden.

Schon im ersten Jahrzehnt der Allensbacher Arbeit, also in den 50er Jahren,
fanden wir uns in ständige Auseinandersetzungen verstrickt mit der weit ver-
breiteten Ansicht, egoistisch und bequem im wachsenden Wohlstand hätten die
Westdeutschen ihr Interesse an einer Wiedervereinigung rasch abgeschrieben.
Die demoskopischen Ergebnisse – Wiedervereinigung rangierte damals bei der
offenen Frage nach den wichtigsten politischen Anliegen oft an erster oder zweiter Stelle – wurden als Ergebnis nationaler Pflichtübungen bezweifelt. Darum
entwarfen wir neue Fragen als Gegenprobe. Ein Mittel, wenn man die Härte
einer Überzeugung testen will, besteht darin, die dieser Überzeugung entgegen-
stehende Alternative im Fragetext so zu formulieren, daß sie möglichst einladend und vernünftig klingt. Wir fragten 1956: „Wie sehen Sie die Lage zur Zeit:
Hat es Zweck, wenn wir immer wieder fordern, Deutschland soll wiederverei-
nigt werden, oder muß man das einfach der Zeit überlassen?" Die große Mehr-

heit lehnte die ihnen angebotene vernünftige Alternative: „... der Zeit überlassen" ab, nur 25% 1956, 21% 1964 ließen sich darauf ein, bis zur Mitte der sechziger Jahre (die Frage wurde das letzte Mal 1964 gestellt) antworteten unverdrossen zwei Drittel der Bevölkerung: „... immer wieder fordern".

Mit dem Abschluß der Ostverträge 1970 fiel die Aktualität der Wiedervereinigungsfrage auf nicht absehbare Zeit in sich zusammen. Um weiter die Entwicklung eines Nationalbewußtseins, das die Bevölkerung der DDR einschloß, beobachten zu können, wurde 1970 eine neue Frage eingeführt, die den Mangel an
politischer Aktualität wett machte durch eine Thematik von touristischer
Aktualität und alltäglicher Anschaulichkeit. Diese Frage lautete: „Stellen Sie
sich bitte einmal vor, Sie machen Ferien irgendwo am Schwarzen Meer. Eines
Tages lernen Sie dort einen anderen Deutschen kennen. Im Gespräch erfahren
Sie, daß er aus der DDR kommt, in der DDR wohnt. Was denken Sie da wohl im
ersten Moment, wenn Sie das erfahren?"

Dazu wurde den Befragten eine Reihe von Karten mit vorgeschlagenen Antworten überreicht; eine derartige Strukturierung ist erforderlich, wenn man über
längere Zeit hinweg die Entwicklung von Einstellungen verfolgen will.

Die vorgeschlagenen Antworten waren so ausgewählt, daß vier ein Gefühl nationaler Verbundenheit oder zumindest einer besonderen Beteiligung anzeigten,
fünf deuteten auf Entfremdung, eine der vorgeschlagenen Anworten hatte zu
tun mit der Spaltung der Einstellungen gegenüber dem Staat DDR und einem
Bürger der DDR: „Seine wahre Meinung würde ich nicht erfahren, weil er sich
nicht traut, sie zu sagen". Die Ergebnisse dieses Tests passen nicht zu den
Annahmen von Mommsen.

In dem Zeitraum von mehr als einem Jahrzehnt nach Abschluß der Ostverträge
haben sich die spontanen Reaktionen der Bürger der Bundesrepublik beim
Gedanken einer plötzlichen Begegnung mit einem Bürger der DDR kaum verändert. In den Jahren unmittelbar nach dem Abschluß der Ostverträge, also
zwischen 1970 und 1975 läßt zunächst das Gefühl nationaler Gemeinsamkeit
geringfügig nach, dann zwischen 1975 und 1981 zeigt nichts an, daß „das
Bewußtsein nationaler Gemeinsamkeit an Kraft verliert". Die beiden wichtigsten Indikatoren zeigen fast das gleiche Muster. Die Antwort: „Ich würde mich
freuen" fällt zwischen 1970 und 1975 von 61 auf 57%, im November 1981 denken
das 54%. Die Antwort: „Ich glaube, wir würden uns als Deutsche im Ausland gut
verstehen" nimmt zunächst zwischen 1970 und 1975 von 59 auf 54% ab; 1981,
sechs Jahre später, sind es noch 51%. Das uralte Zeichen von Verbundenheit:
„Ich würde vorschlagen, daß wir etwas zusammen trinken", wählten 1970 45%,
1981 47%. Es lassen sich auch keine Generationsunterschiede ausmachen. Über
die Begegnung im Ausland freuen sich 1981 54% der unter 30jährigen ebenso
wie der 60jährigen und älteren. Die Vorstellung: „Ich glaube, wir würden uns als

Frage: „Stellen Sie sich bitte einmal vor, Sie machen Ferien irgendwo am Schwarzen Meer. Eines Tages lernen Sie dort einen anderen Deutschen kennen. Im Gespräch erfahren Sie, daß er aus der DDR kommt, in der DDR wohnt. Was denken Sie da wohl im ersten Moment, wenn Sie das erfahren? Sehen Sie doch bitte diese Karten einmal an: Was davon träfe zu?" (K)

| | 1970 | 1975 | 1979 | 1981 | Altersgruppen | | | |
| | | | | | 16–29 | 30–44 | 45–59 | 60 u. ä. |
	%	%	%	%	%	%	%	%
Ich wäre neugierig, mich mit ihm zu unterhalten	71	71	71	72	76	77	70	62
Ich würde mich freuen	61	57	48	54	54	50	59	54
Ich glaube, wir würden uns als Deutsche im Ausland gut verstehen	59	54	50	51	50	51	54	51
Ich würde vorschlagen, daß wir zusammen etwas trinken	45	47	40	47	50	53	47	37
Seine wahre Meinung würde ich nicht erfahren, weil er sich nicht traut, sie zu sagen	40	47	44	45	36	45	52	50
Ich glaube, der würde mich als Westdeutsche(n) gar nicht so gern an seinem Tisch haben, weil er bestimmt ganz anders denkt als wir	13	18	15	17	13	16	17	20
Ich glaube, wir hätten uns wenig zu sagen	12	16	14	16	15	17	14	18
Ich glaube, das wäre ein Spitzel	6	6	6	6	4	5	6	10
Ich hätte Lust, mich von ihm zurückzuziehen	3	4	4	5	3	4	6	7
Ich wäre enttäuscht	2	3	3	3	4	3	2	3

Deutsche im Ausland gut verstehen", äußerten 1981 50% der unter 30jährigen, 51% der 60jährigen und älteren.

Von einem Mangel an Interesse an der DDR, wie er oft der Bevölkerung der Bundesrepublik unterstellt wird, kann man angesichts der Ergebnisse dieser Testfrage sowieso nicht sprechen. Rund 70% haben bei vier Umfragen zwischen 1970 und 1981 erklärt: „Ich wäre neugierig, mich mit ihm zu unterhalten". Ganz unverändert lag diese Antwort immer am ersten Platz.

Der Blick auf das negative Feld der Antworten ergänzt nur den Befund: Gleichgültigkeit („Ich glaube, wir hätten uns wenig zu sagen"), Mißtrauen, Fremdheit – alle derartigen Reaktionen rangieren am Schluß, es sind ausgeprägte Minderheiten, die sich so äußern, und 1981 sind es nicht mehr als 1975.

Ein besonderes Interesse verdient die von fast jedem zweiten Befragten (1981: 45%) kommende Antwort: „Seine wahre Meinung würde ich nicht erfahren, weil er sich nicht traut, sie zu sagen". Der Historiker Hans Mommsen hat darüber spekuliert, ob nicht manches dafür spreche, „daß das Bedürfnis nach traditionaler nationaler Identifikation in der DDR stärker ist als in der Bundesrepublik". Hier bei uns habe „der Antikommunismus als dominanter Konsensusfaktor innerhalb des Bürgertums und Teilen der Arbeiterschaft die Reste gesamtnationaler Loyalität psychologisch überlagert".

Tatsächlich bezieht sich aber der Antikommunismus auf das Regime, nicht auf die Bevölkerung der DDR, er kann darum auch die gesamtnationale Loyalität psychologisch nicht überlagern. Wenn etwa die Hälfte der Bevölkerung in der Bundesrepublik als spontane Reaktion bei einer Begegnung mit einem DDR-Bürger im Ausland angibt: „Seine wahre Meinung würde ich nicht erfahren, weil er sich nicht traut, sie zu sagen", dann bedeutet das, die Bevölkerung der DDR wird für unfrei gehalten. Dem Gefühl einer Zusammengehörigkeit tut das keinen Abbruch. Die Tendenz, den unbekannten DDR-Bürger für einen überzeugten Kommunisten zu halten, ist eher gering. Fast unverändert gegenüber 1975 meinen 1981 17%: „Ich glaube, er würde mich als Westdeutschen gar nicht so gern an seinem Tisch haben, weil er bestimmt ganz anders denkt als wir".

Ein Ende eines gesamtdeutschen Nationalgefühls wird aus ganz verschiedenen Motiven schon seit den 50er Jahren herbeigewünscht. Einen dieser Gründe nennt Mommsen, die „Einsicht, daß jeder Schritt zur gesamtstaatlichen Zusammenfassung des Deutschtums das nationale Selbstbehauptungsinteresse der benachbarten Völker territorial und machtpolitisch bedrohe". Um dem als schädlich empfundenen gesamtdeutschen Nationalgefühl entgegenzuwirken, spielt schon seit längerer Zeit eine wichtige Rolle das Argument, es gebe keine Abgrenzungskriterien. Wie wenig verschiedene Kriterien, an die man vielleicht denken könnte, bedeuten, wird besonders am Beispiel der Sprachgemeinschaft erläutert. Mommsen: „Daß die Spracheinheit als Abgrenzungskriterium hinfällig ist, lehrt ein Blick auf Österreich und die Schweiz."

Österreich und Schweiz als Modellfälle, an denen sich auch das künftige Verhältnis der Bundesrepublik zur DDR orientieren solle, wurde schon in der publizistischen Auseinandersetzung um die neue Ostpolitik Ende der 60er Jahre und seitdem immer wieder herangezogen. Was in diesem Zusammenhang die politisch „richtigen Antworten" sind, ist durch die publizistische Diskussion klargestellt, gleichsam kanonisiert. Das hat interessante Auswirkungen auf demoskopische Ergebnisse. Was man bei einer unvermuteten Begegnung mit einem DDR-Bürger im Tourismusmilieu am Schwarzen Meer empfinden soll, was da richtig ist, ist nicht vorgeschrieben. Daher kann man mit dieser Frage die spontanen Empfindungen der bundesrepublikanischen Bevölkerung beobachten, auch beobachten, daß sie sich in einem Jahrzehnt kaum verändert haben und daß sich auch die Generationen nicht unterscheiden. Ganz anders bei der ebenfalls gestellten Nachfrage zur gleichen Szene einer Begegnung am Schwarzen Meer: „Und hätten Sie das Gefühl, daß es ein Landsmann ist, oder würde Sie mit ihm nicht mehr verbinden als mit einem Österreicher (Parallelumfrage: Schweizer), der die gleiche Sprache spricht?"

Frage: *„Und hätten Sie das Gefühl, daß es ein Landsmann ist, oder würde Sie mit ihm nicht mehr verbinden als mit einem Österreicher (Parallelumfrage: Schweizer), der die gleiche Sprache spricht?"*

| | Betrifft | | | |
| | Österreicher | | Schweizer | |
	1970 %	1981 %	1970 %	1981 %
Landsmann	68	49	68	52
Nicht mehr verbunden als mit Österreicher/Schweizer . . .	20	30	18	26
Unentschieden	12	21	14	22
	100	100	100	100

Hier zeigen sich nach 1970 erhebliche Veränderungen. Die Antwort: „Es würde mich mit ihm nicht mehr verbinden als mit einem Österreicher" stieg zwischen 1970 und 1981 an von 20 auf 30%, „nicht mehr als mit einem Schweizer" von 18 auf 26%. In beiden Versionen nimmt auch die Unentschiedenheit beträchtlich zu. Entsprechend gehen die Antworten, man empfinde den DDR-Bürger mehr als Landsmann im Vergleich mit dem Österreicher bzw. Schweizer zurück. Und hier finden sich auch erhebliche Generationsunterschiede. Wie immer, wenn es um ein Thema geht, das in den Medien mit einem deutlich überwiegenden Tenor behandelt wurde, sind die Antworten der Jüngeren davon viel mehr als der Älteren geprägt. Die unter 30jährigen empfinden 1981 den DDR-Bürger gegenüber einem Österreicher nur zu 37% noch als Landsmann, die 60jährigen und älteren zu 65%. Das Beispiel zeigt, wie wenig mit einer vereinfachten Demoskopie, die sich mit direkten Fragen und durch die Publizistik geprägten Argumenten begnügt, anzufangen ist.

Das gilt auch für die Prüfung der Frage, ob sich in der Bundesrepublik inzwischen ein „Teilstaatsbewußtsein" herausgebildet hat. Eine solche Frage kann man nur indirekt angehen. Die Gelegenheit bot sich bei der Umfrage vom November 1981, die vom Allensbacher Institut im Auftrag des Rheinischen Merkur zum Thema des deutschen Nationalgefühls durchgeführt wurde. Eine Testfrage lautete: „Einmal angenommen, im Fernsehen kommt ein Beitrag mit dem Titel ‚Die deutsche Nation heute'. Könnten Sie nach dieser Liste sagen, was ist mit der deutschen Nation in diesem Fall gemeint?" Dazu wurde eine Liste mit

vier Auswahlantworten überreicht (Tabelle Seite 197). 43% der Befragten meinten, mit der deutschen Nation sei bei diesem Fernsehbeitrag wahrscheinlich
gemeint die Bundesrepublik. 32% Prozent sagten: „Die Bundesrepublik und die
DDR zusammen". 12%: „Die Bundesrepublik, die DDR und die ehemals deutschen Ostgebiete". Und 7%: „Alle deutschsprachigen Gebiete". Zusammengefaßt haben 51% der Befragten sich unter dem Stichwort „Die deutsche Nation
heute" ein Gebilde vorgestellt, das über die Bundesrepublik hinausreicht. Dabei
gab es kaum Unterschiede zwischen den Altersgruppen. In einer Parallelumfrage wurden die Vorstellungen bei dem Titel: „Die deutsche Nation morgen"
ermittelt. Dabei dachten statt 43% nur noch 38% an die heutige Bundesrepublik,
die Vorstellungen griffen weiter aus bei 53%, und schließlich war die Zahl derer,
die keine Antwort wußten, etwas größer.

Ebenso wie das ratlose Nationalgefühl sich zum Teil in der Sprachgemeinschaft
einrichtet, so versucht es auch, die politischen Realitäten zu umgehen und sich
als Kulturgemeinschaft zu verstehen. Um solche Vorstellungen kennenzulernen, wurde parallel zu den eben beschriebenen Tests eine repräsentative Stichprobe gefragt: „Einmal angenommen, im Fernsehen kommt ein Beitrag mit dem
Titel: ‚Die deutsche Kultur'. Von wo wird da berichtet? Könnten Sie es nach
dieser Liste sagen?" Die Liste enthielt die gleichen vier Antwortvorgaben wie
bei den beiden schon berichteten Versionen. 19% denken bei deutscher Kultur
an die Bundesrepublik und die DDR zusammen, 20% an die Bundesrepublik,
die DDR und die ehemals deutschen Ostgebiete; 29% denken an alle deutschsprachigen Gebiete. Mit dem Stichwort „deutsche Kultur" verknüpfen 68% Vorstellungen, die weit über die Bundesrepublik hinausgreifen; für 23% – und auch
für die unter Dreißigjährigen kaum mehr, nämlich 27% – deckt sich deutsche
Kultur mit dem Gedanken an die Bundesrepublik.

Jene These, die man ebenfalls bei H. Mommsen finden kann, daß die nationale
Identifikation jüngerer Staatsbürger der Bundesrepublik nahezu ausschließlich
auf diese bezogen bleibe, läßt sich mit Daten der Demoskopie nicht stützen, und
zwar unabhängig davon, ob man das Stichwort „deutsche Kultur" einbezieht
oder ausspart. Daß sich ein „Teilstaatsbewußtsein" kräftig entwickelte, ist nicht
zu erkennen. Die Chancen dafür sind schon darum gering, weil vor allem diejenigen ein „Teilstaatsbewußtsein" äußern, die bei einer anderen Frage versi-
chern, sie seien nicht stolz darauf, ein Deutscher zu sein. Es fehlt damit der Idee
des „Teilstaatsbewußtsein" gleichsam ein Motor, eine gewisse Begeisterung.

Auf der anderen Seite wird die Stabilität des Wunsches nach einer deutschen
Wiedervereinigung unterschätzt, weil Wiedervereinigung zur Zeit nicht auf der
Tagesordnung steht. Von Zeit zu Zeit wird mit publizistischen Initiativen gete-
stet, welchen Preis die Bevölkerung der Bundesrepublik für die Wiedervereinigung zu zahlen bereit wäre, zum Beispiel mit dem „Manifest", das der SPIEGEL

im Januar 1978 veröffentlichte mit der Quellenangabe, es sei verfaßt von DDR-Kritikern, in der DDR wohnenden Patrioten. Etwa einmal pro Jahr – 1980, 1981 und schon Anfang 1982, in diesem Fall angeblich aus französischer Quelle – kommt das Wiedervereinigungskonzept, das damals im „Manifest" vom SPIE-GEL vorgestellt wurde, als „neues Konzept" in die Massenmedien. Von Jahr zu Jahr findet es etwas mehr Beifall bei der Bevölkerung. Es ist übrigens ungefähr das gleiche Konzept, mit dem Adenauer schon Anfang der fünfziger Jahre zu tun hatte. In den Allensbacher Umfragen wird es seit September 1978 vorgestellt (Tabelle Seite 208).

Im Zeitraum von drei Jahren, zwischen September 1978 und November 1981, stieg die Zustimmung: „Das würde ich begrüßen" von 38 auf 53%, die Ablehnung fiel von 34 auf 20% zurück. Diese Entwicklung gibt Rätsel auf. Man könnte darin den Erfolg der Propaganda für „Neutralität" sehen; aber das widerspricht anderen Befunden, nach denen sich die Einstellung der Bevölkerung in der Frage: NATO-Bündnis oder Neutralität? in den letzten Jahren kaum verändert hat. In der Frage Westallianz oder Neutralität bestehen auch scharfe Unterschiede zwischen den verschiedenen Parteilagern; wenn die Antworten auf die Frage nach dem Konzept des Manifests von 1978 vor allem durch den Wunsch nach Neutralität bestimmt wären, müßten sich die Parteipositionen dabei deutlich abzeichnen. Tatsächlich aber sind die Antworten von der jeweiligen Parteineigung fast unabhängig, 51% der CDU/CSU-Anhänger, 56% der SPD- und 53% der FDP-Anhänger stimmen dem Konzept zu, dabei die älteren ab 45 Jahre etwas mehr (57%) als die jüngeren (50%).

Wahrscheinlich kann man in dem Votum nur ein ganz vitales Interesse an der Wiedervereinigung sehen, ein in den letzten Jahren sogar verstärktes Interesse. Anzeichen dafür gab es schon bei der Frage nach der Begegnung mit dem unbekannten DDR-Bürger im Ferienort am Schwarzen Meer. Die Antworten im Sommer 1979 markierten eine Art von Tiefpunkt in den landsmannschaftlichen Reaktionen, die Antworten im Herbst 1981 waren wärmer, sie erreichten an Herzlichkeit fast wieder das Niveau von 1975.

Gewiß wird das Interesse an der Wiedervereinigung heute nicht stärker sein als in den 50er Jahren in der Ära Adenauer. Es könnte dennoch mehr durchschlagen als Vorschläge, die dem Konzept des Manifests von 1978 sehr ähneln, und die in den 50er Jahren etwa unter dem Stichwort Rapacki-Plan unterbreitet wurden; denn damals war das Mißtrauen noch größer, die Angebote des Ostens wurden schärfer als Alternative zwischen Wiedervereinigung oder Erhaltung der demokratischen Freiheit gesehen.

Dem ratlosen Nationalgefühl wird seit kurzem der Begriff „National-Neutralismus angeboten. Aber richtig zündend wirkt das nicht. Zu lange war der Wortbestandteil „national" mit einem Bann belegt worden, zu ausdrücklich wurde das

Nationalgefühl, weil es von den Nationalsozialisten mißbraucht worden war, als Krankheitsherd bekämpft, um jetzt in der Wortverbindung „National-Neutralismus" gleich wieder durch die Vordertür eintreten zu können.

Auch die Symbolausstattung für Nationalgefühle – Nationalflagge, Nationalhymne – scheint vielen Wohlmeinenden als entbehrlich. In der eingangs erwähnten Fernsehdiskussion der „Bonner Runde" berichtete der Bundespräsident von dem Brief eines jungen Mädchens, das als Auslandsstudentin in Australien seiner Schwester den Ratschlag gab, sie möge den Text des Deutschlandliedes lernen, um sich später nicht ähnlich zu blamieren wie sie selbst, die als einzige unter den Angehörigen vieler Nationen den Text der Nationalhymne ihres Landes nicht gekannt habe.

Der Ratschlag wäre für rund 60% der Bevölkerung ab 16 Jahre angebracht, für 56% der unter 30jährigen; denn so groß ist die Zahl derer, die die Frage: „Könnten Sie sagen, wie die ersten Worte heißen, mit denen unsere Nationalhymne anfängt?" im November 1981 nicht beantworten konnten. Seitdem diese Frage zum erstenmal gestellt worden war, 1961, hat sich kaum etwas bewegt. Jeder fünfte sagt heute ebenso wie vor zwanzig Jahren, er kenne die ersten Worte nicht; 46% 1961, 37% 1981 glaubten, der Anfang lautete noch immer: „Deutschland, Deutschland über alles …"; 33% 1961, 41% 1981 konnten die erste Zeile der Nationalhymne angeben, schließlich waren noch einige Prozent mit verstümmelten Angaben verzeichnet. Verändert hatten sich zwischen 1961 und 1981 vor allem die Antworten auf die Frage: „Finden Sie, wir brauchen eine Nationalhymne, oder braucht man eigentlich keine?" Die Antwort: „Wir brauchen eine" ging von 85 auf 69% zurück, die unter 30jährigen meinten 1981 nur noch zu 52%, man brauche eine Nationalhymne.

In der Frage des Nationalgefühls scheint alles so disponibel. „In unserem Zusammenhang", schrieb Hans Mommsen 1979, „muß es in erster Linie darauf ankommen, den flüssigen Charakter von Nationalbildungs- beziehungweise nationalen Solidarisierungsprozessen im Blick zu haben…" Ist das richtig, stimmt das mit dem Flüssigsein? Stimmt das insbesondere in Verbindung mit dem Diskussionsgegenstand, der den Aufsatz von Mommsen anregte, ein Beschluß der Kultusministerkonferenz über die „Deutsche Frage im Unterricht" vom 23. 11. 1978, der gerade nicht das „Flüssige" betonte, sondern in dem die Kultusminister ihre Absicht bekräftigten, in ihrem Bereich darauf hinzuwirken, das Bewußtsein von der deutschen Einheit und dem Willen zur „Wiedervereinigung in Frieden und Freiheit" wachzuhalten und zu entwickeln. Viele demoskopische Ergebnisse widerlegen die Annahme eines flüssigen Zustandes von Nationalgefühl, zumindest für den Zeitraum der letzten 35 Jahre. Die Konstruktionsfreiheit ist nicht so groß, wie man denkt.

Ist der Nationalstolz schädlich, oder ist er notwendig, damit ein Staat existenzfähig ist? Die Unsicherheit darüber ist groß. Wer argumentiert, der Nationalstolz habe Deutschland und nicht nur Deutschland, sondern auch die Nachbarvölker ins Unglück gestürzt, wird viel Zustimmung finden. Das Absinken des Nationalstolzes der Deutschen wird von vielen mit Zufriedenheit registriert werden. Die Frage: „Sind Sie stolz darauf, ein Deutscher zu sein?" wurde 1971 von 42%, 1981 von 35% mit „Ja, unbedingt" beantwortet. Die unter 30jährigen sagten 1981 „Ja, unbedingt" zu 20%.

Wer aber nicht unbedingt stolz auf das eigene Land ist, der ist auch sehr viel weniger bereit, dieses Land zu verteidigen. Die Ergebnisse dazu stammen aus einer Umfrage im Sommer 1981. Die Frage: „Wir hoffen natürlich alle, daß es nie mehr einen Krieg gibt. Aber wenn es dazu käme, wären Sie dann bereit, für Ihr Land zu kämpfen?" beantworten diejenigen unter 30jährigen, die sehr stolz darauf sind, Deutscher zu sein, mit 60%: „Ja", diejenigen, die nicht darauf stolz sind, erklärten sich nur zu 15% bereit, für ihr Land zu kämpfen.

Dann gibt es den eigentlich nicht überraschenden Zusammenhang zwischen Nationalstolz und dem Willen, auszuwandern. Insgesamt ist der Prozentsatz der unter 30jährigen, die erklären, sie würden gern auswandern, in den letzten Jahren immer höher gestiegen. Im November 1981 sagten 35% der unter 30jährigen, daß sie gern auswandern würden; diejenigen, die unbedingt stolz darauf sind, Deutscher zu sein, wollten zu 26% gern auswandern, diejenigen, die nicht stolz darauf sind, zu 49%. Warum Nationalstolz etwas mit Existenzfähigkeit eines Staates zu tun hat, läßt sich gut erkennen.

Nachdruck aus „Rheinischer Merkur/Christ und Welt", Nr. 13 v. 26. 3. 1982 und Nr. 14 v. 2. April 1982.

NEUTRALISIERUNG UND WIEDERVEREINIGUNG

Frage: „Was meinen Sie zu folgendem Vorschlag zur deutschen Wiedervereinigung: Bedingung für die Wiedervereinigung sind dabei folgende Forderungen:
– Die DDR tritt aus dem Warschauer Pakt aus, die Bundesrepublik aus der NATO.
– Es muß garantiert sein, daß das wiedervereinigte Deutschland neutral und bündnisfrei ist.
– Das wiedervereinigte Deutschland kann sein Gesellschaftssystem in freien und geheimen Wahlen selbst bestimmen.
Hier steht es noch einmal geschrieben. Wie stehen Sie dazu? Würden Sie eine Wiedervereinigung Deutschlands unter diesen Bedingungen begrüßen oder unter diesen Bedingungen nicht?"

	1978 September %	1979 Mai %	1980 Juni %	1981 Mai %	1981 November %
Begrüßen	38	49	47	54	53
Nicht begrüßen	34	26	27	24	20
Unentschieden	28	25	26	22	27
	100	100	100	100	100

UBI BENE ...?

Frage: „Die beiden deutschen Staaten haben ja unterschiedliche Gesellschaftsordnungen. Darüber, was das für die Menschen bedeutet, die dort leben, unterhalten sich hier zwei. Welcher von beiden sagt auch eher das, was Sie denken?" (B)

	1980 Juni %
„Im Grunde ist es egal, in welcher Gesellschaftsordnung man lebt. Jede hat ihre Vorteile und Nachteile. Man kann es sich in der Bundesrepublik und in der DDR so einrichten, daß man ordentlich und zufrieden leben kann."	8
„Da bin ich anderer Meinung. Ob man in der Gesellschaftsordnung der Bundesrepublik oder der DDR lebt, macht einen großen Unterschied. In der Bundesrepublik kann sich der einzelne viel freier entfalten und nach seinen Vorstellungen leben als in der DDR."	83
Unentschieden	9
	100

PERSÖNLICHE VERBINDUNGEN

Frage: „Glauben Sie, daß die Menschen in der DDR – einmal ganz allgemein gefragt – weniger glücklich leben als die Menschen in der Bundesrepublik, oder genauso glücklich, oder glücklicher?"

Menschen in der DDR sind –	1979 Aug. %
weniger glücklich	55
genauso glücklich	29
glücklicher	1
Unmöglich zu sagen	15
	100

Frage: „Haben Sie Verwandte oder Bekannte in der DDR oder in Ost-Berlin?"

	1953 Febr. %	1981 Juli %	1982 Dez. %
Ja	44	38	36
– Eltern, Großeltern . . .	6	3	3
– Geschwister	9	5	4
– Kinder, Enkel	2	1	1
– andere Verwandte . . .	23	23	24
– Freunde, Bekannte . .	20	12	10
Nein	56	62	64
	100	100	100

TEURE BESUCHE

Frage: „Die DDR-Regierung hat ja den sogenannten Zwangsumtausch erhöht, das heißt, jeder Reisende muß jetzt 25 Mark pro Tag umtauschen, wenn er in die DDR kommt."
„Glauben Sie, das wird die Beziehungen zwischen der Bundesrepublik und der DDR in Zukunft verschlechtern, oder glauben Sie, das wird auf längere Zeit keinen Einfluß darauf haben?" (Parallelgruppe)
„Was vermuten Sie, wird es der Bundesregierung gelingen, daß die DDR ihre Entscheidung zurücknimmt, oder glauben Sie das wird nicht möglich sein?" (Parallelumfrage)

A Beziehungen –	1980 Nov. %	Rücknahme –	1980 Nov. %
in Zukunft verschlechtern	63	wird nicht möglich sein	78
kein dauernder Einfluß	24	wird gelingen	7
Unentschieden	13	Unentschieden	15
	100		100

WIEDERVEREINIGUNG UM WELCHEN PREIS?

Frage: „Wünschen Sie, daß die Wiedervereinigung kommt, oder ist Ihnen das nicht so wichtig?"

Frage: „Glauben Sie, daß sich Ost- und Westdeutschland noch einmal wiedervereinigen, oder glauben Sie nicht?"

A	1976 Jan. Bevölkerung %	1981 Juli %	Altersgruppen 26–29 %	30–44 %	45–59 %	60 u. ä. %	Personen mit – persönl. Verbindungen in der DDR %	ohne – %
Wünsche es sehr	60	62	44	56	73	76	74	54
Nicht so wichtig	36	32	50	37	20	18	19	40
Andere Antwort	4	6	6	7	7	6	7	6
	100	100	100	100	100	100	100	100
Ja, glaube ich	13	13	7	11	14	21	17	11
Nein, glaube ich nicht	65	62	69	67	60	52	65	61
Unmöglich zu sagen	22	25	24	22	26	27	18	28
	100	100	100	100	100	100	100	100

Frage: „Hier sind zwei Ansichten. Welcher sagt eher das, was auch Sie denken?"

	November 1981 %
„Zu einer Wiedervereinigung Deutschlands können wir nur noch kommen, wenn wir neutral sind. Das ist mir wichtiger als eine Garantie der Westmächte für unsere Sicherheit"	23
"In der Frage der Wiedervereinigung bringt uns die Neutralität kaum weiter. Dagegen können wir uns auf den Schutz unserer Freiheit und Sicherheit durch die Westmächte in jedem Fall verlassen"	54
Unentschieden	23
	100

DEUTSCHLAND

Frage: „Wenn Sie von unserem Gebiet mit Ihren Bekannten sprechen – wie nennen Sie das?" (O, B)

	1966 März %	1980 Mai %	1982 Jan. %	16–29 %	30–44 %	45–59 %	60 u. ä. %
				Altersgruppen			
Deutschland	12	34	34	39	33	28	37
Bundesrepublik	36	26	27	23	27	31	28
Westdeutschland	29	12	12	8	13	15	14
BRD	×	13	11	16	12	9	7
Westen	8	5	2	1	2	2	3
Bei uns, unser Teil	5	5	6	6	4	8	5
Bundesrepublik Deutschland	3	4	6	6	8	5	5
Bundesgebiet	2	1	×	×	×	×	1
Andere / keine Antwort	7	5	6	6	5	7	6

DDR

Frage: „Hier ist eine Karte von Deutschland, Sie sehen hier links unser Gebiet und rechts den anderen Teil Deutschlands. Wenn Sie vom anderen Teil Deutschlands sprechen – wie nennen Sie es, wie sagen Sie da?" (O, B)

	1966 März	1980 Mai	1982 Jan.	16–29	30–44	45–59	60 u. ä.
	Bevölkerung insges.*			Altersgruppen			
	%	%	%	%	%	%	%
DDR	11	37	66	79	72	60	50
Ostzone	48	33	13	7	9	19	21
Ostdeutschland	12	13	8	6	8	9	12
Drüben, von drüben	5	4	6	5	5	9	7
Zone	9	4	2	1	1	4	4
Mitteldeutschland	4	2	1	×	1	1	1
Sowjetisch besetzte Zone, Sowjetisches Besatzungsgebiet, besetzte Zone	4	2	1	×	×	×	1
Sowjetzone	3	×	1	×	1	×	1
Andere bzw. keine Antwort	9	9	6	6	5	7	7

* ohne West-Berlin

DDR-STAATSBÜRGERSCHAFT ANERKENNEN?

Frage: „Menschen aus der DDR, die zu uns in die Bundesrepublik kommen, werden automatisch als Bundesbürger behandelt, mit allen Rechten und Pflichten. Wenn die Bundesrepublik die DDR-Staatsbürgerschaft anerkennt, würde das nicht mehr automatisch gelten. Was meinen Sie, sollte die Bundesregierung die DDR-Staatsbürgerschaft anerkennen oder nicht?"

Frage: „Wenn die Bundesrepublik die DDR-Staatsbürgerschaft anerkennt, würde das endgültig bedeuten, daß es zwei deutsche Staaten gibt. Was meinen Sie, sollte die Bundesregierung die DDR-Staatsbürgerschaft anerkennen oder nicht?"

B

	März 1981		
	DDR-Staatsbürgerschaft –		Unent-
	anerkennen	nicht anerkennen	schieden
Vorgabe:	%	%	%
Menschen aus DDR wie Bundesbürger behandeln	26	49	25 = 100
De Jure zwei deutschen Staaten	24	53	23 = 100

AUFFORDERUNG

Frage: „Hier steht ein Satz aus dem Grundgesetz – wenn Sie ihn bitte einmal lesen: ‚Das gesamte deutsche Volk bleibt aufgefordert, in freier Selbstbestimmung die Einheit und Freiheit Deutschlands zu vollenden'. – Was meinen Sie: Soll dieser Satz auch weiterhin im Grundgesetz stehen, oder finden Sie, er sollte gestrichen werden?" (L)

	1973	1976	1978	1979	1982
	%	%	%	%	%
Weiterhin im Grundgesetz	73	72	75	76	77
Gestrichen werden	11	12	11	10	9
Unentschieden	16	16	14	14	14
	100	100	100	100	100

	Weiterhin im Grundgesetz		Gestrichen werden		Unent- schieden	
	1973	1982	1973	1982	1973	1982
	%	%	%	%	%	%
ALTERSGRUPPEN						
16–29 Jahre	59	71	24	12	17	17
30–44 Jahre	74	73	9	12	17	15
45–59 Jahre	80	81	7	9	13	10
60 Jahre und älter	81	83	5	4	14	13
POLITISCHE ORIENTIERUNG						
SPD-Anhänger	70	72	13	12	17	16
CDU/CSU-Anhänger	82	86	6	6	12	8
FDP-Anhänger	72	81	15	12	13	7
GRÜNE-Anhänger	–	57	–	25	–	18

BERLIN HALTEN!

Frage: „Seit Kriegsende gibt es um Berlin ständige Unruhen und Streitigkeiten, weil diese Stadt mitten in der DDR liegt. Was soll nun weiter geschehen: Würden Sie sagen, es wäre am besten, West-Berlin aufzugeben, damit der Streit mit den Russen aufhört, oder soll West-Berlin weiter gehalten werden?"

A	1953 Juni	1958 Nov.	1970 Juli	1978 April	Politische Orientierung SPD	CDU/CSU	FDP
	Bevölkerung insgesamt						
	%	%	%	%	%	%	%
Halten	79	78	87	88	88	90	85
Aufgeben	5	4	5	5	4	5	3
Unentschieden	16	18	8	7	8	5	12
	100	100	100	100	100	100	100

IN VERBINDUNG BLEIBEN

Frage: „Im Viermächteabkommen über Berlin wurde 1972 anerkannt, daß Berlin kein Teil der Bundesrepublik ist, aber daß zwischen Berlin und der Bundesrepublik besonders enge Bindungen bestehen und weiter ausgebaut werden sollen. Wußten Sie das?" (Ja, wußte ich = 65%)

Frage: „Die DDR möchte ja nicht, daß die Bundesrepublik zu Berlin besonders enge Bindungen hat. Was meinen Sie? Sollen wir diese engen Bindungen zu Berlin aufgeben, um zu einem besseren Verhältnis zur DDR zu kommen, oder sollen wir diese enge Bindung genauso weiterpflegen wie bisher, oder sollte man sogar noch mehr tun, damit diese Bindung enger wird?"

A		April 1978			
	Bev. insg.	16–29	Altersgruppen 30–44	45–59	60 u. ä.
	%	%	%	%	%
Bindungen pflegen	57	59	61	55	51
Noch mehr tun	34	32	34	36	35
Bindungen aufgeben	2	2	2	2	1
Unentschieden	7	7	3	7	13
	100	100	100	100	100

ANSCHAUUNGSSACHE

Frage: „Hat sich Ihrer Meinung nach die Lage Berlins seit dem Berlin Abkommen und den Verträgen mit der DDR verbessert, oder finden Sie das nicht?"

	1972 Juni	1978 April	Politische Orientierung SPD	CDU/CSU	FDP
	Bev. insges.				
	%	%	%	%	%
Verbessert	50	41	51	34	42
Finde nicht	27	30	22	40	26
Unentschieden	23	29	27	26	32
	100	100	100	100	100

POSITIVE EINSTELLUNG ZU DEN BERLINERN

Frage: „Man hört so ganz verschiedene Ansichten über die Berliner. Was gefällt Ihnen eigentlich an den Berlinern, und was gefällt Ihnen nicht? Was denken Sie so über die Berliner?" (O)

	1953 Juni	1959 Juli	1978 April		Altersgruppen		
	Bevölkerung insges.			16–29	30–44	45–59	60 u. ä.
	%	%	%	%	%	%	%
Überwiegend positive Aussagen	51	58	41	38	44	42	41
Ambivalente oder neutrale Aussagen . . .	16	9	23	20	26	24	22
Überwiegend negative Aussagen	19	12	13	12	12	16	12
Kein Urteil („Kenne die Berliner nicht") .	14	21	23	30	18	18	25
	100	100	100	100	100	100	100

Frage: „Waren Sie schon einmal in Berlin?"

	1953	1978	Altersgruppen				Schulabschluß	
	Bevölkerung insges.		16–29	30–44	45–59	60 u. ä.	Volks- schule	Höhere Schule
	%	%	%	%	%	%	%	%
Ja, war schon mal in Berlin	45	42	31	45	49	45	36	56

ZWANZIG JAHRE SEIT DEM MAUERBAU

Frage: „Vor zwanzig (fünfzehn) Jahren, am 13. August 1961, ist in Deutschland etwas Wichtiges geschehen. Wissen Sie zufällig noch, was das war?"

A

	1976 Juni	1981 Juli	Altersgruppen			
			16–29	30–44	45–59	60 u. ä.
	%	%	%	%	%	%
Richtige Antwort (Bau der Mauer in Berlin)	45	52	44	58	56	51
Vage Antwort	1	2	2	2	3	2
Falsche Antwort	2	2	2	2	2	4
Keine Angabe, weiß nicht	52	44	52	38	39	43
	100	100	100	100	100	100

VERANTWORTUNG FÜR BERLIN

Frage: „Wenn die Bundesrepublik mit Ländern aus dem Ostblock Verträge aushandelt, kommt es ja immer wieder zu Schwierigkeiten, weil die Bundesregierung möchte, daß die Verträge auch für Berlin gelten. Darüber unterhalten sich hier zwei, welcher von den beiden sagt eher das, was auch Sie denken?" (B)

	April 1978			
	Bevölkerung	Politische Orientierung		
	insgesamt	SPD	CDU/CSU	FDP
	%	%	%	%
„Ich finde, die Bundesrepublik ist für Berlin verantwortlich und sollte deswegen auch darauf bestehen, daß Berlin in die Verträge einbezogen wird, auch wenn der Vertrag dann nicht zustande kommt."	67	64	73	75
„Alles oder nichts ist kein Standpunkt für die Politik. Deshalb finde ich es immer noch besser, einen Vertrag zu bekommen, der nur für die Bundesrepublik gilt, als gar keinen Vertrag."	19	24	15	15
Unentschieden	14	12	12	10
	100	100	100	100

Frage: „West-Berlin bekommt ja von der Bundesregierung finanzielle Hilfe. Man kann nun verschiedener Meinung sein, ob die finanzielle Unterstützung für Berlin verstärkt werden soll oder nicht. – Die einen sagen: Es ist ganz sinnlos, noch mehr Geld nach Berlin zu pumpen. Die anderen sagen: Je schwieriger die Lage ist, desto mehr Hilfe müssen wir den Berlinern schicken. Welcher Ansicht sind Sie?"

| | Mehr Hilfe | Sinnlos | Kein Urteil |
	%	%	%
Bevölkerung im Bundesgebiet insgesamt – Sept. 1968	49	26	25 = 100
– April 1978	52	21	27 = 100

BLEIBT BEIM WESTEN!

Frage: „Hier sind einige Aussagen über Berlin. Könnten Sie es bitte einmal durchlesen. – Wie beurteilen Sie jetzt die Lage von West-Berlin – welche dieser Aussagen trifft am besten Ihre Meinung dazu?" (L)

| | 1961 Okt. | 1978 April |
	%	%
„Ich bin fest davon überzeugt, daß West-Berlin beim Westen bleibt"	29	50
„Ich glaube eher, daß West-Berlin beim Westen bleibt"	36	37
„Ich habe das Gefühl, daß West-Berlin vielleicht dem Osten überlassen werden muß"	18	6
„Ich bin überzeugt, daß West-Berlin doch bald dem Osten überlassen wird"	6	2
Unentschieden	11	5
	100	100

WEITERUNGEN

Frage: „Angenommen, wegen Berlin würde es zum Krieg kommen: Glauben Sie, daß die Amerikaner uns dann helfen werden, oder glauben Sie das nicht?"

	1975 Mai		1976 Juni		1979 September		1980 Mai	
	Bev. insg.*) %	West-Berlin %	Bev. insg.*) %	West-Berlin %	Bev. insg.*) %	West-Berlin %	Bev. insg.*) %	West-Berlin %
Helfen bestimmt	46	75	44	38	49	33	50	51
Vielleicht	26	13	28	17	28	39	27	41
Glaube ich nicht	16	8	19	37	14	22	13	5
Keine Meinung	12	4	9	8	9	6	10	3
	100	100	100	100	100	100	100	100

*) = Bundesrepublik ohne West-Berlin.

... FÜR FRIEDEN UND SICHERHEIT

Frage: „Kürzlich sagte jemand: Der Friede in der Welt wäre bestimmt sicherer, wenn es nur ein einziges Deutschland geben würde. Würden Sie sagen, der hat recht oder nicht recht?"

A   Juli 1982

	Bev. insg. %	Altersgruppen				Politische Orientierung			
		16–29 %	30–44 %	45–59 %	60 u. ä. %	CDU/CSU %	SPD %	FDP %	Grüne %
Hat recht	26	16	23	31	35	32	25	22	16
Hat nicht recht	49	55	54	46	38	42	47	71	63
Weiß nicht . . .	25	29	23	23	27	26	28	7	21
	100	100	100	100	100	100	100	100	100

C. GESELLSCHAFTSORDNUNG

Frage: „Hier auf dieser Liste stehen drei grundsätzliche Standpunkte über die Gesellschaft, in der wir leben. Welcher davon drückt am ehesten das aus, was auch Sie denken?" (L)

A	1979 Mai	1980 Juni Bev. insg.	1983 Febr.	Altersgruppen 16–20	30–44	45–59	60 u. ä.
	%	%	%	%	%	%	%
Man muß unsere Gesellschaft Schritt für Schritt durch Reformen verbessern	47	48	48	59	49	45	40
Man muß unsere bestehende Gesellschaft mutig gegen alle umstürzlerischen Kräfte verteidigen	41	43	42	30	42	46	49
Man muß unsere ganze Gesellschaftsordnung durch eine Revolution radikal verändern	3	1	2	4	1	2	3
Unentschieden	9	8	8	7	8	7	8
	100	100	100	100	100	100	100

VERBESSERUNGEN ANSTREBEN

Frage: „Sind Sie mit den Verhältnissen hier bei uns in der Bundesrepublik im allgemeinen zufrieden, oder wünschen Sie sich vieles grundlegend anders?"

	1970 Mai	1980 Jan.	Altersgruppen 16–29	30–44	45–59	60 u. ä.	Politische Orientierung SPD	CDU/CSU	FDP
	%	%	%	%	%	%	%	%	%
Zufrieden	65	65	63	70	65	64	76	60	64
Vieles sollte anders sein	25	26	28	22	28	26	16	32	24
Unentschieden	10	9	9	8	7	10	8	8	12
	100	100	100	100	100	100	100	100	100

Frage: „Glauben Sie, die Demokratie, die wir in der Bundesrepublik haben, ist die beste Staatsform, oder gibt es eine andere Staatsform, die besser ist?"

	1967 Okt.	1975 Aug.	1977 Aug.	1978 Nov.	Altersgruppen 16–29	30–44	45–59	60 u. ä.
	Bevölkerung insgesamt							
	%	%	%	%	%	%	%	%
Beste Staatsform	74	74	66	71	64	74	73	71
Gibt andere, die besser ist . . .	4	9	14	11	17	10	10	8
Unentschieden	22	17	20	18	19	16	17	21
	100	100	100	100	100	100	100	100

SOLL- UND IST-BESCHREIBUNG EINER DEMOKRATIE

Frage: „Was ist Ihrer Meinung nach das Wichtigste an der Demokratie, was von dieser Liste gehört unbedingt dazu, daß man von einem Land sagen kann: Das ist eine Demokratie?" (L)

Frage: „Wenn Sie einmal die Verhältnisse in der Bundesrepublik hier beschreiben sollten – was von dieser Liste trifft auf unseren Staat ziemlich genau zu, was kann man von der Bundesrepublik sagen?" (L)

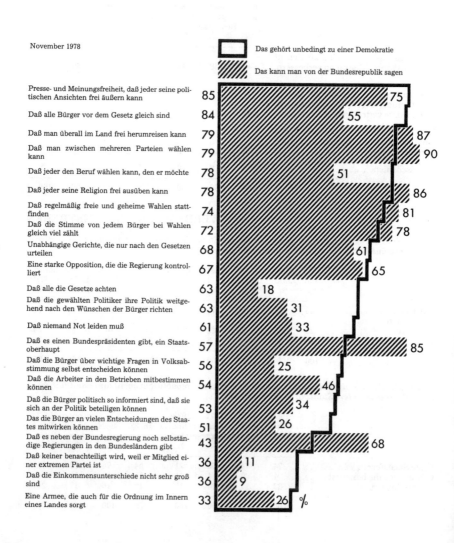

November 1978

☐ Das gehört unbedingt zu einer Demokratie

▨ Das kann man von der Bundesrepublik sagen

Presse- und Meinungsfreiheit, daß jeder seine politischen Ansichten frei äußern kann	85		75
Daß alle Bürger vor dem Gesetz gleich sind	84	55	
Daß man überall im Land frei herumreisen kann	79		87
Daß man zwischen mehreren Parteien wählen kann	79		90
Daß jeder den Beruf wählen kann, den er möchte	78	51	
Daß jeder seine Religion frei ausüben kann	78		86
Daß regelmäßig freie und geheime Wahlen stattfinden	74		81
Daß die Stimme von jedem Bürger bei Wahlen gleich viel zählt	72		78
Unabhängige Gerichte, die nur nach den Gesetzen urteilen	68	61	
Eine starke Opposition, die die Regierung kontrolliert	67	65	
Daß alle die Gesetze achten	63	18	
Daß die gewählten Politiker ihre Politik weitgehend nach den Wünschen der Bürger richten	63	31	
Daß niemand Not leiden muß	61	33	
Daß es einen Bundespräsidenten gibt, ein Staatsoberhaupt	57		85
Daß die Bürger über wichtige Fragen in Volksabstimmung selbst entscheiden können	56	25	
Daß die Arbeiter in den Betrieben mitbestimmen können	54	46	
Daß die Bürger politisch so informiert sind, daß sie sich an der Politik beteiligen können	53	34	
Das die Bürger an vielen Entscheidungen des Staates mitwirken können	51	26	
Daß es neben der Bundesregierung noch selbständige Regierungen in den Bundesländern gibt	43		68
Daß keiner benachteiligt wird, weil er Mitglied einer extremen Partei ist	36	11	
Daß die Einkommensunterschiede nicht sehr groß sind	36	9	
Eine Armee, die auch für die Ordnung im Innern eines Landes sorgt	33	26 %	

EIN GUTER DEMOKRAT

Frage: „Wenn von jemandem gesagt wird, er sei ein guter Demokrat, was von diesen Eigenschaften und Einstellungen hier trifft dann wohl auf den zu, was würden Sie vermuten?" (K)

	1978 Nov. %
Geht zu jeder Wahl	83
Über Politik gut informiert	75
Hält sich an die Gesetze	74
Tolerant	65
Setzt sich für andere ein	62
Für neue Gedanken in der Politik aufgeschlossen	59
Tritt überall für Chancengleichheit ein	57
Liest sorgfältig den politischen Teil der Zeitung	55
Beteiligt sich viel an politischen Gesprächen	53
Sieht aufmerksam die politischen Sendungen im Fernsehen	52
Hat Zivilcourage	49
Gegen den Kommunismus eingestellt	49
Setzt sich für Mitbestimmung ein	49
Politisch aktiv	47
Setzt sich für die freie Marktwirtschaft ein	46
Selbstbewußt gegenüber Behörden	44
Ist im Ort, in der Gemeinde aktiv	40
Wählt nur die im Bundestag vertretenen Parteien	38
Macht bei Bürgerinitiativen mit	34
Steht politisch in der Mitte	31
Wenn er Parteimitglied ist, hält er sich an die Mehrheitsbeschlüsse seiner Partei	29
Mitglied in einer Partei	29
Selbstlos	21
Wählt nicht immer dieselbe Partei	17
Mitglied in der Gewerkschaft	16
Politisch eher rechts	14
Mitglied in vielen Vereinen	13
Konservativ	12
Ist nicht zum Kriegsdienst bereit	9
Politisch eher links	6

ZU EINFLUSSREICH

Frage: „Wer von dieser Liste übt Ihrer Meinung nach auf das heutige politische Leben in der Bundesrepublik einen zu großen Einfluß aus?" (L)

A	1977 Nov. %	1979 Jan. %
Die Gewerkschaften	43	46
Die multinationalen Großunternehmen	35	36
Das Fernsehen	36	34
Die Großbanken	28	30
Die Zeitungen	30	29
Die deutsche Industrie, die deutschen Unternehmer	30	29
Die Beamten, die Bürokratie	21	27
Die Linken in der Politik	22	24
Bestimmte Studentenverbindungen	21	24
Das Bundesverfassungsgericht	13	21
Die katholische Kirche	15	17
Die Wissenschaftler, die Planer	8	14
Der Bauernverband	8	11
Die konservativen Politiker	9	9
Ehemalige Nazis	7	9
Die evangelische Kirche	7	6
Die Polizei	5	6
Die Bundeswehr, die Generäle	4	6
Keiner davon	6	4
Kein Urteil	11	11

ANERKENNUNG

Frage: „Wenn Sie einmal diese Liste hier durch-
sehen: welche von diesen Leuten leisten Ihrer
Ansicht nach gegenwärtig am meisten für die
Bundesrepublik Deutschland?" (L)

Frage: „Was sagen Sie zu folgendem Satz: ‚Ohne
Demokratie in der Wirtschaft gibt es keine
wirkliche politische Demokratie'? Stimmen
Sie dem alles in allem zu oder nicht zu?"

	1961 Dez. %	1979 Jan. %
Staatsmänner	45	56
Führende Industrielle	16	18
Gewerkschaftsführer	11	6
Kirchenführer	7	2
Niemand davon	6	9
Unentschieden, weiß nicht	18	12

November 1978

	Stimme zu %	Stimme nicht zu %	Unent- schieden %
Bevölkerung insgesamt	54	15	31 = 100
ALTERSGRUPPEN			
16–29	55	15	30 = 100
30–44	57	18	25 = 100
45–59	58	12	30 = 100
60 u. ä.	44	16	40 = 100

GESETZ UND ORDNUNG RESPEKTIEREN

Frage: „Im Verhältnis zwischen Bürger und Staat gibt es verschiedene staatsbürgerliche Pflichten.
Ich lese Ihnen jetzt einmal einiges vor, und Sie sagen mir bitte jedes Mal, wie wichtig Sie das
finden".
„Gesetz und Ordnung respektieren. Wie wichtig finden Sie das?"
„Und selbst aktiv in der Politik mitarbeiten. Wie wichtig finden Sie das?"

Februar 1983

Gesetz und Ordnung respektieren	Bevölkerung insgesamt %	16–29 %	Altersgruppen 30–44 %	45–59 %	60 u. ä. %
Sehr wichtig	59	37	56	63	79
Ziemlich wichtig	36	50	40	33	21
Eher unwichtig	3	7	3	2	×
Überhaupt nicht wichtig	1	3	1	1	×
Weiß nicht	1	3	×	1	×
	100	100	100	100	100

Selbst aktiv in der Politik mitarbeiten					
Sehr wichtig	9	10	7	11	10
Ziemlich wichtig	39	36	45	34	39
Eher unwichtig	34	35	35	35	30
Überhaupt nicht wichtig	9	8	7	9	13
Weiß nicht	9	11	6	11	8
	100	100	100	100	100

UNSERE VERFASSUNG

Frage: *„Unser Grundgesetz besteht aus vielen einzelnen Artikeln. Haben Sie schon einmal den vollständigen Text des Grundgesetzes in der Hand gehabt?"* (JA: 1974 = 32 Prozent, 1979 = 36 Prozent)

Frage: *„Auf diesen Karten stehen Sätze aus dem Grundgesetz der Bundesrepublik und aus der Verfassung der DDR. Natürlich kann man solche Verfassungen nicht im einzelnen kennen – aber was vermuten Sie, welche von diesen Sätzen stehen in unserem Grundgesetz, und welche in der Verfassung der DDR?"* – *„Könnten Sie diese Karten auf das Blatt verteilen, je nachdem, was Sie meinen oder gefühlsmäßig für richtig halten."* (K, L)

	April 1979 Steht in		
Sätze aus dem Grundgesetz	Grundgesetz der BRD %	Verfassung der DDR %	Weiß nicht %
Alle Menschen sind vor dem Gesetz gleich (Art. 3,1 Grundgesetz)	92	2	6 = 100
Niemand darf wegen seines Geschlechts, seiner Abstammung, seiner Rasse, seiner Sprache, seiner Heimat und Herkunft, seines Glaubens, seiner religiösen oder politischen Anschauungen benachteiligt oder bevorzugt werden (Art. 3,3 Grundgesetz)	89	2	9 = 100
Niemand darf gegen sein Gewissen zum Kriegsdienst mit der Waffe gezwungen werden (Art. 4,3 Grundgesetz)	86	2	12 = 100
Politisch Verfolgte genießen Asylrecht (Art. 16,2 Grundgesetz)	79	3	18 = 100
Den unehelichen Kindern sind durch die Gesetzgebung die gleichen Bedingungen für ihre leibliche und seelische Entwicklung und ihre Stellung in der Gesellschaft zu schaffen wie den ehelichen (Art. 6,5 Grundgesetz)	64	12	24 = 100
Alle Staatsgewalt geht vom Volke aus. Sie wird vom Volke in Wahlen und Abstimmungen und durch besondere Organe der Gesetzgebung der vollziehenden Gewalt und der Rechtsprechung ausgeübt (Art. 20,2 Grundgesetz)	57	22	21 = 100
Handlungen, die geeignet sind und in der Absicht vorgenommen werden, das friedliche Zusammenleben der Völker zu stören, insbesondere die Führung eines Angriffskrieges vorzubereiten, sind verfassungswidrig. Sie sind unter Strafe zu stellen (Art. 26,1 Grundgesetz)	29	37	34 = 100
Eigentum verpflichtet. Sein Gebrauch soll zugleich dem Wohle der Allgemeinheit dienen (Art. 14,2 Grundgesetz)	29	52	19 = 100
Gegen jeden, der es unternimmt, diese (= die verfassungsmäßige) Ordnung zu beseitigen, haben alle das Recht zum Widerstand, wenn andere Abhilfe nicht möglich ist (Art. 20,4 Grundgesetz)	23	39	38 = 100
Grund und Boden, Naturschätze und Produktionsmittel können zum Zwecke der Vergesellschaftung durch ein Gesetz, das Art und Ausmaß der Entschädigung regelt, in Gemeineigentum oder in andere Formen der Gemeinwirtschaft überführt werden (Art. 15 Grundgesetz)	14	63	23 = 100

Fortsetzung

Fortsetzung

Sätze aus der Verfassung der DDR	April 1979 Steht in Grundgesetz der BRD %	Verfassung der DDR %	Weiß nicht %
Jeder Bürger... hat das Recht, den Grundsätzen dieser Verfassung gemäß seine Meinung frei und öffentlich zu äußern... Die Freiheit der Presse, des Rundfunks und des Fernsehens ist gewährleistet	86	3	11 = 100
Jeder Bürger hat das Recht auf einen Arbeitsplatz und dessen freie Wahl entsprechend den gesellschaftlichen Erfordernissen und der persönlichen Qualifikation	63	18	19 = 100
Jeder Bürger... hat das Recht auf Freizeit und Erholung ...	60	14	26 = 100
Im Interesse des Wohlergehens der Bürger sorgen Staat und Gesellschaft für den Schutz der Natur	39	29	32 = 100
Das Prinzip „Jeder nach seinen Fähigkeiten, jedem nach seiner Leistung' wird verwirklicht	23	40	37 = 100
Gesellschaftlich nützliche Tätigkeit ist eine ehrenvolle Pflicht für jeden arbeitsfähigen Bürger. Das Recht auf Arbeit und die Pflicht zur Arbeit bilden eine Einheit	14	64	22 = 100

DAS GRUNDGESETZ HAT SICH BEWÄHRT

Frage: „Das Grundgesetz ist ja vor 30 Jahren* unter Aufsicht und Kontrolle der Westmächte entstanden. Deshalb meinen manche, wir Deutschen sollten uns ein neues Grundgesetz schaffen, das besser unseren Bedürfnissen und Interessen entspricht. Andere sagen dagegen, das bisherige Grundgesetz hat sich so bewährt, daß wir kein neues brauchen. Welcher Meinung sind Sie?"

	1968 Nov. %	1974 Mai %	1979 April %
Brauchen kein neues Grundgesetz	43	60	68
Neues Grundgesetz nötig	26	20	14
Unentschieden	31	20	18
	100	100	100

* = 1968: vor 20 Jahren, 1974: vor 25 Jahren

FREIE MEINUNGSÄUSSERUNG

Frage: „Haben Sie das Gefühl, daß man heute in der Bundesrepublik seine politische Meinung f r e i sagen kann, oder ist es besser, vorsichtig zu sein?"

	1953 %	1956 %	1959 %	1962 %	1971 %	1976 %	1978 %	1980 %
Kann frei reden	58	77	70	69	83	78	73	78
Mit Einschränkung	6	1	1	1	1	3	3	2
Besser vorsichtig sein	25	17	23	22	12	15	21	13
Unentschieden	11	5	6	8	4	4	3	7
	100	100	100	100	100	100	100	100

	Bev. insges. %	Oktober 1980 Altersgruppen 16–29 %	30–44 %	45–59 %	60 u. ä. %
Kann frei reden	78	73	77	80	81
Mit Einschränkung	2	4	4	4	1
Besser vorsichtig sein	13	16	14	12	11
Unentschieden	7	7	5	4	7
	100	100	100	100	100

VERTRAUEN IN DEMOKRATIE

Frage: „Wenn man an all die Schwierigkeiten denkt, die auf uns zukommen: durch das rasche Wachstum der Weltbevölkerung, die Verknappung der Rohstoffe, Nahrungsmittel und Energiequellen und die Krise der Wirtschaft. – Glauben Sie, daß wir diese Schwierigkeiten mit unserer demokratischen Staatsform mit mehreren Parteien im Bundestag bewältigen können, oder braucht man in der Zukunft für all diese Schwierigkeiten ein Ein-Parteien-System mit einer starken Regierung an der Spitze?"

	1975 April %	1977 Jan. %	1978 Nov. %	1982 Okt. %
Kann man mit demokratischer Staatsform bewältigen	66	70	77	80
Braucht Ein-Parteien-System mit starker Regierung	17	13	8	6
Unentschieden	17	17	15	14
	100	100	100	100

FREIHEIT ODER GERECHTIGKEIT?

Frage: „Hier unterhalten sich zwei, was letzten Endes wohl wichtiger ist, Freiheit oder Gerechtigkeit – wenn Sie bitte einmal lesen. Welcher von beiden sagt eher das, was auch Sie denken?"

Der eine: „Ich finde Freiheit und Gerechtigkeit eigentlich beide gleich wichtig. Aber wenn ich mich für eines davon entscheiden müßte, wäre mir die persönliche Freiheit am wichtigsten, daß also jeder in Freiheit leben und sich ungehindert entfalten kann."

Der andere: „Sicher sind Freiheit und Gerechtigkeit gleich wichtig. Aber wenn ich mich für eines davon entscheiden müßte, fände ich Gerechtigkeit am wichtigsten, daß also niemand benachteiligt ist und die sozialen Unterschiede nicht so groß sind." (B, X)

A	1979 Aug. %	1980 Juni %	1981 Juli %	1982 Sept. %	1983 Jan. %	Altersgruppen			
Am wichtigsten wäre –						16–29 %	30–44 %	45–59 %	60 u. ä. %
Freiheit	48	51	42	43	39	41	43	33	40
Gerechtigkeit	34	35	40	42	40	43	36	43	39
Unentschieden	18	14	18	15	21	16	21	24	21
	100	100	100	100	100	100	100	100	100

Frühere Ergebnisse s. JB VII, S. 67

FREIHEIT ODER GLEICHHEIT?

Frage: „Hier unterhalten sich zwei, was letzten Endes wohl wichtiger ist, Freiheit oder möglichst große Gleichheit – wenn Sie bitte einmal lesen. Welcher von beiden sagt eher das, was auch Sie denken?"

Der eine: „Ich finde Freiheit und möglichst große Gleichheit eigentlich beide gleich wichtig. Aber wenn ich mich für eines davon entscheiden müßte, wäre mir die persönliche Freiheit am wichtigsten, daß also jeder in Freiheit leben und sich ungehindert entfalten kann."

Der andere: „Sicher sind Freiheit und möglichst große Gleichheit eigentlich beide gleich wichtig. Aber wenn ich mich für eines davon entscheiden müßte, fände ich eine möglichst große Gleichheit am wichtigsten, daß also niemand benachteiligt ist und die sozialen Unterschiede nicht so groß sind." (X, B)

A	1980 Juni %	1981 Juli %	1982 Sept. %	1983 Jan. %	Altersgruppen			
Am wichtigsten wäre –					16–29 %	30–44 %	45–59 %	60 u. ä. %
Freiheit	57	50	54	60	65	58	55	62
Gleichheit	29	34	31	28	28	32	30	25
Unentschieden	14	16	15	12	7	10	15	13
	100	100	100	100	100	100	100	100

Frühere Ergebnisse s. JB VII, 67

GERINGES SELBSTVERTRAUEN

Frage: „Haben Sie das Gefühl, daß man als
Bürger einen Einfluß auf die Entscheidungen
der Bundesregierung hat, oder ist man da
machtlos?"

„Ist Ihrer Meinung nach der Einfluß, den die
Bürger auf die Regierung haben, groß genug
oder nicht ausreichend?"

Frage: „Man hört oft die folgende Meinung: Bei
uns kann zwar jeder alle Jahre mal wählen,
aber im Grunde kümmern sich die Politiker
doch gar nicht darum und tun nur das, was sie
wollen. Würden Sie sagen, das stimmt voll und
ganz, teilweise oder stimmt nicht?"

	1975 Mai %	1977 Jan. %	1978 Nov. %
Man ist machtlos	55	47	48
Man hat als Bürger Einfluß	23	35	29
– Einfluß reicht nicht aus	13	25	18
– Einfluß ist groß genug .	8	7	9
– Unentschieden	2	3	2
	23	35	29
Schwer zu sagen	22	18	23
	100	100	100

	1970 Mai %	1976 Febr. %	1978 Nov. %
Stimmt voll und ganz . . .	22	19	13
Stimmt teilweise	52	59	64
Stimmt nicht	14	15	18
Unentschieden	12	7	5
	100	100	100

... IN SOZIALER SICHERHEIT

Frage: „Angenommen, Sie haben die Wahl zwischen zwei Ländern:

1. In einem Land sind alle Menschen für jeden Notfall voll gesichert, Arbeitslosigkeit, Unfall, Alter –
für alles. Aber die Steuern sind hoch, und der Staat macht den Bürgern viele Vorschriften.
2. Im anderen Land wird nur für die Ärmeren in jeder Notlage gesorgt, die anderen sollen sich
wenigstens zum Teil selber helfen können. In diesem Land sind die Steuern niedrig, und der
einzelne kann mehr für sich selbst tun und entscheiden.
In welchem Land möchten Sie lieber leben, im ersten oder im zweiten?"

„Und welches Land ist mehr so wie die Bundesrepublik Deutschland, das erste oder das zweite?"

November 1978

	Idealland				Bundesrepublik			
	Bev. ges. %	Politische Orientierung			Bev. ges. %	Politische Orientierung		
		SPD %	CDU/CSU %	FDP %		SPD %	CDU/CSU %	FDP %
Maximale soziale Sicherheit und Institutionalisierung	30	31	30	26	49	47	50	55
Begrenzte soziale Absicherung und Institutionalisierung	56	56	57	63	34	37	36	34
Unentschieden	14	13	13	11	17	16	14	11
	100	100	100	100	100	100	100	100

SOZIALISMUS

Frage: „Würden Sie für oder gegen eine Regierung stimmen, die sagt, sie will den Sozialismus einführen?"

	1970 Nov.	1973 Juni	1978 Jan.	1980 Sept.	16–29	Altersgruppen 30–44	45–59	60 u. ä.	SPD	Politische Orientierung CDU/CSU	FDP
	Bevölkerung insgesamt %	%	%	%	%	%	%	%	%	%	%
Dafür	19	15	12	9	14	9	7	7	16	2	6
Dagegen	51	64	65	66	57	68	70	71	52	86	77
Unentschieden	30	21	23	25	29	23	23	22	32	12	17
	100	100	100	100	100	100	100	100	100	100	100

Über dem Datenbereich: September 1980

... GEFAHR ODER FORTSCHRITT?

Frage: „Manche Leute glauben, daß wir in der Bundesrepublik langsam auf den Sozialismus hinsteuern, daß sozialistische Strömungen stärker werden und sich durchsetzen. Glauben Sie das auch, oder glauben Sie das nicht?" (Ja = 32 Prozent)

NACHFRAGE an Personen, die meinen, daß wir auf den Sozialismus zusteuern, bzw. unentschieden sind: „Sehen Sie darin einen Fortschritt oder eine Gefahr?"

Februar 1980
Berufstätige Arbeitnehmer ab 18 Jahre

Sozialismus bedeutet:	insgesamt %	Angel. Arbeiter %	Facharbeiter %	Einf. Angest. %	Ltd. Angest. %	Einf. Beamte %	Leitende Beamte %
Gefahr	21	17	16	22	34	22	37
Fortschritt	5	4	6	5	4	3	6
Teils, teils	6	7	5	7	6	9	7
Steuern nicht auf Sozialismus zu	68	72	73	66	56	66	50
	100	100	100	100	100	100	100

GEGENSÄTZE?

Frage: „Sind Demokratie und Sozialismus (Parallelumfrage: Kommunismus) eigentlich Gegensätze, oder kann man auch einen Sozialismus (Parallelumfrage: Kommunismus) schaffen, in dem demokratische Verhältnisse herrschen?"

A

November 1978

In einer Demokratie ist –	Möglich %	Gegensatz %	Unentschieden %
Sozialismus	46	35	19 = 100
Kommunismus	16	71	13 = 100

STAATLICH GELENKTE WIRTSCHAFT ODER FREIE MARKTWIRTSCHAFT

Frage: „Hier unterhalten sich zwei. Welchem von beiden würden Sie zustimmen?" (B, X)

	1976 Aug. %	1980 Jan. %
„Ich finde es gut, wenn der Staat nicht allzuviel in der Wirtschaft zu bestimmen hat. Wenn die Unternehmer planen und entscheiden können, welche Waren sie herstellen wollen, kann man sich eher darauf verlassen, daß es auch das zu kaufen gibt, was man gerade braucht."	62	65
„Ich finde, der Staat sollte zu entscheiden haben, welche Waren hergestellt werden. Wenn das die Unternehmer machen, denken sie doch nur an ihren Gewinn, während der Staat eher danach geht, was die Menschen auch wirklich brauchen."	24	20
Unentschieden	14	15
	100	100

KOMMUNISMUS

Frage: „Hier unterhalten sich drei über den Kommunismus. Wenn Sie das bitte einmal lesen: Welcher von den dreien sagt am ehesten das, was auch Sie denken?" (B)

A

	Bev. ges. %	Dezember 1978 Altersgruppen 16–29 %	30–44 %	45–59 %	60 u. ä. %
„Ich halte den Kommunismus schon von der Idee her für verfehlt. Und die bestehenden kommunistischen Staaten, die dieser Idee folgen, sind in meinen Augen ein abschreckendes Beispiel"	47	38	45	47	56
„Von der Idee her halte ich den Kommunismus für gut. Nur wie die bestehenden kommunistischen Staaten den Kommunismus praktizieren, gefällt mir nicht"	35	39	42	31	22
„Die Idee des Kommunismus halte ich für gut, und die Staaten, die danach ein Gesellschaftssystem aufgebaut haben, sind den kapitalistischen Staaten mit Sicherheit überlegen"	3	4	3	1	4
Unentschieden	15	19	10	21	18
	100	100	100	100	100

ZIELE UND IDEEN ...

Frage: „*Es wird ja heute viel über den Kommunismus gesagt und geschrieben, aber die Frage ist (Zusatz in Parallelumfrage: wie Marx und Lenin sich den Kommunismus vorgestellt haben), was gemeint ist, wenn von der Idee des Kommunismus die Rede ist. Wenn Sie einmal lesen, was auf diesen Karten steht – was davon gehört Ihrer Ansicht nach zu den Zielen und Ideen des Kommunismus?*" (K)

„*Welche von diesen Zielen finden Sie persönlich gut?*" (K)

A   Dezember 1978

	Ziele und Ideen des Kommunismus %	Kommunismus à la Marx und Lenin %	Ziele, die man selbst für gut hält %
Kein Privatbesitz an Produktionsmitteln, Verstaatlichung der Unternehmen	78	74	8
Daß der Staat die Wirtschaft lenkt	74	71	11
Abschaffung der Klassenunterschiede, daß keine Bevölkerungsgruppe mächtig ist und mehr Vorteile hat als andere	67	73	36
Anstreben der Weltrevolution, daß alle Länder kommunistisch werden	67	66	2
Darauf hinwirken, daß alle vom Kommunismus überzeugt sind	65	64	3
Die Kommunistische Partei bestimmt weitgehend, wie die Menschen ihr Leben gestalten sollen	64	57	2
Zeitung, Rundfunk, Fernsehen sind Propagandamittel und werden vom Staat kontrolliert	64	58	3
Daß alle ungefähr gleich viel verdienen, die Unterschiede bei den Einkommen nicht mehr so groß sind .	57	62	34
Kampf der Arbeiter gegen die herrschenden Schicht . .	55	59	10
Daß die Erziehung der Kinder vom Staat übernommen, den Eltern weitgehend entzogen wird	50	47	2
Daß Religion ‚Opium für das Volk' ist und bekämpft wird	43	44	3
Daß es keine Ausbeutung der Menschen mehr gibt . . .	43	47	58
Daß die gesellschaftlichen Verhältnisse nur durch eine Revolution, mit Gewalt verändert werden können . . .	39	42	1
Die Arbeiter bekommen den größten Einfluß in der Gesellschaft	38	42	11

Fortsetzung

Fortsetzung

A

Dezember 1978

	Ziele und Ideen des Kommunismus %	Kommunismus à la Marx und Lenin %	Ziele, die man selbst für gut hält %
Jeder soll nach seinen Fähigkeiten Leistungen erbringen und nach seinen Bedürfnissen entlohnt werden . .	21	21	39
Die Entfremdung des Menschen von der Arbeit überwinden; daß jeder selbst über seine Arbeit bestimmt . .	13	14	22
Daß jeder frei seine Meinung sagen kann	12	15	60
Freiheit für alle, jeder kann so leben, wie er es für richtig hält	11	15	48
Toleranz gegenüber Andersdenkenden, andere Meinungen zulassen	9	10	50

ERWÜNSCHTE VERÄNDERUNGEN IN UNSERER GESELLSCHAFT

Frage: „Hier auf dieser Liste steht verschiedenes, was sich in Zukunft in unserer Gesellschaft verändern kann. Könnten Sie mir zu jedem Punkt sagen, ob Sie eine solche Entwicklung begrüßen oder ablehnen würden?" (L)

	Mai 1981		
	Begrüße ich %	Lehne ich ab %	Unentschieden %
Wenn mehr Wert auf persönliche Entfaltung gelegt wird . . .	88	3	9 = 100
Wenn auf familiäre Bindungen mehr Wert gelegt wird	88	3	9 = 100
Wenn weniger Wert auf Geld gelegt wird	60	21	19 = 100
Mehr Achtung vor Autorität	53	30	17 = 100
Wenn auf technischen Fortschritt mehr Wert gelegt wird . . .	48	26	26 = 100
Wenn die Arbeit im Leben weniger wichtig wird	38	42	20 = 100
Daß sexuelle Freiheit als selbstverständlich angesehen wird .	28	45	27 = 100

D. POLITISCHE INSTITUTIONEN

1. DER BUNDESPRÄSIDENT

Frage: „Der Bundespräsident wird bei uns ja von der Bundesversammlung gewählt, also von Abgeordneten des Bundestages und Vertretern der Bundesländer. Es gibt nun den Vorschlag, daß alle wahlberechtigten Bürger den Bundespräsidenten in einer Volksabstimmung wählen sollen. Darüber unterhalten sich hier zwei, welcher von beiden sagt eher das, was auch Sie denken?" (B)

Der eine: „Ich bin dafür, daß der Bundespräsident vom ganzen Volk gewählt wird. Wenn nur die Abgeordneten der Bundesversammlung ihn wählen, besteht die Gefahr, daß nicht die fähigste Persönlichkeit Bundespräsident wird, sondern der, von dem sich die Parteien den größten Nutzen für ihre Politik versprechen."

Der andere: „Ich bin dafür, daß der Bundespräsident von der Bundesversammlung gewählt wird. Wenn die Bürger ihn wählen, dann besteht die Gefahr, daß der Wahlkampf in allen Bevölkerungskreisen Streit auslöst und das Amt des Bundespräsidenten nicht mehr als überparteilich angesehen wird."

A

November 1978

	Bevölkerung ab 14 Jahre insgesamt	Politische Orientierung SPD	CDU/CSU	FDP
	%	%	%	%
Vom ganzen Volk	52	57	51	39
Von der Bundesversammlung	32	30	35	49
Unentschieden	16	13	14	12
	100	100	100	100

Frage: „Wie gefällt Ihnen Bundespräsident ... (jeweiliger Name)?"

	Walter Scheel 1974 Juli	1976 Dez.	1978 Sept.	1979* Juni	Karl Carstens 1979 Juni	1980 Febr.	1981 Jan.
	%	%	%	%	%	%	%
Ausgezeichnet	21	16	22	36	7	8	13
Gut	52	54	53	47	29	37	39
Einigermaßen	19	21	18	11	22	29	25
Weniger, gar nicht	5	6	4	3	26	16	16
Kein Urteil	3	3	3	3	16	10	7
	100	100	100	100	100	100	100

* „Wie gefiel ..."

DER IDEALE BUNDESPRÄSIDENT

Änderungen im Bild der gewünschten Eigenschaften zwischen Juli 1959 und Oktober 1978

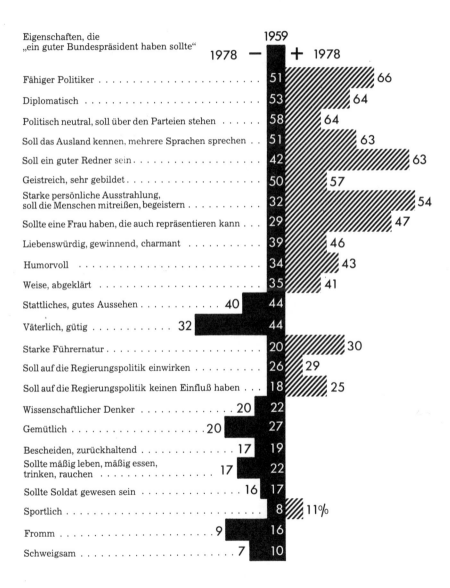

Eigenschaften, die „ein guter Bundespräsident haben sollte"

1959

1978 — +1978

	1978	1959
Fähiger Politiker	51	66
Diplomatisch	53	64
Politisch neutral, soll über den Parteien stehen	58	64
Soll das Ausland kennen, mehrere Sprachen sprechen	51	63
Soll ein guter Redner sein	42	63
Geistreich, sehr gebildet	50	57
Starke persönliche Ausstrahlung, soll die Menschen mitreißen, begeistern	32	54
Sollte eine Frau haben, die auch repräsentieren kann	29	47
Liebenswürdig, gewinnend, charmant	39	46
Humorvoll	34	43
Weise, abgeklärt	35	41
Stattliches, gutes Aussehen	40	44
Väterlich, gütig	32	44
Starke Führernatur	20	30
Soll auf die Regierungspolitik einwirken	26	29
Soll auf die Regierungspolitik keinen Einfluß haben	18	25
Wissenschaftlicher Denker	20	22
Gemütlich	20	27
Bescheiden, zurückhaltend	17	19
Sollte mäßig leben, mäßig essen, trinken, rauchen	17	22
Sollte Soldat gewesen sein	16	17
Sportlich	8	11%
Fromm	9	16
Schweigsam	7	10

WALTER SCHEEL

Frage: *„Nach dem, was Sie so wissen oder gehört haben: Was ist eigentlich Scheel für ein Mensch –
was würden Sie sagen, was von dieser Liste trifft auf ihn zu?"*

	Bevölkerung insgesamt		Politische Orientierung					
			SPD		CDU/CSU		FDP	
	1976 Sept. %	1978 Okt. %	1976 Sept. %	1978 Okt. %	1976 Sept. %	1978 Okt. %	1976 Sept. %	1978 Okt. %
Humorvoll	65	68	68	70	61	69	70	66
Guter Redner	61	64	65	70	57	62	63	63
Liebenswürdig, gewinnend, charmant	59	62	61	67	55	60	70	73
Hat eine Frau, die auch repräsentieren kann	52	60	55	64	49	58	63	61
Diplomatisch	53	57	58	62	47	53	55	61
Fähiger Politiker	51	55	61	62	41	51	58	63
Stattliches, gutes Aussehen . . .	52	55	55	58	51	59	46	45
Geistreich, sehr gebildet	42	49	46	53	37	47	55	64
Kennt das Ausland, spricht mehrere Sprachen	42	46	46	51	37	42	49	56
Väterlich, gütig	34	43	34	49	33	42	45	46
Politisch neutral, steht über den Parteien	29	41	33	44	25	40	41	52
Gemütlich	34	38	36	41	31	36	33	39
Starke persönliche Ausstrahlung, kann die Menschen mitreißen, begeistern	31	36	33	43	28	34	36	40
Weise, abgeklärt	19	28	22	34	16	26	24	40
Hält sich absichtlich aus der Regierungspolitik heraus, nimmt keinen Einfluß	21	27	19	32	22	26	29	22
Bescheiden in seiner Lebensführung, mäßig im Essen, Trinken, Rauchen	17	22	17	23	16	24	21	29
Sportlich	12	22	12	26	11	20	20	26
Bescheiden, zurückhaltend	16	21	14	22	15	19	28	36
War im Krieg Soldat	18	20	17	18	18	22	28	20
Wirkt auf die Regierungspolitik ein	22	18	21	18	22	19	24	13
Wissenschaftlicher Denker	13	12	13	13	11	12	15	10
Starke Führernatur	12	12	13	13	11	11	13	17
Fromm	5	6	4	3	5	9	7	10
Schweigsam	3	5	3	5	2	4	5	8
Weiß nicht, keine Ahnung	3	3	2	2	5	3	3	2

KARL CARSTENS

Frage: „Bundespräsident Carstens hat ja den Bundestag aufgelöst. Haben Sie die Begründung von ihm dazu ganz oder teilweise gehört oder gelesen?"

Januar 1983

	Bevölkerung insgesamt %	Politische Orientierung			
		SPD %	CDU/CSU %	FDP %	Grüne %
Ja, ganz	26	25	31	26	17
Ja, teilweise	44	44	45	57	39
Nein	30	31	24	17	44
	100	100	100	100	100

Frage: „Sind Sie im großen und ganzen mit Bundespräsident Carstens einverstanden oder nicht einverstanden?"

Januar 1983

	Bevölkerung insgesamt %	Politische Orientierung			
		SPD %	CDU/CSU %	FDP %	Grüne %
Einverstanden	72	60	88	84	39
Nicht einverstanden	8	11	2	5	39
Unentschieden	11	16	5	11	7
Kein Urteil	9	13	5	×	15
	100	100	100	100	100

2. BUNDESTAG UND BUNDESRAT

Frage: „*Es gibt verschiedene Ämter und Einrichtungen, die für die politischen Entscheidungen in der Bundesrepublik von Bedeutung sind. Einige davon stehen auf diesen Karten. Könnten Sie die Karten bitte auf diese 5 Streifen verteilen, und zwar je nachdem, ob Sie darüber eine eher gute oder eher schlechte Meinung haben? Ämter oder Einrichtungen, die Sie nicht kennen, legen Sie bitte einfach beiseite!*" (K)

„*Und für wie groß halten Sie den Einfluß dieser Ämter und Einrichtungen auf das politische Geschehen in der Bundesrepublik? Bitte verteilen Sie dazu die Karten jetzt noch auf diese Streifen.*" (K)

„*Wenn Sie nun einmal an Ihren persönlichen Lebensbereich denken, sind da diese einzelnen Ämter und Einrichtungen für Sie eher wichtig oder eher unwichtig? – Könnten Sie jetzt die Karten entsprechend auf dieses Blatt hier verteilen?*" (K)

November 1980

	Bundes-verfas-sungsge-richt	Bundes-präsi-dent	Bundes-tag	Bundes-rat	Bundes-regie-rung	Regierun-gen der Bundes-länder	Bundes-wehr	Bundes-bank
Persönliche Meinung:	%	%	%	%	%	%	%	%
Sehr gut	47	70	52	44	51	38	44	43
Teils, teils	32	20	33	36	33	47	32	34
Schlecht bis sehr schlecht	9	7	8	6	13	7	20	9
Kein Urteil	12	3	7	14	3	8	4	14
	100	100	100	100	100	100	100	100
Politischer Einfluß:								
Sehr stark	43	30	83	64	92	62	28	43
Mittel	31	24	9	22	4	26	27	29
Gering	17	42	2	4	1	6	41	19
Kein Urteil	9	4	6	10	3	6	4	9
	100	100	100	100	100	100	100	100
Für den eigenen Lebensbereich:								
Eher wichtig	38	33	63	45	80	61	38	45
Eher unwichtig . . .	23	36	17	24	9	19	22	21
Betrifft mich nicht .	39	31	20	31	11	20	40	34
	100	100	100	100	100	100	100	100

Weitere Ergebnisse siehe JB VI, 104

DER BUNDESTAG: EINE NÜTZLICHE EINRICHTUNG

Frage: „Wenn man das einmal ganz von der nützlichen Seite betrachtet: Brauchen wir in Bonn eigentlich ein Parlament und lauter Abgeordnete, oder ging es auch ohne?"

	1956 Juni %	1962 Juli %	1972 Sept. %	1978 Nov. %	1982 Okt. %	Altersgruppen 16–29 %	30–44 %	45–59 %	60 u. ä. %
Brauchen Parlament . . .	69	69	82	83	82	79	86	83	78
Geht auch ohne	10	13	6	7	6	7	5	6	7
Unentschieden/ Weiß nicht	21	18	12	10	12	14	9	11	15
	100	100	100	100	100	100	100	100	100

INTERESSENVERTRETUNG

Frage: „Glauben Sie, daß die Abgeordneten in Bonn in erster Linie die Interessen der Bevölkerung vertreten, oder haben sie andere Interessen, die ihnen wichtiger sind?"

	1973 Juli %	1978 Nov. %	1982 März %
Interessen der Bevölkerung	36	55	40
Persönliche Interessen . .	29	15	22
Interessen der Partei . . .	4	3	2
Andere Interessen	5	10	10
Weiß nicht	30	18	27
	104	101	101

Frühere Ergebnisse s. JB IV, 183; V, 252

ABGEORDNETE

Frage: „Glauben Sie, man muß große Fähigkeiten haben, um Bundestagsabgeordneter in Bonn zu werden?"

	1951 %	1972 %	1978 %
Ja	39	63	55
Nein	40	23	32
Unentschieden	21	14	13
	100	100	100

WECHSELNDE ZUFRIEDENHEIT

Frage: „Haben Sie einen günstigen oder ungünstigen Eindruck von der bisherigen Arbeit des Bundestages in Bonn?"

A	1972 Sept. %	1977 Aug. %	1978 Nov. %	1982 März %
Günstig	34	24	39	18
Ungünstig	27	30	18	37
Unentschieden . .	27	31	31	32
Kein Urteil	12	15	12	13
	100	100	100	100

Frühere Ergebnisse s. JB. IV, 182

ZWEIFELHAFT

Frage: „Wenn Sie dem Abgeordneten, der Ihren Wahlkreis vertritt, einen Brief schreiben würden: Was denken Sie – was würde mit dem Brief geschehen?"

	1972 Sept. %	1978 Nov. %	1981 Aug. %
Der Brief würde von dem Abgeordneten –			
gelesen	56	55	49
nicht gelesen	23	22	26
Weiß nicht	21	23	25
	100	100	100

Weitere Ergebnisse s. JB IV, 182

MEHR FRAUEN IN DEN BUNDESTAG

Frage: „Im neuen deutschen Bundestag sind von den 499 Abgeordneten 51 Frauen. Würden Sie es begrüßen, wenn es unter den Abgeordneten mehr Frauen gäbe, oder sollte es weniger geben, oder finden Sie das so, wie es jetzt ist, gerade richtig?"

	Bev. insg. %	Männer %	Frauen %	Altersgruppen 16–29 %	30–44 %	45–59 %	60 u. ä. %
Sollte mehr Frauen geben	52	39	65	60	59	48	42
Sollte weniger geben	6	8	3	4	4	8	6
So gerade richtig	30	38	23	23	26	33	39
Unentschieden	12	15	9	13	11	11	13
	100	100	100	100	100	100	100

März 1983

PLEBISZITÄRE DEMOKRATIE

Frage: „Wenn im Bundestag über ein Gesetz abgestimmt wird, von dem man weiß, daß die Mehrheit der B e v ö l k e r u n g dagegen/dafür ist: wie sollte sich da Ihrer Meinung nach ein Abgeordneter verhalten, der das Gesetz gut/schlecht findet? Sollte er so abstimmen, wie er es für richtig hält, oder sollte er sich nach der Meinung der B e v ö l k e r u n g richten?" (Parallelumfrage)

A

	Falls Bevölkerungsmehrheit – für Gesetz		gegen Gesetz	
Der Abgeordnete sollte abstimmen wie –	1977 %	1978 %	1977 %	1978 %
er es für richtig hält	38	39	37	29
die Bevölkerung	54	52	54	62
Unentschieden	8	9	9	9
	100	100	100	100

Frage: „Wenn im Bundestag über ein Gesetz abgestimmt wird. Wie sollte sich da Ihrer Meinung nach ein Abgeordneter verhalten, wenn er das Gesetz gut/schlecht findet, seine P a r t e i aber gegen/für das Gesetz ist? Sollte er dafür/dagegen stimmen, wie er es für richtig hält, oder sollte er so stimmen, wie es seine P a r t e i empfiehlt?" (Parallelumfrage)

B

	Falls die Partei – für Gesetz		gegen Gesetz	
Der Abgeordnete sollte abstimmen wie –	1977 %	1978 %	1977 %	1978 %
er es für richtig hält	71	76	76	77
seine Partei	18	13	17	13
Unentschieden	11	11	7	10
	100	100	100	100

ABKEHR VOM ZENTRALISMUS

Frage: „Was würden Sie dazu sagen, wenn alle Landtage und Landesregierungen aufgelöst würden und alle Gesetze sowie politischen Entscheidungen aus Bonn kämen? Wie gefällt Ihnen dieser Vorschlag?"

	1952 Juni %	1960 Jan. %	1970 Nov. %	1974 Dez. %	1976 Dez. %	1978 Dez. %	1980 Nov. %
Sehr gut/gut	49	25	27	17	14	9	9
Es geht	5	6	8	9	8	8	8
Schlecht	21	41	44	55	60	63	63
Kein Urteil	25	28	21	19	18	20	20
	100	100	100	100	100	100	100

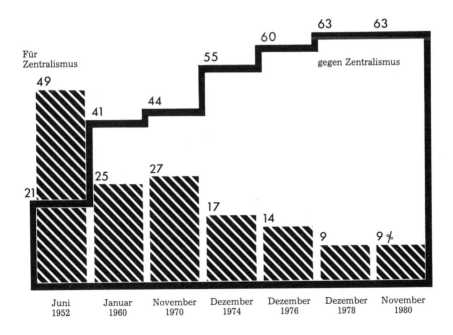

Für Zentralismus

gegen Zentralismus

| Juni 1952 | Januar 1960 | November 1970 | Dezember 1974 | Dezember 1976 | Dezember 1978 | November 1980 |

DER BUNDESRAT

Frage: „*In Bonn gibt es außer dem Bundestag noch einen Bundesrat. Wußten Sie das, oder hören Sie das zum ersten Mal?*"

Frage: „*Wissen Sie vielleicht, wie der Bundesrat zusammengesetzt ist, wer seine Mitglieder sind?*" (L)

Frage: „*Wissen Sie, welche Aufgaben der Bundesrat hat – wofür er zuständig ist?*"

A

	1976 Dez. %	1978 Dez. %	1980 Nov. %
Die Zusammensetzung des Bundesrats			
Richtige Angaben			
Mitglieder der einzelnen Landesregierungen	42	34	35
Die Ministerpräsidenten der einzelnen Länder	28	29	29
Falsche Angaben			
Zum Teil Mitglieder des Bundestages, zum Teil Mitglieder der Länder	16	16	19
Sachverständige, die die Bundesregierung beraten	5	6	5
Vertreter der Parteien, Gewerkschaften, Kirchen, Verbände	4	5	3
Unentschieden	16	24	20
Personen, die nicht wußten, daß es den Bundesrat gibt	9	7	12
Die Aufgaben des Bundesrats			
Richtige Angaben			
Muß Gesetze, die der Bundestag verabschiedet, genehmigen	54	46	51
Ist die Vertretung der Bundesländer in Bonn	33	31	35
Wirkt bei der Gesetzgebung und Verwaltung des Bundes mit	31	33	31
Falsche Angaben			
Prüft, ob die Gesetze von den Bundesländern eingehalten werden	14	11	11
Berät den Bundeskanzler	6	7	6
Prüft die Ausgaben der Bundesbehörden	4	4	5
Erstellt Konjunkturgutachten für die Regierung	3	3	2
Unentschieden	12	22	17
Personen, die nicht wußten, daß es den Bundesrat gibt	9	7	12

	November 1980 Volks- schule %	Höhere Schule %
Richtige Angaben		
Muß Gesetze, die der Bundestag verabschiedet, genehmigen	44	64
Ist die Vertretung der Bundesländer in Bonn	27	39
Wirkt bei der Gesetzgebung und Verwaltung des Bundes mit	29	48

3. KANZLER – REGIERUNG – OPPOSITION

Frage: „Hier stehen die Namen aller Bundeskanzler in der Bundesrepublik, abgesehen von Helmut Kohl. Welchen davon halten Sie für den besten?" (L)

„Und welchen für den zweitbesten?" (L)

Oktober 1982

	Der beste	Der zweitbeste
	Bundeskanzler	
	%	%
Konrad Adenauer	55	16
Helmut Schmidt	27	31
Willy Brandt	7	11
Ludwig Erhard	3	22
Kurt Georg Kiesinger	1	6
Unentschieden	7	14
	100	100

EINVERSTÄNDNIS MIT DER POLITIK DER BUNDESKANZLER

Frage: „Sind Sie im großen und ganzen mit der Politik von Bundeskanzler Schmidt*) einverstanden oder nicht einverstanden?"

	Jan.	Febr.	März	April	Mai	Juni	Juli	Aug.	Sept.	Okt.	Nov.	Dez.
	%	%	%	%	%	%	%	%	%	%	%	%
1977												
Einverstanden	40	41	–	37	38	–	43	–	39	–	51	–
Nicht einverstanden	35	29	–	33	30	–	31	–	32	–	21	–
Unentschieden	25	30	–	30	32	–	26	–	29	–	28	–
1978												
Einverstanden	46	45	46	47	45	–	49	52	54	–	61	–
Nicht einverstanden	26	25	25	27	22	–	23	20	22	–	18	–
Unentschieden	28	30	29	26	33	–	28	28	24	–	21	–
1979												
Einverstanden	55	–	57	56	54	58	57	56	56	58	60	57
Nicht einverstanden	18	–	19	19	18	16	18	21	21	17	17	18
Unentschieden	27	–	24	25	28	26	25	23	23	25	23	25
1980												
Einverstanden	57	58	55	52	56	49	50	56	51	54	51	48
Nicht einverstanden	20	20	20	20	20	29	25	21	27	27	26	26
Unentschieden	23	22	25	28	24	22	25	23	22	19	23	26
1981												
Einverstanden	48	43	41	43	48	42	39	38	40	39	39	46
Nicht einverstanden	26	28	31	30	29	23	30	34	37	32	35	26
Unentschieden	26	29	28	27	23	35	31	28	23	29	26	28
1982												
Einverstanden	43	40	34	35	40	38	36	31	33	35*)	38	38
Nicht einverstanden	29	35	38	32	33	36	37	39	41	33	33	35
Unentschieden	28	25	28	33	27	26	27	30	26	32	29	27
1983												
Einverstanden	36	41	43	46	–	49						
Nicht einverstanden	38	33	33	25	–	28						
Unentschieden	26	26	24	29	–	23						

*) Ab Oktober 1982 Helmut Kohl
Frühere Ergebnisse s. JB VII, 85

HELMUT SCHMIDT

Frage: „Ich habe hier Karten mit Eigenschaften – könnten Sie die einmal durchsehen und mir alle
Karten herauslegen, wo Sie sagen würden, das trifft auf Schmidt zu?" (K)

A	1974 Juli %	1978 Nov. %	1981 Febr. %	1982 Okt. %
Glänzender Redner	50	57	52	72
Ein Politiker mit Verstand und klarer Linie	46	61	51	64
Sozial	41	51	46	62
Ehrgeizig	68	66	50	60
Energisch, fester Wille, kann sich durchsetzen	69	69	55	58
Große Selbstbeherrschung	39	43	43	56
Politisch weitsichtig	39	47	42	54
Hat zuwenig Rückhalt in seiner Partei	–	26	44	54
Vertrauenerweckend	37	40	39	53
Mutig	41	45	36	53
Hart gegen seine politischen Gegner	50	53	47	52
Entschlußfreudig	48	47	32	48
Starke Führernatur	42	46	37	47
Bringt überzeugende Argumente	–	43	34	45
Fair	32	38	32	45
Ehrlich, aufrichtig	29	32	28	44
Unbestechlich	35	33	32	43
Sieht gut aus	–	39	31	41
Zuversicht, Erfolg ausstrahlend	39	40	33	40
Schwungvoll, mitreißend	37	35	23	38
Tolerant	28	32	25	36
Modern, fortschrittlich	42	40	24	35
Kühl, unnahbar	30	30	30	30
Bestimmt den Kurs seiner Partei	–	–	–	27
Überheblich	–	26	31	26
Hat gute Berater	26	29	24	25
Vorsichtig, bedächtig, abwägend	19	25	26	22
Eher konservativ eingestellt	17	19	22	16
Wirkt oft ratlos gegenüber den politischen Problemen	–	–	–	11
Christlich, fromm	3	6	6	9
Jung, unverbraucht	–	6	4	–

DIE POLITISCHEN PROFILE VON HELMUT SCHMIDT UND DER SPD

Frage: „Hier auf dieser Liste stehen verschiedene politische Ziele. Wenn Sie einmal an den Bundeskanzler Helmut Schmidt (Parallelumfrage: die SPD) denken. Was glauben Sie, welche politischen Ziele hat Helmut Schmidt / die SPD? Was will der Bundeskanzler / die SPD erreichen?" (L)

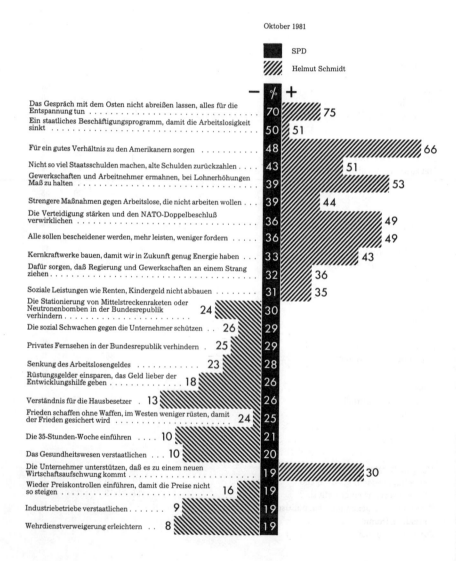

Oktober 1981

SPD

Helmut Schmidt

– % +

	SPD	Helmut Schmidt
Das Gespräch mit dem Osten nicht abreißen lassen, alles für die Entspannung tun	70	75
Ein staatliches Beschäftigungsprogramm, damit die Arbeitslosigkeit sinkt	50	51
Für ein gutes Verhältnis zu den Amerikanern sorgen	48	66
Nicht so viel Staatsschulden machen, alte Schulden zurückzahlen	43	51
Gewerkschaften und Arbeitnehmer ermahnen, bei Lohnerhöhungen Maß zu halten	39	53
Strengere Maßnahmen gegen Arbeitslose, die nicht arbeiten wollen	39	44
Die Verteidigung stärken und den NATO-Doppelbeschluß verwirklichen	36	49
Alle sollen bescheidener werden, mehr leisten, weniger fordern	36	49
Kernkraftwerke bauen, damit wir in Zukunft genug Energie haben	33	43
Dafür sorgen, daß Regierung und Gewerkschaften an einem Strang ziehen	32	36
Soziale Leistungen wie Renten, Kindergeld nicht abbauen	31	35
Die Stationierung von Mittelstreckenraketen oder Neutronenbomben in der Bundesrepublik verhindern	30	24
Die sozial Schwachen gegen die Unternehmer schützen	29	26
Privates Fernsehen in der Bundesrepublik verhindern	29	25
Senkung des Arbeitslosengeldes	28	23
Rüstungsgelder einsparen, das Geld lieber der Entwicklungshilfe geben	26	18
Verständnis für die Hausbesetzer	26	13
Frieden schaffen ohne Waffen, im Westen weniger rüsten, damit der Frieden gesichert wird	25	24
Die 35-Stunden-Woche einführen	21	10
Das Gesundheitswesen verstaatlichen	20	10
Die Unternehmer unterstützen, daß es zu einem neuen Wirtschaftsaufschwung kommt	19	30
Wieder Preiskontrollen einführen, damit die Preise nicht so steigen	19	16
Industriebetriebe verstaatlichen	19	9
Wehrdienstverweigerung erleichtern	19	8

BRIEFE AN DEN BUNDESKANZLER

Frage: „*Wir möchten gern einmal wissen, was die Bürger Helmut Schmidt mitteilen würden, wenn sie ihm schreiben könnten. Einmal angenommen, Sie würden an Schmidt schreiben – es dürfte aber nur ein einziger Satz sein. Was würden Sie schreiben? Bitte, könnten Sie mir das hier einmal auf dieses Blatt hinschreiben, und zwar die Anrede und einen Satz.*"

67% der Befragten verfaßten spontan einen Satz, 40% schrieben ihn auch selbst, während 27% den Interviewer baten, ihren Satz aufzuschreiben.

36% waren Erklärungen von Zustimmung und Glückwünsche, etwa zur allgemein erfolgreichen Politik, Anerkennung durch das Ausland, und persönliche Sympathieerklärungen. 22% enthielten Kritik und Tadel, kaum Schmähungen. 6% der Aussagen waren Feststellungen, die zwischen Kritik und Zustimmung angesiedelt waren, und nur 6% waren Bittbriefe, welche die allgemeine Wirtschaftslage – Preise, Arbeitsplätze, Renten – den Umweltschutz und die Erhaltung des Friedens betrafen. Lediglich 1% der Schreiber schaffte nur die Anrede und brach dann ab.

Ende September Anfang Oktober 1982

Sehr geehrten Herr Bundeskanzler

Heute, am 2. Okt. 82, verliere ich die Lust nicht mehr.

Sehr geehrter Herr Schmidt,

mit Ihnen als Person wäre ich ein verstanden, nicht aber mit den Politikern hinter Ihnen.

Lieber Herr Schmidt

Wenn es eine Gerechtigkeit gibt, wird diese sich am 3. März zeigen.

Fortsetzung

Grüß Gott, Herr Schmidt!

Ich bedaure, daß Sie gestürzt wurden,
hoffe aber, dieser Verrat wird eines Tages
gerächt.

Ich bin mit Ihnen traurig.

Großkotziger Schweinehund und Riputu!

Herr Schmidt!

Sie sind ein arroganter Snop, der unser Land an
den Abgrund gebracht hat.

Sehr geehrter Herr Bundeskanzler a.D

Vor Ihrer Politik habe ich Angst gehabt —

Sehr geehrter Herr Helmut Schmidt!
Warum gibt es für uns junge Menschen
so wenig Arbeitsplätze, wo wir doch alle
arbeiten wollen?

POLITISCHE MYTHENBILDUNG

Frage: „War das eigentlich Verrat an Helmut Schmidt, was sich in den letzten Wochen in Bonn zugetragen hat, oder hat das mit Verrat nichts zu tun?"

	1982 Okt. %	1982 Nov. %	1983 Jan. %	1983 Febr. %
War Verrat	35	34	36	35
Hat mit Verrat nichts zu tun	49	46	45	46
Unentschieden	16	20	19	19
	100	100	100	100

GUT FÜR EIN REGIERUNGSAMT

Frage: „Hier habe ich Karten mit Namen von Politikern. Könnten Sie die bitte einmal durchsehen und mir alle herauslegen, von denen Sie schon einmal gehört oder gelesen haben?" (K)

„Man kann ja verschiedener Meinung sein, wer sich in der heutigen politischen Lage gut für ein Regierungsamt eignet. Könnten Sie jetzt bitte diese Karten auf das Blatt hier verteilen, und zwar je nachdem, ob Sie meinen, daß sich der Politiker gut oder nicht gut für ein Regierungsamt eignet?" (K)

Gut geeignet für ein Regierungsamt	1978 Dez. %	1979 Juli %	Gut geeignet für ein Regierungsamt	1978 Dez. %	1979 Juli %
Politiker der Regierungskoalition			**Politiker der Opposition**		
Helmut Schmidt	87	83	Helmut Kohl	55	39
Hans-Dietrich Genscher	71	64	Franz Josef Strauß	54	52
Hans Apel	55	47	Gerhard Stoltenberg	50	49
Willy Brandt	48	40	Ernst Albrecht	43	61
Otto Graf Lambsdorff	42	36	Kurt Biedenkopf	43	34
Volker Hauff	10	19	Alfred Dregger	33	27

EIGENSCHAFTSPROFILE: HELMUT KOHL UND HELMUT SCHMIDT

Frage: „Hier habe ich Karten mit Eigenschaften – könnten Sie die einmal durchsehen und mir alle Karten herauslegen, wo Sie sagen würden, das trifft auf Schmidt (Parallelumfrage: Kohl) zu?" (K)

Oktober 1982   Kohl   Schmidt

	Kohl	Schmidt
Glänzender Redner	31	72
Ein Politiker mit Verstand und klarer Linie	43	64
Sozial	28	62
Ehrgeizig	60	69
Energisch, kann sich durchsetzen	29	58
Große Selbstbeherrschung	39	56
Politisch weitsichtig	32	54
Hat zuwenig Rückhalt in seiner Partei	17	54
Vertrauenerweckend	42	53
Mutig	39	53
Hart gegen seine politischen Gegner	36	52
Entschlußfreudig	33	48
Starke Führernatur	19	47
Fair	37	45
Bringt überzeugende Argumente	34	45
Ehrlich, aufrichtig	41	44
Unbestechlich	35	43
Sieht gut aus	26	41
Zuversicht, Erfolg ausstrahlend	35	40
Schwungvoll, mitreißend	15	38
Tolerant	32	36
Modern, fortschrittlich	20	35
Kühl, unnahbar	20	30
Bestimmt den Kurs seiner Partei	27	34
Überheblich	26	30
Hat gute Berater	25	41
Vorsichtig, bedächtig, abwägend	22	39
Eher konservativ eingestellt	16	59
Wirkt oft ratlos gegenüber politischen Problemen	11	24
Christlich, fromm	9	63 %

HELMUT KOHL

Frage: „Ich habe hier Karten mit Eigenschaften – könnten Sie die einmal durchsehen und mir alle Karten herauslegen, wo Sie sagen würden, das trifft auf Kohl zu?" (K)

A	1975 Juni %	1978 Nov. %	1981 Febr. %	1982 Okt. %	1982 Dez. %	1983 Febr. %
Ehrgeizig	54	58	48	69	60	65
Christlich, fromm	44	43	41	63	56	61
Eher konservativ eingestellt	44	49	42	59	54	57
Vertrauenerweckend	51	37	33	42	37	43
Ein Politiker mit Verstand und klarer Linie	48	36	36	43	39	41
Ehrlich, aufrichtig	46	35	31	41	37	41
Zuversicht, Erfolg ausstrahlend	36	26	23	35	36	41
Mutig	32	25	25	39	31	40
Fair	44	32	31	37	35	37
Hart gegen seine politischen Gegner	36	39	40	36	32	37
Große Selbstbeherrschung	47	31	30	39	36	36
Bringt überzeugende Argumente	–	26	29	34	30	35
Politisch weitsichtig	41	28	29	32	30	34
Energisch, fester Wille, kann sich durchsetzen	42	32	34	29	27	33
Unbestechlich	37	26	26	35	29	32
Tolerant	40	27	24	32	26	31
Glänzender Redner	36	29	31	31	26	28
Überheblich	–	27	20	30	26	28
Sozial	34	31	26	28	24	27
Wirkt oft ratlos gegenüber politischen Problemen	–	–	–	24	24	26
Modern, fortschrittlich	30	21	16	20	17	21
Starke Führernatur	20	17	17	19	16	18
Schwungvoll, mitreißend	16	13	15	15	13	16
Hat gute Berater	40	26	22	41	37	–
Vorsichtig, bedächtig, abwägend	47	33	26	39	33	–
Bestimmt den Kurs seiner Partei	–	–	–	34	31	–
Entschlußfreudig	26	20	20	33	28	–
Sieht gut aus	–	29	22	26	20	–
Hat zu wenig Rückhalt in seiner Partei	–	40	30	17	19	–
Kühl, unnahbar	13	16	14	20	15	–
Jung, unverbraucht	–	9	6	–	–	–

– = nicht gefragt

Weitere Ergebnisse s. JB VI, 126, VII, 106

DER BUNDESAUSSENMINISTER

„Eine Frage zu Bundesaußenminister Genscher: Sind Sie mit ihm als Außenminister im großen und ganzen einverstanden oder nicht einverstanden?"

A	1974 Okt. %	1975 Jan. %	1976 Mai %	1979 Jan. %
Einverstanden	37	38	50	52
Nicht einverstanden .	21	19	14	14
Unentschieden	22	28	19	19
Kein Urteil	20	15	17	15
	100	100	100	100

DER BUNDESWIRTSCHAFTS-MINISTER

Frage: „Sind Sie mit der Wirtschaftspolitik von Friderichs (1979: Lambsdorff) – dem jetzigen Wirtschaftsminister – einverstanden oder nicht einverstanden?"

	Im Fall von –	
	Hans Friderichs August 1977 %	Graf Lambsdorff Januar 1979 %
Einverstanden .	32	26
Nicht einverstanden .	27	14
Unentschieden .	27	29
Kein Urteil . . .	14	31
	100	100

DIE ERSTEN 100 TAGE BUNDESKANZLER KOHL

Frage: „Wie geht es Ihnen eigentlich mit Kohl als Bundeskanzler: Finden Sie ihn besser, als Sie erwartet haben, oder schlechter, oder würden Sie sagen, kein Unterschied?"

	Januar 1983		
	Anfang %	Mitte %	Ende %
Besser	30	28	32
Schlechter	16	18	16
Kein Unterschied	54	54	52
	100	100	100

Frage: „Sind Sie mit der neuen Regierung unter Helmut Kohl einverstanden, oder hätten Sie lieber die vorige Regierung unter Helmut Schmidt behalten?"

	1982 Okt. %	1982 Nov. %	1982 Dez. %	1983 Jan. %	1983 Febr. %
Regierung Kohl	42	41	41	40	42
Regierung Schmidt	39	39	35	37	39
Unentschieden	19	20	24	23	19
	100	100	100	100	100

KOALITION? WER SOLL MIT WEM?

Frage: „Was ist auf lange Sicht gesehen für die Bundesrepublik wohl das beste – wenn eine Partei allein die Bundesregierung in Bonn stellt, oder zwei oder mehr Parteien zusammen?"

Falls ‚zwei oder mehr Parteien zusammen': „Und welche Parteien sollen zusammen die Regierung bilden?"

Falls ‚eine Partei allein': „Und wenn es nicht möglich ist, daß eine Partei allein die Regierung bildet: Welche Parteien sollen dann zusammengehen?"

		Januar 1978		
	Bev.	Politische Orientierung		
	ges.	SPD	CDU/CSU	FDP
Die Bundesregierung sollte stellen –	%	%	%	%
Eine Partei allein	29	29	38	7
Zwei oder mehr Parteien zusammen	56	62	49	79
Unentschieden, weiß nicht	15	9	13	14
	100	100	100	100
Es sollten koalieren: SPD und FDP	31	72	3	49
CDU/CSU und FDP	27	2	56	20
CDU/CSU und SPD	12	8	17	3
Andere Koalition	4	3	3	5
Unentschieden	26	15	21	23
	100	100	100	100

MAN WEISS, WAS MAN HAT

Frage: „Hier auf der Liste stehen verschiedene Ansichten. Bei welchen würden Sie sagen, das ist auch meine Meinung?" (L)

	1979 August	1981 Okt.
	%	%
„Wenn die SPD/FDP-Koalition an der Regierung bleibt, weiß man, was man hat. Die Politik der CDU/CSU ist unklar"	32	24
„Eine von der CDU/CSU geführte Regierung würde die Probleme der heutigen Zeit besser bewältigen als die SPD/FDP-Koalition"	30	26
„Ich fürchte, wenn die CDU/CSU an die Regierung kommt, wird sie zuviel verändern, gute Reformen der SPD/FDP-Koalition wieder rückgängig machen"	26	27
„Es ist in der Bundesrepublik Zeit für einen Regierungswechsel; die SPD/FDP-Koalition hat abgewirtschaftet und ist mit ihren Ideen am Ende"	23	35
Unentschieden	4	5

CDU/CSU UND FDP

Frage: „Einmal angenommen, die jetzige Koalition aus SPD und FDP bricht wegen zu großen Gegensätzen auseinander: Wer sollte dann Ihrer Meinung nach eine neue Regierung bilden: die SPD und die CDU/CSU oder die CDU/CSU und die FDP?"

	Bev. insges. %	Mai 1981 Politische Orientierung SPD %	CDU/CSU %	FDP %
SPD und CDU/CSU zusammen	19	33	11	14
CDU/CSU und FDP zusammen	41	18	63	52
Andere Antwort	19	21	15	12
Unentschieden	21	28	11	22
	100	100	100	100

FALLS NUR EINE PARTEI ALLEIN REGIERT ...

Frage: „Hier unterhalten sich zwei über die Auswirkungen, wenn eine Partei allein regiert. Wenn Sie sich das bitte einmal ansehen. Wem von den beiden würden Sie eher zustimmen?" (B, X)

	Januar 1983 %
„Ich halte es für gefährlich, wenn eine Partei allein regieren kann. So eine Partei kann dann einfach alles durchsetzen, ohne daß ein Ausgleich durch eine andere Partei geschaffen wird"	51
„Ich finde es gut, wenn eine Partei allein regieren kann. Diese Partei kann dann ihr Programm verwirklichen, ohne auf eine andere Partei Rücksicht nehmen zu müssen, und der Wähler weiß auch, woran er ist"	33
Unentschieden	16
	100

WUNSCHDENKEN?

Frage: „Glauben Sie, daß die Regierung von SPD und FDP bis zur nächsten Wahl (1981: also vier Jahre) hält oder daß sie vorher auseinanderfällt?"

	1981 Febr. %	1981 Okt. %	1982 März %	1982 Juli %
Hält	43	44	41	43
Fällt auseinander	22	24	28	27
Unmöglich zu sagen	35	32	31	30
	100	100	100	100

REGIERUNGSWECHSEL

Frage: „Wenn Sie einmal an die Aufgaben denken, die die Bundesregierung in Bonn jetzt zu bewältigen hat: Glauben Sie, die SPD/FDP-Regierung wird mit diesen Aufgaben fertig, oder wäre es
Ihnen da lieber, wenn es möglichst bald zu einem Regierungswechsel kommt?"

A	1981 Dez. %	1982 März %	1982 Mai %	1982 Juli %
Regierungswechsel möglichst bald	39	44	39	44
Regierung wird mit den Aufgaben fertig	38	28	33	27
Unentschieden	23	28	28	29
	100	100	100	100

MOMENTAUFNAHMEN

Frage: „Wie war Ihre erste Reaktion, als Sie von dem Ende der gemeinsamen Regierung von SPD
und FDP in Bonn erfahren haben: waren Sie da betroffen oder erleichtert, oder hat Sie das nicht
weiter berührt?" (War betroffen = 35%)

Frage: „Jemand sagte uns danach: Ich glaube es ist besser so. Das hatte einfach keinen Sinn mehr,
FDP und SPD konnten nicht mehr zusammenarbeiten. Würden Sie dem zustimmen oder nicht
zustimmen?"

	Bevölkerung insgesamt ab 18 Jahre %	Politische Orientierung			
		CDU/CSU %	SPD %	FDP %	Grüne %
Würde zustimmen	82	93	69	94	86
Würde nicht zustimmen	18	7	31	6	14
	100	100	100	100	100

Frage: „Glauben Sie, daß dieser Wechsel zu einer CDU/CSU-geführten Bundesregierung für längere
Zeit gilt oder nur vorübergehend ist?"

	1982 Okt. %	1983 Jan. %	Politische Orientierung			
			CDU/CSU %	SPD %	FDP %	Grüne %
Gilt für längere Zeit	44	34	65	10	34	18
Nur vorübergehend	30	35	12	64	21	50
Unmöglich zu sagen	26	31	23	26	45	32
	100	100	100	100	100	100

19.–21. September 1982

DREIZEHN JAHRE KOALITIONSARBEIT VON SPD/FDP

Frage: „SPD und FDP haben ja während dreizehn Jahren zusammen die Bundesregierung gestellt.
Wenn Sie jetzt einmal zurückblicken auf die Zeit seit 1969 (Parallelumfrage: seit 1980), wie beurteilen Sie insgesamt die Arbeit der sozial-liberalen Koalition (Parallelumfrage: ... in den letzten beiden Jahren)? Hat sie alles in allem gute Arbeit geleistet, oder würden Sie das nicht sagen?"

	Seit 1969		Seit 1980	
	1982 Okt. %	1983 Jan. %	1982 Okt. %	1983 Jan. %
Gute Arbeit geleistet	53	47	32	36
Würde ich nicht sagen	30	33	49	47
Unmöglich zu sagen	17	20	19	17
	100	100	100	100

DIE WICHTIGSTEN REFORMEN

Frage: „Eine Frage zu diesen vier Reformen, die die Bundesregierung beschlossen und zum Teil
schon durchgeführt hat. Welche davon halten Sie für die wichtigste?" (K)

„Und wie zufrieden sind Sie heute mit diesen Regelungen?" (L)

Dezember 1978

	Wichtigste Reform %	Zufrieden mit Regelung –				Keine Angabe %
		sehr %	ziemlich %	wenig %	gar nicht %	
Steuerreform für 1979	36	12	37	27	10	14 = 100
Verbesserung der Lehrlingsausbildung	27	17	37	24	8	14 = 100
Paritätische Mitbestimmung der Arbeitnehmer und Anteilseigner in Großbetrieben	12	8	30	27	12	23 = 100
Reform des Scheidungsrechts	10	7	20	23	35	15 = 100
Unentschieden	15					
	100					

DAS VERHALTEN DER FDP

Frage: „Über das Verhalten der FDP beim Koalitionswechsel in Bonn im Oktober 1982 unterhalten sich hier zwei. Wem würden Sie eher zustimmen?" (B)

	1982 Okt. %	1983 Ende Jan. %
„Die FDP hatte die Wahl 1980 mit dem Versprechen gewonnen, daß Helmut Schmidt Kanzler bleibt. Da war es unmoralisch, ihn mit den Stimmen der FDP zu stürzen."	46	43
"Was soll daran unmoralisch gewesen sein? Es ging ja nicht mehr weiter wie es war. Die Abgeordneten sind nur ihrem eigenen Gewissen verpflichtet und müssen in einer solchen Lage neue Lösungen suchen."	38	39
Unentschieden	16	18
	100	100

DIE VERTRAUENSFRAGE

Frage: „Bundeskanzler Kohl hat am 17. Dezember im Bundestag die Vertrauensfrage gestellt. Haben Sie in der Zeitung, im Radio oder im Fernsehen verfolgt, was an diesem Tag im Bundestag gesprochen wurde?"

„Hat Kohl das eigentlich richtig gemacht, weil ja alle Parteien Neuwahlen wollten, oder hätte er es nicht tun sollen, weil ja in Wirklichkeit die meisten Abgeordneten Vertrauen zu ihm hatten?"

	1983 Jan. %		1983 Jan. %
Ja, im Fernsehen	56	Hat es richtig gemacht	50
Ja, in der Zeitung	37	Hätte es nicht tun sollen	23
Ja, im Radio	25	Unentschieden	27
Nein	24		100

CDU/CSU UND FDP

Frage: „Wir haben ja jetzt eine Bundesregierung aus CDU/CSU und FDP. Sind Sie für die Koalition aus CDU/CSU und FDP als Bundesregierung in Bonn, oder sind Sie dagegen?"

... ODER NUR CDU/CSU?

„Wir haben ja jetzt eine Bundesregierung aus CDU/CSU und FDP. Was glauben Sie wäre die bessere Bundesregierung: eine Regierung aus CDU/CSU und FDP oder eine Regierung nur von der CDU/CSU?"

	1983 Jan. %		1983 Jan. %
Dafür	35	CDU/CSU und FDP	35
Dagegen	48	Nur CDU/CSU	30
Unentschieden	17	Weiß nicht	35
	100		100

SPARBESCHLÜSSE: BETROFFENE

Frage: „Hier auf diesen Karten stehen einige Einsparungen, die die Bonner Regierung
angekündigt hat, damit mehr Geld in die Kasse kommt.

Von welchen Maßnahmen wären auch Sie und Ihre Familie betroffen? Wenn Sie mir bitte
alles herauslegen, was auch Sie betreffen würde. – (K)

Mit welchen Einsparungen und Maßnahmen wären Sie einverstanden?" (K)

	November 1982	
	Von Maßnahmen betroffen %	Mit Maßnahmen einverstanden %
Die Mehrwertsteuer erhöhen	87	24
Bei einem Krankenhausaufenthalt für die ersten zwei Wochen fünf Mark pro Tag als Selbstbeteiligung zahlen lassen	70	25
Bei Angestellten und Arbeitern den Rentenbeitrag erhöhen	52	12
Das Kindergeld kürzen	39	9
Die Rentenerhöhung um sechs Monate verschieben .	30	11
Rentner einen Beitrag zur Krankenkasse zahlen lassen	30	9
Die Gehaltserhöhung für Beamte um ein halbes Jahr verschieben	15	8
Das Wohngeld kürzen	13	2
Das Arbeitslosengeld kürzen	13	3
Die Ausbildungsförderung für Schüler (Schüler-BAfög) streichen	10	3
Die Ausbildungsförderung für Studenten (BAfög) nur als Darlehen geben, das zurückgezahlt werden muß	9	5
Die Steuer auf die Gewinne der Unternehmen erhöhen	9	6
Für Gutverdienende eine Investitionsabgabe verlangen (bei Ledigen ab 50 000, bei Verheirateten ab 100 000 DM Jahreseinkommen)	9	7
Nichts davon	×	42

INVESTITIONSANLEIHE

Frage: „Die Regierung Kohl/Genscher hat ja ein Gesetz beschlossen, daß alle Leute mit einem höheren Einkommen eine Investitionsanleihe zahlen müssen, die dann später zurückgezahlt werden
sollte. Haben Sie davon gehört oder nicht?" (Ja, davon gehört = 91%)

„Jetzt hat die CDU/CSU angekündigt, daß sie das Gesetz ändern will, wenn sie die Wahl gewinnt.
Und zwar soll die Abgabe nicht zurückgezahlt werden. Finden Sie es gut oder nicht gut, daß die
Abgabe nicht zurückgezahlt werden soll?"

A	Bevölkerg. insges. %	Januar 1983 SPD %	CDU/CSU %	FDP %	Grüne %
Finde ich gut	49	51	48	30	58
Finde ich nicht gut	35	34	34	55	30
Unentschieden	16	15	18	15	12
	100	100	100	100	100

DIE ROLLE DER OPPOSITION

Frage: „Über die Bedeutung der Opposition für das Parlament kann man ja unterschiedlicher
Meinung sein. Wie stehen Sie dazu: Ist eine Opposition Ihrer Meinung nach unbedingt notwendig,
um die Entscheidungen der Regierung ständig zu überprüfen und zu kontrollieren, oder verhindert
eine Opposition oft doch nur, daß die wirklichen Probleme gelöst, dringend benötigte Gesetze verab-
schiedet werden? Wäre eine Regierung ohne Opposition im Grunde besser?"

	Aug. %	1982 Sept. %	Okt. %
Opposition ist unbedingt notwendig	83	82	85
Regierung ohne Opposition ist besser	3	4	3
Unentschieden	14	14	12
	100	100	100

	Altersgruppen 16–29 %	30–44 %	45–59 %	60 u. ä. %	Oktober 1982 Politische Orientierung CDU/CSU %	SPD %	FDP %	Grüne %
Opposition ist unbedingt notwendig	82	89	88	83	85	87	79	85
Regierung ohne Opposition ist besser	4	4	3	2	3	4	3	3
Unentschieden	14	7	9	15	12	9	18	12
	100	100	100	100	100	100	100	100

DIE OPPOSITIONSFÜHRER

Mit Helmut Kohl als Führer der CDU/CSU- Opposition –	Jan. %	Febr. %	März %	April %	Mai %	Juni %	Juli %	Aug. %	Sept. %	Okt. %	Nov. %	Dez. %
1981												
Einverstanden	–	43	–	–	49	40	44	–	43	42	42	42
Nicht einverstanden . . .	–	28	–	–	23	29	21	–	27	27	25	29
Unentschieden	–	29	–	–	28	31	35	–	30	31	33	29
1982												
Einverstanden	39	39	38	35	42	40	38	36	39	–	–	–
Nicht einverstanden . . .	27	27	31	27	27	31	29	33	32	–	–	–
Unentschieden	34	34	31	37	31	29	33	31	29	–	–	–

Mit Hans-Jochen Vogel als Führer der SPD-Opposition	April %	Mai %	Juni %
1983			
Einverstanden	48	–	43
Nicht einverstanden	18	–	21
Unentschieden	34	–	36

... ZU LASCH?

Frage: „Manche sagen, die CDU/CSU war in der letzten Zeit viel zu lasch, als Opposition hätte sie die Regierung viel schärfer angreifen müssen. Würden Sie dem zustimmen oder nicht zustimmen?"

	1977 Mai %	1979 Febr. %	16–29 %	Altersgruppen 30–44 %	45–59 %	60 u. ä. %
Zustimmen	40	35	28	38	36	38
Nicht zustimmen	41	39	41	40	39	33
Unentschieden	19	26	31	22	25	29
	100	100	100	100	100	100

HANS-JOCHEN VOGEL

Frage: „*Ich habe hier Karten mit Eigenschaften – könnten Sie die einmal durchsehen und mir alle Karten herauslegen, wo Sie sagen würden, das trifft auf Hans-Jochen Vogel zu?*" (K)

A

	Wahlberech- tigte insges. %	Februar 1983 Politische Orientierung			
		SPD %	CDU/CSU %	FDP %	Grüne %
Sozial	58	75	48	70	61
Ehrgeizig	52	47	60	57	45
Ein Politiker mit Verstand und klarer Linie	42	70	24	19	44
Vertrauenerweckend	42	73	20	22	37
Mutig	40	49	37	36	40
Fair	39	61	27	26	31
Ehrlich, aufrichtig	38	61	23	48	31
Große Selbstbeherrschung	37	49	30	48	20
Tolerant	36	54	23	25	36
Hat gute Berater	35	55	23	46	34
Energisch, kann sich durchsetzen	32	48	24	20	28
Zuversicht, Erfolg ausstrahlend	32	55	15	30	28
Unbestechlich	31	45	23	20	34
Vorsichtig, bedächtig, abwägend	31	35	28	38	30
Bringt überzeugende Argumente	30	60	11	7	29
Politisch weitsichtig	29	56	12	19	25
Hart gegen seine politischen Gegner	28	30	31	18	9
Glänzender Redner	28	38	24	8	21
Entschlußfreudig	27	42	19	24	15
Modern, fortschrittlich	24	38	16	6	14
Hat zuwenig Rückhalt in seiner Partei	22	10	34	27	13
Bestimmt den Kurs seiner Partei	20	30	13	11	14
Sieht gut aus	19	27	16	6	12
Schwungvoll, mitreißend	17	28	11	4	18
Kühl, unnahbar	17	9	25	14	×
Wirkt oft ratlos gegenüber den politischen Problemen	15	5	24	23	10
Überheblich	14	3	25	21	5
Starke Führernatur	14	21	13	4	2
Eher konservativ eingestellt	13	11	13	26	9
Christlich, fromm	10	13	8	×	5

4. a) VORSTELLUNGEN VON PARTEIEN

Frage: „Parteien werden ja manchmal danach eingeteilt, ob sie links, in der Mitte oder rechts stehen. Ich habe hier eine Liste, auf der ein Bandmaß aufgezeichnet ist. Wie würden Sie Ihren eigenen politischen Standort beschreiben, wo auf diesem Bandmaß würden Sie sich selbst einstufen?" (B)

Juni 1982

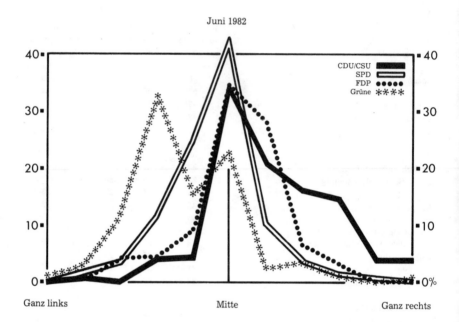

Ganz links   Mitte   Ganz rechts

KONSERVATIV

Frage: „Wenn man von einer Partei sagt, sie ist konservativ – spricht das eher für oder gegen diese Partei?"

A

| | Ges. Bev. | Altersgruppen | | | | Schulabschluß | |
| | | 16–29 | 30–44 | 45–59 | 60 u. ä. | Volksschule | Höhere Schule |
	%	%	%	%	%	%	%
Spricht dafür	35	20	33	38	51	34	36
Spricht dagegen	28	43	32	22	10	24	35
Unentschieden	37	37	35	40	39	42	29
	100	100	100	100	100	100	100

Frühjahr 1979

POLITISCHE FORDERUNGEN 1979

Frage: „Hier stehen verschiedene politische Forderungen. Welche finden Sie selbst besonders wichtig? Könnten Sie mir die Karten bitte herauslegen." (K)

Nachfragen für alle politischen Forderungen, die den Befragten besonders wichtig waren: „Noch eine Frage zu den Parteien, zunächst zur CDU/CSU. Jede Partei hat ja ihre guten und ihre schlechten Seiten. Könnten Sie jetzt noch mal diese Karten hier durchsehen und mir alle herauslegen, wo Sie sagen würden, das macht die CDU/CSU gut, das finde ich gut bei der CDU/CSU?" (K)

„Und wie beurteilen Sie die SPD? Legen Sie doch jetzt bitte alles heraus, was Sie bei der SPD gutfinden, was die SPD gut macht!" (K)

„Ich würde Sie gern auch noch zur FDP fragen, was Sie bei dieser Partei gutfinden, was die FDP gut macht." (K)

GESELLSCHAFTSPOLITIK	März 1979 Besonders wichtig	Besonders wichtig und das macht gut die –		
		SPD	CDU/CSU	FDP
	%	%	%	%
Daß die Renten gesichert sind	75	34	36	20
Wirksame Bekämpfung der Terroristen	71	36	41	24
Daß die jungen Menschen, die aus den Schulen und Universitäten kommen, genug Arbeitsplätze bekommen	66	22	22	16
Für eine menschenfreundlichere Umwelt sorgen	62	27	21	25
Daß die persönliche Freiheit aufrecht erhalten bleibt, daß der Staat nicht immer mehr reglementiert	57	22	24	21
Dafür sorgen, daß Familien mit Kindern mehr geschützt und gefördert werden	54	25	28	16
Verhindern, daß sich bei uns ein Sozialismus in der Art der DDR durchsetzt	51	14	35	15
Daß die Kinder im Schulunterricht nicht einseitig politisch beeinflußt werden	50	14	24	15
Verhindern, daß kommunistische Einflüsse in Europa vordringen	50	11	34	13
Verbesserung der beruflichen Bildung für die Jugend	49	24	18	14
Den Geburtenrückgang bremsen, dafür sorgen, daß wieder mehr Kinder geboren werden	42	13	21	9
Die Gleichberechtigung der Frau in allen Lebensbereichen durchsetzen	41	22	11	16
Keine Zusammenarbeit mit kommunistischen Gruppen in der Bundesrepublik	40	10	29	12
Daß die sozialen Unterschiede nicht so groß sind, daß alle möglichst gleich viel haben	39	22	6	8
Daß jeder, der Abitur hat, das Fach studieren kann, das er möchte (Abschaffung des Numerus clausus)	31	10	8	7

(Fortsetzung)

(Fortsetzung)

WIRTSCHAFTSPOLITIK	März 1979			
	Besonders wichtig	Besonders wichtig und das macht gut die –		
		SPD	CDU/CSU	FDP
	%	%	%	%
Daß die Arbeitslosigkeit überwunden wird	78	37	31	22
Daß die Unternehmer wieder mehr Vertrauen gewinnen und mehr Geld in die Betriebe stecken, investieren	32	9	19	10
Verhindern, daß die Gewerkschaften bei uns mehr und mehr den Ton angeben, daß sie mehr Macht als die Regierung bekommen	32	4	21	8

STAAT UND VERWALTUNG

Verhindern, daß politische Ziele mit Gewalt und Terror durchgesetzt werden	67	38	38	27
Die Verbrechen wirksamer bekämpfen	63	26	34	18
Verhindern, daß die Abzüge vom Lohn und Gehalt für Steuern, Krankenkasse und Rentenversicherung noch weiter erhöht werden	54	15	18	9
Datenschutz, daß mit unseren persönlichen Angaben bei Ämtern, Behörden Firmen usw. kein Mißbrauch getrieben wird	52	17	15	14
Verhindern, daß Radikale im öffentlichen Dienst beschäftigt werden	41	8	30	8

AUSSENPOLITIK

Nicht zu nachgiebig gegenüber dem Osten sein, keine Zusage ohne Gegenleistung	45	7	32	6
Die Menschen in beiden Teilen Deutschlands sollen sich wieder näherkommen, damit die Teilung nicht immer endgültiger wird	44	26	15	13
Daß sich die europäischen Länder zu einem vereinigten Europa zusammenschließen	41	27	19	18
Dafür sorgen, daß die Menschenrechte auch in der DDR eingehalten werden	40	16	17	11
Die NATO und die Bundeswehr stärken, damit die Russen keinen immer größeren militärischen Vorsprung vor dem Westen bekommen	39	14	22	10
Dem Osten auch in Zukunft entgegenkommen, um die Aussöhnung zu festigen	24	16	4	8

PROBLEME UND LÖSUNGSKOMPETENZEN 1982

Frage: „*Hier auf den Karten stehen verschiedene Probleme unserer Politik. Könnten Sie einmal die heraussuchen, die Sie persönlich für besonders wichtig halten?*" (K)

Nachfragen für alle politischen Forderungen, die den Befragten besonders wichtig waren:

„*Es ist ja auch in der Politik so, daß sich manches leichter erreichen läßt, anderes nur sehr schwer. Wo könnten Ihrer Ansicht nach gute Politiker etwas erreichen, und wo kann in nächster Zeit niemand was erreichen? Könnten Sie die Karten danach auf die Liste hier verteilen.*" (K, L)

„*Noch eine Frage zu den Parteien, zunächst zur CDU/CSU. Jede Partei hat ja ihre guten und ihre schlechten Seiten, könnten Sie jetzt noch mal diese Karten hier durchsehen und mir alle herauslegen, wo Sie sagen würden, das macht die CDU/CSU gut, das finde ich gut bei der CDU/CSU?*" (K)

„*Wie beurteilen Sie die SPD? Legen Sie doch jetzt bitte alles heraus, was Sie bei der SPD gutfinden, was die SPD gut macht.*" (K)

	Juni 1982			
	Besonders wichtig	Erreich-bar	Das macht gut die –	
			CDU/CSU	SPD
WIRTSCHAFTSPOLTIK	%	%	%	%
Daß die Arbeitslosigkeit überwunden wird	88	53	22	15
Daß die Preise weniger stark steigen	77	48	17	12
Dafür sorgen, daß der Aufschwung kommt, daß es mit der Wirtschaft wieder bergauf geht	76	52	29	14
Daß für Jugendliche die Zahl der guten Ausbildungsplätze erweitert wird	74	56	23	23
Dafür sorgen, daß wir auch in Zukunft genug Energie haben	62	48	29	21
Die Steuern senken	53	39	19	7
Verhindern, daß die Gewerkschaften mehr Einfluß auf die Politik bekommen	26	20	15	3
Für den weiteren Ausbau der Kernkraftwerke sorgen	25	22	16	7
GESELLSCHAFTSPOLITIK				
Daß die Renten gesichert sind	77	65	34	25
Für Umweltschutz eintreten, zum Beispiel mehr für die Reinhaltung von Luft und Wasser tun, Lärmbekämpfung usw.	64	55	21	26
Kampf gegen Rauschgift und Drogensucht	64	46	27	20
Wirksame Verbrechensbekämpfung	63	50	30	17
Dafür sorgen, daß es bei uns nicht so viele Ausländer gibt .	59	47	28	10
Daß die Politiker dem Bürger gegenüber ehrlicher sind . .	56	39	12	8
Ein gutes Schulsystem finden, mit dem Eltern und Kinder zufrieden sein können	51	42	20	15
Dafür sorgen, daß es in der Bundesrepublik keine Wohnungsnot gibt	48	33	12	11
Dafür sorgen, daß Familien mit Kindern mehr geschützt und gefördert werden	45	39	21	15
Die Gleichberechtigung der Frau in allen Lebensbereichen durchsetzen	41	30	9	14
Verhindern, daß der Sozialismus sich durchsetzt	32	27	23	2

(Fortsetzung)

(Fortsetzung)

Juni 1982

STAAT UND VERWALTUNG	Besonders wichtig	Erreich- bar	Das macht gut die – CDU/CSU	SPD
	%	%	%	%
Die staatliche Verschuldung abbauen	70	47	29	7
Größere Sparsamkeit in der öffentlichen Verwaltung	69	57	26	12
Daß mehr für Recht und Ordnung gesorgt wird	43	38	24	9
Keine Radikalen im öffentlichen Dienst beschäftigen	40	35	28	9

AUSSENPOLITIK

Für ein gutes Verhältnis zu den USA sorgen	47	42	33	18
Keine weiteren Zugeständnisse mehr an den Osten ohne entsprechende Gegenleistungen	47	40	32	6
Daß wir vor einem militärischen Überfall aus dem Osten gesichert sind	46	27	17	9
Stärkung der NATO, Festigung unseres militärischen Bündnisses mit dem Westen	38	33	24	14
Zusammenschluß der westeuropäischen Staaten zu einem Vereinigten Europa	32	18	11	11
Die Einheit Deutschlands wiederherstellen, die Wiedervereinigung	27	8	4	3
Dem Osten auch in Zukunft entgegenkommen, um die Aussöhnung zu festigen	25	18	3	14
Daß private Fernsehprogramme zugelassen werden	16	11	7	2

LÖSUNGSKOMPETENZEN 1983

Frage: „Hier auf den Karten stehen verschiedene Probleme unserer Politik. Könnten Sie einmal die heraussuchen, die Sie persönlich für besonders wichtig halten?" (K)

„Noch eine Frage zu den Parteien, zunächst zur SPD. Jede Partei hat ja ihre guten und ihre schlechten Seiten. Könnten Sie jetzt noch mal diese Karten hier durchsehen und mir alle herauslegen, wo Sie sagen würden, das macht die SPD gut, das finde ich gut bei der SPD?" (K)

„Und wie beurteilen Sie die CDU/CSU? Legen Sie doch jetzt bitte alles heraus, was Sie bei der CDU/CSU gutfinden, was die CDU/CSU gut macht." (K)

	Februar 1983		
	Wichtig	Wichtig und erreichbar und das macht gut die –	
		CDU/CSU	SPD
	%	%	%
Daß die Arbeitslosigkeit wieder zurückgeht	94	34	19
Daß die Renten gesichert sind	82	38	30
Dafür sorgen, daß der Aufschwung kommt, daß die Wirtschaft wieder bergauf geht	81	41	17
Daß für Jugendliche die Zahl der guten Ausbildungsplätze erweitert wird	76	32	21
Für Umweltschutz eintreten, zum Beispiel mehr für die Reinhaltung von Luft und Wasser tun, Lärmbekämpfung usw.	73	21	37
Daß die Preise weniger stark steigen	72	23	16
Bei Sparmaßnahmen dafür sorgen, daß die Lasten gerecht auf alle Einkommensschichten verteilt werden	71	19	33
Die staatliche Verschuldung abbauen	70	31	9
Größere Sparsamkeit in der öffentlichen Verwaltung	70	30	15
Dafür sorgen, daß mit dem Abbau der Rüstung in Ost und West ernst gemacht wird	69	18	28
Dafür sorgen, daß genügend Wohnungen zu erschwinglichen Preisen angeboten werden	68	15	25
Daß die Politiker dem Bürger gegenüber ehrlicher sind	68	18	16
Daß man vertrauensvoll in die Zukunft blicken kann	67	23	14
Verhindern, daß die Sozialleistungen mißbraucht werden	65	31	19
Der Jugend das Gefühl geben, daß sie einen Platz in unserer Gesellschaft hat	64	23	25
Wirksame Verbrechensbekämpfung	62	29	16
Dafür sorgen, daß wir auch in Zukunft genug Energie haben	60	29	19
Dafür sorgen, daß mit unseren persönlichen Angaben bei Ämtern, Behörden, Firmen usw. kein Mißbrauch getrieben wird	55	16	18
Dafür sorgen, daß die Bundesrepublik auch in Zukunft regierbar bleibt	54	30	18
Die Steuern senken	53	13	12
Dafür sorgen, daß es bei uns nicht so viele Ausländer gibt	48	26	6

(Fortsetzung)

(Fortsetzung)

Februar 1983

	Wichtig %	Wichtig und erreichbar und das macht gut die – CDU/CSU %	SPD %
Die Gleichberechtigung der Frau in allen Lebensbereichen durchsetzen	48	11	17
Daß wir vor einem militärischen Überfall aus dem Osten gesichert sind	48	19	10
Mehr dafür tun, daß im Gesundheitswesen die Kosten gesenkt werden	46	19	16
Kleinen und mittleren Unternehmen Steuererleichterungen gewähren, damit sie sich besser behaupten können	45	25	11
Für den Zusammenhalt der Deutschen in West und Ost sorgen, das Ziel der Wiedervereinigung nicht vergessen	44	13	11
Für ein gutes Verhältnis zu den USA sorgen	39	29	18
Dafür sorgen, daß mehr deutsche Waren gekauft werden	37	10	7
Zusammenschluß der westeuropäischen Staaten zu einem vereinigten Europa	34	10	10
Daß in den Schulen zur Leistungsbereitschaft erzogen wird	34	16	6
Verhindern, daß der Sozialismus sich durchsetzt	33	22	4
Stärkung der NATO, Festigung unseres militärischen Bündnisses mit dem Westen	33	24	11
Entwicklungshilfe davon abhängig machen, daß mit deutschen Firmen zusammengearbeitet wird	33	16	9
Daß die Arbeitszeit verkürzt wird	31	6	13
Entwicklungshilfe davon abhängig machen, daß sie nicht an kommunistische Regierungen geht	27	16	3
Das Nationalgefühl der Deutschen stärken	25	11	3
Verhindern, daß die Gewerkschaften mehr Einfluß auf die Politik bekommen	20	10	1
Für den weiteren Ausbau der Kernkraftwerke sorgen	18	10	3
Daß private Fernsehprogramme zugelassen werden, mehr politische Vielfalt in den Fernsehprogrammen	15	8	2

VERGLEICHE 1981

Frage: „Auf dieser Liste haben wir einige Aussagen notiert, die uns zu den Parteien hier in
der Bundesrepublik gemacht wurden.
Bitte denken Sie jetzt nur an die CDU/CSU und sagen mir zu jeder Eigenschaft, ob diese
Ihrer Meinung nach auf die CDU/CSU in der Bundesrepublik zutrifft." (L)
„Und wie ist Ihre Meinung über die SPD hier in der Bundesrepublik? Welche der genannten
Eigenschaften treffen Ihrer Meinung nach auf die SPD zu?" (L)
„Und welche der genannten Eigenschaften treffen Ihrer Meinung nach auf die FDP in der
Bundesrepublik zu?" (L)

November 1981

Aussagen zu den
Parteien –

	SPD	CDU/CSU	FDP
	%	%	%
Verspricht vieles, was sie nicht halten kann	65	38	34
Ist in sich zerstritten	59	20	14
Zu nachgiebig gegenüber dem Osten	45	5	15
Redet oft an den wirklichen Sorgen und Wünschen der Bevölkerung vorbei	42	35	27
Genießt im Ausland hohes Ansehen	41	32	20
Hat ausgesprochen tüchtige Politiker	38	49	38
Grenzt sich zu wenig gegen Radikale ab	38	7	13
Keine klare Linie in der Politik	36	23	27
Kann man wählen, gleichgültig, welchem Beruf oder welcher Gesellschaftsschicht man angehört	35	41	34
Hat Politiker, denen man vertrauen kann	34	43	29
Setzt sich für den „kleinen Mann" ein	34	16	12
Begünstigt ihre Parteifreunde	32	27	18
Bemüht sich sehr um die Jugend	31	27	21
Tolerant, läßt auch die Meinung von anderen gelten	23	19	32
Eine Partei, in der man noch Idealisten findet	20	20	17
Denkt voraus, macht Politik für die Zukunft	19	30	17
Betreibt eine Politik der Mitte	17	30	44
Strahlt Optimismus, Zuversicht aus	17	29	18
Macht eine moderne, zeitgemäße Politik	17	24	18
Bietet die Garantie, daß es einem auf lange Sicht gutgeht	10	22	8

VERGLEICHE: 1983

Frage: „Auf dieser Liste haben wir einige Aussagen notiert, die uns zu den Parteien hier in der Bundesrepublik gemacht wurden. Bitte denken Sie jetz nur an die SPD (Parallelumfragen: CDU/CSU; FDP; die Grünen) und sagen mir, welche Eigenschaften Ihrer Meinung nach auf die SPD (Parallelumfragen: CDU/CSU; FDP, die Grünen) in der Bundesrepublik zutreffen. Sagen Sie mir bitte jeweils nur die Nummer, die vor der Aussage steht." (L)

| | Februar 1983 Aussagen zu den Parteien – | | | |
| | SPD | CDU/CSU | FDP | Grüne |
	%	%	%	%
Verspricht vieles, was sie nicht halten kann	48	36	41	48
Hat ausgeprochen tüchtige Politiker	45	46	21	4
Hat Politiker, denen man vertrauen kann	41	42	15	5
Hat einige Politiker, die mir ausgesprochen unsympathisch sind	40	47	64	31
Zu nachgiebig gegenüber der Sowjetunion, auch gegen unsere Interessen	36	5	4	9
Setzt sich überzeugend für die Freiheit ein	33	33	20	14
Aktiv, tatkräftig	31	36	11	33
Ist in sich zerstritten	31	11	64	24
Verantwortungsbewußt, macht Politik für die Zukunft . . .	30	42	11	13
Redet oft an den wirklichen Sorgen und Wünschen der Bevölkerung vorbei	28	34	26	28
Keine klare Linie in der Politik	26	17	51	53
Setzt sich überzeugend für die Gerechtigkeit ein	25	21	20	14
Unehrlich, täuscht die Wähler	22	19	44	20
Verläßlich, solide	21	35	5	2
Macht eine moderne, zeitgemäße Politik	21	21	7	12
Mit dieser Partei geht es aufwärts	20	32	11	22
Zu nachgiebig gegenüber Amerika, auch gegen unsere Interessen	14	30	10	3
Unrealistisch, gefährliche Illusionen	13	11	10	57
Überholt, Politik von gestern	10	16	11	4

Frage: „*Hier unterhalten sich zwei über die drei großen Parteien in der Bundesrepublik, also CDU/ CSU, SPD und FDP. Welcher von beiden sagt das, was auch Sie denken?*" (B)

	1978 Juli %	1978 Nov. %	1982 Juni %
„Ich finde, diese drei Parteien vertreten im großen und ganzen die verschiedenen Interessen der Bevölkerung. Deshalb sollte man sich auch bei Wahlen für eine dieser Parteien entscheiden."	60	75	61
„Ich meine, diese Parteien vertreten in einigen wichtigen Punkten nicht mehr richtig die Interessen der Bevölkerung. Deshalb sollte man sie eigentlich auch nicht mehr wählen."	20	13	21
Unentschieden	20	12	18
	100	100	100

Frage: „*Wenn jemand sagt, auf die wirklich brennenden Probleme, wie Arbeitslosigkeit, Umweltschutz und gerechte Steuern wissen die vorhandenen Parteien keine Antwort, man braucht neue Parteien. Würden Sie dem zustimmen oder nicht zustimmen?*"

A	Bev. insges.	Juli 1978 Politische Orientierung				
		CDU/CSU	SPD	FDP	Grüne	Steuer- partei
	%	%	%	%	%	%
Zustimmen	24	17	21	33	75	77
Nicht zustimmen	51	57	59	47	17	×
Unentschieden	25	26	20	20	8	23
	100	100	100	100	100	100

KEIN HINWEIS AUF PARTEIENVERDROSSENHEIT

Frage: „*Sind Sie enttäuscht von den drei Parteien CDU/CSU, SPD und FDP, oder würden Sie das nicht sagen?*"

Frage: „*Wäre es besser, wenn wir nur zwei große Parteien hätten, die CDU/CSU und die SPD, und keine kleineren mehr – oder würden Sie das nicht sagen?*"

	1978 Juli %	1982 Juni %	Altersgruppen 18–29 %	30–44 %	45–59 %	60 u. ä. %
Ja	25	30	31	31	28	25
Nein	43	46	43	45	52	49
Unentschieden	32	24	26	24	20	26
	100	100	100	100	100	100

	1970 Nov. %	1980 Aug. %
Zwei große wären besser	40	23
Würde ich nicht sagen	43	59
Unentschieden	17	18
	100	100

NACHWUCHSPOLITIKER

Frage: „Finden Sie, es gibt heute genug j u n g e Politiker, die das Zeug dazu haben, künftig eine führende Rolle in der Politik zu spielen, oder finden Sie, es gibt zuwenig gute Nachwuchspolitiker?"

	Bevölkerung insgesamt %	Politische Orientierung SPD %	CDU/CSU %	FDP %
Zuwenig	38	39	39	37
Genug	32	33	34	33
Weiß nicht	30	28	27	30
	100	100	100	100

November 1977

Frage: „Auf diesen Karten stehen die Namen von einigen j ü n g e r e n Politikern. Welche davon sind Ihnen bekannt, von welchen haben sie schon einmal gehört oder gelesen?" (K)

„Nach dem, was Sie von diesen N a c h w u c h s politikern wissen oder gehört haben, welche davon halten Sie für besonders fähig, welche haben Ihrer Meinung nach das Zeug dazu, einmal zu den Spitzenpolitikern der Bundesrepublik zu gehören?" (K)

November 1977

SPD	Bekannt %	Besonders fähig %
Heidemarie Wieczorek-Zeul	54	14
Klaus von Dohnanyi	52	22
Rainer Offergeld	17	3
Norbert Gansel	9	2
Hans de With	9	2
Manfred Coppik	8	2
Peter Glotz	6	2
Karl-Heinz Hansen	5	1
Axel Wernitz	4	×
Uwe Holtz	3	×

CDU/CSU	Bekannt %	Besonders fähig %
Manfred Rommel	48	22
Jürgen Gerhard Todenhöfer	43	16
Manfred Wörner	43	16
Matthias Wissmann	30	11
Jürgen Echternach	29	8
Gerold Tandler	29	7
Elmar Pieroth	15	2
Hansjörg Häfele	10	1
Herbert Gruhl	7	2

FDP	Bekannt %	Besonders fähig %
Martin Bangemann	51	17
Helga Schuchardt	38	12
Ingrid Matthäus-Maier	28	8
Günter Verheugen	10	2
Hans A. Engelhardt	8	1

4 b) CDU/CSU

Frage: „Glauben Sie, daß die CDU/CSU im großen und ganzen einig oder zerstritten ist?"

	1976 April %	1977 Dez. %	1978 Nov. %	1979 Juni %	1980 März %	1981 Jan. %	1982 Okt. %	1983 Febr. %	1983 Juni %
Einig	37	45	36	20	45	47	61	63	60
Zerstritten	29	42	49	60	29	25	24	20	21
Unmöglich zu sagen	34	13	15	20	26	28	15	17	19
	100	100	100	100	100	100	100	100	100

CSU BUNDESWEIT?

Frage im Bundesgebiet ohne Bayern: „Bisher gibt es die CSU ja nur in Bayern. Würden Sie es begrüßen oder nicht begrüßen, wenn es hier außer der CDU auch die CSU geben würde?"

Frage in Bayern: „Bisher gibt es die CDU ja nicht in Bayern. Würden Sie es begrüßen oder nicht begrüßen, wenn es hier außer der CSU auch die CDU geben würde?"

Bundesgebiet ohne Bayern	Wahlberechtigte insgesamt			CDU			Politische Orientierung SPD			FDP		
	1976 März %	1978 Jan. %	1979 März %	1976 März %	1978 Jan. %	1979 März %	1976 März %	1978 Jan. %	1979 März %	1976 März %	1978 Jan. %	1979 März %
Begrüßen	14	23	22	21	29	34	9	21	13	14	18	17
Nicht begrüßen . . .	49	43	46	45	40	40	59	51	52	51	50	54
Unentschieden	37	34	32	34	31	26	32	28	35	35	32	29
	100	100	100	100	100	100	100	100	100	100	100	100

Bayern

Begrüßen	24	37	30	28	40	30	20	39	31	38	41	47
Nicht begrüßen . . .	33	21	34	40	25	42	25	18	27	24	15	13
Unentschieden	43	42	36	32	35	28	55	43	42	38	44	40
	100	100	100	100	100	100	100	100	100	100	100	100

INFORMATION UND URTEIL ÜBER POLITIKER

Frage: „Hier habe ich Karten mit Namen von Politikern. Könnten Sie die bitte einmal durchsehen und mir alle herauslegen, von denen Sie schon einmal gehört oder gelesen haben ... und könnten Sie die Karten jetzt bitte einmal auf dieses Blatt verteilen, je nachdem, ob Sie von dem Politiker eher eine gute Meinung haben oder keine gute Meinung." (K)

	Gute Meinung %	Keine gute Meinung %	Weder noch %	Unbekannt %	Popularitätsindex* %
Albrecht, Ernst					
1977 – November	43	14	21	22 = 100	+ 29
1979 – Dezember	51	26	14	9 = 100	+ 25
1980 – Juli	49	21	17	13 = 100	+ 28
1981 – August	44	23	19	14 = 100	+ 21
1982 – März	51	20	18	11 = 100	+ 31
1982 – September	54	22	15	9 = 100	+ 32
Barzel, Rainer					
1982 – November	50	28	15	7 = 100	+ 22
Biedenkopf, Kurt					
1977 – November	35	24	23	18 = 100	+ 11
1979 – Dezember	31	33	20	16 = 100	+ 2
1980 – Juli	33	29	23	15 = 100	+ 4
Blüm, Norbert					
1982 – November	29	29	18	24 = 100	± 0
1982 – Dezember	30	31	23	16 = 100	+ 6
1983 – Januar	37	31	19	13 = 100	+ 6
Carstens, Karl					
1977 – November	39	24	20	17 = 100	+ 15
Dollinger, Werner					
1982 – November	16	10	18	56 = 100	+ 6
Dregger, Alfred					
1977 – November	24	30	21	25 = 100	– 6
1982 – September	30	32	22	16 = 100	– 2
1983 – Januar	32	33	21	14 = 100	– 1
Engelhardt, Hans A.					
1982 – November	6	6	9	79 = 100	± 0
Filbinger, Hans					
1977 – November	28	36	19	17 = 100	– 8

(Fortsetzung)

* „Gute Meinung" minus „keine gute Meinung".

(Fortsetzung)

	Gute Meinung %	Keine gute Meinung %	Weder noch %	Unbekannt %	Popularitätsindex* %
Geissler, Heiner					
1977 – November	13	13	17	57 = 100	± 0
1980 – Juli	20	23	20	37 = 100	− 3
1982 – November	31	29	18	22 = 100	+ 2
1983 – Januar	24	46	17	13 = 100	− 22
Kiep, Walther Leisler					
1977 – November	33	10	21	36 = 100	+ 23
1979 – Dezember	34	16	18	32 = 100	+ 18
1980 – Juli	39	13	20	28 = 100	+ 26
1981 – August	43	16	20	21 = 100	+ 27
1982 – März	39	21	22	18 = 100	+ 18
Kohl, Helmut					
1977 – November	53	34	12	1 = 100	+ 19
1979 – Dezember	42	43	13	2 = 100	− 1
1980 – Juli	46	37	15	2 = 100	+ 9
1981 – August	48	37	13	2 = 100	+ 11
1982 – März	45	39	14	2 = 100	+ 6
1982 – September	50	37	11	2 = 100	+ 13
1982 – November	55	33	10	2 = 100	+ 22
1983 – Januar	52	35	11	2 = 100	+ 17
Riesenhuber, Heinz					
1982 – November	3	3	5	89 = 100	± 0
Schneider, Oscar					
1982 – November	3	3	4	90 = 100	± 0
Schwarz-Schilling, Christian					
1982 – November	8	6	13	73 = 100	+ 2
Stoltenberg, Gerhard					
1977 – November	42	25	20	13 = 100	+ 17
1980 – Juli	48	22	19	11 = 100	+ 26
1981 – August	43	26	20	11 = 100	+ 17
1982 – März	44	25	20	11 = 100	+ 19
1982 – November	63	17	13	7 = 100	+ 46
1983 – Januar	57	21	16	6 = 100	+ 36

(Fortsetzung)

* „Gute Meinung" minus „keine gute Meinung".

(Fortsetzung)

Strauß, Franz Josef	Gute Meinung %	Keine gute Meinung %	Weder noch %	Unbekannt %	Populari- tätsindex* %
1977 – November	39	51	9	1 = 100	− 12
1979 – Dezember	37	52	10	1 = 100	− 15
1980 – Juli	34	55	10	1 = 100	− 21
1981 – August	34	55	10	1 = 100	− 21
1982 – März	33	56	10	1 = 100	− 23
1982 – September	38	52	9	1 = 100	− 14
1982 – Dezember	32	57	10	1 = 100	− 25
1983 – Januar	36	52	10	2 = 100	− 16

Vogel, Bernhard					
1982 – September	34	15	23	28 = 100	+ 19

Warnke, Jürgen					
1982 – November	3	3	6	88 = 100	± 0

Weizsäcker, Richard von					
1981 – August	48	18	21	13 = 100	+ 30
1982 – September	53	16	19	12 = 100	+ 37
1983 – Januar	54	12	22	12 = 100	+ 42

Wilms, Dorothee					
1982 – November	8	5	11	76 = 100	+ 3

Wörner, Manfred					
1982 – November	29	20	20	31 = 100	+ 9
1983 – Januar	29	26	25	20 = 100	+ 3

Zimmermann, Friedrich					
1980 – Juli	14	23	12	51 = 100	− 9
1982 – November	18	37	15	30 = 100	− 19
1983 – Januar	19	36	21	24 = 100	− 17

*) „Gute Meinung" minus „keine gute Meinung".

FRANZ JOSEF STRAUSS

Frage: „Hier auf diesem Blatt unterhalten sich zwei über Franz Josef Strauß. Wer von beiden sagt eher das, was auch Sie denken?" (B, X)

A

	Bevölkerung insgesamt %	16–29 %	30–44 %	45–59 %	60 u. ä. %
		__ November 1979 __			
			Altersgruppen		
„Ich finde, man sollte Strauß nur nach seinen politischen Fähigkeiten und Leistungen beurteilen. Danach sollte man entscheiden, ob er für das Amt des Bundeskanzlers geeignet ist."	53	46	47	59	60
„Ich finde, Franz Josef Strauß ist für das wichtige Amt des Bundeskanzlers schon darum nicht geeignet, weil er so oft in politische Affären verwickelt war."	33	37	41	29	23
Unentschieden	14	17	12	12	17
	100	100	100	100	100

„Jetzt eine Frage zu Franz Josef Strauß: Was haben Sie von ihm als Mensch für einen Eindruck? Welche von diesen Beschreibungen treffen Ihrer Meinung nach auf Strauß zu?"

NEGATIVE EIGENSCHAFTEN	1979 Nov. %	1980 Juni %
Oft unbeherrscht	57	58
Dick, fett	52	–
Überlegt nicht immer, was er sagt	47	58
Ungehobelt, keine guten Manieren	39	50
Gerissen, durchtrieben	42	49
Machthungrig	41	46
Überheblich	–	29
Kalt, berechnend	–	27
Brutal	19	21
Empfindlich, leicht beleidigt	–	20
Hat keine Ideale	6	8
Unentschlossen	–	4

POSITIVE EIGENSCHAFTEN	1979 Nov. %	1980 Juni %
Glänzender Redner	56	62
Energisch, kann sich durchsetzen	64	61
Starke Führernatur	57	60
Große Sachkenntnis auf allen Gebieten	49	52
Temperamentvoll	49	–
Ein Politiker mit Verstand und klarer Linie	38	43
Mutig	36	40
Eher konservativ eingestellt	36	–
Führt ein gutes Familienleben	19	31
Humorvoll, fröhlicher Mensch	23	26
Zuversicht, Erfolg ausstrahlend	18	21
Ehrlich, aufrichtig	13	17
Idealist	12	–
Sympathisch	11	16
Modern, fortschrittlich	8	16
Unbestechlich	8	16
Vertrauenerweckend	9	14
Sozial	8	12
Beliebt, kommt beim Wähler gut an	10	10
Liberal, tolerant	4	8

SPANNUNGEN

Frage: „Einmal angenommen, Franz Josef
Strauß wird nach der nächsten Bundestagswahl Kanzler. Trauen Sie Strauß zu, daß er mit
den Gewerkschaften zurechtkommt, oder wird
es ständig Reibereien und Spannungen zwischen Strauß und den Gewerkschaften geben?"

VERMUTLICHE KANZLERKANDIDATEN

Frage: „Hier auf dieser Liste stehen einige
Politiker der CDU/CSU. Wenn es nach Ihnen ginge: Wer davon sollte der nächste
Kanzlerkanditat dieser Partei werden?"
(L) Parallelumfrage: ... „Was glauben Sie,
wen die CDU/CSU als nächsten Kanzlerkandidaten aufstellen wird?" (L)

	1980 Juni	1980 Sept.
	%	%
Wird Spannungen geben	54	51
Strauß kommt zurecht	31	32
Unmöglich zu sagen	15	17
	100	100

A	Dezember 1981	
	Wunsch	Vermu-tung
	%	%
Helmut Kohl	24	48
Walther Leisler Kiep	15	9
Gerhard Stoltenberg	14	15
Ernst Albrecht	14	13
Franz Josef Strauß	13	14
Richard von Weizäcker	10	6
Lothar Späth	4	1
Alfred Dregger	3	3

ÖFFENTLICHE WERTSCHÄTZUNG:
VERGLEICH KOHL – STRAUSS

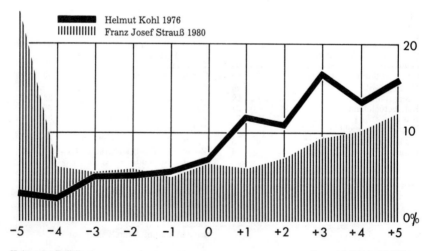

Helmut Kohl 1976
Franz Josef Strauß 1980

Kein guter Politiker   Ausgezeichneter Politiker

STRAUSS IN BONN

Frage: „*Hier unterhalten sich zwei darüber, wieviel Einfluß Strauß in Bonn hat. Welchem von beiden würden Sie eher zustimmen?*" (B)

A	1982 Okt. %	1983 Jan. %
„Kohl ist zwar Bundeskanzler, aber meiner Meinung nach bestimmt Strauß, was in Bonn geschieht. Kohl tut doch nur, was Strauß will."	34	32
„Da bin ich anderer Meinung, Kohl ist Kanzler und hat die Macht. Damit kann Strauß nicht mehr viel ausrichten."	43	47
Unentschieden	23	21
	100	100

Frage: „*Franz Josef Strauß kommt ja nicht als Minister nach Bonn, sondern bleibt in Bayern. Begrüßen Sie das, oder begrüßen Sie das nicht?*"

	April 1983 %
Begrüße ich	66
Begrüße ich nicht	13
Unentschieden	21
	100

HANS FILBINGER

Frage: „*Der baden-württembergische Ministerpräsident Filbinger ist kürzlich zurückgetreten wegen der Vorwürfe gegen seine Tätigkeit als Marinerichter im 2. Weltkrieg. Hier unterhalten sich zwei darüber. Welchem würden Sie zustimmen?*" (B)

Der eine: „*Der Rücktritt von Filbinger war überfällig, nicht nur wegen der bekanntgewordenen Todesurteile, sondern auch die Art, wie er sich dazu geäußert hat, war unzumutbar.*"

Der andere: „*Ich meine, Filbinger hätte nicht zurücktreten sollen. Erstens waren die Todesurteile nach damaligem Recht zulässig, und daß man sich nach 30 Jahren nicht mehr an alle Fälle erinnert, das kann ich gut verstehen.*"

A	Ges. Bev. %	August 1978 Politische Orientierung SPD %	CDU/CSU %	FDP %
Rücktritt war überfällig	54	74	40	63
Hätte nicht zurücktreten sollen	29	15	45	25
Unentschieden	17	11	15	12
	100	100	100	100

4 c) SPD

Frage: „Glauben Sie, daß die SPD im großen und ganzen einig oder zerstritten ist?"

	1976 April %	1977 Dez. %	1978 Nov. %	1979 Juni %	1980 März %	1981 Jan. %	1982 Okt. %	1983 Febr. %	1983 Juni %
Einig	26	45	45	44	42	30	38	54	39
Zerstritten	47	43	36	28	32	44	44	31	37
Unmöglich zu sagen	27	12	19	28	26	26	18	15	24
	100	100	100	100	100	100	100	100	100

INFORMATION UND URTEIL ÜBER POLITIKER

Frage: „Hier habe ich Karten mit Namen von Politikern. Könnten Sie die bitte einmal durchsehen und mir alle herauslegen, von denen Sie schon einmal gehört oder gelesen haben ... und könnten Sie die Karten jetzt bitte einmal auf dieses Blatt verteilen, je nachdem, ob Sie von dem Politiker eher eine gute Meinung haben oder keine gute Meinung." (K)

	Gute Meinung %	Keine gute Meinung %	Weder noch %	Unbekannt %	Populari- tätsindex* %
Apel, Hans					
1977 – November	40	26	23	11 = 100	+ 14
1979 – Dezember	44	25	19	12 = 100	+ 19
1980 – Juli	40	23	24	13 = 100	+ 17
1981 – August	26	43	21	10 = 100	− 17
1982 – März	29	40	22	9 = 100	− 11
1982 – September	30	39	22	9 = 100	− 9
Bahr, Egon					
1977 – November	30	37	21	12 = 100	− 7
1979 – Dezember	25	43	19	13 = 100	− 18
1980 – Juli	21	44	18	17 = 100	− 23
1981 – August	23	46	19	12 = 100	− 23
1982 – März	23	44	20	13 = 100	− 21
1983 – Januar	25	44	21	10 = 100	− 19
Börner, Holger					
1982 – September	25	30	24	21 = 100	− 5
Brandt, Willy					
1977 – November	48	40	10	2 = 100	+ 8
1979 – Dezember	38	49	12	1 = 100	− 11
1980 – Juli	39	46	13	2 = 100	− 7
1981 – August	40	47	12	1 = 100	− 7
1982 – März	37	47	14	2 = 100	− 10
1982 – September	37	49	12	2 = 100	− 12
1982 – Dezember	40	48	11	1 = 100	− 8
1983 – Januar	42	46	10	2 = 100	− 4

*) „Gute Meinung" minus „keine gute Meinung"

(Fortsetzung)

(Fortsetzung)	Gute Meinung %	Keine gute Meinung %	Weder noch %	Unbekannt %	Populari- tätsindex* %
Ehmke, Horst					
1982 – November	21	38	23	18 = 100	– 17
1983 – Januar	21	39	23	17 = 100	– 18
Ehrenberg, Herbert					
1977 – November	20	22	24	34 = 100	– 2
Glotz, Peter					
1983 – Januar	19	24	22	35 = 100	– 5
Gscheidle, Kurt					
1977 – November	25	25	26	24 = 100	± 0
Leber, Georg					
1977 – November	47	23	22	8 = 100	+ 24
Matthöfer, Hans					
1981 – August	27	35	26	12 = 100	– 8
1982 – März	26	38	25	11 = 100	– 12
1982 – September	26	38	26	10 = 100	– 12
Rau, Johannes					
1982 – November	36	18	23	23 = 100	+ 18
1983 – Januar	35	22	21	22 = 100	+ 13
Schlei, Marie					
1977 – November	19	34	17	30 = 100	– 15
Schmidt, Helmut					
1977 – November	75	15	9	1 = 100	+ 60
1979 – Dezember	76	16	8	× = 100	+ 60
1980 – Juli	69	19	11	1 = 100	+ 50
1981 – August	62	27	10	1 = 100	+ 35
1982 – März	64	23	12	1 = 100	+ 41
1982 – September	67	23	9	1 = 100	+ 44
1982 – Dezember	77	15	7	1 = 100	+ 62
1983 – Januar	74	18	7	1 = 100	+ 56
Vogel, Hans-Jochen					
1977 – November	38	21	25	16 = 100	+ 17
1981 – August	46	23	21	10 = 100	+ 24
1982 – März	42	21	24	13 = 100	+ 21
1982 – September	43	19	23	15 = 100	+ 24
1982 – Dezember	56	20	20	4 = 100	+ 36
1983 – Januar	61	25	12	2 = 100	+ 36
Wehner, Herbert					
1977 – November	27	54	16	3 = 100	– 27
1979 – Dezember	27	58	12	3 = 100	– 31
1980 – Juli	24	58	13	5 = 100	– 34
1982 – März	27	57	13	3 = 100	– 30
1982 – September	29	56	12	3 = 100	– 27
Wischnewski, Hans-Jürgen					
1983 – Januar	42	19	25	14 = 100	+ 23

*) „Gute Meinung" minus „keine gute Meinung"

HELMUT SCHMIDT

Frage: „Wie sehen Sie das für die Zukunft: Glauben Sie, daß Helmut Schmidt stark genug ist, um das, was er politisch für richtig hält, gegen die Linken in seiner Partei durchzusetzen, oder wird er sich gegen die Linken nicht genügend durchsetzen können?"

	1978 April %	1982 Mai %
Stark genug	40	35
Kann sich nicht durchsetzen .	31	36
Unentschieden	29	29
	100	100

... NACHFOLGER

Frage: „Wenn Helmut Schmidt einmal nicht mehr Spitzenmann der SPD ist: Was vermuten Sie, wer dann in der SPD der Nachfolger von Schmidt wird, jemand von dieser Liste hier?" (L)

A	1980 Aug. %
Hans Apel	21
Hans Jürgen Wischnewski	13
Hans Matthöfer	7
Volker Hauff	5
Keiner davon	30
Unentschieden	24
	100

Frage: „Manche Leute sagen: Innerhalb der SPD gibt es im Grunde zwei Parteien: eine, die die Brandt-Linie vertritt und eine, die die Schmidt-Linie vertritt. Würden Sie sagen, da ist was Wahres dran, oder würden Sie das nicht sagen?"

	1982 Nov. %	1982 Dez. %	1983 Jan. %
Ist was Wahres dran	55	49	39
Würde ich nicht sagen ...	22	22	31
Weiß nicht	23	29	30
	100	100	100

Frage: „Und was meinen Sie, wo Hans-Jochen Vogel steht: Vertritt er eher die Schmidt-Linie oder eher die Brandt-Linie?"

	1983 Febr. %	1983 März %
Schmidt-Linie	21	25
Brandt-Linie	18	20
Weder noch	19	18
Unmöglich zu sagen	21	19
Nichtbefragt: Es gibt in der SPD nicht 2 Richtungen ...	21	18
	100	100

Frage: „Kürzlich konnte man ja die Meinung hören, daß Helmut Schmidt daran gescheitert ist, daß er sich gegenüber den Linken in seiner Partei nicht mehr durchsetzen konnte. Meinen Sie, da ist was Wahres dran, oder würden Sie das nicht sagen?"

	1982 Okt. %	1982 Dez. %	1983 Jan. %
Ist was Wahres dran	52	53	48
Würde ich nicht sagen ...	26	26	27
Weiß nicht	22	21	25
	100	100	100

Frage: „Einmal angenommen, die SPD (Parallelumfrage: die Gewerkschaften) würde(n) gelegentlich mit kommunistischen Parteien und Gruppen zusammenarbeiten. Billigen Sie das, oder sollte(n) sie das unter keinen Umständen tun?"

A	März 1981 Im Falle –	
	SPD %	Gewerkschaft %
Billige es	9	11
Unter keinen Umständen	75	71
Unentschieden	16	18
	100	100

4 d) FDP

Frage: *„Hier habe ich Karten mit Namen von Politikern. Könnten Sie die bitte einmal durchsehen und mir alle herauslegen, von denen Sie schon einmal gehört oder gelesen haben ... und könnten Sie die Karten jetzt bitte einmal auf dieses Blatt verteilen, je nachdem, ob Sie von dem Politiker eher eine gute Meinung haben oder keine gute Meinung."* (K)

	Gute Meinung	Keine gute Meinung	Weder noch	Unbekannt	Populari- tätsindex*
	%	%	%	%	%
Baum, Gerhart, Rudolf					
1982 – März	22	29	27	22 = 100	– 7
1982 – September	25	31	24	20 = 100	– 6
Ertl, Josef					
1982 – November	46	28	18	8 = 100	+ 18
Genscher, Hans-Dietrich					
1977 – November	66	14	16	4 = 100	+ 52
1979 – Dezember	62	20	15	3 = 100	+ 42
1980 – Juli	62	18	16	4 = 100	+ 44
1981 – August	65	20	12	3 = 100	+ 45
1982 – März	59	24	15	2 = 100	+ 35
1982 – September	44	38	15	3 = 100	+ 6
1983 – Januar	32	56	10	2 = 100	– 24
Lambsdorff, Otto Graf					
1977 – November	29	12	31	28 = 100	+ 17
1979 – Dezember	38	22	22	18 = 100	+ 16
1980 – Juli	35	23	24	18 = 100	+ 12
1981 – August	32	32	24	12 = 100	± 0
1982 – März	29	38	24	9 = 100	– 9
1982 – September	31	41	20	8 = 100	– 10
1983 – Januar	30	48	17	5 = 100	– 18
Maihofer, Werner					
1977 – November	39	26	22	13 = 100	+ 13
Mischnick, Wolfgang					
1977 – November	33	20	26	21 = 100	+ 13

* „Gute Meinung" minus „keine gute Meinung"

HANS-DIETRICH GENSCHER

Frage: „Hier habe ich Karten mit Eigenschaften – könnten Sie die einmal durchsehen und mir alle
Karten herauslegen, wo Sie sagen würden, das trifft auf Genscher zu?" (K)

| | 1974 | 1975 | 1982 | Politische Orientierung | | | |
| | Bevölkerung insges. | | | CDU/CSU | SPD | FDP | Grüne |
	%	%	%	%	%	%	%
Bestimmt den Kurs seiner Partei . . .	–	–	49	49	54	67	47
Große Selbstbeherrschung	28	37	42	40	49	63	33
Ein Politiker mit Verstand und klarer Linie	–	–	40	38	45	73	27
Vorsichtig, bedächtig, abwägend . . .	29	28	40	42	44	45	32
Ehrgeizig	35	44	39	43	43	49	37
Vertrauenerweckend	–	–	37	33	43	71	26
Fair	30	36	34	32	39	64	24
Politisch weitsichtig	20	29	34	29	40	66	29
Energisch, kann sich durchsetzen, fester Wille	29	32	30	28	35	50	32
Tolerant	25	30	30	32	32	53	18
Bringt überzeugende Argumente . .	–	–	30	26	36	63	21
Eher konservativ eingestellt	–	–	28	29	29	27	45
Ehrlich, aufrichtig	26	21	27	26	32	52	15
Glänzender Redner	–	–	26	24	30	42	18
Sozial	21	26	25	22	28	43	21
Zuversicht, Erfolg ausstrahlend . . .	20	25	24	23	27	44	11
Hat gute Berater	–	–	24	21	28	43	20
Entschlußfreudig	21	27	22	21	25	45	23
Hart gegen seine politischen Gegner, unnachgiebig	11	13	22	20	26	28	23
Unbestechlich	23	26	21	20	23	44	13
Mutig	–	–	20	19	21	34	12
Starke Führernatur	12	18	18	16	23	24	13
Modern, fortschrittlich	14	20	15	13	17	29	8
Hat zuwenig Rückhalt in seiner Partei	–	–	13	18	13	10	10
Wirkt oft ratlos gegenüber den politischen Problemen	–	–	12	16	10	7	16
Schwungvoll, mitreißend	9	9	11	8	14	24	4
Kühl, unnahbar	7	9	10	12	10	6	16
Überheblich	–	–	9	9	8	2	17
Christlich, fromm	8	7	8	9	9	10	4
Sieht gut aus	–	–	5	6	5	8	1
Keine konkrete Angabe	28	21	15	12	12	3	16

EINVERSTÄNDNIS MIT DEM PARTEIVORSITZENDEN

Frage: „Sind Sie im großen und ganzen mit Hans-Dietrich Genscher als Politiker einverstanden oder nicht einverstanden?"

Frage: „Sind Sie mit ihm als Parteivorsitzenden der FDP im großen und ganzen einverstanden oder nicht einverstanden?"

	1982 Nov. %	1983 Jan. %		1983 April %	1983 Juni %
Einverstanden	24	20	Einverstanden	36	37
Nicht einverstanden	52	55	Nicht einverstanden	34	29
Unentschieden	13	14	Unentschieden	16	23
Kein Urteil	11	11	Kein Urteil	14	11
	100	100		100	100

Frage: „Wie ist es mit der FDP? Ist die im großen und ganzen einig oder zerstritten?"

	1981 Dez. %	1982 Juni %	1983 März %	1983 Juni %
Einig	34	38	22	29
Zerstritten	30	35	61	43
Unmöglich zu sagen	36	27	17	28
	100	100	100	100

EIGENSTÄNDIGE AUFFASSUNGEN

Frage: „Hier unterhalten sich zwei über die FDP. Wem von beiden würden Sie eher zustimmen?"

A

	Juli 1977			
	Bevölkerung insgesamt %	Politische Orientierung SPD %	CDU/CSU %	FDP %
„Ich finde, daß die FDP doch in wichtigen Punkten andere Auffassungen hat als die SPD. Daher ist es gut, daß es die FDP gibt."	55	58	51	83
„Ich finde, im Grunde genommen will doch die FDP genau dasselbe, was auch die SPD will. Deshalb brauchte es von mir aus die FDP nicht zu geben."	23	23	31	3
Unentschieden	22	19	18	14
	100	100	100	100

DIE FDP IST NÖTIG

Frage: „Hier unterhalten sich zwei über die FDP. Wenn Sie das bitte einmal lesen würden. Welcher von beiden sagt eher das, was Sie auch denken?" (B)

A	1977 Juli %	1980 August %
„Die FDP als dritte Partei ist auch heute wichtig. Sie kann als Regierungspartei verhindern, daß die großen Parteien CDU/CSU wie SPD sich völlig mit ihrer eigenen Politik durchsetzen."	49	57
„Ich finde es nicht nötig, daß es die FDP gibt. Die jeweils stärkste Partei sollte ihre Politik voll durchsetzen können, ohne von einer kleinen Partei gebremst zu werden."	33	23
Unentschieden	18	20
	100	100

Frage: „Steht die FDP ihrer politischen Haltung nach heute näher bei der CDU oder näher bei der SPD? Was ist Ihr Eindruck?"

	Bevölkerung insgesamt %	September 1981 Politische Orientierung			
		SPD %	CDU/CSU %	FDP %	Grüne %
Näher bei der CDU	32	21	42	27	32
Näher bei der SPD	34	51	25	38	32
Weder noch	20	18	20	27	23
Unentschieden	14	10	13	8	13
	100	100	100	100	100

KOALITIONSEMPFEHLUNGEN

Frage: „Fänden Sie es gut, wenn die FDP abwechselnd manchmal mit der SPD und manchmal mit der CDU/CSU zusammengeht, oder sollte die FDP jetzt und in den nächsten Jahren sich immer mit der SPD zusammentun?"

Falls „immer mit der SPD": Meinen Sie nur in Bonn bei der Bundesregierung, oder sollte die FDP auch in den Ländern nur mit der SPD zusammengehen?"

	1974 Okt. %	1975 Okt. %	1978 April %
Abwechseln	30	34	35
Immer mit der SPD	30	39	27
Nur in der Bundesregierung	4	7	6
Auch in den Ländern	23	28	18
Unentschieden, kein Urteil	3	4	3
Unentschieden	40	27	38
	100	100	100

OHNE FDP IN BONN?

Frage: „Glauben Sie, wir brauchen in der Bundesrepublik eine FDP, oder geht es auch ohne?"

A		Oktober 1982			
	Ges. Bev. %	Politische Orientierung CDU/CSU %	SPD %	FDP %	Grüne %
Brauchen FDP	33	42	26	74	10
Geht auch ohne FDP	50	40	59	26	75
Unentschieden	17	18	15	×	15
	100	100	100	100	100

ÜBERLEBENSSTRATEGIE

Frage: „Warum ist die FDP Ihrer Meinung nach vor allem aus der Koalition mit der SPD herausgegangen? Weil sie mit der SPD nicht mehr zusammenarbeiten konnte oder weil sie meinte, daß sie mit der CDU/CSU am ehesten überlebt?"

A		Oktober 1982			
	Wahlberechtigte insgesamt %	Politische Orientierung CDU/CSU %	SPD %	FDP %	Grüne %
Meinte, daß sie mit der CDU/CSU am ehesten überlebt	50	33	69	27	68
Konnte mit der SPD nicht mehr zusammenarbeiten	35	55	14	60	14
Unmöglich zu sagen	15	12	17	13	18
	100	100	100	100	100

VERRAT IN BONN

Frage: „Die FDP hat ja vor der letzten Bundestagswahl gesagt, daß sie mit der SPD und mit Schmidt als Kanzler regieren will. Wenn sie nun die Koalition auflöst und mit der CDU/CSU zusammengeht: Sehen Sie darin einen Verrat, oder würden Sie das nicht als Verrat bezeichnen?"

A		Oktober 1982			
	Ges. Bev. %	Politische Orientierung CDU/CSU %	SPD %	FDP %	Grüne %
Verrat sehen	52	26	80	39	65
Nicht als Verrat bezeichnen	32	55	10	41	17
Unentschieden	16	19	10	20	18
	100	100	100	100	100

THEMEN UND EIGENSCHAFTEN DER FDP

Frage: „Hier haben wir einiges aufgeschrieben, was man über die FDP sagen kann. Könnten Sie die Karten bitte hier auf dieses Blatt verteilen, je nachdem, ob Ihnen das an der FDP gefällt oder nicht gefällt. Karten, bei denen Sie sich nicht entscheiden können, oder wo Sie sagen würden, das trifft auf die FDP nicht zu, legen Sie bitte auf die Seite." (K, L)

Januar 1983

	Gefällt %	Gefällt nicht %	Unentschieden %
Daß die FDP gegen mehr Staatsverschuldung ist	66	13	21 = 100
Daß für die FDP die Freiheit das oberste politische Ziel ist	64	7	29 = 100
Daß die FDP für das Bündnis mit den USA und die NATO eintritt	57	14	29 = 100
Daß in der FDP viele Frauen in führender Position sind	55	17	28 = 100
Daß die FDP die Wirtschaft ankurbeln will durch Hilfe an die Unternehmer	46	27	27 = 100
Daß die FDP strenger mit den Arbeitslosen umgehen will	39	41	20 = 100
Daß die FDP weniger Staatsdirigismus in der Wirtschaft will	38	19	43 = 100
Daß die FDP den Regierungswechsel in Bonn ermöglicht hat	31	50	19 = 100
Die Art, in der die FDP für Umweltschutz eintritt	30	22	48 = 100
Daß die FDP den Einfluß der Kirchen einschränken will	26	40	34 = 100
Daß die FDP dafür ist, die Sonderabgabe für Leute mit höherem Einkommen ihnen später wieder zurückzuzahlen	25	53	22 = 100
Daß die führenden FDP-Politiker manchmal sehr verschiedene Meinungen äußern, daß die FDP für ganz verschiedene Ansichten offen ist	25	46	29 = 100

WECHSELJAHRE

DIE CHANCEN DER FDP

Elisabeth Noelle-Neumann

Man unterschätzt die Bevölkerung in ihrem Spürsinn. Das hat sich bei den Wirtschaftsprognosen gezeigt. In den letzten Wochen vor einem neuen Jahr kann man von der Stimmung der Bevölkerung bemerkenswert gut auf die wirtschaftliche Entwicklung des ganzen nächsten Jahres schließen.

Man kann auch an den Sommer des Wahljahres 1980 denken. Von heute her gesehen, bekommt einen tiefen Sinn, was damals für die Profis der Wahlkampfstrategie eine Überraschung war. Viele Themen, die der Bevölkerung in den Wahlreden angeboten wurden, trafen auf taube Ohren; aber eines fand sofort Resonanz und erwies sich als Renner in den CDU- und CSU-Kampagnen, das Thema Staatsverschuldung.

Kaum aufgebracht, rückte dieses Thema schon im Juli 1980 in die Spitzengruppe der politischen Prioritätenliste, und zwar mit Parteien-Kompetenz-Profil – also nicht so wie viele Anliegen, bei denen jeder der von ihm bevorzugten Partei am meisten zutrauen würde, sondern als eine Sache, bei der die CDU/CSU am ehesten etwas ausrichten könne. Im Nachbarland Österreich winkten die Politiker beim Stichwort „Staatsverschuldung" ab – kein Wahlkampfthema, zu abstrakt. Hatte die Bevölkerung der Bundesrepublik gewittert, daß Staatsverschuldung das Schicksalsthema der SPD/FDP-Regierungskoalition sein würde?

Damals, 1980, fielen alle anderen Sachfragen im Interesse der Bevölkerung zurück; erst nach der Bundestagswahl, im November, belebte sich das Interesse an ihnen. Das war ganz untypisch, frühere Wahljahre hatten geradezu wie ein nachgeholter Schulunterricht in Sachfragen gewirkt, Interesse und Kenntnisse an diesen Fragen hatten sich während der Wahlkampagnen ausgebreitet. Aber 1980 war der Wahlkampf derartig personalisiert, auf die Kanzlerkandidaten Helmut Schmidt und Franz Josef Strauß fixiert worden, daß dadurch die Sachfragen weitgehend verdrängt worden waren.

Etwas ganz Ähnliches läßt sich jetzt im Sommer 1982 beobachten: Die meisten Sachfragen wirken wie eingemottet, im Vergleich zum Sommer 1981 ist das Interesse fast durchweg abgefallen. Die Bevölkerung ist mit einer innenpolitischen Spannungslage beschäftigt, die jetzt schon über ein Jahr anhält.

Auf Überraschungen – Stichwort: Regierungswechsel – sei die Bevölkerung vorbereitet, hieß es im Kommentar zur Capital-Umfrage 1981. 70% hatten damals schon Skepsis geäußert, daß die SPD/FDP-Koalition im Bund noch fest zusammenhalte. Man muß sich einmal das lange hingezogene Krisengefühl, in dem die Bevölkerung lebt, vorstellen. Dabei handelt es sich nicht nur um die wechselnden Nachrichten, über Meinungsverschiedenheiten, Einigungen, Vorwürfe, Vermutungen, die die Bevölkerung in Atem halten. Die Bevölkerung lebt seit mehr als einem Jahr in einem Meinungsklima von großer Bestimmtheit.

Wenn morgen Bundestagswahl wäre, würde die CDU/CSU gegenüber einer SPD/FDP-Koalition siegen, meinten im Sommer 1981 54%, jetzt, 1982, 69%. Die meisten Menschen hätten gegenwärtig keine gute Meinung von der SPD, dachten im Jahre 1981 58%, jetzt, 1982, 72%. Eine gute Meinung über die SPD beobachteten im vorigen Jahr 14%, jetzt 8%. Ähnlich negativ wird das Klima für die FDP wahrgenommen. Die meisten haben augenblicklich keine gute Meinung über die FDP, sagten 1982 53%. Eine überwiegend gute Meinung über die FDP registrierten 1982 11%.

Es ist üblich, die Lage asymmetrisch zu beschreiben: Fehler, Schwächen vor allem bei der SPD, nicht etwa Attraktivität von CDU und CSU erklärten die Stimmung der Wähler. Aber die Umfrageergebnisse widerlegen diese These. CDU/CSU erhält ausdrücklich gute Noten, den Tiefpunkten in der Einschätzung der Stimmung gegenüber der SPD und FDP entsprechen Höhepunkte bei CDU und CSU: „Die meisten denken gut über die CDU/CSU", erklärten im Sommer 1981 49%, im Sommer 1982 61%. „Glaube ich nicht", sagten vor einem Jahr 20%, jetzt 12%. Wir haben es nicht mit einem Reflex von Demoskopie zu tun, sondern das sind Originaleindrücke, demoskopische Zahlen zum Meinungsklima sind schon lange Zeit nicht mehr veröffentlicht worden.

Wie die Bevölkerung derartig schwarze Wolken oder derartig blauen Himmel für Parteien registriert, ist bisher unbekannt. Wir kennen aber einige Symptome, die auffallend eng mit einem Stimmungshoch oder Stimmungstief für eine Partei verbunden sind, so daß man auf einen Zusammenhang schließen kann.

Eine Schlüsselfrage lautet: „Glauben Sie, daß die Partei XY im großen und ganzen einig oder zerstritten ist?" Für je einiger eine Partei gehalten wird, desto mehr glaubt man auch, sie gefalle den meisten Leuten. Umgekehrt: Je zerstrittener eine Partei von der Bevölkerung gesehen wird, desto mehr glaubt man auch, daß sie nicht gefalle. Dieser Zusammenhang ist einigermaßen rätselhaft, er ist außerdem ein Ärgernis für Parteipolitiker, die sich dadurch im Auftreten nach außen gefesselt sehen. Müßte der offene Austrag von Meinungsverschiedenheiten einer Partei nicht Sympathie und Anerkennung einbringen? Ist das nicht ein Zeichen, daß eine Partei zur Toleranz fähig ist, fähig zur Argumentation?

Auch wenn es in keinem Lehrbuch der Demokratie-Theorie steht, die Sozialpsychologie der Wähler reagiert anders. Für die Wähler bedeutet offenbar Einigkeit zugleich Entscheidungsfähigkeit und Handlungsfähigkeit. Es gibt offenbar einen unbewußten Zweifel, daß ohne einen solchen Zusammenhalt ein Ausweg aus Schwierigkeiten gefunden werden könnte. Man kann auch einen Schritt weitergehen: Der Eindruck der Einigkeit einer Partei scheint wichtiger für die Zuwendung der Wähler als das Vorlegen durchgefeilter Pläne, wie die Probleme zu lösen sind.

Aber was fängt eine Partei wie die FDP mit solchen Faustregeln an? Eine Partei, die in ihrem Selbstverständnis gerade nicht einfarbig, sondern vielfarbig ist, eben liberal?

Zunächst: Auch für sie gilt die Regel, und die hochgradige Gefährdung, in der sie sich gegenwärtig befindet, läßt sich an diesem Punkt besonders deutlich zeigen. Beide Aussagen, die so eng zusammenhängen: „Die meisten denken augenblicklich nicht gut über die FDP" (53%) und: „Die FDP ist in sich zerstritten" (35%), markieren für die FDP Tiefpunkte, sie zeigen, wie sehr die FDP mit der SPD in einem Boot sitzt. Hätte das auch anders aussehen können im Sommer 1982?

Die Rolle, die der FDP in unserem Parteiensystem zugefallen ist, ist zweifellos für die Meinungsnavigatoren sehr kompliziert und vielleicht auch in der Öffentlichkeit unverstanden. Das zeigte sich besonders deutlich im Sommer 1979 nach der Nomination von Franz Josef Strauß als Kanzlerkandidat. Als sich damals der große Zweikampf zwischen Helmut Schmidt und Franz Josef Strauß als beherrschendes Thema des Wahlkampfes 1980 abzeichnete, gab es viele besorgte Stimmen, daß bei dieser Polarisierung die FDP zwischen den Lagern aufgerieben werden könnte.

In Wirklichkeit, wie man weiß, geschah genau das Gegenteil, die FDP erzielte ein zweistelliges Traumergebnis. Die These, sie werde sich zerreiben, entsprang einer falschen Vorstellung von der Rolle der FDP. Die FDP stabilisiert die Demokratie, indem diejenigen, die sich von der Partei, in der sie eigentlich beheimatet sind, aus bestimmtem Anlaß entfremden, zur FDP ausweichen können und sich noch immer im Parteiensystem der Bundesrepublik aufgehoben fühlen. So konnten die CDU/CSU-Anhänger, die mit der Entscheidung „Strauß als Kanzlerkandidat" nicht zufrieden waren, bei der Bundestagswahl 1980 zur FDP ausweichen, und sie taten das auch und verschafften ihr das ansehnliche Zweitstimmenergebnis.

Der Gedanke, diese drei bis vier Prozent FDP-Wähler vom Oktober 1980 auch weiter nach der Bundestagswahl 1980 bei der FDP festhalten zu können, war ganz abwegig; nachdem sich die Kanzlerkandidatur Strauß erledigt hatte, entfiel für diese Wähler das Motiv, sich von ihrer Heimatpartei CDU/CSU länger entfernt zu halten. Bis zum Frühsommer 1981 waren sie zur CDU/CSU zurückgekehrt.

Die Wählerwanderungen ließen sich genau verfolgen, da das Allensbacher Institut im Mai 1981 im Auftrag von Capital dieselben Personen wieder befragte, die schon vor und nach der Bundestagswahl 1980 befragt worden waren. Jetzt, im Mai/Juni 1982, wurde dieses Panel – ein repräsentativer Querschnitt der wahlberechtigten Bevölkerung der Bundesrepublik mit über 1000 Personen – abermals interviewt. Das heißt, wir können die FDP-Wähler der Bundestagswahl 1980 jetzt bis zum Frühsommer 1982 verfolgen und insgesamt die parteipolitische Landschaft, wie sie sich jetzt darbietet, beschreiben.

Die Parteienlandschaft hat sich geändert, das sieht inzwischen jeder. Da ist eine vierte Partei, sie hat bei den Wahlen in Niedersachsen und Hamburg die FDP überflügelt und auch im letzten Allensbacher Ergebnis der Sonntagsfrage: „Wenn schon am nächsten Sonntag Bundestagswahl wäre ... wie würden Sie wählen?". Die Grünen und Alternativen wollten im Juni 1982 in der Bundesrepublik 7,7% wählen, die FDP 6,8%.

	Mai 1982 Wähler, die bei der Bundestagswahl 1980 gewählt haben die –		
würden jetzt bei einer Wahl am nächsten Sonntag wählen die:	FDP %	CDU/CSU %	SPD %
FDP	37,9	×	5,1
CDU/CSU	25,8	97,1	13,2
SPD	25,7	2,1	73,5
Grüne	10,6	0,8	7,8
Sonstige	0	0	0,4
	100	100	100

Das ist eine neue Entwicklung, sie ist noch kein Jahr alt. Vor einem Jahr besaß die FDP fast die gleiche Anhängerzahl wie bei der Bundestagswahl 1980, nämlich 10,1%. Das war allerdings ein trügerisches Bild, man konnte wirklich glauben, die Anti-Strauß-Wähler vom Herbst 1980 seien ihr treu geblieben. Tatsächlich aber hatten die Stelle der Zurückgewanderten neue Wähler eingenommen, und zwar jetzt unzufriedene SPD-Wähler, für die die FDP abermals eine Ventilfunktion ausübte: sich im Mißmut abwenden von der eigenen Heimatpartei, aber doch im parlamentarischen Parteiensystem zu Hause bleiben. Dabei magerte allerdings die SPD auf ein Drittel der Wählerschaft ab, von 43% bei der Bundestagswahl 1980 auf etwa 35%, die sie im Sommer 1981 im Durchschnitt der Allensbacher Umfrage wählen wollten.

Was konnte die FDP mit dem ihr im Sommer 1981 zugewanderten Protestpotential anfangen? Die Zuwanderer waren eine bunt gemischte Gruppe, Unzufriedene vom linken und Unzufriedene vom rechten Flügel der SPD. In den

Herbst- und Wintermonaten 1981/82 entstand der Eindruck, es geschehe nichts. Über dem Land lag das Klima von Mißmut über SPD und FDP – zerstritten seien diese Parteien und gefielen den meisten Leuten nicht –, während zugleich die Sonne des positiven Meinungsklimas über CDU/CSU strahlte. Im Grunde machte die FDP in dieser ganzen Zeit den Wählern nach keiner Seite hin ein Ventilangebot. Schließlich brachen sich Kräfte eine Bahn, die man als neue außerparlamentarische Opposition charakterisieren könnte; die vierte Partei etablierte sich oberhalb der Fünf-Prozent-Grenze.

Was soll die FDP tun? Es ist ein gründliches Mißverständnis der Demoskopie, wenn man glaubt, die Meinung der Anhänger der FDP, demoskopisch befragt, weise den Weg. Die FDP besteht zu etwa zwei Fünfteln aus Stammwählern, zu drei Fünfteln aus fluktuierenden Wählern, und das in guten Zeiten. Der hohe Anteil wechselnder Wähler ist die Voraussetzung dafür, daß die FDP ihre Ventilfunktion erfüllt. Die Anhängerschaft wechselt je nach Konstellation. Es ist unrealistisch, nach mehr als zwölf Jahren einer Regierungskoalition von SPD und FDP im Bund viele Anhänger der CDU/CSU oder viele Anhänger einer Koalition mit der CDU/CSU unter dem Dach der FDP zu erwarten. Nur wenn Wähler, für die die CDU/CSU Heimatpartei ist, ein Ventil suchen, weil sie mit einer Entscheidung oder der Entwicklung der politischen Linie der CDU/CSU nicht einverstanden sind, nur dann kann man FDP-Wähler mit CDU/CSU-Tendenzen finden, zum Beispiel kurzfristig bei einem Dissens in der Wahl des Kanzlerkandidaten nach dem „Modell 1980".

Gegenwärtig, bei anhaltender langjähriger SPD/FDP-Koalition, müssen alle Umfragen zeigen, daß die fluktuierenden FDP-Wähler zur SPD-Koalition neigen. Aber zugleich ist diese Anhängerschaft zu klein geworden, um mit Sicherheit bei Neuwahlen über die Fünf-Prozent-Hürde zu kommen. Das Potential junger protestbereiter Wähler, das die FDP durch die siebziger Jahre brachte, hat sich davongemacht und bildet den Rückhalt der Grünen. Der Anteil junger Wähler in der Anhängerschaft der FDP hat sich seit der Bundestagswahl halbiert. Ohne diese Stärkung muß die FDP weiterkommen. Nur indem sie Ventil ist, diese ihre Rolle einnimmt, kann sie sich behaupten.

Wer benötigt ein Ventil? Die SPD-Anhänger nicht mehr, nur noch 31,1% wollten im Juni 1982 SPD wählen. Die Grünen und Alternativen nicht: Einstweilen haben sie sich ihr Ventil selbst geschaffen. Also die CDU/CSU-Anhänger. Das Modell 1980 zeigt immerhin, daß von dieser Seite viel zu holen ist. Im Urteil der Bevölkerung ist die FDP auch bunt genug geblieben, um Manövrierraum zu haben.

Wachsam hat die Bevölkerung die verschiedenen Schattierungen der FDP-Politiker wahrgenommen. Nach Mitte-Links werden eingeordnet Gerhart Baum, Helga Schuchardt, Ingrid Matthäus-Maier, Günter Verheugen und – am wenigsten ausgeprägt – Wolfgang Mischnick, nach Mitte-Rechts Otto Graf Lambsdorff und Josef Ertl, Walter Scheel, Hans-Dietrich Genscher und auch noch Jürgen W. Möllemann. Ohne erkennbare Links- oder Rechtstendenz erscheinen Hildegard Hamm-Brücher und Liselotte Funcke.

Mit Scheel und Genscher besitzt die FDP zwei Politiker mit Spitzenpopularität nicht nur bei den FDP-Anhängern, sondern auch bei der ganzen Bevölkerung. Von FDP-Anhängern werden außerdem besonders geschätzt Lambsdorff und Mischnick und ebenfalls noch in der Spitzengruppe Liselotte Funcke. Am stärksten umstritten von den führenden FDP-Politikern ist Gerhart Baum, bei der Bevölkerung insgesamt wie auch unter FDP-Anhängern.

Eine deutlich verschiedene Bewertung im Vergleich zwischen Bevölkerung und FDP-Anhängern erfährt Jürgen W. Möllemann. Im allgemeinen Bevölkerungs-

Frage: *„Von welchen FDP-Politikern haben Sie eine gute und von welchen haben Sie keine gute Meinung?"*

Frage: *„Wo würden Sie diese FDP-Politiker einordnen: Links, in der Mitte oder rechts?"*

	Juni 1982					Juni 1982		
	Bev. insges.		FDP-Anhänger			Links	Mitte	Rechts
	Gute	Schlechte	Gute	Schlechte		%	%	%
	Meinung		Meinung					
	%	%	%	%				
Scheel	81	8	89	4	Scheel	5	62	15
Genscher...	73	14	91	2	Genscher	6	60	15
Mischnick ..	46	23	60	16	Mischnick	11	46	8
Lambsdorff .	45	34	67	16	Lambsdorff	9	34	30
Ertl	42	33	49	35	Ertl	5	37	29
Funcke	38	21	57	21	Funcke	7	38	8
Baum	34	36	42	40	Baum	24	32	9
Hamm-Brücher ...	33	14	51	16	Hamm-Brücher....	7	30	8
Verheugen..	30	26	52	23	Verheugen	14	29	8
Schuchardt .	25	15	42	20	Schuchardt	23	14	2
Matthäus-Maier	23	18	37	22	Matthäus-Maier....	23	13	2
Möllemann .	20	18	42	9	Möllemann	7	19	11

querschnitt stehen 20% mit guter Meinung über Möllemann 18% mit negativem Urteil gegenüber, unter FDP-Anhängern sprechen 42% für und nur 9% gegen ihn.

Das starke Potential anerkannter politischer Führungsfiguren und die Behauptung der kostbaren Position in der politischen Mitte bilden den wichtigsten Rückhalt, den die FDP in ihrer gegenwärtigen Krise hat. Dies zeigt sich bei einem Vergleich der Ansichten der Bevölkerung über die vier Parteien (vgl. Seite 265 f). Aus der Tabelle läßt sich auch ablesen, was die Anhängerschaft der SPD auf den niedrigsten Stand seit 1957 zurückgedrängt hat. Neben dem Votum „Ist in sich zerstritten" tritt die Enttäuschung hervor: „Verspricht vieles, was sie nicht halten kann", und mit schwerem Stimmgewicht: „Zu nachgiebig gegenüber dem Osten".

Nach wie vor ist der Bundeskanzler der wichtigste Pluspunkt der SPD. Die Aussage, die SPD habe ausgesprochen tüchtige Politiker, führt die Liste der Stärken der SPD an, und sicher bezieht sich diese Aussage vor allem auf den populärsten SPD-Politiker, eben Helmut Schmidt. Aber zugleich ist diese Popularität sehr ins Wanken gekommen. Die Entwicklung der Stärke einer Regierungspartei und die Zustimmung zum Bundeskanzler lassen sich auf die Dauer nicht voneinander ablösen.

Die Konkurrenz, die der FDP innerhalb der letzten zwölf Monate plötzlich erwachsen ist, die Partei der Grünen, wird von der Bevölkerung mit einer gewissen Rührung gesehen. „Eine Partei, in der man noch Idealisten findet", sagen 40%, eine Ansicht, die weit an der Spitze vor allen anderen positiven Angaben steht. Es ist, als ob nicht über eine Partei, sondern allgemein über junge Menschen gesprochen werde. „Zu viele Illusionen", bemerken 61% der Bevölkerung, wenn sie die Grünen charakterisieren sollen, außerdem: „Versprechen viel, was sie nicht halten können" und: „Keine klare Linie in ihrer Politik".

50% trauen den Grünen zu, in den nächsten Bundestag einzuziehen. Damit sind die Grünen auch in dieser Hinsicht der FDP ganz dicht auf den Fersen: 63% rechnen damit, daß sich die FDP auch nach den nächsten Wahlen im Bundestag hält.

Bei der Frage „Angenommen, die Partei, die Sie gewählt haben, will mit den Grünen zusammengehen. Wären Sie damit einverstanden oder nicht einverstanden?" waren vor allem SPD-Anhänger nicht abgeneigt: 53% „Nicht einverstanden" stehen immerhin 44% „Einverstanden" gegenüber.

Wie also wäre die FDP wiederaufzurichten? Die Antwort kann die Parteiführung nur da suchen, wo die Politik der Freien Demokraten eine breite Zustimmung findet: Zustimmung ganz allgemein, Zustimmung der Kernwählerschaft, der treuen FDP-Wähler, die sich sowohl 1981 wie auch 1982 als FDP-Wähler erklärten, und schließlich Zustimmung bei CDU/CSU-Anhängern, da von SPD-Wählern und Grünen gegenwärtig kaum Zuzug für die FDP zu erwarten ist.

Die ersten sechs Positionen im Zustimmungskatalog sind aufschlußreich. Es gefällt an der FDP, daß für sie Freiheit das oberste politische Ziel ist (63%), daß sie gegen mehr Staatsverschuldung ist (62%), daß sie für das Bündnis mit den Vereinigten Staaten und für die Nato eintritt (60%), daß sie die Wirtschaft ankurbeln will durch Hilfen an die Unternehmer (52%), daß sie viele Frauen in führenden Positionen hat (52%) und daß sie strenger mit den Arbeitslosen umgehen will (51%).

Daß CDU/CSU-Politiker die FDP plötzlich lieben könnten, ist nicht zu erwarten. Aber CDU/CSU-Wähler könnten es attraktiv finden, die Wahl zu haben.

4 e) NEUE PARTEIEN. DIE GRÜNEN

Frage: „Einmal angenommen, im Bundestag gäbe es außer der FDP noch einige weitere kleine Parteien: Fänden Sie das gut oder nicht gut?"

	1978 März %	1978 Juli %	1978 Nov. %
Gut	22	25	20
Nicht gut	59	52	64
Unentschieden	19	23	16
	100	100	100

Frage: „Einmal angenommen, es gäbe im Bundestag außer den drei dort vertretenen Parteien noch zusätzlich eine konservative (Parallelumfrage: linke) Partei: Fänden Sie das gut oder nicht so gut?"

A	Konservative Partei 1978 Nov. %	Konservative Partei 1979 März %	Linke Partei 1978 Nov. %	Linke Partei 1979 März %
Fände ich gut	20	23	13	13
Fände es nicht so gut	54	47	68	62
Unentschieden	26	30	19	25
	100	100	100	100

BRAUCHEN WIR EINE UMWELTSCHUTZPARTEI?

Frage: „Hier unterhalten sich zwei über die Gründung einer Umweltschutzpartei. Welcher von beiden sagt eher das, was auch Sie denken?"

Der eine: „Ich finde Umweltschutz eine gute Sache. Aber eine Partei hauptsächlich für diesen Zweck zu gründen, halte ich nicht für sinnvoll. Man kann sich auch in den vorhandenen Parteien für den Umweltschutz einsetzen."

Der andere: „Ich meine, eine Umweltschutzpartei ist notwendig, damit in der Bundesrepublik der Umweltschutz wirklich ernst genommen wird. Bei den anderen Parteien ist der Umweltschutz nur ein Problem unter vielen, deswegen wird bisher auch zu wenig getan."

A Eigene Partei für Umweltschutz –	Januar 1978 Bevölkerung insgesamt %	Altersgruppen 16–29 %	Altersgruppen 30–44 %	Altersgruppen 45–59 %	Altersgruppen 60 u. ä. %
nicht sinnvoll	64	60	65	68	65
notwendig	24	30	24	21	20
Unentschieden	12	10	11	11	15
	100	100	100	100	100

HERBERT GRUHL

Frage: *„Haben Sie schon einmal den Namen Herbert Gruhl gehört, oder ist Ihnen dieser Politiker nicht bekannt?"* *„Haben Sie von Herbert Gruhl alles in allem eine gute oder keine gute Meinung?"*

Frage: *„Der Politiker Herbert Gruhl hat eine neue Partei gegründet. Kennen Sie das Programm dieser Partei, was sie erreichen will?"*

Nachfrage: *„Haben Sie von diesem Programm alles in allem einen guten oder keinen guten Eindruck?"*

	1978 Aug. %		1978 Aug. %
Von Herbert Gruhl gehört –		Programm im großen und ganzen	
Ja	35	bekannt	43
– gute Meinung	7	– macht guten Eindruck	15
– keine gute Meinung	8	– keinen guten Eindruck	13
– unentschieden	20	– unentschieden	15
Nein, nicht bekannt	65	Programm unbekannt	57
	100		100

DIE STEUERPARTEI

Frage (1978): *„Haben Sie davon gehört oder gelesen, daß der Vorsitzende der Gewerkschaft der Steuerbeamten – Fredersdorf – vielleicht eine neue Partei gründen will, die Steuerpartei, oder hören Sie das jetzt zum ersten Mal?"* (Ja, schon gehört = 54%)

Frage (1979): *„Der ehemalige Vorsitzende der Gewerkschaft der Steuerbeamten – Fredersdorf – hat eine neue Partei gegründet, die Steuerpartei. Haben Sie davon gehört?"* (Ja, gehört = 58%)

„Könnten Sie sich vorstellen, daß Sie diese Steuerpartei bei einer Bundestagswahl wählen würden?"

A	1978 Juli %	1979 Mai %
Ja, könnte ich mir vorstellen	18	20
Nein, glaube ich nicht	26	30
Weiß nicht	25	25
Lehne Steuerpartei ab	31	25
	100	100

DIE SOGENANNTEN GRÜNEN

Frage: *„Hier unterhalten sich zwei über die Umweltschutzparteien, die sogenannten Grünen Parteien. Welcher von beiden sagt eher das, was auch Sie denken?"* (B)

	1978 Aug. %
„Der Streit unter den verschiedenen Grünen Parteien zeigt doch deutlich, daß die Umweltschutzbewegung zerfällt. Das wird keine Partei, die Zukunft hat."	47
„Ich bin überzeugt, daß die Grünen diese Anfangsschwierigkeiten überwinden. Sie werden sich sicher einigen und in Zukunft als Partei eine Rolle spielen."	28
Unentschieden	25
	100

Frage: „Hier unterhalten sich zwei über eine Umweltschutzpartei. Welche von beiden sagt eher das, was auch Sie denken?" (B)

Nov.
1978
%

„Ich bin gegen so eine Umweltschutzpartei, die nur dieses eine Problem im Auge hat. In der Politik müssen schließlich die verschiedensten Probleme gelöst werden, da kann sich eine Partei nicht nur für ein Gebiet einsetzen.".. 50

„Das ist doch gerade das Gute an einer Partei, daß sie sich den Umweltschutz als einziges Ziel gesetzt hat und so dieses Ziel viel energischer und tatkräftiger verfolgen kann als andere Parteien. Und der Umweltschutz ist wichtig genug, daß sich Politiker nur dafür einsetzen.".. 31

Unentschieden 19

_____
100

Frage: „Glauben Sie, diese neue Umweltschutzpartei hätte große Chancen, hier in ... (entsprechendes Bundesland) in den Landtag zu kommen, oder nur geringe Chancen, oder glauben Sie, so eine Partei hätte gar keine Chancen?"

November 1978

| | Chancen wären – | | | Unent- |
| | groß | gering | gar nicht | schieden |
	%	%	%	%
Bevölkerung insgesamt	8	48	27	17 = 100
REGIONALE BEREICHE				
West-Berlin	17	37	33	13 = 100
Schleswig-Holstein	7	35	33	25 = 100
Hamburg	12	31	19	38 = 100
Bremen	12	41	32	15 = 100
Niedersachsen	7	55	22	16 = 100
Nordrhein-Westfalen	8	47	26	19 = 100
Hessen	7	50	28	15 = 100
Rheinland-Pfalz	7	40	37	16 = 100
Saarland	11	51	24	14 = 100
Baden-Württemberg	5	52	28	15 = 100
Bayern	8	51	28	13 = 100

DIE GRÜNEN: EINE NEUE PARTEI

Frage: „Die Grünen und andere Umweltschutzgruppen wollen sich ja zu einer bundesweiten Partei zusammenschließen, um bei der Bundestagswahl 1980 zu kandidieren. Wußten Sie das oder hören Sie das zum ersten Mal?" (Wußte ich = 74%)
„Glauben Sie, diese Partei wird bei der nächsten Bundestagswahl mehr als 5% der Stimmen bekommen oder nicht soviel?"
„Könnten Sie sich vorstellen, daß Sie diese Partei bei einer Bundestagswahl wählen würden?"

| A | 1979 Nov. | | 1978 März | 1979 Nov. |
5% der Stimmen	%	Selbst dafür stimmen –	%	%
Glaube mehr als 5%	20	Könnte ich mir vorstellen	20	15
Soviel nicht	55	Glaube ich nicht	32	37
Unentschieden	25	Unmöglich zu sagen	16	10
	____	Lehne solche Partei ab	32	38
	100		____	____
			100	100

DAS PROFIL DER GRÜNEN 1982

Frage: „Wie ist Ihre Meinung über die Grünen hier in der Bundesrepublik? Welche der genannten Eigenschaften treffen Ihrer Meinung nach auf die Grünen zu?" (L)

I   Juni 1982

	Bevölkerung insgesamt %	Männer %	Frauen %	Altersgruppen 18–29 %	30–44 %	45–59 %	60 u. ä. %
Zu viele Illusionen	61	66	57	52	66	64	59
Verspricht vieles, was sie nicht halten kann	44	49	40	34	40	52	47
Keine klare Linie in ihrer Politik	42	47	37	31	43	46	45
Eine Partei, in der man noch Idealisten findet	40	39	40	47	40	37	35
Redet oft an den wirklichen Sorgen und Wünschen der Bevölkerung vorbei	23	27	20	15	23	27	26
Hat einige Politiker die mir ausgesprochen unsympathisch sind	22	26	19	19	20	26	24
Ist in sich zerstritten	22	29	16	19	21	23	25
Strahlt Opitmismus, Zuversicht aus	14	15	13	20	16	11	11
Denkt voraus, macht Politik für die Zukunft	13	15	12	24	15	9	8
Tolerant, läßt auch die Meinung von anderen gelten	10	10	10	17	9	6	9
Ist zuwenig fortschrittlich	7	10	4	2	6	9	8
Macht eine moderne, zeitgemäße Politik	6	6	6	10	6	5	4
Zu nachgiebig gegenüber dem Osten	6	7	5	4	5	5	7
Hat ausgesprochen tüchtige Politiker	5	6	3	12	5	2	2
Hat Politiker, denen man vertrauen kann	4	6	3	10	4	2	2
Betreibt eine Politik der Mitte	4	5	3	5	5	3	3
Begünstigt ihre Parteifreunde	4	4	4	3	4	5	3
Bietet Garantie, daß es einem auf lange Sicht gut geht	3	3	3	6	3	3	1
Zu nachgiebig gegenüber dem Westen	2	2	1	1	1	2	3
Nichts davon	10	8	11	11	8	9	11

DAS PROFIL DER GRÜNEN 1983

Frage: „Wie ist Ihre Meinung über DIE GRÜNEN hier in der Bundesrepublik? Welche der
genannten Eigenschaften treffen Ihrer Meinung nach auf die Partei der GRÜNEN zu?" (L)

I   Februar 1983

	Bevölkerung insgesamt %	CDU/CSU %	SPD %	FDP %	Grüne %
Unrealistisch, gefährliche Illusionen . . .	56	71	46	72	4
Keine klare Linie in der Politik	53	60	51	55	14
Verspricht vieles, was sie nicht halten kann	45	54	40	47	9
Aktiv, tatkräftig	32	19	38	24	80
Hat einige Politiker, die mir ausgesprochen unsympathisch sind	29	40	20	43	5
Redet oft an den wirklichen Sorgen und Wünschen der Bevölkerung vorbei	28	34	26	24	2
Ist in sich zerstritten	26	30	23	23	11
Mit dieser Partei geht es aufwärts	23	10	31	12	68
Unehrlich, täuscht die Wähler	20	29	12	28	1
Setzt sich überzeugend für die Freiheit ein	13	4	18	7	51
Macht eine moderne, zeitgemäße Politik .	13	6	15	×	59
Verantwortungsbewußt, macht Politik für die Zukunft	13	3	14	6	72
Setzt sich überzeugend für die Gerechtigkeit ein	12	3	16	2	59
Zu nachgiebig gegenüber der Sowjetunion, auch gegen unsere Interessen	8	14	5	4	×
Überholt, Politik von gestern	5	7	2	4	5
Hat Politiker, denen man vertrauen kann	4	1	3	×	35
Hat ausgesprochen tüchtige Politiker . .	3	×	3	3	30
Verläßlich, solide	3	1	2	4	20
Zu nachgiebig gegenüber Amerika, auch gegen unsere Interessen	2	3	2	×	1

Frage: „Angenommen, die Partei, die Sie gewählt haben, will mit den Grünen zusammengehen. Wären Sie damit einverstanden oder nicht einverstanden?"

I	Juni 1982				
	Bevölkerung insgesamt	Politische Orientierung			
		CDU/CSU	SPD	FDP	Grüne
	%	%	%	%	%
Einverstanden	35	27	44	33	44
Nicht einverstanden	56	69	53	61	9
Wähle selbst die Grünen	3	×	×	×	41
Wähle nicht	5	4	3	3	4
Keine Angabe	1	×	×	3	2
	100	100	100	100	100

KEIN POLITISCHER PARTNER

Frage: „Wenn bei uns eine Regierung gebildet wird, müssen ja oft zwei oder drei Parteien zusammengehen. Kommen da Ihrer Ansicht nach die Grünen als Partner genauso in Betracht wie CDU/CSU, SPD und FDP, oder eigentlich nicht?"

Nachfrage: „Und warum eigentlich nicht?"

I	Juni 1982				
	Bevölkerung insgesamt	Politische Orientierung			
		CDU/CSU	SPD	FDP	Grüne
	%	%	%	%	%
Eigentlich nicht	46	53	42	49	36
und zwar weil –					
Interessengruppe, keine echte Partei	8	9	8	7	4
Allgemein: Sie haben andere Ziele	8	7	6	4	26
Kein Programm	7	9	7	10	×
Zu neu, unerfahren, klein	6	5	6	13	5
Illusionisten	5	6	4	8	×
Zu links	3	6	2	3	×
Sammelbecken für Unzufriedene	2	4	1	3	×
Andere / keine konkrete Angabe	7	7	8	1	1
Genauso	28	20	33	27	51
Unentschieden	26	27	25	24	13
	100	100	100	100	100

Frage: „Werden die GRÜNEN bei der nächsten Bundestagswahl mindestens 5% der Stimmen erhalten und damit im Bundestag vertreten sein, oder glauben Sie das nicht?"

	1982 Mai	1982 Juni	1982 Okt.	1983 Anf. Jan.	1983 Mitte Jan.	1983 Ende Jan.	1983 Anf. Feb.	1983 Mitte Feb.	1983 Ende Feb.
	%	%	%	%	%	%	%	%	%
Im Bundestag vertreten	50	51	51	49	45	51	43	44	44
Erreichen keine 5%	22	25	29	27	33	26	31	35	33
Unmöglich zu sagen	28	24	20	24	22	23	26	21	23
	100	100	100	100	100	100	100	100	100

DIE SONNTAGSFRAGE ZUR STÄRKE DER PARTEIEN

Frage: „Wenn am nächsten Sonntag wieder Bundestagswahl wäre: Welche Partei würden Sie dann wählen – können Sie mir nach dieser Liste sagen, welche Partei das ist?" (L)

Vgl. die Trend-Grafik auf dem beiliegenden Faltblatt

Durchschnitt: Juni/Juli 1983
Wahlberechtigte mit konkr. Parteiangabe*

	CDU/CSU %	SPD %	FDP %	Grüne %	Sonstige %
Bevölkerung insgesamt	52	38	3	6	1 = 100
Männer	50	39	4	7	x = 100
Frauen	54	37	3	5	1 = 100
ALTERSGRUPPEN					
18–29 Jahre	37	43	2	17	1 = 100
30–44 Jahre	50	40	4	6	x = 100
45–59 Jahre	55	40	3	2	x = 100
60 Jahre und älter	65	29	4	2	x = 100
SCHULABSCHLUSS					
Volksschule	53	42	2	3	x = 100
Höhere Schule	51	31	5	12	1 = 100
BERUFSKREISE					
Angelernte Arbeiter	46	45	1	7	1 = 100
Facharbeiter	45	47	2	6	x = 100
Einfache Angestellte, Beamte	49	40	3	7	1 = 100
Leitende Angestellte, Beamte	57	31	5	7	x = 100
Selbständige; freie Berufe	74	15	6	5	x = 100
Landwirte	77	13	8	2	x = 100
KONFESSION					
Protestanten	43	47	4	6	x = 100
Katholiken	65	28	2	5	x = 100
REGIONALE GLIEDERUNG					
Norddeutschland	48	42	4	6	x = 100
Nordrhein-Westfalen	49	42	3	6	x = 100
Rhein-Main/Südwest	53	36	4	7	x = 100
Bayern	60	29	3	8	x = 100
STADT UND LAND					
Dörfer	55	38	3	4	x = 100
Kleinstädte	56	35	3	6	x = 100
Mittelstädte	54	37	3	5	1 = 100
Großstädte	45	41	4	9	1 = 100

*) Von den Wahlberechtigten (ohne West-Berlin) haben 17,2% keine Partei genannt.

E. ÄMTER – BEHÖRDEN – VERWALTUNG

Frage: *„Hier auf dieser Liste stehen einige Meinungen zu Beamten und zur Verwaltung allgemein. Bei welchen davon würden Sie zustimmen?"* (L)

	November 1978 %
POSITIVE AUSSAGEN	
Die meisten Beamten sind hilfsbereit und zuvorkommend	37
Als Bürger hat man bei uns genügend Möglichkeiten, sich gegen Entscheidungen von Ämtern und Behörden zu wehren	26
Bei unseren Ämtern und Behörden wird niemand bevorzugt oder benachteiligt, jeder kommt zu seinem Recht	17
NEGATIVE AUSSAGEN	
Auf den Ämtern und Behörden wird vieles zu umständlich gemacht, dauert zu lange	83
Weil Ämter und Behörden oft schlecht informieren, können viele Leute die öffentlichen Leistungen und Vergünstigungen, die ihnen eigentlich zustehen, gar nicht nutzen	62
Die meisten Beamten richten sich stur nach den Paragraphen, gehen zuwenig auf den einzelnen ein	61
Es gibt bei uns mehr Beamte als nötig, die Verwaltung ist zu sehr aufgebläht .	58
Bei den Entscheidungen der Verwaltung werden die Interessen der Bürger zuwenig berücksichtigt	42
Als Bürger ist man gegenüber Ämtern und Behörden machtlos	37

BEHÖRDEN UND PARAGRAPHEN

Frage: „Halten Sie die Zahl der Ämter und Behörden in der Bundesrepublik für gerade richtig, oder gibt es nach Ihrer Ansicht zuviel?"

„Haben Sie den Eindruck, daß bei uns zuviel durch Gesetze und Paragraphen geregelt wird, oder glauben Sie, daß die Gesetze und Verordnungen alle notwendig sind?"

	1978 Juli %		1978 Juli %
Zuviele Ämter und Behörden	66	Zu viele Gesetze und Paragraphen ...	59
Gerade richtig	20	Alle notwendig	26
Unentschieden	14	Unmöglich zu sagen	15
	100		100

ZUVIEL BÜROKRATIE

Frage: „Viele Leute sagen, daß wir in Deutschland zuviel Bürokratie haben. Haben Sie sich selbst schon einmal über die Bürokratie geärgert?"

Falls ‚Ja': „Worüber haben Sie sich da (beim letzten Mal) geärgert? Könnten Sie mir das noch etwas genauer sagen, was das war?" (O)

„Über welches Amt, welche Behörde haben Sie sich (beim letzten Mal) geärgert?"

	1950 Jan. %	1958 Nov. %	1964 Dez. %	1978 Juli %
Ja	78	66	69	64
Nein	22	34	31	36
	100	100	100	100

Was bereitet Ärger?	1978 %	Wer bereitet Ärger?	1978 %
Umständliche Arbeitsweise, zu kompliziert	14	Städtische, kommunale Behörde	12
Zu lange Bearbeitungszeiten, Wartezeiten	9	Finanzamt	9
Unhöflichkeit, Unfreundlichkeit	4	Bauamt, Baubehörden	6
Machtmißbrauch, Schikanen	3	Behörden im sozialen Bereich	6
Inkompetenz, Unfähigkeit	3	Landratsamt	4
Ungerechtigkeit	3	Arbeitsamt	3
Eigensinn, Sturheit	1	Polizei	3
Andere Antworten	3	Post	2
Keine (konkrete) Antwort	29	Gerichte, Notariate	2
		Andere Angaben	5
		Keine (konkrete) Anwort	16
Personen, die sich noch nicht über Bürokratie geärgert haben	36	Personen, die sich noch nicht über Bürokratie geärgert haben	36

UNBESTECHLICH?

Frage: „Glauben Sie, daß die Beamten in Deutschland im allgemeinen unbeeinflußbar und unbestechlich sind?"

	1950 Jan. %	1958 Nov. %	1964 Dez. %	1974 Okt. %	1975 Aug. %	1978 Juli %	16–29 %	Altersgruppen 40–44 %	45–59 %	60 u. ä. %
Ja, unbestechlich .	21	35	49	35	32	39	34	38	39	46
Nein	59	44	29	42	52	42	49	43	39	35
Unentschieden . .	20	21	22	23	16	19	17	19	22	19
	100	100	100	100	100	100	100	100	100	100

VERSCHWENDUNG

Frage: „Glauben Sie, daß der Staat unsere Steuergelder im großen und ganzen sinnvoll verwendet, oder nehmen Sie an, daß der Staat bei seinen öffentlichen Ausgaben vom Straßenbau bis zur Landesverteidigung Geld vergeudet?"

	1974 Nov. %	1975 Nov. %	1977 Nov. %	1978 Nov. %
Staat vergeudet Geld	52	59	57	59
Staat verwendet Steuergelder sinnvoll	24	21	22	21
Unentschieden	24	20	21	20
	100	100	100	100

EINSPARUNGEN

Frage: „Der Finanzminister hat ja schon gesagt, daß der Staat jetzt sparen muß. Wenn es nach Ihnen ginge, auf welchen Gebieten sollte der Staat am ehesten sparen?" (L)

	1974 Dez. %	1980 Dez. %
Beamtengehälter	45	54
Bundeswehr, Verteidigungsausgaben	58	44
Entwicklungshilfe	67	42
Beihilfen für die Landwirtschaft	26	38
Straßenbau	20	38
Sportförderung	21	24
Bundespost	29	23
Bundesbahn	26	20
Schulen, Hochschulen, Universitäten	12	16
Sozialausgaben wie Renten, Kindergeld und soziale Beihilfen	3	6
Bei nichts davon	7	6

BESCHWERDE EINLEGEN!

Frage: „Was würden Sie tun, wenn ein Amt, eine Behörde in einer Sache, die Sie angeht, ungerecht verfährt? Hat es nach Ihrer Ansicht Sinn, sich dagegen zu wehren, oder nicht?" Nachfrage an Personen, die sich gegen ungerechte Behandlung wehren würden: „Wie würden Sie sich wehren? Was würden Sie tun?" (O)

A	1950 Jan. %	1958 Nov. %	1964 Dez. %	1978 Nov. %	Altersgruppen 16–29 %	30–44 %	45–59 %	60 u. ä. %
Würde mich wehren . . .	52	53	51	70	76	76	67	61
Hat keinen Sinn	37	33	32	22	17	18	24	30
Unentschieden	11	14	17	8	7	6	9	9
	100	100	100	100	100	100	100	100

	Bev. insges. %	Schulbildung Volks- schule %	Mittel- schule %	Abitur %	Altersgruppen 16–29 %	30–44 %	45–59 %	60 u. ä. %
				November 1978				
Allgemein: mich beschweren, Einspruch erheben	34	31	37	40	30	38	34	32
Rechtsmittel anwenden, vor Gericht gehen	18	18	15	25	23	19	15	14
Mich auf dem Behördenweg an den Vorgesetzten, die nächste Instanz wenden	13	10	17	20	16	12	14	10
An die Öffentlichkeit (Presse) gehen	2	1	4	8	5	3	×	1
An den Abgeordneten, die Parteien wenden	1	1	1	4	2	×	2	1
Andere / keine Angabe	6	5	6	10	8	6	4	5
Würde mich nicht wehren . . .	30	35	23	13	24	24	33	39

DATENSCHUTZ

Frage: „Für Ämter und Behörden muß man ja eine Menge persönlicher Angaben machen, Auskünfte über die persönlichen Verhältnisse geben usw. Haben Sie Vertrauen, daß diese persönlichen Angaben geheimgehalten und nicht an Leute weitergegeben werden, die das nichts angeht, oder glauben Sie, daß da öfter Mißbrauch getrieben wird?" (Wird öfter Mißbrauch getrieben = 42%)

Frage: „Was meinen Sie, wer ist denn besonders daran interessiert, an solche persönlichen Angaben heranzukommen, vor wem muß man vor allem geschützt werden? Könnten Sie es nach dieser Liste sagen?" (L)

A	Okt. 1978 %		Okt. 1978 %
Versicherungen	54	Andere Behörden	33
Unternehmen, die viel Werbung		Gerichte	29
machen	50	Stadt-, Gemeindeverwaltung,	
Parteien, politische Gruppen	49	Rathaus	25
Vertreter	48	Arbeitsamt	19
Arbeitgeber, Vorgesetzte	47	Kirche	13
Versandhäuser	43	Freunde, Bekannte, Nachbarn	12
Finanzamt	42	Entferntere Verwandte	9
Banken	41	Nahe Familienangehörige	7
Polizei	36	Keine Angabe	4

VOLKSZÄHLUNG

Fragen: „Am 27. April soll ja in der Bundesrepublik eine Volkszählung stattfinden. Glauben Sie, daß so eine Volkszählung notwendig ist oder nicht notwendig?" (Notwendig = 41%)

„Einmal angenommen, Sie werden bei der Volkszählung von jemandem befragt, den Sie zufällig kennen, zum Beispiel, weil er in Ihrer Nachbarschaft wohnt. Würde Ihnen das etwas ausmachen oder nichts ausmachen?"

„Und wenn Sie von jemanden befragt werden, den Sie gar nicht kennen, der Ihnen fremd ist: würde Ihnen das etwas ausmachen oder nichts ausmachen?"

	April 1983		
Falls –	Macht etwas aus %	Macht nichts aus %	Unent- schieden %
befragt durch Bekannten aus der Nachbarschaft	47	42	11 = 100
befragt durch Fremden	26	59	15 = 100

F. RECHT UND GESETZ

Frage: „Kann man zur deutschen Justiz, also zu den Richtern und deutschen Gerichten, volles Vertrauen haben oder kein volles Vertrauen?"

	1964 Nov. %	1974 Jan. %	1978 Nov. %	Männer %	Frauen %	SPD %	CDU/CSU %	FDP %
						Politische Orientierung		
Volles Vertrauen	26	32	40	42	39	41	42	56
Kein volles Vertrauen ..	28	32	26	27	26	28	24	21
Teils teils	30	29	28	27	29	27	29	12
Unentschieden	16	7	6	4	6	4	5	11
	100	100	100	100	100	100	100	100

	Altersgruppe 16–29 Jahre			Altersgruppe 30–44 Jahre		
	1964 Nov. %	1974 Jan. %	1978 Nov. %	1964 Nov. %	1974 Jan. %	1978 Nov. %
Volles Vertrauen	23	28	34	24	29	39
Kein volles Vertrauen	30	32	27	28	36	31
Teils teils	29	33	32	36	28	25
Unentschieden	18	7	7	12	7	5
	100	100	100	100	100	100

	Altersgruppe 45–59 Jahre			Altersgruppe 60 Jahre u. ä.		
	1964 Nov. %	1974 Jan. %	1978 Nov. %	1964 Nov. %	1974 Jan. %	1978 Nov. %
Volles Vertrauen	26	34	38	30	36	49
Kein volles Vertrauen	26	31	26	27	28	20
Teils teils	32	32	31	23	25	26
Unentschieden	16	3	5	20	11	5
	100	100	100	100	100	100

EHESCHEIDUNG

Frage: „Soll die Ehescheidung möglichst leichtgemacht werden oder möglichst schwergemacht werden, oder sollten Ehen überhaupt unlösbar sein?"

D	1953 Protestanten %	1979 %	1953 Katholiken %	1979 %
Lassen, wie es ist	18	20	11	20
Ehescheidung soll –				
möglichst leicht sein	15	31	10	21
möglichst schwer sein	33	26	25	33
Ehe soll unlösbar sein	24	6	44	12
Weiß nicht	10	17	10	14
	100	100	100	100

NEUES SCHEIDUNGSRECHT

Frage: „Seit dem 1. Juli gilt ja das neue Scheidungsrecht. Nach dem, was Sie so wissen oder gehört haben: Glauben Sie, daß es jetzt leichter oder schwerer ist, sich scheiden zu lassen, oder ist da kein Unterschied zu vorher?"

	November 1977 Männer %	Frauen %
Leichter	37	38
Schwieriger	31	30
Kein Unterschied	7	7
Weiß nicht	25	25
	100	100

WER IST SCHULD?

Frage: „Bei Ehescheidungen spielt es jetzt keine Rolle mehr, wer an der zerbrochenen Ehe schuld ist. Finden Sie das gut oder nicht gut?"

A	November 1977 Männer %	Frauen %
Finde es gut	27	33
Finde es nicht gut	57	52
Unentschieden	16	15
	100	100

SCHEIDUNG ZU LEICHT?

Frage: „Macht das jetzige Scheidungsrecht die Scheidung eher zu leicht oder eher zu schwierig?"

	1979 %	1981 Männer %	1983 %	1979 %	1981 Frauen %	1983 %
Zu leicht	25	31	34	25	31	35
Zu schwierig	38	29	24	31	22	19
Gerade richtig	9	7	10	10	11	16
Unentschieden	28	33	32	34	36	30
	100	100	100	100	100	100

FRAUEN IM VORTEIL?

Frage: „Finden Sie, das heutige Scheidungsrecht ist für die Männer günstiger, oder für
die Frauen günstiger, oder ist es für beide
gleich?"

KEINE SCHULDZUWEISUNG

Frage: „Bei Ehescheidungen spielt es jetzt
keine Rolle mehr, wer sich mehr Mühe gegeben hat, wer der bessere Ehepartner war.
Finden Sie das gut oder nicht gut?"

	Juli 1979	
	Männer	Frauen
	%	%
Günstiger für Frauen	60	43
Günstiger für Männer	1	4
Für beide gleich	21	29
Unentschieden	18	24
	100	100

	Februar 1983	
	Männer	Frauen
	%	%
Finde es gut	34	37
Finde es nicht gut	51	50
Unentschieden	15	13
	100	100

Frage an Personen, die jemand kennen, der in den letzten Jahren geschieden wurde (45% = 100):
„Wenn Sie jetzt mal an die Scheidung dieser Ehe denken: Wurde da alles, soweit Sie wissen, zufriedenstellend geregelt, oder war die Frau oder alle beide mit den Regelungen nicht zufrieden?"

	Februar 1983
	%
Alles zufriedenstellend geregelt	28
Die Frau war unzufrieden	10
Der Mann war unzufrieden	13
Beide unzufrieden	19
Kann ich nicht beurteilen	30
	100

FÜR VIELE BEÄNGSTIGEND

Frage: „Hier unterhalten sich zwei über die neuen Ehegesetze. Welchem würden Sie eher zustimmen?" (B)

A	1979	1983		
	Juli	Febr.		
	Gesamt		Männer	Frauen
	%	%	%	%
„Ich finde, diese Gesetze machen alles, was mit Ehe und Schei-
dung zu tun hat, so verwirrend und beängstigend, daß es für die
jungen Leute doch abschreckend sein muß, selbst einmal zu hei-
raten."	36	34	34	33
„Die jungen Leute denken doch bei der Heirat nicht an die Schei-
dung. Durch Scheidungsgesetze läßt sich niemand vom Heiraten
abhalten."	52	56	56	56
Unentschieden	12	10	10	11
	100	100	100	100

ZU TEUER

Frage: „Hier ist noch einmal alles aufgeschrieben, was man über das neue Scheidungsrecht sagen kann. Was davon würden Sie auch sagen? Wenn Sie mir bitte die entsprechenden Karten herauslegen." (K)

	Juli 1979 Männer	Frauen
POSITIVE AUSSAGEN	%	%
Ich finde es gut, daß der wirtschaftlich Schwächere nach dem neuen Scheidungsrecht jetzt automatisch Unterhalt bekommt	36	50
Es ist sehr wichtig, daß eine geschiedene Frau an der späteren Rente ihres früheren Mannes beteiligt wird	31	50
Das Wohl der Kinder wird heute mehr berücksichtigt als früher	47	47
Ich finde es gut, daß eine Ehe jetzt auch geschieden werden kann, wenn nur einer das möchte	34	34
Es ist gut, daß bei der Scheidung nicht mehr nach der Schuld gefragt wird	31	32
Es ist gut, daß die Scheidung um einige Jahre hinausgezögert werden kann, wenn ein Ehepartner das wünscht	22	28

NEGATIVE AUSSAGEN		
Eine Scheidung ist heute im Vergleich zu früher viel zu teuer	50	42
Die Regelung der Scheidungsfrage ist für alle Beteiligten viel zu kompliziert geworden	43	38
Es ist jetzt viel zu leicht, eine Ehe aufzukündigen	26	29
Ich finde es unerträglich, daß jetzt ein Mann sich nach langjähriger Ehe einfach scheiden lassen kann, ohne daß die Frau etwas dagegen tun kann	15	28
Die Kinder leiden heute unter einer Scheidung mehr als früher, weil nicht von vornherein klar ist, wem sie zugesprochen werden	26	27
Das neue Scheidungsrecht benachteiligt die Männer	47	21
Eine Scheidung dauert jetzt zu lange	18	16

WIEDER ÄNDERN?

Frage: „Sollte Ihrer Meinung nach das neue Scheidungsrecht von 1978 wieder geändert werden, oder sollte es so bleiben, wie es jetzt ist?"

A

	Februar 1983		
	Gesamt %	Männer %	Frauen %
Sollte wieder geändert werden	39	46	33
Sollte so bleiben	22	14	29
Unentschieden	39	40	38
	100	100	100

DIE ALTERSVERSORGUNG GESCHIEDENER

Frage: „*Nach der neuen Regelung für den Ausgleich bei der Altersversorgung im Falle einer Scheidung muß ja zum Beispiel der Mann, wenn er in der Ehe mehr für seine Altersversorgung angesammelt hat als seine Frau, einen Teil seiner späteren Rente an die geschiedene Frau zahlen. Darüber unterhalten sich hier zwei. Welcher Meinung würden Sie eher zustimmen?*" (B, X)

	1979 Juli	1983 Febr.		
	Gesamt		Männer	Frauen
	%	%	%	%
„Ich finde es ungerecht, daß der Mann, der während der Ehe mehr für die Altersversorgung angesammelt hat, einen Teil seiner späteren Rente dem geschiedenen Ehepartner abgeben muß. Er kann sich ja nicht so gut selbst versorgen wie eine Frau, und wenn er noch einmal heiraten will, reicht seine gekürzte Rente nicht für zwei"	21	23	34	12
„Ich finde, die geschiedene Ehefrau hat einen Anspruch auf einen Teil der Rente, schließlich hat sie in der Regel für den Mann den Haushalt geführt"	61	62	48	76
Unentschieden	18	15	18	12
	100	100	100	100

Frage: „*Hier auf dieser Liste stehen zwei Meinungen. Wenn Sie das bitte einmal lesen. Was davon würden Sie auch sagen?*" (L)

1. Meinung: „*Das neue Scheidungsrecht ist schlecht, weil es ermöglicht, daß Menschen ausgenutzt werden. Wenn zum Beispiel eine Frau einen Mann nur heiratet, um versorgt zu sein, kann sie ihn nach einiger Zeit verlassen, sich scheiden lassen und sicher sein, daß ihr Mann sie weiter versorgen muß. Das ist sicher nicht gerecht.*"

2. Meinung: „*An diesen schlechten Ausnahmefällen darf man ein Gesetz nicht messen. In der Regel ist es doch so, daß die Frauen dem Mann zuliebe beruflich zurückgesteckt haben und nach einer Scheidung oft nicht in der Lage sind, sich einen angemessenen Lebensunterhalt zu verdienen. Da ist es nur gerecht, daß der Mann zahlen muß, egal ob die Frau am Scheitern der Ehe schuld ist oder nicht.*"

	1979 Juli	1983 Febr.		
	Gesamt		Männer	Frauen
	%	%	%	%
1. Meinung	37	41	54	30
2. Meinung	43	40	28	50
Unentschieden	20	19	18	20
	100	100	100	100

ZUM BESTEN DER KINDER?

Frage: „Jetzt werden nach einer Scheidung die Kinder nicht mehr automatisch dem schuldlos geschiedenen Elternteil zugesprochen, sondern demjenigen, der für sie insgesamt am besten sorgen kann. – Darüber unterhalten sich hier zwei. Welcher von beiden sagt eher das, was auch Sie denken?" (B)

| | 1979 Juli | 1983 Febr. | | |
| | | Gesamt | Männer | Frauen |
	%	%	%	%
„Ich finde es sehr gut, daß jetzt das Wohl des Kindes im Vordergrund steht und nicht mehr automatisch der schuldlos Geschiedene das Sorgerecht bekommt. Der ist ja nicht unbedingt auch der bessere Erzieher"	53	55	54	56
„Die Idee, das Wohl des Kindes in den Vordergrund zu stellen, ist ja gut, aber ich finde es ungerecht, daß jemandem, der vielleicht alles getan hat, um die Ehe zu erhalten, nun auch noch die Kinder weggenommen werden können"	31	31	30	31
Unentschieden	16	14	16	13
	100	100	100	100

DAS ELTERLICHE SORGERECHT

Frage: „Über die Ausbildung und ihren zukünftigen Beruf gibt es ja oft Meinungsverschiedenheiten zwischen Jugendlichen und ihren Eltern. Nach dem neuen elterlichen Sorgerecht soll in solchen Fällen ein Berufsberater gefragt werden. Darüber unterhalten sich hier zwei. Welcher sagt eher das, was auch Sie denken?" (B)

	August 1979 %
„Ich finde es nicht gut, daß es für Meinungsverschiedenheiten über die Ausbildung zwischen Jugendlichen und ihren Eltern in Zukunft praktisch einen vom Staat bestimmten Schiedsrichter geben wird"	36
„So darf man das nicht sehen. Die Eltern sind doch oft mit der Entscheidung über die Zukunft ihrer Kinder überfordert, und die Jugendlichen können das noch schlechter beurteilen. Da ist es nur gut, wenn ein Berufsberater entscheidet"	48
Unentschieden	16
	100

GESETZLICHE REGELUNG NICHT NOTWENDIG

Frage: *„Was meinen Sie, haben Jugendliche gegenüber ihren Eltern heute zuviel oder zuwenig Rechte?“*

Frage: *„Glauben Sie, daß der Staat durch Gesetze dafür sorgen muß, daß Jugendliche mehr Rechte gegenüber ihren Eltern bekommen, oder halten Sie das nicht für notwendig?“*

A

	August 1979				
	Bev. insges.	Altersgruppen 16–29	30–44	45–59	60 u. ä.
	%	%	%	%	%
Zuviel Rechte	52	31	47	61	70
Gerade richtig	30	43	36	27	15
Zuwenig	5	14	3	1	2
Unmöglich zu sagen	13	12	14	11	13
	100	100	100	100	100

	1979 August %
Ja, durch Gesetze	9
Nein, nicht notwendig	80
Unentschieden	11
	100

§ 218

Frage: *„Hier sind drei Meinungen zum Schwangerschaftsabbruch. Welcher würden Sie zustimmen?“* (L, X)

Fristenlösung: *„Der Abbruch der Schwangerschaft sollte grundsätzlich jeder Frau in den ersten drei Monaten erlaubt werden.“*

Indikationslösung: *„Der Schwangerschaftsabbruch sollte nur in ganz bestimmten Fällen erlaubt werden, zum Beispiel wenn die Ärzte es empfehlen, oder wenn schlechte soziale Verhältnisse vorliegen oder sonst aus zwingenden Gründen.“*

§ 218 nicht ändern: *„Der Schwangerschaftsabbruch soll wieder verboten, der § 218 sollte in der alten Form wieder eingeführt werden.“*

	1979 Gesamtbev.	1980	Altersgruppen 16–29	30–44	45–59	60 u. ä.	Konfession Prote-stanten	Katho-liken	Andere/ ohne
	%	%	%	%	%	%	%	%	%
Fristenlösung	30	35	54	42	27	17	39	26	60
Indikationslösung	50	47	37	48	53	52	47	51	30
§ 218 wie zuvor	13	11	4	6	12	21	8	16	5
Unentschieden	7	7	5	4	8	10	6	7	5
	100	100	100	100	100	100	100	100	100

VOM SINN EINER FREIHEITSSTRAFE

Frage: „Wenn jemand zu einer Gefängnisstrafe verurteilt ist, welchen Zweck sollte diese Bestrafung *vor allem erfüllen, was ist das Wichtigste?"* (L) (Mehrfachnennungen möglich)

Vor allem sollte erreicht werden, daß –	Bev. insges. %	Oktober 1981 Altersgruppen 16–29 %	30–44 %	45–59 %	60 u. ä. %
– der Straffällige wieder in die Gesellschaft eingegliedert wird	34	46	35	27	26
– die, die ein Verbrechen begangen haben, dafür bezahlen müssen	32	27	31	36	34
– die übrigen Bürger geschützt werden	24	20	24	27	25
– andere dadurch abgeschreckt werden	12	10	10	13	16
– Unentschieden	4	4	6	3	5

HUNGERSTREIK

Frage: „Kürzlich mußten einige Terroristen, die seit mehreren Tagen einen Hungerstreik machen, künstlich ernährt werden. Haben Sie von diesen Zwangsernährungen gehört?" (Ja, gehört = 92%)

Frage: „Sind Sie dafür oder dagegen, daß Terroristen, die einen Hungerstreik machen, gegen ihren Willen künstlich ernährt werden?" (Gegen Zwangsernährung = 74%)

Frage an Gegner der Zwangsernährung: „Es gibt ja verschiedene Gründe, weshalb jemand die zwangsweise Ernährung der Terroristen ablehnen kann. Wenn Sie bitte einmal diese vier Ansichten lesen – welche Meinung trifft es am besten, weshalb Sie gegen eine Zwangsernährung bei Terroristen sind. Würden Sie mir bitte das Wichtigste nennen?" (L)

	August 1977 %
Wer im Gefängnis das Essen verweigert, muß die Folgen auch selber tragen; wenn er verhungert, ist er selbst schuld	34
Wenn es keine Zwangsernährung gäbe, würden die Terroristen gar nicht erst versuchen, mit einem Hungerstreik den Staat zu erpressen	18
Das sind so gemeine Mörder, man soll sie ruhig verhungern lassen	14
Es ist menschenunwürdig und eine Verletzung der Persönlichkeit, wenn jemand mit Gewalt gegen seinen Willen künstlich ernährt wird	6
Andere Antwort	2
Personen, die für eine Zwangsernährung von Terroristen sind	26
	100

Frage: „Man hat in der letzten Zeit wiederholt davon gehört, daß in Nordirland im Gefängnis einige Menschen durch Hungerstreik gestorben sind. Wissen Sie eigentlich so ungefähr, warum es dort Hungerstreikende gibt, oder wissen Sie darüber nicht so genau Bescheid?" (Weiß ungefähr Bescheid = 75%)

Frage: „Halten Sie übrigens einen Hungerstreik bei dem jemand stirbt, für sinnlos, oder kann man das nicht so sehen?"

	September 1981 %
Sinnlos	67
Sehe ich nicht so	22
Unentschieden	11
	100

DIE TODESSTRAFE

Frage: „Sind Sie grundsätzlich für oder gegen die Todesstrafe?"

| | | November 1980 | | | | | | |
	Bev. insges. %	16–29 %	Altersgruppen 30–44 %	45–59 %	60 u. ä. %	SPD %	Politische Orientierung CDU/CSU %	FDP %
Dafür	28	16	23	28	37	23	34	16
Dagegen	49	66	59	54	42	59	45	69
Unentschieden	23	18	18	18	21	18	21	15
	100	100	100	100	100	100	100	100

 Dafür

 Dagegen

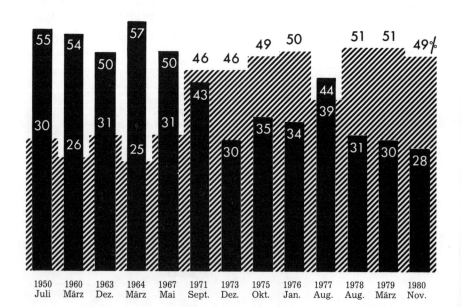

| 1950 Juli | 1960 März | 1963 Dez. | 1964 März | 1967 Mai | 1971 Sept. | 1973 Dez. | 1975 Okt. | 1976 Jan. | 1977 Aug. | 1978 Aug. | 1979 März | 1980 Nov. |

BEFÜRWORTER DER TODESSTRAFE
NACH BILDUNGS- UND ALTERSGRUPPEN

Personen die grundsätzlich
für die Todesstrafe sind

	Altersgruppen		
	16–29	30–49	50 u. ä.
	%	%	%
1950 – JULI*			
Volksschulbildung	51	56	50
Mittelschulbildung	59	65	62
Abitur	74	66	68
1960 – MÄRZ			
Volksschulbildung	46	59	57
Mittelschulbildung	47	58	51
Abitur	50	61	61
1971 – SEPTEMBER			
Volksschulbildung	42	45	56
Mittelschulbildung	27	27	36
Abitur	×	18	32
1980 – NOVEMBER			
Volksschulbildung	20	27	34
Mittelschulbildung	12	19	37
Abitur	6	14	27

* Altersgruppe 18–29 Jahre

	1950 Juli	1960 März	1971 Sept.	1980 Nov.
	%	%	%	%
KOHORTE I – Geburtsjahr 1900 und früher				
Volksschulbildung	50	58	46	25
Mittelschulbildung	62	60	×	×
Abitur	68	67	×	×
KOHORTE II – Geburtsjahr 1901–1920				
Volksschulbildung	56	59	59	36
Mittelschulbildung	65	53	36	43
Abitur	66	57	43	31
KOHORTE III – Geburtsjahr 1921–1930				
Volksschulbildung	51	57	46	31
Mittelschulbildung	59	53	23	27
Abitur	74	64	16	18
KOHORTE IV – Geburtsjahr 1931–1941				
Volksschulbildung		46	41	29
Mittelschulbildung		47	31	18
Abitur		50	14	20
KOHORTE V – Geburtsjahr 1942–1955				
Volksschulbildung			42	23
Mittelschulbildung			27	18
Abitur			×	15

× = Gruppe mit zu geringer Fallzahl

1. INNERE SICHERHEIT

Frage: „Fühlen Sie sich persönlich von Kriminellen und Verbrechern heute mehr bedroht als vor drei Jahren, oder genauso oder weniger?"

	1972 %	1975 %	1980 %
Heute mehr bedroht . . .	33	32	24
Genauso	41	41	55
Weniger	3	4	6
Heute überhaupt nicht . .	15	17	9
Kein Urteil	8	6	6
	100	100	100

Frage: „Ist Ihnen in den letzten drei Jahren etwas gestohlen worden, oder ist Ihnen das in den letzten drei Jahren nie passiert?"

	1960 %	1971 %	1975 %	1979 %
Ja	18	24	20	27
Nein	82	76	80	73
	100	100	100	100

RECHT AUF WIDERSTAND

Frage: „In unserem Grundgesetz gibt es ja das sogenannte Widerstandsrecht. Wußten Sie das, oder hören Sie das zum ersten Mal?" (Wußte ich = 51%)

„Darf ich Ihnen dazu jetzt einige Beispiele vorlesen, und Sie sagen mir bitte immer, ob das mit dem Widerstandsrecht gemeint ist oder nicht."

„Wenn ein Autofahrer von der Polizei auf der Straße angehalten wird und genau weiß, daß er nichts Falsches getan hat. Darf er dann Widerstand leisten und weiterfahren, oder darf er das nicht?"

„Und wenn eine Behörde von jemandem etwas verlangt, das mit dem Grundgesetz nicht vereinbar ist, darf er dann Widerstand leisten und das ablehnen, oder darf er keinen Widerstand leisten?"

„Wenn ein junger Mann, der den Dienst mit der Waffe ablehnt, weil er ihn mit seinem Gewissen nicht vereinbaren kann, vom Gericht nicht als Wehrdienstverweigerer anerkannt wird: darf der dann den Wehrdienst verweigern, oder muß der einer Einberufung Folge leisten?"

April 1983

Im Fall –	Darf verweigern %	Muß Folge leisten %	Unentschieden %
Autofahrer – Polizist	4	89	7 = 100
Behördliches Verlangen	69	16	15 = 100
Nichtanerkennung als Wehrdienstverweigerer	20	66	14 = 100

GEWALT

Frage: „Hier unterhalten sich drei darüber, ob man als Privatperson in bestimmten Situationen Gewalt anwenden kann. Welcher sagt am ehesten das, was auch Sie denken?" (B, X)

	1978 Nov. %	1981 Juli %	1982 Okt. %
„Ich meine, wenn es um die Durchsetzung wichtiger politischer Ziele geht, dann ist Gewalt gegenüber Sachen und Personen erlaubt"	7	7	4
„Das geht mir zu weit. Gewalt gegenüber Personen ist auf keinen Fall zu rechtfertigen. Bei Gewalt gegenüber Sachen ist das anders; die halte ich in bestimmten Situationen durchaus für erlaubt"	16	16	15
„Ich lehne Gewalt gegen Sachen genauso ab wie gegen Personen. Kein politisches Ziel kann in meinen Augen eine Anwendung von Gewalt rechtfertigen"	70	66	74
Unentschieden	7	11	7
	100	100	100

PROTESTDEMONSTRATIONEN

Frage: „In den letzten Jahren ist es in der Bundesrepublik öfter zu Demonstrationen gegen den Bau von Kernkraftwerken gekommen. Was ist Ihre Meinung: Sind Sie alles in allem dafür, daß gegen Kernkraftwerke demonstriert wird, auch wenn radikale Gruppen sich daran beteiligen, oder sind Sie grundsätzlich dagegen?"

		März 1981			
	Gesamt	Altersgruppen			
		16–29	30–44	45–59	60 u. ä.
	%	%	%	%	%
Dafür	23	36	24	21	12
Dagegen	49	33	48	53	61
Unentschieden	28	31	28	26	27
	100	100	100	100	100

GEWALTMONOPOL

Frage: „Wenn es bei einer Demonstration zu einer Auseinandersetzung zwischen Demonstranten und der Polizei kommt, dann prügeln manchmal Polizisten auf Demonstranten, und Demonstranten schlagen auf Polizisten ein. Was meinen Sie: Ist es in Ordnung, daß Polizisten auf Demonstranten einschlagen, die sich den polizeilichen Anordnungen widersetzen, oder darf die Polizei keine Gewalt anwenden?"
„Und wenn Demonstranten zurückschlagen, finden Sie, das ist in Ordnung, oder dürfen sie das nicht tun?"

	Oktober 1982		
Gewaltanwendung seitens der –	In Ordnung %	Darf nicht sein %	Unentschieden %
Polizisten	44	38	18 = 100
Demonstranten	14	69	17 = 100

DIE POLIZEI

Frage: „Haben Sie von der Polizei in der Bundesrepublik eine gute Meinung oder keine gute Meinung?"

	1982 Juni %
Gute Meinung	65
Keine gute Meinung	17
Unentschieden	18
	100

VERMUMMUNG VERBIETEN

Frage: „Bei Protestkundgebungen kommt es immer wieder vor, daß sich Demonstranten das Gesicht vermummen, um nicht erkannt zu werden. Was ist Ihre Meinung: Sollte es grundsätzlich verboten werden, sich bei Demonstrationen zu vermummen, oder sollte man das nicht verbieten?"

		August 1981			
	Ge-	Altersgruppen			
	samt	16–29	30–44	45–59	60 u. ä.
	%	%	%	%	%
Verbieten	65	46	64	76	78
Nicht verbieten	18	32	21	11	7
Unentschieden	17	22	15	13	15
	100	100	100	100	100

HAUSBESETZUNGEN

Frage: „Haben Sie in letzter Zeit davon gehört, daß Jugendliche in verschiedenen Städten leerstehende Häuser besetzt haben?" (Ja, davon gehört = 98%)

„Über diese Hausbesetzungen gibt es ja ganz verschiedene Meinungen. Auf welcher Seite stehen Sie selber: Auf der Seite der Hausbesetzer oder auf der Seite, die Hausbesetzungen ablehnt?"

	1981 März %	1981 Nov. %
Lehne Hausbesetzungen ab	47	50
Bin auf Seite der Hausbesetzer	26	21
Unentschieden	27	29
	100	100

BUNDESVERFASSUNGSSCHUTZ

Frage: „Wissen Sie, daß es bei uns einen Bundesverfassungsschutz gibt, oder hören Sie das jetzt zum ersten Mal?"

„Haben Sie vom Bundesverfassungsschutz alles in allem eine gute Meinung oder keine gute Meinung?"

	A	1978 Sept. %
Gute Meinung		38
Keine gute Meinung		19
Unentschieden		37
Höre davon zum ersten Mal		6
		100

DER RADIKALENERLASS

Frage: „Angehörige extremer Parteien, zum Beispiel Kommunisten und NPD-Anhänger, und Personen, die sich für die Ziele dieser Parteien einsetzen, dürfen in der Bundesrepublik nicht ohne
weiteres Beamte werden. Über diese sogenannten Berufsverbote unterhalten sich hier zwei. Welchem
von den beiden stimmen Sie zu?" (B, X)

	1978 Nov. %	1979 Febr. %
„Ich finde es richtig, daß man Kommunisten und Nationaldemokraten vorher über-prüft und bei jedem, der Beamter werden will, nachforscht, ob er grundsätzlich unse-ren Staat und unsere Rechtsordnung bejaht. Nur dann sollen solche Leute Beamte werden können."	70	62
„Ich bin gegen solche Überprüfungen und Berufsverbote. Ich meine, durch ein paar Links- oder Rechtsradikale im Staatsdienst wird unsere freiheitliche und demokrati-sche Grundordnung nicht gefährdet."	21	24
Unentschieden	9	14
	100	100

VERDÄCHTIG

Frage: „Zur Zeit wird darüber diskutiert, ob für jeden, der Beamter werden will, beim Verfassungsschutz nachgefragt werden soll, ob er grundsätzlich unsere Demokratie, unsere Rechtsordnung
bejaht. Was meinen Sie: sollten alle überprüft werden, die sich um eine Beamtenstelle beim Staat
bewerben, oder nur in bestimmten Fällen, oder sollte man niemanden auf seine Verfassungstreue
hin überprüfen?"

A	1978 Dez. %
Überprüfung –	
– nur in bestimmten Fällen	45
– ausnahmslos	37
– in keinem Fall	10
Unentschieden	8
	100

Frage: „Wie denken Sie darüber: Soll beispielsweise jemand, der der DKP, der Deutschen Kommunistischen Partei angehört, als Richter eingestellt werden?"

	1973 Sept. %	1975 Dez. %	1976 April %	1981 Nov. %	1982 März %
Ja	18	16	18	15	13
Nein	58	65	60	66	64
Unentschieden	24	19	22	19	23
	100	100	100	100	100

TERRORISMUS

Frage: „Wenige Tage nach der Entführung Schleyers hat die Bundesregierung eine Nachrichtensperre beschlossen. Einmal ganz allgemein: Sind Sie mit dieser Nachrichtensperre einverstanden oder nicht einverstanden?"

B	1977 21./22. September %
Einverstanden	77
Nicht einverstanden	13
Unentschieden	10
	100

Frage: „Glauben Sie, der Überfall auf Schleyer ist von den Terroristen aus den Gefängnissen heraus geplant und gesteuert worden, oder glauben Sie nicht?"

B	1977 20./21. September %
Glaube ich	68
Glaube ich nicht	17
Weiß nicht, kein Urteil	15
	100

HART BLEIBEN?

Frage: „Soll die Bundesregierung den Forderungen der Entführer nachgeben, oder soll sie hart bleiben?"

	1977 Okt. %
Den Forderungen nachgeben und die Terroristen freilassen	42
Hart bleiben und damit den Tod der 67 Flugzeuginsassen und von Hanns Martin Schleyer in Kauf nehmen	42
Unentschieden	16
	100

BILLIGUNG DER REGIERUNGSMASSNAHMEN

Frage: „Wenn Sie mal überdenken, was Sie über den Verlauf der Schleyer-Entführung erfahren haben – hat die Bundesregierung entschlossen und überlegt gehandelt, oder finden Sie das nicht?"

B	1977 September %	1977 Oktober %
Entschlossen und überlegt	48	50
Finde ich nicht	27	35
Unentschieden	25	15
	100	100

PETER LORENZ UND HANNS MARTIN SCHLEYER

Frage: „*Hier unterhalten sich zwei über die Entführung. Wenn Sie das bitte einmal lesen. Welcher Meinung würden Sie da eher zustimmen?*" (B)

„*Angenommen, Sie hätten in diesem Fall zu entscheiden gehabt. Was hätten Sie gemacht?*" (L)

| B | Anläßlich der Entführung von – | |
	Peter Lorenz März 1975*) %	Hanns Martin Schleyer September 1977 %
„Vor Entführungen wie dieser jetzt in Berlin (Lorenz)/ Köln (Schleyer) kann der Staat letzten Endes nicht schützen. Die Entführung hätte keine Regierung verhindern können"	56	57
„Die Regierung hätte besser vorsorgen müssen, dann hätte sich die Entführung wahrscheinlich verhindern lassen"	37	37
Unentschieden	7	6
	100	100
„Ich hätte den Forderungen der Entführer (im Fall Schleyer: ... von Anfang an) um keinen Millimeter nachgegeben – trotz der Gefahr für ein Menschenleben. Das ermutigt zur Wiederholung"	27	60
„Ich hätte die Forderungen der Entführer (im Fall Schleyer: ... als sie bekannt gegeben wurden), erfüllt – trotz der Gefahr einer Wiederholung; denn die Rettung von Menschenleben geht vor"	64	22
Unentschieden	9	18
	100	100

Frage: „*Manche Leute sagen, dieser Fall zeigt, daß unser Staat mit dem politischen Terror und den Anarchisten nicht mehr fertig wird. Andere meinen, aus einem solchen Fall kann man nicht auf ein Versagen des Staates schließen. Welchen würden Sie zustimmen?*"

Frage: „*Glauben Sie, daß sich solche Entführungen in der nächsten Zeit wiederholen werden?*"

| B | Anläßlich der Entführung von – | |
	Peter Lorenz März 1975 %	Hanns Martin Schleyer September 1977 %
Der Staat wird damit nicht fertig	50**)	40
Kein Versagen des Staates	38	42
Unentschieden	12	18
	100	100
Ja, solche Entführungen werden sich wiederholen . . .	84*)	90
	100	100

*) im Anschluß an die Freilassung von Lorenz; **) Umfrage während der Lorenz-Entführung

SYMPATHISANTEN

Frage: „Hier unterhalten sich zwei darüber, ob es wohl viele oder ganz wenige sind, die den Terroristen nahestehen. Welchem von den beiden würden Sie eher zustimmen?"

	1977 November %
„Die Terroristen könnten gar nicht so erfolgreich arbeiten, wenn es nicht eine große Zahl von Leuten gäbe, die ihnen helfen"	50
„Ich glaube nicht, daß es bei uns viele gibt, die den Terroristen nahestehen und bereit sind, ihnen mit Geld oder einer Unterkunft zu helfen. Mit ihren Verbrechen haben sie doch die Sympathien verspielt"	40
Unentschieden	10
	100

Frage: „In den Zeitungen und im Fernsehen hört man jetzt viel vom sogenannten Sympathisantenkreis der Terroristen; aber die Frage ist, wen man eigentlich dazuzählen soll und wen nicht. Ich möchte Ihnen jetzt einige Beispiele vorlesen. Wenn Sie mir bitte jedesmal sagen, ob das in Ihren Augen ein Sympathisant ist oder nicht."

Ein Sympathisant ist jemand, der –	1977 Nov. %
– in seiner Wohnung einem Terroristen Unterschlupf gibt	95
– einen Terroristen erkennt, ihn aber nicht der Polizei meldet	73
– Geld spendet, wie zum Beispiel die Leute, die für die Zahnbehandlung von Gudrun Ensslin gespendet haben	68
– sich dafür einsetzt, daß die Haftbedingungen für Terroristen erleichtert werden	67
– Mitleid mit den Terroristen hat, weil er glaubt, daß sie diese Verbrechen nur aus lauter Verzweiflung begehen	56
– die Kritik der Terroristen an unserer Gesellschaft in manchem berechtigt findet	36
– meint, die Anwälte müssen jederzeit das Recht haben, die Terroristen im Gefängnis zu besuchen	29
– nicht will, daß für die Terroristen die Todesstrafe eingeführt wird	18

Frage: „Aus welchen Kreisen kommen Ihrer Meinung nach die Sympathisanten hauptsächlich – ich meine, wo finden sie vor allem ihre Fürsprecher und Helfer?" (L)

A	1977 Nov. %
Studenten	38
Rechtsanwälte	32
Kommunisten	23
Universitätsprofessoren	18
Schriftsteller	18
Rechtsradikale, ehemalige Nazis	10
Jusos, Jungsozialisten	9
Lehrer	8
Journalisten	7
Künstler, Schauspieler	7
Bestimmte Gruppen der SPD	6
Gewerkschaften	2
Bestimmte Gruppen der FDP	2
Bestimmte Gruppen der CDU/CSU	×
Terroristen kommen nicht aus bestimmten Bevölkerungskreisen	57

KEIN ANLASS ZUM NACHDENKEN?

Frage: „Wenn Sie einmal dieses Gespräch hier lesen. Welcher von beiden sagt eher das, was auch Sie denken?"

	1977 Nov. %
Wer irgendwie Verständnis für die Beweggründe der Terroristen gezeigt hat, muß sich jetzt auch den Vorwurf gefallen lassen, er sei Sympathisant	53
Ich finde es schlimm, wie im Augenblick bei uns Leute als Sympathisanten der Terroristen beschimpft werden, die nur irgendwie versucht haben, die Beweggründe der Terroristen zu verstehen; eine solche Hetzjagd ist einfach unerträglich	28
Unentschieden, kein Urteil	19
	100

EINSCHRÄNKUNG PERSÖNLICHER RECHTE

Frage: „Wenn zur Bekämpfung der Terroristen der Einfluß von Staat und Polizei verstärkt werden muß – würden Sie eine Einschränkung Ihrer persönlichen Rechte durch Maßnahmen wie Überwachung und Hausdurchsuchung hinnehmen, oder würden Sie das ablehnen?"

	1975 Mai %	1977 Mai %	1978 Dez. %
Hinnehmen	69	62	53
Ablehnen	21	26	36
Unentschieden	10	12	11
	100	100	100

WIE STARK IST DER STAAT BEDROHT?

Frage: „Wie sehr ist Ihrem Gefühl nach der Staat durch den Terrorismus bedroht? Könnten Sie es einmal nach diesem Blatt hier sagen: Das unterste Kästchen würde bedeuten, daß der Staat kaum bedroht ist. Was meinen Sie, welches Kästchen würden Sie sagen?" (B)

A	1977*) Sept. %	1977**) Okt. %	1977***) Nov. %	1978 Febr. %	1979 Juli %	1983 Juni %
Stark bedroht A	30	37	34	35	29	26
B	36	36	37	38	36	28
C	24	22	21	20	26	25
Kaum bedroht D	10	5	8	7	9	21
	100	100	100	100	100	100

*) Nach der Entführung von Schleyer **) Nach der Befreiung der Geiseln in Mogadischu ***) Nach der Ermordung Schleyers

SCHÄRFERE GESETZE NÖTIG

Frage: „In der Diskussion über eine wirksame Bekämpfung des Terrorismus geht es um die Frage, ob wir in der Bundesrepublik schärfere Gesetze brauchen, oder ob die bestehenden Gesetze dafür ausreichen. Was meinen Sie? Sind dafür schärfere Gesetze notwendig oder nicht notwendig?"

	Februar 1978			
	Bev. insges.	Polit. Orientierung SPD	CDU/CSU	FDP
	%	%	%	%
Notwendig	71	64	85	60
Nicht notwendig	20	29	8	30
Weiß nicht	9	7	7	10
	100	100	100	100

ANTI-TERROR-MASSNAHMEN

Frage: „Es wurden in letzter Zeit mehrere Vorschläge gemacht, wie man den Terrorismus in der Bundesrepublik besser bekämpfen könnte. Würden Sie bitte einmal lesen, was auf diesen Karten steht, und sie auf dieses Blatt verteilen, je nachdem, welche Maßnahmen Sie begrüßen und welche Sie ablehnen würden?"

A

	Februar 1978		
	Begrüße ich	Lehne ich ab	Unentschieden
	%	%	%
Änderung des Strafverfahrens, so daß Prozesse gegen Terroristen schneller durchgeführt werden können	81	5	14 = 100
Verbot, zu Demonstrationen und Versammlungen Waffen oder andere Gegenstände, die für Gewalttätigkeiten benutzt werden können, mitzubringen	76	9	15 = 100
Sofortigen Ausschluß der Verteidiger vom Prozeß, wenn der Verdacht besteht, daß sie ihr Amt zur Unterstützung der Terroristen mißbrauchen	76	7	17 = 100
Ein einheitliches Polizeirecht in allen Bundesländern einführen	75	4	21 = 100
Verschärfung des Waffengesetzes, daß Waffenbesitzer verpflichtet sind, ihre Waffen diebstahlsicher aufzubewahren	74	5	21 = 100
Längere Gefängnisstrafen für Terroristen und andere Gewaltverbrecher	73	10	17 = 100
Einbau von Glastrennwänden in Räumen, wo Anwälte und wegen Terrorismusverdachts inhaftierte Angeklagte zu Gesprächen zusammenkommen	72	8	20 = 100
Keine vorzeitige Entlassung von Terroristen wegen guter Führung	67	14	19 = 100
Überwachung der Gespräche zwischen Verteidigern und den wegen Terrorismusverdachts inhaftierten Angeklagten	67	16	17 = 100

(Fortsetzung)

(Fortsetzung)

A

	Februar 1978		
	Begrüße ich %	Lehne ich ab %	Unent- schieden %
Änderung von Bestimmungen, so daß die Gefängnisleitung in Zukunft nicht mehr gezwungen ist, Häftlinge im Hunger- streik zwangsweise zu ernähren	66	15	19 = 100
Mehr Möglichkeiten, um Personen zu bestrafen, die zu Ge- walttätigkeiten aufrufen	62	11	27 = 100
Verpflichtung aller Kraftfahrzeugbesitzer, fälschungssichere Nummernschilder anbringen zu lassen	62	12	26 = 100
Verpflichtung für alle, die in Hotels übernachten, selbst An- meldezettel auszufüllen und den Personalausweis vorzule- gen	60	17	23 = 100
Ein Gesetz, daß man bei Übernachtungen in auswärtigen Ho- tels immer seinen Personalausweis mitführen muß	60	18	22 = 100
Ein Gesetz, das der Polizei erlaubt, jederzeit die Ausweise zu kontrollieren	60	20	20 = 100
Verlegung der Terroristenprozesse an das höchste Gericht der Bundesrepublik, den Bundesgerichtshof, damit diese Prozesse nicht mehrere Gerichtsinstanzen durchlaufen müs- sen	58	14	28 = 100
Erleichterung der Sicherungsverwahrung, so daß Terroristen auch nach Ablauf der Gefängnisstrafen in Haft bleiben, wenn Verdacht besteht, daß sie weitere Terroranschläge begehen .	57	16	27 = 100
Eintrag eines Sperrvermerks in den Personalausweis von Personen, gegen die Ermittlungen laufen, um zu verhindern, daß sie vor ihrer Verhaftung ins Ausland fliehen	56	21	23 = 100
Verordnung, daß Wohnungsvermieter melden müssen, wem sie ihre Wohnung vermieten	52	24	24 = 100
Verbot, zu Demonstrationen und Versammlungen Gegen- stände zur Maskierung mitzubringen	51	18	31 = 100
Neue Bestimmungen, die der Polizei die Durchsuchung von Gebäuden und Wohnungen erleichtern	50	23	27 = 100
Der Polizei durch ein gesondertes Gesetz erlauben, einen Ge- waltverbrecher mit einem gezielten Todesschuß zu erschie- ßen, wenn er andere mit der Waffe bedroht	49	29	22 = 100
Mehr Möglichkeiten, Vergehen und Straftaten bei Demon- strationen zu bestrafen	48	21	31 = 100
Die Möglichkeit schaffen, solchen Angeklagten geringere Strafen zuzusichern, die bereit sind, gegen andere Banden- mitglieder auszusagen	45	27	28 = 100
Verbot, zu Demonstrationen und Versammlungen Schutzge- genstände mitzuführen für den Fall, daß es zu Ausschreitun- gen kommt	43	24	33 = 100

TERRORISMUS VORBEI?

Frage: „In letzter Zeit sind ja in der Bundesrepublik viele Leute, die als Terroristen gesucht wurden, gefaßt worden, so zum Beispiel Christian Klar, einer ihrer Anführer. Meinen Sie, damit ist der Terrorismus bei uns jetzt vorbei, oder müssen wir weiterhin mit Terroranschlägen rechnen?"

April 1983

	Weiterhin Terroranschläge %	Terrorismus ist vorbei %	Unmöglich zu sagen %
Bevölkerung insgesamt	75	7	18 = 100
ALTERSGRUPPEN			
16–29 Jahre	76	6	18 = 100
30–44 Jahre	78	7	15 = 100
45–59 Jahre	77	7	16 = 100
60 Jahre und älter	71	7	22 = 100
POLITISCHE ORIENTIERUNG			
SPD-Anhänger	75	8	17 = 100
CDU/CSU-Anhänger	80	5	15 = 100
FDP-Anhänger	80	4	16 = 100
GRÜNE	63	8	29 = 100

2. ÄUSSERE SICHERHEIT

Frage: „Haben Sie im großen und ganzen eine gute Meinung oder keine gute Meinung über die Bundeswehr?"

	1964 Jan. %	1969 Juni %	1971 April %	1980 Dez. %	16–29 %	Altersgruppen 30–44 %	45–59 %	60 u. ä. %
Gute Meinung	36	33	34	47	33	49	51	55
Teils, teils	26	31	28	27	29	13	11	10
Keine gute Meinung	22	24	28	16	28	30	28	22
Kein Urteil	16	12	10	10	10	8	10	13
	100	100	100	100	100	100	100	100

ÖFFENTLICHE VEREIDIGUNG

Frage: „Im allgemeinen findet die Vereidigung von Bundeswehrsoldaten in den Kasernen statt. Bei besonderen Anlässen wird diese Vereidigung auch manchmal öffentlich vorgenommen. Hier unterhalten sich zwei darüber. Welcher sagt das, was auch Sie denken?" (B, X)

	Dezember 1980 %
„Ich meine, die Bundeswehr geht doch uns alle an, und deswegen sollten die Rekruten auch in der Öffentlichkeit vereidigt werden"	45
„Ich meine, die Vereidigung der Rekruten ist eine Angelegenheit, die nur die Bundeswehr angeht, und sollte deshalb nur in den Kasernen stattfinden"	38
Unentschieden	17
	100

OBERSTER BEFEHLSHABER: DIE NATO

Frage: „Die Bundeswehr untersteht ja im großen und ganzen dem Oberbefehl der NATO. Halten Sie das für richtig, oder fänden Sie es besser, daß sie einem westdeutschen Oberkommando untersteht, wenn das möglich wäre?"

	1971 Sept. %	1976 April %	1979 Sept. %
Oberbefehl bei NATO richtig	51	49	51
Westdeutsches Oberkommando	18	16	16
Unentschieden	16	24	20
NATO unbekannt	15	11	13
	100	100	100

SOLDAT GEWESEN

Frage an Männer: „*Waren Sie einmal Soldat?*"

	Juli 1981 Männer insges. %	18–29 %	Altersgruppen 30–44 %	45–59 %	60 u. ä. %
Ja, in der Wehrmacht vor 1945	29	–	–	43	92
– war in der Bundeswehr	27	43	46	16	1
– bin in der Bundeswehr	3	4	4	2	–
Nein, war nie Soldat	41	53	50	39	7
	100	100	100	100	100

WEHRPFLICHT FÜR FRAUEN

Frage: „*Es wird ja neuerdings überlegt, ob man die allgemeine Wehrpflicht, also den Dienst in der Bundeswehr, auch für Frauen einführen soll. Was meinen Sie, sind Sie dafür, daß auch Frauen zum Dienst an der Waffe eingezogen werden?*"

Frage: „*Es wird ja neuerdings überlegt, ob man die allgemeine Wehrpflicht, also den Dienst in der Bundeswehr, auch für Frauen einführen soll. Wenn die Frauen dabei nicht für den Dienst an der Waffe, sondern nur für Sanitäts- und Verwaltungsaufgaben eingesetzt werden: Sind Sie unter dieser Voraussetzung dafür oder dagegen, daß auch Frauen zur Bundeswehr eingezogen werden?*"

	Bevölkerung insgesamt		16–29		Altersgruppen 30–44		45–59		60 und älter	
Frauen auch Dienst an der Waffe	%		M %	F %	M %	F %	M %	F %	M %	F %
Dafür	16		41	14	26	9	9	10	10	3
Dagegen	76		52	76	68	83	80	80	78	90
Unentschieden	8		7	10	6	8	11	10	12	7
	100		100	100	100	100	100	100	100	100

September 1979

Frauen nur Verwaltungs- und Sanitätsdienst										
Dafür	43		64	43	58	42	35	35	34	31
Dagegen	50		29	49	38	52	53	56	60	62
Unentschieden	7		7	8	4	6	12	9	6	7
	100		100	100	100	100	100	100	100	100

DIENST NACH WAHL

Frage an Männer: *„Es ist jetzt ein Gesetz beschlossen worden, daß in Zukunft jeder Wehrpflichtige frei wählen kann, ob er entweder Wehrdienst leisten oder Ersatzdienst machen möchte. Was ist Ihre Meinung: Sind Sie grundsätzlich dafür oder dagegen, daß jeder Wehrpflichtige künftig zwischen Wehrdienst und Ersatzdienst frei wählen kann?"*

	Männer ges. %	16–29 %	30–44 %	45–59 %	60 u. ä. %
			August 1977 Altersgruppen		
Dafür	54	75	57	40	34
Dagegen	38	17	36	49	57
Unentschieden	8	8	7	11	9
	100	100	100	100	100

WEHRDIENSTVERWEIGERER

Frage: *„Nehmen wir einmal den Fall, daß ein junger Mann den Wehrdienst verweigert und sagt, daß er es mit seinem Gewissen nicht vereinbaren kann, Soldat zu werden. Hätten Sie vor diesem Mann viel oder wenig Achtung?"*

Frage: *„Wenn Sie einmal an die Wehrdienstverweigerer denken: Sind das wohl meistens Leute, die aus ehrlicher Überzeugung nicht Soldat werden wollen, oder geht es den meisten nur darum, sich zu drücken?"*

A Es haben vor Wehrdienstverweigerern –	1968 Juli Bev. insges. %	1981 Juli insges. %	1968 16–20 %	21–24 Altersgruppen %	1981 16–20 %	21–24 %
Viel Achtung	45	59	58	53	72	63
Wenig Achtung	33	31	25	19	20	23
Kommt darauf an	22	10	17	18	8	14
	100	100	100	100	100	100
Die meisten Wehrdienstverweigerer –						
Wollen sich drücken	45	40	44	45	27	36
Verweigern aus Überzeugung	31	30	31	34	47	31
Unentschieden	18	22	18	19	19	27
Kein Urteil	6	8	7	2	7	6
	100	100	100	100	100	100

20 MONATE ZIVILDIENST?

Frage: *„Die Regierung in Bonn hat ja eine neue Regelung für den Zivildienst vorgeschlagen. Danach soll die mündliche Gewissensprüfung für Kriegsdienstverweigerer abgeschafft werden. Außerdem soll die Zivildienstzeit um ein Drittel länger dauern als der Wehrdienst. Bei 15 Monaten Wehrdienst wären das also 20 Monate Zivildienst. Haben Sie von diesem Vorschlag schon gehört oder noch nicht?"* (Ja, gehört = 89%)

Frage: *„Finden Sie diese Regelung gut oder nicht gut?"*

	Gut %	Nicht gut %	Unentschieden %
Bevölkerung insgesamt	49	31	20 = 100

GLEICHRANGIG

Frage: „Wer leistet Ihrer Meinung nach ganz allgemein der Gesellschaft einen wichtigeren Dienst: ein junger Mann, der zum Wehrdienst als Soldat zur Bundeswehr geht, oder jemand, der den Zivildienst zum Beispiel in einem Pflegeheim oder Altenheim leistet?"

	Juli 1981				
	Bev. insges.	16–29	Altersgruppen 30–44	45–59	60 u. ä.
	%	%	%	%	%
Der zur Bundeswehr geht	24	13	20	28	35
Der Zivildienst leistet	23	38	23	16	15
Beide gleich	46	42	50	51	41
Unentschieden	7	7	7	5	9
	100	100	100	100	100

DIE JUGEND DENKT ANDERS

DAS PAZIFISMUSSYNDROM DER NACHWACHSENDEN GENERATION

Gerhard Herdegen

Um ein Mißverständnis gar nicht erst aufkommen zu lassen, eine Bemerkung vorweg. Die Haus- und Instandbesetzer von Berlin und Göttingen, die Antiatomdemonstranten von Brokdorf und Hamburg, die friedlichen und schon gleich die militanten Bundeswehrgegner bei den Vereidigungen in Bremen und Hannover, die jetzt allenthalben intensiveres Nachdenken und Diskutieren über die junge Generation hervorrufen, sind nicht die junge Generation der Bundesrepublik schlechthin. Genausowenig wie in den sechziger Jahren Dutschke und Meinhof oder die Berliner Kommunen I und II die bundesdeutsche Jugend oder auch nur die Studentenschaft repräsentierten. Aber damals wie heute sind es die Aktiven, die Lautstarken, die Provozierenden, die das Bild der Generation prägen. Und damals wie heute stehen sie für die Gedanken, Gefühle, Zeitströmungen, die in den wenigen wie unter einem Brennglas gebündelt erscheinen – als Extrakt sozusagen und bisweilen bis zum Exzeß artikuliert –, die aber doch in weiten Teilen dieser Generation wiederzufinden sind. Eine dieser Strömungen soll uns hier beschäftigen, wir nennen sie das Pazifismussyndrom.

Westliche Verteidigung, NATO, Bundeswehr, Nachrüstung – diese Begriffe zählen zu den Reizthemen, die gegenwärtig bei jungen Leuten Emotionen und Aggressionen auslösen, sie auf die Straße bringen. Wir wollen empirisch das Phänomen zunächst dort angehen, wo sich die Einstellungen ganz oberflächlich, scheinbar harmlos, aber handfest aufspüren lassen: in der Haltung gegenüber der Bundeswehr. Nicht nur Allensbacher Umfragen spiegelten im Verlauf der letzten Monate eine Verbesserung des Meinungsklimas gegenüber der Bundeswehr wider. So hat eine Allensbacher Indikatorfrage – „Haben Sie im großen und ganzen eine gute oder keine gute Meinung über die Bundeswehr?" –, die in den sechziger und siebziger Jahren einen Anteil von rund einem Drittel positiver Stimmen in der Gesamtbevölkerung erbrachte, Ende 1980 den bemerkenswerten Sympathiezuwachs auf 47% „gute Meinung" ergeben, während gleichzeitig die Ablehnung erstmals unter die 20-Prozent-Marke sank (Seite 325). Trotz der generellen Klimaverbesserung bleibt aber ein Faktum bestehen: Die junge Generation unter dreißig Jahren beurteilt die Bundeswehr mit deutlichem Abstand weit kritischer als alle übrigen Altersgruppen.

Wo liegen die Gründe für diese Distanz? Wer eine positive Einstellung zu einer staatlichen Institution finden soll, noch dazu zu einer, die durch die jährlichen Milliarden an Steuern jeden Staatsbürger zumindest mittelbar betrifft und die an die jungen Männer ganz unmittelbar erfahrbare Ansprüche in der Gestalt der Wehrpflicht stellt, muß ihren Sinn bejahen oder wenigstens einsehen können. Sonst entsteht Desinteresse, Indifferenz oder gar Ablehnung und Aggression.

Bei empirischen Untersuchungen über die Priorität politischer Aufgaben stößt man immer wieder auf das Faktum, daß junge Leute zwar Frieden, Friedenssicherung ähnlich hoch bewerten wie die übrige Bevölkerung, daß aber alle politischen Maßnahmen, die über den Weg der Erhaltung oder Verstärkung der eigenen Verteidigungsfähigkeit dieses Ziel anstreben, von der jungen Generation deutlich reservierter betrachtet werden. Sie setzt eher auf Koexistenzversuche, Gespräche, ist eher zu Vorausleistungen an den Osten bereit.

Man könnte nun annehmen, daß die junge Generation zu Verteidigungsfragen deswegen anders eingestellt ist, weil sie die Gefahr eines Krieges rundherum für wesentlich geringer hält. Und dies vielleicht als Folge der anthropologischen Tatsache, daß sie generell weniger Sorgen hat und äußert als die Älteren. Aber diese Erwartung trifft in dieser Form nicht zu. Zwar zeigen die Daten: Mit wachsendem Alter nimmt die Sorge vor einem neuen Weltkrieg zu, aber der Unterschied in den Erwartungen fällt eher verhalten aus, zeigt eher die Generation der 30- bis 44jährigen unbesorgt wegen eines neuen Weltkrieges als die Altersgruppe unter 30. Die Daten der Tabelle auf Seite 687 illustrieren gleichzeitig, welche Entwicklung die Kriegsfurcht in der Bundesrepublik durch und seit Afghanistan genommen hat. Der Bevölkerung erscheint die Lage trotz der fortdauernden Präsenz sowjetischer Truppen heute wieder so normal wie vor der Invasion der Roten Armee.

Das Gefühl, vom Osten bedroht zu sein, war in der Gründergeneration der Bundesrepublik beinahe ein konstitutives Element westdeutschen Staats- und Selbstverständnisses und bestand mit gewissen Schwankungen bis in die sechziger Jahre. Mit der Forcierung der Koexistenzpolitik und der Etablierung der neuen Ostpolitik wurde das Bedrohungsgefühl stark abgebaut. Selbst nach dem Verfliegen der ostpolitischen Euphorie nach Willy Brandts Rücktritt und der Stagnation in der Ostpolitik blieb es auf – relativ – niedrigem Niveau. Am Vorabend der sowjetischen Afghanistanbesetzung erklärten zwei gleich starke Fraktionen der deutschen Bevölkerung von jeweils 41%, sie machten sich Sorgen bzw. keine Sorgen (Seite 638). Unmittelbar nach der Invasion stieg der Anteil der Besorgten über den Wert 57% im Januar auf 65% im Februar 1980. Bei allen aktuellen Veränderungen blieb eine Tendenz stets bestehen: Die junge Generation zeigte jeweils deutlich weniger Sorge vor östlicher Bedrohung als die älteren Jahrgänge. Theoretisch wäre denkbar, daß die geringere Besorgtheit der jungen Leute auf einer unterschiedlichen Einschätzung der militärischen Stärkeverhältnisse zwischen Ost und West basiert. Aber für eine solche Annahme findet sich kein Beweis. Es gehört zur Normalausstattung bundesdeutscher Wirklichkeit, daß der Osten im Vergleich zum Westen völlig eindeutig als militärisch stärker eingeschätzt wird (die durchschnittliche Relation Osten bzw. Westen stärker liegt bei etwa 50 zu 6%, knapp ein Drittel geht von gleichen Stärkeverhältnissen aus). Trotz dieser Einschätzung findet sich aber auch nicht annähernd dieselbe Zahl von Bundesbürgern bereit, auf die Frage, ob die westeuropäischen Länder genug für ihre militärische Sicherheit tun, mit einem Nein oder der Erwartung, sie müßten mehr tun, zu antworten. Wenn in der jungen Generation noch weniger als bei der übrigen Bevölkerung Bereitschaft zu diesem „mehr tun als bisher" besteht, dann nicht zuletzt deswegen, weil die vom Osten ausgehende (militärische) Gefahr geringer veranschlagt wird. Die andere Einschätzung „des Ostens", der Sowjetunion, ja kommunistischer Staaten und des kommunistischen Systems überhaupt und, darauf basierend, Unterschiede in der Art, wie man zu agieren, zu reagieren, was man von ihnen zu erwarten habe, begegnet dem Analytiker politischer Einstellungen auf einer Vielzahl von Feldern.

Um ein Beispiel aus jüngster Zeit zu nehmen. „Daß es auch in anderen sozialistischen Ländern Bewegungen geben wird, die sich, wie in Polen, für freie Gewerkschaften einsetzen werden ...", glauben 35% der Gesamtbevölkerung bei 40%, die darauf mit „glaube ich nicht" antworten. Bei den unter 30jährigen lautet die Relation 43 zu 34%, bei den über 60jährigen 27 zu 45%.

Wo die älteren eher mit Härte, mit „Flagge zeigen" reagieren wollen, da signalisieren die jungen Leute in der Tendenz eher die Bereitschaft, durch Entgegenkommen, Gespräche, wenn es sein muß, auch durch Vorleistungen weiterzukommen. Insofern überrascht es nicht, daß die Frage, wie man denn am ehesten einen Angriff aus dem Osten verhindern könne, ob „durch Abschreckung ...", wenn der Westen selbst ausreichend gerüstet ist", von der jungen Generation mit spürbarer Zurückhaltung gegenüber dem Abschreckungsgedanken beantwortet wird (Seite 630).

Auf der Suche nach Gründen für diesen Einstellungswandel der jungen Generation empfiehlt sich ein Blick auf die Geburtsjahre der heute 16- bis 30jährigen. Sie haben die entscheidende Phase der Formung ihrer politischen Einstellungen, ihrer politischen Sozialisation, in einer Zeit erfahren, in der die Begriffe Entspannung, Koexistenz, zeitweise bis hin zur Perspektive einer Konvergenz der politischen Systeme, die Außenpolitik prägten. Ganz zwangsläufig mußte sich daraus eine tendenziell andere Einstellung gegenüber dem Osten entwikkeln als in den Generationen, die den Zweiten Weltkrieg und in seiner Folge das expansive Ausgreifen der Sowjetunion in Europa erlebten, für die die Besetzung Osteuropas, der 17. Juni und die Niederwerfung des Ungarnaufstandes bewußt erlebte Wirklichkeit und nicht nur historische Daten sind.

Die bisherige Darstellung hat gezeigt, daß die junge Generation im Vergleich zu den Älteren eine für den Verteidigungswillen elementare Voraussetzung in deutlich geringerem Maße besitzt, die Überzeugung nämlich, daß es einen politischen Gegner gibt, von dem eine Bedrohung der eigenen Sicherheit ausgeht und gegen den man sich militärisch schützen und rüsten muß. Die Aufgabe des Staates, für die militärische Verteidigung zu sorgen, Geld für Rüstung auszugeben, erscheint dieser Altersgruppe daher weniger wichtig. Dazu kommt ein weiterer, für zumindest einen Teil dieser Altersgruppe nicht weniger bedeutender Faktor, der Gedanke des Pazifismus.

Seit dem Nachrüstungsbeschluß der NATO im Dezember 1979 hat in der Bundesrepublik wieder eine intensive Diskussion pazifistischer Ideen begonnen, die, durch die Auseinandersetzung um die öffentliche Vereidigung von Bundeswehrrekruten intensiviert, gegen Ende vorigen Jahres zu einer „Woge des Pazifismus" auflief. Wenn hier schon nicht im einzelnen auf den Inhalt der verschiedenen Beiträge zur Pazifismusdiskussion eingegangen werden kann, so sollen doch als Merkposten einige zentrale Stationen der jüngsten Zeit genannt werden. Im „Krefelder Appell" des Forums „Der Atomtod bedroht uns alle – keine Atomraketen in Europa" wird mit entsprechend grundsätzlichen Argumenten des Pazifismus die Bundesregierung aufgefordert, ihre Zustimmung zum NATO-Nachrüstungsbeschluß rückgängig zu machen. Innerhalb der Evangelischen Kirche in Deutschland werben verschiedene Aktionen, so die Postkartenaktion „Ohne Rüstung leben" und Parolen wie „Frieden schaffen ohne Waffen", für einen konsequenten Pazifismus. Bei allen Aktionen zeigen sich junge Leute besonders engagiert. Alle stellen im Kern die Bereitschaft zu militärischer Verteidigung in Frage und veranlaßten Verteidigungsminister Apel zu Beginn dieses Jahres, noch ehe 24 seiner Kollegen aus der SPD-Bundestagsfraktion demonstrativ eine Milliarde des laufenden Wehretats streichen wollten, zu seiner Warnung vor einer Ausbreitung pazifistischer Strömungen im Lande.

Die gegenwärtige pazifistische Woge ist in ihrer Substanz kein Novum in der Geschichte der Bundesrepublik. Sie hat in der „Ohne-mich"- und der Anti-

Atomtod-Kampagne der fünfziger und sechziger Jahre historische Vorbilder, die ebenfalls aus einem Konglomerat religiöser, ethischer, utopisch-idealistischer und – eine ganz andere Quelle – ideologischer und machtpolitischer Beweggründe bestanden. Neu an der jetzigen Diskussion ist lediglich der Anlaß.

In engem Zusammenhang mit der Pazifismusdiskussion steht naturgemäß die Frage der Kriegsdienstverweigerung.

Die Allensbacher Daten belegen, daß die Bevölkerung Ende der sechziger Jahre den Wehrpflichtigen eine höhere soziale Wertschätzung entgegenbrachte als den Kriegsdienstverweigerern. Als Folge der überwiegend positiven Darstellung des Verweigerungsgedankens und seiner Folgen in den Massenmedien entwickelten sich aber völlig unrealistische, nämlich überzogen positive Vorstellungen von der tatsächlichen Wertschätzung der Kriegsdienstverweigerung durch die Öffentlichkeit. Besonders die Altersgruppe der 16- bis 29jährigen, die als Bezugsgruppe von der Entscheidung Wehrdienst oder Zivildienst unmittelbar betroffen ist und die als "peer group" die individuell unmittelbar Betroffenen stark beeinflußt, besaß schon damals eine hohe Achtung vor Kriegsdienstverweigerern, auch wenn sie die Lauterkeit von deren Motiven anzweifelte. Innerhalb der jungen Generation bekundeten vor allem Personen mit höherer Schulbildung ihre Sympathien für die Verweigerungshaltung und gaben als relativ homogene Bezugsgruppe der Absage an den Wehrdienst wachsende soziale Legitimation. Am Ende dieses Prozesses stand Kriegsdienstverweigerung als eine Handlungsweise, die den Betroffenen neben den individuellen Vorteilen gleichzeitig sozialen Nutzen in Form höherer gesellschaftlicher Anerkennung brachte.

Das Ergebnis der mehrjährigen Legitimationsphase, welche die Kriegsdienstverweigerung in der Darstellung durch die Presse erfuhr, schlug sich in einer massiven Zunahme der Verweigerungsanträge nieder. Diese blieben auch dann auf extrem hohem Niveau, als die Presse ihrerseits zu einer kritischeren Einstellung gegenüber der Kriegsdienstverweigerung fand. Eine andere Folge der wachsenden Legitimation zeigte sich in den Erklärungen und im Handeln der Politiker. Mit der Häufigkeit der Verweigerungsanträge nahm die Kritik am Verfahren zur Anerkennung von Kriegsdienstverweigerern zu. Die Bonner Koalitionsparteien brachten schließlich im Sommer 1975 einen Gesetzentwurf ein, der die Abschaffung des gesamten Prüfungsverfahrens für Wehrpflichtige zum Inhalt hatte. Die „Wehrdienstverweigerung per Postkarte" wurde möglich und mit ihr eine wahre Lawine von Anträgen. Erst das Bundesverfassungsgericht, von der CDU/CSU-Bundestagsfraktion angerufen, bot dieser Entwicklung im Dezember 1977 mit einer einstweiligen Anordnung und knapp ein halbes Jahr später mit einem Urteilsspruch Einhalt. Das Prüfungsverfahren für Kriegsdienstverweigerer wurde wiedereingeführt.

Für die Einstellung gerade der jungen Generation war der relativ einheitliche Standpunkt der Medien von großer Bedeutung. Schließlich gilt als gesicherte kommunikationswissenschaftliche Erkenntnis, daß junge Leute der Konsonanz der Medien am ehesten nachgeben, weil der altersbedingte Mangel an Erfahrung, auch an Kenntnissen und historischer Perspektive, das subjektive Gegengewicht zur Medienmeinung fehlen läßt. Wenn dann zu dieser Komponente des Sichanpassens auch noch das Eigeninteresse tritt, mit der Kriegsdienstverweigerung im Zweifel den bequemeren Weg einschlagen zu können, häufen sich die Argumente betont einseitig. Denn daß die Wehrpflicht einer auf Maximierung des persönlichen Freiheits- und Handlungsraums ausgerichteten Grundeinstellung zuwiderläuft, die typisch für die junge Generation ist, bedarf keiner ausführlichen Begründung.

Das aktuelle Bild der Einstellung junger Leute zu Wehrdienst und Wehrdienstverweigerung ist von den Gegebenheiten der ausgehenden sechziger Jahre nicht weit entfernt. Ein junger Mann, der aus Gewissensgründen den Dienst mit der Waffe ablehnt, wird von der großen Mehrheit seiner Altersgenossen voll akzeptiert. Sie bringen ihm „viel Achtung" entgegen, die unter 20jährigen noch mehr als die etwas älteren.

Man muß aber den Respekt, den junge Leute für die Wehrdienstverweigerer ihrer Generation bekunden, trotz der klaren Mehrheitsverhältnisse differenzierend und mit einigem Vorbehalt zur Kenntnis nehmen. Denn wie 1968 gilt auch jetzt, daß die Lauterkeit der Gewissensbegründung von nicht wenigen Altersgenossen in Frage gestellt wird. Von den Erstwählern bei der Bundestagswahl 1980 unterstellten ebenso viele (37%), hinter der Ablehnung der Wehrpflicht stehe in Wahrheit nur der Wunsch, sich um diese unangenehme Aufgabe zu drücken, wie jene, die an echte Gewissensnöte glauben wollten (Seite 327). Achtung vor dem Kriegsdienstverweigerer heißt also bei weitem nicht in jedem Fall Achtung vor der ethischen Position, die sich nach den Anerkennungserfordernissen eigentlich dahinter verbergen müßte. Viele zollen wohl auch der Cleverness ihren Respekt, eine unbeliebte und in ihrer Notwendigkeit nicht akzeptierte Pflicht mit Geschick umgangen zu haben.

Nachdruck mit freundlicher Genehmigung aus „Die politische Meinung", Jhg. 26, 1981. Thema 195.

G. POLITISCHE THEMEN UND PRIORITÄTEN

Frage: „Was halten Sie für die wichtigste Frage, mit der man sich heute in der Bundesrepublik allgemein beschäftigen sollte?" (O)

– Auszug –	1951*) %	1955 %	1960 %	1965 %	1970 %	1975 %	1980 %	1981 %	1982 %
Wirtschaftliche Probleme, Wirtschaftslage	45	28	27	27	41	85	61	68	68
darunter:									
Ölkrise, Energiekrise	–	–	–	–	–	–	33	12	1
Preise, Löhne, Währung, Staatsverschuldung	–	–	–	21	24	25	9	19	3
Arbeitslosigkeit, Arbeitsmarkt	–	–	–	–	3	53	12	30	56
Renten	–	–	–	–	–	1	3	3	3
Sicherung des Friedens, Lösung des Ost-West-Konflikts	34	31	21	13	24	4	30	20	14
Rüstung, Abrüstung, Atomfragen	9	15	5	3	–	–	1	2	11
Wiedervereinigung	18	34	38	45	13	×	×	1	×
Berlin-Frage	–	–	6	4	1	×	×	1	×
Innenpolitik	–	–	–	6	15	14	12	14	15
Europäische Vereinigung	–	–	1	4	2	1	×	1	×

*) jeweils im Januar erfragt

WICHTIGE STAATSAUFGABEN

Frage: „Hier stehen verschiedene politische Forderungen. Welche finden Sie selbst besonders wichtig? Könnten Sie mir diese Karten bitte herauslegen?" (K)

Es finden besonders wichtig Wirtschaftspolitik	1977 Dez. %	1978 Okt. %	1979 März %
Daß die Arbeitslosigkeit überwunden wird	87	81	78
Daß die Preise weniger stark steigen	76	71	–
Daß die jungen Menschen, die aus den Schulen und Universitäten kommen, genug Arbeitsplätze bekommen	71	68	66
Verhindern, daß die Abzüge vom Lohn und Gehalt für Steuern, Kranken- kasse und Rentenversicherung noch weiter erhöht werden	59	57	54
Daß die Unternehmer wieder mehr Vertrauen gewinnen und mehr Geld in die Betriebe stecken, investieren	39	33	32
Verhindern, daß die Gewerkschaften bei uns mehr und mehr den Ton ange- ben, daß sie mehr Macht als die Regierung bekommen	28	27	32

(Fortsetzung)

WICHTIGE STAATSAUFGABEN

(Fortsetzung)

Gesellschaftspolitik	1977 Dez. %	1978 Okt. %	1979 März %
Daß die Renten gesichert sind	77	75	75
Die Verbrechen wirksamer bekämpfen	72	68	63
Für eine menschenfreundlichere Umwelt sorgen	59	61	62
Dafür sorgen, daß Familien mit Kinder mehr geschützt und gefördert werden	51	54	54
Datenschutz, daß mit unseren persönlichen Angaben bei Ämtern, Behörden, Firmen usw. kein Mißbrauch getrieben wird	–	47	52
Verhindern, daß sich bei uns ein Sozialismus in der Art der DDR durchsetzt	49	47	51
Daß die Kinder im Schulunterricht nicht einseitig politisch beeinflußt werden	53	52	50
Verbesserung der beruflichen Bildung für die Jugend	54	54	49
Den Geburtenrückgang bremsen, dafür sorgen, daß wieder mehr Kinder geboren werden	–	–	42
Die Gleichberechtigung der Frau in allen Lebensbereichen durchsetzen	40	42	41
Keine Zusammenarbeit mit kommunistischen Gruppen in der Bundesrepublik	42	35	40
Daß die sozialen Unterschiede nicht so groß sind, daß alle möglichst gleich viel haben	39	37	39
Daß jeder, der Abitur hat, das Fach studieren kann, das er möchte (Abschaffung des Numerus clausus)	35	34	31

Staat und Verwaltung			
Wirksame Bekämpfung der Terroristen	82	78	71
Verhindern, daß politische Ziele mit Gewalt und Terror durchgesetzt werden	72	66	67
Daß die persönliche Freiheit aufrecht erhalten bleibt, daß der Staat nicht immer mehr reglementiert	57	55	57
Verhindern, daß Radikale im öffentlichen Dienst beschäftigt werden	43	36	41

Außenpolitik			
Verhindern, daß kommunistische Einflüsse in Europa vordringen	49	45	50
Nicht zu nachgiebig gegenüber dem Osten sein, keine Zusage ohne Gegenleistung	46	41	45
Die Menschen in beiden Teilen Deutschlands sollen sich wieder näherkommen, damit die Teilung nicht immer endgültiger wird	45	45	44
Daß sich die europäischen Länder zu einem vereinigten Europa zusammenschließen	38	39	41
Dafür sorgen, daß die Menschenrechte auch in der DDR eingehalten werden	42	43	40
Die NATO und die Bundeswehr stärken, damit die Russen keinen immer größeren militärischen Vorsprung vor dem Westen bekommen	35	36	39
Dem Osten auch in Zukunft entgegenkommen, um die Aussöhnung zu festigen	23	23	24

WAS IST WICHTIG? WAS IST ERREICHBAR 1980?

Frage: „Hier auf diesen Karten stehen politische Forderungen. Welche finden Sie selbst besonders wichtig?" (K)

„Es ist ja auch in der Politik so, daß sich manches leichter erreichen läßt, anderes nur sehr schwer. Wo könnten Ihrer Ansicht nach gute Politiker etwas erreichen, und wo kann in nächster Zeit niemand was erreichen? Könnten Sie die Karten danach auf die Liste hier verteilen?" (K, L)

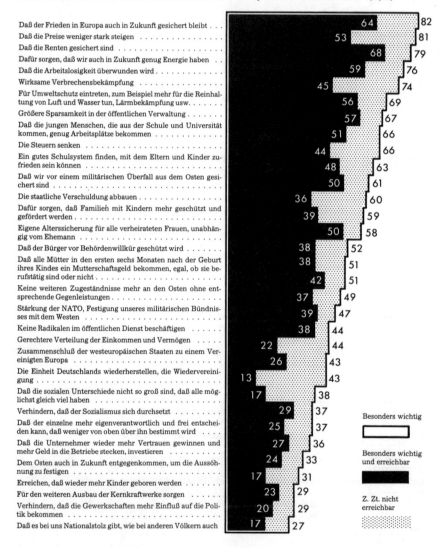

| | Besonders wichtig | | Daß der Frieden in Europa auch in Zukunft gesichert bleibt . . . | | 64 | 82 |

Daß der Frieden in Europa auch in Zukunft gesichert bleibt . . . — 64 — 82
Daß die Preise weniger stark steigen — 53 — 81
Daß die Renten gesichert sind — 68 — 79
Dafür sorgen, daß wir auch in Zukunft genug Energie haben . . — 59 — 76
Daß die Arbeitslosigkeit überwunden wird — 45 — 74
Wirksame Verbrechensbekämpfung — 56 — 69
Für Umweltschutz eintreten, zum Beispiel mehr für die Reinhaltung von Luft und Wasser tun, Lärmbekämpfung usw. — 57 — 67
Größere Sparsamkeit in der öffentlichen Verwaltung — 51 — 66
Daß die jungen Menschen, die aus der Schule und Universität kommen, genug Arbeitsplätze bekommen — 44 — 66
Die Steuern senken — 48 — 63
Ein gutes Schulsystem finden, mit dem Eltern und Kinder zufrieden sein können — 50 — 61
Daß wir vor einem militärischen Überfall aus dem Osten gesichert sind — 36 — 60
Die staatliche Verschuldung abbauen — 39 — 59
Dafür sorgen, daß Familien mit Kindern mehr geschützt und gefördert werden — 50 — 58
Eigene Alterssicherung für alle verheirateten Frauen, unabhängig vom Ehemann — 38 — 52
Daß der Bürger vor Behördenwillkür geschützt wird — 38 — 51
Daß alle Mütter in den ersten sechs Monaten nach der Geburt ihres Kindes ein Mutterschaftsgeld bekommen, egal, ob sie berufstätig sind oder nicht — 42 — 51
Keine weiteren Zugeständnisse mehr an den Osten ohne entsprechende Gegenleistungen — 37 — 49
Stärkung der NATO, Festigung unseres militärischen Bündnisses mit dem Westen — 39 — 47
Keine Radikalen im öffentlichen Dienst beschäftigen — 38 — 44
Gerechtere Verteilung der Einkommen und Vermögen — 22 — 44
Zusammenschluß der westeuropäischen Staaten zu einem Vereinigten Europa — 26 — 43
Die Einheit Deutschlands wiederherstellen, die Wiedervereinigung — 13 — 43
Daß die sozialen Unterschiede nicht so groß sind, daß alle möglichst gleich viel haben — 17 — 38
Verhindern, daß der Sozialismus sich durchsetzt — 29 — 37
Daß der einzelne mehr eigenverantwortlich und frei entscheiden kann, daß weniger von oben über ihn bestimmt wird — 25 — 37
Daß die Unternehmer wieder mehr Vertrauen gewinnen und mehr Geld in die Betriebe stecken, investieren — 27 — 36
Dem Osten auch in Zukunft entgegenkommen, um die Aussöhnung zu festigen — 24 — 33
Erreichen, daß wieder mehr Kinder geboren werden — 17 — 31
Für den weiteren Ausbau der Kernkraftwerke sorgen — 23 — 29
Verhindern, daß die Gewerkschaften mehr Einfluß auf die Politik bekommen — 20 — 29
Daß es bei uns Nationalstolz gibt, wie bei anderen Völkern auch — 17 — 27

Besonders wichtig

Besonders wichtig und erreichbar

Z. Zt. nicht erreichbar

SPAREN, ABER WORAN?

Frage: „Es wird ja immer wieder verlangt, daß der Staat sparen soll. Aber darüber, in welchen Bereichen gespart werden sollte, gibt es unterschiedliche Meinungen. Hier auf diesen Karten stehen verschiedene Dinge, für die der Staat Geld ausgibt. Wenn Sie jetzt einmal diese Karten hier auf diese Liste verteilen, je nachdem, ob Sie meinen, hier sollte der Staat sparen, oder hier sollte er auf keinen Fall sparen. Wo Sie sich nicht entscheiden können, legen Sie die Karten bitte einfach beiseite." (K, L)

	1980 März	1981 März	1982 Okt.
Der Staat sollte auf keinen Fall sparen bei / beim –	%	%	%
Bekämpfung von Verbrechen	83	84	85
sozialen Wohnungsbau	66	75	79
den Renten	78	73	74
Bau von Altenheimen	–	70	70
weiteren Ausbau von Krankenhäusern	77	75	68
der finanziellen Förderung von Familien	69	69	67
Bau von Müllverbrennungs- und Kläranlagen	69	66	66
Kindergeld	73	71	64
der Einrichtung neuer Kindergärten	–	56	62
der Förderung der Forschung	64	65	61
Kohlebergbau	64	60	56
Finanzierung von Lärmschutzeinrichtungen	57	52	54
Ausbau des öffentlichen Nahverkehrs (U-Bahn, S-Bahn, Busse)	54	53	49
Arbeitslosenunterstützung	41	43	47
Bau von Schulen und Universitäten	52	52	46
Verbesserung des Eisenbahnverkehrs	41	37	36
Straßenbau	–	29	29
Wirtschaftshilfe für unterentwickelte Länder	28	27	29
Kernkraftwerken	34	39	27
Verteidigungsausgaben	–	29	22
Anschaffung neuer Panzer	–	29	–
Truppenstärke, der Anzahl der Soldaten	–	28	–
Modernisierung der Raketenrüstung	–	22	–
Entwicklung von neuen Kampfflugzeugen	–	20	–
Beamtengehältern, bei den Ausgaben für die Beamten	19	18	17

AUFGABEN DES STAATES 1983

Frage: „Hier auf diesen Karten stehen politische Forderungen. Wenn Sie die Karten bitte einmal auf dieses Blatt hier verteilen, je nachdem, ob Sie meinen, das ist wirklich mit das dringendste, oder das ist auch wichtig, oder das ist weniger wichtig, das brauchte nicht zu sein. Karten, bei denen Sie sich gar nicht entscheiden können, legen Sie bitte beiseite." (K, L)

	Das ist wirklich mit das dringendste %	Das ist auch wichtig %	Das ist weniger wichtig, das brauchte nicht zu sein %	Keine Angabe %
Den Staatshaushalt Schritt für Schritt in Ordnung bringen	70	26	2	2 = 100
Die Inflation bekämpfen	69	28	2	1 = 100
Verhindern, daß immer mehr Firmen schließen müssen, die Konkurswelle brechen	68	26	3	3 = 100
Mit dem Osten verhandeln, um die Truppen und Waffen auf beiden Seiten zu verringern	55	35	6	4 = 100
Dafür sorgen, daß Sozialleistungen nur den wirklich Hilfsbedürftigen zukommen	51	40	5	4 = 100
Den Wohnungsbau verstärkt fördern	43	46	8	3 = 100
Die Zahl der Ausländer dadurch verringern, daß man die Einreise erschwert und die Rückkehr in die Heimatländer erleichert	41	37	17	5 = 100
Wir wollen eine Gesellschaft, in der sich die Anstrengungen des einzelnen für ihn wieder lohnen und zugleich zu einem Fortschritt für das Ganze führen	35	44	13	8 = 100
Dafür sorgen, daß die Unternehmen mehr Gewinn machen, um neue Arbeitsplätze schaffen zu können	33	39	20	8 = 100

Januar 1983

H. POLITISCHE BETEILIGUNG

Frage: „*Interessieren Sie sich für Politik?*"

	1952 Juni %	1961 April %	1965 Sept. %	1969 Nov. %	1973 Febr. %	1976 April %	1980 Jan. %	1981 Jan. %	1982 Jan. %	1983 Jan. %
Bevölkerung insgesamt										
Ja	27	31	39	41	49	42	48	48	47	57
Nicht besonders	41	44	43	43	38	45	43	41	41	37
Gar nicht	32	25	18	16	13	13	9	11	12	6
	100	100	100	100	100	100	100	100	100	100

JA – Gesamtbevölkerung
JA – Altersgruppe 16–29
JA – Frauen

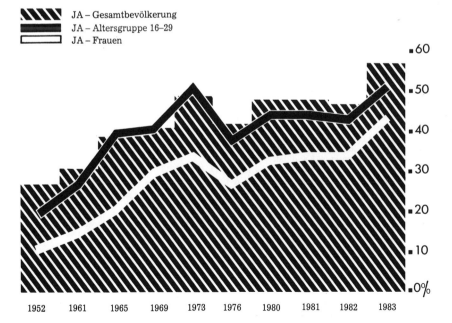

MEINUNGSAUSTAUSCH

Frage: „*Unterhalten Sie sich manchmal über Politik?*"

	1952 April %	1956 Juni %	1964 Dez. %	1973 Febr. %	1975 Mai %	1976 Juni %	1977 Dez. %	1979 März %
Ja, häufig	17	13	19	28	27	23	21	23
Ja, gelegentlich	37	38	43	50	49	48	54	51
Kaum	46	49	38	22	24	29	25	26
	100	100	100	100	100	100	100	100

MÖGLICHKEITEN DER POLITISCHEN BETEILIGUNG

Frage: „*Hier auf dieser Liste stehen verschiedene Möglichkeiten, wie man sich an der Politik beteiligen kann. Könnten Sie mir sagen, was davon auf Sie zutrifft?*" (L)

	1973 Dez. %	1977 Jan. %	1978 Nov. %	Männer %	Frauen %	Schulbildung Volksschule %	Schulbildung Höhere Schule %
Ich gehe regelmäßig zu den Wahlen	60	65	73	77	70	72	76
Ich unterrichte mich laufend über das, was so ganz allgemein in der Politik geschieht	55	51	46	55	39	38	62
Es gibt politische Fragen, bei denen ich eine feste Überzeugung habe, die ich auch anderen gegenüber vertrete	39	39	40	49	33	34	54
Ich unterhalte mich öfter mit anderen über Politik	44	40	39	50	30	34	49
Es gibt bestimmte politische Fragen, über die ich mich besonders eingehend informiere . . .	26	29	31	37	26	24	44
Vor der letzten Bundestagswahl oder bei anderen Wahlen habe ich mich für eine bestimmte Partei, einen bestimmten Kandidaten eingesetzt	17	22	18	22	15	18	17
Ich besuche manchmal Vorträge, Diskussionen und Veranstaltungen, wo es um politische Fragen geht	11	10	9	13	6	7	14
Ich betätige mich politisch in einer Partei, einem Verein oder Verband	5	7	7	11	4	6	9
Ich wende mich manchmal an Abgeordnete, Behörden oder einfach an die Öffentlichkeit, wenn ich bestimmte Ziele erreichen will	–	–	5	7	3	3	7
Ich beteilige mich manchmal an Protestdemonstrationen, unterstütze protestierende Gruppen	–	–	3	4	3	2	7
Es trifft nichts davon zu	15	12	8	6	11	10	4

DER MANN IN DER POLITIK

Frage: „Gefällt es Ihnen, wenn sich ein Mann politisch betätigt, oder finden Sie das nicht so sympathisch?"

	Männer				Frauen			
	1965 %	1971 %	1976 %	1979 %	1965 %	1971 %	1976 %	1979 %
Gefällt mir	47	70	82	70	35	62	70	59
Nicht so sympathisch	16	8	4	5	30	17	9	10
Unentschieden, kommt drauf an . .	37	22	14	25	35	21	21	31
	100	100	100	100	100	100	100	100

DIE FRAU IN DER POLITIK

Frage: „Gefällt es Ihnen, wenn sich eine Frau politisch betätigt, oder finden Sie das nicht so sympathisch?"

	Männer				Frauen			
	1965 %	1971 %	1976 %	1979 %	1965 %	1971 %	1976 %	1979 %
Gefällt mir	27	56	62	57	32	68	66	68
Nicht so sympathisch	52	26	16	19	37	20	14	12
Unentschieden, kommt drauf an . .	21	18	22	24	31	12	20	20
	100	100	100	100	100	100	100	100

FORMEN DER KRITIK

Frage: „Es gibt immer Dinge, bei denen man mit der Regierung unzufrieden ist. Wenn Ihnen und Ihren Bekannten etwas n i c h t gefällt – was können Sie dann – wenn auch nicht gleich, aber vielleicht auf lange Sicht – dagegen tun?" (O)

D	Insgesamt		Männer		Frauen	
	1953 %	1979 %	1953 %	1979 %	1953 %	1979 %
Vom Wahlrecht Gebrauch machen	19	38	27	43	12	34
Andere Möglichkeiten	14	21	20	25	8	17
darunter: Bürgerinitiativen, Demonstrationen . . .	–	8	–	11	–	6
An Angeordnete, Politiker wenden . . .	–	7	–	8	–	6
Man kann nichts dagegen tun	45	26	40	22	51	31
Weiß nicht	22	16	13	12	29	19

INTERESSE AN DER BUNDESTAGSWAHL

Frage: „Würden Sie sagen, daß Sie an der kommenden Bundestagswahl stark interessiert sind, normal oder weniger interessiert?"

| | Wahlberechtigte | | | | | |
	1969 Aug. %	1972 Okt. %	1976 Juni %	1980 Sept. %	1983 Jan. %	1983 Feb. %
Stark interessiert	38	53	39	43	49	41
Normal	50	37	46	44	40	47
Weniger interessiert	12	10	15	13	11	12
	100	100	100	100	100	100

EXPONIERBEREITSCHAFT

Frage: „Eine Frage zu der Partei, die Ihren Ansichten am nächsten steht. Wenn man Sie fragen würde, ob Sie für diese Partei etwas tun möchten, zum Beispiel etwas von diesen Karten hier – ist da irgend etwas dabei, was Sie für die Partei tun würden, die Sie für die beste halten?" (K)

| Es würden – | 1980 Sept. % | 1983 Jan. % | Politische Orientierung | | | |
			SPD %	CDU/CSU %	FDP %	GRÜNE %
an einer Versammlung dieser Partei teilnehmen	42	51	51	51	52	49
einen Aufkleber ans Auto machen	26	30	31	28	24	51
in einer Versammlung dieser Partei aufstehen und in der Diskussion etwas sagen, was wichtig erscheint	24	29	28	28	38	41
an einer Straßendiskussion teilnehmen und für diese Partei eintreten	16	21	20	18	31	44
eine Anstecknadel, einen Ansteckknopf tragen	19	21	22	16	19	45
den Standpunkt dieser Partei auch in Versammlungen anderer Parteien vertreten	15	19	18	18	23	34
beim Verteilen von Werbematerial helfen	16	19	17	19	20	32
in die Wahlkampfkasse dieser Partei Geld spenden	12	13	10	15	18	23
für diese Partei Plakate kleben gehen	11	11	13	9	12	17
ein Plakat dieser Partei ans Haus oder ins Fenster hängen	6	7	5	6	7	23
an fremden Wohnungstüren klingeln und mit den Leuten diskutieren, was für diese Partei spricht	4	4	4	5	×	9
nichts davon tun	43	32	33	32	32	21

DER GANG ZUR URNE

Frage: „Wir haben neulich mal Leute gefragt, was ihnen ‚Wählen' bedeutet. Ich lese Ihnen jetzt einige Meinungen vor, die uns dabei gesagt wurden, und Sie sagen mit bitte jedes Mal, ob Sie da zustimmen."

	August 1980 Wahlberechtigte		
	Trifft zu	Trifft nicht zu	Unentschieden
	%	%	%
Wählen ist mir wichtig, weil ich die Partei, die mir am besten gefällt, unbedingt unterstützen will . . .	77	10	13 = 100
Ich wähle gern; ich habe dabei das Gefühl, wirklich mitzuentschieden, wie unsere nächste Regierung aussieht	63	21	16 = 100
Ich finde, man sollte auch dann wählen gehen, wenn man mit keiner der Parteien hundertprozentig einverstanden ist	62	19	19 = 100
Ich hätte ein schlechtes Gewissen, wenn ich nicht wählen ginge	48	43	9 = 100
Ich finde, man sollte nur dann zur Wahl gehen, wenn man von einer Partei auch wirklich überzeugt ist	38	45	17 = 100
Meine Freunde und Bekannten würden es nicht verstehen, wenn ich nicht wählen ginge	31	48	21 = 100
Mir wäre am liebsten, wenn jeder gesetzlich verpflichtet wäre zu wählen. Davor darf sich keiner drücken	23	65	12 = 100
Wählen bedeutet mir nicht viel, aber weil es nun mal üblich ist und nicht viel Aufwand, mache ich es immer	22	67	11 = 100
Ich finde, man sollte nur dann zur Wahl gehen, wenn man von einem Spitzenkandidaten wirklich überzeugt ist	21	63	16 = 100
Ich finde es gut, wenn Leute manchmal nicht zur Wahl gehen, um zu zeigen, daß ihnen keine der Parteien so richtig paßt	20	67	13 = 100
Das Wählen ist doch nur Augenwischerei; in Wirklichkeit hat man als Bürger doch nichts zu sagen . .	19	64	17 = 100
Ich interessiere mich nicht besonders für Politik und finde die ganze Wählerei ziemlich lästig	10	77	13 = 100

MIT 18 WAHLBERECHTIGT

Frage: „Kürzlich wurde der Vorschlag gemacht, das Wahlalter wieder von 18 auf 21 Jahre heraufzusetzen. Sollte man Ihrer Meinung nach mit 18 oder mit 21 Jahren wählen dürfen?"

| | Januar 1982 | | |
	Mit 18 Jahren wählen %	Mit 21 Jahren wählen %	Unentschieden %
Bevölkerung insgesamt	43	42	15 = 100
Männer	47	39	14 = 100
Frauen	40	46	14 = 100
SCHULABSCHLUSS			
Volksschule	39	44	17 = 100
Höhere Schule	50	40	10 = 100
POLITISCHE ORIENTIERUNG			
SPD-Anhänger	48	39	13 = 100
CDU/CSU-Anhänger	34	54	12 = 100
FDP-Anhänger	50	40	10 = 100
GRÜNE	80	11	9 = 100

| | Altersgruppen | | | 16–29jährige Politische Orientierung | | | |
	16–29 %	16–20 %	16–17 %	SPD %	CDU/CSU %	FDP %	GRÜNE %
Mit 18 Jahren wählen	64	72	81	61	60	74	87
Mit 21 Jahren wählen	22	16	8	32	27	22	5
Unentschieden, keine konkrete Antwort	14	12	11	7	13	4	8
	100	100	100	100	100	100	100

PARTEIMITGLIEDSCHAFT

Frage: „Wären Sie bereit, in eine Partei einzutreten?"

| | 1952 Mai | | | 1956 Juni | 1960 Juli | 1963 Feb. | 1972 Sept. | 1976 Aug. | 1980 Jan. | | |
	%	Männer %	Frauen %	%	%	%	%	%	%	Männer %	Frauen %
Nein	85	76	91	86	81	89	77	76	78	70	86
Ja	7	10	5	8	14	7	15	16	13	17	9
Bin schon in einer Partei	8	14	4	6	5	4	8	8	9	13	5
	100	100	100	100	100	100	100	100	100	100	100

I. WAHLEN

Frage: „Auf diesen Karten stehen die Namen der Parteien, die in der Bundesrepublik politische Bedeutung haben. Sicher sind einem diese Parteien nicht alle gleich sympathisch. Könnten Sie bitte diese vier Karten einmal danach untereinanderlegen, wie sympathisch Ihnen diese Parteien sind?" (K)

Am sympathischsten ist –	Bev. insg. %	September 1980 Altersgruppen 16–29 %	30–44 %	45–59 %	60 u. ä. %
SPD	45	51	53	43	41
CDU/CSU	43	29	34	43	51
FDP	7	1	7	9	5
Grüne	3	19	5	2	×
Unentschieden	2	×	1	3	3
	100	100	100	100	100

WIE WICHTIG?

Frage: „Wie wichtig ist Ihnen, ob die Partei, die Sie am besten finden, nach der nächsten Bundestagswahl an die Regierung kommt?"

	Mai %	1980 Juli %	Aug. %	Sept. %
Sehr wichtig	35	34	34	42
Wichtig	40	40	44	41
Nicht so wichtig/egal	22	21	19	14
Keine Angabe	3	5	3	3
	100	100	100	100

Trendergebnisse 1957–1983 zur Frage „Wenn schon am nächsten Sonntag Bundestagswahl wäre…" zeigt die grafische Darstellung auf dem Faltblatt. Siehe Einstecktasche.

EIGENSCHAFTSPROFILE:
HELMUT SCHMIDT UND
FRANZ JOSEF STRAUSS

Januar 1980

Schmidt   Strauß

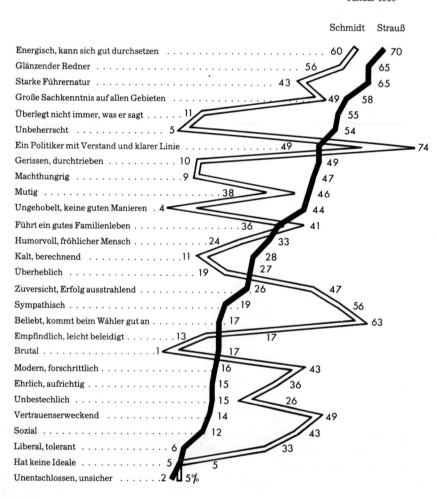

	Schmidt	Strauß
Energisch, kann sich gut durchsetzen	60	70
Glänzender Redner	56	65
Starke Führernatur	43	65
Große Sachkenntnis auf allen Gebieten	49	58
Überlegt nicht immer, was er sagt	11	55
Unbeherrscht	5	54
Ein Politiker mit Verstand und klarer Linie	49	74
Gerissen, durchtrieben	10	49
Machthungrig	9	47
Mutig	38	46
Ungehobelt, keine guten Manieren	4	44
Führt ein gutes Familienleben	36	41
Humorvoll, fröhlicher Mensch	24	33
Kalt, berechnend	11	28
Überheblich	19	27
Zuversicht, Erfolg ausstrahlend	26	47
Sympathisch	19	56
Beliebt, kommt beim Wähler gut an	17	63
Empfindlich, leicht beleidigt	13	17
Brutal	1	17
Modern, forschrittlich	16	43
Ehrlich, aufrichtig	15	36
Unbestechlich	15	26
Vertrauenerweckend	14	49
Sozial	12	43
Liberal, tolerant	6	33
Hat keine Ideale	5	5
Unentschlossen, unsicher	2	5%

KANZLERKANDIDATEN

Frage: „Glauben Sie, daß Strauß der beste Kanzlerkandidat für die CDU/CSU ist (November: war), oder meinen Sie, daß die CDU/CSU mit einem anderen Kandidaten bei der Bundestagswahl ein besseres Ergebnis erzielen könnte (November: erzielt hätte)?"

Frage: „Wenn Strauß nicht Kanzlerkandidat (November: gewesen) wäre – wer, meinen Sie, wäre wohl der beste Kanzlerkandidat der CDU/CSU, wer würde ihr am meisten Stimmen bringen (November: hätte gebracht)?"

A	1980 Aug. %	1980 Sept. %	1980 Nov. %
Anderer Kandidat besser	60	58	69
und zwar:			
– Ernst Albrecht	19	19	25
– Gerhard Stoltenberg	11	11	11
– Helmut Kohl	8	8	15
– Kurt Biedenkopf	5	5	3
– Alfred Dregger	2	2	2
– Keiner davon	9	9	6
– Unentschieden	6	4	7
Strauß der beste Kandidat	19	25	12
Unentschieden	21	17	19
	100	100	100

ROLLENVERHALTEN

Frage: „Auf dieser Liste stehen verschiedene Berufe. In welchem Beruf könnten Sie sie sich Franz Josef Strauß / Helmut Schmidt vorstellen, welche Berufe passen Ihrer Meinung nach zu Strauß / Schmidt?" (L)

	Februar 1980 Schmidt %	Februar 1980 Strauß %		Februar 1980 Schmidt %	Februar 1980 Strauß %
Rechtsanwalt	56	55	Förster	6	15
Staatsanwalt	39	40	Pferdezüchter	4	12
Journalist	38	33	Bundesligatrainer	4	8
Bankdirektor	37	38	Weinhändler	3	21
Offizier	37	26	Gärtner	3	5
Studienrat	33	23	Trompeter	2	8
Volksschullehrer	14	7	Lokomotivführer	2	8
Arzt	14	6	LKW-Fahrer	1	12
Reiseleiter	12	9	Bäcker	1	9
Testpilot	10	9	Maurer	1	7
Polizist	9	15	Autoschlosser	1	1
Programmierer	8	3	Sanitäter	1	1
Nichts davon				9	9

Frage: „*Wenn jemand sagt: Franz Josef Strauß hätte das Zeug dazu, Bundeskanzler zu werden – würden Sie da zustimmen oder nicht zustimmen?*"

	1980 Jan. Bevölkerung insgesamt %	1980 Sept. %	Politische Orientierung CDU/CSU		SPD		FDP	
			1980 Jan. %	1980 Sept. %	1980 Jan. %	1980 Sept. %	1980 Jan. %	1980 Sept. %
Zustimmen	53	40	83	75	27	13	38	15
Nicht zustimmen	34	47	9	11	59	77	47	70
Unentschieden	13	13	8	14	14	10	15	15
	100	100	100	100	100	100	100	100

KANZLERALTERNATIVEN

Frage: „*Wer wäre Ihnen als Bundeskanzler lieber: Kohl oder Schmidt / Albrecht oder Schmidt / Strauß oder Schmidt?*"

A			Bevorzugter Kandidat			
	Schmidt / Kohl %	%	Schmidt / Albrecht %	%	Schmidt / Strauß %	%
1977 – August	51	31	51	22	–	–
1978 – Dezember	54	27	–	–	–	–
1979 – März	58	22	–	–	65	19
1980 – Januar	–	–	–	–	57	30
1980 – Juni	–	–	–	–	58	39
1980 – September	–	–	–	–	58	30
1981 – Januar	48	31	51	26	–	–

WELTPOLITISCHER HINTERGRUND

Frage: „*Werden sich die Ereignisse in Afghanistan auf die kommende Bundestagswahl im Herbst auswirken, oder werden sie darauf keinen Einfluß haben?*"

Falls ‚Ja': „*Wem wird das vermutlich Stimmen bringen: der SPD und der FDP zusammen, oder der CDU/CSU?*"

	1980 Jan. %
Ja, auswirken	32
zugunsten –	
SPD und FDP	3
CDU/CSU	22
Unentschieden	7
Nein, keinen Einfluß	53
Unentschieden	15
	100

„*Wenn sich die außenpolitische Lage wegen Afghanistan noch weiter zuspitzt – wer würde als Bundeskanzler Ihrer Meinung nach die Lage besser bewältigen: Helmut Schmidt oder Franz Josef Strauß?*"

	1980 Jan. %
Afghanistan hat Einfluß	32
Dann wäre besser:	
Helmut Schmidt	13
Franz Josef Strauß	13
Unentschieden	6
Afghanistan ohne Einfluß	53
Unentschieden	15
	100

GRÜNDE FÜR DIE WAHLENTSCHEIDUNG

Frage: „Wir möchten gern wissen, was bei der Entscheidung der Wähler bei der Bundestagswahl den
Ausschlag gab. Auf diesen Karten steht verschiedenes, was bei der Wahl eine Rolle spielen kann.
Könnten Sie jetzt bitte diese Karten auf den vier Streifen ordnen, je nachdem, was für Sie mit die
Hauptsache gewesen ist, was auch mitgespielt hat, was bei Ihrer Stimmabgabe keine Rolle spielte,
und was für Sie gar nicht zutraft?" (K, L)

	November 1980		
	Das spielte		
	die Hauptrolle		
	Bev.	Politische Orientierung	
	insges.	SPD	CDU/CSU	FDP
	%	%	%	%
IMAGE DER KANDIDATEN				
Ich habe diese Partei gewählt, weil sie gute und fähige Politiker hat	57	59	64	56
Ich wollte, daß Helmut Schmidt Kanzler bleibt	42	85	6	54
Der Bundestagskandidat dieser Partei hat mir gut gefallen	35	42	34	35
Ich wollte, daß Franz Josef Strauß n i c h t Bundeskanzler wird	34	62	4	35
Ich wollte, daß Franz Josef Strauß Bundeskanzler wird	24	3	55	5
AUSSENPOLITIK				
Ich wollte so wählen, daß vor allem der Friede gesichert ist	52	59	50	50
Ich wollte eine Partei wählen, die dem Osten gegenüber nicht zu nachgiebig ist, keine Zusagen ohne Gegenleistung macht	32	11	58	19
Ich habe diese Partei gewählt, weil ich glaube, daß sie für ein gutes Verhältnis zum Osten sorgt	30	46	18	32
Ich wollte, daß die Entspannung nicht gestört wird	26	42	15	30
Ich habe diese Partei gewählt, weil sie für eine Stärkung der NATO und der Bundeswehr eingetreten ist	23	14	38	9
WIRTSCHAFTS-, VERWALTUNGSAUFGABEN				
Ich habe diese Partei gewählt, weil sie am besten die Wirtschaft wieder in Schwung bringen kann	39	24	62	27
Ich wollte eine Partei wählen, die dafür sorgt, daß die Staatsverschuldung nicht weiter wächst	38	16	70	21
Ich wollte verhindern, daß bei uns der Sozialismus immer mehr an Boden gewinnt	25	6	49	21
Ich wollte, daß mehr gegen Bürokratismus und Leerlauf bei den Behörden unternommen wird	17	12	26	14
Ich wollte, daß die Macht der Gewerkschaften nicht weiter zunimmt	14	5	25	13
GESELLSCHAFTLICHE AUFGABEN				
Ich wollte eine Partei wählen, die sich für die Sicherheit der Renten einsetzt, die am besten für die Renten sorgt	37	34	48	25
Ich habe diese Partei gewählt, weil sie sich für die Familie einsetzt, weil ihr die Familie wichtig ist	36	30	48	25
Ich wollte, daß mehr für den Umweltschutz, für die Erhaltung der Natur getan wird	18	21	14	19
ANDERES				
Ich wollte nicht, daß eine der zwei großen Parteien ganz allein regiert	18	16	12	55
Ich wollte, daß christliche Grundsätze bei uns die Politik bestimmen	17	4	35	11
Ich habe diese Partei gewählt, weil mir ihr Wahlkampf gut gefallen hat	16	16	16	18

VERFOLGTE VERFOLGER

Frage: „*Verfolgen Sie den Wahlkampf?" – „Auf diesen Karten steht einiges, was uns verschiedene Leute gesagt haben, als wir sie fragten, warum sie den Bundestagswahlkampf verfolgen. Könnten Sie das bitte einmal lesen und mir alle Karten herauslegen, die auch für Sie zutreffen?"* (K)

	September 1980 %
Um zu sehen, was die einzelnen Parteien tun wollen, wenn sie an die Regierung kommen	68
Um beurteilen zu können, wie die Spitzenpolitiker sind	58
Um mich über die wichtigsten Tagesfragen auf dem Laufenden zu halten	46
Um mir ein Urteil zu bilden, welche Partei wahrscheinlich die Wahl gewinnt . . .	39
Um mir ins Gedächtnis zu rufen, welches die Vorteile meiner Partei sind	34
Um Argumente für Diskussionen mit anderen zu bekommen	31
Um die Spannung eines Wahlkampfes zu erleben	25
Um eine Entscheidungshilfe dafür zu bekommen, welche Partei ich wählen soll .	23
Verfolge den Wahlkampf nicht	9

AM WAHLABEND

Frage: „*Wenn Sie einmal an den 5. Oktober, den Sonntag der Bundestagswahl zurückdenken. Haben Sie die Wahlsendungen am Abend im Fernsehen oder im Radio ziemlich ausführlich verfolgt, oder nur zum Teil, oder nur ganz nebenbei oder gar nicht?"*

	1980 Okt. %
Ziemlich ausführlich	39
Zum Teil	30
Nebenbei	18
Gar nicht	13
	100

Frage: „*Wie haben Sie diesen Sonntagabend insgesamt verbracht?"* (L)

	1980 Okt. %
Ich war mit meiner Familie zu Hause .	51
Ich war bei anderen zu Gast	12
Ich war allein zu Hause	11
Ich bin ausgegangen	9
Ich bin früh schlafen gegangen	8
Ich hatte Gäste zu mir nach Hause eingeladen	6
Ich war verreist	3
Ich habe am Sonntagabend gearbeitet	3
Ich war auf einer öffentlichen Wahlparty	2
Ich war beim Stimmenauszählen dabei	2
Anderes	1

WANDLUNGEN IM
DEMOKRATIE-VERSTÄNDNIS

PLEBISZITÄRE EINSTELLUNGEN DRINGEN VOR

Elisabeth Noelle-Neumann

Es gibt keine Trendzahlen, mit denen man verfolgen könnte, ob sich die Vorstellungen von der Verfassung bei der Bevölkerung seit 1949 langsam verändert haben; auch in Allensbach nicht. Heute jedenfalls ist der Gedanke der „repräsentativen Demokratie" in der Bevölkerung nicht lebendig; offen bleibt, ob er je lebendig war. Die Bevölkerung versteht die Demokratie plebiszitär. Darum hat das Argument eingeschlagen, Absichtserklärungen der Parteien vor der Bundestagswahl 1980 seien bindend für vier Jahre, der Wechsel der Koalition am 1. Oktober sei ein Betrug am Wähler, nur baldige Neuwahlen könnten das Unrecht heilen und die (politische) Legitimität der Regierung wiederherstellen. Wenn die Politiker jetzt das Für und Wider von Neuwahlen erwägen, müssen sie die Vorstellungen der Bevölkerung in ihre Überlegungen einbeziehen.

Das plebiszitäre Verständnis der Demokratie äußert sich ganz unbefangen bei einer Frage, die Ende 1978 vom Allensbacher Institut gestellt wurde: „Was ist Ihrer Meinung nach das Wichtigste an der Demokratie, was von dieser Liste gehört unbedingt dazu, daß man von einem Land sagen kann: Das ist eine Demokratie?" Rund zwei Drittel, 63% der Bevölkerung, antworten: „Daß die gewählten Politiker ihre Politik weitgehend nach den Wünschen der Bürger richten." Und für 56% der Befragten gehört unbedingt zur Demokratie: „Daß die Bürger über wichtige Fragen in Volksabstimmungen selbst entscheiden können" (Tabelle Seite 218).

Zwar denken drei Viertel der Bevölkerung, ein Abgeordneter müsse nach seiner Überzeugung stimmen, auch wenn er sich damit gegen die Mehrheit seiner Partei stellt. Für die Einrichtung des „Fraktionszwangs" oder auch des „imperativen Mandats" gibt es also keine Unterstützung. Aber die Bevölkerung entscheidet genau umgekehrt bei einem Konflikt zwischen der Überzeugung eines Abgeordneten und den Wünschen der Bevölkerung: Nur 34% in der Bevölkerung räumen dem Abgeordneten das Recht ein, im Zweifelsfall nach seiner Überzeugung zu stimmen, die Mehrheit – 57% – verlangt, er müsse sich nach den Wünschen der Bevölkerung richten.

Auf einer Tagung der Katholischen Akademie München zum Thema Parteienverdrossenheit erklärte kürzlich der Bundesgeschäftsführer der SPD, Peter Glotz, es seien „gesunde Reaktionen" bei den Leuten, wenn sie jetzt sagten: „Wir haben 1980 für Helmut Schmidt gestimmt, dann wollen wir ihn auch für vier Jahre behalten. So, wie es nun gelaufen ist, ist uns demokratisches Recht entzogen worden." Diese Auffassung ist der Bevölkerung von Politikern sicher schon oft suggeriert worden, wenn sie sich einen Nutzen davon versprachen. Das stärkt das Mißverständnis, in einer plebiszitären Demokratie zu leben.

Die sorgfältigen Rekonstruktionen, wie die Väter des Grundgesetzes die Bestimmungen über die Auflösung des Bundestages verstanden wissen wollten – sicher nicht zur Ermöglichung von plebiszitähnlichen Wahlakten –, machen eine ernsthafte Auseinandersetzung mit dem gegenwärtigen Empfinden der Bevölkerung gleichwohl nicht überflüssig. „War das eigentlich Betrug am Wähler, was sich in den letzten Wochen in Bonn zugetragen hat, oder hat das mit Betrug nichts zu tun?" lautet eine Allensbacher Frage, die von Anfang Oktober an dreimal an die Bevölkerung gestellt worden ist. Nur knapp zwei Fünftel der Bevölkerung (38%) wiesen Anfang November die These vom Betrug zurück; nicht viel weniger (36%) sagten, sie empfänden den Regierungswechsel als Betrug. Der Rest von rund einem Viertel, eine relativ große Gruppe, blieb unentschieden.

In diesem Meinungsklima pocht ein großer Teil der Bevölkerung gleichsam auf Neuwahlen. Die Frage dazu lautete:

„In der Bundesrepublik gibt es ja alle vier Jahre Bundestagswahlen. Nachdem 1980 das letzte Mal gewählt wurde, wäre der nächste Wahltermin im Herbst 1984."

Frage: *„Sollte Ihrer Meinung nach die neue Regierung in Bonn bis zum nächsten regulären Wahltermin (1984) im Amt bleiben, oder sollte es möglichst rasch Neuwahlen geben?"*

	Oktober 1982			
	Bev. insges.	Politische Orientierung		
		CDU/CSU	SPD	Grüne
	%	%	%	%
Bis 1984 im Amt bleiben	21	42	4	2
Möglichst rasch Neuwahlen . .	70	49	91	96
Unentschieden	9	9	5	2
	100	100	100	100

Frage: *„Finden Sie den Wahltermin am 6. März gut, hätten Sie gern früher Neuwahlen oder später?"*

	Oktober 1982			
	Bev. insges.	Politische Orientierung		
		CDU/CSU	SPD	Grüne
	%	%	%	%
Termin gut	32	42	25	30
Lieber früher .	40	20	66	62
Lieber später .	13	27	1	3
Unentschieden	15	11	8	5
	100	100	100	100

Siebzig Prozent fordern: „Möglichst rasch Neuwahlen", nur 21% meinen, die jetzt gebildete Regierung solle bis 1984 im Amt bleiben. Eine Gegenprobe mit anderer Frageformulierung führt ebenfalls zu dem Befund, daß über 70% baldige Neuwahlen verlangen; vierzig Prozent der Befragten finden sogar den Termin vom 6. März schon zu spät. Die SPD-Forderung: „Neuwahlen jetzt!" hat in der Bevölkerung ein großes Echo gefunden.

Bei der Tagung der Katholischen Akademie in München tadelte der Politikwissenschaftler Wilhelm Hennis: „Der neue Bundeskanzler verspricht unbedacht Neuwahlen ...". Da erhebt sich die Frage, ob Politikwissenschaftler, Sozialkundelehrer, Schulbuchautoren und Parteien genug getan haben, um der Bevölkerung den repräsentativen Charakter des parlamentarisch-demokratischen Systems, in dem sie lebt, zu erklären. Die Umfrageergebnisse zeigen, daß dem neuen Bundeskanzler eine Welle von plebiszitären Vorstellungen und Forderungen entgegenschlägt.

Es gibt sicher viele Staatsrechtslehrer und Politikwissenschaftler, die das ungerührt läßt. Wie sich Politik und Recht zu den Strömungen in der öffentlichen Meinung verhalten sollten, ist noch nicht geklärt. Man kann sagen, daß das Recht wie ein Damm gegen die Strömungen der öffentlichen Meinung schützen sollte. Man kann aber auch gute Gründe dafür anführen, daß die Verfassung, wie sie von den Einstellungen in der Bevölkerung geprägt wird, und die politischen Entscheidungen nicht allzu weit auseinanderfallen dürfen. Zumindest ist es unüblich, jenen Satz im Kopfe zu behalten, den David Hume vor 250 Jahren aufschrieb: Alle Regierung beruht auf Meinung. Dabei verstand Hume unter Meinung das, was wir heute öffentliche Meinung nennen.

DIE KANDIDATEN

Frage: *„Nach den nächsten Bundestagswahlen muß ja wieder entschieden werden, wer Bundeskanzler werden soll. Wer wäre Ihnen als Bundeskanzler lieber: Hemut Kohl oder Hans-Jochen Vogel?"* (X)

	1982 Mitte Dez. %	1983 Anfang Jan. %	Mitte Jan. %	Ende Jan. %	Mitte Feb. %	Ende Feb. %	Anfang März %
Helmut Kohl	41	41	41	41	44	44	45
Hans-Jochen Vogel	34	38	43	43	39	39	37
Unentschieden	25	21	16	16	17	17	18
	100	100	100	100	100	100	100

354 III. STAAT UND POLITIK

EINSCHÄTZUNGEN

Frage: „Wenn jemand sagt: Helmut Kohl hat das Zeug dazu, Bundeskanzler zu werden – würden Sie da zustimmen oder nicht zustimmen?"

Frage: „Wie beurteilen Sie die Mannschaft um Helmut Kohl? Haben Sie den Eindruck, das sind überwiegend fähige Leute, oder haben Sie da Zweifel?"

Januar / Februar 1983

	Bevölkerung insgesamt %	CDU/CSU %	SPD %	FDP %	Grüne %
HELMUT KOHL					
Zustimmen	42	74	14	39	11
Nicht zustimmen	36	6	63	22	68
Unentschieden	22	20	23	39	21
	100	100	100	100	100
SEINE MANNSCHAFT					
Fähige Leute	40	72	12	26	1
Habe Zweifel	40	13	65	43	75
Weiß nicht, unmöglich zu sagen	20	15	23	31	24
	100	100	100	100	100

Frage: „Wenn jemand sagt: Hans-Jochen Vogel hat das Zeug dazu, Bundeskanzler zu werden – würden Sie da zustimmen oder nicht zustimmen?"

Frage: „Hans-Jochen Vogel hat jetzt seine Mannschaft vorgestellt, mit der er dann auch regieren will, wenn er die Bundestagswahl gewinnt. Haben Sie den Eindruck, das sind überwiegend fähige Leute, oder haben Sie da Zweifel?"

Januar / Februar 1983

	Bevölkerung insgesamt %	CDU/CSU %	SPD %	FDP %	Grüne %
HANS-JOCHEN VOGEL					
Zustimmen	41	21	66	49	36
Nicht zustimmen	28	45	9	37	20
Unentschieden	31	34	25	14	44
	100	100	100	100	100
SEINE MANNSCHAFT					
Fähige Leute	31	12	55	15	22
Habe Zweifel	36	55	14	41	35
Weiß nicht, unmöglich zu sagen	33	33	31	44	43
	100	100	100	100	100

MUTMASSUNGEN

Frage: „Einmal angenommen, in der nächsten Zeit steigt die Zahl der Arbeitslosen auf über 3 Millionen, und es machen immer mehr Firmen Konkurs. Glauben Sie, daß ein Bundeskanzler Vogel uns aus dieser Krise herausführen könnte, oder glauben Sie, daß er das nicht könnte?"

Frage: „Einmal angenommen, bei der kommenden Bundestagswahl wird Vogel Bundeskanzler. Könnten Sie sich vorstellen, daß Vogel bei schwierigen deutsch-amerikanischen Verhandlungen dem amerikanischen Präsidenten Reagan gewachsen wäre, daß Reagan Achtung vor ihm hätte?"

Frage: „Und wie wäre es gegenüber den Russen: Nehmen wir an, es geht um sehr schwierige Fragen. Die Verhandlungen laufen zäh, und die Russen halten sich an jeder Einzelheit fest. Meinen Sie, daß Vogel in solcher Lage ebenfalls jede Einzelheit genau weiß und durchdenkt, oder könnte es sein, daß er bei der einen oder anderen Frage die Folgen nicht überblickt?"

A	Bevölkerung insgesamt	Februar 1983 Politische Orientierung			
– Arbeitslosigkeit –	%	CDU/CSU %	SPD %	FDP %	Grüne %
Vogel könnte uns herausführen	21	2	41	4	29
Könnte er nicht	44	71	18	47	28
Unentschieden	35	27	41	49	43
	100	100	100	100	100

– Verhandlungen mit Präsident Reagan					
Könnte ich mir vorstellen	56	34	82	49	61
Nicht vorstellen	23	39	6	29	16
Unentschieden	21	27	12	22	23
	100	100	100	100	100

– Verhandlungen mit den Russen –					
Kennt jede Einzelheit	38	15	63	36	40
Überblickt Folgen nicht	28	47	9	22	20
Unentschieden	34	38	28	42	40
	100	100	100	100	100

KOALITION: JA ODER NEIN

Frage: „Was ist für die nächsten Jahre für die Bundesrepublik wohl das beste – wenn eine Partei allein die Bundesregierung stellt, oder zwei oder mehr Parteien zusammen?"

Frage an Personen, die der Ansicht sind, eine Partei sollte allein die Bundesregierung stellen: „Denken Sie eher – die CDU/CSU oder die SPD?"

	ges.	Januar 1983 Wahlberechtigte Politische Orientierung CDU/ CSU	SPD	FDP	Grüne
	%	%	%	%	%
Eine Partei allein	42	50	47	×	11
Zwei oder mehr Parteien zusammen .	46	43	42	100	85
Weiß nicht .	12	7	11	×	4
	100	100	100	100	100

	ges.	Januar 1983 Wahlberechtigte Politische Orientierung CDU/ CSU	SPD	FDP	Grüne
	%	%	%	%	%
Nur CDU/CSU	22	47	×	×	3
Nur SPD . .	17	1	45	×	2
Unent- schieden . .	3	2	2	×	6
Nichtbefragte Restgruppe	58	50	53	100	89
	100	100	100	100	100

Frage an Personen, die der Ansicht sind, eine Partei sollte allein die Bundesregierung stellen: „Wenn es nicht möglich ist, daß eine Partei allein die Regierung bildet – welche Parteien sollen dann zusammengehen, was von der Liste hier wäre Ihnen dann am liebsten?" (L)

	Wahlbe- berechtigte insgesamt	Januar 1983 Politische Orientierung CDU/CSU	SPD	FDP	Grüne
	%	%	%	%	%
CDU/CSU und FDP	17	36	1	×	×
CDU/CSU und SPD	9	8	13	×	×
SPD und die Grünen	7	×	18	×	8
SPD und FDP	3	×	7	×	×
CDU/CSU und die Grünen	1	2	×	×	3
Andere Koalition	×	×	1	×	×
Unentschieden	5	4	7	×	×
Nichtbefragte Restgruppe	58	50	53	100	89
	100	100	100	100	100

KOALITIONSMÖGLICHKEITEN

Frage an Personen, die sich nicht für eine Ein-Parteienregierung entscheiden konnten: „Welche Parteien sollen dann zusammengehen, was von der Liste hier wäre Ihnen dann am liebsten?" (L)

	Wahlbe-berechtigte insgesamt	Politische Orientierung			
		CDU/CSU	SPD	FDP	Grüne
	%	%	%	%	%
CDU/CSU und FDP	17	34	1	69	×
CDU/CSU und SPD	15	10	18	×	2
SPD und die Grünen	11	×	17	7	75
SPD und FDP	4	1	7	20	×
CDU/CSU und die Grünen	2	1	1	×	5
Andere Koalition	1	×	2	×	3
Unentschieden	8	4	7	4	4
Nichtbefragte Restgruppe	42	50	47	×	11
	100	100	100	100	100

Januar 1983

MEHRHEITS-CHANCE

Fragen: „Glauben Sie, daß bei der kommenden Bundestagswahl am 6. März eine der Parteien soviel Stimmen erhält, daß sie über die absolute Mehrheit verfügt und allein regieren kann?"

„Und wer wird Ihrer Meinung nach bei der kommenden Bundestagswahl die absolute Mehrheit der Stimmen erreichen: die CDU/CSU oder die SPD?"

	Bevölkerung insgesamt	Politische Orientierung			
		CDU/CSU	SPD	FDP	Grüne
	%	%	%	%	%
Glaube ich	23	29	20	7	17
und zwar: CDU/CSU	14	25	4	7	8
SPD	7	2	13	×	9
Weiß nicht	2	2	3	×	×
Glaube ich nicht	61	54	64	78	71
Unentschieden	16	17	16	15	12
	100	100	100	100	100

Januar 1983

CHANCE DER FDP

Frage: „Glauben Sie, daß die FDP bei der kommenden Bundestagswahl wieder in den Bundestag gewählt wird, oder glauben Sie, daß die FDP die erforderlichen 5% nicht erreicht?"

FDP –	1980 Sept. %	1982 Juli %	1982 Okt. %	1983 Anfang Januar %	1983 Ende Januar %	1983 Anfang Febr. %	1983 Mitte Febr. %	1983 Anfang März %
wieder in den Bundestag .	72	37	21	12	19	24	30	33
erreicht keine 5%	11	37	57	66	60	51	50	44
Unmöglich zu sagen . . .	17	26	22	22	21	25	20	23
	100	100	100	100	100	100	100	100

Frage: „Wenn es in Zukunft im Bundestag keine liberale Partei mehr gäbe: Fänden Sie das schade oder würden Sie das begrüßen oder wäre Ihnen das egal?"

	Wahlberechtigte insgesamt %	Oktober 1982 Politische Orientierung CDU/CSU %	SPD %	FDP %	Grüne %
Fände ich schade	50	53	46	87	32
Würde ich begrüßen	8	6	9	2	21
Wäre mir egal	31	30	34	6	36
Unmöglich zu sagen	11	11	11	5	11
	100	100	100	100	100

Frage: „Hier unterhalten sich zwei über die Stimmabgabe bei der Bundestagswahl. Welcher sagt eher das, was auch Sie denken?" (B)

A

	Bev. ges. %	Februar 1983 Politische Orientierung SPD %	CDU/CSU %	FDP %	Grüne %
„Ich wähle nur eine Partei, bei der ich ganz sicher bin, daß sie in den Bundestag kommt. Sonst ist meine Stimme ja verloren"	58	59	68	34	19
„Da bin ich anderer Meinung. Gerade wenn ich eine kleinere Partei unterstütze, damit sie den Sprung in den Bundestag schaffen kann, gewinnt meine Stimme an Gewicht"	27	24	19	60	68
Unentschieden	15	17	13	6	13
	100	100	100	100	100

GRÜNES ZÜNGLEIN AN DER WAAGE?

Frage: „Es ist ja möglich, daß nach der Bundestagswahl weder die CDU/CSU noch die SPD
ohne DIE GRÜNEN regieren können. Halten Sie das für wahrscheinlich oder eher für un-
wahrscheinlich?"

	Januar 1983				
	Bevölkerung	Politische Orientierung			
	insgesamt	CDU/CSU	SPD	FDP	Grüne
	%	%	%	%	%
Wahrscheinlich	37	32	41	32	59
Eher unwahrscheinlich	40	45	37	43	19
Weiß nicht	23	23	22	25	22
	100	100	100	100	100

WER MACHT WAS AM BESTEN?

Frage: „Man kann ja verschiedener Ansicht sein, was die einzelnen Parteien, die CDU/CSU, die
SPD, die FDP oder DIE GRÜNEN besonders gut können."

A

	Februar / März 1983					
	Das macht besonders gut die –				Kein Unter-schied	Weiß nicht
	CDU/CSU	SPD	FDP	Grüne		
Welche Partei setzt sich am meisten ein, daß / für –	%	%	%	%	%	%
die Staatsverschuldung abgebaut wird?	60	8	3	1	16	12 = 100
die Arbeitslosigkeit wieder zurückgeht?	51	21	1	2	16	9 = 100
eine gute Wohnungspolitik, zum Beispiel daß mehr Mietwohnungen gebaut werden?	43	29	1	3	11	13 = 100
die Renten gesichert sind?	37	33	1	1	18	10 = 100
mit der Abrüstung in Ost und West ernst ge-macht wird?	26	37	2	9	14	12 = 100
die Jugend?	22	25	2	17	19	15 = 100
den Umweltschutz?	14	9	2	56	10	9 = 100

EINSATZ IM WAHLKAMPF

Frage: „Nach dem, was Sie so sehen und hören, wer setzt sich im Wahlkampf mehr ein, Helmut Kohl
oder Hans-Jochen Vogel?" (X)

	1983 Anfang Feb.	1983 Mitte Feb.	1983 Ende Feb.	1983 Ende Feb./ Anf. März
	%	%	%	%
Helmut Kohl	22	26	24	23
Hans-Jochen Vogel	16	20	19	21
Weiß nicht, unentschieden	62	54	57	56
	100	100	100	100

Frage: „In den Zeitungen und Zeitschriften gibt es ja Wahlanzeigen von verschiedenen Parteien.
Haben Sie mal solche Anzeigen genauer gelesen oder nur überflogen?"

A   Januar 1983

	Bevölkerung insgesamt %	Politische Orientierung			
		CDU/CSU %	SPD %	FDP %	Grüne %
Nur überflogen	48	50	49	37	42
Genauer gelesen	24	25	23	35	29
Nein, nicht gelesen	28	25	28	28	29
	100	100	100	100	100

WAHLKAMPF IM FERNSEHEN

Frage: „Haben Sie während der Wahlzeit die kurzen Sendungen der Parteien zur Wahl gesehen?"
(Ja = 81%)

„Von welcher Partei haben Ihnen die Sendungen zur Wahl am besten gefallen?"

„Fanden Sie diese Sendungen im großen und ganzen nützlich, oder war das reine Wahlpropaganda?"

	1983 April %
Von der CDU/CSU	39
Von der SPD	22
Von der FDP	4
Von den GRÜNEN	12
Von anderen Parteien	1
Keine Antwort	9
Nicht befragte Restgruppe	19

	1983 April %
Nützlich	19
Reine Wahlpropaganda	51
Unentschieden	11
Nicht befragte Restgruppe	19
	100

POLITISCHER EINFLUSS DES FERNSEHENS

Frage: „War das eigentlich Verrat an Helmut Schmidt, was sich in den letzten Wochen in Bonn
zugetragen hat, oder hat das mit Verrat nichts zu tun?"

		Oktober 1983			
	Bevölkerung insgesamt	Personen mit politischem Interesse, die –		Unpolitische, die –	
		viel fern-sehen*)	wenig fern-sehen	viel fern-sehen	wenig fern-sehen
	%	%	%	%	%
War Verrat	35	45	32	35	28
Hat mit Verrat nichts zu tun	49	45	58	40	49
Unentschieden	16	10	10	25	23
	100	100	100	100	100

*) Vielfernseher sind Personen, die 2 und mehr Stunden an einem normalen Werktag fernsehen,
Wenigfernseher sind Personen, die nie oder bis zu 2 Stunden fernsehen.

EXPONIERBEREITSCHAFT

Frage: „*Wie eine Partei bei der Wahl abschneidet, hängt auch sehr davon ab, wie stark sich ihre Anhänger im Wahlkampf einsetzen. Was ist Ihre Eindruck: Die Anhänger welcher Partei sind jetzt im Wahlkampf am aktivsten, welche zeigen den größten persönlichen Einsatz?*"

	1980 Sept. %	1983 Mitte Febr. %
Den größten persönlichen Einsatz zeigen Anhänger von –		
CDU/CSU	32	31
SPD	20	16
FDP	4	5
Grünen	3	9
anderen Parteien	1	1
Alle etwa gleich	31	35
Kein Urteil	15	12
	106	109

Frage: „*Von den verschiedenen Parteien gibt es ja auch Plaketten und Nadeln zum Anstecken oder Aufkleber fürs Auto. Was ist Ihr Eindruck: Von welcher Partei kann man bisher am meisten solche Aufkleber oder Plaketten und Anstecknadeln sehen?*"
Nachfrage: „*Tragen Sie selbst solche Plaketten oder Anstecknadeln, oder haben Sie Aufkleber am Auto?*"

	1980 Sept. %	1983 Febr. %		1980 Sept. %	1983 Febr. %
Man sieht am meisten Aufkleber und Anstecknadeln von –					
der CDU/CSU	23	14	Ja, trage selbst Anstecknadel . . .	4	4
der SPD	23	10	Ja, habe Aufkleber am Auto . . .	5	6
der FDP	2	1	Nein, weder noch	92	90
den Grünen	3	8			
Unmöglich zu sagen	53	70			

Frage: „*Hier ist ein Auto abgebildet, an dem ein Reifen aufgeschnitten wurde. Hinten auf der Heckseite ist ein Aufkleber für eine Partei. Man kann jedoch nicht mehr lesen, welche Partei auf dem Aufkleber stand – aber was vermuten Sie: bei Aufklebern für welche Partei ist die Gefahr am größten, daß Reifen zerschnitten werden, bei welcher Partei?*" (B)

	1980 Sept. %	1983 Jan. %
CDU/CSU	33	24
SPD	5	3
FDP	1	9
NPD	8	9
DKP/KPD	14	11
Die Grünen	3	10
Andere/keine Angabe	40	37
	104	103

ÜBERZEUGUNGSVERSUCHE

Frage: „Hat in letzter Zeit irgend jemand versucht, Sie von einer bestimmten Partei zu überzeugen, ich meine, daß Sie dieser Partei Ihre Stimme geben sollten?" Falls ‚Ja': „Und für welche Partei?"

	1980 September %	Mitte Januar %	Ende Januar %	1983 Anfang Februar %	Mitte Februar %	Ende Februar %	Februar/ März %
Ja	15	18,6	19,7	18,9	19,7	22,3	27,2
für die –							
CDU/CSU	6	7,4	8,6	8,1	8,9	9,3	12,2
SPD	6	5,8	7,0	6,4	7,2	8,4	9,3
FDP	2	2,0	1,5	1,9	2,2	2,7	4,2
Grünen	2	4,2	4,5	4,2	5,4	4,8	7,1
Nein	85	81,4	80,3	81,1	80,3	77,7	72,8
	100,0	100,0	100,0	100,0	100,0	100,0	100,0

VORBEI GEREDET: 1980?

Frage: „Im Wahlkampf werden ja manche Themen ausführlich angesprochen, andere Fragen weniger. Hier auf den Karten sind einige Wahlkampfthemen aufgeschrieben. Wo würden Sie sagen: Darüber hört man zuviel, darüber zuwenig, und wo ist es gerade richtig?" (K)

	September 1980 Darüber hört man im Wahlkampf –			Keine Angabe
	zu wenig %	zu viel %	gerade richtig %	%
Maßnahmen gegen steigende Preise	64	9	19	8 = 100
Wie sich die Arbeitslosigkeit bekämpfen läßt	59	9	23	9 = 100
Wirksame Verbrechensbekämpfung	56	7	26	11 = 100
Wie der Frieden gesichert werden kann	42	14	34	10 = 100
Die Sicherung der Energieversorgung	39	16	36	9 = 100
Ausbau der sozialen Gerechtigkeit	38	12	37	13 = 100
Die Beschäftigung von Radikalen im öffentlichen Dienst .	36	17	33	14 = 100
Daß wieder mehr Kinder geboren werden	36	11	39	14 = 100
Die Sicherheit der Renten	35	23	34	8 = 100
Die Bedeutung der NATO für unsere Sicherheit	30	12	45	13 = 100
Die guten Seiten von Franz Josef Strauß	30	32	27	11 = 100
Abwehr des Sozialismus	26	27	32	15 = 100
Die schlechten Seiten von Helmut Schmidt	24	35	28	13 = 100
Daß der Staat so hohe Schulden hat	23	45	25	7 = 100
Die schlechten Seiten von Franz Josef Strauß	23	47	20	10 = 100
Das Verhältnis von Staat und Kirche	21	22	42	15 = 100
Die guten Seiten von Helmut Schmidt	17	33	39	11 = 100

VORBEIGEREDET: 1983?

Frage: „Im Wahlkampf wurden ja manche Themen ausführlich angesprochen, andere Fragen weniger. Hier auf den Karten sind einige Wahlkampfthemen aufgeschrieben. Wo würden Sie sagen: Darüber hörte man zuviel, darüber zuwenig, und wo war es gerade richtig?" (K)

| | April 1983*) | | | |
| | Darüber hörte man im Wahlkampf – | | | Keine Angabe |
	zu wenig %	zu viel %	gerade richtig %	%
Wie man die notwendigen Sparmaßnahmen sozial gerecht durchführen kann	49	12	33	6 = 100
Daß Sozialhilfe nur noch die wirklich Bedürftigen bekommen sollen	47	10	37	6 = 100
Wie sich die Arbeitslosigkeit bekämpfen läßt	45	20	30	5 = 100
Die Sicherheit der Renten	45	15	35	5 = 100
Wie der Frieden gesichert werden kann	43	16	35	6 = 100
Verkürzung der Arbeitszeit	32	23	38	7 = 100
Wie die Wirtschaft wieder in Schwung kommt	31	28	35	6 = 100
Über die Staatsverschuldung und wie der Haushalt in Ordnung gebracht werden kann	28	30	36	6 = 100
Ob das Geld, das die Gutverdienenden als Investitionsanleihe zahlen, zurückgezahlt werden soll	24	38	32	6 = 100
Die Stationierung von amerikanischen Mittelstreckenraketen in der Bundesrepublik	22	42	29	7 = 100
Über den Vorwurf von Geissler mit der Mietenlüge	21	41	30	8 = 100
Ob die Erblast, die die Regierung übernommen hat, wirklich groß oder nicht so groß ist	18	42	33	7 = 100

*) Bundesgebiet ohne West-Berlin

SCHLUSSRUNDE

Frage: „Sind Sie am Wahlkampf interessiert?"

Februar 1983

| | Bev. ges. % | Politische Orientierung | | | |
		CDU/CSU %	SPD %	FDP %	Grüne %
Sehr interessiert	32	34	35	26	52
Etwas	50	53	49	63	33
Gar nicht	18	13	16	11	15
	100	100	100	100	100

Frage: „Werden Sie bei der kommenden Bundestagswahl wählen gehen oder nicht?"
Nachfrage falls ‚Ja': „Sind Sie ganz gewiß?"

	1983 Jan. %
Ja, wählen gehen	88
ganz gewiß	73
ziemlich gewiß	14
nicht sehr	1
Nein, nicht wählen	7
Unentschieden	5
	100

ERST- ODER ZWEITSTIMME?

Frage: „Bei der Bundestagswahl kommt es ja vor allem darauf an, wieviel Abgeordnete eine Partei in den Bundestag bringt. Wissen Sie zufällig, welche Stimme für die Stärke der Parteien im Bundestag den Ausschlag gibt: die Erststimme oder die Zweitstimme, oder sind beide gleich wichtig?"

Den Ausschlag gibt die –	1980 Sept. %	1982 Febr. %	1983 Jan. %	Männer %	Frauen %	Altersgruppen 16–29 %	30–44 %	45–59 %	60 u.ä. %
Zweitstimme (richtige Antwort) ...	41	36	51	58	45	52	55	51	44
Erststimme................	17	21	14	11	17	13	14	13	14
Beide gleich wichtig	28	24	27	26	29	28	24	27	31
Weiß nicht	14	19	8	5	9	7	7	9	11
	100	100	100	100	100	100	100	100	100

WECHSELWÄHLER

Frage: „Haben Sie im allgemeinen immer die gleiche Partei gewählt, oder haben Sie manchmal abgewechselt?"

	Wahlberechtigte insgesamt %	Männer %	Frauen %	Januar 1983 Schulbildung Volks- schule %	Höhere Schule %	Politische Orientierung CDU/CSU %	SPD %	FDP %	Grüne %
Immer die gleiche .	60	59	61	64	54	68	66	59	17
Abgewechselt ...	32	33	31	29	36	27	28	39	60
Erst einmal gewählt	2	3	2	2	4	2	3	×	5
Noch nie gewählt .	5	4	5	4	6	2	3	×	17
Keine Angabe ...	1	1	1	1	×	1	×	×	1
	100	100	100	100	100	100	100	100	100

EINDRÜCKE: VOR DER WAHL UND DANACH

Frage: „Was haben Sie von diesem Wahlkampf für einen Eindruck, was von dieser Liste trifft (April: traf) Ihrer Meinung nach auf diesen Wahlkampf zu?" (L)

	1980 Sept. %	1983 Febr. %	1983 April %
Verwirrend, man weiß nicht, was man glauben soll	43	44	×
Verlogen	43	37	14
Spannend	29	32	25
Interessante Argumentationen	20	31	35
Gute politische Diskussion im Fernsehen	23	27	×
Brutal	44	22	33
Bunt, lebhaft	16	22	19
Zu stark auf Strauß / Kohl konzentriert	38	18	38
Zu stark auf Schmidt / Vogel konzentriert	30	16	12
Mitreißend	8	9	36
Hat mir geholfen, die Wahlentscheidung zu treffen	7	7	18
Nichts davon	2	3	25

DIE ALLENSBACHER WAHLPROGNOSEN 1957-1983

Bei acht aufeinanderfolgenden Bundestagswahlen wurden vom Institut für Demoskopie Allensbach Prognosen über den voraussichtlichen Wahlausgang ausgearbeitet und vor Bekanntgabe der ersten Auszählungen veröffentlicht: 1957 und 1961 in FAZ, 1965 und 1969 im ZDF, 1972 im Fernsehen der ARD, 1976 im ZDF, 1980 im ORF, 1983 wieder im ZDF. Basis der Prognosen: Mehr-Themen-Umfragen, Quotenauswahl, im Durchschnitt rund 2000 Befragte. Abschluß der Befragungen: Jeweils sechs Tage vor der Wahl,1972 fünf Tage, 1976 vier Tage vor der Wahl, 1980 zwei Tage und 1983 fünf Tage vor der Wahl.

///// Prognose ▬ Amtliches Ergebnis

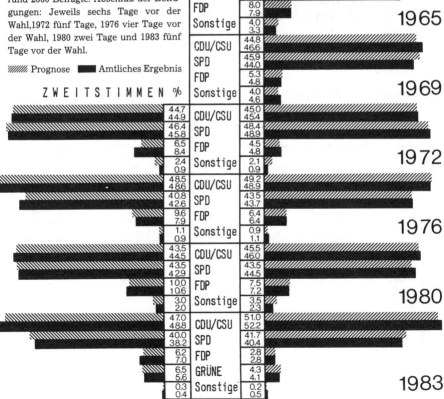

% ERSTSTIMMEN

Partei	Prognose	Ergebnis
CDU/CSU	50,0	50,3
SPD	32,0	32,0
FDP	7,0	7,5
Sonstige	11,0	10,2

1957

CDU/CSU	46,0	46,0
SPD	380	36,5
FDP	11,0	12,1
Sonstige	5,0	5,4

1961

CDU/CSU	49,5	48,7
SPD	38,5	40,1
FDP	8,0	7,9
Sonstige	4,0	3,3

1965

CDU/CSU	44,8	46,6
SPD	45,9	44,0
FDP	5,3	4,8
Sonstige	4,0	4,6

1969

ZWEITSTIMMEN %

	Prognose	Ergebnis	Partei	Prognose	Ergebnis	
	44,7	44,9	CDU/CSU	45,0	45,4	
	46,4	45,8	SPD	48,4	48,9	
	6,5	8,4	FDP	4,5	4,8	
	2,4	0,9	Sonstige	2,1	0,9	1972
	48,5	48,6	CDU/CSU	49,2	48,9	
	40,8	42,6	SPD	43,5	43,7	
	9,6	7,9	FDP	6,4	6,4	
	1,1	0,9	Sonstige	0,9	1,1	1976
	43,5	44,5	CDU/CSU	45,5	46,0	
	43,5	42,9	SPD	43,5	44,5	
	10,0	10,6	FDP	7,5	7,2	
	3,0	2,0	Sonstige	3,5	2,3	1980
	47,0	48,8	CDU/CSU	51,0	52,2	
	40,0	38,2	SPD	41,7	40,4	
	6,2	7,0	FDP	2,8	2,8	
	6,5	5,6	GRÜNE	4,3	4,1	
	0,3	0,4	Sonstige	0,2	0,5	1983

DEMOSKOPIE IM HÄRTETEST

Das Ergebnis der Bundestagswahl 1983 hat in vielfacher Hinsicht für Überraschungen gesorgt. Sowohl das gute Abschneiden der Unionsparteien wie auch das schlechte Abschneiden der SPD, sowohl die Wiederwahl der FDP wie auch die Neuwahl der GRÜNEN in den Bundestag haben Politiker, Journalisten und auch die Wähler selbst nur zu einem kleinen Teil erwartet.

Wer, wie das Institut für Demoskopie Allensbach, in den letzten Wochen vor der Wahl ein solches Ergebnis auch nur als Möglichkeit angedeutet hat, setzte sich damit Beschimpfungen und der Unterstellung aus, gegen besseres Wissen parteipolitische Absichten zu verfolgen.

Das Allensbacher Institut hatte zuletzt im Auftrag des STERN (veröffentlicht in der Woche vor der Wahl) für die CDU/CSU 47,6%, für die SPD 35,6, für die FDP 8,3 und für DIE GRÜNEN 8,1% Zweitstimmen ermittelt. Das war ein politisches Stimmungsbild, von dem ausdrücklich gesagt wurde, daß es in einer Umfrage zwischen dem 5. und 20. Februar 1983 zustande gekommen und nicht als Wahlvorhersage gemeint sei. Immerhin war darin aber schon deutlich genug zu sehen, in welche Richtung die Dinge sich in den letzten Wochen vor der Wahl bewegten.

Vielleicht ist es jedoch in der heißen Phase des Wahlkampfes für manche Politiker nicht mehr möglich oder jedenfalls besonders schwer, Aussagen über die

BUNDESTAGSWAHLEN 1957–1983

	Zweitstimmen			Erststimmen	
	Maximal-abweichung*) %	Durchschnitts-abweichung*) %		Maximal-abweichung*) %	Durchschnitts-abweichung*) %
1972 . . .	1,9	1,05	1957 . . .	0,8	0,40
1976 . . .	1,8	0,95	1961 . . .	1,5	0,75
1980 . . .	1,0	0,80	1965 . . .	1,6	0,80
1983 . . .	1,8	1,10**)	1969 . . .	1,9	0,96**)
			1972 . . .	1,2	0,60
			1976 . . .	0,3	0,18
			1980 . . .	1,2	0,75
			1983 . . .	1,3	0,60**)

*) Abweichungen der Prognosen des Instituts für Demoskopie Allensbach gegenüber dem amtlichen Erststimmen- und Zweitstimmenergebnis. – Berechnet auf der Basis: CDU/CSU, SPD, FDP und sonstige Parteien.
**) Die Prognose war auf fünf Parteiwerte angelegt, 1969 wurde die NPD gesondert ausgewiesen, 1983 die GRÜNEN.

Realität als etwas anderes zu betrachten denn als Wahlkampfmunition, und nicht dementsprechend scharf zu reagieren. Wie in ältesten Zeiten neigt man in kämpferischen Situationen dazu, sich ein unerwünschtes Geschick dadurch vom Leib zu halten, daß man die Boten der unerwünschten Nachricht zu strafen sucht; auch im Blick auf die Reaktionen, die Allensbacher Zahlen hervorgerufen haben, könnte man ausführlich von solchen quasi-magischen Praktiken in den unterschiedlichen politischen Lagern berichten. Dem einen war die Nachricht von einer chancenreichen FDP ganz und gar unglaubwürdig („Glauben Sie den Demoskopen nicht. Die FDP liegt bei 4%", sagte Franz Josef Strauß noch in der letzten Woche vor der Wahl im Fernsehen), dem andern, etwa dem Bundesgeschäftsführer der SPD, Peter Glotz, war der Hinweis darauf, daß die SPD wahrscheinlich unter die 40-Prozentmarke fallen würde, der Beweis eines „offenen Manipulationsversuchs", auf den man nur mit einem generellen Verbot für alle demoskopischen Trendmeldungen vor der Wahl reagieren kann. Als ob es nicht zum Wesen einer rationalen Demokratie gehören würde, daß sich der Wähler vor seinem Wahlentscheid so gut und weitgehend wie möglich informieren kann.

Die Allensbacher Zahlen, die in den letzten Monaten vor der Wahl veröffentlicht worden sind, haben sich am Abend des 6. März als gute Information erwiesen; als Information über die politische Lage, nicht als Wahlvorhersage, die ein seriöses Institut Wochen vor einer Wahl gar nicht machen kann.

Allerdings hat das Allensbacher Institut auch in diesem Wahljahr eine Umfrage gemacht, die bis auf einige Tage an den Wahltermin herangeholt war. Nur aus dieser zeitlichen Nähe heraus läßt sich so etwas wie eine Prognose entwickeln, die diesen Namen verdient. Die Allensbacher Bundestagswahlprognose, die das Institut für Demoskopie nun schon zum achten Mal zu einer Wahl veröffentlicht hat, ist – wie schon sechsmal vorher – von der Leiterin des Instituts, Frau Professor Noelle-Neumann, kurz nach 18.00 Uhr, also nach der Schließung der Wahllokale und vor der ersten Hochrechnung, im Fernsehen bekannt gegeben worden. Prognostiziert wurde zu diesem Zeitpunkt, an dem außer Umfragen noch keine anderen Informationen zur Verfügung standen, vor allem das Überschreiten der 5-Prozent-Hürde durch die FDP und DIE GRÜNEN. Im einzelnen lauteten die Zahlen der Prognose, die dann am selben Abend noch mit dem vorläufigen Endergebnis vergleichbar sein sollten, folgendermaßen:

	Erststimmenprognose in Prozenten (in Klammern amtliches Wahlergebnis)			Zweistimmenprognose in Prozenten (in Klammern amtliches Wahlergebnis)	
CDU/CSU	51,0	(52,2)	....	47,0	(48,8)
SPD	41,7	(40,4)	....	40,0	(38,2)
FDP	2,8	(2,8)	....	6,2	(7,0)
GRÜNE	4,3	(4,1)	....	6,5	(5,6)
Sonstige	0,2	(0,5)	....	0,3	(0,4)
	100,0	100,0		100,0	100,0

Für die Erststimmen kann man auf jeden Fall von einer sehr hohen Genauigkeit der Prognose sprechen, deren maximale Abweichung vom Endresultat bei 1,3% liegt und deren mittlere Abweichung 0,60% beträgt. Für die Zweitstimmenprognose, die in diesem Jahr wegen des hohen Anteils an Wählern, die bis in die letzte Woche vor der Wahl, ja bis zum letzten Augenblick hin unentschieden waren, besonders schwierig war, liegt die Maximalabweichung bei 1,8%, die mittlere Abweichung bei 1,08%. Auch diese Abweichung liegt also eindeutig innerhalb des Schwankungsspielraums, mit dem man bei demoskopischen Ergebnissen aus statistischen Gründen rechnen muß und den die Demoskopen selbst immer wieder zu bedenken geben. Die Demoskopie arbeitet normalerweise mit rund 2000 Interviews und muß deshalb entsprechend den Gesetzen der Wahrscheinlichkeitsrechnung bei jeder Zahl mit einem Plus oder Minus von bis zu 2% rechnen, wie gut auch immer sie ansonsten arbeiten mag.

Das schwierige, risikoreiche und – da es im eigenen Auftrag geschieht – für das Institut kostspielige Unternehmen einer Prognose findet immer an der Grenze des demoskopisch Möglichen statt. Der Sinn der Sache liegt dabei nicht darin, irgendwelche Hochrechnungen an Geschwindigkeit zu übertreffen oder gar unter Beweis zu stellen, daß man am Bodensee hellsehen kann, der Sinn liegt darin, daß man nur so die Methoden der Demoskopie einem Test unterziehen kann. In der Wissenschaft besteht der eigentliche und letzte, sozusagen der Härtetest darin, daß sich auf der Basis der erforschten Gesetze und der entwickelten Instrumentarien Vorhersagen machen lassen. Was richtig ist, muß sich zeigen. Auch wenn die Wahlprognosen von anderen Instituten vielfach als zu prekär empfunden werden, versucht man in Allensbach, die seltene Chance einer unmittelbaren Überprüfung der Umfrage-Ergebnisse, wie sie durch die Wahl geboten wird, zu nutzen; und zwar einmal, um sich selbst zu kontrollieren, zum anderen aber auch, um der Öffentlichkeit zu zeigen, daß sich mit den Methoden der Demoskopie eine politische Situation grundsätzlich richtig einschätzen läßt. Dabei kann es nicht um eine Genauigkeit bis hinters Komma gehen. Was Demoskopie kann, hat sich auch in diesem Jahr überzeugend erwiesen.

„allensbacher berichte", Anfang März 1983. Nr. 7

KAPITEL IV

DIE WIRTSCHAFT

A. DIE WIRTSCHAFTLICHE LAGE

Frage: „*Wie beurteilen Sie Ihre eigene wirtschaftliche Lage?*"

Frage: „*Wie beurteilen Sie die wirtschaftliche Lage der Bundesrepublik?*"

A	September 1982					
	Bevölkerung		Berufskreise			
Die eigene Lage –	insgesamt	Arbeiter	Angestellte	Beamte	Selbständige	Landwirte
	%	%	%	%	%	%
Sehr gut / gut	40	29	45	55	45	35
Es geht	39	45	37	31	55	48
Nicht so besonders / nicht gut	20	25	18	14	×	15
Keine Angabe	1	1	×	×	×	2
	100	100	100	100	100	100

Die Lage der Bundesrepublik –						
Sehr gut / gut	9	9	8	9	13	3
Es geht	27	29	28	23	17	25
Nicht so besonders / nicht gut	63	60	64	66	70	72
Keine Angabe	1	2	×	2	×	×
	100	100	100	100	100	100

VORAUSSICHTLICH ...

Frage: „Das ist sicher schwer zu sagen, aber was glauben Sie, wie wird sich unsere Wirtschaft in den nächsten 20 Jahren entwickeln?" (L)

| | Mai 1981 | | |
| | Bevölkerung insgesamt | Leitende Angestellte/ Beamte | Selbständige/ freie Berufe |
	%	%	%
Unsere Wirtschaft erlebt einen starken Aufschwung, sie wächst stärker als in den letzten 20 Jahren	3	1	2
Unsere Wirtschaft wächst weiter so wie in den letzten 20 Jahren	6	4	4
Unsere Wirtschaft wächst wohl noch weiter, aber nicht in dem Ausmaß wie früher .	50	55	56
Es gibt zwar kein wirtschaftliches Wachstum mehr, aber wir bleiben auf dem jetzigen Stand	21	21	20
Unsere Wirtschaft schrumpft, es wird weniger produziert	12	13	12
Unentschieden	8	6	6
	100	100	100

„WIE SEHEN SIE UNSERE WIRTSCHAFTLICHE ENTWICKLUNG?"

Frage: „Glauben Sie, daß es mit unserer Wirtschaft in den nächsten sechs Monaten eher bergab oder eher bergauf geht?"

Die Ergebnisse dieser Umfrage stellt die nebenstehende Grafik im Trend dar.

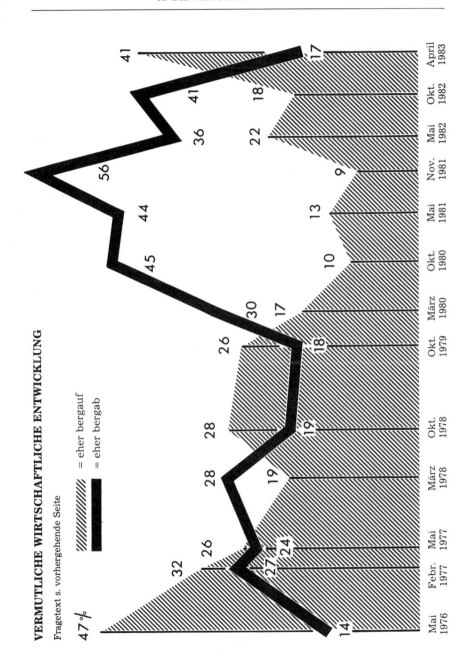

SELBSTVERTRAUEN

Frage: „Glauben Sie, daß wir das wirtschaftliche Tief auf lange Sicht überwinden können, wenn wir jetzt alle Kräfte dafür einsetzen, oder glauben Sie, daß der Abstieg der Wirtschaft in den nächsten Jahren auch so nicht mehr aufzuhalten ist?"

Dezember 1981	Bevölkerung insgesamt %	Politische Orientierung SPD %	CDU/CSU %	FDP %	Grüne %
Wirtschaftliches Tief kann überwunden werden . . .	64	71	63	67	50
Abstieg ist nicht mehr aufzuhalten	19	17	21	14	31
Unentschieden	17	12	16	19	19
	100	100	100	100	100

Januar 1983

	Bevölkerung insgesamt	SPD	CDU/CSU	FDP	Grüne
Wirtschaftliches Tief kann überwunden werden . . .	64	56	75	67	47
Abstieg ist nicht mehr aufzuhalten	15	20	9	10	28
Unentschieden	21	24	16	23	25
	100	100	100	100	100

FÜR STAATLICHE ZURÜCKHALTUNG

Frage: „Hier unterhalten sich zwei darüber, wie man die wirtschaftliche Lage verbessern kann. Welcher von den beiden sagt eher das, was auch Sie denken?" (B, X)

	1981 Nov. %	1982 März %
„Der Staat soll sich gegenüber der Wirtschaft möglichst zurückhalten. Er soll durch Steuererleichterungen die Wirtschaft dazu bringen, daß die Unternehmen wieder mehr investieren, mehr tun. Dadurch gibt es mehr Arbeitsplätze, und der Aufschwung kommt ganz von selbst."	50	46
„Ich glaube, mit unserer Wirtschaft geht es erst dann wieder bergauf, wenn der Staat stärker eingreift als bisher. Staatliche Aufträge an die Industrie würden neue Arbeitsplätze schaffen. Zwar muß der Staat dafür zunächst Geld ausgeben, aber das käme später durch die Steuern wieder herein."	31	31
Unentschieden	19	23
	100	100

INFLATIONSAUSGLEICH

Frage: „*Wirtschaftsfachleute sagen, daß der Aufschwung nur kommt und die Arbeitslosigkeit nur gesenkt werden kann, wenn sich alle Arbeitnehmer im nächsten Jahr mit maßvollen Lohnerhöhungen begnügen. Hier auf dieser Liste stehen verschiedene Ansichten dazu – welcher davon würden Sie zustimmen?*" (L)

	1975 %	1977 %	1978 %	1981 %	1983 %
„Ich wäre dafür, daß die Löhne weniger erhöht werden als in den letzten Jahren, aber doch um soviel, daß die Preissteigerungen und die erhöhten Sozialversicherungsbeiträge ausgeglichen werden (Inflationsausgleich)"	67	60	63	54	58
„Ich meine, die Löhne sollten 19.. (jeweils Folgejahr) so erhöht werden wie in den letzten Jahren, nicht weniger"*	11	17	16	16	10
„Ich wäre damit einverstanden, wenn 19.. (jeweils Folgejahr) die Löhne notfalls gar nicht erhöht werden"	17	16	14	23	28
Unentschieden	5	7	7	7	4
	100	100	100	100	100

* Text ab 1981: „Ich meine, die Löhne und Gehälter sollten 19.. (jeweils Folgejahr) so erhöht werden, daß nicht nur die Preissteigerungen ausgeglichen werden, sondern daß auch darüber hinaus noch etwas übrigbleibt."

KEIN KONSUMSTOP!

Frage: „*Wenn es mit der Wirtschaft wieder aufwärts gehen soll, was sollte der einzelne machen: mehr sparen als sonst oder mehr ausgeben als sonst, was würde Ihrer Meinung nach der Wirtschaft mehr helfen?*"

	Januar 1983 %
Mehr ausgeben	73
Mehr sparen	13
Weiß nicht	14
	100

PREISE SENKEN!

Frage: „*Wie kann man zur Zeit am ehesten die Wirtschaft ankurbeln: indem man die Preise senkt, oder die Löhne und Gehälter der Arbeitnehmer erhöht?*"

A	Januar 1983 %
Preise senkt	42
Löhne und Gehälter der Arbeitnehmer erhöht	22
Unentschieden	36
	100

DIE LOHN-PREIS SPIRALE

Frage: *„Glauben Sie, daß Lohnerhöhungen in der Regel zu Preiserhöhungen führen, oder besteht da kaum ein Zusammenhang?"*

	Januar 1983 %
Lohnerhöhungen führen zu Preiserhöhungen	85
Besteht kaum Zusammenhang	9
Weiß nicht	6
	100

ZU HOHE ZINSEN!

Frage: *„Nach dem, was Sie wissen oder vermuten: Was hat besonders stark dazu beigetragen, daß es einigen deutschen Firmen schlechtgeht, daß sie fast am Ende sind? Wenn Sie es mir nach dieser Liste sagen würden."* (L)

	1982 Sept. %
Die Zinsen sind zu hoch, um zu investieren	65
Die schlechte allgemeine Wirtschaftslage ist schuld an dem Zusammenbruch der Firmen	62
Die Krise wurde zu spät erkannt, es wurde nicht rechtzeitig etwas dagegen getan ...	60
Die Verbraucher geben weniger Geld aus, sie sparen mehr	51
Unsere Wirtschaft ist zu sehr vom Ausland abhängig	44
Die Haushalte haben schon alles und kaufen deshalb zu wenig	43
Die Verbraucher kaufen lieber ausländische Produkte	33
Die Gewerkschaften fordern zu hohe Löhne, die Unternehmen müssen zu viel zahlen	32
Die Unternehmer geben zuviel Geld für private Zwecke aus, statt das Geld in die Firma zu investieren	31
Die Unternehmen haben zuviel in die Herstellung von Produkten investiert, die nicht verkauft werden konnten	28
Manche Unternehmen haben zu viele verschiedene Produkte angeboten	26
Der gesunkene Leistungswille der Arbeitnehmer hat unsere Konkurrenzfähigkeit in der Weltwirtschaft verschlechtert	23
Die Steuern für die Privatunternehmen sind zu hoch	22
Es gibt zuviel staatliche Eingriffe in den Markt	16
Es gibt zuwenig staatliche Eingriffe in den Markt	12

ABSATZSCHWIERIGKEITEN

Frage: „*Es wurde ja in letzter Zeit manchmal davon gesprochen, daß es der Stahlindustrie bei uns in der Bundesrepublik schlechtgeht, daß viele Firmen der Stahlindustrie in wirtschaftlichen Schwierigkeiten sind. Haben Sie schon davon gehört oder nicht?*" (Ja = 86%)

„*Und was meinen Sie, warum es der Stahlindustrie so schlechtgeht? Gibt es dafür* bestimmte *Gründe?*" (O)

Februar 1983

Gründe:	Bevölkerung insgesamt	Ange- lernte Arbeiter	Fach- arbeiter	Berufskreise		Selb- ständige, freie Berufe	Land- wirte
				Einfache Ange- stellte, Beamte	Leitende Ange- stellte, Beamte		
	%	%	%	%	%	%	%
Der Stahlverkauf geht zu- rück, stagniert, Absatz- schwierigkeiten	21	19	23	19	26	19	11
Die allgemein schlechte (Welt-)Wirtschaftslage . . .	13	9	14	14	11	14	10
Deutscher Stahl ist zu teu- er, Ausland ist billiger . . .	12	12	13	13	14	10	8
Hinweis auf Subventionen .	10	9	10	12	8	6	15
Es wird zuviel Stahl produ- ziert (Überproduktion, Überkapazität)	7	9	6	7	7	7	2
Innerbetriebliche Gründe, Managementfehler	6	9	5	5	6	4	7
Hinweis auf hohe deutsche Löhne, Lohnnebenkosten (Sozialkosten), die den deutschen Stahl teurer machen	4	4	6	4	3	4	3
EG-Abkommen, (Produk- tions-)Quotenverteilung . .	4	1	5	4	2	4	9
Andere Gründe	4	4	2	4	4	6	7
Keinen Grund genannt . . .	21	23	21	20	22	16	25
Nichtbefragte Restgruppe .	14	18	13	13	12	18	16

WIRTSCHAFTSWACHSTUM

Frage: „Wenn Sie jetzt einmal an Ihre eigene Lebenszeit so in den letzten 10, 20 Jahren zurückdenken. – Gab es in dieser Zeit eigentlich Wirtschaftswachstum oder kein Wirtschaftswachstum?"

	Mai 1981								
	Bev. insg. %	Altersgruppen 16–29 %	30–44 %	45–59 %	60 u.ä. %	Politische Orientierung CDU/CSU %	SPD %	FDP %	Grüne %
Gab Wirtschafts- wachstum	84	77	88	89	81	86	82	86	83
Gab kein Wirtschafts- wachstum	10	12	7	7	13	9	11	12	8
Weiß nicht / Keine Angabe	6	11	5	4	6	5	7	2	9
	100	100	100	100	100	100	100	100	100

Frage: „Wachstum hat ja gute und schlechte Seiten. Zu Wachstum kann einem ja alles mögliche einfallen. Darf ich Ihnen mal einiges vorlesen – Sie sagen mir dann bitte, ob man bei Wachstum tatsächlich daran denken könnte. Könnte man bei Wachstum zum Beispiel denken an –?"

	Mai 1981 %		Mai 1981 %
Technischer Fortschritt	89	Ein schöneres Leben	56
Neue Arbeitsplätze	82	Imperialismus, Multis	50
Umweltverschmutzung	77	Sicherheit im Alter	50
Kernenergie	76	Unmenschlichkeit	49
Übermacht der Technik	75	Arbeitslosigkeit	39
Stress, Überanstrengung	73	Freiheit	39
Hohe Ölpreise	73	Zwang	38
Freizeit, Urlaub	69	Unsichere Zukunft	34
Vergeudung von Rohstoffen . .	60	Saubere Umwelt	28
Inflation, Preissteigerung	57		

JEDEM DAS SEINE

Edgar Piel

Gewiß, das Wirtschaftswachstum ist zeitweise in unserem Land behandelt worden wie eine heilige Kuh: gehegt, gepflegt und bewundert, als hinge die ganze Seligkeit davon ab; schließlich jedoch beschimpft und geschlachtet. Fast möchte man meinen, weil wir uns selbst beweisen wollten, daß wir an gar nichts, auch nicht an den Sinn der eigenen Leistung, mehr glauben wollen, die dieses Wachstum genährt hat. Es gibt nun kein Wirtschaftswachstum mehr, jedenfalls im Moment. Für die Bundesrepublik kommt das dem Ende einer Epoche gleich. Einem Ende in Ratlosigkeit, die durch den zunehmenden Pessimismus keineswegs kleiner wird.

Wenn man den Philosophen trauen kann, sind solche Momente genau die, in denen das Zurückliegende klarer wird – post festum. Was war es damit? Man kann auch ganz handfest fragen: Was hat uns die Sache gebracht?

Wirtschaftswachstum. Seit dem ersten Ölschock ist so viel von Krise die Rede gewesen, daß manche Leute schon gar nicht mehr zu wissen scheinen, daß es bei uns bis vor kurzem noch – mit Atempausen – aufwärtsging. 10% der Deutschen, besonders die jüngeren unter 30 und die älteren über 60 Jahre, streiten rundweg ab, daß es überhaupt Wirtschaftswachstum gegeben hat. Weitere 6% wissen nicht, ob oder ob nicht. Immerhin, 84% erinnern sich an die Zeiten, die noch keine zwei Jahre zurückliegen, wenn man geringe Wirtschaftszuwachsraten noch als objektives Zeichen für das nimmt, was mit dem Wort gemeint ist. Und abgesehen von den Grünen, erinnern sich die meisten sogar ganz positiv.

Frage: *„Wirtschaftswachstum können die Menschen ja sehr verschieden erleben. Wie war es denn zum Beispiel bei Ihnen? Wo sind Sie in Ihrem Leben bisher Wirtschaftswachstum begegnet?"*

	Mai 1981				
	Bevölkerung	Politische Orientierung			
Erfahrungsbereiche –	insgesamt %	CDU/CSU %	SPD %	FDP %	Grüne %
Wohnungsausstattung	31	33	34	25	17
Hauskauf, Wohnungserwerb	22	22	20	25	28
Autokauf	13	13	13	14	11
Luxus geleistet	12	13	13	12	9

Was hat uns die Sache gebracht? Wie hat man Wirtschaftswachstum zum Beispiel im persönlichen Bereich erlebt? Rückblende: Natürlich sehen die meisten
Menschen als erstes, was ihnen täglich am nächsten ist. Also: Die Wohnungseinrichtung wurde verbessert, sagen auf Anhieb 31%. Viele denken speziell auch an
die Ausstattung der Wohnung mit mehr und neuen Haushaltsgeräten. Für 19%
signalisieren der Wasch- und Trockenautomat, die Gefriertruhe, die Spülma-
schine, vielleicht ein Mikrowellenherd Fortschritt und Wachstum.

22% denken bei Wirtschaftswachstum zuerst an das Haus, das sie gebaut, die
Eigentumswohnung, die sie erworben haben. 13% haben auch ihr (besseres)
Auto vor Augen. Und natürlich: Daß sie sich ganz allgemein dank einer prospe-
rierenden Wirtschaft in unserem Land mehr, bisweilen sogar manchen Luxus,
leisten konnten, sagen 12%. Allerdings finden 6%, daß sie selbst nicht viel davon
mitbekommen haben. Überhaupt nichts sei für sie anders geworden, jedenfalls
was ihre unmittelbaren Lebensverhältnisse angeht. Von den Wählern der Grünen sagen das sogar 10%.

Wer viel mit Statistiken und Zahlenvergleichen zu tun hat, weiß, daß auch in
dieser – wie das Vorurteil will – trockenen Landschaft an Spannungen und
Überraschungen kein Mangel ist. So wird an den demoskopischen Zahlen überraschend deutlich, wie wenig unterschiedlich die Anhänger der beiden großen,
politisch opponierenden Positionen einen wichtigen Aspekt der bundesrepublikanischen Wirklichkeit erlebt haben. Immer noch Wirtschaftswachstum: Ans
neue oder bessere Auto denken zum Beispiel ebenso viele Anhänger der CDU/
CSU wie Anhänger der SPD, und zwar jeweils 13%.

Auch beim Gedanken an die bessere Wohnungseinrichtung differieren die
Anhänger der SPD und der Opposition so gut wie gar nicht. „Ich konnte mir
etwas Luxus leisten" sagen 13% CDU/CSU- und 13% SPD-Anhänger. An das
eigene Haus, an die Eigentumswohnung denkt man im Umkreis der C-Parteien
zu 22, bei den Sozialdemokraten zu 20%. Auch das ist kein Unterschied. Diese
Übereinstimmung ist sicherlich ein Ausdruck dafür, wie sehr die beiden großen
politischen Lager, zumindest was die Struktur ihrer Anhängerschaft angeht,
ähnlich geworden sind. Der Begriff der Volkspartei hat im Laufe der Jahre ganz
konkrete, fast buchstäbliche Bedeutung gewonnen. All die genannten Werte
weichen ja auch nur minimal von denen der Gesamtbevölkerung ab.

Abweichungen nach oben und nach unten gibt es bei den Anhängern der FDP
und stärker noch – das kann nicht wundern – bei denen der Grünen. Daß Grüne
beim Wort „Wirtschaftswachstum", anders als andere Menschen, keine guten
Gefühle haben, ist schon gesagt worden. Sie denken viel seltener ans Auto, an
die bessere Einrichtung der Wohnung, auf die sie weniger Wert legen, an den
Luxus, der sowieso vom Teufel ist.

Woran denken sie? Tatsächlich an den Teufel? An die Katastrophe? – Offenbar
nicht. Weit häufiger als die Anhänger der etablierten Parteien denken sie an das

Haus, an die Eigentumswohnung, die sie selbst oder meistens wohl ihre Eltern in den letzten Jahren und Jahrzehnten gekauft haben. Daß das der Punkt sein soll, der ihnen generell den Gedanken an Wirtschaftswachstum verleidet hat, vermag man sich kaum vorzustellen.

Thema Arbeit, Beruf: „Was hat sich für Sie da gezeigt?" – Der erste und nächstliegende Gedanke heißt Geld. Wirtschaftswachstum, das spürt man am Portemonnaie. Bei 15% der Befragten konzentrieren sich die Gedanken aber sofort auch auf die eigene gute Arbeitsmarktlage. Sie denken an ihre berufliche Positionsverbesserung. Von den Selbständigen denkt sogar jeder vierte in diese Richtung.

Was hat sich am Arbeitsplatz getan? Neue Maschinen, die die Arbeit erleichtern. Davon sprechen nicht nur Arbeiter (angelernte Arbeiter 9%; Facharbeiter 17%), sondern fast doppelt so häufig die Landwirte (33%). Daß die Lesebuchidylle vom schreitenden Ackermann passé ist, wußten wir und sind trotzdem überrascht.

Die Maschinen haben offenbar tatsächlich die Arbeit erleichtert. Jedenfalls sind es heute weit weniger die Arbeiter als vielmehr die Selbständigen und Freiberufler, die über Streß und schwierige Arbeit klagen, wenn von Wirtschaftswachstum die Rede ist.

Interessant ist indessen nicht nur, was den meisten auf Anhieb einfällt, sondern auch das, woran sie in Verbindung mit unserem Stichwort zur Zeit noch wenig oder gar nicht denken. Etwa die Arbeitszeitverkürzung. Ganze 3% denken daran. Nur 5% fallen in unserem Zusammenhang die Sozialleistungen ein, die besser geworden sind und von denen doch in den letzten Jahrzehnten mancher profitiert hat. Bei den Anhängern der CDU/CSU, der SPD (jeweils 5%) und der FDP (4%) mag das Gedankenlosigkeit sein. Die Grünen jedoch scheinen sich aus Prinzip mit solchen Gedanken nicht belasten zu wollen. Von ihnen kommen nur 2% auf dieses Thema zu sprechen.

Es war der 1976 verstorbene Sozialphilosoph Arnold Gehlen, der Ende der sechziger Jahre polemisch festgestellt hat, daß der Staat, dieser ehemals menschenfressende Leviathan, zur Milchkuh für alle geworden sei. Das war auf die Bundesrepublik gemünzt, die es sich dank ihres wunderbaren und allgemein bewunderten wirtschaftlichen Wachstums leisten konnte, mehr zu sein als ein bloßer Sozialstaat, nämlich ein Wohlfahrtsstaat. Wir scheinen aber erst jetzt, da auch diese Kuh dahinsiecht, zu merken, daß lebend mehr dran war als das Fleisch, das am Ende schnell verzehrt ist. Die Bundeshaushaltsplaner haben schon im letzten Sommer gemerkt, was es heißt, ohne Wirtschaftswachstum zu wirtschaften. Wenn kein neues Wunder geschieht, werden wir es bald alle zu spüren bekommen.

Erschienen in CAPITAL 4/82

B. STEUERN UND STAATSSCHULDEN

Frage: „*Es wird ja häufig über die Staatsverschuldung gesprochen. Haben Sie den Eindruck, daß die Bundesrepublik sich in den letzten Jahren zu hoch verschuldet hat, oder glauben Sie, nicht zu hoch?*" (Zu hoch = 80%)

„*Wie sehen Sie das für die Zukunft? Machen Sie sich Sorgen, daß die Bundesrepublik zu hohe Schulden machen wird, oder glauben Sie, da besteht kein Anlaß zur Sorge?*"

	Bevölkerung insgesamt %	Volks-schule %	Höhere Schule %	Politische Orientierung		
				SPD %	CDU/CSU %	FDP %
Mache mir große Sorgen	49	47	52	29	66	46
Etwas Sorgen	37	38	34	48	27	48
Keine Sorgen	14	15	14	23	7	6
	100	100	100	100	100	100

Mai 1981 *(Überschrift über den letzten drei Spaltengruppen)*

ZU HOHE STAATSVERSCHULDUNG UNVERANTWORTLICH

Frage: „*Hier unterhalten sich zwei über die Staatsschulden. Welcher von beiden sagt eher das, was auch Sie denken?*" (B)

	1979 Jan. %	1980 Juni %	1981 Mai %	1982 Juni %
„Ich finde es unverantwortlich, wenn der Staat weiter so hohe Schulden macht, denn unsere Kinder müssen das eines Tages unter Opfern wieder in Ordnung bringen."	49	53	66	62
„Ich finde es nicht so schlimm, wenn der Staat Schulden hat. Ein gewisses Maß an Schulden hat jeder Staat; wir haben bisher mit diesen Schulden ganz gut gelebt und werden das auch in Zukunft können."	37	31	21	26
Unentschieden	14	16	13	12
	100	100	100	100

INFLATIONS-GERÜCHTE

Frage: „Kürzlich sagte uns jemand, wenn das mit der hohen Staatsverschuldung so weitergeht, dann werden wir bald eine Geldentwertung, eine neue Währungsreform erleben. Haben Sie das schon mal gehört, daß sich die Leute Sorgen wegen einer neuen Währungsreform machen?"

	Oktober 1982 Ja, gehört %
Bevölkerung insgesamt .	59
BERUFSKREISE	
Angelernte Arbeiter . .	53
Facharbeiter	56
Einfache Angestellte/ Beamte	59
Leitende Angestellte/ Beamte	66
Selbständige, freie Berufe	61
Landwirte	60

INVESTITION: WAS IST DAS?

Frage: „Im Fernsehen und in der Zeitung werden heutzutage so viele Fremdwörter gebraucht. Oft weiß man gar nicht, was damit gemeint ist. Wissen Sie zum Beispiel, was ‚Investition' bedeutet?" (O)

	1982 November %
Richtige Antworten	42
Vage, aber nicht falsche Antworten	32
Falsche Angaben	6
Weiß nicht	20
	100

INVESTIVE AUSGABEN

Frage: „Man hört ja öfter von investiven Ausgaben des Staates. Können Sie sich eigentlich genau vorstellen, was damit gemeint ist, oder nicht so richtig?" (Nein, kein Begriff = 41%)

Nachfrage an Personen, die sich unter „investiver Ausgabe" etwas vorstellen können: „Ich möchte Ihnen jetzt einiges vorlesen, wofür der Staat Geld ausgibt, und Sie sagen mir bitte jedesmal, ob Sie meinen, daß das eine investive Ausgabe ist oder nicht."

A	Januar 1983		
	Investive Ausgabe %	Keine investive Ausgabe %	Weiß nicht %
„Wenn man für den Bau von neuen Wohnungen staatliche Mittel bereitstellt"	51	6	2 = 59
„Wenn man staatliche Ausgaben für den Straßenbau fördert"	51	6	2 = 59
„Wenn man mehr Geld für die Forschung bereitstellt" .	47	9	3 = 59
„Wenn man ein Kabelnetz für neue Fernsehprogramme ausbaut"	39	14	6 = 59
„Wenn das Kindergeld erhöht wird"	7	48	4 = 59
„Wenn man die Löhne und Gehälter im öffentlichen Dienst erhöht"	4	52	3 = 59
„Wenn man das Arbeitslosengeld erhöht"	4	52	3 = 59

DIE LAGE IST ERNST

Frage: „*Ist es mit der wirtschaftlichen Lage und mit der Staatsverschuldung wirklich so schlimm, oder übertreibt die Regierung Kohl?*"

Januar 1983

	Bevölkerung insgesamt	Ange- lernte Arbeiter	Fach- arbeiter	Berufskreise Einfache Ange- stellte, Beamte	Leitende Ange- stellte, Beamte	Selbstän- dige, freie Berufe	Land- wirte
	%	%	%	%	%	%	%
Wirklich so schlimm . . .	62	60	56	61	70	70	67
Regierung übertreibt . . .	19	20	24	19	17	12	9
Unentschieden	19	20	20	20	13	18	24
	100	100	100	100	100	100	100

KONSUMTIVE AUSGABEN

Frage: „*Man hört ja öfter von k o n s u m t i v e n Ausgaben des Staates. Können Sie sich eigentlich genau vorstellen, was damit gemeint ist, oder nicht so richtig?*" (Nein, kein Begriff = 62%)

Nachfrage an Personen, die sich unter „konsumtiven Ausgaben" etwas vorstellen können: „*Ich möchte Ihnen jetzt einiges vorlesen, wofür der Staat Geld ausgibt, und Sie sagen mir bitte jedesmal, ob Sie meinen, daß das eine k o n s u m t i v e Ausgabe ist oder nicht.*"

A   Januar 1983

stellen können	Konsumtive Ausgabe %	Keine konsum- tive Ausgabe %	Weiß nicht %
„Wenn man für den Bau von neuen Wohnungen staatliche Mittel bereitstellt"	21	15	2 = 38
„Wenn man das Arbeitslosengeld erhöht"	21	15	2 = 38
„Wenn man die Löhne und Gehälter im öffentli- chen Dienst erhöht"	20	16	2 = 38
„Wenn das Kindergeld erhöht wird"	19	16	3 = 38
„Wenn man ein Kabelnetz für neue Fernsehpro- gramme ausbaut"	19	15	4 = 38
„Wenn man staatliche Ausgaben für den Straßen- bau fördert"	18	17	3 = 38

STEUERLAST

Frage: „Finden Sie, daß Sie hohe oder niedrige Steuern zahlen?"

	1952 Dez. %	1976 Aug. %	1977 Sept. %	1978 Juli %	1979 Juni %
Hohe Steuern	61	53	51	49	43
Es geht	11	24	22	22	26
Niedrige	3	3	2	3	3
Unentschieden	6	3	3	3	3
Nicht besteuert	19	17	22	23	25
	100	100	100	100	100

Frage nur an Steuerzahler: „Wie drückend empfinden Sie die steuerliche Belastung – könnten Sie es nach diesem Bildblatt sagen? Es geht so: Das kleine Kästchen unten bedeutet geringe Belastung, und das oberste Kästchen bedeutet: außerordentlich starke Belastung. Welche Stufe würden Sie für sich sagen?" (B)

	Steuerzahler ab 16 Jahre			
	1976 Aug. %	1977 Sept. %	1978 Juli %	1979 Juni %
A – Außerordentlich starke Belastung	20	25	30	29
B – Starke Belastung	38	33	44	44
C – Mäßige Belastung	33	31	21	23
D – Geringe Belastung	5	7	4	3
Keine Angabe	4	4	1	1
	100	100	100	100

FLEISSBREMSE

Frage: „Glauben Sie, daß es in der Bundesrepublik viele Leute gibt, die mehr arbeiten würden, wenn sie nicht so hohe Steuern zahlen müßten, oder glauben sie nicht?"

A   Oktober 1977

	Insgesamt	Berufstätige					
		Ange-lernte Arbeiter	Fach-arbeiter	Einfache Angest./ Beamte	Leitende Angest./ Beamte	Selbst./ freie Berufe	Land-wirte
	%	%	%	%	%	%	%
Gibt viele	54	63	53	50	55	58	45
Glaube ich nicht	34	22	36	38	40	32	27
Weiß nicht	12	15	11	12	5	10	28
	100	100	100	100	100	100	100

STAATSAUSGABEN EINSCHRÄNKEN

Frage: „Wenn das Geld beim Staat nicht reicht, gibt es zwei Möglichkeiten: Entweder werden die Steuern und die Abzüge erhöht, und das bedeutet, daß viele Bürger mehr zahlen müssen. Oder: Es wird an den Ausgaben des Staates gespart, und das bedeutet, daß viele Bürger vom Staat weniger Geld bekommen.

Was finden Sie besser: Steuern und Abgaben erhöhen, oder an staatlichen Ausgaben sparen?"

	August 1981 %
An staatlichen Ausgaben sparen	67
Steuern, Abgaben erhöhen	5
Beides	18
Unentschieden	10
	100

SPARVORSCHLÄGE

Frage: „Auf diesen Karten sind einige Vorschläge aufgeschrieben. Was sollte der Staat Ihrer Meinung nach tun, um seine Schulden abzubauen, und was sollte er dazu auf keinen Fall tun?" (K)

A

	August 1981		
	Das sollte der Staat tun %	– nicht tun %	Weder noch %
Erhöhung der Sektsteuer	80	12	8 = 100
Bei höheren Einkommen das Kindergeld kürzen	75	21	4 = 100
Staatliche Beihilfen für Umschulung kürzen	46	43	11 = 100
Arbeitnehmer-Sparzulage nach dem 624-Mark-Gesetz von 30 auf 20% kürzen	30	58	12 = 100
Selbstbeteiligung an Krankheitskosten für alle gesetzlich Versicherten	27	63	10 = 100
Erhöhung der Beiträge zur Arbeitslosenversicherung	26	64	10 = 100
Einführung einer Erdgassteuer	22	61	17 = 100
Kürzungen bei der Kriegsopferversorgung	18	71	11 = 100

GEWISSENSFRAGEN

Frage: „Einmal angenommen, jemand hat gespart und bekommt nun für ein Jahr etwa 2000 Mark Zinsen. Was meinen Sie, sollte er diese Zinsen dem Finanzamt melden, oder braucht er das nicht unbedingt zu tun?"

| A | September 1982 | | |
	Sollte er melden %	Braucht er nicht %	Unent- schieden %
Sparzinsen	26	58	16 = 100

Frage: „Einmal angenommen, jemand hat in seiner Freizeit 2000 DM verdient, weil er für Bekannte Schreibarbeiten erledigt hat. Was meinen Sie, sollte er dies dem Finanzamt melden, oder braucht er das nicht unbedingt zu tun?"

| A | September 1982 | | |
	Sollte er melden %	Braucht er nicht %	Unent- schieden %
Freizeitverdienst	28	53	19 = 100

Frage: „Hier unterhalten sich zwei Freunde über ihre Steuererklärungen. Welcher von beiden macht es Ihrer Ansicht nach richtig?" (B, X)

Der eine: „Ich finde, der Staat kassiert mehr als genug. Da braucht man ihm nicht auch noch zu helfen, indem man es zu genau nimmt."

Der andere: „Ich gebe in der Steuererklärung immer alle meine Einkünfte an, auch wenn ich etwas dazuverdient habe und das, was ich so an Zinsen bekomme. Dazu ist man verpflichtet."

| | November 1982 | | |
| | In der Steuererklärung – | | Unentschieden |
	nehmen es nicht so genau %	geben alles genau an %	%
Bevölkerung insgesamt	46	37	17 = 100
BERUFSKREISE			
Angelernte Arbeiter	48	33	19 = 100
Facharbeiter	52	32	16 = 100
Einfache Angestellte, Beamte	44	39	17 = 100
Leitende Angestellte, Beamte	39	45	16 = 100
Selbständige, freie Berufe	35	45	20 = 100
Landwirte	51	32	17 = 100

C. SOZIALE GRUPPEN IM WIRTSCHAFTSLEBEN

1. UNTERNEHMER

Frage: „Wenn Sie von Unternehmern hören: Denken Sie, das sind tüchtige Leute, oder Leute, die bloß aus der Arbeit anderer ihren Profit ziehen?"

	1955 %	1962 %	1965 %	1970 %	1972 %	1974 %	1976 %	1978 %	1980 %
Tüchtige Leute	50	44	49	44	48	46	48	53	55
Ziehen bloß Profit	17	19	23	27	24	23	22	19	18
Unentschieden	33	37	28	29	28	31	30	28	27
	100	100	100	100	100	100	100	100	100

	Arbeitnehmer, die von ihrem Chef –					
	eine gute Meinung haben			keine gute Meinung haben		
Es beurteilen die Unternehmer als –	1952 %	1976 %	1980 %	1952 %	1976 %	1980 %
tüchtige Leute	45	52	58	31	31	37
ziehen bloß Profit	23	18	14	30	40	32
Unentschieden	32	30	28	39	29	31
	100	100	100	100	100	100

VERWANDELTES BILD

Frage: „Wenn Sie von Unternehmern hören, was haben Sie da für einen Eindruck: Glauben Sie, daß heute die meisten Unternehmer nur an ihren persönlichen Gewinn denken oder auch sozial eingestellt sind?"

A	1950 Bevölkerung insgesamt	1980	Ange- lernte Arbeiter	Fach- arbeiter	Berufskreise			
					Einfache Ange- stellte, Beamte	Leitende Ange- stellte, Beamte	Selbstän- dige, freie Berufe	Land- wirte
	%	%	%	%	%	%	%	%
Nur an Gewinn denkend .	60	39	44	41	44	31	23	28
Auch sozial eingestellt . .	16	40	35	35	38	50	61	46
Unentschieden	24	21	21	24	18	19	16	26
	100	100	100	100	100	100	100	100

Weitere Ergebnisse s. JB V, 486

UNTERNEHMER-IMAGE

Frage: *„Hier habe ich Karten, auf denen verschiedenes steht, was man über Unternehmer alles sagen kann. Natürlich gibt es da große Unterschiede – aber wenn Sie jetzt einmal an die Unternehmer im allgemeinen denken – können Sie jetzt bitte alle Karten herauslegen, die Ihrer Ansicht nach auf die Unternehmer im allgemeinen zutreffen?"* (K)

	1976 %	1980 %
Energisch	52	49
Gute Organisation	49	44
Tüchtig	48	44
Haben überall in der Politik ihre Hände drin, haben viel Einfluß auf die Politik	42	37
Fleißig, unermüdlich	37	37
Verantwortungsbewußt	41	36
Kein Verständnis für einfache Leute	33	34
Klug, intelligent	40	33
Fortschrittlich, denken weit voraus	37	33
Ideenreich	37	32
Wagemutig	34	30
Übertrieben arbeitsam, machen sich krank	32	29
Starke Persönlichkeiten, verstehen andere mitzureißen	31	29
Rücksichtslos	31	29
Nervös	34	29
Die meisten sind Millionäre	29	28
Sparsam, verstehen gut zu wirtschaften	29	28
Nutzen andere für sich aus, Ausbeuter	26	25
Raffgierig, können nie genug bekommen	27	24
In Notfällen hilfsbereit	24	23
Protzig	22	23
Unnahbar	21	22
Materialisten, keine Ideale	26	21
Ruhig, überlegen	26	20
Verschlagen, raffiniert	22	20
Bequem, lassen andere die Arbeit machen	20	19
Geizig	20	18
Überheblich, hochmütig, eingebildet	20	17
Eingebildet, eitel	18	16
Egoistisch, unsozial	17	16
Sozial eingestellt	18	14
Gerecht, meinen es gut mit Mitarbeitern	16	14
Humorlos	14	14
Machen unsaubere Geschäfte, haben kein Gewissen	17	13
Können nicht zuhören, erkennen nicht die guten Gedanken	16	12
Kultiviert, Interesse für Kunst und Wissenschaft	15	12
Selbstlos, denken mehr an den Betrieb und an die Mitarbeiter als an sich selbst	15	12
Tyrannisch, diktatorisch, können nur kommandieren	15	12
Kalt, herzlos	15	10
Unmoralisch, wollen sich nur amüsieren, das „süße Leben" genießen	8	7
Andere Angaben	17	13

GEWINNE

Frage: „Sind Sie dafür oder dagegen, daß die Unternehmen Gewinne machen?"

Januar 1983
%

Dafür	67
Dagegen	7
Kommt darauf an	21
Kein Urteil	5
	100

Frage: „In letzter Zeit wurde ja viel darüber gesprochen, daß in der Wirtschaft große Aufträge vom Ausgang der Wahl abhängig gemacht werden. Haben Sie schon davon gehört?" (Ja, gehört = 81%)

„Darüber unterhalten sich hier zwei. Wer von den beiden sagt eher das, was auch Sie denken?" (B)

Februar 1983
%

„Ich halte das für Unsinn, wenn Aufträge von dem Wahlausgang abhängig gemacht werden. Wie es wirtschaftlich weitergeht, entscheidet sich nicht am 6. März."   47

„Ich glaube schon, daß die Wahl auch darüber entscheidet, wie es wirtschaftlich weitergeht. Deswegen kann ich verstehen, wenn Aufträge vom Wahlausgang abhängig gemacht werden."   41

Unentschieden   12

100

SELBSTÄNDIG WERDEN

Frage an berufstätige Arbeiter und Angestellte: „Wären Sie grundsätzlich daran interessiert, sich beruflich selbständig zu machen?"

	1962 Arbeitnehmer insgesamt %	1976 Arbeitnehmer insgesamt %	1980 Arbeitnehmer insgesamt %	Männer %	Frauen %	Ange- lernte Arbeiter %	Berufskreise Fach- arbeiter %	Berufskreise Einfache Ange- stellte %	Berufskreise Leitende Ange- stellte %
Ja, unbedingt .	17	7	13	14	11	12	13	13	15
Vielleicht	20	21	25	28	21	21	31	27	27
Nein	63	72	62	58	68	67	56	60	58
	100	100	100	100	100	100	100	100	100

2. JUNGE SELBSTÄNDIGE UND HANDWERKER

Frage: „*Vielleicht können Sie sich noch erinnern: Was sprach denn in letzter Zeit dafür und was dagegen, sich selbständig zu machen?*" (O)

J   Juni 1979

	Personen, die in den letzten drei Jahren –	
	sich selbständig überlegt haben, gemacht haben	sich selbständig zu machen, aber davon abkamen
Dafür sprach:	%	%

Wollte unabhängig, frei sein, nicht für andere arbeiten, selbst die Entscheidungen treffen	57	54
Es gab eine gute Gelegenheit	22	22
Ich sah die Chance, mehr zu verdienen	17	22
Habe genug Berufserfahrung, Fähigkeiten, um mich selbständig zu machen	7	7
Hatte keinen oder keinen zufriedenstellenden Arbeitsplatz	7	9
Es war ein alter, langjähriger Wunsch von mir, hatte Spaß an dem Beruf	3	2
Hatte Partner, die mitmachen wollten	2	2
Gespräche mit Bekannten, Kollegen und Verwandten, Vorbildern	1	4
Anderes	7	8
Keine (konkrete) Angabe	7	4

Dagegen sprach:

Das finanzielle Risiko	35	30
Erfordert mehr Arbeit, Anstrengung	9	3
Die Kapitalbeschaffung, Finanzierung war zu schwierig, zu teuer	7	15
Marktlage in dieser Branche war (am Ort) zu schlecht	7	15
Lohnt sich finanziell nicht	6	13
Unternehmerfeindliche Haltungen	6	1
Zweifel an den eigenen Fähigkeiten	5	10
Zuwenig Freizeit, Urlaub	4	×
Familiäre, private Gründe	3	14
Es ist schwer, gute Mitarbeiter zu finden	2	2
Konkurrenz zu groß	2	5
Habe einen zufriedenstellenden Arbeitsplatz	×	8
Andere Angaben	3	16
Keine (konkrete) Angabe	29	4

Frage: „Was würden Sie sagen, sind die Verhältnisse in der Bundesrepublik eher günstig oder eher ungünstig, um sich selbständig zu machen?"

J	Juni 1979		
Personen, die in den letzten drei Jahren –	Eher günstig %	Eher ungünstig %	Unentschieden %
sich selbständig gemacht haben	48	30	22 = 100
überlegt haben, sich selbständig zu machen, aber davon abkamen	42	37	21 = 100

GUTE CHANCE WAHRGENOMMEN

Frage an Personen, die sich in den letzten drei Jahren selbständig gemacht haben: „Und wie kamen Sie dazu, daß Sie sich selbständig gemacht haben? Erzählen Sie doch bitte genau, wie sich das ergeben hat." (O)

Frage an Personen, die sich in den letzten drei Jahren überlegt haben, sich selbständig zu machen, aber davon abkamen: „Und wie kamen Sie dazu, daß Sie sich selbständig machen wollten? Erzählen Sie doch bitte genau, wie sich das ergeben hat." (O)

J	Juni 1979	
	Personen, die in den letzten drei Jahren –	
	sich selbständig gemacht haben %	überlegt haben, sich selbständig zu machen, aber davon abkamen %
Es gab eine gute Gelegenheit	39	30
Wollte unabhängig, frei sein, nicht für andere arbeiten, selbst die Entscheidungen treffen	22	24
Hatte keinen oder keinen zufriedenstellenden Arbeitsplatz . .	20	13
Durch Gespräche mit Bekannten, Kollegen und Verwandten, Vorbildern	12	15
Habe genug Berufserfahrung, Fähigkeiten, um mich selbständig zu machen	12	26
Es war ein alter, langjähriger Wunsch von mir, hatte Spaß an dem Beruf	12	13
Ich sah die Chance, mehr zu verdienen	11	11
Hatte Partner, die mitmachen wollten	2	3
Anderes	8	7
Keine (konkrete) Angabe	1	3

HANDEL – HANDWERK – DIENSTLEISTUNGEN

Frage an Personen, die sich in den letzten drei Jahren selbständig gemacht haben: *„Wir sprachen schon davon, daß Sie sich in den letzten Jahren selbständig gemacht haben. Könnten Sie mir bitte sagen, als was Sie sich selbständig gemacht haben?"* (O)

Frage an Personen, die sich in den letzten drei Jahre überlegt haben, sich selbständig zu machen, aber davon abkamen: *„Wir sprachen davon, daß Sie in den letzten Jahren überlegt haben, sich selbständig zu machen. Könnten Sie mir bitte sagen, was Sie machen wollten?"* (O)

J   Juni 1979

	Personen, die in den letzten drei Jahren –	
Die beschriebene Arbeit gehört zu:	sich selbständig gemacht haben %	überlegt haben, sich selbständig zu machen, aber davon abkamen %
Handel	40	30
Handwerk	33	19
Dienstleistungen	25	42
Industrie	2	3
Anderes	×	6
	100	100

GELD UND ZUFRIEDENHEIT

Frage: *„Hier unterhalten sich zwei. Würden Sie es bitte einmal lesen ... Welchem würden Sie eher zustimmen?"* (B)

Der eine: *„Ich finde, das Wichtigste ist nun mal das Geldverdienen, daß man wirtschaftlich gut dasteht. Wer genügend Geld hat, lebt im allgemeinen auch angenehm."*

Der andere: *„Mir ist das Geld nicht so wichtig; denn so leben, daß man innerlich zufrieden ist, kann man auch mit weniger Geld."*

J   Juni 1979

	Personen, die in den letzten drei Jahren –	
	sich selbständig gemacht haben %	überlegt haben, sich selbständig zu machen, aber davon abkamen %
Geld ist das Wichtigste	45	44
Geld ist nicht das Wichtigste	42	45
Unentschieden	13	11
	100	100

URTEILE – VORURTEILE

Frage: „Hier auf den Karten steht einiges, was man manchmal über bestimmte selbständige Berufs-
gruppen hören kann. Suchen Sie bitte doch alles heraus, was Ihrer Ansicht nach stimmt." (K)

J   Juni 1979

	Personen, die in den letzten drei Jahren –	
	sich selbständig gemacht haben	überlegt haben, sich selbständig zu machen, aber davon abkamen
	%	%
Die persönliche Beratung wird von den Kunden immer noch besonders geschätzt	91	83
Kleine Lebensmittelhändler haben gegenüber den Super-märkten in Zukunft immer weniger Chancen	74	87
Die steuerliche Belastung ist heute für die Selbständigen zu hoch	70	62
Als Selbständiger macht man heute große Gewinne	64	49
Der Staat greift heute den Selbständigen zuwenig unter die Arme	61	48
Als Selbständiger hat man es schwer, gute Arbeiter oder An-gestellte zu bekommen	59	50
Es gibt heute zuwenig gute Handwerker	57	59
Der kleine Geschäftsmann hat heute zu hohe Sozialausgaben für seine Mitarbeiter zu leisten	55	54
Die Zahl der Selbständigen, die ihren Betrieb aufgeben müs-sen, wird in Zukunft immer größer	47	47
In einigen Jahren wird es wieder mehr kleine Handwerksbe-triebe, wie Schuhmacher oder Schneider, geben als heute . . .	41	46
Handwerker und kleine Geschäftsleute sind in unserer Gesell-schaft besonders benachteiligt	34	37
Ein junger Handwerker, der sich heute selbständig macht, hat es schwer, Kunden zu finden	33	37
Die Meister, die sich heute selbständig machen, können nicht lange durchhalten	24	34
Viele Leute meinen, als Selbständiger hat man nur dann Er-folg, wenn man bei seinen Geschäften keine Rücksichten kennt	23	21

BERUFSBILD

Frage: *„Wenn Sie diese Karten bitte einmal durchsehen und jetzt alles heraussuchen, was auf Ihren jetzigen Beruf, Ihre jetzige Tätigkeit zutrifft?"* (K)

J

Juni 1979
Personen, die
sich in den letzten
drei Jahren selb-
ständig gemacht
haben
%

Viel Kontakt mit anderen Menschen	84
Große Entscheidungsfreiheit	68
Abwechslungsreiche Tätigkeit	67
Eine Arbeit, die mich herausfordert, bei der ich beweisen muß, was ich kann	65
Eine Arbeit, die mich ganz erfüllt	61
Ein Beruf, bei dem es darauf ankommt, eigene Ideen zu haben	60
Seine Arbeit und Arbeitszeit selber einteilen können	59
Ein Beruf, der den eigenen Neigungen und Fähigkeiten vollkommen entspricht	57
Anerkennung der eigenen Leistung	50
Aufgaben, die viel Verantwortungsbewußtsein erfordern	48
Möglichkeiten, andere Menschen zu führen	35
Ein Beruf, der angesehen und geachtet ist	33
Ein Beruf, der Zukunft hat, Erfolg verspricht	33
Nette Arbeitskollegen, Mitarbeiter	32
Hohes Einkommen	31
Ein Beruf, bei dem man anderen helfen kann	29
Arbeit, für die sich auch die Familie interessiert	27
Sicherer Arbeitsplatz	21
Ein Beruf, bei dem man etwas Nützliches für die Allgemeinheit tun kann	20
Gute Aufstiegsmöglichkeiten	16
Eine gute Altersversorgung bekommen, im Alter gesichert sein	15
Daß man für Entscheidungen immer genügend Zeit hat, sie nie unter Zeitdruck treffen muß	15
Wenig Streß	11
Geregelte Arbeitszeit, wenig Überstunden	7
Viel Urlaub	6
Tätigkeit, bei der man wenig riskieren muß	5

WAR RICHTIG!

Frage: *„Alles in allem, war es damals richtig, sich selbständig zu machen, oder würden Sie das von heute aus gesehen nicht sagen?"*

J

	Juni 1979		
	War richtig	Würde ich nicht sagen	Unentschieden
	%	%	%
Personen, die sich in den letzten drei Jahren selbständig gemacht haben	87	4	9 = 100

HANDWERKER

Frage: „Haben Sie alles in allem eine gute oder keine so gute Meinung von den Handwerkern heute?"

A	August 1977 %
Gute Meinung	57
Keine so gute Meinung	23
Unentschieden	20
	100

GEMISCHTER EINDRUCK

Frage: „Wenn jemand sagt, die Handwerker sind heutzutage recht unzuverlässig, sie halten oft die Termine nicht ein und arbeiten oft nicht ordentlich. Würden Sie dem zustimmen oder nicht zustimmen?"

A	August 1977 %
Nicht zustimmen	40
Zustimmen	33
Unentschieden	27
	100

IM GROSSEN UND GANZEN: GUTE ERFAHRUNGEN

Fragen: „Hier auf dieser Liste sind verschiedene Handwerker aufgeschrieben. Sind welche dabei, mit denen Sie in den letzten zwei Jahren persönlich zu tun hatten, die für Sie etwas gemacht oder repariert haben?" (L)

„Welche Handwerker fehlen hier in gut erreichbarer Nähe, welche vermissen Sie hier besonders?" (L)

Fragen an Personen, die in den letzten 2 Jahren Handwerker beschäftigten (87 = 100%): „Der Handwerker, mit dem Sie zuletzt zu tun hatten, was war das für ein Handwerker?"

„Wie waren Sie mit der Arbeit dieses Handwerkers zufrieden?"

	Bevölkerung insgesamt		Personen, die Handwerker beschäftigten, waren mit diesen	
	Beschäftigt in letzten 2 Jahren %	Fehlen in erreichbarer Nähe %	im ganzen zufrieden %	nicht zufrieden %
Radio-, Fernsehtechniker	49	6	89	11
Schuster	47	10	94	6
Elektriker	36	3	97	3
Installateur, Klempner	32	5	89	11
Automechaniker	37	4	87	13
Maler, Tapezierer	32	2	96	4
Schornsteinfeger	32	2	87	13
Uhrmacher	31	6	90	10
Heizungsmonteur	20	4	93	7
Schneider	17	6	96	4
Maurer	17	2	91	9
Glaser, Fensterbauer	17	3	94	6
Schreiner, Tischler	16	3	98	2
Fernmeldetechniker	14	4	96	4
Schlosser	11	2	88	12
Fliesenleger, Plattenleger	11	4	93	7
Dachdecker	11	4	83	17
Goldschmied	11	6	96	4
Zimmermann	7	3	×	×
Gipser	4	3	×	×

August 1977

BLICK AUF DIE RECHNUNG

Frage an Personen, die in den letzten 2 Jahren Handwerker beschäftigten (87 = 100 Prozent):

„Der Handwerker, mit dem Sie zu tun hatten, was war das für ein Handwerker?"

„Schien Ihnen die Rechnung des Handwerkers für diese Arbeit angemessen, oder zu hoch, oder war sie niedriger, als Sie erwartet hatten?"*)

August 1977

| | Personen, die Handwerker beschäftigten, fanden deren Rechnung – | | | |
	angemessen %	zu hoch %	niedriger als erwartet %	Kein Urteil %
Handwerker insgesamt	55	26	10	9 = 100
– aus Handwerksbetrieb	56	31	5	8 = 100
– privat, unter der Hand	56	8	29	7 = 100
Schneider	72	6	14	8 = 100
Goldschmied	70	13	8	9 = 100
Fliesen-, Plattenleger	69	15	8	8 = 100
Schuster	67	25	6	2 = 100
Schlosser	66	20	7	7 = 100
Glaser, Fensterbauer	64	24	2	10 = 100
Dachdecker	63	22	3	12 = 100
Schreiner, Tischler	62	21	11	6 = 100
Maurer	59	12	15	14 = 100
Uhrmacher	58	27	9	6 = 100
Maler, Tapezierer	58	17	16	9 = 100
Heizungsmonteur	56	22	6	16 = 100
Elektriker	55	22	16	7 = 100
Installateur, Klempner, Flaschner	50	27	8	15 = 100
Radio-, Fernsehtechniker	49	36	9	6 = 100
Automechaniker	49	35	9	7 = 100
Schornsteinfeger	48	31	5	16 = 100
Fernmeldetechniker	33	33	10	24 = 100

*) Falls die letzte Rechnung noch nicht vorlag, wurde ermittelt, von welchem Handwerker die vorletzte Rechnung kam.

3. ARBEITNEHMER UND GEWERKSCHAFTEN

Frage: „Glauben Sie, daß die Gewerkschaften in erster Linie die Interessen der Arbeiter und Angestellten vertreten, oder haben die Gewerkschaften andere Interessen, die ihnen wichtiger sind?"

Falls: ‚andere Interessen': „Welche Interessen sind das?"

	1952 Juni %	1974 Aug. %	1978 April %	1982 März %
Interessen der Arbeiter und Angestellten	45	59	65	55
Andere Interessen	23	24	20	23
und zwar: machtpolitische Interessen	11	8	6	3
eigenes Interesse als Unternehmer	×	4	3	3
materielle Interessen der Funktionäre	10	4	4	7
allgemein: vertreten den eigenen Vorteil	×	5	4	7
keine konkreten Angaben	2	3	3	3
Weiß nicht	32	17	15	22
	100	100	100	100

ZIELE

Frage: „Welches sind Ihrer Meinung nach die wichtigsten Ziele, für die sich die Gewerkschaften in der Bundesrepublik zur Zeit einsetzen sollten?" (L) (Nicht mehr als 3 Angaben)

		Oktober 1980		
	Bevölkerung insgesamt	Arbeitnehmer		
		Ges.	Facharbeiter	Leitende Angestellte
	%	%	%	%
Verbesserung der Bedingungen am Arbeitsplatz ...	49	51	54	56
Schutz bei Rationalisierung	38	43	43	35
Höhere Löhne	33	39	42	32
Mehr Mitbestimmung	31	34	42	27
Bessere Sozialleistungen	30	38	44	38
Bessere Gesundheitsversorgung	26	30	30	35
Längerer Urlaub	24	39	44	31
Kürzere Arbeitszeit	22	32	38	13
Verbot der Aussperrung	18	27	36	19

URTEILE ÜBER GEWERKSCHAFTEN ALS INTERESSENVERTRETER

Frage: „Sind Sie mit der Art, wie die Gewerkschaften heute die Interessen der Arbeitnehmer vertreten, zufrieden oder nicht zufrieden?"

	1952 Okt.	1955 März	1979 Jan.	Insgesamt	Gewerkschaftsmitglieder			
	Bevölkerung insgesamt				Angelernte Arbeiter	Facharbeiter	Einfache Angestellte, Beamte	Leitende Angestellte, Beamte
	%	%	%	%	%	%	%	%
Sehr zufrieden	5	6	4	9	8	11	8	6
Überwiegend zufrieden	21	25	36	59	66	61	57	44
Überwiegend unzufrieden	16	15	25	20	14	19	23	29
Ganz unzufrieden	10	10	15	8	7	7	7	21
Weiß nicht	48	44	20	4	5	2	5	×
	100	100	100	100	100	100	100	100

WILLE ZUR MACHT

Frage: „Man hört manchmal die Meinung, daß die Gewerkschaften heute versuchen, in der Politik immer mehr Macht und Einfluß zu gewinnen. Finden Sie das auch, oder finden Sie das nicht?"

Februar 1980

	insgesamt	Angelernte Arbeiter	Berufstätige Arbeitnehmer				
			Facharbeiter	Angestellte		Beamte	
				Einfache	Leitende	Einfache	Höhere
	%	%	%	%	%	%	%
Streben nach mehr Macht und Einfluß ...	47	33	42	52	58	52	62
Streben nicht danach .	34	38	42	28	27	41	22
Unentschieden	19	29	16	20	15	7	16
	100	100	100	100	100	100	100

STRUKTUR DER MITGLIEDSCHAFT

Frage: *„Sind Sie in der Gewerkschaft?"*

	Februar 1982 Mitglieder der Gewerkschaft		
	insges. %	Männer %	Frauen %
Arbeiter insgesamt	44	52	24
Angelernte Arbeiter	33	41	23
Facharbeiter	52	56	25
Angestellte insgesamt	21	30	14
Einfache Angestellte	21	32	13
Leitende Angestellte	25	27	19
Beamte insgesamt	44	47	29
Einfache Beamte	52	55	35
Leitende Beamte	36	38	24

Frage: *„Finden Sie, daß in einem Betrieb alle Arbeiter in der Gewerkschaft sein sollten?"*

A	Gesamtbevölkerung		Berufstätige einschl. Arbeitslose	
	1955 %	1980 %	1955 %	1980 %
Ja, sollten alle drin sein	44	36	27	17
Nein, bin dagegen	20	35	13	8
Unentschieden	36	29	22	14
Keine Antwort	×	×	38	61
	100	100	100	100

PARTEIPRÄFERENZ DER GEWERKSCHAFTLICH ORGANISIERTEN ARBEITNEHMER

	Gesamt*)		Arbeiter		Angestellte		Beamte	
	1978 %	1982 %	1978 %	1982 %	1978 %	1982 %	1978 %	1982 %
SPD	59	44	63	51	57	42	49	35
CDU/CSU	31	43	28	39	32	41	38	54
FDP	6	3	5	3	7	3	10	2
Grüne	3	8	3	6	3	13	1	8
Sonstige Parteien	1	2	1	1	1	1	2	1
	100	100	100	100	100	100	100	100

*) Personen mit konkreter Parteiangabe, ermittelt auf die Frage: „Wenn schon am nächsten Sonntag Bundestagswahl wäre ..." Siehe Seite 298 und Trend-Grafik auf beiliegendem Faltblatt.

POLITISCHER EINFLUSS GEWACHSEN

Frage: „*Finden Sie, der politische Einfluß der Gewerkschaften in der Bundesrepublik hat in den letzten Jahren zugenommen oder abgenommen?*"

	Jan. 1979 Bev. ges.	Februar 1980 Berufstätige Arbeitnehmer				
		gesamt	Altersgruppen			
			18–29	30–39	40–49	50–64
	%	%	%	%	%	%
Zugenommen	63	57	56	60	60	54
Abgenommen	3	4	4	4	4	2
Gleichgeblieben	17	25	23	26	22	32
Weiß nicht	17	14	17	10	14	12
	100	100	100	100	100	100

Frage: „*Sind die Gewerkschaften in Deutschland zu radikal oder zu lasch?*"

	1952 Okt.	1955 März	1963 Dez.	1970 Nov.	1974 Aug.	1978 Dez.
	%	%	%	%	%	%
Zu radikal	18	24	21	25	37	34
Zu lasch	24	17	19	20	12	12
Gerade richtig	21	24	30	31	33	35
Weiß nicht	37	35	30	24	18	19
	100	100	100	100	100	100

NEUTRAL?

Frage: „*Finden Sie, die Gewerkschaften sind alles in allem neutral, oder stehen sie mehr auf seiten der CDU/CSU oder mehr auf seiten von SPD und FDP?*"

	1976 Sept.	1979 Jan. Bev. insges.*)	Mitglieder der Gewerk- schaft	Nicht Mitglieder
	%	%	%	%
Mehr auf seiten von SPD und FDP	59	52	57	51
Mehr auf seiten von CDU/CSU	2	3	4	3
Von Fall zu Fall ganz verschieden	7	12	10	12
Neutral	19	17	23	16
Weiß nicht	13	16	6	18
	100	100	100	100

*) ab 18 Jahre

PARTEINAHME DER GEWERKSCHAFTEN

Frage: „Darüber, ob sich die Gewerkschaften im Wahlkampf für eine bestimmte Partei einsetzen sollen oder nicht, unterhalten sich hier zwei. Welchem davon würden Sie eher zustimmen?" (B)

Der eine: „Ich meine, die Gewerkschaften sollten sich im Wahlkampf möglichst zurückhalten. Schließlich gibt es in den Gewerkschaften Mitglieder und Anhänger aller Parteien, so daß es falsch ist, wenn sich die Gewerkschaftsspitzen einseitig für eine Partei einsetzen."

Der andere: „Da bin ich anderer Meinung. Die Aufgabe der Gewerkschaften ist es, die Interessen der Arbeitnehmer zu vertreten, auch politisch. Es ist daher das gute Recht der Gewerkschaften, sich für diejenige Partei einzusetzen, die ihrer Ansicht nach am besten die Arbeitnehmer-Interessen vertritt."

Im Wahlkampf sollten sich die Gewerkschaften –	1976 Sept. Bev. %	1979 Jan. insgesamt %	Mitglieder der Gewerk- schaft %	Nicht Mitglieder %
nicht für eine Partei allein einsetzen	60	56	52	58
für die nach ihrer Überzeugung beste Partei einsetzen .	29	24	38	20
Unentschieden	11	20	10	22
	100	100	100	100

ZUSAMMENARBEIT MIT KOMMUNISTEN

Frage: „Billigen Sie es, wenn die Gewerkschaften gelegentlich mit kommunistischen Parteien und Gruppen zusammenarbeiten, oder sollten sie das unter keinen Umständen tun?"

A   September 1980

	Billige es %	Unter keinen Umständen %	Unentschieden %
Bevölkerung insgesamt	12	68	20 = 100
Gewerkschaftsmitglieder insgesamt	20	60	20 = 100

KLASSENKAMPF

Frage: *„Hier unterhalten sich zwei. Würden Sie das einmal lesen und mir sagen, wem Sie eher zustimmen?"* (B)

Der eine: *„Ich finde, in der heutigen Zeit ist der Begriff vom Klassenkampf überholt. Arbeitnehmer und Arbeitgeber sitzen doch in einem Boot und müssen sich partnerschaftlich miteinander verständigen."*

Der andere: *„Da bin ich anderer Meinung: auch in der heutigen Zeit ist es richtig und notwendig, vom Klassenkampf zu sprechen. Arbeitnehmer und Arbeitgeber haben im Grunde völlig grundsätzliche und unvereinbare Interessen, daß es leeres Gerede ist, von Partnerschaft zu sprechen."*

Berufstätige Arbeitnehmer

	Dez. 1982 insgesamt %	Feb. 1980 18–29 %	Altersgruppen 30–39 %	40–49 %	50–64 %
Klassenkampf ist ein überholter Begriff . . .	50	58	57	57	58	63
Klassenkampf ist auch heute noch nötig . .	35	25	26	26	24	24
Unentschieden	15	17	17	17	18	13
	100	100	100	100	100	100

TARIFAUSEINANDERSETZUNGEN

Frage: *„In den meisten Wirtschaftsbereichen wird ja jedes Jahr neu über Löhne und Gehälter verhandelt. Manchmal kommt es dabei zu langen und zähen Verhandlungen und auch zu Kampfmaßnahmen zwischen Gewerkschaften und Arbeitgebern. Wenn Sie einmal an die letzten Jahre denken, wo, in welchen Bereichen waren die Tarifauseinandersetzungen besonders heftig?"* (L)

	Dezember 1980 %
Metallindustrie	70
Druckindustrie	48
Öffentlicher Dienst	42
Bauindustrie	8
Textilindustrie	7
Chemische Industrie	4
Weiß nicht	13

Frage: *„In Bonn wird überlegt, ob künftig die Regierung bei längeren Streiks eingreifen soll – was halten Sie davon: Soll die Regierung eingreifen oder nicht eingreifen?"*

I	1957 Jan. %	1963 Mai %	1979 Jan. %
Eingreifen	48	54	36
Nicht eingreifen	29	24	45
Unentschieden	23	22	19
	100	100	100

AUSSPERRUNG

Frage: „Man kann ja unterschiedlicher Meinung darüber sein, ob bei einem Streik, den die Gewerkschaften ausgerufen haben, der Unternehmer das Recht hat, eine Aussperrung aller in seinem Betrieb Beschäftigten als Gegenmaßnahme zu beschließen. – Darüber unterhalten sich hier zwei. Welchem würden Sie eher recht geben?" (B)

	Februar 1980 Berufstätige Arbeitnehmer				
	insgesamt	Altersgruppen			
		18–29	30–39	40–49	50–64
	%	%	%	%	%
„Ich finde, wenn die Arbeiter ein Recht zum Streiken haben, dann muß man auch den Unternehmern das Recht geben, sich zu wehren. Ich finde es deshalb richtig, daß es die Aussperrung gibt."	37	33	36	39	44
„Ich finde, daß die Unternehmer kein Recht zur Aussperrung haben sollten. Die Machtverhältnisse bei Lohnverhandlungen sind sonst ungleich verteilt, weil die Unternehmer immer am längeren Hebel sitzen."	47	51	48	46	40
Unentschieden	16	16	16	15	16
	100	100	100	100	100

MITBESTIMMUNG

Frage: „Über die Form der Mitbestimmung im Mannesmann-Konzern ist es ja zu Auseinandersetzungen zwischen der Unternehmensleitung und der Gewerkschaft gekommen. Wußten Sie das, oder hören Sie das jetzt zum ersten Mal?" (Wußte ich = 69%)

Frage: „Ist die Montan-Mitbestimmung eine wichtige Frage für Sie, oder interessieren Sie sich nicht so sehr dafür?"

	1980 Nov. %
Wichtige Frage	28
Interessiere mich nicht so sehr dafür	54
Kein Urteil	18
	100

ZWEI MODELLE

Frage: „*In der Bundesrepublik gibt es ja zwei verschiedene Formen der Mitbestimmung. Hier auf dieser Liste sind sie kurz beschrieben. Wenn Sie das bitte einmal lesen. Wenn Sie alles in allem nehmen, welche Form der Mitbestimmung ist Ihrer Meinung nach die bessere?*" (L, X)

	1980 Nov. %
„Für die Montan-Industrie (Kohle- und Stahlbetriebe) gilt seit 1951 die paritätische Mitbestimmung, das heißt, im Aufsichtsrat sitzen ebenso viele Vertreter der Unternehmer wie der Arbeitnehmer. Bei Stimmengleichheit entscheidet ein zusätzliches neutrales Aufsichtsratmitglied."	45
„Seit 1976 gilt für die meisten Großbetriebe das folgende Mitbestimmungsmodell: Die Arbeitnehmerseite, zu der auch ein leitender Angestellter gehört, hat genauso viele Stimmen im Aufsichtsrat wie die Unternehmerseite. Bei Stimmengleichheit entscheidet die Stimme des Aufsichtsratvorsitzenden, der von der Unternehmerseite stammt."	20
Unentschieden	35
	100

Frage an Arbeitnehmer: „*Halten Sie das Mitbestimmungsgesetz von 1976 oder die Montan-Mitbestimmung für die bessere Form der Mitbestimmung?*"

	September 1980		
	Montan-Modell %	Mitbestimmungsgesetz von 1976 %	Unentschieden %
Arbeitnehmer insgesamt	61	22	17 = 100
BERUFSKREISE			
Angelernte Arbeiter	59	17	24 = 100
Facharbeiter	65	25	10 = 100
Einfache Angestellte	61	19	20 = 100
Leitende Angestellte	53	36	11 = 100
Arbeitnehmer in Montanbetrieben	73	12	15 = 100
Gewerkschaftsmitglieder	75	16	9 = 100
Nicht-Organisierte	52	26	22 = 100
POLITISCHE ORIENTIERUNG			
SPD-Anhänger	67	20	13 = 100
CDU/CSU-Anhänger	53	27	20 = 100
FDP-Anhänger	56	29	15 = 100

SONDERABGABE FÜR ARBEITSLOSE JUGENDLICHE

Frage: „Wenn die CDU (Parallelumfrage: SPD) den Vorschlag macht, daß alle Arbeitnehmer eine
Sonderabgabe zahlen müssen, um für arbeitslose Jugendliche neue Ausbildungsplätze zu schaffen.
Glauben Sie, die Gewerkschaften wären für oder gegen diesen Vorschlag?"

| | Dezember 1982 | | |
Falls Vorschlag von –	Dafür %	Dagegen %	Unmöglich zu sagen %
CDU	23	51	26 = 100
SPD	27	47	26 = 100

Frage: „Kommt nach Ihrer Meinung eine von der CDU/CSU geführte Regierung eher besser oder
eher schlechter mit den Gewerkschaften zurecht als eine von der SPD geführte Regierung?"

| | Dezember 1982 | | |
	Besser %	Schlechter %	Unentschieden %
Bevölkerung insgesamt	11	57	32 = 100

„NEUE HEIMAT": WESSEN HEIMAT?

Frage: „Die Gewerkschaft hat ja den Vorstand ihrer Wohnungsbaugesellschaft ‚Neue Heimat' abgesetzt, weil er sich privat bereichert hat. Wußten Sie das, oder hören Sie das jetzt zum ersten Mal?"
(Ja, wußte ich: 90%)

„Waren oder sind Sie von diesen Vorwürfen eigentlich sehr überrascht oder nicht so sehr?"

„Glauben Sie, den Gewerkschaften schadet diese Sache mit der ‚Neuen Heimat', oder glauben Sie
das nicht?"

	1982 März %			1982 März %
Sehr überrascht	42	Schadet sehr	51
Nicht so sehr	43	Schadet ein wenig	27
Weiß nicht	15	Glaube ich nicht	11
	———	Unmöglich zu sagen	11
	100		———
			100

D. ARBEIT UND BERUF

1. ARBEITSPLATZ UND BERUFSPORTRÄT

Frage: „*Sind Sie jetzt berufstätig?*"

D	Insgesamt		Männer		Frauen	
	1953	1979	1953	1979	1953	1979
	%	%	%	%	%	%
Ja, bin berufstätig	44	49	73	70	20	32
Ja, mithelfend im eigenen Betrieb	7	4	7	2	6	5
In Berufsausbildung	1	2	2	2	1	1
Bin arbeitslos	3	2	5	2	1	2
Nein, Schüler, Student	–	2	–	2	–	2
Nein, Rentner, Pensionär	11	20	13	21	10	19
Nein, Hausfrau	32	20	×	×	59	37
Nein	2	1	×	1	3	2
	100	100	100	100	100	100

STRUKTUREN

C   Sommer 1982

Berufstätige Männer ohne Auszubildende

	Ange-lernte Arb.	Fach-arb.	Einf. Angest.	Einf. Beamte	Ltd. Angest.	Ltd. Beamte	Selb-stän-dige	Freie Berufe	Land-wirte
	%	%	%	%	%	%	%	%	%
ALTERSGRUPPEN									
16–29 Jahre	40	37	29	28	12	9	11	6	21
30–44 Jahre	30	36	47	42	51	55	44	60	34
45–59 Jahre	26	24	22	28	34	33	34	26	36
60 u. ä.	4	3	2	2	3	3	11	8	9
	100	100	100	100	100	100	100	100	100
SCHULBILDUNG									
Volksschule	94	87	47	50	26	7	52	18	93
Höhere Schule	6	13	53	50	74	93	48	82	7
	100	100	100	100	100	100	100	100	100
FAMILIENSTAND									
Ledig	38	30	25	25	15	10	12	28	25
Verheiratet	54	65	69	70	79	87	83	66	75
Geschieden	8	4	5	4	5	3	4	6	×
Verwitwet	×	1	1	1	1	×	1	×	×
	100	100	100	100	100	100	100	100	100
NETTO-MONATSEINKOMMEN									
Unter 1000 DM	2	×	×	1	×	×	×	×	7
1000–1249 DM	5	1	1	1	×	×	1	×	6
1250–1499 DM	15	7	6	3	1	1	2	2	13
1500–1999 DM	52	51	29	25	5	4	8	6	32
2000–2499 DM	19	27	34	45	19	16	19	16	21
2500–2999 DM	6	10	17	16	28	22	13	8	4
3000 DM und mehr . . .	1	4	13	9	47	57	57	68	17
	100	100	100	100	100	100	100	100	100

STRUKTUREN

C   Sommer 1982

Berufstätige F r a u e n ohne Auszubildende

	Ange-lernte Arb.	Fach-arb.	Einf. Angest.	Einf. Beamte	Ltd. Angest.	Ltd. Beamte	Selb-stän-dige	Freie Berufe	Land-wirte
	%	%	%	%	%	%	%	%	%
ALTERSGRUPPEN									
16–29 Jahre	33	43	47	32	23	20	6	×	12
30–44 Jahre	28	30	32	36	43	50	53	43	29
45–59 Jahre	36	22	19	28	33	30	28	43	46
60 u. ä.	3	5	2	4	1	×	13	14	13
	100	100	100	100	100	100	100	100	100
SCHULBILDUNG									
Volksschule	93	76	49	24	22	3	60	14	86
Höhere Schule	7	24	51	76	78	97	40	86	14
	100	100	100	100	100	100	100	100	100
FAMILIENSTAND									
Ledig	23	31	39	36	31	33	8	14	3
Verheiratet	60	58	47	56	61	53	74	50	93
Geschieden	9	8	10	8	5	7	10	29	×
Verwitwet	8	3	4	×	3	7	8	7	4
	100	100	100	100	100	100	100	100	100
NETTO-MONATSEINKOMMEN									
Unter 1000 DM	5	6	2	×	×	×	×	×	×
1000–1249 DM	11	8	4	×	1	×	3	×	5
1250–1499 DM	16	8	11	8	1	3	5	7	15
1500–1999 DM	40	47	41	36	29	×	11	14	42
2000–2499 DM	18	17	21	36	20	13	16	7	22
2500–2999 DM	8	8	11	8	13	27	18	7	9
3000 DM und mehr . . .	2	6	10	12	36	57	47	65	7
	100	100	100	100	100	100	100	100	100

BETRIEBSGRÖSSE

Frage: „Könnten Sie mir sagen, wieviel Menschen in Ihrem Betrieb arbeiten? (Einschließlich Familienangehörige, die im Betrieb mitarbeiten)?"

D

Berufstätige ohne Arbeitslose

	Insgesamt		Männer		Frauen	
	1953	1979	1953	1979	1953	1979
BETRIEBSGRÖSSE	%	%	%	%	%	%
Weniger als 5 Personen	30	15	27	12	37	20
5–9 Personen	13	13	13	11	13	15
10–19 Personen	7	10	7	9	6	11
20–49 Personen	8	13	8	14	7	12
50–99 Personen	6	10	7	11	3	9
100–299 Personen	10	12	11	12	9	11
300–999 Personen	10	11	10	12	10	10
1000 und mehr Personen	11	14	13	17	6	10
Nicht zutreffend, arbeite allein	3	1	2	1	7	1
Keine Angabe	2	1	2	1	2	1
	100	100	100	100	100	100

Januar 1983

Berufstätige Männer

	Gesamt	Ange-lernte Arbeiter	Fach-arbeiter	Einfache Ange-stellte, Beamte	Leitende Ange-stellte, Beamte	Selbstän-dige, freie Berufe	Land-wirte
BETRIEBSGRÖSSE	%	%	%	%	%	%	%
Weniger als 5 Personen	9	15	6	2	2	34	64
5–9 Personen	10	10	10	5	3	31	20
10–19 Personen	10	13	16	6	2	8	12
20–49 Personen	14	12	14	17	17	4	×
50–99 Personen	9	11	8	9	12	6	×
100–299 Personen	13	13	11	18	17	×	×
300–999 Personen	12	15	11	14	16	2	×
1000–1999 Personen	6	×	8	6	13	×	×
2000 und mehr Personen	15	11	16	20	15	2	×
Nicht zutreffend / arbeite allein	2	×	×	3	3	13	4
	100	100	100	100	100	100	100

DAUER DER BETRIEBSZUGEHÖRIGKEIT

Frage: „Können Sie mir sagen, wie lange Sie schon in diesem Betrieb/dieser Dienststelle arbeiten?"

D	Berufstätige Arbeitnehmer					
	Insgesamt		Männer		Frauen	
	1953	1979	1953	1979	1953	1979
	%	%	%	%	%	%
Weniger als 2 Jahre	19	15	17	12	24	20
2–5 Jahre	36	23	32	21	46	26
6–10 Jahre	17	26	19	24	14	28
11–15 Jahre	3	13	4	14	2	11
16–20 Jahre	8	8	10	10	3	5
Länger als 20 Jahre	13	14	16	18	4	8
Keine Angabe	4	1	2	1	7	2
	100	100	100	100	100	100

BETRIEBSGRÖSSE

Frage an Berufstätige: „Könnten Sie mir sagen, wieviel Menschen in Ihrem Betrieb arbeiten? (Einschließlich Familienangehörige, die im Betrieb mitarbeiten)?"

Januar 1983

Berufstätige Frauen

BETRIEBSGRÖSSE	Gesamt	Ange-lernte Arbeiter	Fach-arbeiter	Einfache Ange-stellte, Beamte	Leitende Ange-stellte, Beamte	Selbstän-dige, freie Berufe	Land-wirte
	%	%	%	%	%	%	%
Weniger als 5 Personen	17	13	18	7	×	63	72
5–9 Personen	10	1	9	12	×	22	×
10–19 Personen	11	20	9	11	5	×	×
20–49 Personen	16	10	20	19	40	×	8
50–99 Personen	12	15	13	14	15	2	×
100–299 Personen	10	7	11	12	24	×	×
300–999 Personen	12	17	10	14	4	×	×
1000–1999 Personen	4	4	4	4	6	×	5
2000 und mehr Personen	6	8	6	6	6	2	×
Nicht zutreffend / arbeite allein	2	5	×	1	×	11	15
	100	100	100	100	100	100	100

Frage: „Hier steht verschiedenes über die berufliche Arbeit. Suchen Sie bitte heraus, was Sie persönlich an einem Beruf für ganz besonders wichtig halten." (K)

April 1980

	gesamt %	Männer %	Frauen %	18–29 %	30–39 %	40–49 %	50–64 %
				Berufstätige Arbeitnehmer ab 18 Jahre Altersgruppen			
Sicherer Arbeitsplatz	85	86	84	82	86	88	85
Nette Arbeitskollegen, Mitarbeiter	82	79	87	87	80	80	80
Abwechslungsreiche Tätigkeit	72	74	69	76	77	69	63
Anerkennung der eigenen Leistung . . .	72	72	72	73	72	71	71
Eine gute Altersversorgung bekommen, im Alter gesichert sein	71	73	67	65	70	76	76
Ein Beruf, der den eigenen Neigungen und Fähigkeiten vollkommen entspricht .	64	65	63	65	67	63	59
Eine Arbeit, die mich ganz erfüllt	60	60	60	57	60	59	65
Hohes Einkommen	58	62	51	60	64	57	48
Geregelte Arbeitszeit, wenig Überstunden	57	55	59	58	54	56	60
Gute Aufstiegsmöglichkeiten	56	60	48	60	60	49	51
Viel Kontakt zu anderen Menschen	54	49	62	58	56	49	51
Eine Arbeit, die mich herausfordert, bei der ich beweisen muß, was ich kann . . .	51	55	44	51	52	51	48
Ein Beruf, der Zukunft hat, Erfolg verspricht	50	55	41	58	50	47	40
Viel Urlaub	44	46	40	48	49	39	34
Ein Beruf, bei dem es darauf ankommt, eigene Ideen zu haben	43	48	35	47	45	42	36
Große Entscheidungsfreiheit	43	48	34	39	48	44	41
Wenig Streß	42	40	46	45	41	41	41
Aufgaben, die viel Verantwortungsbewußtsein erfordern	42	46	35	38	48	43	40
Seine Arbeit und Arbeitszeit selber einteilen können	37	37	36	42	39	36	26
Daß man für Entscheidungen immer genügend Zeit hat, sie nie unter Zeitdruck treffen muß	37	38	35	35	37	37	39
Ein Beruf, der angesehen und geachtet ist	36	38	33	32	36	38	43
Ein Beruf, bei dem man etwas Nützliches für die Allgemeinheit tun kann	35	35	36	35	34	37	34
Ein Beruf, bei dem man anderen helfen kann	31	30	34	33	26	30	37
Möglichkeiten, andere Menschen zu führen	22	27	14	18	21	25	28
Arbeit, für die sich auch die Familie interessiert	21	22	21	19	22	23	21
Tätigkeit, bei der man wenig riskieren muß	16	14	18	16	17	13	16

VOR- UND NACHTEILE

Frage an berufstätige Arbeitnehmer: „Alle Berufe haben ja Vorteile und Nachteile. Wenn Sie nun an Ihre Arbeit denken: Was von diesen Karten trifft auf Ihre Arbeit zu? Wenn Sie mir bitte alles heraussuchen, was für Sie zutrifft!" (K)

	1960	1964	1973	1979	1983
	%	%	%	%	%
POSITIVE AUSSAGEN					
Fühle mich im Betrieb wohl, komme gut mit den Kollegen aus	53	56	69	72	77
Kann selbständig arbeiten, man traut mir etwas zu	48	56	66	65	72
Guter Vorgesetzter, guter Chef, komme gut mit ihm aus	44	48	52	52	56
Interessant, es gibt immer wieder etwas Neues	34	41	50	51	52
Gut eingerichteter Arbeitsplatz, modern, sauber	26	33	39	40	43
Viele Sozialleistungen, der Betrieb tut was für seine Leute	21	26	28	35	35
Kann dort ganz schön verdienen	33	37	37	32	33
NEGATIVE AUSSAGEN					
Zuviel zu tun, zuviel Gehetze	27	26	30	32	31
Zuwenig frische Luft, schlechte Luft	30	30	31	31	34
Man muß zuviel stehen, zuviel herumlaufen	26	27	28	31	30
Körperlich sehr anstrengend	26	23	21	23	21
Unbequem, verkrampfte Körperhaltung	13	12	17	20	18
Nervenaufreibend, geistig sehr anstrengend, seelisch belastend	14	15	19	19	23
Man kommt dort nicht vorwärts, keine Aussichten	21	18	22	19	25
Nicht abwechslungsreich, immer dasselbe	25	24	24	19	22
Zuviel Staub, Schmutz	25	21	20	18	16
Bei uns im Betrieb gibt es leider zuviel Radfahrer	23	15	20	16	20
Zuviel Verantwortung; wenn etwas schiefgeht, bin ich schuld	14	15	19	15	20
Zu großer Lärm, zu laut	20	19	19	15	16
Gefährliche Arbeit, Unfallgefahr	15	15	15	13	12
Zu sehr Wind und Wetter ausgesetzt	15	11	12	11	10

MÄNNER BESCHREIBEN IHREN BERUF

Frage an berufstätige Männer: „Auf diesen Karten steht verschiedenes, was man über seine Arbeit, seinen Beruf sagen könnte. Würden Sie bitte die Karten einmal durchsehen und alles herauslegen, was für Sie zutrifft?" (K)

März 1979

Berufstätige Männer

	Insge-samt	Angelernte Arbeiter	Fach-ar-beiter	Einfache Angestellte, Beamte	Leitende Angestellte, Beamte	Selbständige, freie Berufe
	%	%	%	%	%	%
POSITIVE AUSSAGEN						
Ich fühle mich unter meinen Kollegen wohl, mit ihnen zusammen macht die Arbeit Spaß	65	65	69	74	67	27
Meine Arbeit ist interessant, sie wird mir nie langweilig	60	43	53	63	79	70
Mir gefällt an meinem Beruf, daß ich dabei viel mit Menschen zu tun habe, Menschen interessieren mich	51	33	44	57	68	70
Ich habe große Freude an meiner Arbeit	43	27	42	37	58	62
Ich weiß, daß meine Arbeit sehr geschätzt wird	40	29	43	35	55	40
Ich habe einen netten Vorgesetzten. Ich arbeite gern mit ihm zusammen	37	38	36	43	43	7
Ich trage in meinem Beruf eine sehr große Verantwortung. Es hängt viel davon ab, daß ich keine falschen Entscheidungen treffe	33	26	28	24	58	52
Mein Beruf füllt mich ganz aus, er gibt meinem Leben einen Sinn .	32	25	28	26	42	58

Fortsetzung „Negative Aussagen" s. Seite 416

FRAUEN BESCHREIBEN IHREN BERUF

Frage an berufstätige Frauen: „*Auf diesen Karten steht verschiedenes, was man über seine Arbeit, seinen Beruf sagen könnte. Würden Sie bitte die Karten einmal durchsehen und alles herauslegen, was für Sie zutrifft?*" (K)

März 1979

Berufstätige Frauen

	Insge-samt	Angelernte Arbeiter	Fach-ar-beiter	Einfache Angestellte, Beamte	Leitende Angestellte, Beamte	Selbständige, freie Berufe
	%	%	%	%	%	%
POSITIVE AUSSAGEN						
Mir gefällt an meinem Beruf, daß ich dabei viel mit Menschen zu tun haben, Menschen interessieren mich	59	39	61	66	85	77
Meine Arbeit ist interessant, sie wird mir nie langweilig	57	35	49	65	73	77
Ich fühle mich unter meinen Kollegen wohl, mit ihnen zusammen macht die Arbeit Spaß	57	44	72	69	46	26
Ich habe große Freude an meiner Arbeit	49	31	47	54	62	66
Ich weiß, daß meine Arbeit sehr geschätzt wird	43	28	56	46	42	57
Ich habe einen netten Vorgesetzten. Ich arbeite gern mit ihm zusammen	42	33	54	52	39	17
Mein Beruf füllt mich ganz aus, er gibt meinem Leben einen Sinn .	25	13	21	27	39	46
Ich trage in meinem Beruf eine sehr große Verantwortung. Es hängt viel davon ab, daß ich keine falschen Entscheidungen treffe	17	5	7	17	42	40

Fortsetzung „Negative Aussagen" s. Seite 417

MÄNNER BESCHREIBEN IHREN BERUF

Fortsetzung von Seite 414 zur Frage an berufstätige Männer: *„Auf diesen Karten steht verschiede-*
nes, was man über seine Arbeit, seinen Beruf sagen könnte. Würden Sie bitte die Karten einmal
durchsehen und alles herauslegen, was für Sie zutrifft?" (K)

März 1979

NEGATIVE AUSSAGEN	Insge-samt %	Angelernte Arbeiter %	Fach-ar-beiter %	Einfache Angestellte, Beamte %	Leitende Angestellte, Beamte %	Selbständige, freie Berufe %
Wenn ich mich mit anderen vergleiche und an meine Arbeit denke, muß ich sagen, daß ich zuwenig verdiene	35	50	37	33	24	15
Ich würde gern mehr Verantwortung übernehmen	33	24	35	42	35	12
Ich arbeite eigentlich nur, weil ich Geld verdienen muß. Wenn ich das nicht nötig hätte, würde ich bestimmt nicht arbeiten . . .	26	40	31	23	13	15
Ich mache meine Arbeit weder besonders gern noch besonders ungern. Irgendwas muß man ja schließlich tun	25	33	34	20	12	13
Mein Beruf läßt mir zuwenig Zeit für das Privatleben	26	20	22	20	30	58
Ich habe einen sehr schwierigen Vorgesetzten	17	19	22	19	13	×
Man bürdet mir zuviel Arbeit auf, ich habe das Gefühl, daß ich ausgenutzt werde	16	27	21	12	8	7
Manchmal denke ich, daß einfach nicht genug von mir verlangt wird – ich könnte viel mehr leisten	16	13	17	19	17	8
Ich höre bei meiner Arbeit kaum je ein aufmunterndes und anerkennendes Wort	15	21	16	15	14	5
Die Arbeit, die ich habe, entspricht weder meinem Können noch meiner Ausbildung	11	10	12	12	11	8
Leider machen mir Kollegen oft das Leben schwer	9	10	9	11	9	5

FRAUEN BESCHREIBEN IHREN BERUF

Fortsetzung von Seite 415 zur Frage an berufstätige Frauen: „*Auf diesen Karten steht verschiedenes, was man über seine Arbeit, seinen Beruf sagen könnte. Würden Sie bitte die Karten einmal durchsehen und alles herauslegen, was für Sie zutrifft?*" (K)

März 1979

Berufstätige Frauen

	Insgesamt	Angelernte Arbeiter	Facharbeiter	Einfache Angestellte, Beamte	Leitende Angestellte, Beamte	Selbständige, freie Berufe
	%	%	%	%	%	%
NEGATIVE AUSSAGEN						
Wenn ich mich mit anderen vergleiche und an meine Arbeit denke, muß ich sagen, daß ich zuwenig verdiene	31	38	35	29	19	29
Ich würde gern mehr Verantwortung übernehmen	29	27	21	40	15	6
Ich arbeite eigentlich nur, weil ich Geld verdienen muß. Wenn ich das nicht nötig hätte, würde ich bestimmt nicht arbeiten	26	50	28	23	4	9
Ich mache meine Arbeit weder besonders gern noch besonders ungern. Irgendwas muß man ja schließlich tun	18	31	14	14	12	9
Mein Beruf läßt mir zuwenig Zeit für das Privatleben	17	15	19	12	31	46
Ich höre bei meiner Arbeit kaum je ein aufmunterndes und anerkennendes Wort	16	33	9	11	8	6
Man bürdet mir zuviel Arbeit auf, ich habe das Gefühl, daß ich ausgenutzt werde	14	23	5	12	12	9
Die Arbeit, die ich habe, entspricht weder meinem Können noch meiner Ausbildung	13	20	12	10	19	9
Manchmal denke ich, daß einfach nicht genug von mir verlangt wird – ich könnte viel mehr leisten	12	6	12	18	15	–
Ich habe einen sehr schwierigen Vorgesetzten	11	8	9	16	8	9
Leider machen mir Kollegen oft das Leben schwer	7	9	5	8	15	–

BETRIEBLICHE EINRICHTUNGEN

Frage an berufstätige Arbeitnehmer: „Es gibt ja bei vielen Betrieben für die Arbeiter und Angestellten verschiedene Vorteile und soziale Einrichtungen. Hier habe ich eine Liste. Was davon gibt es in dem Betrieb, in dem Sie jetzt arbeiten?" (L)

	Berufstätige Arbeitnehmer							
	Insgesamt		Zahl der Beschäftigten im Betrieb					
	1979 Jan. %	1981 Jan. %	unter 10 %	10–49 %	50–99 %	100–299 %	300–999 %	1000 u. mehr %
Geschenke zum Berufsjubiläum . . .	58	55	26	50	61	61	74	72
Betriebsfeste, Betriebsfeiern (Weihnachten, 1. Mai usw.)	56	49	32	44	56	51	61	57
Zusätzliches Weihnachtsgeld, Weihnachtsgratifikation	54	46	42	50	37	46	49	48
13. Monatsgehalt	52	51	32	50	56	46	64	62
Zusätzliches Urlaubsgeld	47	48	30	47	46	47	67	57
Werkskantine	42	42	7	20	37	57	62	81
Betriebsausflug	38	37	14	33	54	50	48	35
Altersversorgung vom Betrieb aus .	33	31	11	15	32	26	51	65
Geschenke zu Familienfesten	31	21	24	18	20	23	25	20
Waren, die die Firma herstellt, kann man billiger bekommen	27	20	11	14	12	28	23	30
Ärztliche Behandlung durch einen Betriebsarzt	23	17	1	4	15	15	18	54
Betriebssport, Sportverein der Firma	21	21	1	10	12	23	49	41
Bezahlter Bildungsurlaub	19	20	7	10	22	26	33	30
Fortbildungskurse, Sprachkurse vom Betrieb aus	18	21	10	15	22	15	23	44
Durch den Betrieb/Kantine kann man manches billiger kaufen	17	17	8	9	20	18	21	30
Zinsloses Darlehen	16	12	5	6	5	7	23	24
Betriebskrankenkasse	16	14	4	4	5	11	23	42
Verbilligte oder mietfreie Werkswohnungen	16	16	5	9	17	18	23	33
Finanzielle Hilfe bei schweren Krankheiten	13	10	1	6	10	7	13	24
Werksautobusse, mit denen man zur Arbeit gebracht wird	11	8	1	1	10	7	13	20
Betriebsbibliothek, Leseraum	10	9	3	3	7	10	13	23
Firmenwagen zum privaten Gebrauch	9	10	11	12	15	11	8	6
Jahreserfolgsprämie	8	9	3	11	5	8	8	14
Erholungsheim, Mütterheim	5	4	3	4	7	3	13	23
Ledigenheim, Lehrlingsheim	5	4	×	2	×	1	5	17
Betriebskindergarten	4	4	3	2	2	5	3	9
14. Monatsgehalt	4	4	×	4	2	8	8	4
Finanzielle Hilfe, wenn die Kinder auf die höhere Schule gehen	1	2	×	1	2	×	7	4
Nichts davon	4	8	20	6	15	4	5	2

Weitere Ergebnisse s. JB. VI, 210

URLAUB

Frage an berufstätige Arbeitnehmer: „Könnten Sie mir sagen, wieviel Arbeitstage Urlaub Ihnen zur Zeit pro Jahr zustehen?"

Urlaubstage –	Berufstätige Arbeitnehmer 1979 Jan. %	1981 Jan. %
14	10	7
21	19	12
24	30	29
27	10	5
28	14	20
30	11	22
Keine Angabe	6	5
	100	100
Durchschnitt Urlaubstage	25,8	26,6

Frage an berufstätige Arbeitnehmer: „Nehmen Sie Ihren ganzen Urlaub zusammenhängend an einem Stück, oder teilen Sie ihn auf?"

	Berufstätige Arbeitnehmer 1979 Jan. %	1981 Jan. %
Immer/meist in einem Stück .	24	19
Immer/meist aufgeteilt	59	66
Mal so, mal so	17	15
	100	100

PRESTIGE-BERUFE

Frage: „Hier sind einige Berufe aufgeschrieben. Könnten Sie bitte vier oder fünf davon heraussuchen, die Sie am meisten schätzen, vor denen Sie am meisten Achtung haben?" (L)

	1966	1978	1981	Altersgruppen Bevölkerung insges. 16–29	30–44	45–59	60 u. ä.
	%	%	%	%	%	%	%
Arzt	84	80	82	75	81	85	88
Pfarrer, Geistlicher	49	48	46	32	40	51	62
Hochschulprofessor	–	32	36	38	37	37	33
Botschafter, Diplomat	29	31	30	32	29	31	31
Rechtsanwalt	37	31	36	39	35	33	35
Atomphysiker	37	30	26	29	31	24	20
Apotheker	34	26	30	21	24	31	44
Schriftsteller	–	26	28	41	31	20	18
Volksschullehrer	37	25	25	18	24	26	32
Ingenieur	41	24	31	29	33	31	32
Politiker	15	23	18	14	17	21	18
Direktor in großer Firma	23	20	21	20	21	20	22
Unternehmer (1966: Selbständiger Kaufmann)	21	20	21	16	21	25	23
Studienrat	28	20	18	16	15	22	22
Offizier	12	13	16	10	14	16	23
Gewerkschaftsführer	–	10	15	22	16	11	10
Zeitungsredakteur	15	9	12	15	11	11	9
Buchhändler	6	6	9	9	9	6	10

MÄNNERTRAUMBERUFE

Frage an Männer: „Es ist ja so, daß man in seinem Leben nicht alles zugleich machen kann. Aber was meinen Sie – hier ist eine Liste: Welche von diesen Berufen hätten Ihnen Freude gemacht, welche hätten Ihnen besonders gut gelegen?" (L)

Frage an Frauen: „Es ist ja so, daß man nicht immer einen Lebenspartner findet, der alle Vorzüge hat, die man sich wünscht. Aber was meinen Sie – hier ist eine Liste mit Männerberufen – welche Berufe gefallen Ihnen besonders für einen Mann, welche Berufe sollte Ihr Traummann haben?" (L)

B	März 1979			März 1979	
	Traumberufe für Männer nach Aussage von – Männern Frauen			Traumberufe für Männer nach Aussage von – Männern Frauen	
	%	%		%	%
Förster	27	22	Richter, Rechtsanwalt . . .	10	20
Ingenieur	24	24	Kraftfahrer	10	2
Flieger, Verkehrsflieger . .	20	11	Seemann	9	3
Architekt	17	26	Psychologe	8	9
Lehrer	14	22	Koch, Konditor	7	8
Mechaniker	14	5	Lokomotivführer	7	3
Beamter	13	27	Chemiker	6	7
Berufssoldat, Offizier	13	8	Politiker	6	4
Arzt	12	33	Hochschulprofessor	5	12
Journalist	12	15	Pfarrer, Pastor	4	5
Musiker	12	11	Vertreter	4	1
Landwirt	11	10			

Weitere Ergebnisse s. JB. VII, 160

BESONDERS WICHTIG: BEAMTE UND LANDWIRTE

Frage: „*Es giḅt Berufe, von denen für die Allgemeinheit außerordentlich viel abhängt, und andere, die nicht ganz so wichtig sind. Wie würden Sie Ihren Beruf sehen, das, was Sie tun: Gehört das zu den ganz besonders wichtigen Tätigkeiten oder zu den nicht so wichtigen?*"

August 1979

	Berufstätige Männer			Berufstätige Frauen		
	Ganz besonders wichtig	Nicht ganz so wichtig	Unent- schieden	Ganz besonders wichtig	Nicht ganz so wichtig	Unent- schieden
	%	%	%	%	%	%
Berufstätige insgesamt . . .	43	43	14 = 100	34	53	13 = 100
BERUFSKREISE						
Angelernte Arbeiter . . .	27	58	15 = 100	20	66	14 = 100
Facharbeiter	40	43	17 = 100	36	49	15 = 10/0
Angestellte	40	48	12 = 100	33	56	11 = 100
Beamte	67	25	8 = 100	70	25	5 = 100
Selbständige, freie Berufe	44	42	14 = 100	42	29	29 = 100
Landwirte	88	12	× = 100	77	18	5 = 100

BERUFSEMPFEHLUNG

Frage: „*Einmal angenommen, ein junger Mann, der (eine junge Frau, die) gerade die Hauptschule abgeschlossen hat, fragt Sie um Rat, welchen Beruf er (sie) wählen soll. Hier auf dieser Liste stehen verschiedene Berufe, die in Frage kämen. Welchen davon würden Sie ihm (ihr) empfehlen?*" (L)

FÜR EINEN JUNGEN MANN	1980 Dez. %	1982 Okt. %	FÜR EINE JUNGE FRAU	1980 Dez. %	1982 Okt. %
Fernmeldetechniker bei der Post	52	27	Fernmeldetechnikerin bei der Post	35	22
Kraftfahrzeugmechaniker . .	39	20	Friseuse	38	21
Tischler, Schreiner	22	15	Technische Zeichnerin	46	14
Maschinenschlosser	22	11	Bürokaufmann	51	7
Bürokaufmann	24	9	Chemiefacharbeiterin	20	7
Chemiefacharbeiter	21	9	Tischlerin, Schreinerin	10	7
Technischer Zeichner	26	7	Kraftfahrzeugmechanikerin .	6	3
Friseur	8	3	Schriftsetzerin	6	2
Drucker	7	3	Druckerin	4	1
Schriftsetzer	6	2	Maschinenschlosserin	3	1

BEI HAUPTSCHULABSCHLUSS ...

Fragen: „Einmal angenommen, der junge Mann (die junge Frau) legt großen Wert darauf, in einen Beruf zu gehen, bei dem man keiner großen gesundheitlichen Belastung ausgesetzt ist. Welche zwei oder drei von diesen Berufen würden Sie ihm (ihr) dann empfehlen?" (L)

„Und wenn er (sie) eine geistig anspruchsvolle Arbeit sucht?" (L)

„Und wenn er (sie) einen vielseitigen Beruf sucht, einen Beruf, der ihn (sie) immer wieder vor neue Aufgaben stellt?" (L)

„Einen Beruf, wo man keine Angst vor der Zukunft haben muß, wo man nicht fürchten muß, seinen Arbeitsplatz wegen neuer Techniken zu verlieren?" (L)

Oktober 1982

Empfehlung	Wenn man einen Beruf sucht, der –			
	vielseitig ist	sicher ist auch bei neuen Techniken	ohne große gesundheitliche Belastung	mit geistig anspruchsvoller Tätigkeit
	%	%	%	%
FÜR JUNGE MÄNNER				
Technischer Zeichner	29	13	60	51
Fernmeldetechniker bei der Post	31	46	29	34
Kraftfahrzeugmechaniker	25	26	5	3
Tischler, Schreiner	23	20	14	4
Chemiefacharbeiter	23	13	3	27
Maschinenschlosser	13	9	4	2
Bürokaufmann	11	7	66	35
Schriftsetzer	10	3	9	17
Friseur	6	29	20	1
Drucker	8	2	4	7
FÜR JUNGE FRAUEN				
Technische Zeichnerin	33	14	62	49
Fernmeldetechnikerin bei der Post	27	39	32	35
Bürokaufmann	14	11	65	36
Chemiefacharbeiterin	21	15	4	29
Tischlerin, Schreinerin	19	13	8	3
Kraftfahrzeugmechanikerin	20	17	1	4
Friseuse	9	39	24	2
Maschinenschlosserin	9	4	1	3
Schriftsetzerin	9	2	9	18
Druckerin	5	3	5	6

... MIT ABITUR

Frage: *„Einmal angenommen, ein junger Mensch, der gerade das Abitur gemacht hat, fragt Sie um Rat, in welchem Unternehmen er arbeiten sollte. Hier auf dieser Liste stehen verschiedene Möglichkeiten. Zu welchem Arbeitsplatz würden Sie ihm wahrscheinlich raten?"* (Nur eine Angabe. L)

„Wenn dieser junge Mensch sagt, daß er besonders gut verdienen möchte. Zu welchem Arbeitsplatz würden Sie ihm dann raten?" (L)

„Wenn er einen Arbeitsplatz sucht, der auch in Zukunft sicher ist – wozu würden Sie dann raten?" (L)

„Wenn er eine besonders interessante, abwechslungsreiche Tätigkeit sucht, zu welchem Arbeitsplatz würden Sie ihm wahrscheinlich dann raten?" (L)

„Wenn er sich einen Beruf wünscht, der besonders angesehen ist?" (L)

Januar 1981

	Ein junger Mensch –				
	hat gerade das Abitur	will gut verdienen	will sichere Zukunft	will interessante Tätigkeit	will angesehenen Beruf
Auszug:	%	%	%	%	%
Empfohlener Arbeitsplatz:					
Industrieunternehmen	15	34	5	27	12
Bank, Sparkasse	27	19	22	12	37
Finanzamt	12	6	19	4	12
Bundespost	11	4	20	4	7
Energieversorgungs-Unternehmen .	10	9	11	12	4
Krankenhaus	7	3	9	14	13
Bundeswehr	8	4	8	11	6
Gewerkschaft	3	2	2	6	2

DER CHEF

Frage an berufstätige Arbeitnehmer: „Sind Sie zufrieden mit Ihrem Chef / Ihrer Chefin oder nicht so zufrieden?"

September 1980

Berufstätige Arbeitnehmer

	ins-gesamt	16–29	30–44	45–59	60 u. ä.	Ange-lernte Arbeiter	Fach-arbeiter	Einfache Ange-stellte/ Beamte	Leitende Ange-stellte/ Beamte
		Altersgruppen				Berufskreise			
	%	%	%	%	%	%	%	%	%
Zufrieden	62	57	65	64	61	62	64	60	62
Nicht so zufrieden	24	24	25	22	23	23	20	26	25
Unentschieden . .	14	10	19	14	16	15	16	14	13
	100	100	100	100	100	100	100	100	100

Frage an berufstätige Arbeitnehmer: „Was halten Sie von Ihrem Chef, dem obersten Chef Ihres Betriebes?"

Januar 1980

	Gute Meinung %	Teils, teils %	Keine gute Meinung %	Unentschieden %
Berufstätige Arbeitnehmer insgesamt . .	45	39	12	4 = 100

FÜHRUNGSSTIL

Frage an berufstätige Arbeitnehmer: „Wie macht es Ihr Chef im allgemeinen: Unterhält er sich manchmal mit Ihnen, oder gibt er nur Anweisungen?" (Bei Rückfragen: Chef des Betriebes, bei größeren Betrieben: Abteilungsleiter)

D

	Insgesamt		Männer		Frauen	
	1953 %	1979 %	1953 %	1979 %	1953 %	1979 %
Er unterhält sich manchmal	74	76	75	76	70	77
Sagt nur, was er will	18	15	18	14	18	16
Unentschieden, keine Angabe	8	9	7	10	12	7
	100	100	100	100	100	100

Berufstätige Arbeitnehmer

Frage an berufstätige Arbeitnehmer: „*Wenn Sie Ihren Chef/Chefin hiernach beschreiben sollten, was davon trifft alles auf ihn/sie zu?*" (L)

A   September 1977

	Ges.	Ange-lernte Arbeiter	Fach-arbeiter	Einfache Ange-stellte	Einfache Beamte	Leitende Ange-stellte	Leitende Beamte
	Berufstätige Arbeitnehmer						
	%	%	%	%	%	%	%
Sehr gutes Einkommen	60	52	61	64	38	70	56
Hat ein eigenes Haus	60	62	65	57	54	58	67
Beruflich sehr tüchtig	49	44	45	57	42	40	56
Hat im Beruf eine große Verantwortung	48	44	43	51	46	53	67
Behandelt die Leute gerecht	39	40	36	40	42	43	33
Man weiß wenig davon, wie er/sie lebt	38	41	39	36	31	33	50
Hat einen gut eingerichteten Arbeitsplatz, ein hübsches Büro	32	26	29	34	42	45	22
Macht jedes Jahr eine große Urlaubsreise	32	38	34	29	27	30	28
Gesundheitlich nicht ganz auf der Höhe	29	24	32	31	27	25	33
Ist sehr beliebt bei den Leuten	29	31	27	31	19	30	33
Arbeitet sehr viel, Überstunden und so	27	20	27	29	12	40	28
Reist viel, kommt viel herum	21	22	20	19	12	35	17
Glückliches Familienleben	20	17	13	26	31	18	11
Nimmt sich auch Arbeit mit nach Haus	18	8	15	20	15	35	44
Hat ein feines Leben, muß sich nicht besonders anstrengen	15	21	17	11	12	15	6
Hat viel Freizeit	8	9	12	4	4	8	6

WENN DER CHEF NICHT DA IST

Frage an berufstätige Arbeitnehmer: „*Angenommen, Ihr Chef/Ihre Chefin würde plötzlich für ein halbes Jahr ausfallen – vielleicht weil er/sie krank wird oder eine lange Reise macht. Was glauben Sie: Würde sich ein halbjähriger Ausfall des Chefs/der Chefin sehr bemerkbar machen, oder würde alles so weiterlaufen wie sonst auch?*"

	1962	1976	1980	Männer	Frauen	Ange-lernte Arbeiter	Fach-arbeiter	Einfache Ange-stellte/ Beamte	Leitende Ange-stellte/ Beamte
	Berufstätige Arbeitnehmer insgesamt					Berufskreise			
	%	%	%	%	%	%	%	%	%
Alles weiterlaufen wie sonst	49	40	44	48	38	40	41	45	52
Etwas bemerkbar	26	30	31	31	30	33	30	30	32
Sehr bemerkbar	25	30	25	21	32	27	29	25	16
	100	100	100	100	100	100	100	100	100

2. BERUFSZUFRIEDENHEIT UND EINSTELLUNG ZUR ARBEIT

Frage: „*Hier steht verschiedenes über die berufliche Arbeit. Suchen Sie bitte heraus, was Sie persönlich an einem Beruf für ganz besonders wichtig halten.*" (L)

	Deutsch-land %	England %	Januar 1981 Frank-reich %	Italien %	Belgien %	Holland %	Däne-mark %
Nette Arbeitskollegen, Mitarbeiter	75	69	50	44	62	81	75
Sicherer Arbeitsplatz	73	61	47	58	52	41	51
Hohes Einkommen	72	60	53	66	67	54	48
Abwechslungsreiche Tätigkeit	70	77	53	43	40	41	52
Ein Beruf, der den eigenen Neigungen und Fähig-keiten vollkommen entspricht	70	46	32	48	35	48	50
Ein Beruf, bei dem es darauf ankommt, eigene Ideen zu haben	62	48	31	36	33	44	47
Eine Arbeit, die mich herausfordert	62	59	30	42	32	27	51
Aufgaben, die viel Ver-antwortungsbewußtsein erfordern	55	37	38	25	31	28	32
Viel Kontakt zu anderen Menschen	53	42	33	36	39	44	41
Günstige Arbeitszeit	53	35	27	36	39	37	39
Gute Aufstiegs-möglichkeiten	47	35	19	32	27	22	16
Ein Beruf, der angesehen und geachtet ist	46	25	13	19	34	40	19
Ein Beruf, bei dem man etwas Nützliches für die Allgemeinheit tun kann . .	39	30	24	41	30	39	36
Viel Urlaub	38	25	17	15	28	30	26
Geregelte Arbeitszeit, wenig Überstunden	35	23	10	17	30	38	26

Anmerkung: Eine Umfrage in neun europäischen Ländern im Auftrag der Stiftung pro mundi vita, 1981

LAST ODER FREUDE

Frage an Berufstätige: *„Die Einstellungen, die der einzelne zur Arbeit hat, sind ja ganz unterschiedlich. Wie ist das bei Ihnen? Ist Ihre Arbeit für Sie eher eine Last oder eher eine Freude?"* (Falls „Ganz
verschieden": *„Was überwiegt?"*)

	Februar 1983		
	Eher Last	Eher Freude	Unentschieden
	%	%	%
Berufstätige insgesamt	12	62	26 = 100
Männer	10	63	27 = 100
Frauen	15	61	24 = 100
ALTERSGRUPPEN			
16–29 Jahre	12	58	30 = 100
30–44 Jahre	9	68	23 = 100
45–59 Jahre	14	60	26 = 100
60 Jahre und älter	10	58	32 = 100
BERUFSKREISE			
Angelernte Arbeiter	26	42	32 = 100
Facharbeiter	13	58	29 = 100
Einfache Angestellte, Beamte	10	68	22 = 100
Leitende Angestellte, Beamte	7	65	28 = 100
Selbständige, freie Berufe	4	69	27 = 100
Landwirte	5	67	28 = 100

Frage an Berufstätige ohne Arbeitslose: *„Würden Sie sagen, daß Sie Ihre jetzige Arbeit voll und
ganz befriedigt, oder nur zum Teil, oder überhaupt nicht?"*

	Voll und ganz		Nur zum Teil		Gar nicht	
	1981 Sept.	1982 Nov.	1981 Sept.	1982 Nov.	1981 Sept.	1982 Nov.
	%	%	%	%	%	%
Berufstätige ohne Arbeitslose insgesamt	49	49	43	45	8	6
ALTERSGRUPPEN						
16–29 Jahre	37	41	52	50	11	9
30–44 Jahre	54	47	40	47	6	6
45–59 Jahre	58	58	36	36	6	6
60 Jahre und älter	63	65	28	32	9	3
BERUFSKREISE						
Angelernte Arbeiter	34	31	54	52	12	17
Facharbeiter	41	48	49	46	10	6
Einfache Angestellte, Beamte	51	47	41	46	8	7
Leitende Angestellte, Beamte	62	64	34	34	4	2
Selbständige, freie Berufe	66	59	31	36	3	5
Landwirte	67	64	33	33	×	3

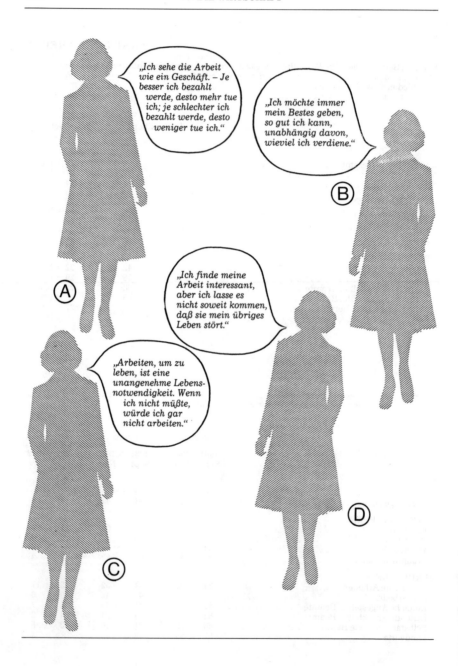

WARUM MAN ARBEITET

Frage an Frauen: „*Hier unterhalten sich vier Frauen über die Arbeit und warum man arbeitet. Welche der vier sagt am ehesten das, was auch Sie denken?*" (B)

Siehe dazu das Bildblatt auf nebenstehender Seite

A

	April 1983				
	A %	B %	C %	D %	Unentschieden %
Berufstätige Frauen insgesamt	11	27	12	45	5 = 100
ALTERSGRUPPEN					
16–29 Jahre	9	24	11	54	2 = 100
30–44 Jahre	14	20	10	51	5 = 100
45–59 Jahre	13	38	16	28	5 = 100
60 Jahre und älter	8	40	10	22	20 = 100
BERUFSKREISE					
Angelernte Arbeiter	25	20	18	31	6 = 100
Facharbeiter	12	32	23	32	1 = 100
Einfache Angestellte, Beamte	8	24	11	54	3 = 100
Leitende Angestellte, Beamte	10	22	10	55	3 = 100
Selbständige, freie Berufe	11	36	3	34	16 = 100
Landwirte	4	63	3	26	4 = 100

Frage an Männer: „*Hier unterhalten sich vier Männer über die Arbeit und warum man arbeitet. Welcher der vier sagt am ehesten das, was auch Sie denken?*" (B)

Siehe hierzu das Bildblatt auf nebenstehender Seite. Männlichen Befragten wurde ein Bildblatt vorgelegt, das vier Männer im Gespräch darstellte.

A

	April 1983				
	A %	B %	C %	D %	Unentschieden %
Berufstätige Männer insgesamt	19	24	9	45	3 = 100
ALTERSGRUPPEN					
16–29 Jahre	22	15	12	49	2 = 100
30–44 Jahre	21	23	8	43	5 = 100
45–59 Jahre	16	32	7	44	1 = 100
60 Jahre und älter	10	50	13	24	3 = 100
BERUFSKREISE					
Angelernte Arbeiter	22	24	23	26	5 = 100
Facharbeiter	24	18	10	45	3 = 100
Einfache Angestellte, Beamte	16	24	6	51	3 = 100
Leitende Angestellte, Beamte	13	31	4	49	3 = 100
Selbständige, freie Berufe	20	37	3	40	× = 100
Landwirte	23	25	11	31	10 = 100

WENIGER FREIHEITSGEFÜHL

Frage an Berufstätige: „Jeder Berufstätige kann ja bei seiner Arbeit manches frei entscheiden, und in anderem ist er abhängig. Es fragt sich nun, wie frei der einzelne sich fühlt. Wie geht es Ihnen selbst? Könnten Sie das anhand dieser Leiter erklären? Es geht so: Null würde bedeuten, Sie hätten in Ihrem Beruf keine Freiheit, etwas zu entscheiden, und 10 würde bedeuten, Sie fühlen sich in Ihren beruflichen Entscheidungen ganz frei und unabhängig. Auf welcher Stufe dieser Leiter würden Sie sich einordnen?" (B)

	1973 Juli	1975 Aug.	1978 Dez.	1982 Juli
	∅	∅	∅	∅
Berufstätige Arbeitgeber insgesamt	8,4	8,4	8,2	8,0
Berufstätige Arbeitnehmer insgesamt	5,8	5,5	5,5	5,1
BERUFSKREISE				
Angelernte Arbeiter	4,8	4,7	4,2	3,8
Facharbeiter	5,8	5,5	5,4	4,9
Einfache Angestellte	5,9	5,6	5,7	5,0
Leitende Angestellte	7,8	7,5	7,5	7,2
Beamte	6,6	6,3	6,3	5,9

LEISTUNGSLOHN

Frage an berufstätige Arbeitnehmer: „In allen Berufen gibt es ja Tüchtige und weniger Tüchtige. Wie ist es in Ihrem Beruf? Verdienen die Tüchtigen mehr, oder verdienen die Tüchtigen nicht mehr?"

	1977 Okt.	1981 Jan.	1982 Juni	1983 April	Angelernte Arbeiter	Fach- arbeiter	Einfache Ang./Beamte	Leitende Ang./Beamte
	Berufstätige Arbeitnehmer insgesamt				Berufskreise			
	%	%	%	%	%	%	%	%
Verdienen mehr	38	38	34	40	40	42	37	41
Verdienen nicht mehr	43	46	51	40	36	41	41	42
Unentschieden	19	16	15	20	24	17	22	17
	100	100	100	100	100	100	100	100

JOB SHARING

Frage: „Es gibt ja Arbeitsplätze, wo sich zwei Personen Arbeit, Verantwortung und Gehalt teilen. Beide machen untereinander aus, wann sie arbeiten, ob also abwechselnd am Vormittag und Nachmittag, ob tageweise oder wochenweise. Man kann sich natürlich auch kurzfristig einmal besprechen, wenn man die Arbeitszeit tauschen will. Gefällt Ihnen diese Idee, oder finden Sie so eine Regelung nicht gut?"

Frage an Berufstätige: „Und wenn Sie selbst an Ihrem Arbeitsplatz die Möglichkeit hätten, würden Sie das dann gern machen, oder hätten Sie da kein Interesse daran?"

	Bevölkerung insgesamt	Februar 1983 Berufstätige						
		insges.	Männer	Frauen	16–29	30–44	45–59	60 u. ä.
	%	%	%	%	%	%	%	%
Gefällt mir	55	55	46	68	61	55	50	43
Finde ich nicht gut	26	30	36	20	26	31	32	32
Kommt drauf an	12	11	12	9	9	12	13	15
Unentschieden	7	4	6	3	4	2	5	10
	100	100	100	100	100	100	100	100

	Berufstätige						
	insgesamt	Männer	Frauen	16–29	30–44	45–59	60 u. ä.
	%	%	%	%	%	%	%
Würde ich gern machen	35	28	47	38	37	31	32
Kein Interesse	39	48	24	34	42	42	31
Unentschieden	10	7	15	14	5	8	17
Geht bei meiner Arbeit nicht	16	17	14	14	16	19	20
	100	100	100	100	100	100	100

LEBEN OHNE ARBEIT

Frage: „Glauben Sie, es wäre am schönsten, zu leben, ohne arbeiten zu müssen?"

	1952	1960	1972	1976	1981	Männer	Frauen	Altersgruppen			
								16–29	30–44	45–59	60 u. ä.
	Bevölkerung insgesamt										
	%	%	%	%	%	%	%	%	%	%	%
Ja	13	13	21	16	15	17	13	26	16	12	6
Nein	82	80	71	76	72	70	74	57	71	76	84
Unentschieden	5	7	8	8	13	13	13	17	13	12	10
	100	100	100	100	100	100	100	100	100	100	100

SELBSTVERWIRKLICHUNG

Frage: „*Eine Frage zu Ihrem persönlichen Leben. Die Menschen treffen es ja verschieden im Leben. Manche können alle ihre Fähigkeiten voll nutzen, andere haben diese Chance nicht. – Wie geht es Ihnen, können Sie es mir an dieser Leiter zeigen? 10 würde heißen, Sie konnten bisher in Ihrem Leben Ihre Fähigkeiten voll ausnutzen, aus sich das Beste machen. 0 heißt, Sie hatten bisher keine richtige Chance zu zeigen, was in Ihnen steckt. Welche Stufe würden Sie sagen?*“ (B)

Mai 1983

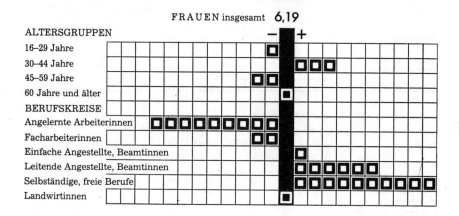

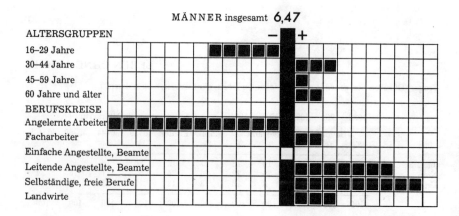

GUTE IDEEN

Frage: „Haben Sie in Ihrem Leben eigentlich die Möglichkeit, die guten Ideen, die Sie haben, meistens zu verwirklichen, oder ist das oft nicht möglich?"

	Bev. insg.	Männer	Frauen	Dezember 1978 Ange- lernte Arbeiter	Fach- arbeiter	Berufskreise Einfache Ange- stellte/ Beamte	Leitende Ange- stellte/ Beamte	Selbstän- dige, freie Berufe	Land- wirte
	%	%	%	%	%	%	%	%	%
Immer, fast immer	11	12	10	11	5	11	17	20	7
Meistens	41	41	41	42	30	45	45	46	41
Oft nicht möglich	48	47	49	47	65	44	38	34	52
	100	100	100	100	100	100	100	100	100

ÜBERWIEGEND INTERESSANT

Frage: „Finden Sie Ihre jetzige Arbeit interessant oder eintönig?"

D			Berufstätige ab 18 Jahre						
	Insgesamt		Arbeiter		Einfache Angestellte		Leitende Angestellte	
	1953	1979	1953	1979	1953	1979	1953	1979
	%	%	%	%	%	%	%	%
Interessant								
– immer	50	38	39	27	59	34	77	57
– meistens	30	46	33	48	30	55	21	35
Eintönig								
– meistens	13	12	19	20	8	9	2	5
– vollkommen	4	1	7	2	2	1	×	×
Keine Angabe	3	3	2	3	1	1	×	3
	100	100	100	100	100	100	100	100

	Beamte		Selbständige		Freie Berufe		Landwirte	
	1953	1979	1953	1979	1953	1979	1953	1979
	%	%	%	%	%	%	%	%
Interessant								
– immer	67	46	59	56	78	66	48	53
– meistens	27	40	27	36	16	34	34	39
Eintönig								
– meistens	4	7	9	5	×	×	9	5
– vollkommen	×	3	2	×	×	×	2	×
Keine Angabe	2	4	3	3	6	×	7	3
	100	100	100	100	100	100	100	100

ARBEITSZEIT – FREIZEIT

Frage: „Welche Stunden sind Ihnen ganz allgemein am liebsten: die Stunden während der Arbeit,
oder die Stunden, während Sie nicht arbeiten, oder mögen Sie beide gern?"

	1962 %	1972 %	1975 %	1977 %	1979 %	1980 %	1982 %	1983 %
Beide gleich gern	59	61	58	53	48	46	50	51
Wenn ich nicht arbeite	26	31	32	35	39	40	38	36
Während der Arbeit	5	3	5	4	4	7	4	7
Unentschieden	10	5	5	8	9	7	8	6
	100	100	100	100	100	100	100	100

	Januar 1983			
	Beide gleich %	Wenn ich nicht arbeite %	Während der Arbeit %	Unentschieden %
Bevölkerung insgesamt	51	36	7	6 = 100
ALTERSGRUPPEN				
16–29 Jahre	41	50	4	5 = 100
30–44 Jahre	50	42	5	3 = 100
45–59 Jahre	53	33	8	6 = 100
60 Jahre und älter	61	19	9	11 = 100

BERUFSSTOLZ

Frage: „Sind Sie stolz auf Ihre Arbeit, Ihren Beruf? Würden Sie sagen ..."

	Bevölkerung insgesamt	Juli 1982					
		Ange- lernte Arbeiter	Fach- arbeiter	Berufskreise			
				Einfache Ange- stellte/ Beamte	Leitende Ange- stellte/ Beamte	Selbstän- dige, freie Berufe	Land- wirte
	%	%	%	%	%	%	%
Sehr stolz	19	10	15	18	26	29	25
Ziemlich	34	21	35	35	39	39	42
Etwas	21	24	26	23	15	11	8
Überhaupt nicht	10	19	8	11	8	5	5
Unentschieden	16	26	16	13	12	16	20
	100	100	100	100	100	100	100

BERUFSFREUDE

Frage an Berufstätige, die auch schon vor 1968 berufstätig waren: „Wie gern sind Sie heute in Ihrem Beruf tätig?" (B)

„Wie gern waren Sie damals in Ihrem Beruf tätig? Könnten Sie es nach diesen Kästchen angeben? Das oberste weiße Kästchen würde bedeuten: ganz besonders gern, das unterste schwarze Kästchen: sehr ungern." (B)

Oktober 1977

Berufstätige

	Arbeiter		Angestellte		Beamte		Selbständige, freie Berufe		Landwirte	
	Vor 1968	Heute 1977	Vor 1968	Heute 1977	Vor 1968	Heute 1977	Vor 1968	Heute 1977	Vor 1968	Heute 1977
	%	%	%	%	%	%	%	%	%	%
Ganz besonders gern .	26	21	25	24	27	28	38	29	36	35
Gern bis sehr gern . .	41	39	52	49	41	50	53	50	50	42
Ziemlich gern	18	17	15	15	18	9	8	15	6	15
Eher ungern	8	14	4	6	8	6	1	6	3	4
Weder noch	7	9	4	6	6	7	×	×	5	4
	100	100	100	100	100	100	100	100	100	100

Erklärung: Ganz besonders gern: Skalenpunkt + 5, Gern bis sehr gern: Skalenpunkte + 4 und + 3, Ziemlich gern: Skalenpunkte + 1 und + 2, Eher ungern: Skalenpunkte − 1 bis − 5, Weder noch: Skalenpunkt 0.

WENIGER ZU TUN DENN JE

Frage an Selbständige und freiberuflich Tätige: „Würden Sie ganz allgemein sagen, daß Sie heute in Ihrem Beruf mehr zu tun haben als vor einem Jahr, oder weniger, oder genauso viel?"

	Selbständige und freiberuflich Tätige						
	1974 Jan.	1976 Jan.	1977 Febr.	1978 Jan.	1979 Jan.	1981 Jan.	1983 Jan.
	%	%	%	%	%	%	%
Genauso viel	56	63	62	56	52	56	56
Mehr zu tun	27	19	23	26	29	34	18
Weniger	13	11	15	9	4	7	22
Unentschieden	4	7	×	9	15	3	4
	100	100	100	100	100	100	100

EHRGEIZ

Frage an Berufstätige einschließlich Arbeitslose: *„Würden Sie sagen, Sie haben beruflichen Ehrgeiz, Sie wollen weiterkommen, oder ist Ihnen das nicht so wichtig?"*

Februar 1981

	Berufstätige insges.	Männer	Frauen	Ange-lernte Arbeiter	Fach-arbeiter	Berufskreise Einfache Ange-stellte, Beamte	Leitende Ange-stellte, Beamte	Selb-ständi-ge, freie Berufe	Land-wirte
	%	%	%	%	%	%	%	%	%
Beruflich ehrgeizig .	54	61	45	29	62	53	61	76	47
Nicht so wichtig . .	33	25	43	53	25	35	25	11	47
Unentschieden . . .	13	14	12	18	13	12	14	13	6
	100	100	100	100	100	100	100	100	100

Frage an Berufstätige einschließlich Arbeitslose: *„Wie wichtig ist es Ihnen, im Beruf eine Führungsrolle zu haben? Würden Sie sagen …?"*

A

	Februar 1981			
	Sehr wichtig %	Einigermaßen wichtig %	Nicht so wichtig %	Gar nicht wichtig %
Berufstätige insgesamt	14	37	35	14 = 100
Männer	16	42	31	11 = 100
Frauen	11	30	41	18 = 100
BERUFSKREISE				
Angelernte Arbeiter	7	22	44	27 = 100
Facharbeiter	11	39	39	11 = 100
Einfache Angestellte und Beamte	10	44	35	11 = 100
Leitende Angestellte und Beamte	32	45	15	8 = 100
Selbständige, freie Berufe	40	26	26	8 = 100

ÄNGSTE

Frage an Berufstätige: *„Haben Sie öfter oder manchmal Angst, daß Sie im Beruf nicht mehr mithalten können, nicht mehr soviel leisten wie andere?"*

Dezember 1978

	Berufstätige insgesamt	Männer	Frauen	16–29	Altersgruppen 30–44	45–59	60 u. ä.	Schulabschluß Volks-schule	Höhere Schule
	%	%	%	%	%	%	%	%	%
Öfter	4	3	5	2	4	5	9	5	2
Manchmal	26	26	26	21	24	33	32	27	24
Nie	60	62	56	66	64	48	50	58	63
Keine Angabe . . .	10	9	13	11	8	14	9	10	11
	100	100	100	100	100	100	100	100	100

MEHR ANSTRENGEN

Frage: „Manche sagen, man müsse heute sehr viel leisten, um sich in seinem Beruf zu behaupten und vorwärtszukommen. Was ist da Ihre Meinung: Müssen sich die Menschen beruflich in unserer Zeit mehr anstrengen als vor zehn, zwanzig Jahren, oder haben sie es heute leichter?"

A	1972 Aug.	1980 Aug.	1981 Jan.	1982 März	1983 Jan.	16–29	Altersgruppen 30–44	45–59	60 u. ä.
	%	%	%	%	%	%	%	%	%
Heute mehr anstrengen	60	63	58	62	65	68	74	66	50
Heute leichter	21	16	17	16	17	13	11	16	30
Kein Unterschied	12	14	17	14	13	10	12	14	14
Weiß nicht	7	7	8	8	5	9	3	4	6
	100	100	100	100	100	100	100	100	100

	Januar 1983 Heute mehr anstrengen	Heute leichter	Kein Unterschied	Weiß nicht
	%	%	%	%
Bevölkerung insgesamt	65	17	13	5 = 100
BERUFSKREISE				
Angelernte Arbeiter	64	17	12	7 = 100
Facharbeiter	66	18	11	5 = 100
Einfache Angestellte, Beamte	67	16	13	4 = 100
Leitende Angestellte, Beamte	60	20	12	8 = 100
Selbständige, freie Berufe	64	16	15	5 = 100
Landwirte	54	19	17	10 = 100

LOHNT DIE ANSTRENGUNG?

Frage: „Lohnt es sich heute eigentlich noch, sich anzustrengen, um mehr zu verdienen, oder haben Sie das Gefühl, von jeder Mark, die man zusätzlich bekommt, geht soviel weg an Steuern und Abgaben, daß sich die Anstrengung kaum noch lohnt?"

A	1977 Okt. Bevölkerung insgesamt	1981 Jan. Angelernte Arbeiter	Fach- arbeiter	Berufskreise Einfache Angestellte/ Beamte	Leitende Angestellte/ Beamte	Selbständige/ freie Berufe	Land- wirte
	%	%	%	%	%	%	%	%
Lohnt sich	47	52	43	50	54	56	63	44
Lohnt sich nicht	40	29	34	32	28	25	23	29
Unentschieden	13	19	23	18	18	19	14	27
	100	100	100	100	100	100	100	100

FEIERABEND

Frage an Berufstätige ohne Arbeitslose: *„Wenn Sie Feierabend haben* (Parallelumfrage:
*Wenn Sie nach Feierabend nach Hause kommen): Was von dieser Liste hier trifft dann im
allgemeinen auf Sie zu?"* (L)

November 1981

Am Feierabend –	insge-samt	Angel.Arbeiter	Fach-arbeiter	Einf.Angest./Beamte	Ltd.Angest./Beamte	Selbstdg.,freieBerufe	Land-wirte
	%	%	%	%	%	%	%
bin ich froh, wenn ich meine Ruhe habe. Gute Unterhaltungsmusik oder meine Zeitung ist mir dann das liebste . .	52	49	53	51	52	56	51
bin ich körperlich ziemlich fertig, meine Arbeit strengt körper-lich sehr an	28	41	36	20	7	36	61
brauche ich viel Bewe-gung, die fehlt mir bei meiner Arbeit	22	14	14	29	38	17	×
bin ich häufig mit den Nerven runter. Es gibt oft Ärger im Betrieb, das reibt auf	21	20	16	23	25	22	10
brauche ich geistige Anregung. Mein Beruf füllt mich geistig überhaupt nicht aus, da brauche ich abends einen Ausgleich	13	15	15	14	8	6	5
arbeite ich oft noch wo-anders. Mit dem Geld, was ich im Betrieb ver-diene, kann man ja nicht leben	6	6	12	5	6	3	2
Andere Antwort	4	6	4	3	5	6	4

Weitere Ergebnisse S. JB III, 386

ARBEIT ALS GESPRÄCHSTHEMA

Frage an verheiratete Männer: „*Sprechen Sie über Ihre Arbeit manchmal mit Ihrer Frau?*"

D	1953	1979
	Verheiratete Männer	
	%	%
Bespreche alles mit ihr	39	29
Spreche oft darüber .	22	32
Erzähle schon mal was	29	31
Nein	9	5
Keine Antwort	1	3
	100	100

Frage an verheiratete Frauen: „*Spricht Ihr Mann manchmal mit Ihnen über seine Arbeit?*"

D	1953	1979
	Verheiratete Frauen	
	%	%
Er bespricht alles mit mir	42	31
Spricht oft darüber . .	28	34
Erzählt schon mal was	22	27
Nein	7	5
Keine Antwort	1	3
	100	100

Frage an verheiratete Männer: „*Haben Sie es gern, wenn Ihnen Ihre Frau erzählt, was sie alles zu tun hat?*"

D	1953	1979
	Verheiratete Männer	
	%	%
Habe ich sehr gern . .	31	23
Habe ich ganz gern . .	31	42
Es geht	21	28
Nein, nicht gern . . .	16	6
Keine Antwort	1	1
	100	100

Frage an verheiratete Frauen: „*Hat es Ihr Mann gern, wenn Sie ihm erzählen, was Sie alles zu tun haben?*"

D	1953	1979
	Verheiratete Frauen	
	%	%
Er hat es sehr gern . .	30	20
Hat es ganz gern . . .	28	30
Es geht	22	33
Nein, nicht gern . . .	18	15
Keine Antwort	2	2
	100	100

MAL KRANK MACHEN?

Frage an berufstätige Arbeitnehmer: „*Was meinen Sie dazu, wenn sich Kollegen und Kolleginnen schon bei einem bißchen Kopfschmerzen oder Schnupfen vom Arzt arbeitsunfähig schreiben lassen und nicht mehr zur Arbeit kommen? Können Sie mir es nach dieser Liste hier sagen?*" (L)

	1972 Aug.	1978 Jan.
	Berufstätige Arbeitnehmer	
	%	%
„Es ist unfair gegenüber den Kollegen, Kolleginnen, die auch dann zur Arbeit kommen, wenn sie nicht ganz auf der Höhe sind"	63	59
„Ich finde es nicht richtig, denn wenn es alle so machen würden, käme die Firma bald in finanzielle Schwierigkeiten"	21	27
„Das ist ihr gutes Recht, da habe ich volles Verständnis. Manchmal braucht man eben einen zusätzlichen Tag zum Ausruhen"	20	18
	104	104

KRANKENSTAND

Frage an Berufstätige: *„Erinnern Sie sich – waren Sie im vergangenen Jahr einmal so krank, daß Sie nicht im Beruf arbeiten konnten?"*

Frage an Berufstätige, die im vergangenen Jahr krank waren: *„Und könnten Sie noch sagen, an wieviel Arbeitstagen Sie im vergangenen Jahr wegen Krankheit nicht im Beruf arbeiten konnten?"*

(Jeweils im Januar erfragt)

	Berufstätige									
	Arbeitnehmer						Selbständige			
	1978 %	1979 %	1981 %	1982 %	1983 %	1978 %	1979 %	1981 %	1982 %	1983 %
Einmal krank gewesen	33	35	32	35	40	20	22	17	22	26
Mehrmals krank gewesen	12	14	13	15	11	5	9	9	6	6
Nicht krank gewesen	55	51	55	50	49	75	69	74	72	68
	100	100	100	100	100	100	100	100	100	100

	Durchschnittliche Dauer des Krankenstandes in Tagen				
	1978	1979	1981	1982	1983
Berufstätige Arbeitnehmer, die krank und arbeitsunfähig waren	19,0	16,2	17,9	15,9	14,2
Männer	19,8	16,1	18,3	16,2	15,1
Frauen	17,7	16,2	17,3	15,4	12,9
ALTERSGRUPPEN					
16–29 Jahre	14,5	14,3	16,3	12,5	12,2
30–44 Jahre	18,7	14,8	16,2	15,3	13,3
45 Jahre und älter	24,7	20,7	23,2	21,5	17,6
BERUFSKREISE					
Arbeiter	21,7	16,9	19,4	18,0	14,7
Angestellte	16,6	15,2	16,6	14,5	13,8
Beamte	14,4	16,0	15,6	12,7	15,3

SANKTIONEN

Frage: *„Wenn jemand wegen Krankheit nicht zur Arbeit kommt, erhält er ja nach dem Lohnfortzahlungsgesetz seinen Lohn oder sein Gehalt eine Zeitlang normal weiter. Wußten Sie das, oder hören Sie das jetzt zum ersten Mal? (Wußte ich: 95%) Nun gibt es einen Vorschlag, daß Lohn und Gehalt erst vom zweiten Tag der Abwesenheit an weitergezahlt werden. Für den ersten Tag der Abwesenheit wird nichts bezahlt. Finden Sie, das ist ein guter Vorschlag, oder kein guter Vorschlag?"*

A

	August 1981		
	Vorschlag ist – Unentschieden		
	gut %	nicht gut %	%
Für den 1. Tag Abwesenheit wegen Krankheit wird nichts bezahlt	30	57	13 = 100

SO LANGE WIE MÖGLICH ARBEITEN

Frage an Berufstätige, die nach eigenen Angaben später voraussichtlich eine Rente von der gesetzlichen Rentenversicherung bekommen:

„Wenn Sie die Wahl hätten, schon mit 60 oder 58 (Frauen: ... mit 58 oder 56) mit der Berufstätigkeit aufzuhören, dann aber nur eine niedrigere Rente bekommen – würden Sie das tun, oder würden Sie lieber weiterarbeiten, um die volle Rente zu bekommen?"

August 1978

	Berufstätige insgesamt %	Männer %	Frauen %
Weiterarbeiten für volle Rente	49	49	48
Früher aufhören bei niedrigerer Rente	33	34	32
Unentschieden	18	17	20
	100	100	100

NEBENVERDIENST

Frage: *„Angenommen, Sie hätten durch Arbeitszeitverkürzung mehr Freizeit als bisher. Würden Sie sich dann durch eine Nebentätigkeit etwas dazuverdienen oder nicht?"*

August 1978

	Berufstätige Arbeitnehmer				
	insgesamt %	Angelernte Arbeiter %	Fach- arbeiter %	Einfache Angestellte/ Beamte %	Leitende Angestellte/ Beamte %
Nein	51	46	40	56	65
Ja, vielleicht	32	32	36	31	26
Ja, gern	17	22	24	13	9
	100	100	100	100	100

Frage: *„Arbeitszeitverkürzungen hat es bisher immer bei vollem Lohnausgleich gegeben, das heißt, der einzelne hat danach nicht weniger verdient als vorher. Manche meinen, daß die Wirtschaft das heute nicht verkraften kann. Sind Sie für Arbeitszeitverkürzungen, wenn dafür auch Lohn und Gehalt gekürzt werden, oder sind Sie dann nicht für Arbeitszeitverkürzung?"*

A

August 1978

Falls Lohn-/Gehaltskürzung –	Bev. insg. %	Politische Orientierung		
		SPD %	CDU/CSU %	FDP %
gegen Arbeitszeitverkürzung	59	63	56	56
für Arbeitszeitverkürzung	21	21	20	27
Unentschieden	20	16	24	17
	100	100	100	100

IST ERLAUBT, WAS GEFÄLLT?

Frage: „Vielfach ist es ja üblich, daß sich jemand, der im Büro angestellt ist, von dort Schreibpapier, Bleistifte oder anderes kleines Büromaterial für seinen privaten Gebrauch mit nach Hause nimmt." –

„Auch bei Arbeitern ist es ja oft so, daß sich einer eine kleine Menge Material aus dem Betrieb mitnimmt, was er zuhause gut gebrauchen kann." –

„Finden Sie, das kann er ruhig tun, oder nur in Ausnahmefällen, oder auf keinen Fall?"

A	Büroangestellte				Arbeiter			
	1959	1977	1980	1982	1959	1971	1980	1982
	%	%	%	%	%	%	%	%
Kann er ruhig tun	5	13	13	17	5	10	10	13
Nur ausnahmsweise	18	29	33	40	18	29	29	34
Auf keinen Fall	73	52	49	36	73	55	55	48
Unentschieden	4	6	5	7	4 ·	6	6	5
	100	100	100	100	100	100	100	100

3. BERUFS- UND ARBEITSPLATZWECHSEL

Frage: „Jeder Mensch hat doch zur Zeit der Schulentlassung ganz bestimmte Vorstellungen, was er gern werden möchte. Wie war das bei Ihnen? Hatten Sie einen Berufswunsch, als Sie aus der Schule kamen – was wären Sie gern geworden?"

Nachfrage an Personen, die zur Zeit der Schulentlassung einen bestimmten Berufswunsch hatten: „Sind Sie das dann auch geworden?"

D	Bevölkerung insgesamt 1953	1979	Männer 1953	1979	Frauen 1953	1979
	%	%	%	%	%	%
Ja, hatte bestimmten Berufswunsch	78	72	89	76	69	68
und zwar:						
Handarbeitender Beruf	36	25	45	35	28	18
Akademischer oder künstlerischer Beruf*)	13	20	15	23	11	17
Sonstiger Büroberuf	16	15	14	11	18	17
Sozialer Beruf ohne akademische Ausbildung oder Fachschule	5	8	1	×	8	13
Naturverbundener Beruf	7	4	14	7	2	2
Wunsch nach eigenem Haushalt	1	×	–	–	2	1
	78	72	89	76	69	68
Ja, hatte bestimmten Berufswunsch und bin –						
– das auch geworden	32	27	42	32	23	22
– etwas anderes geworden	46	45	47	44	46	46
	78	72	89	76	69	68
Es hatten keinen bestimmten Berufswunsch	22	28	11	24	31	32
	100	100	100	100	100	100

	Berufswunsch							
	Handarbeitender Beruf		Akademischer, künstlerischer Beruf*)		Sonstiger Büroberuf		Naturverbundener Beruf	
	1953	1979	1953	1979	1953	1979	1953	1979
Wurde verwirklicht von –	%	%	%	%	%	%	%	%
Männern	48	51	28	25	52	50	63	43
Frauen	27	32	15	18	48	49	18	27

*) Darunter wurden verstanden: Arzt, Architekt, Jurist, Mathematiklehrer, Schriftsteller, Journalist.

GRÜNDE FÜR BERUFSWECHSEL

Frage: „Haben Sie je in Ihrem Leben den Beruf gewechselt?"

Falls „Ja": „Haben Sie gewechselt, weil Sie durch die Verhältnisse dazu gezwungen wurden, oder weil Sie gern einen anderen Beruf haben wollten?"

D

	Insgesamt		Männer		Frauen	
	1953	1979	1953	1979	1953	1979
	%	%	%	%	%	%
Ja, einmal	25	20	28	20	19	20
Ja, mehrmals	14	15	15	15	13	15
Gründe für Wechsel:						
Verhältnisse zwangen dazu	34	22	37	20	28	24
Wollte anderen Beruf	5	13	6	15	4	11
Nein	61	65	57	65	68	65
	100	100	100	100	100	100

Berufstätige einschließlich Arbeitslose

NEUE TECHNIKEN

Frage an Berufstätige: „Glauben Sie, daß rasche technische Veränderungen Ihre gegenwärtige Arbeit verändern werden?"

Falls „Ja": „Und wie denken Sie darüber? Würden Sie sagen, Sie sind darüber ...."

	Dezember 1980 Berufstätige %
Ja, rasche technische Veränderungen der Arbeit	20
– bin sehr beunruhigt	1
– etwas beunruhigt	8
– berührt mich nicht	4
– ziemlich erfreut	4
– sehr erfreut	2
– Weiß nicht	1
Nein, keine raschen technischen Veränderungen	67
Weiß nicht	13
	100

RICHTIG GEWÄHLT?

Frage an Berufstätige einschließlich Arbeitslose: „*Wenn Sie noch einmal von vorne anfangen könnten, würden Sie dann Ihren j e t z i g e n Beruf oder einen anderen Beruf auswählen?*"

„*Und aus welchem Grund würden Sie lieber einen anderen Beruf haben?*" (L)

D	Berufstätige einschließlich Arbeitslose					
	Insgesamt		Männer		Frauen	
	1953	1979	1953	1979	1953	1979
Es würden wählen –	%	%	%	%	%	%
wieder jetzigen Beruf	41	49	42	50	38	48
anderen Beruf	52	38	51	38	53	38
Gründe –						
ein anderer Beruf würde mich mehr interessieren	26	44	24	43	30	44
mehr verdienen	27	22	27	20	25	25
angenehmere, sauberere, nicht so schwere Arbeit	18	19	19	21	15	14
hätte bessere Aufstiegsmöglichkeiten	15	19	15	24	15	11
selbständig sein	13	12	13	8	13	16
Gesundheit	11	7	11	6	11	9
Sicherheit gegen Arbeitslosigkeit	5	6	5	8	4	3
	115	129	114	130	113	122
Unentschieden	7	13	7	12	9	14
	100	100	100	100	100	100

UMLERNEN

Frage: „*Wenn sich heute ein junger Mensch für einen Beruf entscheidet, muß er dann damit rechnen, daß er eines Tages einmal grundlegend umlernen muß, oder daß er sich sogar einen ganz neuen Beruf suchen muß, oder kann er das als eine Entscheidung für das ganze Leben betrachten?*"

A		Dezember 1980			
	Bev. ges.	Altersgruppen			
		16–29	30–44	45–59	60 u. ä.
	%	%	%	%	%
Umlernen, neuen Beruf suchen	64	70	67	66	56
Entscheidung fürs ganze Leben	8	6	8	6	12
Unmöglich zu sagen	28	24	25	28	32
	100	100	100	100	100

WECHSEL DES ARBEITSPLATZES

Frage an berufstätige Arbeiter und Angestellte: *„Haben Sie im Laufe des vergangenen Jahres Ihre Stellung gewechselt, ich meine so, daß Sie Ihre Papiere bekommen haben und woanders neu angefangen haben?"*

Es haben ihre Stellung gewechselt:	1974 Jan. %	1976 Jan. %	1977 Feb. %	1978 Jan. %	1979 Jan. %	1981 Jan. %	1983 Jan. %
Berufstätige Arbeiter und Angestellte insgesamt	11	10	12	8	10	7	6
Angelernte Arbeiter	10	14	19	12	13	11	7
Facharbeiter	12	8	10	6	10	6	5
Einfache Angestellte	11	9	11	7	8	6	6
Leitende Angestellte	9	5	7	6	7	7	6

MOBILITÄT

Frage: *„Sind Sie je in Ihrem Leben an einen anderen Ort gezogen, um einen bestimmten Arbeitsplatz oder eine bestimmte Stellung zu bekommen?"*

Falls „Ja": *„Und warum?"*

D	Berufstätige einschließlich Arbeitslose					
	Insgesamt		Männer		Frauen	
	1953 %	1979 %	1953 %	1979 %	1953 %	1979 %
Ja, einmal	15	14	14	14	16	13
Ja, mehrfach	12	6	13	7	9	4
Gründe für Ortswechsel:						
Besserer Verdienst	32	33	32	38	31	23
Interessantere Arbeit	17	26	18	25	16	28
Bekam keine Arbeit am Ort	18	17	18	14	17	22
Wurde versetzt	9	12	10	15	5	7
Andere/Keine Angabe	26	21	23	19	32	24
Nein	73	80	73	79	75	83
	100	100	100	100	100	100

haben während der letzten 5 Jahre –	Berufstätige Arbeitnehmer, die höchstens 5 Jahre im derzeitigen Betrieb arbeiten					
	Insgesamt		Männer		Frauen	
	1953 %	1979 %	1953 %	1979 %	1953 %	1979 %
nur in einem Betrieb gearbeitet	59	48	54	48	69	49
in zwei	30	39	34	37	24	42
in drei	7	6	9	7	2	5
in vier oder mehr	1	5	1	6	×	3
Keine Angabe	3	2	2	2	5	1
	100	100	100	100	100	100

SCHWIERIGE ENTSCHEIDUNG

Frage: „Wenn ein Unternehmen einem Mitarbeiter eine sehr gute Stelle in einem anderen Ort in der Bundesrepublik anbietet, seine Familie aber dagegen ist, umzuziehen: Was sollte er Ihrer Meinung nach tun, die Stelle annehmen und die Familie versuchen zu überzeugen oder der Familie zuliebe darauf verzichten?"

A	Februar 1979		
	Annehmen %	Verzichten %	Unentschieden %
Bevölkerung insgesamt	47	30	23 = 100
Männer	49	29	22 = 100
Frauen	46	30	24 = 100
BERUFSKREISE			
Angelernte Arbeiter	49	31	20 = 100
Facharbeiter	44	32	24 = 100
Einfache Angestellte/Beamte	45	29	26 = 100
Leitende Angestellte/Beamte	56	27	17 = 100
Derzeit Arbeitslose	50	39	11 = 100
Personen, die in den letzten 3 Jahren zeitweilig arbeitslos waren	54	30	16 = 100

VERBUNDENHEIT MIT DEM BETRIEB

Frage: „Ist es Ihnen eigentlich egal, wo Sie Ihr Geld verdienen – in welchem Betrieb Sie arbeiten?"

D	Berufstätige Arbeitnehmer					
	Insgesamt		Männer		Frauen	
	1953 %	1979 %	1953 %	1979 %	1953 %	1979 %
Nicht egal: Möchte in meinem jetzigen Betrieb bleiben	46	70	47	68	45	72
Möchte in einen anderen Betrieb	11	5	11	6	10	5
Will in alten Beruf zurück . .	4	1	5	1	2	2
Ja, ist mir egal	39	24	37	25	43	21
	100	100	100	100	100	100

4. ARBEITSLOSIGKEIT

Frage an berufstätige Arbeiter und Angestellte: „Waren Sie persönlich schon mal arbeitslos?" Falls „Ja": „Wann war das?"

	Arbeiter und Angestellte insgesamt		Angelernte Arbeiter		Facharbeiter		Einfache Angestellte		Leitende Angestellte	
	1975*) %	1978 %	1975 %	1978 %	1975 %	1978 %	1975 %	1978 %	1975 %	1978 %
Ja, schon arbeitslos gewesen	24	28	39	39	23	27	14	23	16	19
und zwar:										
1978	–	3	–	5	–	1	–	2	–	4
1977	–	5	–	6	–	4	–	4	–	5
1976	–	4	–	6	–	4	–	4	–	×
1975	6	5	12	8	4	5	2	2	4	3
1973/74	9	4	17	8	8	3	4	2	6	4
1969–1972	4	4	9	8	3	3	1	3	1	1
1960–1968	6	5	12	6	5	6	2	4	3	1
1950–1959	6	5	7	8	6	4	5	5	3	×
vor 1950	3	3	4	4	2	4	1	3	3	1
Nein, nicht arbeitslos gewesen	76	72	61	61	77	73	86	77	84	81
	100	100	100	100	100	100	100	100	100	100

*) Beim Vergleich ist zu berücksichtigen, daß die Umfragen nicht zur gleichen Jahreszeit durchgeführt wurden.

Frage: „Wir haben zur Zeit in der Bundesrepublik zwei Millionen Arbeitslose. Darf ich fragen: Waren Sie in den letzten drei Jahren einmal arbeitslos?"

	Dezember 1982 Arbeiter und Angestellte				
	insgesamt %	Angelernte Arbeiter %	Fach- arbeiter %	Einfache Angestellte %	Leitende Angestellte %
Bin zur Zeit arbeitslos	7	10	9	6	3
War arbeitslos	8	13	7	8	2
Nein	85	77	84	86	95
	100	100	100	100	100

Frage an Personen, die in den letzten 3 Jahren einmal arbeitslos waren: „*Als Sie (das letzte Mal) arbeitslos wurden, wie war das? Hat da Ihr Arbeitgeber gekündigt, oder haben Sie gekündigt?"*

	Personen, die in den letzten 3 Jahren einmal arbeitslos waren			
	1977 Nov. %	1978 Nov. %	1979 Jan. %	1983 Jan. %
Arbeitgeber hat gekündigt	56	62	55	62
Ich selbst habe gekündigt	34	27	33	23
Andere Antwort	10	11	12	15
	100	100	100	100

Frage an Personen, die seit 1976 einmal arbeitslos waren, oder es zur Zeit sind: „*Als Sie (das letzte Mal) arbeitslos wurden, wie war das: Hat da Ihr Arbeitgeber gekündigt, haben Sie gekündigt, oder war es in gegenseitigem Einvernehmen?"*

	Juni 1982			
	Arbeitgeber gekündigt %	Ich habe gekündigt %	Gegenseitiges Einvernehmen %	Keine Angabe %
Bevölkerung insgesamt	55	13	22	10 = 100
Männer	52	10	25	13 = 100
Frauen	59	19	17	5 = 100
BERUFSKREISE				
Angelernte Arbeiter	83	9	4	4 = 100
Facharbeiter	59	7	24	10 = 100
Einfache Angestellte	45	25	20	10 = 100
Leitende Angestellte	36	x	33	31 = 100

ENTLASSUNGEN, KURZARBEIT IM BETRIEB

Frage: „*Hat Ihr Betrieb (1953: seit der Währungsreform) in den letzten 5 Jahren schon einmal einen Teil seiner Arbeiter oder Angestellten e n t l a s s e n müssen, oder hat es bei Ihnen in den letzten 5 Jahren schon einmal K u r z a r b e i t gegeben?"*

D	Berufstätige Arbeiter und Angestellte					
	Insgesamt		Männer		Frauen	
	1953 %	1979 %	1953 %	1979 %	1953 %	1979 %
Ja, jedes Jahr zu bestimmter Jahreszeit	9	2	10	2	7	2
Ja, mehr als einmal	16	14	17	17	13	11
Ja, einmal	12	12	13	14	10	8
Nein, hat es nicht gegeben	50	64	52	59	45	71
Weiß nicht	13	8	8	8	25	8
	100	100	100	100	100	100

Frage: „*Wir haben ja schon seit einigen Jahren ungefähr eine Million Arbeitslose. Hier unterhalten sich zwei darüber. Welcher von beiden sagt eher das, was auch Sie denken?*" (B, X)

	November 1977 %
„Meiner Meinung nach sind eine Million Arbeitslose ein großes Problem. Wenn es nicht bald gelingt, von dieser hohen Arbeitslosenzahl herunterzukommen, befürchte ich, daß die extremen Parteien – Kommunisten und die NPD – mehr Zulauf bekommen und daß es mit der Wirtschaft noch weiter bergab geht."	65
„Ich finde, es hat sich in den letzten Jahren gezeigt, daß wir auch mit einer Million Arbeitslosen ganz gut leben können. In einem Staat, der so gut für die Arbeitslosen sorgt, ist Arbeitslosigkeit kein großes Problem."	19
Unentschieden	16
	100

JUGENDARBEITSLOSIGKEIT

Frage: „*Unter den Arbeitslosen gibt es viele Jugendliche, die keine Arbeitsstelle finden. Darüber unterhalten sich hier zwei. Welcher von den beiden sagt eher das, was auch Sie denken?*"

A	1977 Nov. %	1978 Nov. %
„Ich finde es besonders schlimm, wenn Jugendliche keine Arbeit bekommen. Es wirft die jungen Menschen doch völlig aus der Bahn, wenn sie nach der Schule das Gefühl bekommen, keiner braucht sie."	80	81
„Das sehe ich anders. Wenn man jung ist, nimmt man doch alles viel leichter und hat auch keine Familie, für die man sorgen muß. Da läßt sich Arbeitslosigkeit schon eher verkraften."	10	11
Unentschieden	10	8
	100	100

FURCHT VOR ENTLASSUNGEN

Frage: „Wenn Ihr Betrieb Entlassungen vornehmen muß, glauben Sie, daß S i e dann gleich zuerst oder erst später oder gar nicht betroffen würden?"

D	Berufstätige Arbeiter und Angestellte					
	Insgesamt		Männer		Frauen	
	1953 %	1979 %	1953 %	1979 %	1953 %	1979 %
Wäre nicht betroffen	47	39	50	42	38	34
Würde erst später entlassen	24	23	24	24	23	21
Würde gleich zuerst entlassen	5	3	5	2	5	5
Entlassungen gibt es bei uns nie	8	10	7	10	10	11
Weiß nicht	16	25	14	22	24	29
	100	100	100	100	100	100

Frage: „Glauben Sie, daß die Arbeitslosigkeit bei uns in den nächsten zwölf Monaten zunehmen oder abnehmen wird?"

	1976 April %	1980 Dez. %
Zunehmen	13	73
Abnehmen	50	4
Gleichbleiben	29	14
Weiß nicht	8	9
	100	100

DAS PROBLEM WIRD BLEIBEN

Frage: „Glauben Sie, daß wir dauerhaft mit etwa einer Million Arbeitslosen rechnen müssen, oder glauben Sie, die Zahlen werden wieder zurückgehen auf den niedrigen Stand wie wir ihn vor einigen Jahren hatten?"

	1976 April %	1977 Nov. %	1978 Nov. %
Dauerhaft eine Million Arbeitslose	33	61	53
Zahlen werden zurückgehen	47	19	23
Unentschieden	20	20	24
	100	100	100

Frage: „Kennen Sie jemanden, der zur Zeit arbeitslos ist oder in den letzten 2 Jahren arbeitslos war? Ich meine egal, ob unter Ihren Verwandten oder Bekannten oder sonst jemand?"

	1982 Juni %
Ja, mehrere	36
Ja, einen	19
Nein, kenne keinen	45
	100

Frage: „Aus welchen dieser Gruppen kennen Sie einen oder mehrere Arbeitslose?" (K)

Bekannt:	1982 Juni %
Arbeitsloser Mann	
unter 30 Jahren	30
zwischen 30–50 Jahre	29
über 50 Jahre	15
Arbeitslose Frau	
unter 30 Jahren	18
zwischen 30–50 Jahre	13
über 50 Jahre	5
Kein Arbeitsloser bekannt	45

VERMUTUNGEN

Frage: „*Das ist ja sicher schwer zu sagen, aber was würden Sie schätzen: Wieviel unter den etwa 2 Millionen Arbeitslosen gibt es, die gar nicht arbeiten wollen, die sich gar nicht ernsthaft um eine neue Stelle bemühen? Würden Sie sagen ...*"

B	Bev. insg.	Männer	Frauen	Januar 1983					
				Angelernte Arbeiter	Facharbeiter	Berufskreise			
						Einfache Angestellte, Beamte	Leitende Angestellte, Beamte	Selbständige, freie Berufe	Landwirte
	%	%	%	%	%	%	%	%	%
Weniger als ein Viertel	39	42	36	39	39	34	44	54	15
Etwa ein Viertel . .	33	31	35	29	31	38	34	30	19
Etwa die Hälfte . .	16	15	17	19	21	15	7	9	50
Etwa Dreiviertel . .	2	2	1	5	×	1	4	2	×
Unmöglich zu sagen	10	10	11	8	9	12	11	5	16
	100	100	100	100	100	100	100	100	100

FERNBILD – NAHBILD DER ARBEITSLOSEN

Frage: „*So im allgemeinen kann man das ja sicher nicht immer sagen, aber wenn Sie einmal an die Arbeitslosen bei uns in der Bundesrepublik denken, was von dieser Liste trifft Ihrer Meinung nach auf die meisten Arbeitslosen zu?*" (L, ‚Fernbild')

Frage: „*Wenn Sie jetzt einmal an den/die Arbeitslosen (in Ihrem Bekanntenkreis) denken, was von dieser Liste trifft auf diese Arbeitslosen alles zu?*" (L, ‚Nahbild')

I	Juni 1982	
	Fernbild %	Nahbild %
Verdienen sich durch kleinere Arbeiten nebenbei etwas dazu	60	46
Schimpfen auf die Parteien und die Politiker	54	26
Sind niedergeschlagen, gedrückter Stimmung	50	39
Bemühen sich sehr, neue Arbeit zu bekommen	43	52
Fühlen sich überflüssig, nicht anerkannt	40	22
Machen sich ein schönes Leben, lassen es sich gutgehen	24	23
Beschäftigen sich viel mit ihren Hobbys	23	25
Freuen sich, daß sie nicht arbeiten müssen	15	15
Lassen sich bemitleiden	15	9
Machen sich über andere, die arbeiten müssen, lustig	14	7
Vernachlässigen sich und ihre Angehörigen	11	7
Sind sehr interessiert, bilden sich weiter	9	17
Liegen Freunden und Bekannten auf der Tasche	7	5

URTEIL ÜBER ARBEITSLOSE

Frage: „Glauben Sie, daß es unter denen, die zur Zeit arbeitslos sind, viele gibt, die nicht arbeiten wollen, oder sind das nur Einzelfälle?"

	1975 Sept. %	1976 April %	1977 Nov. %	1978 Nov. %	1979 Aug. %	1981 Jan. %	1982 März %	1982 Juni %	1983 Jan. %
Gibt viele	49	49	59	55	53	58	48	40	42
Einzelfälle	45	45	36	39	39	32	45	51	50
Unentschieden	6	6	5	6	8	10	7	9	8
	100	100	100	100	100	100	100	100	100

Januar 1983

	Gibt viele %	Einzelfälle %	Unentschieden %
Bevölkerung insgesamt	42	50	8 = 100
Männer	42	50	8 = 100
Frauen	42	50	8 = 100
ALTERSGRUPPEN			
16–29 Jahre	36	54	10 = 100
30–44 Jahre	41	50	9 = 100
45–59 Jahre	41	52	7 = 100
60 Jahre und älter	51	42	7 = 100
SCHULABSCHLUSS			
Volksschule	46	46	8 = 100
Höhere Schule	36	56	8 = 100
BERUFSKREISE			
Angelernte Arbeiter	43	49	8 = 100
Facharbeiter	41	52	7 = 100
Einfache Angestellte, Beamte	42	49	9 = 100
Leitende Angestellte, Beamte	38	54	8 = 100
Selbständige, freie Berufe	48	46	6 = 100
Landwirte	52	37	11 = 100

WAS TUN?

Frage an Personen, die seit 1976 irgendwann einmal arbeitslos waren: „*Wenn Sie jetzt einmal an die Zeit Ihrer Arbeitslosigkeit denken – was haben Sie da tagsüber gemacht?*" (L) (Eigenbild)

Frage an Personen, die zur Zeit arbeitslos sind: „*Wenn Sie jetzt einmal an die Zeit Ihrer Arbeitslosigkeit denken – was machen Sie da tagsüber?*" (L) (Eigenbild)

Frage an Personen, die nie arbeitslos waren: „*Was vermuten Sie, was die Arbeitslosen tagsüber alles machen?*" (L) (Fremdbild)

I   Juni 1982

| | Eigenbild | | | Fremdbild | | |
	Insgesamt	Männer	Frauen	Insges.	Männer	Frauen
	%	%	%	%	%	%
Hausarbeiten erledigt*)	70	61	82	50	55	55
Zum Arbeitsamt gegangen	68	73	62	71	69	72
Länger als sonst geschlafen	60	72	43	78	79	77
Stellenanzeigen in der Zeitung gelesen	57	58	56	69	68	70
Bewerbungen geschrieben	52	55	49	55	52	57
Zeitung gelesen	50	56	42	55	54	57
Mich mit meinem Hobby beschäftigt	48	48	47	48	51	45
Einkäufe erledigt	46	37	59	46	44	47
Bücher gelesen	41	43	38	21	19	22
Viel mit Freunden zusammen gewesen	34	43	21	29	33	27
Mich mehr mit meinen Kindern beschäftigt .	33	30	38	41	42	40
Mir durch Nebenarbeiten etwas dazuverdient	33	38	27	67	68	66
Viel ferngesehen	33	38	26	60	60	60
Viel unterwegs gewesen	31	34	27	31	28	32
Mich über Politik und Zeitgeschehen informiert	25	30	17	21	22	21
Lange Spaziergänge gemacht	24	15	38	31	32	31
Viel Zeit mit Nichtstun vertan	23	22	24	44	43	45
Bei Freunden und Bekannten ausgeholfen . .	20	23	15	41	43	40
Sport getrieben	16	17	15	18	16	20
Auch tagsüber mal in einer Kneipe, Wirtschaft gewesen	15	23	4	54	56	53
War häufig allein	14	13	15	21	21	21
Mit anderen Arbeitslosen gesprochen	13	16	9	50	48	50
Kurse, Umschulungsveranstaltungen besucht	12	13	11	23	20	25
Mehrere Reisen gemacht	7	7	8	7	7	8
Viel ins Kino gegangen	6	7	4	7	7	7
In einer Bürgerinitiative mitgearbeitet	3	1	4	6	8	5

*) Hier wiedergegeben sind die Antworten der Personen, die arbeitslos waren. Für zur Zeit Arbeitslose oder Personen, die noch nie arbeitslos waren, wurden die Antworten im Infinitiv formuliert, also: Hausarbeiten erledigt; Zum Arbeitsamt gehen etc.

ARBEITSPLÄTZE

Frage: „*In der Bundesrepublik gibt es ja zur Zeit viele Arbeitslose, die keine Stelle finden. Trotzdem können viele Betriebe (Dienststellen) Arbeitsplätze nicht besetzen, weil sie keine Arbeitskräfte finden. Wie ist das in Ihrem Betrieb (Ihrer Dienststelle), werden da noch gute Arbeitskräfte gesucht oder sind, soweit Sie wissen, alle Arbeitsplätze besetzt?*"

I

	Juni 1982		
	Es werden noch Arbeits- kräfte gesucht %	Alle Arbeits- plätze sind besetzt %	Weiß nicht %
Arbeitnehmer insgesamt	20	68	12 = 100
Arbeitnehmer aus den Bereichen:			
Baugewerbe	12	81	7 = 100
Sonstiges verarbeitendes Gewerbe	21	73	6 = 100
Verkehr und sonstige private Dienstleistungen	15	73	12 = 100
Öffentlicher Dienst	23	69	8 = 100
Eisen- und Metallverarbeitung	24	67	9 = 100
Bergbau, Steine und Erden, Energiewirtschaft	34	57	9 = 100
Handel, Geld, Versicherungen	18	57	25 = 100
Beamte	14	79	7 = 100

Frage: „*Einmal angenommen, ein arbeitsloser Lehrer bekommt eine Stelle als Briefträger* (Parallelumfrage: *Kellner*) *angeboten. Würden Sie ihm raten, die Stelle anzunehmen, oder nicht?*"

Frage: „*Einmal angenommen, ein arbeitsloser Facharbeiter bekommt eine Stelle als Fließbandarbeiter* (Parallelumfrage: *Hilfsarbeiter*) *angeboten. Würden Sie ihm raten, die Stelle anzunehmen, oder nicht?*"

B

	Mai 1982			
	Lehrer als –		Facharbeiter als –	
	Briefträger %	Kellner %	Fließband- arbeiter %	Hilfs- arbeiter %
Es würden den Rat geben –				
anzunehmen	48	36	55	41
nicht anzunehmen	20	28	15	18
Kommt darauf an	26	28	27	35
Unentschieden	6	8	3	6
	100	100	100	100

BESETZUNGSSCHWIERIGKEITEN

Frage: „*Es ist ja so, daß viele Betriebe Arbeitsplätze nicht besetzen können, obwohl wir zur Zeit viele Arbeitslose haben. Was meinen Sie, woran das liegt, was sind die Gründe dafür? Könnten Sie es vielleicht nach dieser Liste hier sagen.*" (L)

	1982 Juni %
Für viele Berufe gibt es zuwenig qualifizierte Arbeitskräfte	56
Es gibt zuviel Leute, die keine richtige Berufsausbildung haben	48
Es gibt sehr viele ältere Leute, die Arbeit suchen	45
Auf neue Bedingungen können sich viele Leute schwer einstellen, sie wollen genau das tun, was sie bisher getan haben	41
Für Schichtarbeit, Schwerarbeit lassen sich nur schwer Arbeitskräfte finden	41
Die Arbeitsplätze liegen von den Wohngebieten zu weit entfernt	40
Die Arbeitslosenunterstützung ist zu hoch, da lohnt es sich für viele nicht, zu arbeiten	39
Viele Leute wollen gar nicht arbeiten	37
Viele Leute sind zu einseitig ausgebildet	36
Man erfährt zuwenig darüber, wo Arbeitsplätze frei sind	35
Die Stellen, die angeboten werden, sind schlecht bezahlt	34
Die Betriebe haben es versäumt, rechtzeitig Leute auszubilden	33
Viele Leute haben den falschen Beruf gelernt	33
Bei vielen Arbeitsplätzen kommt man den Frauen zuwenig entgegen	31
Viele Arbeitsplätze sind unsicher, sind nicht für lange Zeit	30
Die Arbeitsbedingungen sind häufig schlecht	29
Die Arbeitsämter sind häufig überlastet	24
Die Betriebe stellen sich zuwenig auf die Arbeitsuchenden ein	19
Die Sozialleistungen sind zu schlecht	11
Viele Stellen werden aus Gewissensgründen nicht angenommen	7
Andere Antwort, nichts davon	3

ZUKUNFTSAUSSICHTEN

Frage: „*Glauben Sie, daß wir in den nächsten ein oder zwei Jahren* (Parallelumfrage: *drei oder vier Jahren) die jetzige Zahl von fast zwei Millionen Arbeitslosen wieder wesentlich verringern können, oder läßt sich das in dieser Zeit nicht erreichen?*"

I	Juni 1982					
	Kann verringert werden in –		Nicht möglich in –		Unentschieden	
	1–2 Jahren %	3–4 Jahren %	1–2 Jahren %	3–4 Jahren %	1–2 Jahren %	3–4 Jahren %
Bevölkerung insgesamt	26	34	54	46	20	20
REGIONALE GLIEDERUNG						
Norddeutschland mit West-Berlin	20	33	61	48	19	19
Nordrhein-Westfalen	33	31	44	48	23	21
Rhein-Main/Südwest	24	33	55	43	21	24
Bayern	26	46	59	41	15	13

ZUMUTBAR

Frage: „Welche Veränderungen sind Ihrer Meinung nach Arbeitslosen zuzumuten, um einen Arbeitsplatz zu bekommen? Könnten Sie es mir bitte nach dieser Liste sagen." (L)

A

Daß er –	Bevölkerung insgesamt %	\multicolumn{4}{c}{Juni 1982 Altersgruppen}
		18–29 %	30–44 %	45–59 %	60 u. ä. %
etwas weniger verdient	70	71	74	66	71
ungünstigere Arbeitszeiten hat	64	60	68	65	62
eine einfachere Arbeit tut als das, wofür er ausgebildet ist	56	51	55	56	60
einen erheblich längeren Weg zur Arbeit hat	55	46	59	54	60
eine Arbeit tut, die weniger angesehen ist als sein früherer Beruf	54	55	47	56	58
eine zeitlich befristete Arbeit bekommt	52	45	48	54	60
eine Arbeit bekommt, für die er nicht ausgebildet ist	44	44	37	46	48
schlechtere Arbeitsbedingungen, wie z. B. Lärm und Schmutz hat	24	20	23	25	27
seinen Wohnort wechselt	22	19	23	22	25
Nichts davon	7	11	4	6	8

Daß er –	Bevölkerung insgesamt %	Ange-lernte Arbeiter %	Fach-arbeiter %	\multicolumn{4}{c}{Berufskreise}
				Einfache Ange-stellte/ Beamte %	Leitende Ange-stellte/ Beamte %	Selb-ständige/ freie Berufe %	Land-wirte %
etwas weniger verdient	70	60	65	72	82	79	74
ungünstigere Arbeitszeiten hat	64	54	64	63	72	68	73
eine einfachere Arbeit tut als das, wofür er ausgebildet ist	56	60	51	55	61	57	54
einen erheblich längeren Weg zu Arbeit hat	55	51	49	56	66	60	61
eine Arbeit tut, die weniger angesehen ist als sein früherer Beruf	54	53	52	54	59	51	54
eine zeitlich befristete Arbeit bekommt	52	48	48	52	60	61	57
eine Arbeit bekommt, für die er nicht ausgebildet ist	44	49	46	39	47	46	38
schlechtere Arbeitsbedingungen, wie z. B. Lärm und Schmutz hat	24	30	23	19	22	29	39
seinen Wohnort wechselt	22	17	22	22	31	26	16
Nichts davon	7	12	8	6	3	3	7

VORSCHLÄGE

Frage: „Es wurden in letzter Zeit mehrere Vorschläge gemacht, wie man die Arbeitslosigkeit in der Bundesrepublik besser bekämpfen könnte. Würden Sie bitte einmal lesen, was auf diesen Karten steht, und sie auf dieses Blatt verteilen, je nachdem, welche Maßnahmen Sie begrüßen und welche Sie ablehnen würden." (K)

	März 1978		
	Dafür	Dagegen	Unentschieden
	%	%	%
Dafür sorgen, daß die Industrie mehr Lehrstellen schafft	83	3	14 = 100
Die Ansiedlung von Betrieben in Gebieten mit vielen Arbeitslosen fördern	75	5	20 = 100
Verbesserung der Handelsbeziehungen mit anderen Ländern, damit wir aus dem Ausland mehr Aufträge bekommen	72	5	23 = 100
Die Möglichkeit schaffen, daß man früher aufhören kann zu arbeiten	68	10	22 = 100
Mehr Aufträge für die Wirtschaft durch den Staat	65	8	27 = 100
Einführung eines Erziehungsgeldes, damit Mütter von kleinen Kindern zuhause bleiben und nicht arbeiten gehen müssen	62	15	23 = 100
Weniger Steuern und Sozialabgaben für alle Berufstätigen, damit durch mehr Käufe die Wirtschaft angekurbelt wird	62	11	27 = 100
Mehr Urlaub für alle Berufstätigen	62	14	24 = 100
Mehr Kindergeld, damit nicht mehr so viele Mütter mitverdienen müssen	60	17	23 = 100
Mehr Zuschüsse für Betriebe, die ältere Arbeitnehmer einstellen	58	12	30 = 100
Verhindern, daß immer mehr Menschen bei der Arbeit durch Maschinen ersetzt werden	57	19	24 = 100
Die Einrichtung von mehr Halbtagsstellen, Teilzeitarbeitsplätze fördern	54	14	32 = 100
Die Bestimmungen so ändern, daß man einem Arbeitslosen auch eine Arbeit zumuten kann, die er bisher ablehnen durfte	54	20	26 = 100
Kein Arbeitslosengeld für die, die eine Stelle ablehnen, weil sie weniger verdienen als vorher	49	25	26 = 100
Dafür sorgen, daß Gastarbeiter in ihre Heimatländer zurückkehren	48	22	30 = 100
Die Arbeitszeit für alle Berufstätigen verkürzen	47	29	24 = 100
Verbot von Überstunden und Sonntagsarbeit	47	28	25 = 100
Berufsgrundbildungsjahr für alle Hauptschüler einführen, so daß sie erst ein Jahr später in den Beruf kommen	45	21	34 = 100
Geringere Lohnsteigerungen, damit die Unternehmen mehr Arbeitskräfte einstellen können	41	30	29 = 100
Dafür sorgen, daß mehr Leute auch umziehen, um einen Arbeitsplatz zu bekommen	40	23	37 = 100

Fortsetzung

Fortsetzung

März 1978

	Dafür %	Dagegen %	Unentschieden %
Billigere Kredite für Unternehmen	37	27	36 = 100
Steuererleichterungen für Unternehmen	30	37	33 = 100
Weniger Arbeitslosengeld zahlen	26	48	26 = 100
Betriebe verstaatlichen, damit großzügiger eingestellt wird	9	72	19 = 100
Das Wirtschaftssystem ändern, die soziale Marktwirtschaft abschaffen (Parallelumfrage)	8	62	30 = 100
Das Wirtschaftssystem ändern, die soziale Marktwirtschaft abschaffen; denn in sozialistischen Ländern gibt es keine Arbeitslosigkeit (Parallelumfrage)	7	68	25 = 100

EIN STAATLICHES BESCHÄFTIGUNGSPROGRAMM?

Frage: „Es gibt ja unterschiedliche Meinungen darüber, wie die Arbeitslosigkeit bekämpft werden kann. Die einen sagen: Der Staat muß selbst für ein Beschäftigungsprogramm sorgen, auch wenn das vielleicht nur mit Steuererhöhungen geht oder der Staat dann vielleicht noch mehr Schulden machen muß. Die anderen sagen: Die Wirtschaft kann nur dann mehr Arbeitsplätze schaffen, wenn der Staat die Steuern senkt und ihr so Erleichterung verschafft.

Welcher Meinung stimmen Sie eher zu?"

Dezember 1981

	Bevölkerung insgesamt	Politische Orientierung			
		SPD	CDU/CSU	FDP	Grüne
	%	%	%	%	%
Staatliches Beschäftigungsprogramm . .	28	37	20	27	43
Erleichterungen für die Wirtschaft	42	36	50	46	37
Unentschieden	30	27	30	27	20
	100	100	100	100	100

VORSCHLÄGE

Frage: „Es gibt ja verschiedene Vorschläge, wie man die Arbeitslosigkeit bekämpfen kann. Darf ich Ihnen dazu einiges vorlesen, und Sie sagen mir bitte jedesmal, ob man damit die Arbeitslosigkeit auf Dauer bekämpfen kann."

	März 1982		
Hilft es, wenn –	Hilft %	Glaube ich nicht %	Unent- schieden %
– man die Zinsen senkt, damit wieder mehr investiert und gekauft wird?	80	9	11 = 100
– man vor allem kleinere und mittlere Betriebe fördert, damit sie mehr Leute einstellen?	70	15	15 = 100
– der Staat mehr Aufträge an die Wirtschaft gibt?	70	15	15 = 100
– man die Lebensarbeitszeit verkürzt, so daß alle, die wollen, mit 60 Jahren in Rente gehen können, dann aber etwas weniger bekommen?	69	20	11 = 100
– man die Gastarbeiter in ihre Heimatländer zurückschickt?	62	22	16 = 100
– der Staat Betriebe unterstützt, die sonst Mitarbeiter entlassen müßten?	59	26	15 = 100
– man die Steuern für die Unternehmer senkt, damit sie mehr Arbeitsplätze schaffen können?	46	36	18 = 100
– man die wöchentliche Arbeitszeit verkürzt?	33	55	12 = 100
– man die Mehrwertsteuer erhöht, um ein staatliches Beschäftigungsprogramm finanzieren zu können?	16	68	16 = 100

KEINE SCHWARZARBEIT

Frage: „Es gibt ja verschiedene Vorschläge, wie man die Arbeitslosigkeit bekämpfen kann. Darf ich Ihnen dazu etwas vorlesen, und Sie sagen mir bitte jedesmal, ob man damit die Arbeitslosigkeit auf Dauer bekämpfen kann."

„Wenn die Regeln der freien Marktwirtschaft möglichst uneingeschränkt angewendet werden, wenn der Staat möglichst wenig in die Wirtschaft eingreift – glauben Sie, das hilft auf Dauer, oder glauben Sie nicht?"

„Wenn weniger Arbeiten unter der Hand, also als Schwarzarbeit vergeben werden – glauben Sie, das hilft?"

	Juni 1982		
Bedingungen:	Hilft %	Hilft nicht %	Unentschieden %
Freie Marktwirtschaft	34	42	24 = 100
Keine Schwarzarbeit	49	39	12 = 100

ANSATZPUNKTE

Frage: „*Die Parteien sind ja alle der Meinung, daß etwas getan werden muß, um die Arbeitslosigkeit zu bekämpfen und die Staatsschulden abzubauen. Wie ist Ihre Meinung dazu? Könnten Sie die Liste bitte einmal durchsehen und zunächst alles heraussuchen, was man nach Ihrer Meinung auf keinen* (Parallelumfrage: jeden) *Fall machen sollte?*" (X, L)

Oktober 1982

	Das sollte man machen –	
	auf jeden Fall	auf keinen Fall
	%	%
Die Ausbildungsförderung (Bafög) für Studenten nur noch als Darlehen gewähren	59	20
Die Besoldungserhöhung der Beamten im voraus begrenzen	58	15
Größere Selbstbeteiligung bei den Kuraufenthalten verlangen	54	23
Die Ausbildungsförderung (Bafög) für Schüler streichen	37	33
Das Arbeitslosengeld auf ein Jahr beschränken	33	36
Das Arbeitslosengeld für die ersten drei Monate senken (Parallelumfrage: von jetzt 68 auf 50% des letzten Nettoeinkommens kürzen)	29	46
Für Rentner die Beteiligung an der Krankenversicherung erhöhen	22	46
Das Geld für Mutterschaftsurlaub streichen	21	52
Das Wohngeld kürzen	19	44

UNKONVENTIONELLER LÖSUNGSVERSUCH

Frage: „*Kürzlich hat die Bundesregierung gesagt, um Arbeitsplätze zu erhalten, gibt sie einem Unternehmen der Stahlindustrie im Saarland finanzielle Hilfe, aber nur unter einer Bedingung: Auch die Arbeitnehmer müssen selbst zu einem finanziellen Opfer bereit sein. Haben Sie schon davon gehört oder nicht?*" (Davon gehört = 81%)

„*Darüber unterhalten sich hier zwei. Wem würden Sie eher zustimmen?*" (B)

Dezember 1982

	%
„Wenn die Regierung das Werk unterstützt, um Arbeitsplätze zu erhalten, dann kann sie von den Arbeitnehmern schon verlangen, daß sie selbst ein Opfer bringen."	50
„Das sehe ich anders. Man kann in diesem Fall nicht einfach in bestehende Tarifverträge eingreifen, weil dann die Gefahr besteht, daß auch in Zukunft von der Regierung in die Rechte der Gewerkschaften eingegriffen wird."	33
Unentschieden	17
	100

ARBEITSZEITVERKÜRZUNG

Frage: *„Sind Sie für oder gegen eine Verkürzung der Arbeitszeit?"*

A   August 1978

	Dafür	Dagegen	Unent-schieden
	%	%	%
Bevölkerung insgesamt	45	35	20 = 100
BERUFSKREISE			
Angelernte Arbeiter	43	36	21 = 100
Facharbeiter	52	34	14 = 100
Einfache Angestellte/Beamte	52	28	20 = 100
Leitende Angestellte/Beamte	42	36	22 = 100
Selbständige, freie Berufe	27	49	24 = 100
Landwirte	21	47	32 = 100
POLITISCHE ORIENTIERUNG			
SPD-Anhänger	50	34	16 = 100
CDU/CSU-Anhänger	35	40	25 = 100
FDP-Anhänger	54	35	11 = 100

Frage: *„Glauben Sie, daß man durch Verkürzung der Arbeitszeit die Arbeitslosigkeit vermindern kann, oder glauben Sie das nicht?"*

August 1978

	Nein, glaube ich nicht	Ja, glaube ich	Unent-schieden
	%	%	%
Bevölkerung insgesamt	51	33	16 = 100
POLITISCHE ORIENTIERUNG			
SPD-Anhänger	51	36	13 = 100
CDU/CSU-Anhänger	58	24	18 = 100
FDP-Anhänger	45	46	9 = 100

FOLGE: RATIONALISIERUNG

Frage: „*Hier unterhalten sich drei Personen, ob man durch Verkürzung der Arbeitszeit erreicht, daß wir weniger Arbeitslose haben. Wenn Sie das bitte einmal lesen und mir dann sagen, welchem Sie da zustimmen würden.*" (B)

| A | August 1978 | | | |
	Bev. insg. %	Politische Orientierung SPD %	CDU/CSU %	FDP %
Auch bei kürzerer Arbeitszeit stellen die Betriebe keine neuen Leute ein. Es wird mehr rationalisiert oder der einzelne muß mehr arbeiten	37	37	33	42
Auch wenn die Arbeitszeit verkürzt wird, bekommen viele Arbeitslose keine Stelle, weil sie meistens nicht die Ausbildung haben, die gesucht wird	31	30	35	39
Bei kürzerer Arbeitszeit müssen mehr Leute eingestellt werden, und damit gibt es weniger Arbeitslose	18	21	16	7
Unentschieden	14	12	16	12
	100	100	100	100

Frage: „*Hier unterhalten sich zwei darüber, ob die Unternehmen weiter rationalisieren sollen oder nicht. Welcher von beiden sagt eher das, was auch Sie denken?*" (B, X)

Der eine: „*Ich bin dagegen, daß immer mehr Arbeitskräfte durch Maschinen ersetzt werden. Die Zahl der Arbeitslosen, die dadurch entsteht, ist ein zu hoher Preis.*"

Der andere: „*Die Unternehmen müssen ständig rationalisieren, sonst werden unsere Waren zu teuer und können nicht mehr verkauft werden, weil das Ausland billiger produziert. Dann müßten auch Leute entlassen werden.*"

| | April 1978 | | |
	Gegen weitere Rationalisierung %	Für weitere Rationalisierung %	Unent- schieden %
Bevölkerung insgesamt	52	31	17 = 100
Berufstätige Arbeitnehmer	50	34	16 = 100
Berufstätige Selbständige	40	46	14 = 100
Gewerkschaftlich organisiert –			
Gewerkschaftsmitglieder	57	27	16 = 100
Nicht Organisierte	47	38	15 = 100

VORSCHLÄGE

Frage an berufstätige Arbeitnehmer: „Einmal angenommen, die .Arbeitszeit wird verkürzt. Hier auf dieser Liste sind verschiedene Möglichkeiten aufgeschrieben. Welche davon finden Sie am besten, welche wäre Ihnen am liebsten?" (L)

	insgesamt	16–29 %	30–39 %	40–49 %	50–64 %
		Berufstätige Arbeitnehmer			
			Altersgruppen		
Rentenalter herabsetzen					
1978	29	19	28	38	41
1980	30	18	26	36	49
Jahresurlaub verlängern					
1978	25	25	31	24	17
1980	29	33	31	26	21
Pro Woche nur 4 Tage arbeiten					
1978	31	40	31	21	25
1980	23	30	22	18	18
Tägliche Arbeitszeit verkürzen					
1978	12	13	10	10	15
1980	16	18	16	17	9
Unentschieden					
1978	3	3	×	7	2
1980	2	1	5	3	3

WER HILFT?

Frage: „Wer sollte sich Ihrer Meinung nach hier bei uns in der Bundesrepublik besonders um die Arbeitslosen kümmern?" (L)

Frage: „Und wie ist es tatsächlich? Wer setzt sich zuwenig für die Arbeitslosen ein, wer könnte mehr tun?" (L)

	Sollte sich um Arbeitslose kümmern %	Könnte mehr für Arbeitslose tun %
	März 1982	
Das Arbeitsamt	66	31
Die Gewerkschaften	54	32
Die Arbeitslosen selbst	53	33
Die Unternehmer	47	39
SPD	47	38
CDU/CSU	41	27
FDP	29	24
Betriebsräte	27	17
Sozialamt	18	8
Nachbarn, Freunde, Bekannte	15	10
Kirche	14	12
Die Grünen	13	11
Bürgerinitiativen	11	8
Zeitungen, Radio, Fernsehen	9	9

ARBEITSLOSIGKEIT HAT KEIN GESICHT

Elisabeth Noelle-Neumann

Auf die Frage: „Kennen Sie jemand, der zur Zeit arbeitslos ist oder in den letzten zwei Jahren arbeitslos war, ich meine, egal, ob unter Ihren Verwandten oder Bekannten oder sonst jemand?" antwortete im Frühjahr 1982 jeder zweite Erwachsene: „Ich kenne keinen." Arbeitslosigkeit hat kein Gesicht.

Abstrakt liegt die Arbeitslosigkeit über dem Land wie eine Krankheit, die man nicht sieht, aber von der man weiß, daß sie da ist wie eine kriechende Gefahr. Als bei der Capital-Umfrage im Mai/Juni 1982 ein repräsentativer Querschnitt nach der Zukunft gefragt wurde: „Wissen kann das natürlich niemand, aber was glauben Sie, wie es in einem Jahr bei uns aussehen wird? Was wird Mitte 1983 Wirklichkeit sein ...?", da lagen an der Spitze drei Erwartungen: „Die Arbeitslosigkeit nimmt weiter zu", dachten 52%. „Die Grünen werden als Partei stärker als die FDP sein": 41%, und „Wir werden eine CDU/CSU-Regierung haben, nicht mehr Helmut Schmidt": 36%.

Die Unsichtbarkeit der Arbeitslosen ist ja zumindest zum Teil eine gewollte, durch Maßnahmen wie zum Beispiel die postalische Überweisung der Arbeitslosenunterstützung bewirkte Unsichtbarkeit, das soziale Prestige der Arbeitslosen sollte geschützt werden, und sie zeigen sich auch nicht demonstrativ, sie stehen nicht sichtbarlich an Straßenecken und Plätzen.

Eine Zeitlang sah es so aus, als ob die Bevölkerung an echte Arbeitslosigkeit gar nicht glaubte. Eine Frage, die seit 1975 gestellt wurde, lautete: „Glauben Sie, daß es unter denen, die zur Zeit arbeitslos sind, viele gibt, die nicht arbeiten wollen, oder sind das nur Einzelfälle?" Zwischen 1977 und 1981 waren es immerhin fast 60%, die meinten: „Es gibt viele darunter, die nicht arbeiten wollen." Aber jetzt, 1982, hat sich das Meinungsklima verändert, vielleicht, als plötzlich die Zahl „zwei Millionen" in den Schlagzeilen erschien.

Im März 1982 glaubten nur noch 48% und im Mai/Juni 40%, es gebe viele, die nicht arbeiten wollen. Bei der Frage nach dem ernstesten Problem, um das sich die Politiker kümmern müßten, erschien im Frühjahr 1982 die Arbeitslosigkeit weit an der Spitze, von 46% genannt. Andere Anliegen kamen erst im großen Abstand: „Weltweite Abrüstung": 18%, „Bekämpfung der Inflation": 13%, „Kampf gegen die Staatsverschuldung": 12%, „Umweltschutz": 9%.

An sich hat die Bevölkerung eine bemerkenswerte Fähigkeit, mit Widersprüchen zu leben, sich mit Widersprüchen einzurichten. Aber in bezug auf die Arbeitslosigkeit wird ihr besonders viel zugemutet. Zwar ist die Arbeitslosigkeit bedrückend, aber zugleich ist auch bedrückend der Mangel an Arbeitskräften.

Jeder fünfte Arbeiter oder Angestellte erklärte: „Bei uns im Betrieb fehlen Leute, es werden Leute gesucht." Warum fehlen Leute? Warum können trotz hoher Arbeitslosigkeit die Stellen nicht besetzt werden? (Tabelle Seite 456)

Das große Bündel der Erklärungen, die hier abgegeben werden, sechs bis sieben Begründungen durchschnittlich pro Befragten, zeigt an, wie sich hier – in der Sicht der Bevölkerung – Umstände verknäult haben: Teils fehlen die geeigneten, ausgebildeten, zu der Tätigkeit befähigten Leute, teils haben diese Leute keine Lust, die Arbeit lockt sie nicht, die Bedingungen sind zu schlecht, und die Arbeitslosenunterstützung oder Sozialhilfe ist hoch genug, daß sie wenig attraktive Arbeitsplätze ausschlagen können. Erkennbar handelt es sich vor allem um Arbeitsplätze in der Industrie, Schwerarbeit, Schichtarbeit, nicht besonders bezahlte Arbeit, entfernt von den Wohngebieten gelegen.

Daß sich die Arbeitslosen selbst intensiv darum bemühen, Arbeit zu bekommen, glauben nur 43%, aber umgekehrt ist die Bevölkerung auch nicht rigoros gestimmt, wenn man nach der Zumutbarkeit fragt: Nur jeder vierte meint, ein Arbeitsloser müsse, um wieder eine Stelle zu bekommen, schlechtere Arbeitsbedingungen, zum Beispiel Lärm und Schmutz, in Kauf nehmen oder vielleicht sogar seinen Wohnort wechseln.

Sozialpsychologisch kann die Unsichtbarkeit der Arbeitslosen eine Gefahr werden. Es bilden sich dann Stereotype, „Fernbilder" von den Arbeitslosen, die durch eigene Erfahrung und Beobachtung nicht korrigiert werden. Bei der Capital-Erhebung wurden die allgemeinen Vorstellungen von Arbeitslosen: „Was trifft auf die Arbeitslosen allgemein zu?" mit Eindrücken verglichen, die sich die Bevölkerung, soweit sie Arbeitslose persönlich kennt, aus der unmittelbaren Beobachtung und Erfahrung gebildet hat.

Im „Fernbild" der Bevölkerung von den Arbeitslosen allgemein dominiert die Vorstellung, daß sich Arbeitslose einen Nebenverdienst verschaffen (60%), andererseits aber, daß sie gezeichnet von ihrem Schicksal sind: „Schimpfen auf die Parteien, die Politiker" (54%), „Sind niedergeschlagen, gedrückter Stimmung" (50%), „Fühlen sich überflüssig, nicht anerkannt" (40%). Sobald bestimmte Arbeitslose, die man kennt, beschrieben werden, korrigiert sich das Bild. Es rückt an die Spitze: „Bemüht sich sehr, eine Arbeit zu bekommen" (Fernbild: 43%, Nahbild: 52%); der Nebenverdienst tritt eher zurück (60% im Fernbild, 46% im Nahbild).

Die Verbitterung, die im Fernbild stark ausgeprägt ist, findet man im Nahbild am ehesten, wenn ältere Arbeitslose beschrieben werden. Bei jungen, unter 30jährigen Arbeitslosen haben die Bekannten am ehesten, nämlich bei jedem fünften, den Eindruck, er freue sich, nicht arbeiten zu müssen, auch von jedem vierten: „Macht sich ein schönes Leben, läßt es sich gutgehen." Aber nur fünf Prozent beschreiben den jungen Arbeitslosen, den sie kennen, als „Aussteiger" oder: „Führt ein alternatives Leben."

Die Vorstellungen, wie denn nun die Arbeitslosen ihren Tag verbringen, folgen dem klassischen Stereotyp bis hin zum Kneipenbesuch auch tagsüber. Gewiß fehlen uns objektive Daten, an denen wir das Stereotyp messen können. Aus dieser Erhebung haben wir aber auch die Auskünfte derer, die zur Zeit arbeitslos sind oder die innerhalb der letzten fünf Jahre arbeitslos waren. Wir vergleichen, wie man sagt, „Eigenbild" und „Fremdbild" (Tabelle Seite 454).

In vielen Bereichen stimmen die Vorstellungen, das Fremdbild und die Berichte der Arbeitslosen gut überein. Zum Arbeitsamt gehen, Bewerbungen schreiben, Zeitung lesen, sich mit dem Hobby beschäftigen, Einkäufe erledigen, diese Tätigkeiten rangieren an der Spitze im Fremdbild wie im Eigenbild.

Schwierigkeiten haben die Arbeitslosen beim Bericht über Nebenverdienste: 33% berichten davon, 67% der Berufstätigen vermuten, daß die Arbeitslosen damit befaßt sind. Vorsichtig sind auch die Auskünfte der Arbeitslosen über „Bei Freunden und Bekannten ausgeholfen": 20%; 40% vermuten die Berufstätigen, die selbst in den letzten fünf Jahren arbeitslos waren. Dagegen erscheint „Hausarbeiten erledigen" bei den Arbeitslosen an der Spitze (70%), nur 55% der anderen glauben, daß die Hausarbeiten bei Arbeitslosen ein besonderes Gewicht haben.

Das klassische Stereotyp zeigt sich in den Vorstellungen vom Müßiggang der Arbeitslosen: „Lange schlafen" (78% Fremdbild, 60% Eigenbild), „Viel fernsehen" (60% Fremdbild, 33% Eigenbild), „Viel Zeit mit Nichtstun verbringen" (44% Fremdbild, 23% Eigenbild), „Mit anderen Arbeitslosen sprechen" (50% Fremdbild, 13% Eigenbild) und, wie gesagt: „Auch tagsüber mal in die Kneipe gehen" (54% Fremdbild, 15% Eigenbild). Immerhin vermuten 23% der Berufstätigen, daß die Arbeitslosen mit Kursen und Umschulungsveranstaltungen befaßt sind, die Arbeitslosen selbst berichten darüber aber nur zu 12%.

Die Ideen der Bevölkerung, was man gegen die Arbeitslosigkeit tun könnte, sind erkennbar durch die Vorstellungen über die Lebensweise der Arbeitslosen und die Erfahrungen, daß es zugleich mit der Arbeitslosigkeit Mangel an Arbeitskräften gibt, geprägt. Eine Frage dazu lautete: „Es gibt ja verschiedene Vorschläge, wie man die Arbeitslosigkeit bekämpfen kann. Darf ich Ihnen dazu einiges vorlesen, und Sie sagen mir bitte jedesmal, ob man damit die Arbeitslosigkeit auf Dauer bekämpfen kann." (Tabelle Seite 460)

Zwei, viel in den letzten Jahren diskutierte Vorschläge wurden mit klarer Mehrheit verworfen. „Wenn man die Mehrwertsteuer erhöht, um ein staatliches Beschäftigungsprogramm finanzieren zu können, glauben Sie, das hilft auf Dauer, oder glauben Sie das nicht?" – „Hilft", meinten 16%, 68% lehnten ab:

„Hilft nicht", 16% blieben unentschieden. Der zweite Vorschlag: „Wenn man die wöchentliche Arbeitszeit verkürzt, hilft das, die Arbeitslosigkeit auf Dauer zu bekämpfen, oder glauben Sie nicht?" 33% der Bevölkerung meinten: „Hilft", 55% sagten: „Glaube ich nicht", 12% blieben unentschieden.

Anders sind die Reaktionen auf den Vorschlag einer Verkürzung der Lebensarbeitszeit: „Wenn man die Lebensarbeitszeit verkürzt, so daß alle, die wollen, mit 60 Jahren in Rente gehen könnten, dann aber etwas weniger bekommen. Glauben Sie, das hilft auf Dauer, oder glauben Sie nicht?" 69% meinten: „Das hilft", 20%: „Glaube ich nicht", 11% waren unentschieden.

„Wenn weniger Arbeiten unter der Hand, also als Schwarzarbeit, vergeben werden: Glauben Sie, das hilft?" lautete ein weiterer Vorschlag. 49% meinten: „Hilft", 39%: „Glaube ich nicht", 12%: unentschieden. Man wird einen Zusammenhang mit den Ansichten, daß viele Arbeitslose bei Freunden und Bekannten aushelfen und überhaupt Nebenverdienste suchen, vermuten.

Erfahrungsgemäß versprechen sich viele – und zwar insbesondere un- und angelernte Arbeiter – etwas davon, möglichst viele Gastarbeiter nach Hause zu schicken.

Die Arbeitslosen wurden gefragt, ob ihnen ihre letzte Stellung gekündigt worden war oder ob sie selbst gekündigt hatten (Tabelle Seite 449). Vor allem jüngere Arbeitslose sagen, sie hätten selbst gekündigt oder seien im gegenseitigen Einvernehmen ausgeschieden. Man erkennt hier einen ungewohnten Aspekt der Arbeitslosigkeit. Arbeitslos sein ist auch ein Ausdruck von Freiheit: finanziell hinlänglich gesichert, als Arbeitsloser heute nicht mehr diskriminiert (nur bei einem Fünftel der Arbeitslosen haben die Bekannten das Gefühl, daß ihr Selbstgefühl beeinträchtigt sei).

Ob man in der Bevölkerung jemand verurteilen würde, der seinen Arbeitsplatz kündigt, um eine Pause von Arbeitslosigkeit einzulegen und nach einem besseren Arbeitsplatz auszuschauen – ob man ein solches Verhalten verurteilen würde, ist offen. So viele Maßstäbe haben sich im Arbeitsleben in den letzten Jahrzehnten verschoben.

Was belohnt und was bestraft, was gebilligt und was verurteilt werden sollte, ist nicht mehr sicher. Das erkennt man am besten bei einer Testfrage an Arbeitnehmer, ob eigentlich in ihrem Beruf Tüchtige mehr verdienen als andere oder nicht mehr, also bei einer Frage nach Belohnung (Tabelle Seite 430).

Steigende Arbeitslosigkeit wird immer mehr Umverteilung erzwingen. Die psychologischen Wirkungen der Umverteilung sind mühelos zu erkennen. Dabei ist wohl sicher, daß Arbeitslosigkeit nur überwunden werden kann, wenn sich Arbeitnehmer und Unternehmer sehr anstrengen. Die Dinge sind im Fluß.

Auszug aus Capital 10/82

5. BERUFSTÄTIGE FRAUEN

FRAUEN SIND GERN BERUFSTÄTIG

Frage an berufstätige Frauen: „Würden Sie eigentlich lieber nur Ihren Haushalt machen, oder arbeiten Sie noch gern nebenbei?"

Frage an nichtberufstätige Frauen: „Möchten Sie eigentlich lieber berufstätig sein, oder machen Sie am liebsten nur Ihren Haushalt?"

| | Berufstätige Frauen | | | | | |
| | Gesamt | | Ganztags berufstätig | | Teilzeit- beschäftigt | |
	1973 %	1979 %	1973 %	1979 %	1973 %	1979 %
Lieber nur Haushalt	14	15	14	13	13	17
Arbeite gern nebenbei	72	73	72	76	71	69
Unentschieden	14	12	14	11	16	14
	100	100	100	100	100	100

| | Berufstätige, verheiratete Mütter mit Kindern unter 16 Jahren | | | | | |
| | Gesamt | | Ganztags berufstätig | | Teilzeit- beschäftigt | |
	1973 %	1979 %	1973 %	1979 %	1973 %	1979 %
Lieber nur Haushalt	19	19	24	30	16	14
Arbeite gern nebenbei	68	68	63	67	72	69
Unentschieden	13	13	13	3	12	17
	100	100	100	100	100	100

| | Nichtberufstätige Frauen | | | Nichtberufstätige, verheiratete Mütter mit Kindern unter 16 Jahren | |
	1967 %	1973 %	1979 %	1973 %	1979 %
Am liebsten nur Haushalt	68	47	54	31	30
Gern etwas nebenbei arbeiten	14	32	21	44	32
Lieber berufstätig	10	12	13	19	23
Unentschieden	8	9	12	6	15
	100	100	100	100	100

GLEICHBERECHTIGUNG NOCH NICHT ERREICHT

Frage: „Es ist ja bekannt, daß in Wirtschaft und Politik die Frauen in besserbezahlten und wichtigen Stellungen sehr viel weniger vertreten sind. Sollte das Ihrer Meinung nach anders sein, oder finden Sie das so in Ordnung, wie das jetzt ist?"

	Bevölkerung insgesamt			Volksschule		Höhere Schule	
	1973	1976	1979	1979		1979	
	April %	April %	Juni %	Männer %	Frauen %	Männer %	Frauen %
Sollte anders sein	58	60	62	48	64	61	82
So in Ordnung	32	28	28	39	26	25	13
Unentschieden	10	12	10	13	10	14	5
	100	100	100	100	100	100	100

GLEICHBERECHTIGUNG ZWANGSLÄUFIG?

Frage: „Darüber, wie Frauen das ändern könnten, gibt es zwei Meinungen. Welcher Ansicht würden Sie zustimmen?" (L)

A

	Juni 1979					
	Männer insgesamt %	Frauen insgesamt %	Frauen-Altersgruppen			
			16–29 %	30–44 %	45–59 %	60 u. ä. %
Die Frauen werden sich nach und nach in Wirtschaft und Politik immer mehr durchsetzen. Die Idee der Gerechtigkeit, die Gleichberechtigung, wird in der modernen Welt doch immer stärker	56	55	53	60	61	50
Wenn sich die Frauen ganz energisch dafür einsetzen und anfangen, richtig dafür zu kämpfen, dann wird es eine größere Gleichberechtigung geben. Ohne energische Proteste geht es nicht . . .	27	30	39	27	27	22
Unentschieden	17	15	8	13	12	28
	100	100	100	100	100	100

Weitere Ergebnisse s. JB VII, 205

MÄNNER NOCH IMMER BEVORZUGT

Frage: „Haben Sie den Eindruck, daß Frauen heutzutage im Beruf die gleichen Chancen haben wie Männer – vorausgesetzt, daß sie gleich viel leisten – oder werden Männer im allgemeinen bevorzugt?"

	1967 %	1972 %	1976 %	1979 %	Männer %	Frauen %
	Bevölkerung insgesamt					
Frauen haben die gleiche Chance	40	21	20	17	25	10
Männer werden bevorzugt	44	64	64	63	51	72
Kommt darauf an	12	12	13	17	22	14
Kein Urteil	4	3	3	3	2	4
	100	100	100	100	100	100

IN LEITENDER STELLUNG

Frage: „Finden Sie, daß Frauen für leitende Stellungen im Beruf genauso gut geeignet sind wie Männer, oder finden Sie nicht?"

	1967 Juli %	1972 Nov. %	1975 Okt. %	1980 Juli %	Männer %	Frauen %	16–29 %	30–44 %	45–59 %	60 u. ä. %
							Altersgruppen			
Genauso gut	59	60	63	63	50	74	72	69	63	48
Nicht so gut	23	19	25	14	22	8	10	13	16	19
Unentschieden	18	21	22	23	28	18	18	18	21	33
	100	100	100	100	100	100	100	100	100	100

FRAU ALS VORGESETZTE

Frage an berufstätige Arbeitnehmer: „Wären Sie einverstanden mit einer Frau als Vorgesetzte?"

März 1978
Berufstätige Arbeitnehmer

	Männer			Frauen		
	Ja %	Nein %	Unentschieden %	Ja %	Nein %	Unentschieden %
Insgesamt	57	23	20 = 100	81	9	10 = 100
ALTERSGRUPPEN						
16–29 Jahre	59	18	23 = 100	84	6	10 = 100
30–44 Jahre	60	23	17 = 100	77	10	13 = 100
45–59 Jahre	52	29	19 = 100	87	10	3 = 100
60 Jahre und älter	42	29	29 = 100	60	25	15 = 100
BERUFSKREISE						
Angelernte Arbeiter	51	27	22 = 100	82	10	8 = 100
Facharbeiter	56	25	19 = 100	89	3	8 = 100
Einfache Angestellte und Beamte	69	16	15 = 100	82	9	8 = 100
Leitende Angestellte und Beamte	57	17	26 = 100	87	4	9 = 100

Weitere Ergebnisse s. JB VI, 158

MÄDCHEN IN MÄNNERBERUFEN

Frage: „Immer mehr Mädchen ergreifen Männerberufe, wie Monteur, Maler oder Maurer. Gefällt Ihnen das oder mögen Sie es nicht besonders, wenn Frauen diese Berufe ergreifen?"

A   Mai 1979

| | Gefällt mir | | Mag ich nicht | | Unentschieden | |
| | Frauen | Männer | Frauen | Männer | Frauen | Männer |
	%	%	%	%	%	%
Insgesamt	–	48	–	34	–	18 = 100
Insgesamt	58	–	31	–	11	– = 100

ALTERSGRUPPEN

16–29 Jahre	71	59	19	22	10	19
30–44 Jahre	66	56	19	25	15	19
45–59 Jahre	52	44	44	40	4	16
60 Jahre und älter	46	29	42	55	12	16

BERUFSKREISE

Angelernte Arbeiter	52	37	34	43	14	20
Facharbeiter	52	56	32	30	16	14
Einfache Angestellte, Beamte	62	50	29	28	9	22
Leitende Angestellte, Beamte	66	46	24	34	10	20
Selbständige, freie Berufe	61	46	37	37	2	17
Landwirte	54	39	32	50	14	11

IM BERUF ZURÜCKSTECKEN

Frage: „Wie denken Sie über folgenden Fall:

Eine junge F r a u hat einen Beruf, der ihr großen Spaß macht, für den sie aber auch öfter Überstunden machen muß. Ihr Mann möchte aber, daß sie sich eine andere Arbeit sucht, die ihr mehr Zeit für das gemeinsame Privatleben läßt. Was würden Sie der jungen Frau raten – daß sie im Beruf ihrem Mann zuliebe zurückstecken soll, oder sollte sie das nicht tun?"

Frage: „Ein junger M a n n hat einen Beruf, der ihm großen Spaß macht, für den er aber auch öfter mal Überstunden machen muß. Seine Frau möchte aber, daß er sich eine andere Arbeit sucht, die ihm mehr Zeit für das gemeinsame Privatleben läßt. – Was würden Sie dem jungen Mann raten – daß er im Beruf seiner Frau zuliebe zurückstecken soll, oder sollte er das nicht tun?"

A		Im Falle der/des				
		jungen Frau			jungen Mannes	
	Ges.	Männer	Frauen	Ges.	Männer	Frauen
	%	%	%	%	%	%
Sollte zurückstecken	44	49	43	23	18	28
Sollte nicht zurückstecken	38	31	42	56	59	52
Unentschieden	18	20	15	21	23	20
	100	100	100	100	100	100

Oktober 1982

EHE UND BERUF

Frage: „Darüber, ob eine verheiratete Frau berufstätig sein soll oder nicht, gehen ja bekanntlich die Meinungen auseinander. Sind Sie persönlich dafür oder dagegen, daß eine verheiratete Frau – solange sie keine Kinder hat – nebenbei berufstätig ist?"

A	1959 Aug. %	1973 Aug. %	1979 Aug. %
Dafür	65	82	77
Dagegen	27	9	13
Unentschieden	8	9	10
	100	100	100

KINDER UND BERUF

Frage: „Wenn eine Frau Kinder bekommt: Sollte sie dann ihren Beruf ganz aufgeben und sich nur noch um den Haushalt und die Kinder kümmern, oder vorübergehend aufgeben, oder finden Sie es besser, wenn sie weiter berufstätig bleibt?"

A	1979 Aug. %
Beruf vorübergehend aufgeben ...	47
Beruf ganz aufgeben	35
Besser, wenn sie berufstätig bleibt ..	3
Unentschieden	15
	100

E. EINKOMMEN

Frage: „Wieviel Personen im Haushalt sind berufstätig oder haben sonst Einkommen irgendwelcher Art, wie Rente, Mieteinkommen usw.?"

C

Es sind berufstätig bzw. haben sonstige Einkommen –	Haushalte ges. %	Haushaltsvorstände %	April 1982 Haushaltsgröße 1 Person %	2 Personen %	3 Personen %	4 und mehr Personen %
1 Person	51	64	100	51	41	37
2 Personen	36	30	×	49	48	34
3 und mehr Personen	13	6	×	×	11	29
	100	100	100	100	100	100

IM DURCHSCHNITT MONATLICH DM 316,–

Frage: „Wieviel Geld bleibt für Sie durchschnittlich im Monat übrig? Wenn Sie jetzt einmal von Ihrem Einkommen alle laufenden Kosten wie Miete, Heizung, Kleidung, Essen und Trinken abziehen. Wieviel Geld haben Sie dann ungefähr noch, mit dem Sie persönlich machen können, was Sie wollen?"

	Bevölkerung insgesamt %	Angelernte Arbeiter %	Facharbeiter %	Dezember 1982 Berufskreise Einfache Angestellte, Beamte %	Leitende Angestellte, Beamte %	Selbständige, freie Berufe %	Landwirte %
DM 800 und mehr	8	1	8	9	15	14	3
700–799 DM	1	1	2	1	1	×	1
600–699 DM	3	2	3	4	2	4	3
500–599 DM	9	4	7	10	14	11	9
400–499 DM	6	6	7	5	7	2	3
300–399 DM	10	8	10	11	9	9	7
200–299 DM	14	16	17	13	7	9	14
100–199 DM	15	21	16	16	7	11	16
50–99 DM	5	9	5	4	5	3	4
25–49 DM	1	1	1	1	2	×	×
Gar nichts	15	20	15	14	18	12	10
Keine Angabe	13	11	9	12	13	25	30
	100	100	100	100	100	100	100

IN ETWA GERECHT

Frage: „Sind die wirtschaftlichen Verhältnisse bei uns in der Bundesrepublik – ich meine, was die Menschen besitzen und was sie verdienen – im großen und ganzen gerecht oder nicht gerecht?"

	1964 Aug. %	1969 Mai %	1973 Febr. %	1975 März %	1979 Jan. %
Gerecht	42	46	44	43	50
Nicht gerecht	38	37	42	36	36
Unentschieden	20	17	14	21	14
	100	100	100	100	100

FINANZIELLE LAGE

Frage: „Wo auf dieser Liste würden Sie sich einstufen, welcher Punkt dieser Liste trifft am ehesten für Sie zu?" (L)

1. Meine wirtschaftlichen Verhältnisse sind zufriedenstellend. Ich habe genug Geld, um mir ein schönes Leben zu machen.
2. Es reicht. Ich komme mit meinem Geld im großen und ganzen gut aus, aber ich kann keine großen Sprünge machen.
3. Ich bin ziemlich knapp dran, es reicht gerade zum Leben, aber es bleibt mir auch nichts übrig.
4. Ich habe kaum das Notwendigste. Oft weiß ich gar nicht, wie ich durchkommen soll.

November 1982

	Eigene wirtschaftliche Lage ist				
Antwort:	zufrieden- stellend 1 %	ausrei- chend 2 %	knapp 3 %	mangel- haft 4 %	Keine %
EINKOMMEN DES HAUPTVERDIENERS					
Unter 1000 DM	2	4	13	29	×
1000–1249 DM	3	6	12	9	8
1250–1499 DM	7	8	11	12	16
1500–1749 DM	9	13	15	10	9
1750–1999 DM	12	18	17	9	35
2000–2499 DM	18	23	16	17	7
2500–2999 DM	15	14	8	10	9
3000–3499 DM	12	7	4	×	×
3500–3999 DM	9	4	1	×	7
4000–4999 DM	6	2	2	2	9
5000 DM und mehr	7	1	1	2	×
	100	100	100	100	100

VERDIENST GUT

Frage: „Glauben Sie, daß die Arbeiter (Parallelumfrage: Angestellten) heute im Bundesgebiet im allgemeinen gut verdienen oder nicht gut verdienen?"

	Arbeiter				Angestellte	
	1957 Aug. %	1963 Juli %	1976 März %	1980 Jan. %	1976 März %	1980 Jan. %
Gut	55	66	62	68	66	69
Gerade ausreichend	30	25	26	23	20	17
Nicht gut	10	6	9	7	6	5
Weiß nicht	5	3	3	2	8	9
	100	100	100	100	100	100

DAS NETTO-EINKOMMEN PRO HAUSHALT

Frage: „Wenn Sie das Einkommen aller Haushaltsmitglieder zusammenzählen: Wie groß ist das Netto-Einkommen des Haushalts insgesamt im Monat? Sie brauchen mir nur nach dieser Liste den Buchstaben zu sagen!" (L)

C   Sommer 1982

	Haushalts-Netto-Einkommen			
	Unter 1750 DM %	1750 bis 2499 DM %	2500 bis 3499 DM %	3500 DM und mehr %
Bevölkerung insgesamt	20	28	28	24 = 100
Männer	16	28	31	25 = 100
Frauen	24	27	27	22 = 100
ALTERSGRUPPEN				
14–19 Jahre	8	30	34	28 = 100
20–29 Jahre	19	26	29	26 = 100
30–39 Jahre	11	27	36	26 = 100
40–49 Jahre	8	27	34	31 = 100
50–59 Jahre	17	29	26	28 = 100
60 Jahre und älter	44	28	17	11 = 100
BERUFSKREISE				
Angelernte Arbeiter	39	29	20	12 = 100
Facharbeiter	21	36	29	14 = 100
Einfache Angestellte, Beamte	19	29	30	22 = 100
Leitende Angestellte, Beamte	5	15	37	43 = 100
Selbständige, freie Berufe	11	17	23	49 = 100
Landwirte	29	29	27	15 = 100
HAUSHALTSGRÖSSE				
Alleinstehende	68	23	6	3 = 100
2–3 Personen	17	32	30	21 = 100
4 und mehr Personen	5	24	35	36 = 100

EINKOMMENSGRUPPEN

Februar 1980

Netto-Monatsein-kommen des Hauptverdieners –	Berufstätige Arbeitnehmer insgesamt	Männer	Frauen	Altersgruppen 18–29	30–39	40–49	50–64	Privat-wirt-schaft	Öffent-licher Dienst
	%	%	%	%	%	%	%	%	%
Unter 750 DM ..	1	1	1	4	×	×	×	1	1
750–999 DM ...	2	1	3	2	1	1	2	2	×
1000–1249 DM ..	6	3	10	11	3	3	6	6	5
1250–1499 DM ..	13	10	18	19	10	8	13	15	8
1500–1749 DM ..	18	18	18	20	19	16	13	18	16
1750–1999 DM ..	22	23	21	20	23	26	21	23	19
2000–2499 DM ..	19	22	14	13	24	22	21	18	25
2500–2999 DM ..	10	11	9	6	12	12	12	9	13
3000–3999 DM ..	6	7	4	3	5	9	7	5	9
4000 DM und mehr	3	4	2	2	3	3	5	3	4
	100	100	100	100	100	100	100	100	100

Berufskreise

	Angelernte Arbeiter	Fach-arbeiter	Einfache Ange-stellte	Leitende Ange-stellte	Einfache Beamte	Höhere Beamte
	%	%	%	%	%	%
Unter 750 DM	2	1	1	×	2	×
750–999 DM	5	1	1	×	×	×
1000–1249 DM	13	5	5	2	4	1
1250–1499 DM	24	13	13	3	4	2
1500–1749 DM	22	24	15	7	19	4
1750–1999 DM	18	29	24	11	21	6
2000–2499 DM	12	17	23	18	37	15
2500–2999 DM	4	7	11	25	7	30
3600–3999 DM	×	2	5	19	3	30
4000 DM und mehr	×	1	2	15	3	12
	100	100	100	100	100	100

LEBENSSTANDARD IN ZUKUNFT

Frage: „*Wenn Sie einmal daran denken, wie Sie* (Personen in Mehrpersonenhaushalten: *und Ihre Familie) heute leben, was Sie sich leisten können: Rechnen Sie damit, daß Sie sich in einem Jahr, also im Frühjahr 1982 (Ende 1983) weniger leisten können als heute, oder mehr als heute, oder wird sich da nichts ändern?"*

	1981 März Bevölkerung insgesamt	1983 Jan.	Alleinlebende Personen Ange-lernte Arbeiter	Fach-arbeiter	Berufskreise Einfache Ange-stellte, Beamte	Leitende Ange-stellte, Beamte	Selbstän-dige, freie Berufe	Land-wirte
Es werden sich leisten können –	%	%	%	%	%	%	%	%
weniger	35	38	39	31	41	33	32	20
mehr	7	7	×	14	11	7	4	×
gleich viel wie jetzt	48	47	51	49	40	56	56	80
Unmöglich zu sagen	10	8	10	6	8	4	8	×
	100	100	100	100	100	100	100	100

Es werden sich leisten können –	Personen in Mehrpersonenhaushalten							
weniger	38	36	40	39	38	33	26	32
mehr	6	8	7	8	10	10	8	1
gleich viel wie jetzt	45	47	44	43	44	54	58	46
Unmöglich zu sagen	11	9	9	10	8	3	8	21
	100	100	100	100	100	100	100	100

HAUSHALTSGRÖSSE

Alleinlebende Person	20	17	26	11	20	16	11	6
Mehrere Personen	80	83	74	89	80	84	89	94
	100	100	100	100	100	100	100	100

LOHNENTWICKLUNG

Frage: *„Jetzt eine Frage zu Lohnerhöhungen. Hier unterhalten sich drei. Welcher sagt das, was auch Sie denken?"* (B)

| | Februar 1980 Berufstätige Arbeitnehmer ab 18–64 Jahre | | |
	insgesamt %	Privat- wirtschaft %	Öffentlicher Dienst %
„Ich bin damit einverstanden, daß die Löhne weniger steigen als die Preise, damit die Wirtschaft auf vollen Touren laufen kann."	7	7	6
„Die Preissteigerungen müssen durch die Lohnerhöhung zumindest ausgeglichen werden. Viel mehr ist nicht gerechtfertigt, wenn man eine stabile Wirtschaft will."	65	64	71
„Ich finde, unserer Wirtschaft geht es insgesamt so gut, daß wir es uns leisten können, die Löhne kräftig zu erhöhen, damit die Arbeitnehmer auch wirklich mehr in der Tasche haben, nicht nur einen Ausgleich für die gestiegenen Preise." . .	23	25	17
Unentschieden	5	4	6
	100	100	100

EINE ZWISCHENFRAGE ...

Frage an Pkw-Besitzer: *„Angenommen, Sie haben in zehn Jahren kein größeres Auto als heute. Wären Sie damit zufrieden oder nicht zufrieden?"*

| | Mai 1981 | | |
	Zufrieden %	Nicht zufrieden %	Unentschieden %
Pkw-Besitzer	93	3	4 = 100
BERUFSKREISE			
Angelernte Arbeiter	86	9	5 = 100
Facharbeiter	91	3	6 = 100
Einfache Angestellte, Beamte	96	2	2 = 100
Leitende Angestellte, Beamte	96	3	1 = 100
Selbständige, freie Berufe	99	×	1 = 100
Landwirte	85	×	15 = 100

F. EIGENTUM UND KONSUM

C

Zur Zeit im Haushalt vorhanden*):	1978	1980	1982
	%	%	%

VERSICHERUNGEN

Hausratversicherung	–	66	74
Private Haftpflichtversicherung	–	44	50
Private Lebensversicherung unter 20 000 DM	25	25	24
Private Lebensversicherung ab 20 000 bis unter 50 000 DM	22	24	25
Private Lebensversicherung ab 50 000 DM	8	8	10
Private Unfallversicherung	–	–	32
Vollkasko-Kraftfahrzeug-Versicherung	13	17	19

KAPITALANLAGEN

Sparen nach dem 624-Mark-Gesetz	–	44	45
Bausparvertrag unter 40 000 DM	26	21	24
Bausparvertrag ab 40 000 DM	12	12	14
Festverzinsliche Wertpapiere	9	10	10
Sparbriefe	10	11	12
Aktien	6	7	7
Goldbarren, Goldmünzen	–	5	4
Investment-Zertifikate, Investmentfonds, Immobilienfonds	3	3	2

HAUS- UND GRUNDBESITZ

Haus, Wohnung zum Vermieten	–	–	12
Bauland	–	7	6

*) Lesebeispiel: Im Jahr 1980 lebten 66% der Bevölkerung der Bundesrepublik und West-Berlin in
Haushalten, in denen es eine Hausratsversicherung gab.

Frühere Ergebnisse: JB VII., 215

AUSSTATTUNG DER HAUSHALTE

C	1976	1978	1980	1982
KÜCHE UND HAUS*)	%	%	%	%
Gefriertruhe, Gefrierschrank	61	65	70	74
Einbauküche	43	–	–	54
Geschirrspülmaschine	16	21	25	33
Elektrischer Wäschetrockner	–	–	14	16
Mikrowellenherd	–	4	–	8
Heimwerker, elektrische Bohrmaschine mit Zusatzgeräten	46	47	55	56
Motor-Rasenmäher (elektrisch, Benzin- oder Batterie-Rasenmäher)	27	30	32	36
AUDIO				
Kofferradio, Cassettenrecorder	–	–	68	70
Einfaches Autoradio	51	56	51	51
Stereoanlage fürs Auto	7	–	18	22
Hifi-Plattenspieler, Einzelgerät	–	35	32	29
Hifi-Kompaktanlage	27	25	27	28
Hifi-Stereo-Rundfunkgerät mit mindestens 2 getrennten Lautsprecherboxen	–	33	29	27
Hifi-Cassettenrecorder, Einzelgerät	–	–	24	21
Hifi-Turm	–	–	8	17
Hifi-Tonbandgerät, mit Spulen	–	20	15	14
VIDEO				
Farbfernsehgerät, nicht tragbar	41	55	69	74
Tragbares Schwarzweiß-Fernsehgerät	–	–	27	29
Tragbares Farbfernsehgerät	–	–	11	13
Telespiele	–	–	9	13
Video-Recorder	–	–	4	9
FOTO				
Pocketkamera	–	–	–	37
Spiegelreflexkamera	–	–	–	23
Kleinbild-Sucherkamera	–	–	–	23
Sofortbildkamera	–	–	–	16
Schmalfilmkamera o h n e Tonaufnahme	15	15	14	9
Tonfilmkamera	–	–	–	3
MOBILIEN				
Zelt- oder Campingausrüstung	–	–	–	20
Wohnwagen-Anhänger	4	} 4	} 4	5
Wohnmobil	–			2
Mofa	–	–	–	12
Moped/Mokick/Klein-Leichtkraftrad	–	8	7	8
Motorrad (über 80 ccm)	3	4	6	5

*) Lesebeispiel: Im Jahr 1976 lebten 61% der Bevölkerung in der Bundesrepublik mit West-Berlin in einem Haushalt, in dem eine Gefriertruhe bzw. Gefrierschrank vorhanden war.

GRÖSSERE AUSGABEN

Frage: „Haben Sie in nächster Zeit größere Ausgaben vor – ich meine: Könnten Sie mir nach dieser Liste sagen, wofür Sie im nächsten halben Jahr mehr Geld ausgeben wollen als in den vergangenen Monaten?" (L)

A	1977 Nov. %	1978 Nov. %	1980 Dez. %
Für den Urlaub	24	27	20
Größere Anschaffungen für Wohnung, Haus, Garten	16	17	14
Wohnungsrenovierung, Hausreparatur, Umbau	16	18	14
Für Kleidung	14	13	10
Auto kaufen	10	11	9
Für Bücher oder Schallplatten	7	7	7
Öfter ins Theater oder ins Kino gehen	6	6	5
Hausbauen, Eigentumswohnung kaufen	4	6	4
Mehr für Essen und Trinken ausgeben	3	3	2
Anderes	11	14	10
Keine Mehrausgaben geplant	39	–	46

Dezember 1980

Berufskreise

	Ange-lernte Arbeiter %	Fach-arbeiter %	Einfache Ange-stellte, Beamte %	Leitende Ange-stellte, Beamte %	Selbstän-dige, freie Berufe %	Land-wirte %
Für den Urlaub	18	23	24	25	18	9
Größere Anschaffungen für Wohnung, Haus, Garten	12	17	16	22	14	10
Wohnungsrenovierung, Hausreparatur, Umbau	10	12	10	15	22	12
Für Kleidung	8	12	10	6	9	3
Auto kaufen	9	12	10	13	6	6
Für Bücher oder Schallplatten	5	5	6	6	4	2
Öfter ins Theater oder ins Kino gehen	2	3	5	6	5	×
Hausbauen, Eigentumswohnung kaufen	4	6	5	6	7	×
Mehr für Essen und Trinken ausgeben	3	3	1	1	1	×
Anderes	9	9	8	9	10	10
Keine Mehrausgaben geplant	54	40	45	33	46	64

Weitere Ergebnisse s. JB VI, 233

SPONTANAUSGABEN

Frage: „Ist hier auf der Liste etwas dabei, wo Sie öfter mal ganz spontan etwas kaufen, sich etwas leisten, wenn es Ihnen gerade gefällt?" (L)

C   Sommer 1981

	Bev. insg.	Männer	Frauen	Angel. Arbeiter	Fach- arbeiter	Einf. Angest./ Beamte	Leitd. Angest./ Beamte	Selbstdg./ Freie Berufe	Land- wirte
	%	%	%	%	%	%	%	%	%
Kleidung . . .	44	30	56	40	38	50	45	46	32
Zum Essen ausgehen . . .	33	36	30	23	29	36	40	40	14
Süßigkeiten, Konfekt	32	25	38	35	31	34	30	28	30
Schuhe	31	22	38	30	27	34	30	33	21
Schallplatten	27	31	24	22	27	30	31	24	10
Bücher	30	30	31	17	22	34	49	35	12
Körperpflege, Kosmetik . . .	26	11	39	24	21	31	27	27	14
Kino, Theater, Konzert	18	21	16	14	17	21	23	19	6
Spirituosen .	16	22	11	15	20	14	17	16	11
Etwas fürs Auto	13	23	3	10	19	10	13	12	8
Spielsachen .	10	7	12	10	11	11	6	8	7
Schmuck . . .	11	5	17	10	9	12	12	15	7

EINSCHRÄNKUNGEN: WÜNSCHE BLEIBEN OFFEN

Frage: „*Einmal angenommen, es ginge uns in Zukunft wirtschaftlich schlechter als heute, und man müßte sich bei seinen Ausgaben einschränken. Wo würden Sie dann wahrscheinlich sparen? Vielleicht können Sie es mir nach dieser Liste sagen.*" (L)

„*Und stellen Sie sich einmal vor, Sie hätten monatlich mehr Geld zur Verfügung als jetzt. Wofür würden Sie es vor allem ausgeben, wie würden Sie es am ehesten anlegen? Sagen Sie mir doch bitte nach dieser Liste, was Ihnen da wichtig wäre.*" (L)

	Januar 1981	
	Falls einschränken	Falls mehr Geld
Auszug	%	%
Urlaub, Reisen	52	64
Auto	47	25
Ausgehen	47	21
Kleidung	46	32
Sport, Freizeit	34	20
Heizung	32	–
Wohnung, Einrichtung	26	43
Essen	19	–
Ausgaben für Kinder	10	30

Frage: „*Mußten Sie in diesem Jahr irgend etwas in Ihrer Lebensweise oder an Ihren Plänen ändern, weil Ihnen das Geld fehlte?*"

	Dezember 1981 Es mußten etwas ändern %
Bevölkerung insgesamt	36
BERUFSKREISE	
Angelernte Arbeiter	48
Facharbeiter	40
Einfache Angestellte/Beamte	34
Leitende Angestellte/Beamte	30
Selbständige, freie Berufe	24
Landwirte	30

SPAREN: ABER WORAN?

Frage: „Könnten Sie mir nach dieser Liste sagen, woran Sie in letzter Zeit besonders gespart haben oder noch sparen wollen?" (L)

	1977 Nov. %	1978 Nov. %	1980 Dez. %	1981 Dez. %
An Energie sparen (Strom, Heizung)	–	–	–	54
Weniger größere Anschaffungen machen	26	28	31	36
Am Auto sparen	12	13	22	26
An den Ausgaben für Kleidung sparen	17	18	18	25
Am Urlaub sparen	10	13	12	22
Weniger für alkoholische Getränke ausgeben	18	25	20	21
Weniger rauchen	20	24	17	19
Weniger Zeitschriften, Zeitungen oder Bücher kaufen	–	–	–	17
Sparen, indem ich in Wohnung, Haus und Garten mehr als früher selbst mache	9	21	18	13
Seltener ins Theater oder Kino gehen	10	15	8	13
Weniger Geld fürs Essen ausgeben	9	10	11	10
Bei nichts davon	39	36	31	17

Frage: „Manche Leute haben uns gesagt, daß sie Anschaffungen, die sie eigentlich fest vorhatten, wegen der schwierigen Wirtschaftslage zurückgestellt und auf später verschoben haben, wenn die Zukunftsaussichten wieder besser sind. Trifft das für Sie auch zu, oder haben Sie deshalb keine Anschaffungen zurückgestellt?"

Falls „Trifft zu": „Und was haben Sie wegen der schwierigen Wirtschaftslage zurückgestellt?" (L)

	1982 November %	1983 Februar %
Trifft zu	31	27
Vorhaben verschoben:		
Urlaubsreise machen	14	12
Möbel, Wohnungseinrichtung kaufen	12	11
Ein Auto kaufen	10	9
Teure Kleidungsstücke anschaffen (z. B. Mantel, Kostüm, Anzug)	12	8
Videogerät kaufen	8	8
Größeres Elektrogerät anschaffen (z. B. Kühltruhe, Geschirrspüler)	8	6
Haus oder Wohnung modernisieren, Renovierungsarbeiten durchführen lassen	7	5
Kauf eines Hauses, einer Eigentumswohnung	5	4
Fernsehgerät kaufen	5	3
Bilder, Antiquitäten kaufen	3	3
Ein Grundstück kaufen	2	3
Bausparvertrag abschließen	2	2
Lebensversicherung abschließen	1	1
Kein Vorhaben zurückgestellt	69	73
	100	100

LEBENSMITTELEINKAUF IM SUPERMARKT

Frage: „Kaufen Sie Lebensmittel meistens in einem Supermarkt ein, in einem größeren Selbstbedienungsladen oder in einem kleineren Lebensmittelgeschäft?"

	Bev. insges. %	Ange-lernte Arbeiter %	Fach-arbeiter %	Einfache Angest./ Beamte %	Leitende Angest./ Beamte %	Selbstdg./ freie Berufe %	Land-wirte %
Lebensmittel-Einkauf in:							
Supermarkt	38	37	42	41	38	28	22
Größerem Selbstbedienungsladen	29	30	27	29	31	29	17
Kleinerem Lebensmittelgeschäft	8	9	5	7	7	12	15
Ganz verschieden	19	17	16	19	20	22	26
Kaufe keine Lebensmittel ein . .	9	9	13	6	7	14	21

Über der Tabelle: September 1982 / Berufskreise

	Bev. ges. %	Dörfer %	Kleinstädte %	Mittelstädte %	Großstädte %
Supermarkt	38	33	35	41	40
Größerem Selbstbedienungsladen . .	29	25	29	30	29
Kleinerem Lebensmittelgeschäft . . .	8	15	8	6	5
Ganz verschieden	19	20	20	18	18
Kaufe keine Lebensmittel ein	9	10	9	8	10

Über der Tabelle: Stadt und Land

REFORMHAUSKUNDEN

Frage: „Kaufen Sie manchmal etwas im Reformhaus?"

C	1977 %	1979 %	1982 %
Ja, häufig	5	5	4
Gelegentlich	20	20	17
Ganz selten	21	23	25
Nie	54	52	54
	100	100	100

Frühere Ergebnisse s. JB VII, 218

VERSANDHAUSKUNDEN

Frage: *„Haben Sie oder jemand aus Ihrem Haushalt sich innerhalb der letzten zwölf Monate Sachen von einem Versandhaus schicken lassen? – Und haben Sie in dieser Zeit irgendwas direkt in einem Geschäft gekauft, das zu einem Versandhaus gehört, also in einer Filiale eines Versandhauses?"*

C	Von Versandhaus – schicken lassen	Filiale direkt gekauft	Versandhaus-kunden insgesamt	Nichts von Versandhaus gekauft
	%	%	%	%
Bevölkerung insgesamt – Sommer 1977	42	32	55	45
– Sommer 1980	40	23	50	50
– Sommer 1981	39	23	48	52
– Sommer 1982	40	25	50	50
BERUFSKREISE				
Angelernte Arbeiter	44	24	53	47
Facharbeiter	43	27	54	46
Einfache Angestellte, Beamte	41	24	52	48
Leitende Angestellte, Beamte	36	26	48	52
Selbständige, freie Berufe	26	18	36	64
Landwirte	42	19	49	51

NEUES AUSPROBIEREN

Frage: *„Haben Sie im letzten Vierteljahr irgend etwas gemacht, das für sie ganz neu war, vielleicht etwas von dieser Liste hier?"*

C	Sommer 1980							
	Männer	Frauen	Altersgruppen					
			14–19	20–29	30–39	40–49	50–59	60 u. ä.
	%	%	%	%	%	%	%	%
Ein Lokal besucht, in dem ich noch nie war	37	30	52	47	37	32	26	17
Neue Kochrezepte, Backrezepte ausprobiert	–	30	21	33	40	40	34	19
An einem Ort, in einer Stadt gewesen, wo ich noch nie war	29	23	32	34	30	25	23	19
In ein Geschäft gegangen, in dem ich noch nie war	23	26	32	32	29	25	20	16
War bei jemandem eingeladen, bei dem ich noch nie war	21	22	38	32	24	19	17	11
Neues Parfüm, neues Duftwasser ausprobiert	–	17	30	28	22	19	12	5
Eine ganz andere Frisur zugelegt	–	15	29	23	18	14	12	4
Selbst jemanden eingeladen, der noch nie bei mir war	14	14	20	21	19	14	10	7
Die Möbel umgestellt	13	15	14	17	17	14	12	11
Eine Zeitschrift angesehen, die ich noch nicht kannte	11	11	21	13	11	10	9	7
Ein neues Hobby angefangen	6	5	11	8	5	4	5	3
Einen neuen Sport angefangen	5	4	11	8	5	3	2	1

ZUM ESSEN AUSGEHEN

Frage: „Gehen Sie manchmal zum Essen in ein Gasthaus oder Restaurant? Normales Gasthaus- oder Kantinenessen während des Arbeitstages ist nicht gemeint."

Falls „Ja": „Wie oft ungefähr gehen Sie zum Essen aus?"

A

	Bevölkerg. insges.	Männer	Frauen	16–29	30–44	45–59	60 u.ä.	Volks- schule	Höhere Schule
	%	%	%	%	%	%	%	%	%
Mindestens einmal in der Woche oder häufiger	8	9	7	11	7	5	6	5	12
Zwei- bis dreimal im Monat .	20	20	19	27	25	15	9	15	29
Etwa einmal im Monat	21	22	21	25	25	20	13	22	20
Seltener`	23	19	26	23	21	29	21	24	21
Es gehen zum Essen nicht aus/keine Angabe	28	30	27	14	22	31	51	34	18
	100	100	100	100	100	100	100	100	100

November 1978 — Altersgruppen — Schulbildung

Weitere Ergebnisse s. JB VII, S. 234

INTERNATIONALE KÜCHE ZUR AUSWAHL

Frage: „Wenn Sie von jemandem zum Essen eingeladen würden und dürften sich selbst ein Lokal von dieser Liste hier aussuchen: Für welches würden Sie sich entscheiden?" (L)

November 1978

Die Lokale sollten kochen –	Bev. ges.	16–29	30–44	45–59	60 u.ä.	Volks- schule	Höhere Schule	Personen, die mindestens zwei- mal im Monat zum Essen ausgehen
	%	%	%	%	%	%	%	%
deutsch	42	22	41	43	68	50	27	33
französisch	21	24	23	20	14	15	32	25
Balkangerichte	17	24	21	17	4	17	17	20
chinesisch	13	16	14	14	5	10	17	17
italienisch	9	17	11	4	×	8	11	16
österreichisch	8	5	8	8	12	7	9	9
griechisch	4	10	3	3	1	4	6	8
spanisch	2	2	1	3	×	2	1	2
Anderes	5	4	3	7	10	6	4	2

Altersgruppen — Schulabschluß

VERBRAUCH VON NAHRUNGS- UND GENUSSMITTELN

Frage: „Was davon haben Sie in den letzten vierzehn Tagen gekauft?" (K)*)

C	1978	1980	1982
	%	%	%

BROT UND SALZGEBÄCK			
Knäckebrot	27	24	28
Salzstangen, Salzbrezeln, gesalzene Nüsse	32	29	32
Käsegebäck	11	9	11
KUCHEN UND KEKSE			
Kekse, Waffeln	35	31	33
Abgepackte Fertigkuchen	–	11	13
SÜSSIGKEITEN			
Süßstoff	–	17	18
Vollmilchschokolade	41	37	39
Schokoladenriegel wie Mars, Bounty, Nuts usw.	–	27	29
Pralinen	19	17	19
Gefüllte Schokolade	16	15	18
Bitter-, Halbbitterschokolade	16	14	15
Erfrischungsstäbchen	9	7	8
Kaugummi	30	25	25
Spezielle Hustenbonbons	21	19	21
TIEFGEKÜHLTES			
Speiseeis in Familienpackung	29	27	28
Geflügel	28	24	25
Fisch	17	17	19
Pizza	10	12	16
Fertiggerichte	11	10	13
FERTIGGERICHTE			
Fertiggerichte in Dosen	20	18	19
Fertigsuppen in Beuteln, Schachteln	19	17	18
Fertigsuppen in Dosen	17	15	17
Fertigsoßen in Flaschen	9	–	10
KOCHFERTIGES			
Reis im Kochbeutel	–	–	30
Kartoffelfertigprodukte	23	22	25
ANDERES			
Besonders kalorienarme Kost	14	11	12
Baby-Kost	4	4	4
Biologisch angebautes Obst und Gemüse	–	7	7

*) Lesebeispiel: 27% der erwachsenen Bevölkerung der Bundesrepublik mit West-Berlin kauften im Jahre 1978 im Zeitraum von 14 Tagen Knäckebrot.

GETRÄNKE: ALKOHOLISCH

Frage: „Was davon haben Sie persönlich in den letzten vierzehn Tagen getrunken oder gekauft?" (K)

	1980 Bevölkerung ges. %	1982	Männer	Frauen
		%	%	%
Bier				
Pils	41	42	58	29
Exportbier	30	29	37	21
Alt-Bier	12	13	17	9
Nährbier	6	7	5	9
Diätbier, alkoholarmes Bier	2	2	2	2
Wein				
Rotwein	27	31	30	33
Sekt	29	30	25	35
Trockener, herber Weißwein	21	23	25	22
anderer Weißwein	29	27	24	29
Sherry, Portwein	8	10	8	11
Branntwein				
Klarer Schnaps	24	23	32	15
Deutscher Weinbrand	19	19	24	14
Whisky	12	11	16	6
Ausländischer Weinbrand oder Cognac	9	10	13	8
Obstwasser	9	9	12	7
Wodka	5	5	8	3
Gin	3	4	5	3
Anderes				
Likör	15	15	10	19
Magenbitter	12	12	15	9
Halbbitter	7	7	10	5
Rum	6	7	8	6
Apéritif	6	7	6	7
Cream-Getränke	–	6	3	8
Fertige Mixgetränke mit Kaffee und Alkoholika	6	5	4	5

GETRÄNKE: ALKOHOLFREI

	1978 %	1980 %	1982 %
Mineralwasser, Selterswasser	51	49	54
Limonade, Fruchtsäfte, Fruchtnektar	45	40	41
Cola-Getränke	36	36	38
Reiner Obstsaft, reiner Fruchtsaft	35	30	33
Gemüsesaft, Tomatensaft	11	10	14
Bittergetränke	10	8	10
Fruchtsaft-Konzentrat zum Verdünnen	10	8	8

KAFFEE, TEE, KAKAO

Frage: „Was davon haben Sie persönlich in den letzten Tagen gekauft?" (K)

C Bohnenkaffee	1978 %	1980 %	1982 %	Schwarzer Tee	1978 %	1980 %	1982 %
Koffeinhaltig und gemahlen	32	32	35	in Dosen, Tüten, Packung	18	16	19
ganze Bohnen	24	17	16	in Aufgußbeuteln . .	20	18	18
Koffeinfrei, ganze Bohnen, gemahlen oder in Pulverform .	15	15	16	Kakao, Kakaogetränke	21	19	20
Löslicher Bohnen- kaffee in Pulverform, Kaffee-Extrakt	17	14	14				

MAN ASS SICH SATT, MAN IST SATT

Frage: „Könnten Sie mir sagen, ob Sie von irgendwelchen dieser Lebensmittel mehr essen würden, wenn die Preise nicht so hoch wären?" (L)

	1953 %	1959 %	1964 %	1972 %	1981 %	16–29 %	Altersgruppen 30–44 %	45–59 %	60 u. ä. %
		Bevölkerung insgesamt							
Ja, mehr – Fleisch	52	44	42	34	28	34	29	26	21
– Butter	62	57	33	17	12	12	11	12	13
– Wurst	41	28	24	17	9	11	8	9	8
– Eier, Eierspeisen .	38	21	11	6	3	2	2	3	4
Nein	24	32	44	52	66	61	66	69	72

	Bevölkerung insgesamt %	Ange- lernte Arbeiter %	Fach- arbeiter %	Mai 1981 Berufskreise Einfache Ange- stellte, Beamte %	Leitende Ange- stellte, Beamte %	Selbstän- dige, freie Berufe %	Land- wirte %
Ja, mehr – Fleisch	28	39	31	28	19	16	17
– Butter	12	20	13	11	7	13	4
– Wurst	9	17	8	8	7	3	9
– Eier, Eierspeisen . .	3	3	4	3	2	3	3
Nein	66	52	64	66	75	79	78

ALLES IN BUTTER

Edgar Piel

In der letzten Zeit ist immer wieder warnend von einem Rückfall unseres Lebensstandards gesprochen worden. Bundeswirtschaftsminister Otto Graf Lambsdorff hat dabei das Niveau von 1978 oder gar 1977 anvisiert. Allgemein werden Schwierigkeiten und auch Härten prophezeit, wie wir sie zuletzt allenfalls in den fünfziger Jahren erlebt haben.

Was die Zahl der Arbeitslosen angeht, so wurden in diesem Winter tatsächlich auch zum ersten Mal wieder die 1,7 Millionen von 1956 erreicht und überschritten. Und die demoskopisch jeweils am Ende des Jahres ermittelten Hoffnungen und Befürchtungen, mit denen die Menschen ins neue Jahr gehen, haben sich Ende des letzten Jahres einem Tief genähert, wie es in der Geschichte der Bundesrepublik bisher nur zweimal da war: nämlich 1973 im Zusammenhang mit dem Ölpreisschock und 1950 während des Koreakrieges.

Wer sich heute Untersuchungen über die Konsumgewohnheiten seiner Mitbürger in diesem Lande vornimmt, wird – egal, welche Einzelergebnisse auch immer an frühere Zeiten erinnern – nur schwerlich auf den Gedanken einer Identifizierung mit Früherem kommen. Eher mag in ihm der Verdacht aufsteigen, er habe es mit Nachrichten aus dem Schlaraffenland zu tun. Denn wann hat es vorher je Zeiten gegeben, in denen das Essen und Sattwerden so selbstverständlich war für alle wie heute und hier.

Das Institut für Demoskopie Allensbach fragte 1981: „Könnten Sie mir sagen, ob Sie von irgendwelchen dieser Lebensmittel hier auf der Liste mehr essen würden, wenn die Preise nicht so hoch wären?" Das Ergebnis lautet: Selbst wenn die Preise heruntergesetzt würden, könnte man hierzulande nur wenige dazu verlocken, so einfache Dinge wie Wurst, Butter oder Eier in größerer Menge zu essen, als bei den meisten sowieso schon auf dem Tisch ist (Tabelle Seite 491).

Nur 12% sagen, daß sie unter den genannten Umständen mehr Butter essen würden. Mehr Wurst würden nur noch 9% heute essen. Ein zusätzliches Ei mögen sogar nur 3%. Die Mehrzahl würde von all dem keinen einzigen zusätzlichen Bissen zu sich nehmen.

Ich habe schon die Zahlen genannt, aus denen ersichtlich ist, daß das in den fünfziger Jahren anders war. Der Appetit war damals, acht Jahre nach Kriegsende und fünf Jahre nach der Währungsreform, noch ungestillt. Aber der Vergleich über die Jahrzehnte hinweg zeigt, daß selbst zu Anfang der siebziger Jahre, als die große „Freßwelle" doch schon über uns hinweggegangen war, bei manch einem der Hunger nach den einfachen Genüssen immer noch größer war als der Inhalt seines Portemonnaies. Immerhin wollten 1972 noch 34% der Bevölkerung mehr Fleisch essen, 17% sagten: „Mehr Wurst", ebenfalls 17%: „Mehr Butter", und doppelt so viele wie heute hätten noch vor zehn Jahren ganz gern mehr Eier gegessen, wenn nur die Preise nicht so hoch gewesen wären.

Der gegenwärtige Befund könnte einen geradewegs mitleidsvoll zu der Diagnose verführen, daß vielen das allgemeine Stimmungstief, das wir ja aus anderen Umfragen aus der letzten Zeit kennen, auf den Magen geschlagen sei. Daß dem aber, aufs Ganze der Bevölkerung gesehen, kaum so ist, merkt man, sobald man herauszufinden sucht, wie und an welchen Punkten zur Zeit gespart wird. Der Pessimismus in wirtschaftlicher Hinsicht hat ja nicht nur die Regierenden das Sparen gelehrt.

Im privaten Bereich wird an manchem, beim Energieverbrauch, vielleicht auch am nächsten Urlaub gespart; an einem jedenfalls vorläufig noch nicht: am Essen. Man ißt sich satt.

Und wenn in einer solchen Situation ein Wirtschaftsminister tief beeindruckt von irgendeiner Japanreise zurückkommt und glaubt, auch die Deutschen müßten mehr arbeiten, so trifft er mit seiner Feststellung auf ziemlich taube Ohren. Mit dem Hunger ist uns nämlich auch die Lust an der Arbeit abhanden gekommen.

Die Testfrage „Welche Stunden sind Ihnen ganz allgemein am liebsten: die Stunden während der Arbeit oder die Stunden, während Sie nicht arbeiten, oder mögen Sie beide gern?" wurde vor genau 20 Jahren zum ersten Mal einem repräsentativen Querschnitt der Arbeitnehmer vorgelegt (Grafik Seite 434). Während es damals ein klares Übergewicht von Menschen gab, die gerade das Miteinander und die Abwechslung von Arbeit und Freizeit gern mochten, haben sich seitdem die Verhältnisse nach und nach verändert.

Nachrichten aus dem Schlaraffenland: Seit 1979 gibt es mehr Menschen, für die das eigentliche Leben, Glückserfahrung und Zufriedenheit nur noch in der Freizeit stattfindet.

Bei dem Versuch, herauszufinden, worin denn die Deutschen heute ihren Lebenssinn sehen, zeigte sich, daß neben solchen Punkten, die das Familienleben betreffen, vor allem zwei Aussagen häufiger werden: „Ich sehe meinen Lebenssin darin, daß ich glücklich bin, viel Freude habe" und – dasselbe ohne Umschweife – „Ich will mein Leben genießen". Der Trend wird auch hier am deutlichsten durch die jüngere Generation markiert. 1974 waren noch 65% der unter 30jährigen Männer in der Lage, im Zusammenhang des hergebrachten Leistungsethos zu einem sinnvollen Leben zu finden; 1979 hatten aber nur noch 51% etwas für diesen Gedanken übrig. Zuletzt, im Sommer 1981, waren es noch 43%. Gleichzeitig gaben 70% aus dieser Generation Glück und Freude und 56% den Genuß des Lebens als Sinn ihres Lebens an.

„Wenn in Zukunft weniger Wert auf Arbeit gelegt wird, würden Sie das begrüßen oder ablehnen?" hat das Institut für Demoskopie Allensbach im Mai 1981
gefragt. Das repräsentative Gesamtergebnis auf diese Frage war, daß immer
noch eine kleine Mehrheit (42%) eine solche Abwertung der Arbeit eher ablehnen würde als begrüßen (38%).

Bei den Jüngeren haben sich die Verhältnisse aber längst umgekehrt, haben
sich die Werte ganz eindeutig und radikal verschoben. 52% von ihnen würden
eine Abwertung der Arbeit begrüßen. Ablehnend stehen einer derartigen Entwicklung nur 28% der Jüngeren gegenüber.

Nachrichten aus dem Schlaraffenland? – In den späten fünfziger und quer durch
die sechziger Jahre hindurch konnte man in der Bundesrepublik eine „Freßwelle" beobachten. In den siebziger Jahren wurde gereist. Die Reisewelle
scheint aber das erste zu sein, was mit dem Verlust des eigenen Wirtschafts-
wachstums zu Haus zu verebben scheint.

Was nun? Wie sieht die nächste Welle aus? Wir brauchen ja doch längst immer
eine Welle, die uns trägt. – Wenn nicht alles täuscht, schwimmen wir tatsächlich
schon wieder auf einer neuen Woge. Es handelt sich dabei um eine Art Gesundheitswelle mit viel Natur und Grün und noch mehr Angst vor allem, was davon
das Gegenteil ist: Angst vor allem vor Technik, vor Autoabgasen, überhaupt vor
verunreinigter Luft und verunreinigtem Trinkwasser und Angst davor, „daß
man immer mehr chemisch verseuchte Lebensmittel zu sich nimmt".

Im März 1979 hatten diese Angst 36% der Bevölkerung; Ende 1980 brachte diese
Angst schon ungefähr jeder zweite zum Ausdruck.

Aber was heißt Gesundheitswelle? Gehört nicht der Wunsch nach Gesundheit
schon eh und je zu den Spitzenreitern jener Wunschliste, die wir für den Fall
parat haben, daß plötzlich eine gute Fee vor uns steht? Ein Zeichen dafür, daß
wir es nun – davon abgesehen – zusätzlich mit einem Modetrend zu tun haben,
liegt darin, daß sich ganz plötzlich – nicht über Nacht, aber von einem Jahr auf
das andere – mehr als ein Viertel der erwachsenen Bevölkerung auf dem Gebiet
der Gesundheit als Experten bezeichnen. 26% sind heute fest überzeugt, daß sie
selbst ihren Freunden und Bekannten in punkto gesunder Lebensweise ohne
weiteres und gut raten können. Ein Jahr vorher glaubten das erst 20%.

Eine solche Gesundheitswelle – wenn sie bloß modischer Trend ist – sagt natürlich unmittelbar noch wenig darüber aus, ob die Menschen in Zukunft nun
wirklich vernünftiger leben werden. Wenn aber die Antworten auf unsere Aus-
gangsfrage nach dem eventuellen Mehrverzehr von Wurst, Butter, Fleisch und
Eiern tatsächlich ein Gefühl von Sattheit sichtbar machen, dann ist die Ausbreitung der Trimm-dich-Bewegung, die ja nun in die Gesundheitswelle mit einge-
flossen ist, dann ist die steigende Zahl von Menschen, die aktiv in Sportvereinen
mitwirken, gewiß ein gesundes Zeichen.

Nachdruck aus Capital 5/82

VERBRAUCHERAUFKLÄRUNG

Frage: „Es wird ja heute viel über Verbraucherschutz und Verbraucheraufklärung gesprochen. Was würden Sie sagen: Wo ist vor allem notwendig, die Verbraucher zu schützen, daß sie einwandfreie Waren bekommen, korrekt bedient und nicht übervorteilt werden – welche Unternehmen kümmern sich bisher noch wenig um die Interessen der Verbraucher?"

	Mai 1979 Ges. %	Männer %	Frauen %
Mineralölgesellschaften	54	63	46
Arzneimittelhersteller	44	46	43
Kraftfahrzeughändler	37	43	31
Bauunternehmen	32	36	28
Lebensmittelindustrie	32	28	35
Private Versicherungsunternehmen	29	32	26
Reiseveranstalter	26	27	25
Automobilhersteller	25	31	20
Elektrizitätswerke	24	28	21
Zeitschriftenverlage	23	23	23
Kosmetische Industrie	19	16	22
Hersteller von elektrischen Haushaltsgeräten	19	18	19
Bundespost	19	21	18
Waschmittelhersteller	17	15	18
Bundesbahn	16	18	14
Banken	16	18	14
Hersteller von Fernseh- und Phonogeräten	15	17	14
Bausparkassen	8	9	7
Andere	1	6	11

TABAK

Bevölkerung insgesamt

	1977 %	1978 %	1979 %	1980 %	1981 %
Es rauchen	40	42	39	40	38
Filter-Zigaretten	31	33	31	32	30
Strang-Zigaretten	6	8	7	7	6
Zigarren, Zigarillos, Stumpen	5	4	4	3	4
Pfeife	3	4	3	3	3

Zigarettenraucher

KONSUM pro Tag –	1977 %	1978 %	1979 %	1980 %	1981 %
Mehr als 20 Zigaretten	22	26	26	29	28
10 bis 20 Zigaretten	45	45	46	46	46
Weniger als 10 Zigaretten	32	28	27	24	25
Ohne nähere Angabe	1	1	1	1	1
	100	100	100	100	100

LEICHTMARKEN

	1977	1978	1979	1980	1981
Nikotin- und teerarme	45	45	42	44	44
Andere	54	54	58	56	55
Ohne nähere Angabe	1	1	×	×	1
	100	100	100	100	100

Frühjahr 1982
Es rauchen –

	Filter-Zigaretten %	Strang-Zigaretten %	Zigarren, Zigarillos, Stumpen %	Pfeife %	nichts %
Bevölkerung insgesamt	31	7	3	5	60 = 106
Männer	36	12	7	10	47 = 112
Frauen	27	2	×	×	71 = 100
ALTERSGRUPPEN					
14–19 Jahre	29	11	1	3	64 = 108
20–29 Jahre	46	11	2	6	44 = 109
30–39 Jahre	39	8	3	7	53 = 110
40–49 Jahre	35	6	3	5	57 = 106
50–59	32	5	4	5	59 = 105
60–69 Jahre	20	3	5	4	73 = 105
70 Jahre und älter	11	2	7	4	79 = 103

RAUCHER

	1950	1955	1965	1975	1980	1982
MÄNNER Zigaretten	64	60	61	50	49	38
Zigarren Zigarillos	34	32	20	11	9	4
Pfeife	30	23	16	8	6	5
Nichtraucher	12	17	26	40	47	47
Raucher	88	83	74	60	53	53
FRAUEN Nichtraucher	79%	79	76	71	71	71
Raucher	21	21	24	29	29	29
RAUCHER Insgesamt	51	49	46	44	40	40

KOSMETIKA

Frage: „Was davon haben Sie persönlich in den letzten 7 Tagen benutzt?" (K)

C	1977 %	1978 %	1979 %	1980 %	1981 %	1982 %
Haarwaschmittel, Shampoo	89	84	83	84	83	84
Deo-Spray, Deo-Stift	57	56	55	55	55	56
Desodorierende Seife gegen Körpergeruch	54	41	37	39	48	45
Badezusatz	66	62	61	63	52	49
Duschzusatz	28	30	30	34	36	36
Mundwasser	45	44	42	40	38	39
Spezielles Pflegemittel für die Hände	–	–	31	32	31	32
Eau de Cologne, Kölnisch Wasser	–	–	–	–	26	26
Haarkuren	17	16	14	15	16	17
Haar-Tönungsmittel	–	–	8	7	8	8
Haarpflegeserie einer bestimmten Firma	–	–	9	9	9	8
Selbstbräunungscreme (-mittel)	4	5	–	–	5	5

C	Frauen 1980 %	1981 %	1982 %		Männer 1980 %	1981 %	1982 %
Hautcreme für alle Zwecke	62	57	60	Rasierwasser, After shave lotion	65	63	61
Tagescreme	54	51	50	Hautcreme	42	39	42
Lippenstift	45	44	45	Haarwasser	23	22	19
Parfüm	52	43	43	Pre shave lotion	21	21	20
Spezielles Pflegemittel für die Hände	44	41	43	Rasierschaum	16	17	18
Haarspray	46	42	41	Rasierseife	16	15	16
Haarfestiger nach der Haarwäsche	40	37	34	Rasiercreme	16	14	15
Eau de Cologne, Kölnisch Wasser	29	36	35	Eau de Toilette, speziell für Männer	–	14	15
Nagellack	37	35	35	Frisiercreme	–	8	7
Nachtcreme	34	33	33	Body Splash	–	3	2
Augen-Make-up	33	33	32				
Gesichtsmilch, Reinigungsmilch	30	32	32				
Make-up für das Gesicht	30	29	28				
Haartönungsmittel	13	13	14				
Gesichtsmaske	11	12	11				

FRISEURBESUCH

Frage: „Wie oft etwa gehen Sie zum Friseur?"

C	Frühjahr 1979						
		Frauen					
Mindestens alle –	insgesamt %	14–17 %	18–25 %	25–39 %	40–49 %	50–59 %	60 u. ä. %
14 Tage	13	4	5	10	17	22	16
4 Wochen	27	15	26	24	31	31	30
6 Wochen	24	23	25	27	24	22	20
Seltener oder nie	36	58	44	39	28	25	34
	100	100	100	100	100	100	100

Mindestens alle –		Männer					
3 Wochen	12	6	8	11	16	13	15
4 Wochen	29	16	19	27	32	37	36
6 Wochen	34	38	34	36	35	33	30
Seltener oder nie	25	40	39	26	17	17	19
	100	100	100	100	100	100	100

RATGEBER

Frage: „Können Sie sich erinnern: Bei welchem dieser Punkte oder Fragen haben Sie in den letzten Monaten mal jemandem einen Rat oder Tip gegeben, wie man etwas macht, oder was man da nehmen, oder wo man hingehen soll? Sagen Sie es mir bitte nach dieser Liste hier."

C	1980 %	1981 %	1982 %
Wie und wo man seinen Urlaub verbringt	23	34	35
Spezialitäten beim Essen und Trinken, bei Kochrezepten	27	34	33
Wenn es um die Gesundheit, gesunde Lebensweise geht	20	26	27
Was die Wohnungseinrichtung betrifft	21	26	26
Wenn es um handwerkliche Fragen geht, wie Do-it-yourself-Tätigkeiten, basteln usw.	–	27	24
In Modefragen, wie man sich anzieht	18	21	22
In Fragen der Menschenbehandlung, Psychologie	18	23	22
In technischen Dingen	22	21	20
Wenn es um Autos geht	–	19	20
In Fragen der Hausarbeit, besseren Haushaltsführung	22	25	19
In Fragen der Haarpflege, von Frisuren	–	17	18
In Fragen des Sports	–	18	17
In Fragen der Körper- und Schönheitspflege	–	15	15
Wenn es um Literatur, Theater, Kunst, Musik geht	15	18	14
In Fragen des Glaubens, der Religion	9	13	12
In politischen Fragen	10	14	11
Wenn es um Fragen der Geldanlage geht	16	13	11
In Versicherungsfragen	–	9	7

G. AUTO UND VERKEHR

C	1978	1979	1980	1981	1982
	Bevölkerung insgesamt				
Es leben in einem Haushalt mit –	%	%	%	%	%
einem Pkw	58	56	56	56	55
mehreren Pkw	15	16	18	19	20
keinem Pkw	27	28	26	25	25
	100	100	100	100	100

Sommer 1982

	Bevölkerung insgesamt	Altersgruppen				
		18–24	25–39	40–49	50–59	60 u. ä.
Es leben in einem Haushalt mit –	%	%	%	%	%	%
einem Pkw	55	52	66	66	59	35
zwei Pkw	16	25	19	19	17	6
drei oder mehr Pkw	4	9	3	4	4	1

Es leben in einem Haushalt mit mehreren Personenwagen –	1978	1979	1980	1981	1982
	%	%	%	%	%
Bevölkerung insgesamt	15	16	18	19	20

BERUFSKREISE

Angelernte Arbeiter	8	9	10	10	12
Facharbeiter	13	12	15	14	17
Einfache Angestellte/Beamte	13	16	16	16	18
Leitende Angestellte/Beamte	23	23	26	27	29
Selbständige, freie Berufe	30	31	32	35	35
Landwirte	20	20	31	27	31

NEU- oder GEBRAUCHTWAGEN

Neu	53	54	54	55	53
Gebraucht	47	46	46	45	47
	100	100	100	100	100

ANSCHAFFUNGSJAHR

Im letzten oder laufenden Jahr	39	37	34	31	28
2–3 Jahre her	35	40	41	43	39
Länger her	26	23	25	26	33
	100	100	100	100	100

DAS AUTO

C	1978 %	1979 %	1980 %	1981 %	1982 %
PS-KLASSE					
Bis 34 PS (bis 27 kW)	7	6	5	5	4
34–45 PS (28–35 kW)	14	13	11	10	12
46–55 PS (36–43 kW)	24	24	22	26	26
56–90 PS (44–70 kW)	37	39	42	43	40
91 und mehr (ab 71 kW)	15	15	17	14	16
Weiß nicht	3	3	3	2	2
	100	100	100	100	100
KILOMETERLEISTUNG PRO JAHR					
– Wieviel tausend Kilometer werden pro Jahr schätzungsweise mit dem Wagen gefahren? –					
30 000 Kilometer und mehr	6	6	5	4	5
20 000 bis unter 30 000 Kilometer	14	12	11	11	11
15 000 bis unter 20 000 Kilometer	23	24	24	22	23
10 000 bis unter 15 000 Kilometer	34	35	34	38	35
Weniger als 10 000 Kilometer	23	23	26	25	26
	100	100	100	100	100

ASSOZIATIONEN

Frage: *„Jetzt möchte ich Sie bitten, an einem interessanten Experiment mitzumachen. Wenn man irgendein Wort hört, dann fällt einem ja meist alles mögliche dazu ein. Es kommen einem bestimmte Gedanken oder Gefühle, die gerade zu diesem Wort passen; wenn Sie zum Beispiel an ‚Auto' denken – woran könnten Sie da vor allem denken? Ich lese Ihnen jetzt verschiedenes vor, und Sie sagen mir bitte immer, ob Ihnen bei Auto dies sehr oder etwas oder gar nicht in den Sinn kommt."*

Denken Sie bei „Auto" zum Beispiel an ...?.	November 1981		
	Ja %	Etwas %	Nein %
Bequemlichkeit	77	15	8 = 100
Technik	77	12	11 = 100
Abgase	75	15	10 = 100
Verstopfte Straßen	74	16	10 = 100
Unabhängigkeit	65	19	16 = 100
Urlaub	63	16	21 = 100
Notwendig	60	21	19 = 100
Schnelligkeit	57	25	18 = 100
Fortschritt	54	24	22 = 100
Sparen	54	17	29 = 100
Familie	45	21	34 = 100
Zukunft	45	22	33 = 100
Wohlstand	37	28	35 = 100
Rücksichtslos	28	27	45 = 100
Angst	27	25	48 = 100
Freunde	26	17	57 = 100
Erholung, Entspannung	23	23	54 = 100
Sport	18	16	66 = 100
Kapitalismus	16	17	67 = 100
Protzig	15	18	67 = 100

KAUFPLÄNE

Frage: *„Haben Sie vor, sich in den nächsten 1–2 Jahren einen anderen Wagen zu kaufen, egal ob neu oder gebraucht. Würden Sie sagen …"*

	Ganz bestimmt %	Vielleicht %	Voraussichtlich nicht %
Pkw-Fahrer insgesamt	18	24	58 = 100
BERUFSKREISE			
Angelernte Arbeiter	19	22	59 = 100
Facharbeiter	16	27	57 = 100
Einfache Angestellte	17	24	59 = 100
Leitende Angestellte	25	23	52 = 100
Einfache Beamte	19	20	61 = 100
Leitende Beamte	21	18	61 = 100
Selbständige, freie Berufe	28	18	54 = 100
Landwirte	21	24	55 = 100

Sommer 1982

 Es wollen sich in den nächsten 1–2 Jahren
ganz bestimmt einen neuen oder anderen Wagen kaufen

vielleicht

voraussichtlich nicht

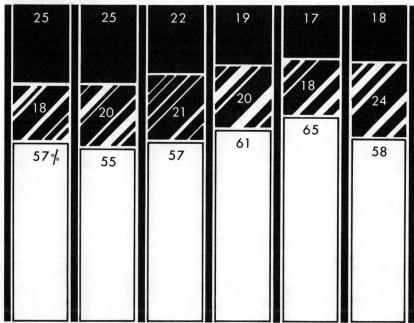

IN IMMER MEHR FAMILIEN GIBT ES ZWEITWAGEN

Jochen Hansen

Genau die Hälfte der Deutschen fährt jetzt Auto. Das sind mehr denn je, und dennoch wurden in diesem Jahr weniger Personenwagen neu zugelassen, als in den Vorjahren. Die Zahl der Kaufpläne für ein neues Auto ist deutlich niedriger, aber die Absicht, in der Familie einen Zweit- oder Drittwagen zu fahren, ist weiter gestiegen.

Die Autos werden heute länger gefahren, als noch vor wenigen Jahren. Ende der siebziger Jahre war es bei 40% der Autofahrer üblich, den Wagen spätestens im zweiten Jahr gegen einen neuen einzutauschen. 1982 wollen nur noch 28% in dieser Frist den Neuwagen anschaffen. Nach den Angaben der Allensbach-Studie ist nicht damit zu rechnen, daß sich die Kaufabsichten in kürzester Frist verbessern. Eher wird mit einer rückläufigen Nachfrage gerechnet: 1979 wollten noch 20% der Bevölkerung in einem oder in zwei Jahren ein neues Auto kaufen; 1982 waren es nur noch 17%. Zudem richten sich die Kaufpläne eher auf gebrauchte Fahrzeuge, die immer häufiger die derzeit besonders geschätzten Auto-Eigenschaften aufweisen. (Tab. Seite 505)

Die Absicht, Energie mit Fahrverzicht zu sparen, ist laut Allensbach 1982 nicht mehr so deutlich sichtbar, wie noch ein Jahr zuvor. Bei einer allgemein fallenden Kilometerleistung pro Jahr und Fahrzeug fuhren doch 1982 rund 16% der Autobesitzer mehr als 20 000 Kilometer (zum Vergleich: 1981 nur 15%).

Entsprechend der Neigung, das Auto nicht mehr so häufig wie ehedem in die Werkstätten zu bringen, ist der Anspruch an die Zahl der Reparatureinrichtungen der bestimmten Marke gesunken. Der Kundendienst wird im Vergleich zu 1977 als weniger wichtig eingeschätzt; auch auf große Kofferräume, auf die Beschleunigung und auf eine besonders gute Straßenlage legen die Autofahrer weniger Wert. Zuverlässig, unempfindlich gegen Rost, besonders wirtschaftlich und geräumig sowie robust sind die an vorderster Stelle geforderten Eigenschaften eines Autos. Allerdings sind viele Autofahrer noch weit davon entfernt, den Autokauf nur unter rationalen Gesichtspunkten zu sehen. Darauf deuten die Verbreitung von sportlichen Zubehör und der Einbau teurer Stereoanlagen.

Die noch relative Stabilität des Automarktes hat vom Zug zum Zweitwagen und der steigenden Motorisierung der jungen Leute profitiert. Auch interessieren sich immer mehr junge Frauen für den Besitz eines Personenwagens. 20% der Deutschen leben heute schon in Haushalten mit zwei oder drei Autos; wobei sich die Zahl der Haushalte mit mehreren Personenwagen in allen sozialen Schichten erhöht hat.

Nachdruck aus FAZ. 1. Dezember 1982

FREUDE AM AUTOFAHREN

Frage an Pkw-Besitzer: *Haben Sie eigentlich große Freude am Autofahren, oder fahren Sie mehr, weil es sein muß?"*

	1978 Sommer %	1979 Sommer %	1980 Sommer %	1981 Sommer %	1982 Sommer %	1983 Jan. %
MÄNNER						
Große Freude	46	44	43	38	44	45
Weil es sein muß	34	35	35	37	31	28
Teil, teils	20	21	22	25	25	27
	100	100	100	100	100	100
FRAUEN						
Große Freude	57	54	52	48	48	51
Weil es sein muß	27	29	26	31	32	30
Teil, teils	16	17	22	21	20	19
	100	100	100	100	100	100

 Große Freude

◼ Weil es sein muß

Pkw-Besitzer insgesamt

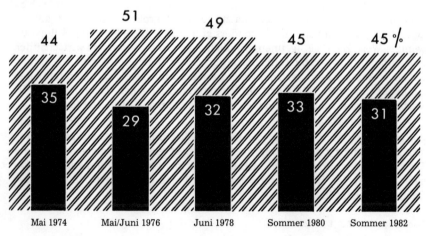

Mai 1974	Mai/Juni 1976	Juni 1978	Sommer 1980	Sommer 1982

PKW-FAHRER

Es fahren einen Wagen selbst –	1978 %	1979 %	1980 %	1981 %	1982 %
Pkw-Fahrer	50	46	48	49	50

	1982 Männer %	Frauen %
Pkw-Fahrer insgesamt	61	39 = 100
ALTERSGRUPPEN		
18–19 Jahre	51	49 = 100
20–29 Jahre	55	45 = 100
30–39 Jahre	57	43 = 100
40–49 Jahre	64	36 = 100
50–59 Jahre	66	34 = 100
60 Jahre und älter	73	27 = 100

DAS IST WICHTIG

C

Wichtig ist, daß ein Auto –	Pkw-Fahrer 1977 %	1979 %	1982 %
immer zuverlässig ist, man sicher sein kann, daß es einen nie im Stich läßt . .	85	86	84
rostunempfindlich ist und lange hält	–	–	78
sicher gebaut ist, daß für die Sicherheit der Insassen gut vorgesorgt ist	75	75	73
besonders wirtschaftlich ist, daß die Kosten für Benzin, Steuer und Versicherung niedrig sind	70	73	73
innen geräumig ist, man genügend Platz hat zum Sitzen	65	64	63
eine Marke ist, die einen guten Kundendienst hat, die überall vertreten ist . .	67	65	60
robust ist, man es auch mal strapazieren kann	60	59	59
einen großen Kofferraum hat, genügend Platz für Gepäck	61	56	55
eine besonders gute Straßenlage hat	60	53	49
einen guten Wiederverkaufswert hat	44	49	46
besonders gut beschleunigt, man gut überholen kann	48	46	41
technische Extras eingebut hat, (z. B. Nebelscheinwerfer, Drehzahlmesser, Öldruckmesser, heizbare Heckscheibe)	29	29	27
in seiner äußeren Form sportlich ist	17	22	22

DO IT YOURSELF

Frage: „Wenn Sie einmal lesen, was auf dieser Liste steht: Was machen Sie persönlich an diesem Wagen in der Regel selbst?" (L)

	Bev. insg.	Männer	Frauen	Ange-lernte Arbeiter	Fach-arbeiter	Einfache Ange-stellte/ Beamte	Leitende Ange-stellte/ Beamte	Selbstän-dige/ Freie Berufe	Land-wirte
	%	%	%	%	%	%	%	%	%
Wagen waschen ..	35	51	21	22	41	36	41	30	34
Wachsen, polieren .	25	41	12	16	34	25	30	19	19
Lackschäden ausbessern	18	32	5	11	27	17	20	12	12
Reifen wechseln ..	16	30	4	11	24	15	18	12	18
Kleinere Reparaturen	15	29	3	10	23	13	13	10	14
Ölwechsel......	13	25	3	9	21	11	11	9	14
Zubehör einbauen, anbringen......	12	24	2	9	21	11	12	8	7

Frühjahr 1981

DAS URLAUBSGEFÄHRT

	1976/77 Winter %	1977/78 Winter %	1978/79 Winter %	1979/80 Winter %	1980/81 Winter %	1981/82 Winter %	1983 %
Von allen Pkw-Besitzern machten im entsprechenden Jahr Urlaubsreisen mit dem Auto ..	48	47	47	46	47	45	48
Davon – blieben innerhalb Deutschlands (und DDR)	20	19	19	18	20	19	20
fuhren ins Ausland	28	28	28	28	27	26	28
Es fuhren mit anderen Verkehrsmitteln in Urlaub	13	13	15	17	15	17	15
Es blieben im Urlaub zu Hause .	13	13	10	12	14	14	15
Es machten keinen Urlaub ...	26	27	28	25	24	24	22
	100	100	100	100	100	100	100

VERKEHRSBEHINDERUNG

Frage: „Hier auf der Liste stehen Schwierigkeiten, die immer wieder im Verkehr auftreten. Könnten Sie mir sagen, was davon Sie besonders unangenehm finden?" (L)

	Herbst 1971 Pkw-Fahrer %	Winter 1978/79 %
Wenn man im dicken Berufsverkehr steckenbleibt	69	61
Wenn es zu Verkehrsstauungen kommt	64	56
Wenn man mehrere Minuten nach einem Parkplatz suchen oder warten muß, bis einer frei ist	58	51
Die Baustellen und Umleitungen	48	41
Die Autoabgase beim Kolonnenfahren	45	39
Wenn es auf übersichtlichen Straßen Geschwindigkeitsbeschränkungen gibt	44	34
Wenn es keine grüne Welle gibt (wo die Ampeln aufeinander abgestimmt werden)	41	34
Daß man sich in fremden Städten so schlecht zurechtfinden kann	43	31
Daß soviele Lastzüge unterwegs sind	34	22
Daß es viel zuviel Verkehrsschilder gibt	30	21
Wenn die Ampel zu lange auf Rot bleibt	19	17
Wenn einem der gewaschene Wagen gleich wieder vollgespritzt wird	28	13
Daß man dauernd Angst vor Unfällen haben muß	18	12
Daß man immer dem Motorlärm ausgesetzt ist	9	5
Daß man an einer Tankstelle nicht gleich bedient wird	9	5

REIZKLIMA

Frage: „Mußten Sie sich in letzter Zeit öfter über andere Autofahrer ärgern? Würden Sie sagen –"

	1971 %	1978 Pkw-Fahrer %	1980 %
„sehr oft"	8	8	9
„oft"	26	19	20
„ein-, zweimal"	33	27	27
„selten, nie"	33	46	44
	100	100	100

GESCHWINDIGKEIT

Frage an Pkw-Fahrer: *„Sind Sie schon mal von der Polizei angehalten worden, weil Sie zu schnell gefahren sind?"*

	Pkw-Fahrer ges.	Männer	Frauen	16–29	30–44	45–59	60 u. ä.
				Februar 1983			
					Altersgruppen		
Ja	39	48	26	36	45	39	30
Nein	61	52	74	64	55	61	70
	100	100	100	100	100	100	100

DURCHSCHNITTSGESCHWINDIGKEIT: 128 km/h

Frage: *„Wie schnell fahren Sie gewöhnlich auf der Autobahn?"*

	90 km/h %	100 km/h %	110 km/h %	120 km/h %	130 km/h %	140 km/h %	150 km/h %	160 km/h %	170 km/h %	Keine Angabe %	Benutze nie die Autobahn %
					Juli 1979						
Pkw-Fahrer ...	1	7	8	23	24	12	8	3	3	2	9 = 100

HÖCHSTGESCHWINDIGKEIT BEGRENZEN

Frage: *„In der letzten Zeit ist ja viel darüber gesprochen worden, ob man die Höchstgeschwindigkeit auf Autobahnen begrenzen soll oder nicht. Sind Sie persönlich für oder gegen eine Geschwindigkeitsbegrenzung auf Autobahnen?"*

Frage: *„Angenommen, es würde beschlossen, die Höchstgeschwindigkeit zu beschränken: Welche Geschwindigkeitsbegrenzung würden Sie dann für am vernünftigsten halten, 130 Stundenkilometer, 120 oder 100?"*

	1979 Bev. insges. %	1980 insges. %	1979 Pkw-Fahrer %	1980 insges. %
Uneingeschränkt dafür	60	50	55	46
Bedingt dafür	13	16	9	10
und zwar: Höchstgeschwindigkeit 130 km/h	25	29	32	33
Höchstgeschwindigkeit 120 km/h	20	18	20	16
Höchstgeschwindigkeit 100 km/h	21	12	11	6
Unentschieden	7	7	1	1
	73	66	64	56
Dagegen	27	34	36	44
	100	100	100	100

EINSCHRÄNKUNGEN

Frage: „Es gibt ja mehrere Möglichkeiten, Benzin zu sparen. Welche von den Möglichkeiten auf dieser Liste hier wäre Ihnen am liebsten, wenn Sie sparen müßten?" (L)

A

Juli 1979
Pkw-Fahrer
%

Auf alle Fahrten verzichten, die nicht unbedingt notwendig sind	68
An einem Tag in der Woche überhaupt nicht fahren	34
Weniger selbst fahren, mehr öffentliche Verkehrsmittel benutzen	31
Mir beim nächsten Autokauf einen kleineren Wagen anschaffen	28
Langsamer fahren, auf Autobahnen nicht über 100 Stundenkilometer fahren	26
Unentschieden . . ·	3

Frage: „Einmal angenommen, Sie wollten sich ein Auto anschaffen – die Benzinpreise steigen allerdings weiter wie bisher. Was würden Sie wahrscheinlich tun?" (L)

	Mai 1980			
	Pkw-Fahrer insgesamt	Fahrer von Wagen –		
		unter 47 PS	47–60 PS	61–90 PS	91 PS und mehr
Ich würde mir –	%	%	%	%	%
einen Wagen kaufen, der weniger Benzin verbraucht als mein jetziger	59	53	56	66	58
einen Wagen mit Dieselmotor kaufen	13	12	14	15	12
wieder ein Modell der gleichen Wagenklasse kaufen	20	27	19	14	27
trotzdem einen größeren Wagen kaufen	3	1	2	3	5
keinen Wagen mehr kaufen	11	15	13	11	6
Unentschieden	7	4	8	7	5

NULLTARIF

Frage: „Vielleicht haben Sie schon einmal von der Forderung nach dem Nulltarif gehört. Damit ist gemeint, daß man in Großstädten die öffentlichen Verkehrsmittel, wie Bahn und Busse, kostenlos benutzen darf. Statt durch Fahrgelder würden die öffentlichen Verkehrsbetriebe dann mit Steuermitteln vom Staat finanziert. – Wären Sie für oder gegen die Einführung des Nulltarifs?"

	1971 Herbst	1978 Sommer	1980 Sommer
	Pkw-Fahrer / Besitzer		
	%	%	%
Dafür	51	45	62
Dagegen	30	33	22
Unentschieden	19	22	16
	100	100	100

ÖFFENTLICHE VERKEHRSMITTEL: TEUER UND ÜBERFÜLLT

Frage: „Was gefällt Ihnen an den öffentlichen Verkehrsmitteln nicht?" (L)

	1971 Herbst	1978 Sommer	1980 Sommer
	Pkw-Fahrer / Besitzer		
	%	%	%
Die Fahrpreise sind zu hoch	37	43	41
Sie sind zu überfüllt im Berufsverkehr	49	43	40
Für mich sind die Verbindungen zu umständlich, ich muß zuviel umsteigen	28	30	35
Sie fahren mir nicht häufig genug	28	29	31
Man muß meistens während der Fahrt stehen	21	15	13
Der Fahrplan kann im Berufsverkehr kaum eingehalten werden	19	14	13
Das Personal ist manchmal ziemlich unhöflich	18	14	13
Die Entfernung zur nächsten Haltestelle ist mir etwas weit	14	13	13
Sie sind manchmal zu schmutzig	17	12	15
Die Ausstattung ist unbequem	10	8	9
Über bestimmte Fahrgäste muß man sich immer wieder ärgern	11	7	8
Kenne sie zuwenig	29	20	20

BAHN ODER PKW

Frage: „Wenn Sie privat eine Strecke von 500 Kilometern fahren, was ist dann finanziell günstiger: daß Sie mit dem Wagen fahren, oder daß Sie mit der Bahn fahren?" (Bei Rückfragen: „Sie allein!")

	1978 Sommer	1980 Sommer
	Pkw-Fahrer/ Besitzer	
	%	%
Mit dem Wagen günstiger	53	41
Mit der Bahn günstiger	32	41
Beides gleich	5	5
Weiß nicht	10	13
	100	100

PARK AND RIDE

Frage: „In vielen Ländern gibt es die Möglichkeit, daß man seinen Wagen an einem bestimmten Parkplatz, zum Beispiel am Stadtrand, abstellt und von dort mit Bus oder Bahn in die Innenstädte fährt. Haben Sie das selbst auch schon mal gemacht?"

	Pkw-Besitzer insgesamt	
	1973 Mai	1980 Sommer
	%	%
Ja, schon gemacht	18	21
und zwar –		
häufiger	4	5
gelegentlich	6	8
selten	8	8

H. ENERGIE UND TECHNIK

Frage: „Glauben sie, daß der Fortschritt der Technik das Leben für die Menschen immer einfacher oder immer schwieriger macht?"

	1966 Mai	1977 April	1980 Jan.	1981 Okt.	1983 Juli	16–29	30–44	45–59	60 u. ä.
	Bevölkerung insgesamt					Altersgruppen			
	%	%	%	%	%	%	%	%	%
Einfacher	50	40	41	33	35	39	36	36	31
Schwieriger	29	41	40	43	39	36	38	37	45
Bleibt gleich	11	13	12	16	16	16	18	17	12
Weiß nicht	10	6	7	8	10	9	8	10	12
	100	100	100	100	100	100	100	100	100

TECHNIK: SEGEN ODER FLUCH?

Frage: „Glauben Sie, daß die Technik alles in allem eher ein Segen oder eher ein Fluch für die Menschheit ist?"

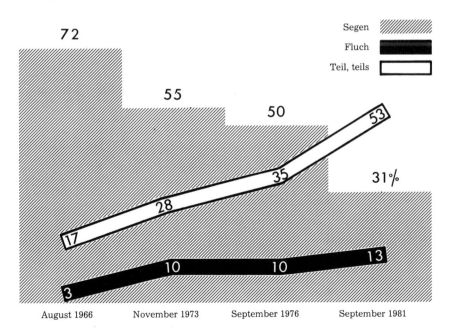

72

55

50

53

35

28

31%

17

10

10

13

3

August 1966   November 1973   September 1976   September 1981

Segen

Fluch

Teil, teils

FORTSCHRITT: WO ERWÜNSCHT?

Frage: *„Die moderne Technik macht ja auf allen möglichen Gebieten große Fortschritte. Die Frage ist nur, was für unser Leben, für unsere Gesellschaft besonders wichtig ist und was weniger wichtig. Auf diesen Karten, die ich hier habe, stehen einige Bereiche des technischen Fortschritts. Verteilen Sie die Karten doch bitte auf dieses Blatt hier, je nachdem, ob Sie meinen, das Gebiet sollte man fördern, oder das sollte man nicht fördern. Karten, wo Sie sich nicht entscheiden können, legen Sie bitte beiseite!"* (K)

	Mai 1981 Das sollte man fördern %
Medizinische Forschung	95
Entwicklung benzinsparender Autos	95
Sonnenenergie, Windenergie	91
Neuentwicklung in der Chemie	57
Computertechnik	52
Fernsehsatelliten	50
Kernenergie	46
Raumfahrt	38
Großkliniken	34
Autobahnbau	31
Mikroprozessoren	31
Daß es in der ganzen Bundesrepublik Kabelfernsehen gibt	31
Entwicklung von Zügen, die viel schneller fahren als bisher	25
Großraumflugzeuge	25
Neue Waffensysteme	16
Hochhäuser	8

Frage: *„Darf ich Sie bitten, bei einem interessanten Experiment mitzumachen? Wenn man irgendein Wort hört, fällt einem ja verschiedenes dazu ein. Wenn ich zum Beispiel sage ‚Haus', da könnten Sie antworten: Dach – Fenster – Behaglichkeit und so weiter. Wenn Sie nun das Wort ‚Fortschritt' hören: Woran denken Sie da? Was fällt Ihnen da ein?"*

A

Es denken bei Fortschritt an –	März 1982 %
Technische Neuerungen, Technik, Automation	50
Wissenschaftliche Forschung	20
Besseres Leben, Wohlstand, mehr Geld	19
Entwicklung auf dem Energiesektor	18
Größere Gefährdung der Umwelt, Umweltverschmutzung	10
Allgemein: Die Zukunft, der weitere Verlauf	9
Verlust von Arbeitsplätzen, mehr Arbeitslosigkeit	8
Durch Übertechnisierung, Streß, Leistungsdruck, Verlust von Menschlichkeit	7
Bessere Arbeitsbedingungen, mehr Arbeitsplätze	7
Mehr Freizeit, mehr Urlaub, kürzere Arbeitszeit	6
Verschlechterung der Lage (Krisen, Krieg)	6
Mehr Umweltbewußtsein, Umweltschutz	6
Frieden, Abrüstung	3

ASSOZIATIONEN ZU TECHNIK

Frage: „Wenn Sie jetzt einmal an das Wort ‚Technik' denken – es kann einem ja dazu alles mögliche einfallen. Darf ich Ihnen mal einiges vorlesen? Sie sagen mir bitte jedes Mal, woran'man bei ‚Technik' denken könnte."

September 1981

		Bevölkerung insgesamt	Personen, die sagen, die Technik ist		
			eher ein Segen	teils, teils	eher ein Fluch
		%	%	%	%
Fortschritt:	Ja	91	95	90	85
	Etwas	7	4	8	8
	Nein	2	1	2	7
		100	100	100	100
Kernenergie:	Ja	83	86	83	80
	Etwas	12	10	13	11
	Nein	5	4	4	9
		100	100	100	100
Rüstung:	Ja	79	77	80	84
	Etwas	14	16	14	9
	Nein	7	7	6	7
		100	100	100	100
Leistung:	Ja	76	84	74	71
	Etwas	17	10	19	17
	Nein	7	6	7	12
		100	100	100	100
Risiko:	Ja	75	72	76	82
	Etwas	18	19	19	11
	Nein	7	9	5	7
		100	100	100	100
Zukunft:	Ja	75	88	73	55
	Etwas	18	9	21	26
	Nein	7	3	6	19
		100	100	100	100
Macht:	Ja	72	68	75	79
	Etwas	18	22	17	11
	Nein	10	10	8	10
		100	100	100	100

Fortsetzung

Fortsetzung

Frage: „Wenn Sie jetzt einmal an das Wort ‚Technik' denken – es kann einem ja dazu alles mögliche
einfallen. Darf ich Ihnen mal einiges vorlesen? Sie sagen mir bitte jedes Mal, woran man bei
‚Technik' denken könnte."

September 1981

		Bevölkerung insgesamt	Personen, die sagen, die Technik ist		
		%	eher ein Segen %	teils, teils %	eher ein Fluch %
Intelligenz:	Ja	68	76	67	55
	Etwas	19	14	22	24
	Nein	13	10	11	21
		100	100	100	100
Wohlstand:	Ja	68	80	64	58
	Etwas	22	13	26	23
	Nein	10	7	10	19
		100	100	100	100
Zerstörung der Umwelt:	Ja	67	56	70	82
	Etwas	25	30	25	13
	Nein	8	14	5	5
		100	100	100	100
Verantwortung:	Ja	62	73	59	53
	Etwas	23	18	27	21
	Nein	15	9	14	26
		100	100	100	100
Wirtschaftswachstum:	Ja	61	76	56	44
	Etwas	29	19	35	32
	Nein	20	5	9	24
		100	100	100	100
Angst:	Ja	56	43	59	75
	Etwas	27	30	28	14
	Nein	17	27	13	11
		100	100	100	100
Arbeitslosigkeit:	Ja	51	42	52	71
	Etwas	31	33	33	18
	Nein	18	25	15	11
		100	100	100	100
Hobby, Steckenpferd:	Ja	49	54	46	46
	Etwas	28	25	31	26
	Nein	23	21	23	28
		100	100	100	100

Fortsetzung

Fortsetzung

Frage: „Wenn Sie jetzt einmal an das Wort ‚Technik' denken – es kann einem ja dazu alles mögliche einfallen. Darf ich Ihnen mal einiges vorlesen? Sie sagen mir bitte jedes Mal, woran man bei ‚Technik' denken könnte."

September 1981

		Bevölkerung insgesamt	Personen, die sagen, die Technik ist		
			eher ein Segen	teils, teils	eher ein Fluch
		%	%	%	%
Seelenlos:	Ja	47	37	50	65
	Etwas	22	25	23	9
	Nein	31	38	27	26
		100	100	100	100
Allgemeinbildung:	Ja	41	51	37	39
	Etwas	32	26	36	27
	Nein	27	23	27	34
		100	100	100	100
Neue Arbeitsplätze:	Ja	37	54	31	21
	Etwas	33	29	37	25
	Nein	30	17	32	54
		100	100	100	100
Vernunft:	Ja	34	51	29	19
	Etwas	40	34	46	31
	Nein	26	15	25	50
		100	100	100	100
Sichere Arbeitsplätze:	Ja	32	49	26	17
	Etwas	32	31	35	23
	Nein	36	20	39	60
		100	100	100	100
Macht unser Leben sicherer:	Ja	30	54	22	10
	Etwas	39	31	47	28
	Nein	31	15	31	62
		100	100	100	100
Freiheit:	Ja	22	31	19	18
	Etwas	27	29	29	18
	Nein	51	40	52	64
		100	100	100	100
Kultur:	Ja	15	22	12	11
	Etwas	24	30	23	17
	Nein	61	48	65	72
		100	100	100	100
Schönheit:	Ja	11	15	9	12
	Etwas	21	24	22	16
	Nein	68	61	69	72
		100	100	100	100

RISIKOBEREITSCHAFT

Frage: „Hier unterhalten sich zwei über ‚technischen Fortschritt'. Welcher der beiden sagt eher das, was auch Sie denken?" (B)

A	Bev. insg. %	| Oktober 1981 | Altersgruppen			
		16–29 %	30–44 %	45–59 %	60 u.ä. %
„Meiner Meinung nach müssen wir bereit sein, bestimmte Risiken bei der Anwendung von technischen Entwicklungen in Kauf zu nehmen; solche Risiken für den Menschen sind auch bei technisch ausgereiften Neuerungen nicht ganz auszuschließen."	45	38	50	52	41
„Das sehe ich anders. Wenn der Preis für die Erhaltung oder Steigerung des Wohlstands auch nur ein geringes Risiko für den Menschen, wie zum Beispiel bei der Kernenergie, beinhaltet, dann sollten wir lieber darauf verzichten." .	38	49	33	30	37
Unentschieden	17	13	17	18	22
	100	100	100	100	100

JEDES RISIKO AUSSCHALTEN

Frage: „Hier unterhalten sich zwei über den technischen Fortschritt. Welcher von beiden sagt eher das, was Sie darüber denken?" (B)

A	Bev. insg. %	Oktober 1981 | Altersgruppen			
		16–29 %	30–44 %	45–59 %	60 u.ä. %
„Die Menschen waren in der Vergangenheit oft skeptisch gegenüber dem technischen Fortschritt. Dadurch wurden oft Verbesserungen aufgehalten, obwohl viele Bedenken unbegründet waren. Deswegen sollten wir heute Vertrauen in den technischen Fortschritt, zum Beispiel auch in die Nutzung der Kernenergie, setzen."	30	25	33	34	29
„Das sehe ich anders: Die moderne Technik von heute, zum Beispiel die Kernenergie, kann weitaus schwerwiegendere Folgen für die Menschen haben als technische Entwicklungen in der Vergangenheit. Deswegen sollte man nichts Neues einführen, bevor nicht jedes Risiko dabei ausgeschaltet ist."	54	63	53	50	49
Unentschieden	16	12	14	16	22
	100	100	100	100	100

ARBEITSPLÄTZE

Frage: „Es gibt ja unterschiedliche Meinungen darüber, welchen Einfluß die moderne Technik auf die Situation der Arbeitsplätze hat.

Die einen sagen: Die moderne Technik mit ihrer Rationalisierung ist schuld an der hohen Arbeitslosigkeit, weil Maschinen vielen Menschen die Arbeit wegnehmen.

Die anderen sagen: wir brauchen die moderne Technik, damit wir konkurrenzfähig gegenüber dem Ausland sind. Und außerdem schafft die moderne Technik auch neue Arbeitsplätze."

„Welcher Meinung stimmen Sie eher zu?"

	Dezember 1981		
	Technik ist schuld %	Technik schafft Arbeitsplätze %	Unentschieden %
Bevölkerung insgesamt	37	35	28 = 100
ALTERSGRUPPEN			
16–29 Jahre	38	36	26 = 100
30–44 Jahre	31	44	25 = 100
45–59 Jahre	38	35	27 = 100
60 Jahre und älter	40	26	34 = 100
BERUFSKREISE			
Angelernte Arbeiter	47	17	36 = 100
Facharbeiter	40	32	28 = 100
Einfache Angestellte/Beamte	37	36	27 = 100
Leitende Angestellte/Beamte	26	50	24 = 100
Selbständige, Freie Berufe	26	48	26 = 100
Landwirte	34	37	29 = 100

WETTER MACHEN

Frage: „Einmal angenommen, die Wissenschaftler wären so weit, daß sie das Wetter beeinflussen könnten. Wären Sie dafür, daß die Menschen das Wetter beeinflussen, oder sollte man nicht versuchen, das Wetter zu beeinflussen?"

	1972 Febr. %	1976 Aug. %	1981 Juni %
Dagegen	70	74	77
Dafür	24	20	12
Unentschieden	6	6	11
	100	100	100

ENERGIEVERSORGUNG

Frage: „Es wird ja heute viel darüber gesprochen, wie man bei uns in den nächsten 20, 30 Jahren die Stromversorgung sichern kann. Hier sind einige Möglichkeiten aufgeschrieben – welche halten Sie für wirklich realistisch, wodurch wird man bei uns in den nächsten 20, 30 Jahren die Energieversorgung sicherstellen?" (L)

| | 1979 Jan. | 1981 Okt. | | Altersgruppen | | |
| | Bevölkerung | insges. | 16–29 | 30–44 | 45–59 | 60 u. ä. |
Energieversorgung wird gesichert durch –	%	%	%	%	%	%
Atomkraftwerke	63	64	61	67	69	59
Sonnenenergie	59	60	67	62	60	48
Kohlekraftwerke	42	54	49	56	57	56
Wasserkraftwerke	37	48	49	47	48	47
Windenergie	17	31	37	31	28	28
Stromimporte	12	19	18	16	21	22
Ölkraftwerke	11	13	12	12	11	14
Anderes/unentschieden	9	9	7	7	7	14

AUF DEM PRÜFSTAND

Fragen: „Ich möchte Ihnen jetzt verschiedene Einrichtungen vorlesen, die im politischen und wirtschaftlichen Leben der Bundesrepublik eine Rolle spielen, und Sie sagen mir bitte immer, welche Meinung Sie von ihnen haben."

„Wie würden Sie zur Zeit alles in allem Ihre Meinung über die Bundesregierung in Bonn beschreiben, welcher Punkt auf der Liste würde da zutreffen?" (L)

„Wie beurteilen Sie zur Zeit die Elektrizitätswerke?" (L)

„Welches Urteil haben Sie zur Zeit über die Gewerkschaften?" (L)

„Welche Meinung haben Sie zur Zeit über die Automobilindustrie?" (L)

„Wie ist zur Zeit ihre Meinung über die Mineralölgesellschaften?" (L)

„Könnten Sie mir noch sagen, wie Sie die chemische Industrie beurteilen?" (L)

| | | Bundes-regierung | Elektrizi-tätswerke | Gewerk-schaften | Automobil-industrie | Mineralöl-gesell-schaften | Chemische Industrie |
		%	%	%	%	%	%
Sehr gut:	1980 . . .	7	4	3	2	×	1
	1981 . . .	2	3	3	2	1	2
Gut:	1980 . . .	31	28	19	22	3	13
	1981 . . .	16	23	19	20	1	14
Teil, teils:	1980 . . .	37	31	31	33	13	32
	1981 . . .	40	31	35	33	6	28
Weniger gut:	1980 . . .	15	17	18	22	33	22
	1981 . . .	27	20	20	23	24	21
Schlecht:	1980 . . .	6	8	15	6	44	14
	1981 . . .	12	13	12	6	64	16
Kein Urteil:	1980 . . .	4	12	14	15	7	19
	1981 . . .	3	10	11	15	4	18

ÖLHEIZUNG ÜBERWIEGEND

Frage: „Was für eine Heizung haben Sie?"

Es heizen mit –

	Öl %	Gas %	Kohle %	Elektrizität %	Fernwärme %	anderem %
Oktober 1977	61	16	16	9	–	1 = 103
Januar 1979	62	17	13	10	2	1 = 105
Oktober 1981	57	21	10	7	5	× = 100

SÜNDENBÖCKE

Frage: „Wer, glauben Sie, ist vor allem schuld daran, daß Benzin und Heizöl jetzt immer teurer werden?" (L)

A	1979 Juli %	1981 Aug. %
Schuld sind die –		
internationalen Ölgesellschaften, die Multis	72	74
ölproduzierenden Länder, die Ölscheichs	66	47
Bundesregierung.	17	38
Verbraucher	14	11
Andere	2	2
Weiß nicht	5	9

WENN DER ÖLHAHN ZU IST

Frage: „Es ist ja die Frage, was die Industriestaaten, die vom Öl abhängig sind, tun sollen, wenn die ölproduzierenden Länder den Ölhahn zudrehen oder die Preise ins Unermeßliche steigen. Hier stehen dazu drei Meinungen. Welcher davon würden Sie zustimmen?"(L)

	1979 Juli %
Die Industriestaaten müssen dann die Energie zum Beispiel mit Bezugsscheinen streng rationieren und damit eine Bevormundung der Bürger und eine Verschlechterung der wirtschaftlichen Lage in Kauf nehmen	38
Die Industriestaaten müssen dann wohl oder übel die Höchstpreise bezahlen und Inflation und Arbeitslosigkeit in Kauf nehmen	24
Es bleibt den Industriestaaten dann nichts anderes mehr übrig, als die Ölfelder zu besetzen und die Lieferung zu erzwingen und damit einen militärischen Konflikt zu riskieren	13
Unentschieden	25
	100

ENERGIE SPAREN

Frage: *„Energie, wie Benzin, Strom und Gas, braucht man ja für viele Dinge. Die Frage ist, wo die Leute bereit wären, f r e i w i l l i g Energie zu sparen. Auf diesen Karten steht verschiedenes:*

Frage 1978 und 1979: *... Wo wären Sie bereit, sich freiwillig einzuschränken, und wo sehen Sie keine Möglichkeit dafür?*

Frage 1981: *... Wo haben Sie sich bereits freiwillig eingeschränkt, wo werden Sie es vielleicht tun, und wo sehen Sie keine Möglichkeit dafür?*

Wenn Sie einfach die Karten auf dieses Blatt hier verteilen. Was Sie nicht betrifft, was Sie sowieso nicht machen, legen Sie ganz rechts hin." (K, L)

	Dez. 1978 Da wäre ich bestimmt bereit, mich einzuschränken %	Juli 1979 %	Oktober 1981 Da habe ich mich bereits eingeschränkt %	Da könnte ich mich vielleicht einschränken %
Autofahren	32	52	63	23
Heizen	8	28	56	25
Bei der Beleuchtung, beim Licht	32	37	36	41
Strom-, Energieverbrauch für Hobbys	40	48	24	48
Fernsehen	34	36	17	49
Benutzung von Küchengeräten	17	22	15	43
Kochen, Backen	8	12	12	28
Waschen, Bügeln	8	10	12	25
Radio-, Platten-, Cassettenhören	31	36	10	46

AM HEIZEN SPAREN

Frage: *„Angenommen, Sie müßten in Zukunft für Heizenergie doppelt soviel zahlen wie zur Zeit. Was glauben Sie, würden Sie dann tun?"* (L)

Wenn Heizen doppelt soviel kostete, würde ich –	1979 Juli %
in allen Räumen weniger heizen und mich dafür wärmer anziehen	48
die Räume besser isolieren, zum Beispiel Türen und Fenster besser abdichten . . .	44
nur noch einen Raum heizen.	26
heizen wie bisher, aber dafür auf anderes verzichten, zum Beispiel auf eine Urlaubsreise	9
heizen wie bisher und mich auch sonst deswegen nicht einschränken	5
Betrifft mich nicht	4
Unentschieden	5

SPARMASSNAHMEN

Frage: „*Es gibt ja verschiedene Vorschläge zum Energiesparen, die Frage ist nur, womit man am meisten erreicht. Wenn Sie das bitte einmal lesen. Was glauben Sie, wodurch am ehesten Energie gespart werden könnte?*" (L)

A	1979 Juli %
Jeder einzelne wird aufgefordert, freiwillig weniger Strom, Heizöl, Kohle, Gas und Benzin zu verbrauchen	68
In Betrieben und Behörden dürfen die Räume nur bis zu einer bestimmten Temperatur geheizt werden	52
Die Geschwindigkeit auf den Autobahnen wird auf 100 Stundenkilometer beschränkt	39
Es werden für einen Tag im Monat (Halbgruppe: „Woche") private Autofahrten verboten	39
Die Preise für alle Energiearten werden erhöht, damit die Leute von selber mit Energie sparsamer umgehen	22
Die Energie wird vom Staat rationiert: Jeder Haushalt bekommt pro Monat nur eine bestimmte Menge Strom, Heizöl, Benzin usw. zugeteilt	18
Es wird vorgeschrieben, daß bestimmte Geräte, die viel Strom verbrauchen (zum Beispiel Waschmaschine, Fernseher, Geschirrspülmaschine), nur zu bestimmten Zeiten benutzt werden dürfen	12
Unentschieden	3

Frage: „*Glauben Sie, daß es zur Zeit in der Bundesrepublik nötig ist, Energie zu sparen, oder halten Sie das nicht für nötig?*"

Falls „Ja, nötig": „*Wer könnte Ihrer Meinung nach am ehesten Energie sparen? Wenn Sie es mir bitte nach dieser Liste hier sagen.*" (L)

	Juli 1979 %
Nötig	84
Energie könnten sparen:	
Die Autofahrer	56
Die Industrie	47
Der Staat, die Behörden	46
Die privaten Haushalte	44
Weiß nicht	2
Nicht nötig	10
Kein Urteil	6
	100

STROM: SOLL

Frage: „Was glauben Sie – werden wir in 10 Jahren mehr Strom verbrauchen als heute, oder wird der Stromverbrauch eher sinken oder etwa gleichbleiben?"

... UND HABEN

„Glauben Sie, daß wir in 10 Jahren noch genügend Strom haben, oder wird es dann Schwierigkeiten mit der Stromversorgung geben?"

Stromverbrauch wird –	1977 Okt. %	1979 Jan. %	1981 Sept. %
steigen	81	78	66
gleichbleiben	14	15	22
sinken	1	2	7
Weiß nicht	4	5	5
	100	100	100

	1976 Sept. %	1977 Okt. %	1979 Jan. %	1981 Sept. %
Genügend Strom	62	38	43	41
Wird Schwierigkeiten geben	22	41	36	40
Unmöglich zu sagen	16	21	21	19
	100	100	100	100

GEFAHR?

Frage: „Wie groß sind Ihrer Meinung nach die Gefahren von Atomkraftwerken für die Umwelt? Könnten Sie es nach diesem Bildblatt hier sagen: Das oberste Kästchen würde bedeuten, Atomkraftwerke sind eine sehr große Gefahr, und das unterste kleine Kästchen bedeutet: praktisch keine Gefahr. Welches Kästchen würden Sie sagen?" (B)
(Vgl. Abbildung der Kästchen Seite 528)

	1978 März %	1979 Sept. %
Kästchen A:	19	18
B:	32	29
C:	31	37
D:	10	9
Unentschieden	8	7
	100	100

STROM AUS ATOM

Frage: „Wenn man mit Atomkraft Strom erzeugt: Glauben Sie, daß man das so machen kann, daß keine Gefahr für die menschliche Gesundheit entsteht, oder fürchten Sie, daß da vielleicht doch ein gewisses Risiko dabei ist?"

	1973 Juni %	1976 Sept. %	1977 Okt. %
Keine Gefahr	40	22	20
Geringeres Risiko	} 48	37	39
Größeres Risiko		31	29
Unentschieden	12	10	12
	100	100	100

VORALLEM: PREISWERTER STROM

Frage: „Zur Deckung des künftigen Strombedarfs kann man anstelle von Kernkraftwerken auch Kohlekraftwerke bauen. Doch müßte dann wegen der größeren Herstellungskosten der Strompreis erhöht werden. Wären Sie mit einer Strompreiserhöhung einverstanden, wenn man dafür auf den Bau neuer Kernkraftwerke verzichten könnte, oder hätten sie lieber preiswerteren Strom aus Kernkraftwerken?"

	Bevölkerung insgesamt %	Januar 1979 Altersgruppen 16–29 %	30–44 %	45–59 %	60 u. ä. %	Politische Orientierung CDU/CSU %	SPD %	FDP %
Lieber preiswerteren Strom aus Kernkraftwerken	48	44	53	52	44	56	48	44
Mit Strompreiserhöhung einverstanden	25	30	24	21	23	20	28	26
Unentschieden	27	26	23	27	33	24	24	30
	100	100	100	100	100	100	100	100

ATOMKRAFTWERKE: JA UND NEIN

Frage: „Hier unterhalten sich zwei. Welcher von beiden sagt eher das, was auch Sie denken, der obere oder der untere?" (B)

Der eine: „Ich glaube, daß wir für die nächsten 20 Jahre unsere Energieversorgung sichern können, ohne neue Kernkraftwerke zu bauen. Wenn wir nur die neuen Energien, wie Sonne, Wind und Biogas, fördern, brauchen wir keine neuen Kernkraftwerke."

Der andere: „Ich glaube nicht, daß wir ohne Kernkraftwerke in den nächsten 20 Jahren auskommen. Mit der Förderung neuer Energien läß sich der Bedarf bestimmt nicht decken."

	Oktober 1981 Brauchen keine neuen Kernkraftwerke %	Ohne neue Kernkraftwerke kein Auskommen %	Unentschieden %
Bevölkerung insgesamt	41	44	15 = 100
Personen, die –			
für den Bau neuer Kernkraftwerke sind	13	84	3 = 100
gegen den Bau neuer Kernkraftwerke sind, aber die bestehenden weiterbetreiben wollen	50	35	15 = 100
für die Stillegung der Kernkraftwerke sind	82	9	9 = 100

KERNENERGIE: WORAN DENKT MAN DABEI?

Frage: „Wenn Sie einmal an das Wort Kernenergie (Parallelumfrage: Atomkraft) denken: es kann einem ja dazu alles mögliche einfallen. Darf ich Ihnen mal einiges vorlesen? Sie sagen mir dann bitte, ob man bei Kernenergie (Parallelumfrage: Atomkraft) tatsächlich daran denken könnte."

Oktober 1981

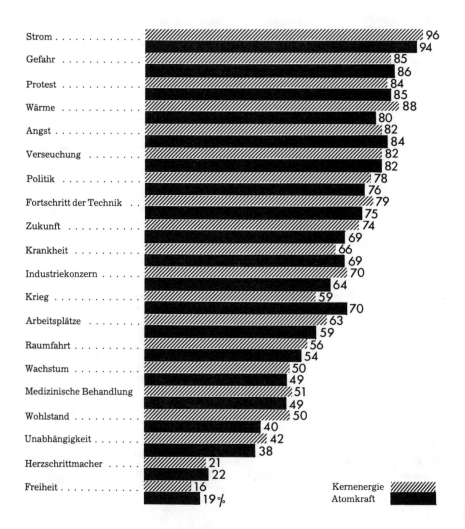

	Kernenergie	Atomkraft
Strom	96	94
Gefahr	85	86
Protest	84	85
Wärme	88	80
Angst	82	84
Verseuchung	82	82
Politik	78	76
Fortschritt der Technik	79	75
Zukunft	74	69
Krankheit	66	69
Industriekonzern	70	64
Krieg	59	70
Arbeitsplätze	63	59
Raumfahrt	56	54
Wachstum	50	49
Medizinische Behandlung	51	49
Wohlstand	50	40
Unabhängigkeit	42	38
Herzschrittmacher	21	22
Freiheit	16	19 %

URTEILE ÜBER KERNKRAFT

Frage: *„Darüber, welche Vorteile und Nachteile Kernkraftwerke haben, gibt es unterschiedliche Ansichten. Auf diesen Karten hier ist einiges aufgeschrieben, was man über Kernkraftwerke so alles hören und lesen kann. Würden Sie das bitte einmal ansehen und mir alles herauslegen, wo Sie meinen, das stimmt, das trifft auf Kernkraftwerke zu?"* (K)

	1977 Okt. %	1979 Jan. %	1981 Okt. %
POSITIVE URTEILE			
Kern-/Atomkraftwerke machen uns unabhängiger vom Ausland	42	41	51
Das angewärmte Kühlwasser kann man wieder nützlich verwenden, z. B. zum Heizen	41	38	47
Die Stromversorgung von Kern-/Atomkraftwerken ist wirtschaftlicher und billiger	42	44	46
Ein moderner Industriestaat braucht einfach Kern-/Atomkraftwerke	53	50	45
Die Sicherheitsbestimmungen sind so streng, daß Unfälle praktisch ausgeschlossen sind	33	26	33
Die Kern-/Atomkraftwerke werden so gebaut, daß keine Radioaktivität nach außen dringen kann	34	26	31
Kern-/Atomkraftwerke sind umweltfreundlicher als andere Kraftwerke	25	25	29
NEGATIVE URTEILE			
Bei Kern-/Atomkraftwerken entstehen Gefahren durch die Abfälle, den Atommüll	61	69	75
Die Erfahrungen mit Kern-/Atomkraftwerken sind noch nicht ausreichend	56	69	62
Das Wasser der Flüße wird durch das abfließende Kühlwasser zu warm und verschmutzt dadurch mehr	34	39	46
Durch die Kühltürme wird das örtliche Klima verschlechtert	24	26	33
Wegen des Uran-Brennstoffes für die Kern-/Atomkraftwerke werden wir zu sehr vom Ausland abhängig	32	31	33
Die Umgebung der Kern-/Atomkraftwerke wird mit Radioaktivität verseucht	16	23	29

Frühere Ergebnisse s. JB VII, S. 183

WIEVIEL KERNKRAFTWERKE?

Frage: *„Was schätzen Sie, wieviel Kernkraftwerke in der Bundesrepublik zur Zeit in Betrieb sind?"*

	August 1980					
	Weniger als 5 %	5–10 %	11–15 %	16–20 %	21–30 %	Mehr als 30 %	Weiß nicht %
Bevölkerung insgesamt	14	34	18	8	3	2	21 = 100

Richtige Antwort: 16 Kernkraftwerke sind in Betrieb 1980

INFORMATIONSDEFIZIT

Frage: „Wenn Sie hören, die Bevölkerung wird über den Bau von Kernkraftwerken viel zu wenig unterrichtet – würden Sie da zustimmen oder nicht zustimmen?"

	1979 Jan. %	1980 Sept. %	1981 Okt. %
Zustimmen	65	62	56
Nicht zustimmen	20	21	24
Unentschieden	15	17	20
	100	100	100

WIE DENKT DER FACHMANN?

Frage: „Wenn Sie einmal an die Physiker denken, die auf dem Gebiet der Atomforschung besonders gut Bescheid wissen: Glauben sie, die meisten sind eher dafür oder eher dagegen, daß wir mehr Atomkraftwerke bauen?"

Die meisten Physiker sind –	Dezember 1982 %
eher dafür	44
eher dagegen	22
Unentschieden	12
Unmöglich zu sagen	22
	100

POLITISCHE ENTSCHEIDUNG

Frage: „Hier unterhalten sich zwei über Energiepolitik. Könnten Sie das bitte einmal lesen. Wer von den beiden sagt eher das, was Sie darüber denken?" (B)

Der eine: „Die Energiepolitik und alles, was damit zusammenhängt, auch ob wir die Kernenergie nutzen sollen oder nicht, das können nur Experten/Wissenschaftler beurteilen. Vor allem die sollten entscheiden, wie wir unsere Energieversorgung in Zukunft sichern."

Der andere: „Da bin ich anderer Meinung. Die Kernenergie ist auch ein politisches Thema. Da kommt es nicht in erster Linie auf die Urteile der Experten/Wissenschaftler an, sondern darauf, wie die Politiker und die Bevölkerung dazu stehen."

	Oktober 1981		
	Nur Experten/ Wissenschaftler sollen entscheiden %	Politiker und Bevölkerung sollen entscheiden %	Unent- schieden %
Bevölkerung insgesamt	33	50	17 = 100
Personen, die –			
für den Bau neuer Kernkraftwerke sind	51	38	11 = 100
gegen den Bau neuer Kernkraftwerke sind, aber die bestehenden weiterbetreiben wollen	30	57	13 = 100
für die Stillegung der Kernkraftwerke sind	17	71	12 = 100

ARBEITSPLATZSICHERUNG

Frage: „*Wenn jemand sagt: Wir brauchen die Kernenergie, um auch langfristig unsere Arbeitsplätze zu sichern. Würden Sie da zustimmen oder nicht zustimmen?*"

A

	Februar 1980		
	Zustimmen	Nicht zustimmen	Unentschieden
	%	%	%
Berufstätige Arbeitnehmer insgesamt	62	17	21 = 100
BERUFSKREISE			
Angelernte Arbeiter	44	15	41 = 100
Facharbeiter	64	19	17 = 100
Einfache Angestellte	65	18	17 = 100
Leitende Angestellte	81	12	17 = 100
Einfache Beamte	62	22	16 = 100
Leitende Beamte	75	14	11 = 100

LIMIT ERREICHT

Frage: „*Auf dieser Liste stehen drei Standpunkte, könnten Sie sagen, wofür Sie sind, was auch Ihre Meinung ist?*" (L)

	1978 März	1979 März	1980 März	1981 Okt.
	%	%	%	%
Wir müssen weitere Kernkraftwerke bauen	26	37	37	29
Wir sollten keine neuen Kernkraftwerke mehr bauen, aber die bestehenden weiterbetreiben	47	39	36	45
Wir sollten mit der Erzeugung von Kernenergie ganz aufhören und die bestehenden Kernkraftwerke stillegen	12	12	15	12
Unentschieden	15	12	12	14
	100	100	100	100

RISIKEN IN KAUF NEHMEN

Frage: „*Hier stehen zwei Meinungen über Kernkraftwerke. Welcher von beiden würden Sie eher zustimmen?*" (L, X)

A	1978 Dez. Bev. insges.	1979 Juli		Altersgruppen		
			16–29	30–44	45–59	60 u. ä.
	%	%	%	%	%	%
Nur Kernkraftwerke können den Bedarf an Energie decken; deshalb ist es notwendig, möglicherweise entstehende Risiken in Kauf nehmen	40	52	48	52	61	48
Die Risiken bei Kernkraftwerken sind zu groß, deshalb sollten unter keinen Umständen Kernkraftwerke gebaut werden	39	30	39	30	23	27
Unentschieden	21	18	13	18	16	25
	100	100	100	100	100	100

NUTZEN ODER VERNICHTUNG

Frage: „*Es wird viel darüber gesprochen, ob die Atomkraft dem Menschen Nutzen oder die Vernichtung der ganzen Menschheit bringen wird. Hier habe ich vier Ansichten dazu aufgeschrieben. Was davon kommt Ihrer eigenen Meinung am nächsten?*" (L)

A	1979 Jan. %	1982 Nov. %	1983 Juli %
FORTSCHRITTSOPTIMISTEN Die Atomkraft wird sicherlich einmal der ganzen Menschheit Nutzen und Vorteile bringen	9	6	7
ZURÜCKHALTENDE Die Atomkraft kann an sich der Menschheit sehr viel nützen, aber nur dann, wenn wir lernen, vernünftig damit umzugehen	60	54	52
SKEPTIKER Wahrscheinlich wird die Atomkraft uns schaden, weil sehr zweifelhaft ist, ob wir lernen, sie vernünftig zu gebrauchen	20	23	24
PESSIMISTEN Die Atomkraft führt so gut wie sicher zur Vernichtung, weil es eines Tages zum Atomkrieg kommen wird	7	11	13
Unentschieden	4	6	4
	100	100	100

EIGENEINSCHÄTZUNG

Frage: „*Wie groß sind Ihrer Meinung nach die Gefahren von Atomkraftwerken für die Umwelt? Könnten Sie es nach diesem Bildblatt hier sagen: Das oberste Kästchen würde bedeuten, Atomkraftwerke sind eine sehr große Gefahr, und das unterste Kästchen bedeutet: praktisch keine Gefahr. Welches Kästchen würden Sie sagen?*" (B) (Die Kästchen sind hier aus Platzgründen horizontal angeordnet)

Mai 1978

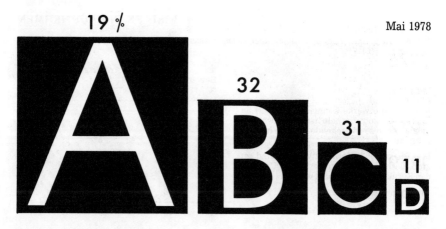

BÜRGERINITIATIVEN

Frage: *„Wenn heute ein Kraftwerk (1977 und 1979: oder eine Raffinerie) gebaut werden soll, dann treten oft Umweltorganisationen und Bürgerinitiativen auf, die dagegen Einspruch erheben. Dazu gibt es zwei Ansichten: Hier sind sie einmal aufgeschrieben. Welcher Ansicht stimmen Sie eher zu?"*
(L, X)

„Mit solchen Aktionen wird der Bau dringend notwendiger Anlagen meist nur unnötig verzögert und die Energieversorgung dadurch in Gefahr gebracht und verteuert. Die Unternehmen werden ja sowieso von den Behörden kontrolliert, ob sie die vorgeschriebenen Auflagen für den Umweltschutz erfüllen."

„Es ist gut, wenn sich die Bürger auf diese Weise wehren, um sich vor den Umweltgefahren zu schützen. Denn sonst würden die Unternehmen nicht genügend Rücksicht auf die Umwelt nehmen."

	1975 Juni %	1976 Sept. %	1977 Okt. %	1979 Jan. %	1981 Okt. %
Gut, daß sich Bürger wehren	50	58	49	56	57
Unnötige Verzögerung	33	27	34	28	28
Unentschieden	17	15	17	16	15
	100	100	100	100	100

KERNKRAFT HAUTNAH

Frage: *„Angenommen, hier in der Nähe wäre ein Kernkraftwerk geplant, und die Bevölkerung würde darüber abstimmen: Wie würden Sie persönlich sich entscheiden – dafür oder dagegen?"*

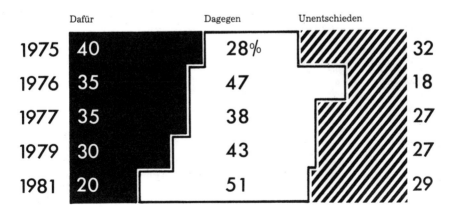

	Dafür	Dagegen	Unentschieden
1975	40	28%	32
1976	35	47	18
1977	35	38	27
1979	30	43	27
1981	20	51	29

FORMEN DES PROTESTS

Nachfrage an Personen, die sich persönlich ‚dagegen' entscheiden würden, falls über den Bau eines Kernkraftwerkes in ihrer Nähe abgestimmt würde: *„Angenommen, es würde beschlossen, dieses Kernkraftwerk hier zu bauen – wie würden Sie sich dann wahrscheinlich verhalten, was von dieser Liste trifft für Sie zu?"* (L) Vgl. vorhergehende Tabelle.

Ich würde im Fall der Überstimmung –	Personen, die gegen den Bau eines Kernkraftwerkes in ihrer Nachbarschaft stimmen würden	
	1977 Okt. %	1979 Sept. %
bei einer Unterschriftenaktion mit meiner Unterschrift dagegen protestieren	60	70
alle Einsprüche und Klagen gegen diese Genehmigung unterstützen	32	46
mich darüber ärgern und jedem, mit dem ich ins Gespräch komme, meinen Standpunkt klarmachen	36	39
bei einer Straßendemonstration mitgehen, wo gegen die Genehmigung protestiert wird	23	33
gar nichts machen, sondern hinnehmen, was beschlossen ist . . .	12	9
Unentschieden	5	7

VERORDNUNGEN

Frage: *„Es wird zur Zeit vielfach gefordert, den Energieverbrauch in der Bundesrepublik g e s e t z l i c h einzuschränken, um so die Energieversorgung für die Zukunft zu sichern. Stimmen Sie dieser Forderung zu, oder sind Sie gegen staatliche Maßnahmen, um den Energieverbrauch der privaten Haushalte einzuschränken?"*

	1978 Dez.	1979 Juli
Stimme zu	36	31
Bin dagegen	46	56
Unentschieden, kein Urteil . .	18	13
	100	100

GEGEN DEMONSTRATIONEN

Frage: *„In den letzten Jahren ist es in der Bundesrepublik öfter zu Demonstrationen gegen den Bau von Kernkraftwerken gekommen. Was ist Ihre Meinung: Sind Sie alles in allem dafür, daß gegen Kernkraftwerke demonstriert wird, oder sind Sie grundsätzlich dagegen?"*

A	1981 März %
Grundsätzlich dagegen	42
Alles in allem dafür	29
Unentschieden	29
	100

STUKTUR DER BEFÜRWORTER UND GEGNER VON KERNENERGIE

Oktober 1981

Personen, die –*)

GESCHLECHT	für den Bau neuer Kern- kraftwerke sind %	gegen den Bau neuer Kernkraftwerke sind, aber die bestehenden weiterbetreiben wollen %	für die Stillegung der Kernkraftwerke sind %
Männer...............	60	42	43
Frauen	40	58	57
	100	100	100
ALTERSGRUPPEN			
16–29 Jahre	20	25	44
30–44 Jahre	28	28	23
45–59 Jahre	29	23	12
60 Jahre und älter..........	23	24	21
	100	100	100
SCHULBILDUNG			
Volksschule............	59	62	52
Höhere Schule	41	38	48
	100	100	100
STADT UND LAND			
Dörfer	14	16	10
Kleinstädte	25	22	21
Mittelstädte	32	26	25
Großstädte	29	36	44
	100	100	100
REGIONALE BEREICHE			
Norddeutschland mit West-Berlin	25	27	32
Nordrhein-Westfalen	31	28	31
Rhein-Main/Südwest	24	30	25
Bayern	20	15	12
	100	100	100
WAHLABSICHT			
CDU	63	49	22
SPD	27	36	35
FDP	9	10	11
Grüne	1	5	32
	100	100	100

*) Vgl. dazu die Tabelle LIMIT ERREICHT, S. 527

BÜRGER UND INITIATIVEN

Frage: „Wie stehen Sie ganz allgemein zu Bürgerinitiativen, die sich für den Schutz der Umwelt einsetzen? Welche Meinung auf dieser Liste kommt Ihrer am nächsten?" (B)

	Mai 1978		
	Bevölkerung insgesamt	Potentielle Umweltpartei-Anhänger	Personen mit Vertrauen in etablierte Parteien
	%	%	%
„Ich bin grundsätzlich gegen solche Bürgerinitiativen und würde sie auch nicht unterstützen"	6	×	6
„Ich bin zwar nicht dagegen, daß diese Bürgerinitiativen da sind, aber persönlich möchte ich nichts damit zu tun haben"	39	23	33
„Ich finde es gut, daß sich solche Bürgerinitiativen gebildet haben, und wenn sie eine Spende von mir wollten, würde ich etwas geben"	22	28	26
„Ich glaube, daß diese Bürgerinitiativen unbedingt notwendig sind, und deshalb bin ich auch jederzeit persönlich bereit, sie zu unterstützen, sei es mit Geld, sei es mit meiner Unterschrift"	25	49	29
Unentschieden	8	×	6
	100	100	100

MITENTSCHEIDUNG

Frage: „Hier unterhalten sich drei über Bürgerinitiativen, die sich für den Umweltschutz einsetzen. Welcher davon vertritt am ehesten auch Ihren Standpunkt?" (B)

	Mai 1978		
	Bevölkerung insgesamt	Potentielle Umweltpartei-Anhänger	Personen mit Vertrauen in etablierte Parteien
	%	%	%
„Ich finde, solche Bürgerinitiativen sollten mitentscheiden dürfen. Dann könnten endlich auch mal die Bürger, die es angeht, mitbestimmen, wie ihre Umwelt gestaltet werden soll"	53	94	57
„Ich finde es durchaus nützlich, wenn Bürger sich zusammenschließen und überlegen, wie die Umwelt am besten geschützt werden kann. Aber mitentscheiden dürfen solche Gruppen natürlich nicht, es hat sie ja keiner gewählt."	23	5	26
„Ich finde solche Bürgerinitiativen völlig überflüssig. Wer mitreden will, kann in eine Partei eintreten und sich da für den Umweltschutz einsetzen. Solche Bürgerinitiativen bringen nur Unruhe."	11	1	8
Unentschieden	13	×	9
	100	100	100

UMWELTZERSTÖRUNGEN

Frage: „*In der heutigen Zeit gibt es ja in der Umwelt vieles, was einen stören kann. Die Frage ist nur, wieweit der einzelne dadurch belästigt oder gestört wird. Finden sie auf dieser Liste hier Umweltschäden, durch die Sie sich besonders gestört oder belästigt fühlen, ich meine zuhause oder an Ihrem Arbeitsplatz?*" (L)

Mai 1978

Es fühlen sich gestört durch:	Bevölkerung insgesamt %	Vertrauen %	Personen, die in bezug auf Umweltschutz zu etablierten Parteien – kein Vertrauen haben und – potentielle Umweltpartei- wähler sind %	keine Umwelt- parteiwähler sind %
Achtlos weggeworfene Abfälle, wie Flaschen, Plastiktüten, Papier usw. . .	77	81	84	83
Luftverschmutzung durch Abgase und Staub; Gestank	52	55	62	57
Wilde Müllplätze in der offenen Landschaft	51	53	56	52
Verkehrslärm	50	52	50	53
Verschmutzte Flüsse, Bäche und Seen .	47	51	58	48
Mit chemischen Mitteln behandelte Lebensmittel, Getränke	47	51	53	46
Tier-, Baum- und Pflanzensterben durch Umwelteinflüsse	35	40	47	35
Zerstörung der Landschaft durch Bebauung, neue Straßen, Autobahnen . .	32	33	44	30
Lärm aus Fabriken oder von Baustellen	30	28	33	22
Schlechtes Trinkwasser	24	25	27	26
Abbruch alter Häuser und Stadtteile . .	24	25	32	25
Nahe gelegenes Kernkraftwerk	6	7	14	4
Nahe gelegenes Kohlekraftwerk	5	6	8	4
Anderes	1	1	1	×
Nichts davon stört besonders	7	6	4	4

STARTBAHN WEST

Frage: „*Auf dem Gelände des Frankfurter Flughafens soll eine neue Startbahn, die Startbahn West gebaut werden. Darüber hat es heftige Auseinandersetzungen gegeben. Haben Sie davon gehört?*"
(JA = 95%)

Frage: „*Zu dieser Startbahn gibt es zwei Ansichten. Die einen sagen: Der Bau ist vom Landtag beschlossen, und auch die Gerichte haben entschieden, daß die Startbahn West gebaut werden kann. Damit muß man sich auch dann abfinden, wenn man dagegen ist.*" Die anderen sagen: „*Die Startbahn West ist schädlich für die Natur und für die Menschen, die dort wohnen. Der Bau ist unverantwortlich. Da ist es eine Gewissenspflicht, weiter dagegen anzukämpfen.*"

„*Wem würden Sie eher zustimmen?*" (B)

	Bevölkerung insgesamt %	Männer %	Frauen %	September 1982 Altersgruppen 16–29 %	30–44 %	45–59 %	60 u. ä. %
Damit abfinden	50	55	45	31	49	57	63
Dagegen ankämpfen	31	30	32	53	33	22	15
Unentschieden	19	15	23	16	18	21	22
	100	100	100	100	100	100	100

IRGENDWIE, IRGENDWAS ...

Frage: „*Zu der Frage, wie die Menschheit in Zukunft leben wird, gibt es zwei Meinungen: Die einen sagen, wir plündern die Erde aus, wir pressen alle Rohstoffe aus ihr heraus, bis wir vor dem Nichts stehen.*

Die anderen meinen, die Menschen haben sich noch immer zu helfen gewußt, sie werden auch in Zukunft für knapp gewordene Rohstoffe Ersatz finden. – Welcher Meinung sind Sie?"

	März 1978 %	Dez. 1979 %
Wir werden Ersatz finden	59	62
Werden vor dem Nichts stehen	26	21
Unentschieden	15	17
	100	100

KAPITEL V

DIE MEDIEN

A. EINFLUSS DER MEDIEN

Frage: „Wie erfahren Sie eigentlich Neuigkeiten und was auf der Welt so passiert?
Ich habe hier vier Karten mit Möglichkeiten, wie man Neuigkeiten erfahren kann. Wenn Sie
bitte die Karten danach untereinanderlegen, was für Sie da die größte Rolle spielt, woher
Sie die meisten Informationen bekommen, was da am zweitwichtigsten ist usw." (K)

	1. Stelle		2. Stelle		3. Stelle		4. Stelle	
	1980 Sept.	1981 Aug.	1980 Sept.	1981 Aug.	1980 Sept.	1981 Aug.	1980 Sept.	1981 Aug.
	%	%	%	%	%	%	%	%
Fernsehen	47	49	33	28	13	16	7	7
Zeitung	37	33	34	38	19	19	10	10
Radio	12	13	25	24	43	38	19	25
Unterhaltung, Gespräche	4	5	8	10	25	27	64	58
	100	100	100	100	100	100	100	100

... AUCH DIE ZEITUNG

Nachfrage, wenn Fernsehen/Zeitung/Radio/Unterhaltung, Gespräche an zweiter Stelle genannt
wurden: „Brauchen Sie das Fernsehen/Radio/die Zeitung/Unterhaltung und Gespräche unbedingt,
um sich gut informiert zu fühlen, oder nicht unbedingt?"

	September 1980			
	Zur Information brauchen –			Unent-
	unbedingt	nicht unbedingt	kommt drauf an	schieden
	%	%	%	%
Zeitung	18	11	4	1 = 34
Radio	8	11	5	1 = 25
Fernsehen	7	19	6	1 = 33
Unterhaltung, Gespräche	3	3	2	× = 8

ZEITAUFWAND

Frage: *„Auf dieser Liste stehen verschiedene Beschäftigungen. Könnten Sie mir sagen, was davon Sie in Ihrer F r e i z e i t manchmal tun, ich meine so durchschnittlich wenigstens einmal in der Woche?"* (L)

„Würden Sie jetzt für jede der Beschäftigungen noch sagen, wieviel Zeit Sie pro Woche etwa darauf verwenden – so ganz grob geschätzt?" („Was Sie beruflich tun, zählt nicht mit!")

Pro Woche beschäftigen sich mit:	1967	1973	1977	1983	Indexwerte (1967 = 100)			1983 Schulbildung Volks- Höhere schule Schule	
	Bevölkerung insgesamt								
	Std./Min.	Std./Min.	Std./Min.	Std./Min.	1973	1977	1983	Std./Min.	Std./Min.
Fernsehen	9,40	12,22	11,31	12,12	128	119	126	13,54	9,48
Radio hören	5,17	7,38	7,26	8,36	144	141	163	9,12	7,42
Zeitung lesen . . .	3,47	3,59	3,37	3,54	105	96	103	3,54	3,54
Illustrierte, Zeitschriften lesen . . .	2,19	2,23	2,22	2,18	103	102	99	2,30	2,00
Buch zur Unterhaltung lesen	2,08	1,56	2,05	1,54	91	98	89	1,30	2,30
Buch zur Weiterbildung lesen	1,06	1,08	1,17	1,18	103	117	110	0,30	2,18
Schallplatten hören	0,50	1,33	1,52	1,48	185	224	216	1,36	2,12
	25,07	30,59	30,10	32,00				33,06	30,24

MEINUNGSBILDUNG

Frage: *„Man bildet sich ja doch zu vielen Dingen, die in der Welt passieren, eine Meinung. Ich habe hier vier Karten, auf denen steht, was dabei eine Rolle spielen kann. Wenn Sie die Karten bitte danach untereinanderlegen, was für Sie die größte Rolle spielt, wenn Sie sich eine Meinung bilden wollen – was da am zweitwichtigsten ist usw."* (K)

	1. Stelle		2. Stelle		3. Stelle		4. Stelle	
	1980 Sept.	1981 Aug.	1980 Sept.	1981 Aug.	1980 Sept.	1981 Aug.	1980 Sept.	1981 Aug.
	%	%	%	%	%	%	%	%
Fernsehen	45	42	29	28	16	18	8	12
Zeitung	32	35	36	36	21	19	11	10
Radio	10	8	25	21	36	36	29	32
Unterhaltung, Gespräche	13	15	10	15	27	27	52	46
	100	100	100	100	100	100	100	100

DAS WICHTIGSTE

Frage: „Was ist für Sie am wichtigsten, wenn Sie sich eine politische Ansicht bilden wollen –
das Fernsehen, der Rundfunk, Zeitungen oder persönliche Gespräche?"

	Ges. Bev.	Männer	Frauen	Schulbildung Volks- schule	Höhere Schule	Altersgruppen 16–29	30–44	45–59	60 u. ä.
	%	%	%	%	%	%	%	%	%
Fernsehen	51	48	52	56	40	45	47	56	55
Zeitungen	22	26	18	17	31	22	25	19	19
Persönliche Gespräche	16	16	16	15	18	19	18	14	13
Rundfunk	6	5	7	6	6	5	5	5	7
Unentschieden . .	5	5	7	6	5	9	5	6	6
	100	100	100	100	100	100	100	100	100

Header: Januar 1980

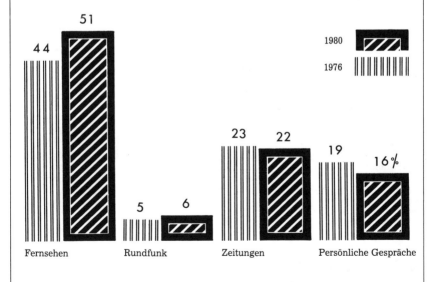

51 · 44
1980 / 1976
5 · 6
23 · 22
19 · 16%

Fernsehen   Rundfunk   Zeitungen   Persönliche Gespräche

INTERESSANTE THEMEN

Frage: „*Es ist ja bei jedem so, daß man über das eine gern mehr erfahren möchte, anderes interessiert einen weniger.* *Könnten Sie jetzt bitte einmal diese Karten hier ansehen und auf dieses Blatt verteilen, je nachdem, ob Sie da sehr interessiert sind, näheres darüber zu erfahren, oder ob nähere Informationen darüber Sie weniger oder gar nicht interessieren.*" (K)

C	1978	1980	1982	Männer	Frauen
Ganz besonders interessiert an Informationen über –	Gesamtbevölkerung %	%	%	%	%
Energiesparen im Haushalt	–	44	40	38	41
Urlaub und Reisen	36	43	39	38	41
Gut essen, gut trinken	33	41	38	38	38
Kochen, Kochrezepte	29	32	31	12	48
Bücher	–	–	31	26	36
Wohnen und Einrichten	28	35	30	22	37
Möglichkeiten sich körperlich fit zu halten	–	–	30	28	32
Schallplatten, Tonband-/Musikcasetten	19	–	27	30	25
Hautpflege, Körperpflege	24	29	26	11	40
Wirtschaftliches Autofahren	–	28	26	36	18
Ergebnisse über Warentests, Untersuchungen über Preis und Qualität von Angeboten	25	31	25	28	24
Medizinische Fragen	22	25	23	16	30
Haarpflege, Frisuren	20	23	21	6	34
Mode	19	22	21	6	34
Heimwerken, Do-it-yourself-Arbeiten, Basteln	16	23	20	32	10
Geld-, Kapitalanlagen	23	23	20	27	14
Autos, Autotests	20	19	18	33	6
Kinderpflege, Kindererziehung	20	20	17	11	23
Versicherungen, finanzielle Absicherung gegen Unglücksfälle, Vorsorge für das Alter	–	–	16	20	13
Fotografieren, Filmen	13	20	16	22	11
Diät	15	17	15	6	22
Naturheilmittel, homöopathische Medikamente	–	13	14	8	20
Schönheitspflege mit Make-up	12	14	13	2	23
Hifi-Geräte, Hifi-Technik	13	19	12	21	4
Automobil-, Motorrad-Rennsport	–	11	12	21	3
Videogeräte, Videotechnik	–	–	10	17	4
Motorräder	8	–	10	16	4

Ganz besonders interessiert an Informationen über –	Ges. %	Frühjahr 1982 Altersgruppen					
		14–29 %	20–29 %	30–39 %	40–49 %	50–59 %	60 u. ä. %
Energiesparen im Haushalt	40	17	32	45	50	48	40
Urlaub und Reisen	39	44	46	45	41	40	28
Gut essen, gut trinken	38	36	42	42	42	37	31
Kochen, Kochrezepte	31	20	28	33	35	36	33
Bücher	31	40	34	38	29	27	25
Wohnen und Einrichten	30	22	34	39	36	32	20
Möglichkeiten sich körperlich fit zu halten	30	30	30	32	31	32	26
Schallplatten, Musikcasetten	27	64	45	25	19	16	11
Hautpflege, Körperpflege	26	30	29	30	27	27	20
Wirtschaftliches Autofahren	26	20	30	34	37	28	11

Fortsetzung

Fortsetzung

INTERESSANTE THEMEN

C

Ganz besonders interessiert an Informationen über –	Ges.	Frühjahr 1982 Altersgruppen					
		14–29	20–29	30–39	40–49	50–59	60 u. ä.
	%	%	%	%	%	%	%
Ergebnisse über Warentests, Untersuchungen über Preis und Qualität von Angeboten	25	17	25	35	34	27	16
Medizinische Fragen	23	11	15	24	22	29	32
Haarpflege, Frisuren	21	26	26	24	22	21	12
Mode	21	30	28	23	20	19	11
Heimwerken, Do-it-yourself-Arbeiten	20	19	24	24	27	20	13
Geld-, Kapitalanlagen	20	14	21	25	25	22	15
Autos, Autotests	18	29	29	20	20	15	6
Kinderpflege, Kindererziehung	17	16	24	34	19	12	5
Versicherungen, finanzielle Absicherung gegen Unglücksfälle, Vorsorge für das Alter	16	9	14	19	23	21	13
Fotografieren, Filmen	16	23	20	22	16	14	9
Diät	15	9	10	15	15	19	19
Naturheilmittel, homöopathische Medikamente	14	7	11	14	12	17	19
Schönheitspflege mit Make-up	13	20	18	17	14	11	5
Hifi-Geräte, Hifi-Technik	12	28	20	12	10	5	3
Automobil-, Motorrad-Rennsport	12	28	21	11	10	5	3
Videogeräte, Videotechnik	10	20	16	11	11	5	3
Motorräder	10	34	18	6	5	2	1

GLAUBWÜRDIGKEIT

Frage: „Einmal angenommen, Radio, Fernsehen, Zeitung und Zeitschriften berichten über ein und dasselbe Ereignis, aber ganz verschieden. Wem würden Sie am ehesten glauben, dem Radio, dem Fernsehen, der Zeitung oder den Zeitschriften?"

	1974	1979
	Sept.	Juli
Am glaubwürdigsten –	%	%
Fernsehen	54	53
Radio	11	17
Zeitung	12	12
Zeitschriften	1	1
Unentschieden	22	19
	100	102

KOMMENTATOREN

Eine Frage zu den Journalisten und Kommentaren, die in Zeitungen, Wochenzeitungen, Radio und Fernsehen ihre politische Meinung sagen: „Von wem interessiert Sie besonders, was er zu politischen Fragen sagt oder schreibt?" (O)

A	1983 Febr.
	%
Friedrich Nowottny	37
Gerhard Löwenthal	9
Ernst Dieter Lueg	8
Werner Höfer	6
Franz Alt	6
Dieter Kronzucker	5
Peter Scholl-Latour	4
Peter Meresburger	3
Peter von Zahn	3

Diese Aufstellung nennt nur Journalisten und Kommentatoren, die 1983 von mindestens 3% genannt wurden.

B. FERNSEHEN UND RUNDFUNK

	1977 %	1978 %	1979 %	1980 %	1981 %	1982 %
Haushalte mit Fernsehgeräten	97	97	97	98	98	98
davon: Farbgerät	47	57	64	75	79	84
Kein Fernsehgerät	3	3	3	2	2	2
	100	100	100	100	100	100

Vorhanden –	Haushalte insgesamt %	Ange- lernte Arbeiter %	Fach- arbeiter %	Frühjahr 1982 Einfache Ange- stellte/ Beamte %	Leitende Ange- stellte/ Beamte %	Selbstän- dige, freie Berufe %	Land- wirte %
ein Fernsehgerät	67	73	68	68	60	57	72
mehrere Fernsehgeräte	31	24	30	30	39	40	26
kein Fernsehgerät	2	3	2	2	1	3	2
	100	100	100	100	100	100	100
Farbfernseh-Standgerät . . .	74	68	75	74	79	81	72
Schwarzweiß-Gerät, tragbar .	29	24	29	30	32	31	17
Farbfernsehgerät, tragbar . .	13	10	11	14	17	21	6
Video-Recorder	9	5	8	7	10	20	6

STUNDENLANG

Frage: „Könnten Sie schätzen, wieviel Stunden Sie an einem normalen Werktag – also montags bis freitags – fernsehen? Wieviel Stunden durchschnittlich? Würden Sie sagen ...“

	Bev. insges. %	Männer %	Frauen %	Oktober 1982 16–29 %	Altersgruppen 30–44 %	45–59 %	60 u.ä. %	Schulabschluß Volks- schule %	Höhere Schule %
Weniger als 1 Stunde . . .	14	15	14	17	13	16	11	9	21
1 bis 2 Stunden	38	38	38	43	45	39	28	36	42
2 bis 3 Stunden	29	28	29	26	27	30	32	32	25
3 bis 4 Stunden	12	11	12	7	9	7	21	14	8
Mehr als 4 Stunden	6	7	6	6	6	7	7	8	4
Sehe nie fern	1	1	1	1	×	1	1	1	×
	100	100	100	100	100	100	100	100	100

VERHALTENSWEISEN

Frage: *„Wie ist es bei Ihnen mit dem Fernsehen? Können Sie nach dieser Liste hier sagen, was auf Sie zutrifft?"* (L)

	Bevölk. insgesamt %	Oktober 1982 Männer %	Frauen %	Schulabschluß Volks- schule %	Höhere Schule %
Ich suche mir vorher im Programm aus, was ich sehen will. Es kommt aber vor, daß ich dann vor dem Fernseher sitzen bleibe und mir auch noch andere Sendungen ansehe	51	49	53	50	52
Wenn ich Lust habe fernzusehen, schalte ich mal kurz zwischen den laufenden Programmen hin und her, um zu sehen, ob mich etwas interessiert	28	32	25	30	25
Ich suche mir vorher im Programm aus, was ich sehen will und schaue mir nur das an	22	22	22	19	26
Ich suche mir das Programm vorher aus, schalte aber auch so öfter ein, denn allein durch die Programmhinweise kann man oft nicht wissen, was gut ist	21	21	21	24	17
Ich sehe öfter nur fern, weil andere das Fernsehen eingeschaltet haben	12	10	14	15	9
Nichts davon	3	2	3	2	3

ZUVIEL – ZU SPÄT

Frage: *„Es wird so alles mögliche am Fernsehprogramm kritisiert: Könnten Sie sich hier diese Ansichten einmal durchlesen – was davon stimmt Ihrer Meinung nach?"* (L)

Zuviel –	1978 Nov. %	Zuwenig –	1978 Nov. %
Sendungen werden zu oft wiederholt	48	Programme zur Auswahl	30
gezeigt mit Gewalttaten, Verbrechen, Krieg, Schießereien	37	Filme	24
Werbung	28	Unterhaltung	22
Diskussionen, Interviews	26	Sport	15
schlechte oder alte Filme	25	Operetten	12
Sendungen sind bloß für ein paar Intellektuelle gedacht, sind nicht allgemeinverständlich	21	Allgemeine Beanstandung –	
Politik	19	Viele Sendungen, die mich interessieren, kommen zu spät am Abend . .	60
Sport	18	Sehr viele Sendungen sind zu mittelmäßig	36
Kriminalstücke und Reißer	17	Das ganze Programm ist zu langweilig	23
klassische Sachen	8	Sendezeit ist zu kurz	4

BITTE, NICHT STÖREN

Frage: „Hier ist eine Liste mit verschiedenen Sendungen. Können Sie sich die Liste einmal ansehen und mir sagen, welche dieser Sendungen Sie so interessieren, daß Sie beim Sehen nicht gestört werden möchten?" (L)

„Und bei welchen Sendungen würden Sie abstellen oder auf einen anderen Sender schalten, wenn Sie allein fernsehen?" (L)

D	1979					
	Nicht stören			Abschalten		
	Ges. %	Männer %	Frauen %	Ges. %	Männer %	Frauen %
Nachrichtensendungen	54	62	48	1	1	2
Komödien und Volksstücke wie Ohnsorg-Theater oder Kinofilme mit Heinz Rühmann oder Bauerntheater	49	43	53	9	11	8
Sendungen über Natur und Tiere	37	39	35	4	4	3
Krimis oder Western-Filme	45	51	40	13	8	17
Show- und Quizsendungen	37	32	40	10	11	9
Sportsendungen	31	55	12	22	10	32
Stücke, die Probleme aus dem menschlichen Alltag zeigen, z. B. Ehe und Familie, berufliche Probleme, Umwelt usw.	30	24	35	9	12	7
Verfilmte Romane, Erzählungen, Theaterstücke	30	19	40	6	10	3
Politische Magazine	23	32	16	22	12	30
Ratgebersendungen zu Gesundheit, Freizeitgestaltung, Verbraucherfragen	27	23	30	6	8	4
Musiksendungen, Schlagersendungen	27	24	29	11	12	10
Politische Auslandsberichte	20	28	14	17	11	22
Sendungen über Wissenschaft und Technik	17	25	10	17	8	25
Sendungen mit Beiträgen hier vom Ort, aus dieser Gegend	21	23	20	4	5	4
Beiträge für Hausfrauen	16	4	26	26	47	9
Sendungen für ältere Menschen	15	9	19	19	22	16
Sendungen über Kunst, Literatur, Musik und Film	11	9	12	22	25	20
Sendungen mit Themen aus der Wirtschaft	10	16	6	18	10	25
Kirchliche Sendungen	8	5	11	37	47	30
Kindersendungen	5	3	7	31	40	23
Kurs- und Ausbildungsprogramme	5	5	5	35	34	35
Jugendsendungen	5	4	5	22	25	20
Keine dieser Sendungen interessiert/Bei keiner davon	7	6	8	14	14	15

WERBEFERNSEHEN

C		pro Tag			Reichweite	pro Monat	
		1978	1980	1982	1978	1980	1982
Werbesendungen –		%	%	%	%	%	%
ARD (18.00–20.00 Uhr)		7,9	8,5	8,5	62,6	64,6	63,3
ZDF (17.30–19.30 Uhr)		8,8	8,7	9,4	65,1	65,7	65,8

Lesebeispiel: Im Jahr 1982 erreichten die Werbesendungen des ARD pro Tag 8,5% der erwachsenen Bevölkerung mit West-Berlin

Frage: „Sehen Sie sich das Werbefernsehen meistens bis Ende an oder nur zeitweise, oder sehen Sie gar nicht hin und hören nur, was gesagt wird, oder passen Sie da eigentlich gar nicht so richtig auf?"

G			Frühjahr 1980				
			Zuschauer pro durchschnittlichem Werbeblock				
	insges.	Männer	Frauen		Altersgruppen		
				14–29	30–44	45–59	60 u. ä.
Werbesendungen –	%	%	%	%	%	%	%
sehe ich von Anfang bis Ende an	17	14	18	11	11	14	24
sehe ich nur teilweise an	59	58	60	58	59	62	57
sehe ich nicht an, höre nur hin	7	8	7	6	8	10	7
passe überhaupt nicht auf	17	20	15	25	22	14	12
	100	100	100	100	100	100	100

ENTSPANNEND SOLL ES SEIN

Frage an Personen, die Unterhaltungssendungen im Fernsehen sehen (85% = 100): „Was erwarten Sie von einer Unterhaltungssendung, die Ihnen gut gefallen soll? Sagen Sie es mir bitte anhand dieser Liste hier, Sie können mehreres nennen." (L)

	September 1979 %
Entspannen	79
Vom Alltag ablenken	68
Zum Lachen bringen	68
Phantasie anregen	27
Zum Nachdenken anregen	25
Das Alleinsein erleichtern	21
Bilden	20
Gefühle ansprechen	18
Auf gesellschaftliche Probleme hinweisen	12
Helfen, meine Probleme zu lösen	7
Vorbilder geben	5

MEHR SPIELFILME

Frage: „Hier auf diesen Karten stehen verschiedene Fernsehsendungen. Welche davon sollte das Fernsehen häufiger bringen als bisher, welche weniger häufig, und bei welchen finden Sie das Angebot gerade richtig?" (K)

September 1979

	Sollte häufiger gebracht werden	Gerade richtig	Sollte weniger gebracht werden	Keine Meinung
	%	%	%	%
Spielfilme	54	34	5	7 = 100
Komödien, Lustspiele	44	37	10	9 = 100
Tiersendungen	43	43	6	8 = 100
Abenteuerfilme	39	39	13	9 = 100
Familienserien	37	38	16	9 = 100
Volkstheater	35	39	16	10 = 100
Heimatfilme	35	34	21	10 = 100
Volktümliche Musiksendungen	34	34	21	11 = 100
Quizsendungen	30	46	15	9 = 100
Krimis	29	39	25	7 = 100
Fernsehspiele	29	48	11	12 = 100
Kabarett, Satire	28	35	24	13 = 100
Zirkus, Artistik	27	45	16	12 = 100
Schlagersendungen, Musikshows	26	38	26	10 = 100
Operetten	25	38	24	13 = 100
Western	24	38	29	9 = 100
Blödelsendungen	23	29	36	12 = 100
Talkshows	18	34	34	14 = 100
Musicals	18	41	26	15 = 100
Unterhaltungsmagazine	16	42	26	16 = 100
Puppen-, Marionettenspiele	15	37	28	20 = 100
Jazz-Sendungen	12	26	46	16 = 100

DALLAS

Frage: *„Seit einiger Zeit wird im Ersten Fernsehprogramm die amerikanische Serie ‚Dallas'
gezeigt. Haben Sie diese Serie regelmäßig gesehen, oder nur ein paar Folgen, oder haben Sie
sonst von dieser Fernsehserie gehört oder gelesen?"*

Falls „gesehen" (81% =100): *„Glauben Sie, man kann durch die Dallas-Serie amerikanische
Verhältnisse recht gut kennenlernen, oder würden Sie das nicht sagen?"*

	1983 Febr. %		1983 Febr. %
Regelmäßig gesehen	27	Amerikanische Verhältnisse –	
Häufiger mal gesehen	21		
Ein paar Folgen gesehen	33	kann man gut kennenlernen	16
Nur gehört, gelesen	17	Würde ich nicht sagen	71
Nichts davon gehört, gelesen	2	Unentschieden	13
	100		100

ANSPRÜCHE

Frage: *„Hier steht verschiedenes, was man vom Fernsehen erwarten kann. Was davon ist für
Sie das wichtigste?"* (L)

	Oktober 1982				
	Bev. insg.	Männer	Frauen	Schulabschluß Volks- schule	Höhere Schule
	%	%	%	%	%
Das Fernsehen soll vor allem –					
unterhalten	44	40	48	52	33
Neuigkeiten bringen, informieren	43	46	40	40	48
bilden, den Horizont erweitern	7	6	7	4	10
Unentschieden	6	8	5	4	9
	100	100	100	100	100

MITWIRKUNG DER ZUSCHAUER

Frage: „*Bisher gab es ja verschiedene Möglichkeiten, wie die Zuschauer bei Fernsehsendungen mitwirken konnten: Sie konnten zum Beispiel Lieder aussuchen, Quiz-Fragen einschicken, mitraten oder in aktuellen Sendungen Fragen stellen. Finden Sie, die Zuschauer sollten in Zukunft bei Sendungen mehr mitwirken können als bisher, oder weniger?*"

	Bev. insg. %	Männer %	Frauen %	Oktober 1982 Altersgruppen 16–29 %	30–44 %	45–59 %	60 u. ä. %	Volks- schule %	Höhere Schule %
Sollten mehr mitwirken . .	44	49	40	44	49	46	37	45	43
Sollten weniger mitwirken .	4	4	5	5	3	5	5	3	6
Genauso wie bisher	33	28	37	29	29	32	41	36	28
Egal, unentschieden	19	19	18	22	19	17	17	16	23
	100	100	100	100	100	100	100	100	100

FERNSEHLIEBLINGE

Frage: „*Hier auf diesen Karten stehen Namen von Personen, die man öfter im Fernsehen sehen kann. Welche davon kennen Sie?*" (K)

	Oktober 1982 Ges. %	Männer %	Frauen %		Oktober 1982 Ges. %	Männer %	Frauen %
Rudi Carell	98	97	98	Dieter Kürten	75	84	67
Hans Joachim Kulenkampff	97	96	98	Gerhard Löwenthal .	73	80	67
				Otto Waalkes	72	74	70
Hans Rosenthal	97	95	98	Carolin Reiber	69	65	72
Robert Lembke	97	96	97	Max Schautzer	68	67	69
Joachim Fuchsberger	96	97	96	Ernst-Dieter Lueg . .	65	72	60
Wim Thoelke	96	96	96	Karin Tietze-Ludwig .	62	63	61
Dieter Thomas Heck .	94	94	95	Peter Horton	58	57	59
Eduard Zimmermann	94	95	93	Barbara Dickmann . .	57	57	56
Helga Feddersen . . .	93	91	94	Rudi Michel	46	62	33
Frank Elstner	92	92	92	Ruth Speer	46	47	45
Karl-Heinz Koepcke .	91	92	89	Werner Schneyder . .	44	51	38
Dietmar Schoenherr .	90	89	90	Franz Alt	42	48	36
Chris Howland	87	86	88	Eberhard Stanjek . .	41	53	30
Friedrich Nowottny .	86	90	82	Hoimar von Ditfurth .	40	47	35
Dieter Hildebrandt . .	85	88	83	Fritz Klein	38	50	27
Elmar Gunsch	85	84	86	Rolf Kramer	37	52	25
Ilja Richter	84	82	86	Werner Zimmer . . .	33	44	23
Harry Valerien	83	90	77	Dagobert Lindlau . .	30	36	25
Werner Höfer	82	86	78	Hanns Dieter Huesch .	29	34	25
Alfred Biolek	81	82	80	Hans-H. Isenbart . . .	28	38	19
Thomas Gottschalk .	78	77	80	Wolfgang Schröder .	21	29	15
Heinz Sielmann . . .	77	80	74	Klaus Stephan	21	26	17

DER ZUSCHAUER ALS PROGRAMMDIREKTOR

Frage: „Wenn es nach Ihnen ginge – was sollte das Fernsehen mehr bringen als bisher? Könnten Sie es bitte nach dieser Liste hier sagen." (L)

	Bev. insg.	Altersgruppen 16–29	30–44	45–59	60 u. ä.	Schulabschluß Volks- schule	Höhere Schule
	%	%	%	%	%	%	%
Sendungen über Natur und Tiere	48	39	47	47	56	47	49
Alte deutsche Kinofilme (z. B. mit Heinz Rühmann)	45	38	38	46	59	53	34
Verfilmte Romane, Erzählungen, Theaterstücke	43	40	41	44	46	40	47
Kömödien und Volksstücke wie Ohnsorgtheater, Bauerntheater	40	24	32	41	62	51	25
Alte amerikanische Kinofilme (z. B. mit Doris Day, Humphrey Bogart) . .	33	39	35	29	30	37	29
Show- und Quizsendungen (z. B. Was bin ich?, Der große Preis)	32	22	25	38	44	41	19
Krimis, Western	32	44	35	27	22	33	30
Ratgebersendungen zu Gesundheit, Freizeitgestaltung, Verbraucherfragen . . .	32	29	31	34	33	33	30
Sendungen mit Beiträgen hier vom Ort, aus dieser Gegend	32	25	32	34	36	30	34
Stücke, die Probleme aus dem menschlichen Alltag zeigen, z. B. Ehe und Familie, berufliche Probleme, Umwelt	30	33	33	33	24	29	33
Musiksendungen, Schlagersendungen . . .	29	42	27	26	22	34	23
Sendungen über Wissenschaft und Technik	27	28	30	29	20	20	36
Sendungen für ältere Menschen	25	15	10	27	45	29	19
Sportsendungen	22	23	29	23	15	25	19
Politische Auslandsberichte (z. B. Weltspiegel)	21	20	22	23	20	15	31
Sendungen über Kunst, Literatur, Musik und Film	19	24	16	20	18	11	31
Beiträge für Hausfrauen (z. B. Kochen, Kindererziehung, Mode, Handarbeiten, Wohnungseinrichtung, Einkaufstips)	19	19	20	19	19	23	14
Politische Magazine (z. B. ZDF-Magazin, Report, Panorama)	17	18	18	17	16	14	22
Nachrichtensendungen (z. B. Tagesschau, Heute)	16	16	15	18	16	16	16
Sendungen mit Themen aus der Wirtschaft	16	17	20	17	9	12	20
Kurs- und Ausbildungsprogramme (z. B. Sprachkurse, Telekolleg)	13	20	13	14	6	9	19
Jugendsendungen	12	22	14	7	6	12	13
Kindersendungen	12	17	15	8	7	14	8
Kirchliche Sendungen	8	4	2	12	15	8	8

Oktober 1982

LEBENSHILFE

Frage: „*Haben Sie durch das Fernsehen schon nützliche Ratschläge und Hinweise erhalten, die Sie dann auch angewendet haben? Wenn Sie es bitte nach dieser Liste hier sagen.*"(L)

Oktober 1982

	Bev. insg.	Männer	Frauen	Schulabschluß Volks- schule	Höhere Schule
	%	%	%	%	%
Wie man gesund lebt	46	41	51	49	42
In politischen Dingen	44	53	37	39	52
Tips für das Autofahren	42	53	33	39	46
Sicherung gegen Verbrechen	39	36	42	40	38
Hinweise auf interessante Urlaubsgebiete	38	38	38	33	46
Rechtsfragen	32	37	28	31	34
Kochrezepte	30	10	47	32	25
Was man zur Erhaltung der natürlichen Umwelt tun kann	28	29	27	23	35
Hinweise auf interessante Hobbys	26	31	22	26	27
Weiterbildung	25	27	24	20	33
Spartips	20	23	18	22	17
Kindererziehung	14	12	15	15	11
Ratschläge für die Geldanlage	13	16	10	13	13
Umgang mit älteren Menschen	13	11	14	15	9
Kosmetik, wie man sich am besten pflegt	11	3	18	12	9
Ratschläge, was man am besten anzieht	10	3	16	11	9
Ratschläge für Freundschaft und Ehe	8	7	9	9	8
In Steuerfragen	8	12	5	10	6
In Glaubensfragen	8	6	9	9	6
Ratschläge für die Lösung von privaten Problemen	8	8	7	7	9
Tips, wie man den Haushalt führt	6	3	8	8	4
Nein, keine Ratschläge erhalten	9	8	10	9	10

POLITISCHE SENDUNGEN

Frage: „*Wie oft sehen Sie sich im Fernsehen politische Sendungen an, von den täglichen Nachrichtensendungen einmal abgesehen?*"

	1977*) %	1978 %	1979 %	1980 %	1981 %	1982 %
Sehr oft	7	9	7	8	8	5
Oft	19	19	20	20	21	19
Hin und wieder	36	35	35	35	36	37
Selten	25	21	22	23	21	24
Fast nie, nie	13	16	16	14	14	15
	100	100	100	100	100	100

*) jeweils im Frühjahr

NACHRICHTEN, WIRTSCHAFT, POLITIK

Frage: *„Auf diesen Karten sind einige Fernsehsendungen aus dem Ersten und Zweiten Programm aufgeschrieben, in denen hauptsächlich über politische und wirtschaftliche Fragen berichtet wird. Welche dieser Sendungen sehen Sie sich manchmal oder häufiger an?"* (K)

Nachfrage an Fernseher der genannten Sendungen: *„Wenn Sie einmal danach gehen, was in diesen Sendungen gesagt und berichtet wird: Welche neigen Ihrer Ansicht nach eher zur SPD und welche eher zur CDU/CSU? Könnten Sie die Karten wieder auf dieses Blatt hier verteilen?"* (L)

Sendungen	Bevölkerung insgesamt %	Februar 1983 Fernseher der genannten Sendungen meinen, diese – tendieren zur – SPD %	CDU/CSU %	sind neutral %	unent- schieden %
Tagesschau	92	13	5	79	3 = 100
Heute	89	5	17	76	2 = 100
Report	54	28	12	55	5 = 100
Bericht aus Bonn	53	16	13	67	4 = 100
Auslandsjournal	46	5	6	84	5 = 100
ZDF-Magazin	44	10	49	37	4 = 100
Panorama	42	36	8	51	5 = 100
Monitor	39	29	7	59	5 = 100
Weltspiegel	38	9	6	81	4 = 100
Kennzeichen D	34	20	16	58	6 = 100
Bilanz	30	7	25	61	7 = 100
Internationaler Frühschoppen	27	16	9	69	6 = 100
Bonner Runde	27	6	19	73	2 = 100
Plus-Minus	25	6	15	74	5 = 100
Bonner Perspektiven	24	11	14	68	7 = 100
Blickpunkt	12	6	7	80	7 = 100

ZEITGESCHICHTE

Frage: *„Finden Sie es gut, daß Filme über die NS-Zeit gezeigt werden, oder sollte man das heute lieber ruhen lassen?"*

A

	Bev. insges. %	März 1979 Altersgruppen 16–29 %	30–44 %	45–59 %	60 u.ä. %	Schulbildung Volks- schule %	Höhere Schule %
Finde es gut	40	50	48	32	28	33	56
Lieber ruhen lassen	43	29	37	51	57	50	27
Unentschieden	17	21	15	17	15	17	17
	100	100	100	100	100	100	100

HOLOCAUST

Frage: *„Neulich lief ja im Dritten Fernsehprogramm an vier Tagen ein Film über die Judenverfolgung im Dritten Reich. Haben Sie Sendungen aus dieser Serie Holocaust gesehen?"* (Ja = 63%)

Falls „JA": *„Wenn Sie einmal zurückdenken, wie Holocaust auf Sie gewirkt hat, können Sie das vergleichen mit dem Eindruck, den andere Filme oder Beiträge im Fernsehen auf Sie gemacht haben?"* (L)

	März 1979 Personen, die Sendungen aus Holocaust gesehen haben –		
	Ganz anders	Ähnlich	Unentschieden
Eindruck vergleichbar mit –	%	%	%
spannenden Western	90	4	6 = 100
Berichten über Terroranschläge	69	21	10 = 100
Berichten über die Flüchtingsschiffe aus Vietnam	57	33	10 = 100

FLUCHT UND VERTREIBUNG

Frage: *„Kürzlich lief ja im Ersten Fernsehprogramm eine Sendereihe über die Vertreibung der Deutschen aus dem Osten. Haben Sie Sendungen aus dieser Serie ‚Flucht und Vertreibung' gesehen?"*

Falls „Ja" (44% = 100): *„Hat diese Sendung ‚Flucht und Vertreibung' mehr berührt als andere Dokumentarsendungen über Kriege, oder weniger, oder gab es da keinen Unterschied?"*

„Glauben Sie, der Film zeigt die Vertreibung aus dem Osten wie es wirklich war, oder wurde da Ihrer Meinung nach vieles übertrieben, oder im Gegenteil verharmlost?"

	Februar 1981 Von der Sendereihe sahen –			
	alle drei Sendungen	zwei Sendungen	eine Sendung	keine Sendung
	%	%	%	%
Bevölkerung insgesamt	15	13	16	56 = 100
ALTERSGRUPPEN				
16–29 Jahre	4	8	14	74 = 100
30–44 Jahre	10	14	20	56 = 100
45–59 Jahre	20	17	21	42 = 100
60 Jahre und älter	28	14	12	46 = 100

	Personen, die Sendungen sahen %		Personen, die Sendungen sahen %
Diese Sendereihe hat –		Diese Sendereihe –	
mehr berührt	60	zeigte, wie es wirklich war	65
weniger berührt	7	hat übertrieben	5
Kein Unterschied zu		hat verharmlost	19
anderen	33	Unentschieden	15
	100		100

DER UNVERGESSENE KRIEG

Frage: „*Verschiedene Dritte Fernsehprogramme bringen ja jetzt eine Dokumentarserie über den Russlandfeldzug unter dem Titel ‚Der unvergessene Krieg'. Wußten Sie das oder hören Sie das jetzt zum ersten Mal?*" (Ja, wußte ich: 60%)

Frage: „*Finden Sie es gut oder nicht gut, daß diese Serie gesendet wird?*"

Frage: „*Haben Sie schon eine oder mehrere dieser Fortsetzungen gesehen?*"

Daß diese Serie gesendet wird –	1981 Okt. %	Es haben gesehen –	1981 Okt. %
finde ich gut	43	eine Fortsetzung	14
finde ich nicht gut	28	mehrere Fortsetzungen	13
Unentschieden	17	noch keine Fortsetzung	33
Unmöglich zu sagen	12	Wußten nichts von der Sendung	40
	100		100

URTEILE ÜBER DAS FERNSEHPROGRAMM

Frage: „*Wie ist ganz allgemein gesagt Ihr Urteil über das deutsche Fernsehprogramm – sind Sie zufrieden oder nicht zufrieden?*"

	Bev. insg.	Männer	Frauen	Oktober 1982 Altersgruppen 16–29	30–44	45–59	60 u. ä.	Schulabschluß Volks- schule	Höhere Schule
	%	%	%	%	%	%	%	%	%
Sehr zufrieden	3	3	2	3	3	2	2	3	2
Zufrieden	52	50	53	48	49	50	60	56	46
Nicht besonders zufrieden	36	36	36	38	37	40	31	33	40
Gar nicht zufrieden	5	7	5	8	6	4	3	5	7
Weiß nicht	4	4	4	3	5	4	4	3	5
	100	100	100	100	100	100	100	100	100

VÖLLIG ENTSPANNT

Frage: „*Sind Sie schon mal beim Fernsehen eingeschlafen?*"

	Bevölkerung insgesamt	Männer	Frauen	Oktober 1982 Altersgruppen 16–29	30–44	45–59	60 u. ä.
	%	%	%	%	%	%	%
Ja, häufiger	25	26	24	17	27	28	27
Ja, manchmal	48	47	48	47	48	46	50
Nein	26	26	26	34	24	23	22
Keine Angabe	1	1	2	2	1	3	1
	100	100	100	100	100	100	100

PRIVATES FERNSEHEN

Frage: „*Es wird überlegt, ob zu den drei bisherigen Fernsehprogrammen weitere Fernseh-programme kommen sollen, die von privaten Rundfunkgesellschaften gesendet werden. Würden Sie das begrüßen oder nicht begrüßen?*"

	1979 Aug. %	1980 Nov. %	1981 März %	1982 Mai %
Begrüßen	55	49	43	48
Nicht begrüßen	24	30	34	31
Unentschieden	21	21	23	21
	100	100	100	100

Frage: „*Es gibt verschiedene Gründe, die für oder gegen ein solches privates Fernsehprogramm sprechen. Hier unterhalten sich zwei darüber. Wer von beiden sagt das, was auch Sie darüber denken?*" (B)

	1979 Nov. %	1981 Mai %
„Ich finde es gut, wenn sich private Fernsehsender danach richten, was die Leute wirklich sehen wollen, und nicht ständig versuchen, die Leute zu erziehen und zu informieren."	46	49
„Private Fernsehsender würden vor allem Unterhaltungssendungen bringen, weil sie sich davon am meisten Zuschauer versprechen. Die Aufgabe des Fernsehens, zu informieren, würden private Sender nicht erfüllen."	28	32
Unentschieden	26	19
	100	100

Frage: „*Es gibt verschiedene Gründe, die für oder gegen ein solches privates Fernsehprogramm sprechen. Hier unterhalten sich zwei darüber. Welcher sagt das, was auch Sie darüber denken?*" (B, X)

	Okt. 1981 %
„Ich bin für ein privates Fernsehen. Profit würden doch nur die Sender machen, deren Programm dem Publikum gefällt, und die haben es dann auch verdient."	46
„Ich bin gegen ein privates Fernsehen, denn Privatleute wollen mit dem Fernsehen doch nur Profit machen, und das finde ich nicht gut."	32
Unentschieden	22
	100

Frage: „*Wie stellen Sie sich privates Fernsehen vor, was von dieser Liste trifft wohl auf privates Fernsehen zu?*" (L)

A	1979 Okt. %		1979 Okt. %
Viel Unterhaltung	62	Politisch einseitig	21
Viele Werbesendungen	53	Fortschrittlich	20
Vielfältiges, abwechslungsreiches		Aktuell, immer auf dem neusten Stand	16
Programm	46	Berücksichtigt im Programm auch die	
Will möglichst vielen etwas bieten . . .	45	Interessen kleiner Zuschauergruppen .	15
Verfolgt die Interessen der Geldgeber .	39	Kleine Zuschauergruppen, Minderhei-	
Arbeitet rationell, verschwendet keine		ten werden vernachlässigt	11
Gelder	26	Oberflächlich	11
Kennt die Wünsche der Zuschauer, ist			
bürgernah	25	Technisch nicht gut ausgerüstet	7
Finanzkräftig	23	Provinziell	6
Einfallsreich, fantasievoll	23	Konservativ	5
Viel Information	22	Langweilig	3
Bringt viel über regionale Ereignisse . .	22		
Mutig, macht Experimente	22		

SEHENDEN AUGES

ZUR BILDER/BUCH-ZUKUNFT

Elisabeth Noelle-Neumann

Den größten Teil unserer Freizeit hat heute ein Massenmedium eingenommen, das in besonderer Weise bequem und unterhaltsam ist: das Fernsehen. Während die direkte Kommunikation von Bild und Ton mühelos ist (weil sie unmittelbar verstanden wird), ist beim Lesen ein Arbeitsgang zwischengestaltet: Die graphischen Wortzeichen müssen entschlüsselt, Bild und Ton aktiv von der Vorstellung hervorgebracht werden. Doch auch hier zeigt sich wieder, daß der leichteste Weg nicht immer der beste ist. Im Gegenteil: Die Mühe des Lesens lohnt. Das beweisen alle Untersuchungen, die sich mit den Möglichkeiten und Auswirkungen der verschiedenen Medien beschäftigen.

Ganz unbestreibar kann das Fernsehen viele Anstöße geben. Die Statistik aber zeigt, daß Leser besser als Nichtleser die Fernsehnachrichten behalten, daß Zeitungsleser besser als Fernsehzuschauer, die kaum Zeitung lesen, argumentieren und ihren Standpunkt vertreten können. Man argumentiert eben nicht mit Bildern, sondern mit Worten!

Fernsehen ist, wie schon gesagt, leichter als lesen. Das erklärt, warum die Bevölkerung mit der geringeren Bildung das Fernsehen bevorzugt, während diejenige mit höherer Bildung zu Zeitung, Zeitschrift und Buch greift.

Das Handicap geringerer Schulbildung läßt sich aber leicht überwinden: In Schweizer Untersuchungen waren Personen mit einfacher Schulbildung die regelmäßig Zeitung lesen, im Informationsstand denen überlegen, die höhere Schulbildung hatten, aber das Fernsehen gegenüber der Zeitung bevorzugten. In diesem Zusammenhang ist eine Studie, die zwischen 1974 und 1977 in der Bundesrepublik durchgeführt wurde und mehr als 200 Schüler von der 6. bis zur 9. Klasse begleitete, besonders besorgniserregend. Sie bewies, wie wichtig es ist, frühzeitig die richtigen Weichen zu stellen: Sowohl bei hohem wie bei mittlerem Intelligenzquotienten war die Fähigkeit, Gelesenes zu verstehen, bei denen beeinträchtigt, die viel fernsehen. – Dabei wird das Verstehen als zentrales Element geistiger Leistung eingestuft! Liegt hier einer der Schlüssel für die auf den ersten Blick paradox erscheinende These, daß der Abstand zwischen den Informierten und den Nichtinformierten unserer Gesellschaft immer größer wird, je besser das Nachrichtenwesen funktioniert und je mehr die Informationsflut anschwillt? Schließlich geht es trotz des Ausdrucks „knowledge gap" (Wissenskluft) bei weitem nicht nur um Wissen, sondern um Vorstellungsvermögen und Phantasie. Hier gabeln sich die Wege zu einem glücklichen Lebensgefühl auf der einen und Unlust und Langeweile auf der anderen Seite.

Lesen ist also durch Fernsehen nicht zu ersetzen. Das läßt sich auch naturwissenschaftlich untermauern: durch die sogenannte Zwei-Hemisphären-Theorie, für die drei Gehirnforscher 1981 mit dem Nobelpreis für Medizin ausgezeichnet wurden. Nach ihrer Erkenntnis arbeitet das Gehirn mit zwei Hemisphären. In der linken (rationalen) Hemisphäre wird verbales Material in logischer Form verarbeitet. Hier liegen das „Sprachzentrum" des Menschen und seine abstrakte Denkfähigkeit. Verbunden mit ihr ist die rechte Hemisphäre, die mit der Aufnahme und Verarbeitung bildlichen Materials, mit Synthese und Ganzheitsschau befaßt ist. Ihr ist ein stärkeres Fühlen und emotionales Verarbeiten zugeordnet. Das heißt: Die Druckmedien sprechen stärker die linke, das Fernsehen spricht mehr die rechte Gehirn-Hemisphäre an. Wenn nun aber das Gehirn auf Dauer einseitig aktiviert wird, so läßt sich denken, daß dieses für die Funktionsfähigkeit der anderen Gehirnhälfte negative Folgen hat. Für Nichtleser sind die Vorgänge auf dem Bildschirm darum von der Ästhetik des Kasperletheaters auch nicht sehr weit entfernt weil das Verständnis des Sinnzusammenhangs schwach bleibt. Eifrige Leser dagegen nehmen das Geschehen auf der Mattscheibe kritscher und distanzierter auf.

Doch müssen wir uns in der Bundesrepublik über diese Entwicklung überhaupt Sorgen machen? Die Dauer der Mediennutzung ist in den letzten Jahren ständig gestiegen und das Lesen hat – obwohl die elektronischen Medien von diesem Zuwachs am meisten profitierten – seinen Stellenwert behalten. Das suggerieren zumindest die gestiegenen Buch- und Zeitschriften-Auflagen. Wir sollten uns jedoch nicht täuschen lassen. In der Bundesrepublik überdecken sich möglicherweise zwei gegenläufige Einflüsse: In den selben Jahren, in denen sich hier das Fernsehen ausbreitete, hat auch eine außerordentliche Bildungsexpansion stattgefunden: Der Anteil von Jugendlichen pro Jahrgang, der eine höhere Schule besucht, hat von 32% Mitte der 60er Jahre auf 52% Anfang der 80er Jahre zugenommen. In den USA, in denen das Fernsehen sich etwa ein Jahrzehnt früher ausbreitete als bei uns, gehen inzwischen die Zeitungsauflagen pro Kopf der Bevölkerung laufend zurück. Darauf, daß auch bei uns eine ähnliche Entwicklung möglich werden könnte, deutet der Rückgang des Zeitungslesens bei jungen Leuten hin: Zwischen 1974 und 1980 sank die Zeit, die Jugendliche im Alter von 14 bis 19 Jahren mit dem Lesen von Tageszeitungen verbringen, von 27 auf 17 Minuten am Tag; bei Personen von 20 bis 29 Jahren sank sie von 36 auf 29 Minuten am Tag. Und dieser Trend ist gefährlich, denn das Fernsehen kommt offenbar erst in Verbindung mit dem gedruckten Wort zu seiner eigentlichen Wirkung. Die pointierten Bildkürzel, mit beträchtlichem Dramatisierungseffekt auf den Schirm gebracht, vermitteln nur einen Ausschnitt der Wirklichkeit. Erst durch die Leistung des Zuschauers (der interpretiert, die Informationen in einen Rahmen einfügt und relativiert) wird das Mosaik zu einem realistischen Gesamtbild. Für denjenigen jedoch, der diese gedankliche Organisation nicht leisten kann, weil er nicht liest, ergibt sich tendenziell ein zusammenhangloses Bild des Geschehens.

Der Bildschirm kann darüber hinaus kaum Wechselwirkungen darstellen und entwickelt nicht die rationale Gliederung, die logische Verknüpfung, um Mitteilungen verstandesmäßig zu verarbeiten.

Die entscheidenden Fragen sind also nicht: Mehr oder weniger Fernsehprogramme? Einführung oder Nicht-Einführung von Kabelfernsehen? Wir müssen vielmehr verhindern, daß sich Fernsehen ohne Lesen ausbreitet. Denn ausschließliche Information von der Mattscheibe heißt: Mehr Gefühle ohne Wissen – und das bedeutet auf lange Sicht leichtere Manipulierbarkeit des Menschen. Unverantwortlich wäre es, sehenden Auges eine unserer „menschlichsten" Fähigkeiten verkümmern zu lassen. Die Folgen wären absehbar.

Die praktische Umsetzung der neuen Erkenntnisse hat schon begonnen: In amerikanischen Kliniken wurde Bücherlesen bereits mit Erfolg als Therapie eingeführt.

Erschienen in Tambour 11/1982. Magazin der FELDMÜHLE AG

INTERESSANTE RUNDFUNKSENDUNGEN

Frage an Rundfunkhörer: *„Hier ist eine Liste mit verschiedenen Sendungen. Können Sie sich die Liste einmal ansehen und mir sagen, welche dieser Sendungen Sie so interessieren, daß Sie beim Hören nicht gestört werden möchten?"* (L)

„Bei welchen dieser Sendungen würden Sie abstellen oder auf einen anderen Sender drehen, wenn Sie allein am Radio sind?" (L)

D	Rundfunkhörer					
	Insgesamt		Männer		Frauen	
	1953	1979	1953	1979	1953	1979
Es möchten nicht gestört werden bei –	%	%	%	%	%	%
Nachrichten	46	52	61	59	35	46
Lokale Nachrichten/Heimatnachrichten	27	38	32	38	22	38
Sportsendungen	25	29	42	52	10	10
Politische Kommentare	17	26	26	35	7	18
Hörspiel	52	21	47	15	57	27
Sendung für die Hausfrau	23	17	3	2	42	30
Wirtschaftsfunk	10	12	14	18	6	8
Sendungen, in denen die Parteien zu Wort kommen	7	11	12	15	3	7
Gottesdienst	24	10	17	6	29	14
Kirchliche Nachrichten	13	8	10	5	14	10
Landfunk	17	6	18	6	15	6
Sendungen, in denen die Gewerkschaften zu Wort kommen	6	5	10	7	2	2
Es würden lieber abschalten –						
Sendungen, in denen die Gewerkschaften zu Wort kommen	38	35	31	24	45	44
Gottesdienst	12	34	19	44	9	26
Kirchliche Nachrichten	17	31	22	40	14	24
Landfunk	24	31	24	33	23	28
Sendungen, in denen die Parteien zu Wort kommen	42	26	35	20	49	31
Wirtschaftsfunk	27	25	22	19	31	31
Sendung für die Hausfrau	19	24	33	45	6	7
Sportsendungen	26	23	15	11	35	34
Politische Kommentare	34	21	22	13	46	27
Hörspiel	8	14	10	18	7	11
Lokale Nachrichten/Heimatnachrichten	9	5	7	6	10	4
Nachrichten	6	2	3	2	4	2

DEUTSCHE MUSIK

Frage and Rundfunkhörer, die lieber deutsche Musik hören: „Finden Sie, es wird bei uns im Radio und im Fernsehen nach Ihrem Geschmack zuwenig deutsche Musik gebracht, oder würden Sie das nicht sagen?"

Frage and Rundfunkhörer, die lieber ausländische Musik hören: „Finden Sie, es wird bei uns im Radio und Fernsehen nach Ihrem Geschmack zuwenig ausländische Musik gemacht, oder würden Sie das nicht sagen?"

	September 1980 Davon bringt das Radio –		Unent-schieden
	zuwenig %	genug %	%
Rundfunkhörer, die deutsche Musik bevorzugen, insgesamt	57	34	9 = 100
Rundfunkhörer, die ausländische Musik bevorzugen, insgesamt ..	20	75	5 = 100

SCHLAGER

Frage: „Über die deutschen Schlager und Schlagertexte kann man ja unterschiedlicher Meinung sein. Ich habe hier eine Liste mit Aussagen über solche Schlager. Was davon trifft Ihrer Meinung nach auf den deutschen Schlager zu?" (L)

D	September 1980		
	Bevölkerung insgesamt	Schulbildung Volks-schule	Höhere Schule
	%	%	%
POSITIVE AUSSAGEN			
Gehen leicht ins Ohr	41	43	34
Höre ich immer wieder gern	31	38	17
Gut gemacht	23	28	12
Entspannend	21	24	16
Sprechen einen an, gehen ans Herz	20	23	11
Schwungvoll, mitreißend	13	16	6
Erfolgreich	13	14	10
International bekannt	10	12	7
NEGATIVE AUSSAGEN			
Schmalzig, rührselig	34	27	50
Langweilige Texte	32	26	46
Klingen alle gleich	25	22	32
Musikalisch einfallslos	23	17	36
Ausdrucksschwache Sänger	19	15	29
Wirklichkeitsfremd	17	11	29
Eintöniger Rhythmus	15	12	21
Provinziell, spießig	11	9	17
AMBIVALENTE AUSSAGEN			
Die guten Melodien sind oft von ausländischen Schlagern übernommen..................	40	35	51
Man kann gut dazu tanzen.................	21	24	16
Gesellschaftskritisch	7	6	9

WERBEFUNK

C

Reichweiten binnen vier Wochen	1978 %	1980 %	1982 %
Norddeutscher Rundfunk (NDR)*)	–	–	23,2
Südwestfunk	19,2	18,8	20,6
Bayerischer Rundfunk	16,4	15,8	19,7
Süddeutscher Rundfunk	12,9	11,9	13,3
Hessischer Rundfunk	11,8	11,2	12,5
Hansawelle Radio Bremen	7,0	6,3	6,0
Europawelle Saar	6,6	4,8	5,1
Sender Freies Berlin	3,7	3,1	2,9
Radio Luxemburg	24,4	21,4	18,5
Alle Sendeanstalten	63,6	62,8	74,0

LESEBEISPIEL: Im Jahr 1982 erreichten die Werbefunk-Sendungen des NDR 23,2% der erwachsenen Bevölkerung (ab 14 Jahre) der Bundesrepublik mit West-Berlin

*) Werbefunk erst ab 1981

C

Reichweite pro Tag und durchschnittliche Stunde	ARD insgesamt %	Radio Luxemburg %
Bevölkerung insgesamt 1978		
1980	9,1	2,1
1982	9,2	2,1
	12,7	1,4
Männer	11,8	1,3
Frauen	13,5	1,5

LESEBEISPIEL: Innerhalb der Werbezeit von 6–14 Uhr erreichte 1982 z. B. die Fernsehwerbung
der ARD-Anstalten pro Tag und Stunde 12,7% der erwachsenen Bevölkerung
ab 14 Jahre.

C. PRESSE

Frage: „Kaufen Sie manchmal Zeitschriften / Bücher / Schallplatten / bespielte Musik-Cassetten?"

C September 1980

In den letzten 12 Monaten:	Zeitschriften/Illustrierte			Bücher		
	Bev. ges. %	Volks- schule %	Höhere Schule %	Bev. ges. %	Volks- schule %	Höhere Schule %
Ja, gekauft	84	83	87	55	43	81
für 300 DM und mehr	6	5	10	7	3	15
für 200 bis unter 300 DM	10	9	12	7	4	13
für 100 bis unter 200 DM	26	26	26	17	13	27
für 50 bis unter 100 DM	23	23	23	15	13	19
für unter 50 DM	19	20	16	9	10	7
Nein, nicht gekauft	16	17	13	45	57	19
	100	100	100	100	100	100

	Schallplatten			Bespielte Musik-Cassetten		
Ja, gekauft	45	37	61	27	25	30
für 300 DM und mehr	2	2	4	1	×	1
für 200 bis unter 300 DM	4	2	6	1	1	1
für 100 bis unter 200 DM	12	10	18	6	5	7
für 50 bis unter 100 DM	15	12	20	8	7	10
für unter 50 DM	12	11	13	11	12	11
Nein, nicht gekauft	55	63	39	73	75	70
	100	100	100	100	100	100

ZEITUNGEN

C	Leser pro Tag			Leser pro Woche		
	1978	1980	1982	1978	1980	1982
	%	%	%	%	%	%
Tageszeitungen insgesamt	81,2	80,8	79,7	94,9	94,2	93,1
Regionale Abo-Tageszeitungen	69,6	68,9	66,8	83,3	81,7	79,5
FAZ/SZ/DIE WELT*)	7,3	6,8	6,2	20,8	19,5	17,8
Kaufzeitungen	28,5	28,9	29,2	54,4	53,2	51,4
BILD	24,0	24,2	24,9	47,9	46,7	45,4
Regionale Kaufzeitungen**)	6,9	7,9	6,3	16,8	17,6	14,9

Weiter Ergebnisse s. JB VII, 264

   *) = Frankfurter Allgemeine Zeitung, Süddeutsche Zeitung, DIE WELT
 **) = Abendpost/Nachtausgabe, Abendzeitung/8Uhr-Blatt, B.Z. (Berlin), Hamburger Morgenpost,
      tz (München) (bis 1980 Der Abend).

Lesebeispiel: 81,2% der erwachsenen Bevölkerung ab 14 Jahren nahmen 1978 an einem durch-
schnittlichen Tag mindestens eine Tageszeitung oder Kaufzeitung zur Hand. Im
Laufe einer Woche waren es 94,9%.

STRUKTUR DER LESERSCHAFT

Frühjahr 1982

C	Leserschaft insgesamt			
	Frauen-anteil	Durch-schnitts-alter	Grad der Schulbil-dung*)	Netto-Monatsein-kommen**)
TAGESZEITUNGEN	%	Jahre	Position	DM
Regionale Abo-Tageszeitungen	52	45	219	2296
FAZ/SZ/Die Welt	39	45	361	2927
Regionale Kaufzeitungen	45	45	216	2202
BILD	41	44	169	2105
WOCHENZEITUNGEN				
Die Zeit	42	43	439	3034
SONNTAGSZEITUNGEN				
Sonntag aktuell	48	43	236	2505
BILD am Sonntag	41	44	172	2162
Welt am Sonntag	41	49	301	2715

   *) = nach einer Skala, die Werte von 100 für Volksschulbildung bis zu 700 für Hochschulabschluß
      aufweist.
 **) = des Hauptverdieners

NUTZUNGSINTENSITÄT

C

Frühjahr 1982

Es lasen in der Zeitung, die man zuletzt in der Hand
hatte –

	alles, fast alles	etwa drei Viertel	etwa die Hälfte	etwa ein Viertel	weniger als ein Viertel
	%	%	%	%	%
Regionale Abo-Tageszeitungen	40	30	18	9	3 = 100
FAZ, SZ, Die Welt	11	19	28	24	18 = 100
Bild	31	27	23	10	9 = 100
Regionale Kaufzeitungen	26	26	24	13	11 = 100

INTERESSENGEBIETE

Frage: *„In den Tageszeitungen steht heute so viel, daß man gar nicht immer alles lesen kann.
Könnten Sie mir bitte nach dieser Liste hier sagen, was Sie im allgemeinen immer lesen?"* (L)

	1972 Juli	1978 März	1981 Okt.	Männer	Frauen
	%	%	%	%	%
Lokale Berichte hier aus dem Ort und der Umgebung . .	80	84	82	82	83
Politische Meldungen und Berichte aus Deutschland (Innenpolitik)	61	59	63	75	53
Anzeigen	55	58	53	44	61
Politische Meldungen und Berichte aus dem Ausland (Außenpolitik)	47	44	52	66	41
Tatsachenberichte aus dem Alltag	42	46	44	38	50
Leitartikel	38	41	44	49	40
Leserbriefe	38	48	43	36	50
Sportberichte, Sportnachrichten	40	44	41	68	16
Die Frauenseite (Mode, Haushaltsfragen, Kindererziehung)	33	35	36	5	63
Gerichtsberichte, Berichte über laufende Prozesse	34	39	33	31	34
Aus dem kulturellen Leben (Film, Theater, Bücher, Musik, Malerei)	29	33	33	25	39
Wirtschaftsteil, Wirtschaftsnachrichten	28	28	28	42	17
Aus Technik und Wissenschaft	21	26	24	39	12
Den Fortsetzungsroman	18	18	16	6	26

WIRTSCHAFTSTEIL

Frage: „*Lesen Sie eine Tages- oder Wochenzeitung regelmäßig, oder so gut wie regelmäßig?*"
(Ja = 86%)

Frage an regelmäßige Leser von Tages- und Wochenzeitungen: „*Wie sehr interessieren Sie sich für den Wirtschaftsteil der Zeitung?*"

A

	Leser insgesamt	Männer	Frauen	Schulbildung Volks- schule	Höhere Schule
	%	%	%	%	%
Sehr	15	24	7	11	22
Etwas	38	43	33	35	43
Kaum	24	18	29	27	20
Gar nicht	9	5	14	11	4
Nichtbefragte Restgruppe	14	10	17	16	11
	100	100	100	100	100

Januar 1983

POLITISCHE AUSRICHTUNG

Frage: „*Auf diesen Karten stehen verschiedene Zeitungen und Zeitschriften. Wie würden sie diese politisch einordnen? Ich meine: Welche stehen Ihrem Eindruck nach mehr auf seiten von SPD und FDP und welche auf seiten der CDU/CSU? Könnten Sie dazu die Karten auf dieses Blatt verteilen? Karten, wo Sie sich nicht entscheiden können, legen Sie zur Seite.*" (K)

November 1981

ZEITUNGEN UND ZEITSCHRIFTEN	Im großen und ganzen neutral	Mehr auf seiten von SPD/FDP	Mehr auf seiten von CDU/CSU	Keine Angabe
	%	%	%	%
Die Bunte	41	5	24	30 = 100
Frankfurter Allgemeine Zeitung	36	12	20	32 = 100
Die Zeit	36	9	12	43 = 100
Die Welt	28	6	35	31 = 100
Frankfurter Rundschau	26	23	9	42 = 100
Süddeutsche Zeitung	25	8	30	37 = 100
Stern	23	48	10	19 = 100
Capital	23	5	30	42 = 100
Der Spiegel	22	50	9	19 = 100
Bild	20	16	49	15 = 100
Konkret	19	22	4	55 = 100

WER LIEST WAS?

Die Leserschaft nach dem Grad ihrer Schulbildung und Einkommenshöhe

C	1982 Schulbil-dung*) Grad	Ein-kommen**) DM		1982 Schulbil-dung*) Grad	Ein-kommen**) DM
AKTUELLE ILLUSTRIERTE			**MODE UND HANDARBEITEN**		
Stern	275	2431	Cosmopolitan . .	294	2446
Weltbild	235	2319	Madame	275	2698
Bunte	203	2295	Charme	264	2608
Quick	194	2303	Nicole	251	2324
Neue Revue . . .	182	2193	Chic	246	2505
			Petra	242	2433
FUNK UND FERNSEHEN			Brigitte	238	2428
			Carina	236	2317
Gong	225	2272	Für Sie	223	2355
Hörzu	222	2331	Burda Moden . .	222	2315
Funk Uhr	193	2115	Freundin	222	2370
TV Hören und Sehen	190	2159	Mode und Wohnen	217	2406
Fernsehwoche . .	187	2073	Anna Spaß an Handarbeiten . .	207	2225
Bild + Funk . . .	185	2121	Neue Mode	207	2305
			Irene	192	2323
FRAUEN-ZEITSCHRIFTEN			Bella	184	2338
			Tina	183	2194
Die Aktuelle . . .	188	2184			
Frau im Spiegel .	180	2062	**FAMILIE**		
Mein Erlebnis . .	172	2048	Spielen und Lernen	275	2460
Meine Geschichte	170	2128			
Freizeit Revue . .	167	2042	Leben & Erziehen	265	2415
Frau Aktuell . . .	165	2165	Unser Kind	256	2379
Heim und Welt . .	162	2012	Eltern	241	2390
Praline	162	2039	Essen & Trinken .	238	2612
Neue Welt	161	2060	Ratgeber	196	2175
Neue Post	160	1993	Meine Familie & ich	193	2368
Frau mit Herz . .	157	2016			
Das Goldene Blatt	157	1951			
Wochenend	154	1995			
7 Tage	154	2050			
Das Neue Blatt . .	150	1994			
Echo der Frau . .	148	2173			

Fortsetzung

WER LIEST WAS?

Fortsetzung

C	1982 Schulbil- dung*) Grad	Ein- kommen**) DM		1982 Schulbil- dung*) Grad	Ein- kommen**) DM
GESUNDHEIT			**MOTOR-SPORT**		
Vital	236	2477	Flug Revue	279	2821
Medizin heute . .	233	2326	ADAC Motorwelt .	263	2529
Goldene Gesund-			Motorrad	254	2521
heit	184	2038	MO	249	2461
Neue Gesundheit	180	2050	Auto Motor und		
			Sport	242	2458
JUGEND-			Gute Fahrt	238	2430
ZEITSCHRIFTEN			Mot – die Auto-		
Musik Express . .	259	2237	Zeitschrift	232	2473
Mädchen	199	2483	PS – Die Motorrad-		
Easy Rider	196	2397	Zeitung	223	2366
Jugend Kicker . .	196	2224	Rallye Racing . . .	218	2435
Melanie Popcorn .	196	2308	Auto Zeitung	215	2390
Pop Rocky	190	2367	Sport Auto	207	2446
Bravo	182	2285			
			HERREN-JOURNALE		
SPORT			Penthouse	282	2549
Wassersport-			Playboy	280	2469
kombination . . .	295	2834	Lui	279	2441
Ski	272	2801			
Surf	288	2750	**SPEZIAL-**		
Sport Kurier . . .	214	2231	**ZEITSCHRIFTEN**		
Kicker Sport-			Audio	299	2622
magazin	198	2210	Color Foto	298	2624
Sport	187	2133	Photo	294	2609
Fußball Magazin .	180	2155	Test	282	2602
			Photo-Revue	273	2471
			Video	265	2519
			Selbermachen . . .	217	2264
			Selbst ist der Mann	208	2276

WER LIEST WAS?

Fortsetzung

C	1982 Schulbil-dung*) Grad	Ein-kommen**) DM
WIRTSCHAFT UND POLITIK		
Wirtschaftswoche	354	3451
Der Spiegel	353	2688
Capital	352	3092
DM	292	2744
Das Beste	262	2393
WOHNUNG UND GARTEN		
Architektur & Wohnen	289	2692
Schöner Wohnen	263	2578
Zuhause	260	2617
Das Haus	251	2501
Mein schöner Garten	215	2455
Mein Eigenheim	229	2449

POPULÄR-WISSENSCHAFT	1982 Schulbil-dung*) Grad	Ein-kommen**) DM
Psychologie heute .	389	2392
Bild der Wissenschaft	388	2790
Merian	365	2701
Westermanns Monatshefte	352	2874
Kosmos	308	2684

*) = geordnet nach der Position auf einer Skala, die Werte von 100 für Volksschulbildung bis hin zu 700 für einen Hochschulabschluß aufweist.
**) = Nettomonatseinkommen des Hauptverdieners.

BESCHEID WISSEN

Personen, die als Experten gelten auf dem Gebiet –

Leserschaftsanteil bei –	Auto 1981 %	Auto 1982 %	Urlaub 1981 %	Urlaub 1982 %	Gesundheit 1981 %	Gesundheit 1982 %	Kultur 1981 %	Kultur 1982 %	Geldanlage 1981 %	Geldanlage 1982 %
Auto Zeitung	58	60	42	49	20	22	18	14	20	23
Deutsche Automobil-revue	56	–	40	–	24	–	20	–	18	–
MOT Die Auto-Zeitschrift	57	53	39	47	22	21	21	15	18	18
Photo	34	35	54	49	25	20	28	23	20	17
Charme	16	10	52	42	32	34	26	23	16	10
SKI	29	29	52	55	29	22	26	17	18	14
Medizin heute	17	16	43	43	47	49	24	19	15	15
Goldene Gesundheit .	13	14	32	45	46	53	12	12	14	16
Neue Gesundheit . . .	16	14	39	38	41	46	17	11	13	15
Psychologie heute . .	18	14	47	37	32	35	41	39	16	11
Westermanns Monats-hefte	17	15	41	41	30	32	33	31	20	15
Merian	21	21	49	49	33	33	31	29	20	14
Wirtschaftswoche . .	28	35	50	49	25	29	25	21	31	28
Capital	30	31	46	52	26	30	25	22	31	29

ANZEIGEN

Frage: „Hier stehen drei Meinungen über Anzeigen in Zeitungen und Zeitschriften. Was davon ist auch Ihre Meinung, was trifft am ehesten auf Sie zu?" (L, X)

	Oktober 1981 %
Ich lese nur ab und zu mal die Anzeigen, wenn sie besonders gut gemacht sind oder mich das Thema besonders interessiert	50
Ich lese Anzeigen ausgesprochen gern. Ich finde, das macht oft Spaß, und man stößt dabei oft auf interessante Informationen	36
Anzeigen interessieren micht überhaupt nicht. Wenn ich Zeitungen und Zeitschriften lese, versuche ich immer, über die Anzeigen hinwegzublättern	14
	100

PREISAUSSCHREIBEN

Frage: „Haben Sie sich im letzten Vierteljahr mal an irgendeinem Preisausschreiben beteiligt? Ich meine, ein Rätsel gelöst, ein Wort geraten oder so – und die Lösung dann eingeschickt?"

„Erinnern Sie sich noch, wo das Preisausschreiben stand, wo das drin war – in Ihrer Tageszeitung, oder in einer Zeitschrift, oder anderswo?"

C	Bevölkerung insgesamt %	Männer %	Frauen %
Es haben sich beteiligt – 1975	28	24	31
– 1980	31	27	35

	Preisausschreiben in –					
	Tageszeitung		Illustrierte		Anderswo	
	1975 %	1980 %	1975 %	1980 %	1975 %	1980 %
Personen, die sich beteiligten	5	5	19	22	8	9
Männer	5	5	15	18	7	8
Frauen	4	4	21	26	8	9

D. BÜCHER

Frage: „Haben Sie persönlich innerhalb der letzten 12 Monate mal ein Buch gekauft oder von einer Buchgemeinschaft bezogen oder sonstwo bestellt?"

	1967/68 Winter %	1973 Okt %	1978 Febr. %	1981 Juni %	1982 Nov. %
Ja, innerhalb der letzten zwölf Monate mal ein Buch gekauft	47	49	50	55	57
Nein	53	51	50	45	43
	100	100	100	100	100

Frage an Personen, die während der letzten zwölf Monate ein Buch/Bücher kauften: „Wo haben Sie das Buch/die Bücher gekauft oder bestellt?" (L)

November 1982

	Bücherkäufer des letzten Jahres						
	Gesamt	Männer	Frauen		Altersgruppen		
				16–29	30–44	45–59	60 u. ä.
Es kauften/bestellten in/bei –	%	%	%	%	%	%	%
Buchhandlung	60	63	59	65	58	55	62
Buchabteilung in einem Kaufhaus, Warenhaus	24	23	25	28	24	23	17
Betreuungsladen einer Buchgemeinschaft, eines Buchklubs, Leserings	22	23	21	21	24	21	22
Schreibwarengeschäft mit Buchhandlung	16	13	19	18	16	13	17
Durch die Post von einer Buchgemeinschaft, einem Buchklub, Lesering schicken lassen	13	13	13	12	13	13	16
Direkt vom Verlag schicken lassen	10	12	7	11	10	9	8
Zeitschriftenverlag, wie Stern, Hörzu, Reader's Digest, Time/Life oder Buchdienst einer Tageszeitung	8	8	8	6	9	8	8
Zeitschriftenkiosk, Bahnhofskiosk	7	6	7	9	6	4	6
Antiquariat	6	7	6	9	6	5	4
Versandhaus, das nur Bücher im Katalog hat	4	5	2	4	4	3	3
Supermarkt, Lebensmittelgeschäft, Einkaufszentrum	4	4	5	4	5	3	4
Kaffeegeschäft	3	3	4	4	4	3	2
Versandhaus wie Quelle, Neckermann usw.	2	2	3	2	2	3	2

BUDGET

Frage an Bücherkäufer des letzten Jahres: „*Was schätzen Sie, wieviel Mark haben Sie alles in allem innerhalb der letzten 12 Monate für den Kauf von Büchern ausgegeben? Einmal abgesehen von reinen Schulbüchern!*" (Bei Rückfragen: „*Für sich selbst oder Ihre Familie oder als Geschenk.*")

	Insgesamt	Altersgruppen 16–29	30–44	45–59	60 u. ä.
	DM	DM	DM	DM	DM
Januar 1968	28,—	29,60	32,50	28,80	19,50
Winter 1973/74	52,60	79,—	58,90	50,—	25,50
Februar 1978	64,70	68,20	76,90	63,40	47,30
September 1980	87,30	93,—	117,30	75,20	60,90

Durchschnittliche jährliche Ausgaben für Bücher (Schätzungen der Befragten): Pro Erwachsenen

BÜCHERSCHECKS

Frage: „*Hier unterhalten sich zwei über Bücherschecks als Geschenk. Wenn Sie das bitte einmal lesen. Wer sagt eher das, was auch Sie denken?*" (B)

A

November 1982

	Bev. insg.	Altersgruppen 16–29	30–44	45–59	60 u. ä.	Schulbildung Volks-schule	Höhere Schule
	%	%	%	%	%	%	%
„Ich finde, Bücherschecks sind eine gute Idee. Da kann der Beschenkte sich die Bücher nach seinem eigenen Geschmack aussuchen."	49	53	49	46	48	51	45
„Ich finde, Bücherschecks sind nur etwas für bequeme Leute, die sich nicht die Mühe machen wollen, das Buchgeschenk selbst auszusuchen"	29	31	32	30	24	21	42
Unentschieden	22	16	19	24	28	28	13
	100	100	100	100	100	100	100

BÜCHERLESEN

Frage: „Haben Sie in den letzten zwölf Monaten ein Buch gelesen?"

Falls „Ja": „Was würden Sie ungefähr schätzen, wie oft Sie dazu kommen, ein Buch zur Hand zu nehmen – würden Sie sagen –"

	1967/68 Winter %	1978 Febr. %	1979 März %	1981 Juni %	1982 Nov. %
Es haben in den letzten 12 Monaten ein Buch gelesen .	68	68	70	70	67
und zwar: täglich	10	12	11	10	12
mehrmals in der Woche	19	19	19	20	20
etwa einmal in der Woche	13	14	13	14	13
so alle vierzehn Tage	8	6	8	8	7
ungefähr einmal im Monat	8	9	9	9	8
seltener, nicht jeden Monat	10	8	10	9	7
Es haben in den letzten zwölf Monaten kein Buch gelesen	32	32	30	30	33
	100	100	100	100	100

Bücher werden gelesen

mindestens einmal pro Woche in der Freizeit zur –

	Unterhaltung				Weiterbildung			
	1967 %	1973 %	1978 %	1981 %	1967 %	1973 %	1978 %	1981 %
Bevölkerung insgesamt	44	44	43	41	23	26	27	28
Männer	40	38	36	35	29	31	33	31
Frauen	47	48	50	47	18	21	23	26
ALTERSGRUPPEN								
16–29	46	48	46	42	30	41	35	39
30–44	42	43	44	46	23	30	31	32
45–59	42	43	41	36	21	19	25	25
60 und älter	44	39	42	40	16	11	18	16

WELCHE BÜCHER?

Frage an Bücherleser des letzten Jahres: *„Hier auf dieser Liste stehen verschiedene Arten von Büchern. Angenommen, Sie hätten in einem Preisausschreiben einen Buchgutschein über 100 Mark gewonnen und könnten dafür jetzt Bücher auswählen: was für Bücher würden Sie da nehmen?"* (L)

	1967 Okt. %	1978 Feb. %
Auszug vergleichbarer Vorgaben		
Bücher über Reisen, Länder, Völker	37	47
Humoristische Bücher	32	35
Geschichtliche, historische Romane	31	35
Bücher über Zeitprobleme, Zeitgeschichte, Politik	14	33
Moderne Literatur, zeitkritische Romane	20	31
Kriminalromane	38	28
Familienromane	27	28
Biographien, Lebensschilderungen berühmter Persönlichkeiten, Briefwechsel	23	26
Bücher über die neuen Erkenntnisse der Medizin	16	23
Soldatenromane, Kriegsromane	17	12
Bücher über die Wirtschaft, die großen Unternehmen, die Manager	9	12
Religiöse Bücher, Bücher über den Glauben	10	10

LESEVERHALTEN

Frage: *„Über das Bücherlesen gibt es ja unterschiedliche Meinungen – zustimmende und ablehnende. Wie denken Sie darüber? Könnten Sie mir nach dieser Liste hier sagen, was auf Sie alles zutrifft?"* (L)

	1978 Aug. %
Zustimmung	
Bücherlesen bringt einen auf neue Gedanken, man erfährt viel Neues	42
Bücherlesen ist für mich eine Erholung	40
Bücherlesen bringt Lebenserfahrung	36
Ich mache mir manchmal Vorwürfe, daß ich nicht genug Bücher lese	30
Wenn ich ein Buch habe, habe ich das Gefühl, so richtig zu mir selbst zu kommen	22
Ohne Bücherlesen käme mir mein Leben ganz armselig vor	22
Ich bin eine richtige Leseratte, lese sehr gern Bücher	14
Ablehnung	
Im Fernsehen kommen soviel interessante Sachen, daß man nicht mehr soviel Bücher zu lesen braucht wie früher	33
Ein Mensch, der seine Arbeit hat, kommt ja heutzutage kaum zum Lesen	31
Mir fehlt einfach die Geduld, um lange zu lesen	28
Es gibt so vieles, was spannender und interessanter ist als Bücherlesen	16
Ich lese lieber Romanhefte als Bücher	16
Bücherlesen ist anstrengend	13
Zum Bücherlesen ist mir meine Freizeit zu schade	9

BEZIEHUNG ZUM BUCH

Frage: *„Könnten Sie diese Karten einmal durchsehen. Was davon trifft auf Sie zu?"* (K)

	Bücherleser			
	Insgesamt		Unter 30jährige	
	1967 Okt.	1981 Juni	1967 Okt.	1981 Juni
Allgemeine Einstellung zum Buch	%	%	%	%
Ich habe schon oft ein Buch, das mir gefiel, zweimal gelesen	59	53	56	44
Ohne Bücher würde mir viel fehlen	43	45	39	39
Ich habe immer ein Buch, in dem ich gerade lese	40	46	42	43
Wenn ich mir ein neues Buch angeschafft habe, lese ich es meistens auch gleich	36	36	41	38

Art der bevorzugten Bücher

Ich mag am liebsten interessant geschriebene Bücher, bei denen man etwas dazulernt	52	44	51	40
Ich lese am liebsten Bücher zur Unterhaltung, beim Lesen will ich mich nicht anstrengen	40	40	39	33
Ich brauche meine Bücher oft, um etwas nachzuschlagen. Wenn eine Frage, ein Problem auftaucht, sehe ich nach, ob ich etwas dazu finde	37	38	36	40
Ich lese gern Bücher, die sich mit den großen Fragen unserer Zeit beschäftigen	26	26	22	21
Ich lese gern Bücher, von denen man gerade spricht	19	15	20	13
Ich lese fast nur Bücher, die ich für meinen Beruf brauche	7	12	9	19

Pädagogische Funktion

Wenn man Kinder hat, finde ich es wichtig, daß viele Bücher vorhanden sind – die Kinder werden dadurch mehr als sonst geistig angeregt	47	44	43	36
Ich lese Bücher, um meinen Kindern in der Schule helfen zu können	11	8	9	4

Fortsetzung

Fortsetzung Bücherleser

	Insgesamt		Unter 30jährige	
	1967	1981	1967	1981
	Okt.	Juni	Okt.	Juni
Buch als Wertobjekt	%	%	%	%

Ich lege bei Büchern nicht so großen Wert darauf, wie sie aussehen, mir kommt es auf den Inhalt an	51	53	54	57
Ich finde, Bücher machen ein Zimmer wohnlich und behaglich . .	49	36	48	29
Manchmal stehe ich vor meinen Büchern und freue mich darüber, was ich alles habe	25	19	23	12
Ich finde, ein Buch sollte nach etwas aussehen; so billig gebundene Bücher mag ich nicht	23	12	19	6
Ich kaufe zwar Taschenbücher zum Lesen, aber im Bücherschrank oder Regal habe ich doch lieber gebundene Bücher stehen	23	15	26	11
Ich finde, man kann sein Geld gut in Büchern anlegen	17	10	18	9

Bücher kaufen

Wichtige und für mich interessante Bücher möchte ich besitzen, auch wenn ich erst später dazu komme, sie richtig zu lesen. Man kann sie dann jederzeit zur Hand nehmen	42	37	44	37
Ich gehe gern mal in eine Buchhandlung und suche in den Regalen nach Büchern	30	38	36	47
Ich kaufe gern Taschenbücher	24	35	37	42
Ich kaufe immer wieder Bücher, um meinen Bücherbestand zu vergrößern, egal ob ich nun gleich zum Lesen komme oder erst später	22	19	23	15
Ich kaufe Bücher fast nur, um sie zu verschenken	10	11	8	9

Information über Bücher

Ich lese häufig die Buchbesprechungen in Zeitungen und Zeitschriften	27	27	26	22
Ich lese häufig Buchprospekte oder Anzeigen über Bücher	23	21	22	18
Ich verfolge laufend, was so an neuen Büchern herauskommt . . .	15	15	15	14
Ich lese regelmäßig Bestsellerlisten	11	9	10	7

BEKANNTE TITEL

Frage: „Könnten Sie mir sagen, von welchen Büchern Sie schon einmal gehört haben?" (L)

Frage an Personen, denen Buchtitel dieser Liste bekannt waren (73%): „Und welche sind dabei, die Sie schon gelesen haben – ich meine ganz oder nur teilweise?" (L)

November 1981

	Vom Hören bekannt %	Schon gelesen %
Christiane F.: Wir Kinder vom Bahnhof Zoo	61	22
Köhnlechner: Leben ohne Schmerz	38	9
Difurth: Wir sind nicht nur von dieser Welt	13	3
Fernau: Sprechen wir über Preußen	12	3
Eppler: Wege aus der Gefahr	11	3
Ende: Momo	8	4
Lenz: Der Verlust	8	2
Mehnert: Ein Deutscher in der Welt	8	2
Ende: Die unendliche Geschichte	7	3
Bredow: Deine Keile kriegste doch	5	2
Von keinem davon/Nein, keins davon	27	41

ROMANE

Frage: „Haben Sie in den letzten zwölf Monaten einen Roman gelesen oder angefangen zu lesen – ich meine nicht die Romanhefte, sondern einen Buchroman?" (Ja, einen: 16%; Ja, mehrere: 36%)

Falls JA: „Und was waren das für Romane? Könnten Sie es nach dieser Liste hier sagen?" (L)

November 1977
Roman-Leser
%

Moderne, zeitkritische Romane	32
Geschichtliche, historische Romane	32
Kriminalromane, Spionageromane	32
Gesellschaftsromane	31
Familienromane	26
Romane über Frauenschicksale	17
Liebesromane	16
Soldatenromane, Kriegsromane	13
Zukunftsromane	11
Heimatromane	10

BÜCHERBESTAND

Frage: *„Können Sie mir sagen, wieviele Bücher es ungefähr in Ihrem Haushalt gibt? Nicht nur gebundene Bücher, auch Taschenbücher sind gemeint."*

	1967 %	1973 %	1978 %
400 Bücher und mehr	3	5	4
200 – unter 400 Bücher	8	10	12
100 – unter 200 Bücher	15	16	18
50 – unter 100 Bücher	19	19	21
30 – unter 50 Bücher	14	16	16
20 – unter 30 Bücher	14	12	12
10 – unter 20 Bücher	12	11	10
Weniger als 10 Bücher	6	5	2
Keine Bücher im Haushalt	9	6	5
	100	100	100
Im Durchschnitt vorhandene Bücher	82	91	78

E. FILM

Frage: „Wie oft gehen Sie ins Kino?"

C	1959 %	1965 %	1970 %	1975 %	1980 %	1981 %
Wöchentlich einmal und mehr	11	5	3	1	1	1
Ein- bis dreimal im Monat	28	21	18	15	15	16
Weniger als einmal im Monat	34	28	28	28	26	26
Seit Jahren nicht im Kino gewesen	27	46	51	56	58	57
	100	100	100	100	100	100

Frühjahr 1982

	Bev. insges. %	Männer %	Frauen %	Altersgruppen 14–19 %	20–29 %	30–39 %	40–49 %	50–59 %	60 u. ä. %
Mehr als einmal wöchentlich	×	×	×	1	×	×	×	×	×
Einmal wöchentlich	1	1	1	5	2	1	1	×	×
2–3mal im Monat	7	9	5	25	15	4	2	1	×
1mal im Monat	10	11	8	27	21	10	3	3	1
Weniger als 1mal im Monat	28	29	27	38	45	41	28	15	6
Seit Jahren nicht	54	50	59	4	17	44	66	81	93
	100	100	100	100	100	100	100	100	100

C

Anzahl der Filmbesuche pro Jahr –	1960	1965	1970	1975	1976	1977	1978	1979
in Millionen	604,8	294,0	160,1	128,1	115,1	124,2	135,5	142,0
pro Bundesbürger ab 14 Jahre	10,8	5,0	2,6	2,1	1,9	2,0	2,2	2,3

LESEBEISPIEL: Im Jahr 1960 ging durchschnittlich jeder Bundesbürger 10,8 mal ins Kino. Für die Gesamtbevölkerung ergaben sich 1960 insgesamt 604,8 Millionen Kinobesuche.

Anzahl der Filmbesucher pro Woche	1976 %	1977 %	1978 %	1979 %	1980 %
Bevölkerung insgesamt ab 14 Jahre	6,2	5,5	6,1	5,9	7,3
Männer	7,7	7,1	7,6	7,4	8,8
Frauen	4,9	4,1	4,8	4,6	6,0

LESEBEISPIEL: Im Jahr 1976 gingen 7,7% der Männer mindestens wöchentlich einmal ins Kino

RÜHREND

Frage: „*Kommt es vor, daß Sie bei einem Film oder Roman richtig gefesselt sind und zu Tränen gerührt?*"

November 1978

	Ges.	Männer				Ges.	Frauen			
		16–29	30–44	45–59	60 u. ä.		16–29	30–44	45–59	60 u. ä.
Kommt vor –	%	%	%	%	%	%	%	%	%	%
häufig	4	5	5	3	2	18	19	16	19	19
manchmal . . .	22	21	21	18	28	45	50	46	42	42
selten	33	38	34	33	27	26	24	29	25	26
nie	41	37	40	46	43	11	7	9	14	13
	100	100	100	100	100	100	100	100	100	100

ERREGEND

Frage: „*Schauen Sie bei einem Film oder im Fernsehen manchmal weg, wenn etwas kommt, was Sie zu sehr aufregt?*"

	November 1978		
	Ges.	Männer	Frauen
	%	%	%
Schaue weg	36	13	56
Schaue nicht weg	48	73	27
Kommt darauf an	16	14	17
	100	100	100

Kapitel VI

DEUTSCHLAND UND DIE WELT

A. KONTAKTE UND EINSTELLUNGEN ZU ANDEREN NATIONEN

Frage: „Hier auf der Liste steht einiges, was man über eine Nation, ein Land sagen kann. Wenn Sie jetzt einmal an die Bundesrepublik/Frankreich/USA/Japan denken – suchen Sie doch bitte einmal alles heraus, was Ihrer Meinung nach auf die Bundesrepublik/Frankreich/USA/Japan zutrifft." (L)

B   Juli 1981

	Bundes-republik %	Frankreich %	USA %	Japan %
Schöne Landschaft	80	78	51	40
Gute soziale Absicherung im Alter, bei Krankheit, Arbeits-losigkeit	71	5	4	10
Mächtige Industrienation	60	21	75	62
Ein Land, in dem es sich gut leben läßt	57	50	23	9
Viel Hektik, Streß	48	6	45	26
Gute Sportler	46	8	66	35
Viel Kriminalität	46	8	78	6
Fleißige, arbeitsame Menschen	44	9	10	76
Hochstehende Kultur	41	37	13	47
Radikale Jugend	38	10	29	8
Große wissenschaftliche Leistungen	37	14	48	30
Ein Land mit großer Tradition	36	60	21	58
Eine gut funktionierende Demokratie	32	15	19	10
Verliert an Bedeutung	18	18	26	2
Tapfere Soldaten	17	12	14	40
Große soziale Ungerechtigkeiten	16	14	42	16
Ein Land mit großem Nationalbewußtsein	15	67	35	56
Land mit großer Zukunft	12	8	22	31
Reich an Rohstoffen	11	10	57	15
Arbeitet zu wenig mit anderen Ländern zusammen	5	26	11	10

LÄNDER UND LEUTE

Frage: *„Welche von diesen Leuten* (Parallelumfrage: *Ländern*) hier sind Ihnen besonders sympathisch?
„Und welche von diesen Leuten (Parallelumfrage: *Ländern*) *sind Ihnen besonders unsympathisch?*
Wenn Sie es mir wieder nach dieser Liste sagen." (L; nur 3 Angaben)

	Dezember 1982 Sympathisch %	Unsympathisch %		Dezember 1982 Sympathisch %	Unsympathisch %
Österreich	63	4	Österreicher	52	6
Schweiz	63	4	Schweizer	47	5
Frankreich	43	5	Franzosen	31	7
Niederlande	31	10	Holländer	27	26
Italien	26	18	Menschen in der DDR	26	6
Griechenland	23	5	Italiener	15	23
Großbritannien	14	17	Briten	14	19
DDR	4	46	Griechen	13	7
Tschechoslowakei	3	32	Tschechen	4	18
Sowjetunion	3	57	Russen	4	37
Keins davon	5	21	Keine davon	11	34

AUSLANDSERFAHRUNGEN

Frage: *„Waren Sie eigentlich schon mal im Ausland?"* (Falls „Nur im Krieg" = Nie)

	August 1977 Schon öfter %	Ein-zweimal %	Nie %
Bevölkerung insgesamt	64	21	15 = 100
ALTERSGRUPPEN			
16–29 Jahre	68	22	10 = 100
30–44 Jahre	75	18	7 = 100
45–59 Jahre	59	23	18 = 100
60 Jahre und älter	51	23	26 = 100
BERUFSKREISE			
Angelernte Arbeiter	43	31	26 = 100
Facharbeiter	64	23	13 = 100
Einfache Angestellte, Beamte	73	18	9 = 100
Leitende Angestellte, Beamte	86	9	5 = 100
Selbständige, freie Berufe	73	16	11 = 100
Landwirte	27	33	40 = 100

ENGLÄNDER

Die folgenden Ergebnisse sind einer Umfrage entnommen, die das Institut für Demoskopie Allensbach in Zusammenarbeit mit Research Service Ltd.; Großbritannien durchgeführt hat.

Fragen an Deutsche (Engländer): „Waren Sie schon mal in England (Deutschland)?"

„Kennen Sie persönlich Engländer (Deutsche)?"

Januar 1979

		Deutsche					Engländer			
	ges.	Altersgruppen				ges.	Altersgruppen			
		16–29	30–44	45–59	60 u. ä.		16–29	30–44	45–59	60 u. ä.
Dortgewesen:	%	%	%	%	%	%	%	%	%	%
Einmal	13	12	15	13	14	16	16	16	17	16
Mehrere Male	10	9	12	8	8	12	6	12	18	10
Noch nie	77	79	73	79	78	72	78	72	65	74
	100	100	100	100	100	100	100	100	100	100

Es kennen Engländer (Deutsche):										
Einen	9	11	12	7	6	13	15	13	13	12
Einige	26	30	29	20	26	26	24	28	32	19
Viele	5	4	5	4	6	6	4	6	8	4
Keinen	60	55	54	69	62	55	57	53	47	65
	100	100	100	100	100	100	100	100	100	100

Frage an Deutsche (Engländer): „Mögen Sie eigentlich die Engländer (Deutschen), oder mögen Sie sie nicht besonders?"

				Deutsche			
	1962	1965	1979	Altersgruppen			
				16–29	30–44	45–59	60 u. ä.
	%	%	%	%	%	%	%
Mag die Engländer	32	46	36	41	39	30	35
Mag sie nicht besonders	32	25	24	20	22	28	27
Unentschieden	16	14	19	19	21	22	16
Keine Einstellung	20	15	21	20	18	20	22
	100	100	100	100	100	100	100

				Engländer			
Mag die Deutschen	46	53	54	52	53	56	53
Mag sie nicht besonders	10	7	12	10	12	13	12
Unentschieden	–	–	21	20	22	20	22
Keine Einstellung	44	40	13	18	13	11	13
	100	100	100	100	100	100	100

Frage and Deutsche (Engländer): „*Hat sich Ihre Meinung über die Engländer (Deutschen) in den letzten fünf Jahren eher verbessert oder eher verschlechtert, oder ist sie gleichgeblieben?*"

Januar 1979

	Deutsche über Engländer					Engländer über Deutsche				
	ges.	Altersgruppen				ges.	Altersgruppen			
		16–29	30–44	45–59	60 u. ä.		16–29	30–44	45–59	60 u. ä.
	%	%	%	%	%	%	%	%	%	%
Eher verbessert	13	11	15	13	14	52	50	51	53	54
Eher verschlechtert	10	9	12	11	7	6	6	6	4	6
Gleichgeblieben	65	65	63	64	67	32	33	33	32	28
Keine Angabe	12	15	10	12	12	10	11	10	11	12
	100	100	100	100	100	100	100	100	100	100

NATIONALE EIGENSCHAFTEN

Frage an Deutsche (Engländer): „*Hier auf diesen Karten stehen verschiedene Eigenschaften. Was davon ist Ihrer Ansicht nach ganz typisch für die Engländer (Deutschen), was trifft auf die meisten zu?*" (K)

(Siehe nebenstehende Grafik)

Januar 1979

	Deutsche über Engländer				Engländer über Deutsche			
	Altersgruppen				Altersgruppen			
	16–29	30–44	45–59	60 u. ä.	16–29	30–44	45–59	60 u. ä.
	%	%	%	%	%	%	%	%
Positive Eigenschaften								
Nationalbewußt	73	80	79	76	50	62	57	52
Höflich, gute Manieren	57	60	54	59	24	33	35	32
Geschäftstüchtig	41	41	41	48	55	65	62	60
Kultiviert, gebildet	41	41	40	46	44	47	50	47
Intelligent	25	29	29	32	45	50	58	55
Kinderfreundlich	29	26	25	25	17	22	27	25
Hilfsbereit	30	25	21	29	17	18	21	18
Fröhlich, humorvoll	27	24	18	23	13	14	15	15
Technisch begabt, erfinderisch	21	24	25	22	38	48	51	52
Kontaktfreudig	27	21	18	19	32	29	31	31
Ehrlich, offen	19	20	20	17	17	18	19	21
Energisch, tatkräftig	14	14	15	22	40	50	52	48
Bescheiden	16	14	15	14	7	7	5	8
Kompromißbereit	18	16	12	13	12	9	12	13
Lebenskünstler	16	16	12	14	8	9	10	11
Fleißig	15	12	14	17	24	34	34	33
Warm, herzlich	14	11	7	12	15	19	21	20
Negative Eigenschaften								
Arrogant, eingebildet	26	34	34	32	38	46	46	43
Angeber	18	20	20	20	31	27	32	29
Denken nur an Geld	13	15	20	25	12	12	15	11
Neidisch	13	14	15	18	6	5	9	5
Rücksichtslos	8	11	12	15	9	12	15	8
Unzuverlässig	8	11	11	10	3	4	5	6

Deutsche über Engländer
Englänger über Deutsche

NATIONALE EIGENSCHAFTEN

Januar 1979

Positive Eigenschaften

0 % 10   20   30   40   50   60   70   80

Nationalbewußt . . . .

Höflich, gute Manieren . . . .

Geschäftstüchtig . . . .

Kultiviert, gebildet . . . .

Intelligent . . . .

Kinderfreundlich . . . .

Hilfsbereit . . . .

Fröhlich, humorvoll . . . .

Technisch begabt, erfinderisch . . .

Kontaktfreudig . . . .

Ehrlich, offen . . . .

Energisch, tatkräftig . . . .

Bescheiden . . . .

Kompromißbereit . . . .

Lebenskünstler . . . .

Fleißig . . . .

Warm, herzlich . . . .

Negative Eigenschaften

Arrogant, eingebildet . . . .

Angeber . . . .

Denken nur an Geld . . . .

Neidisch . . . .

Rücksichtslos . . . .

Unzuverlässig . . . .

0 % 10   20   30   40   50   60   70   80

Frage and Deutsche (Engländer): „*Glauben Sie, daß die Deutschen (Engländer) in der Welt beliebt oder unbeliebt sind?*"

Januar 1979

	Deutsche über Engländer					Engländer über Deutsche				
	ges.	Altersgruppen				ges.	Altersgruppen			
		16–29	30–44	45–59	60 u. ä.		16–29	30–44	45–59	60 u. ä.
	%	%	%	%	%	%	%	%	%	%
Beliebt	48	52	46	50	46	58	68	52	54	57
Unbeliebt	30	26	33	28	31	34	25	39	36	35
Andere Antwort	8	5	9	8	8	3	2	4	3	3
Weiß nicht	14	17	12	14	15	5	5	5	7	5
	100	100	100	100	100	100	100	100	100	100

WER KENNT WEN? WHO IS WHO?

Frage an Deutsche: „*Hier auf der Liste stehen die Namen von fünf englischen Politikern. Von welchem haben Sie schon gehört?*" (L)

Frage an Engländer: „*Hier auf der Liste stehen die Namen von fünf deutschen Politikern. Von welchem haben Sie schon gehört?*" (L)

Nachfrage zu jedem bekannten Politiker: „*Ist ... Ihnen persönlich sympathisch oder nicht sympathisch?*"

	Deutsche Januar 1979			
	Sympa- thisch %	Nicht symathisch %	Weder noch %	Unbe- kannt %
Harold Wilson	38	11	30	21 = 100
Edward Heath	32	9	26	33 = 100
James Callaghan	26	8	35	31 = 100
Margaret Thatcher	24	14	16	46 = 100
David Owen	10	4	21	65 = 100

	Engländer							
	Sympathisch		Nicht sympathisch		Weder noch		Unbekannt	
	1976 %	1979 %	1976 %	1979 %	1976 %	1979 %	1976 %	1979 %
Willy Brandt	41	52	3	5	24	23	32	20
Helmut Schmidt	14	37	3	7	28	28	55	28
Franz Josef Strauß	4	7	2	4	15	13	79	76
Helmut Kohl	1	3	×	2	5	9	94	86
Hans-Dietrich Genscher . .	1	3	×	1	3	4	96	92

DEUTSCH-ENGLISCHES VERHÄLTNIS

Frage an Deutsche und Engländer: *„Finden Sie, das Verhältnis zwischen der Bundesrepublik und England hat sich in letzter Zeit verbessert oder verschlechtert, oder ist es gleichgeblieben?"*

	Deutsche		Engländer
	1975 %	1979 %	1979 %
Verbessert	15	16	57
Verschlechtert	13	9	5
Gleichgeblieben	48	41	30
Weiß nicht	24	24	8
	100	100	100

WIRTSCHAFTSLAGE IM VERGLEICH

Frage an Deutsche und Engländer: *„Wie beurteilen Sie Ihre eigene wirtschaftliche Lage?"*

„Einmal von Ihrer wirtschaftlichen Lage abgesehen: Wie sind Sie mit Ihrer Lebenslage i n s g e s a m t zufrieden?"

	Januar 1979			Januar 1979	
Wirtschaftslage –	Deutsche %	Engländer %	Lebenslage –	Deutsche %	Engländer %
Sehr gut	5	8	Sehr zufrieden	7	15
Gut	43	7	Zufrieden	58	46
Es geht	38	53	Es geht	27	20
Nicht so besonders	9	23	Nicht so besonders		
Nicht gut	3	8	zufrieden	6	13
Keine Angabe	2	1	Gar nicht zufrieden	2	5
			Keine Angabe	×	1
	100	100		100	100

FREIHEITSGEFÜHL

Frage an Deutsche und Engländer: *„Wo, glauben Sie, ist die persönliche Freiheit alles in allem größer: in England oder in Westdeutschland, oder ist da kein Unterschied?"*

	Deutsche		Engländer	
	1976 %	1979 %	1976 %	1979 %
Im e i g e n e n Land größer	40	26	50	64
Im a n d e r e n Land größer	10	13	8	2
Kein Unterschied	32	48	15	25
Weiß nicht	18	13	27	9
	100	100	100	100

DEUTSCHLAND; WAS IST DAS?

Fragen an Engländer: „*Wenn Sie das Wort ,Deutschland' hören: woran denken Sie dann im ersten Moment: an die Bundesrepublik, an die DDR oder an beide zusammen?*"

„*Glauben Sie, daß eine Wiedervereinigung Deutschlands zu einem einzigen Staat in absehbarer Zeit, sagen wir innerhalb von 30 Jahren, möglich ist, oder glauben Sie das nicht?*"

Januar 1979

	Engländer insgesamt	Altersgruppen 16–29	30–44	45–59	60 u. ä.
	%	%	%	%	%
Die Bundesrepublik	43	43	44	45	41
Die DDR	4	5	4	3	4
Beide zusammen	50	51	50	50	49
Ganz verschieden	3	1	2	2	6
	100	100	100	100	100
Wiedervereinigung nicht möglich	58	62	63	54	49
Glaube an Wiedervereinigung	30	28	26	33	35
Unentschieden	12	10	11	13	16
	100	100	100	100	100

OPTION: USA

Frage an Deutsche (Engländer): „*Wenn Sie keine Deutsche/kein Deutscher (keine Engländerin/kein Engländer) wären, was wären Sie dann am liebsten? Könnten Sie es nach dieser Liste hier sagen?*"
(L)

Januar 1979

	Deutsche ges.	16–29	30–44	45–59	60 u. ä.	Engländer ges.	16–29	30–44	45–59	60 u. ä.
	%	%	%	%	%	%	%	%	%	%
Nordamerikaner	21	22	19	21	19	28	28	26	30	28
Schwede	18	19	20	15	17	14	15	17	13	9
Franzose	17	24	17	15	13	13	19	14	9	10
Holländer	12	9	12	12	16	12	10	12	14	11
Engländer	6	6	7	5	6	–	–	–	–	–
Deutscher	–	–	–	–	–	8	8	9	9	7
Spanier	4	3	4	6	3	3	4	4	2	3
Finne	3	3	4	3	2	1	1	1	×	1
Russe	1	1	2	1	×	1	1	×	1	1
Andere/keine Angabe	18	13	15	22	24	20	14	17	22	30
	100	100	100	100	100	100	100	100	100	100

FRANZOSEN

Frage: „Mögen Sie eigentlich die Franzosen, oder mögen Sie sie nicht besonders?"

	1965 Mai. %	1977 Okt. %	1981 Juli %
Mag sie	39	50	53
Mag sie nicht besonders .	35	20	19
Unentschieden	26	30	28
	100	100	100

Frage: „Waren Sie in den letzten zehn Jahren einmal in Frankreich?"

A	1964 Juli %	1977 Okt. %
Ja	20	40
Nein, aber früher mal	15	14
Nein, noch nie	65	46
	100	100

ITALIENER

Frage: „Mögen Sie eigentlich die Italiener, oder mögen Sie sie nicht besonders – einmal von den Gastarbeitern abgesehen?"

A	1964 Juli %	1977 Okt. %
Mag sie	19	33
Mag sie nicht besonders	45	37
Unentschieden	36	30
	100	100

Frage: „Waren Sie in den letzten zehn Jahren einmal in Italien?"

A	1964 Juli %	1977 Okt. %
Ja	25	44
Nein, aber früher mal	9	10
Nein, noch nie	66	46
	100	100

DAS WELT-FLÜCHTLINGSPROBLEM

Frage: „Die Cap Anamur, das deutsche Rettungsschiff, das drei Jahre lang vietnamesische Flüchtlinge gerettet und aufgenommen hat, ist jetzt nach Deutschland zurückgekehrt und wird nicht wieder auslaufen. Wußten Sie das oder hören Sie das zum ersten Mal?" (Ja, gewußt = 79%)

Frage: „Hier unterhalten sich zwei darüber. Wenn Sie das einmal lesen. Wem würden Sie eher zustimmen?"

August 1982
%

„Ich halte es für unmenschlich, daß das Rettungsschiff Cap Anamur seine Fahrten eingestellt hat. Dadurch wird es für viele Tausende vietnamesischer Flüchtlinge keine Rettung mehr geben" 29

„Uns blieb nichts anderes übrig, als die Fahrten einzustellen. Wir können doch nicht Flüchtlinge aus aller Welt einsammeln, für die wir dann hinterher bei uns keinen Platz haben" 51

Unentschieden 20

100

JAPANER

Frage: „Haben Sie schon einmal Japaner persönlich kennengelernt, oder waren Sie selbst schon einmal in Japan?"

	Juli 1981				
	Bev. ges.	Volks- schule	Höhere Schule	Berufs- tätige	Nicht- berufs- tätige
	%	%	%	%	%
Japaner kennengelernt	19	13	30	23	13
War selbst schon in Japan	1	1	1	1	1
Nein, nichts davon	80	87	69	76	86
	100	100	100	100	100

STEREOTYPEN

Frage: „Auf dieser Liste steht verschiedenes, was man so über die Menschen in den verschiedenen Ländern sagt. Wenn Sie jetzt die Japaner beschreiben sollten – was davon trifft alles auf die Japaner zu?" (L)

POSITIVE EIGENSCHAFTEN	1970 Mai %	1981 Juli %	NEUTRALE EIGENSCHAFTEN	1970 Mai %	1981 Juli %
Fleißig, arbeitsam	96	86	Obrigkeitsergeben	19	27
Höflich	62	66	Konservativ	7	15
Geschäftstüchtig	–	64			
Gewissenhaft, pflichtbewußt	62	59			
Diszipliniert, beherrscht	45	59	NEGATIVE EIGENSCHAFTEN		
Bescheiden, genügsam	–	58			
Tatkräftig, aktiv	57	56	Steif	4	8
Intelligent	20	44	Nur auf ihren Vorteil bedacht	8	8
Genau, exakt	16	36	Hochmütig, arrogant	×	3
Energiegeladen	25	25	Rebellisch, aufrührerisch	4	2
Idealisten	16	15	Leicht erregbar, aufbrausend	3	2
Lebenslustig, fröhlich	16	13	Dumm, einfältig	8	1
Gefühlsbetont	12	11	Streitsüchtig, aggressiv	3	1
Demokratisch	15	10	Faul, bequem	×	1
Reformfreudig	3	9	Oberflächlich, flatterhaft	×	1

Frage: „Mögen Sie eigentlich die Japaner oder mögen Sie sie nicht besonders?"

	Juli 1981 %
Mag sie	41
Mag sie nicht besonders	14
Unentschieden	45
	100

ASSOZIATIONEN

Frage: „*Darf ich Sie bitten, bei einem interessanten Experiment mitzumachen? Wenn man irgend-
ein Wort hört, fällt einem ja verschiedenes dazu ein. Wenn ich zum Beispiel sage ‚Haus‘, da könnten
Sie antworten: Dach – Fenster – Behaglichkeit und so weiter. Wenn Sie nun das Wort ‚Japan‘ hören:
Woran denken Sie da? Was fällt Ihnen da ein?*"

	1981 Juli %
WIRTSCHAFT UND SOZIALES	
Spezielle Produkte, Hersteller	58
Autos	44
Foto-, Filmapparate	14
Unterhaltungselektronik	13
Motorräder	7
andere Produkte (z. B. Reis, Tee, Seide, Perlen)	9
Industrieland, Wirtschaftsmacht	26
Fleißiges Volk, arbeitsame Menschen	19
Produzent billiger, preiswerter Waren	9
Große, gefährliche Konkurrenz für unsere Wirtschaft	8
Arbeitssituation und soziale Lage	4
Umweltprobleme, Umweltverschmutzung	2
ZWEITER WELTKRIEG	
Atombombe, Krieg	15
Hiroshima	8

	1981 Juli %
KUNST UND KULTUR, SITTEN UND BRÄUCHE	
Kunst und Kultur allgemein	10
Geisha	7
Kimono	6
Der Kaiser, Tenno	6
Eß- und Trinksitten (z. B. Teehaus, Essen mit Stäbchen)	5
Kirschblüte, Lotusblüte, Mandelblüte	4
LAND UND LEUTE	
Aussagen zur geographischen Lage, Beschaffenheit Japans	14
Beschreibung physischer Merkmale der Japaner, -innen	13
Große Bevölkerungszahl, viele Menschen	10
Tokio	5
Reise- und Urlaubsland	3

DER JAPANISCHE WIRTSCHAFTSERFOLG

Frage: „*Von den Japanern hört man ja in der letzten Zeit sehr oft, daß sie mit ihren Waren in vielen
Ländern großen Erfolg haben, eine große Konkurrenz sind. Auf der Liste hier sind einige Gründe
dazu aufgeschrieben, warum die japanische Wirtschaft so gut dasteht. Was meinen Sie, woran
könnte das liegen, was könnte da besonders eine Rolle spielen?*" (L)

	Juli 1981	
– Auszug –	Gründe, die Japaner nennen %	Gründe, die Deutsche nennen %
Japanische Produkte sind technisch besser	60	32
Japanische Produkte sind billiger	38	82
Japaner arbeiten härter	28	60
In Japan gibt es mehr Roboter, die Arbeitskräfte ersetzen	21	29
Japanische Geschäftsleute haben bessere Ideen	17	39
Japanische Arbeiter sind bescheidener, haben weniger Sozialleistungen	11	56
Japaner sind intelligenter	4	5
Japaner arbeiten lieber als andere	1	23

JAPAN-PRODUKTE

Frage: „*Wenn Sie einmal nachdem gehen, was Sie wissen oder vermuten, was glauben Sie, welche dieser japanischen Produkte sind im allgemeinen in der Qualität besser als deutsche, welche eher schlechter, und wo gibt es Ihrer Meinung nach keinen Unterschied? Verteilen Sie die Karten bitte entsprechend auf dieses Blatt.*" (K)

Frage: „*Hier habe ich einige Karten mit Waren, die auch in Japan hergestellt werden. Haben Sie bei irgendwas davon schon mal was von einer japanischen Marke gekauft? Wenn Sie mir die betreffenden Kärtchen einfach nennen.*" (K)

	Juli 1981				
	Da sind japanische Produkte – besser	schlechter	Kein Unterschied	Kein Urteil	Schon gekauft
	%	%	%	%	%
Fotoapparat	40	9	38	13 = 100	25
Filmkamera	34	9	39	18 = 100	8
Motorrad	34	10	38	18 = 100	6
Taschenrechner	30	8	45	17 = 100	29
Stereoanlage	24	11	45	20 = 100	15
Auto	22	22	43	13 = 100	10
Cassettenrecorder	21	10	50	19 = 100	19
Videorecorder	19	10	47	24 = 100	4
Radio	19	12	52	17 = 100	23
Fernglas	19	16	46	19 = 100	13
Fernsehapparat	16	18	50	16 = 100	11
Armbanduhr..............	14	21	44	21 = 100	16
Porzellanwaren	13	21	42	24 = 100	11
Hand-Sprechfunkgeräte	12	10	50	28 = 100	4
Stoffe, Textilien	6	24	44	26 = 100	13
Spielsachen	5	25	45	25 = 100	19

MADE IN GERMANY

Frage: „Haben Sie das: MADE IN GERMANY (Liste) schon einmal gesehen, oder lesen Sie das jetzt zum ersten Mal? – Wissen Sie was damit gemeint ist?"

Frage an Personen, die mit MADE IN GERMANY einen Begriff verbinden: „Was ist Ihre persönliche Ansicht: Kann man sagen, daß dieser Hinweis im g r o ß e n und g a n z e n auch heute noch für Qualität bürgt, oder kann man das nicht mehr sagen?"

	1962 Juli %	1981 Nov. %		1962 Juli %	1981 Nov. %
MADE IN GERMANY			MADE IN GERMANY		
schon einmal gelesen	92	98	ist als Begriff bekannt	83	94
bedeutet – deutsche Qualitätsware, Wertarbeit	14	11	und bürgt für Qualität – noch heute	51	65
in Deutschland hergestellte Waren	70	82	heute nicht mehr	22	20
Sonstiges/keine Angabe	8	5	Kein Urteil	10	9
MADE IN GERMANY unbekannt	8	2	MADE IN GERMANY kein Begriff	17	6
	100	100		100	100

DIE DEUTSCHEN: VON DRAUSSEN GESEHEN

Fragen in Frankreich, Großbritannien, den Niederlanden, Schweden, USA: „Mögen Sie die Westdeutschen, oder mögen Sie die Westdeutschen nicht?"*)

„Hat die Befreiung der Geiseln in Mogadischu durch eine Spezialeinheit des deutschen Grenzschutzes Ihre Meinung über die westdeutsche Regierung geändert: Ist Ihre Meinung von der Bonner Regierung jetzt besser oder schlechter als vorher, oder ist sie gleich geblieben?"

Oktober 1977

	Die Deutschen			Die deutsche Regierung		
Bevölkerung insgesamt in:	Mag sie %	Mag sie nicht %	Unent- schieden %	Bessere Meinung %	Schlechtere Meinung %	Weder noch %
Frankreich	42	28	30 = 100	28	3	69 = 100
Großbritannien	53	7	40 = 100	47	6	47 = 100
Niederlande	49	9	42 = 100	39	2	59 = 100
Schweden	50	7	43 = 100	27	6	67 = 100
USA	62	7	31 = 100	37	4	59 = 100

*) Eine Woche nach der Geiselbefreiung in Mogadischu organisierte das Institut für Demoskopie Allensbach zusammen mit anderen Instituten eine internationale Umfrage in Frankreich, Großbritannien, den Niederlanden, Schweden und USA.

BEFREUNDETE NATIONEN

Frage: „Welches Land der Welt betrachten Sie als besten Freund der Bundesrepublik?" (O)

	1965 Mai %	1977 Okt. %	1980 Sept. %	1981 Aug. %	1981 Nov. %
USA	49	54	51	49	48
Frankreich	9	10	17	18	15
Österreich	5	6	6	8	6
Schweiz	3	3	2	2	3
England	6	2	2	1	1
Andere Länder	10	8	7	7	6
Haben keinen Freund	×	9	4	9	8
Weiß nicht	20	14	14	9	13

VORBILD SCHWEIZ

Frage: „Gibt es irgendwelche Länder von denen Sie meinen, sie könnten für die Bundesrepublik in vieler Hinsicht ein Vorbild sein? Könnten Sie es mir nach dieser Liste hier sagen." (L)

	Bev. ges. %	16–20 %	21–29 %	Altersgruppen 30–39 %	40–49 %	50–59 %	60 u.ä. %	Schulbildung Volks- schule %	Höhere Schule %
Schweiz	42	38	35	41	43	47	45	40	45
Japan	22	23	19	23	24	27	17	19	25
Schweden	21	25	25	22	24	16	16	18	25
USA	19	23	18	18	18	16	21	20	17
Österreich	13	11	9	9	11	18	17	14	12
Holland	11	15	12	15	8	7	10	9	13
Frankreich	7	7	11	6	5	6	6	6	8
China	4	7	4	5	3	2	2	3	5
England	2	3	3	2	2	2	3	2	3
Jugoslawien	1	3	2	2	1	×	1	1	2
DDR	1	1	2	2	×	1	2	1	2
Sowjetunion	1	1	1	2	×	1	2	1	1
Brasilien	1	2	1	×	×	×	×	1	1
Keins davon	30	27	33	28	32	30	30	33	26

Juli 1981

B. AUSSENPOLITIK

Frage: „*Interessieren Sie sich für Außenpolitik?*"

	1979 Sept.	1980 Okt.	16–29	30–44	45–59	60 u.ä.	Volks- schule	Höhere Schule
	Gesamtbevölkerung			Altersgruppen			Schulbildung	
	%	%	%	%	%	%	%	%
Ja	40	47	46	50	51	43	38	65
Nicht besonders . .	41	37	39	38	34	38	43	28
Gar nicht	19	16	15	12	15	19	19	7
	100	100	100	100	100	100	100	100

Frage: „*Auf dieser Liste hier stehen einige Aussagen zur Außenpolitik. Was davon würden Sie auch sagen?*" (L)

	1979 Sept.
	%
Die Außenpolitik ist für ein Land wie die Bundesrepublik lebenswichtig	59
In der Außenpolitik erfährt man ja doch nie, was wirklich los ist, alles Wichtige geschieht hinter geschlossenen Türen	34
Es ist unmöglich, über Außenpolitik gut informiert zu sein, dazu passiert einfach zuviel . .	31
Außenpolitik ist so kompliziert, daß man kaum verstehen kann, was vorgeht	31
Die fähigsten Politiker sind in der Außenpolitik zu finden	17
Außenpolitik ist spannend	16
Außenpolitik ist für den einzelnen Bürger nicht so interessant, sie betrifft ihn ja kaum . . .	15
Über die Außenpolitik der Bundesrepublik gibt es zwischen den Parteien kaum Meinungs- unterschiede	12
Außenpolitik ist abstoßend, viele der Regierungen, mit denen wir verhandeln, sind unge- recht und grausam	9
Nichts davon	9

POLITISCHE ZUSAMMENARBEIT

Frage: „Mit welchen von diesen Ländern sollten wir möglichst eng zusammenarbeiten?" (L)

	1954 %	1959 %	1963 %	1968 %	1972 %	1975 %	1980 %	1983 %
USA	78	81	90	81	76	79	80	79
Frankreich	46	48	70	68	63	63	69	66
England	58	49	65	59	55	47	46	49
Japan	35	32	31	35	44	35	40	40
China	–	–	–	–	–	–	39	31
Italien	34	31	30	32	33	24	26	31
Russland	22	31	27	35	49	38	20	38
Polen	11	25	27	25	32	21	20	21
Spanien	42	27	20	21	21	16	19	27
Israel	13	19	17	24	25	19	18	18
Ägypten	–	–	–	–	–	–	16	14
Portugal	–	–	–	–	–	12	13	16

URTEIL ÜBER DIE DEUTSCHE AUSSENPOLITIK

Frage: „War unsere Außenpolitik in der letzten Zeit erfolgreich, oder finden Sie, die deutsche Stellung hat sich eher verschlechtert?"

	1961 Okt. %	1964 Dez. %	1966 Mai %	1970 Nov. %	1972 Dez. %	1973 Dez. %	1974 Sept. %	1979 Nov. %
Erfolgreich	14	15	9	53	54	33	30	35
Verschlechtert	36	31	38	13	15	26	35	12
Unverändert	24	29	25	20	15	28	29	33
Kein Urteil	26	25	28	14	16	13	6	20
	100	100	100	100	100	100	100	100

GLOBALE PROBLEME

Frage: *„Hier auf diesen Karten stehen politische Aufgaben, mit denen man sich weltweit befaßt.*
Könnten Sie mir bitte die Aufgaben heraussuchen, die Sie persönlich für die wichtigsten halten?"
(Nicht mehr als fünf Angaben) (K)

	1979 September %
Sicherung der Energieversorgung	66
Umweltschutz	57
Sicherung einer ausreichenden Ernährung der Menschen in allen Ländern	54
Entspannung, Verständigung zwischen Ost und West	54
Schutz der Menschenrechte in allen Ländern	51
Für eine stabile Lage der Weltwirtschaft sorgen	43
Dafür sorgen, daß durch das militärische Gleichgewicht von Ost und West der Frieden gesichert bleibt	38
Abrüstung	35
Daß der Geburtenanstieg in den Entwicklungsländern gebremst wird	28
Daß die Bürger in allen Staaten in politischen Dingen ausreichend entscheiden können	20
Die unterentwickelten Länder beim eigenständigen Aufbau einer leistungsfähigen Wirtschaft unterstützen	18
Daß die UNO weltweit mehr Einfluß auf die Politik der einzelnen Länder bekommt	9

NATIONALSTOLZ INTERNATIONAL

Frage: *„Sind Sie stolz, Deutsche(r), Engländer / Nordirländer / Irländer / Franzose / Belgier / Holländer / Spanier / Däne / Italiener zu sein? Würden Sie sagen ..."*

	1981				
	„sehr stolz" %	„ziemlich stolz" %	„nicht sehr stolz" %	„überhaupt nicht stolz" %	Unentschieden %
Republik Irland	66	25	5	1	3 = 100
England	55	31	8	3	3 = 100
Spanien	49	34	8	4	5 = 100
Nordirland	46	33	9	4	8 = 100
Italien	41	39	11	6	3 = 100
Frankreich	33	43	8	9	7 = 100
Dänemark	30	41	18	4	7 = 100
Belgien	27	44	12	7	10 = 100
Bundesrepublik	21	38	18	11	12 = 100
Holland	19	41	21	10	9 = 100

Umfrage in der Europäischen Gemeinschaft und Spanien im Auftrag der Stiftung pro mundi vita.
Bevölkerung ab 18 Jahre, Zahl der Interviews: 12 463.

C. EUROPÄISCHE GEMEINSCHAFT

Frage: „Sind Sie stolz darauf, ein Europäer zu sein? Würden Sie sagen ..."

A

	Bevölkerung insgesamt %	Juli 1982 Altersgruppen			
		16–29 %	30–44 %	45–59 %	60 u. ä. %
„Unbedingt stolz"	27	18	27	28	35
„Überwiegend"	33	30	32	36	36
„Eher nicht"	9	11	10	11	4
„Gar nicht"	8	11	9	4	6
Unentschieden	23	30	22	21	19
	100	100	100	100	100

Frage: „Sind Sie dafür oder dagegen, daß sich die EG, also die Europäische Gemeinschaft, zur politischen Gemeinschaft eines Vereinigten Europa weiterentwickelt?"

	1970 März %	1972 Febr. %	1974 März %	1975 Nov. %	1979 März %
Dafür	69	73	72	71	68
Dagegen	10	9	9	9	11
Unentschieden	21	18	19	20	21
	100	100	100	100	100

Frage: „Glauben Sie, Sie werden es noch erleben, daß sich die westeuropäischen Länder zu den Vereinigten Staaten von Europa zusammenschließen?"

	1953 Febr. %	1961 Okt. %	1969 Mai %	1974 März %	1979 März %
Ja, erleben	41	36	38	30	31
Nein, nicht erleben	29	30	42	51	47
Unentschieden	30	34	20	19	22
	100	100	100	100	100

ZUKUNFTSMUSIK

Frage: „Man kann ja an verschiedenes denken, wenn man von der EG hört, der ‚Europäischen Gemeinschaft'. Ich möchte Ihnen jetzt mal einiges vorlesen, und Sie sagen mir bitte jedesmal, ob man bei ‚Europäischer Gemeinschaft' daran denken könnte. Könnte man zum Beispiel denken an ..."

A   März 1979

	Ja	Nein	Keine Antwort
	%	%	%
Zukunft	84	8	8 = 100
Frieden	79	11	10 = 100
Fortschritt	77	11	12 = 100
Freundschaft	74	17	9 = 100
Sicherheit	73	15	12 = 100
Bürokratie	68	17	15 = 100
Butterberg	66	21	13 = 100
Freiheit	66	19	15 = 100
Macht	56	31	13 = 100
Arbeitslosigkeit	52	33	15 = 100
Wohlstand	49	33	18 = 100
Sozialismus	32	46	22 = 100

Frage: „Wie sollte das Vereinigte Europa aussehen, in welcher Form stellen Sie es sich vor? – Könnten Sie das bitte nach dieser Liste sagen?" (L)

	1970 März	1977 Aug.	1979 März
	%	%	%
„Es gibt eine übergeordnete europäische Regierung, die sich mit bestimmten Aufgaben befaßt, aber jedes Land hat noch seine eigene Regierung für besondere Regierungsaufgaben des Landes"	52	53	54
„Es gibt keine europäische Regierung; die Regierungen der einzelnen Länder treffen sich jedoch regelmäßig, um über eine gemeinsame Politik zu entscheiden"	16	21	22
„Es gibt nur noch eine europäische Regierung, und die nationalen Regierungen werden abgeschafft. Alle bisherigen Aufgaben der nationalen Regierungen übernimmt die europäische Regierung"	15	12	7
Nichts davon	4	4	6
Unentschieden	13	10	11
	100	100	100

WER GEHÖRT DAZU?

Frage: „Wie soll Ihrer Meinung nach ein Vereintes Europa aussehen – sollen nur die Länder Westeuropas dazugehören, oder soll ein Vereintes Europa auch Rußland und die osteuropäischen Länder einschließen?"

	1978 Sept. %	1979 März %	1982 Mai %
Nur die Länder Westeuropas	47	56	50
Auch Rußland und Osteuropa	34	25	31
Unentschieden	19	19	19
	100	100	100

EIN LANGER WEG

Frage: „Finden Sie, daß sich die Länder der Europäischen Gemeinschaft in den letzten Jahren näher oder nicht näher gekommen sind?"

A	1974 März %	1975 Okt. %	1977 Aug. %
Näher	43	53	43
Nicht näher	37	29	33
Unentschieden	20	18	24
	100	100	100

HOHEITSFRAGE

Frage: „Wären Sie damit einverstanden, wenn es über der Bundesregierung noch eine europäische Regierung gäbe, die über die gemeinsame Politik auf den Gebieten Außenpolitik, Verteidigung und Wirtschaft zu bestimmen hätte?"

	1970 Jan. %	1974 März %	1979 März %
Einverstanden	56	55	45
Nicht einverstanden . . .	20	21	31
Unentschieden	24	24	24
	100	100	100

... NACH EUROPA

Frage: „Wie rasch sollte die Entwicklung zu einem Vereinigten Europa sein? Schneller oder langsamer oder weiter wie bisher?"

A	1973 %	1975 %	1976 %	1978 %	1982 %
Schneller	49	47	41	38	50
Langsamer	4	6	9	7	6
Wie bisher	34	36	37	34	28
Unentschieden	13	11	13	21	16
	100	100	100	100	100

VEREINIGTE STAATEN VON EUROPA

Frage: „Wenn es um die Vereinigten Staaten von Europa geht, hört man ja verschiedene Ansichten. Ich werde Ihnen jetzt einiges vorlesen, und Sie sagen mir bitte immer, ob Sie dieser Ansicht unbedingt zustimmen, oder überwiegend, oder eher nicht, oder gar nicht zustimmen würden." (L)

Wenn gesagt wird:	Zustimmung – unbedingt %	über- wiegend %	eher nicht %	gar nicht %	Unent- schieden %
– Die Vereinigten Staaten von Europa wären ein erster Schritt zu einer Weltregierung, die Kriege verhindern würde					
1970	40	26	13	8	13 = 100
1979	31	31	14	9	15 = 100
– Die Vereinigten Staaten von Europa sollten zu einer dritten Kraft werden, an Stärke vergleichbar den Vereinigten Staaten von Amerika oder der Sowjetunion					
1970	36	34	11	5	14 = 100
1974	28	33	14	7	18 = 100
1977	30	43	13	4	10 = 100
1979	24	38	15	7	16 = 100
– Im Rahmen der Vereinigten Staaten von Europa könnten die europäischen Wissenschaftler den Vorsprung Amerikas einholen					
1970	27	36	12	6	19 = 100
1979	19	38	13	7	23 = 100
– In den Vereinigten Staaten von Europa hätten vor allem diejenigen, denen es bisher wirtschaftlich am schlechtesten geht, Chancen für ein besseres Leben					
1970	23	36	14	7	20 = 100
1979	24	46	10	6	14 = 100
– In den Vereinigten Staaten von Europa könnten sich die Menschen wahrscheinlich mehr leisten					
1970	18	33	19	8	22 = 100
1979	14	30	27	10	19 = 100
– In den Vereinigten Staaten von Europa besteht die Gefahr, daß die verschiedenen Völker ihre Kultur und ihre nationale Eigenart verlieren					
1970	9	20	20	26	15 = 100
1974	8	19	32	26	15 = 100
1979	3	14	30	30	23 = 100
– In einem Vereinigten Europa wäre das Leben teurer, und die Gefahr der Arbeitslosigkeit wäre größer					
1970	6	14	31	28	21 = 100
1979	8	20	32	21	19 = 100

EUROPA-PARLAMENT

Frage: *„Wissen Sie das zufällig: Gibt es ein europäisches Parlament?"*

Falls ,Ja': *„Und könnten Sie mir noch sagen, wie die Vertreter der Bundesrepublik in das Europa-Parlament kommen, von wem sie bestimmt oder gewählt werden?"*

	Mai 1982 %
Ja, es gibt ein europäisches Parlament	74
und zwar werden die Vertreter der Bundesrepublik gewählt/bestimmt von –	
– Volk	27
– Bundestag, Parlament	5
– Parteien	4
– Regierung	4
– anderen	2
– Weiß nicht	32
Nein, es gibt kein europäisches Parlament	2
Weiß nicht	24
	100

BESTIMMEN ODER BERATEN?

Frage: *„Wieviel Einfluß sollte das direkt gewählte Europäische Parlament haben? Sollte es die Regierungen der Mitgliedsländer nur beraten können, oder sollte es die Politik der Mitgliedsländer in einigen Bereichen bestimmen können oder in allen Bereichen bestimmen können?"*

A	1979 März %	1982 Mai %
In einigen Bereichen bestimmen	42	37
Nur beraten	35	32
In allen Bereichen bestimmen	8	7
Unentschieden	15	24
	100	100

EUROPÄISCHES WÄHRUNGSSYSTEM

Frage: *„Haben Sie davon gehört, daß die Staaten der Europäischen Gemeinschaft ein gemeinsames Währungssystem beschlossen haben, das heißt, daß die Währungen der einzelnen Länder miteinander verbunden sind?"* (Ja, gehört = 73%)

Wie stehen Sie dazu: *„Begrüßen Sie diesen Währungsverbund, oder sind Sie dagegen, oder ist Ihnen das ganz egal?"*

A	März 1979			
	Bev. Ges. %	Politische Orientierung		
		SPD %	CDU/CSU %	FDP %
Begrüße ich	40	41	38	56
Bin dagegen	16	14	18	9
Egal	22	20	23	18
Kein Urteil	22	25	21	17
	100	100	100	100

NUR EINE WÄHRUNG

Frage: *„Wären Sie dafür oder dagegen, wenn es keine D-Mark mehr geben würde, sondern nur noch ein einheitliches europäisches Geld?"*

... EINE FAHNE

„Wären Sie dafür oder dagegen, daß bei großen offiziellen Feierlichkeiten nicht mehr die deutsche Fahne, sondern eine Europafahne aufgezogen wird?"

	1970 Jan.	1977 Aug.	1979 März	1982 Mai		1970 Jan.	1977 Aug.	1979 März	1982 Mai
	%	%	%	%		%	%	%	%
Dafür	52	35	39	33	Dafür	35	21	27	21
Dagegen	26	49	40	45	Dagegen	41	60	43	52
Egal	14	11	15	15	Egal	18	15	25	22
Weiß nicht	8	5	6	7	Weiß nicht	6	4	5	5
	100	100	100	100		100	100	100	100

VORTEILE?

Frage: *„Hat die Bundesrepublik durch ihre Mitgliedschaft in der EG eigentlich mehr Vorteile oder mehr Nachteile, oder würden Sie sagen, die Vor- und Nachteile gleichen sich aus?"*

Frage: *„Finden Sie, es bringt für Sie persönlich alles in allem mehr Vorteile oder mehr Nachteile, daß wir Mitglied der Europäischen Gemeinschaft sind?"*

August 1977

Auswirkungen auf die –	Mehr Vorteile	Mehr Nachteile	Gleicht sich aus	Weiß nicht
	%	%	%	%
Bundesrepublik	15	25	46	14 = 100
Auskunftspersonen selbst	30	11	40	19 = 100
SCHULBILDUNG				
Volksschule	26	11	41	22 = 100
Höhere Schule	38	10	39	13 = 100

MILITÄRISCHE SICHERHEIT

Frage: *„Hier unterhalten sich zwei darüber, ob die Bundesrepublik in einem geeinten Europa militärisch sicherer oder weniger sicher sein wird. Welcher von beiden sagt eher das, was auch Sie denken?"* (B)

A	1979 März	1980 Sept.
	%	%
„Ich glaube, die Sicherheit der Bundesrepublik vor der militärischen Macht des Ostens würde sich in einem Vereinigten Europa verschlechtern. Denn in einem Vereinigten Europa werden Kommunisten mitbestimmen, und dadurch wird unser Sicherheitssystem durchlöchert."	17	19
„Ich glaube, die Sicherheit der Bundesrepublik wird sich in einem geeinten Europa erhöhen. Egal, welche Rolle die Kommunisten spielen, ein geeintes Europa ist einfach ein Machtblock, den so leicht niemand angreifen wird."	64	61
Unentschieden	19	20
	100	100

DEUTSCHE WIEDERVEREINIGUNG

Frage: *„Hier unterhalten sich zwei über Europa und die Wiedervereinigung Deutschlands. Wenn Sie das bitte einmal lesen. Welcher von beiden sagt eher das, was auch Sie denken?"* (BX)

Der eine: *„Ich habe Bedenken gegen die europäische Vereinigung, wie sie jetzt geplant ist, nur mit den westeuropäischen Ländern. Ich fürchte, wir verbauen uns damit die Chance zur deutschen Wiedervereinigung."*

Der andere: *„Die Wiedervereinigung Deutschlands ist im Augenblick gar nicht zu verwirklichen, aber die europäische Einigung ist möglich. Deshalb sollte man jetzt mit aller Kraft erst einmal ein vereintes Europa schaffen."*

A	März 1979			
	Ges.	SPD	CDU/CSU	FDP
Ein vereintes Europa –	%	%	%	%
ist jetzt vordringlich	69	72	67	77
ist Hindernis für deutsche Wiedervereinigung	12	10	14	8
Unentschieden	19	18	19	15
	100	100	100	100

KEIN FÜHRUNGSANSPRUCH

Frage: „Bei unseren europäischen Nachbarländern ist vieles nicht in Ordnung. Man hört nun oft die Ansicht, wir Deutschen müßten unseren Einfluß verstärken und mehr die Führung übernehmen, dann würden sich die Verhältnisse in der Europäischen Gemeinschaft bald bessern. Würden Sie da zustimmen oder nicht zustimmen?"

	1975 April	1979 März	1982 Mai	1983 Febr.	Politische Orientierung CDU/CSU	SPD	FDP	Grüne
	%	%	%	%	%	%	%	%
Nicht zustimmen	40	47	47	49	40	56	55	60
Zustimmen	31	30	26	31	40	24	19	13
Unentschieden	29	23	27	20	20	20	26	27
	100	100	100	100	100	100	100	100

KEINE CHANCE FÜR KOMMUNISTEN

Frage: „Glauben Sie, die Kommunisten werden durch die Europawahl in Europa mehr Einfluß bekommen als bisher, oder glauben Sie das nicht?"

	März 1979			
	Bevölkerung insgesamt	Politische Orientierung SPD	CDU/CSU	FDP
	%	%	%	%
Mehr Einfluß	23	18	25	23
Glaube ich nicht	55	59	54	53
Unentschieden	22	23	21	24
	100	100	100	100

AUFLÖSUNG WÜRDE BEDAUERT

Frage: „Angenommen, Sie hören auf einmal, daß die EG, die Europäische Gemeinschaft, wieder aufgelöst wird – wie würden Sie diese Nachricht aufnehmen? Wäre das in Ihren Augen –"

A	1970 März	1977 Aug.	1978 April	1979 März	1982 Mai
	%	%	%	%	%
Sehr bedauerlich	38	29	33	29	27
Ziemlich bedauerlich	30	36	31	41	36
Gleichgültig	16	18	16	17	16
Eher ein Vorteil	6	6	7	6	10
Kein Urteil	10	11	13	7	11
	100	100	100	100	100

D. VEREINIGTE STAATEN VON AMERIKA

Frage: „Mögen Sie eigentlich die Amerikaner, oder mögen Sie sie nicht besonders?"

	1957 Jan. %	1961 Apr. %	1965 Mai %	1967 Jan. %	1973 Juni %	1975 März %	1979 Aug. %	1980 Sept. %	1981 Sept. %	1982 Nov. %
Mag sie	37	51	58	47	48	42	50	51	56	53
Mag sie nicht besonders	24	16	19	24	24	21	23	22	18	22
Unentschieden	39	33	23	29	28	37	27	27	26	25
	100	100	100	100	100	100	100	100	100	100

			November 1982							
	Männer	Frauen	Altersgruppen				Politische Orientierung			
			16–29	30–44	45–59	60 u. ä.	SPD	CDU/CSU	FDP	Grüne
	%	%	%	%	%	%	%	%	%	%
Mag sie	54	53	52	55	55	50	48	61	59	38
Mag sie nicht besonders	22	21	22	21	20	23	26	17	12	33
Unentschieden . . .	24	26	26	24	25	27	26	22	29	29
	100	100	100	100	100	100	100	100	100	100

GUTES KLIMA

Frage: „Hat sich Ihre Meinung über die Amerikaner in der letzten Zeit eher verbessert oder eher verschlechtert, oder ist sie gleichgeblieben?"

	1968 Nov. %	1972 April %	1977 Feb. %	1980 Jan. %	1980 Sept. %	Personen die über die Amerikaner sagen – mag sie %	mag sie nicht %
			Bevölkerung insgesamt				
Verbessert	5	10	18	19	6	10	2
Verschlechtert	36	34	20	26	18	11	40
Gleichgeblieben	48	42	51	46	66	76	51
Unentschieden	11	14	11	9	10	3	7
	100	100	100	100	100	100	100

Frage: „*Hier unterhalten sich zwei Männer über die Amerikaner. Wer von den beiden sagt das, was auch Sie darüber denken, wem würden Sie eher recht geben?*" (B, X)

	1965	1981
	Mai	August
	%	%
„Ich finde, die Amerikaner tun nur nach außen so scheinheilig, als ob ihnen die Freiheit wichtig wäre. Im Grunde geht es nur darum, den amerikanischen Absatz auf dem Weltmarkt zu sichern"	18	27
„Ich finde, die Amerikaner sind ehrlich bemüht, die Freiheit in der Welt zu verteidigen. Natürlich haben sie auch wirtschaftliche Interessen, aber viel wichtiger ist ihnen die Freiheit und die Demokratie"	67	55
Unentschieden	15	18
	100	100

USA – NUR DEN GRÜNEN UNSYMPATHISCH

Frage: „*Auf diesen Karten stehen verschiedene Wörter. Bei diesen Wörtern kann man ja verschieden fühlen, ob sie einem sympathisch sind oder nicht sympathisch. Könnten Sie bitte diese Karten einmal hier auf das Blatt verteilen, je nachdem, wie Sie das fühlen. Wenn Sie sich bei einem Wort wirklich nicht entscheiden können, legen Sie die Karte bitte beiseite.*" (K)

	Mai 1981				
	Bev.	Politische Orientierung			
– Auszug –	insges.	CDU/CSU	SPD	FDP	Grüne
Die USA sind –	%	%	%	%	%
sympathisch	65	75	63	62	25
unsympathisch	17	10	17	20	46
Unentschieden	18	15	20	18	29
	100	100	100	100	100

DIE AMERIKANER: ...

Frage: „Es gibt die verschiedensten Ansichten über die Amerikaner. Hier sind einige davon aufgeschrieben. Was davon ist Ihrer Ansicht nach ganz typisch für die Amerikaner, was trifft genau auf sie zu?" (L)

	1958	1962	1980
	%	%	%
Geschäftstüchtig	67	56	62
Fortschrittlich, gehen mit der Zeit	–	61	58
Technisch begabt, erfinderisch	44	46	55
Stellen die persönliche Freiheit über alles	46	50	53
Sehr nationalbewußt, stolz auf ihr Vaterland	–	39	53
Verschwenderisch, legen zuviel Wert auf Luxus	47	36	49
Tatkräftig, haben großen Unternehmungsgeist	47	47	48
Machen sich das Leben schön, haben was von ihrem Leben	–	49	41
Kameradschaftlich, hilfsbereit	44	39	37
Natürlich, unbefangen, herzlich	26	35	35
Heiter, fröhlich	–	31	33
Großsprecherisch, prahlen zuviel	32	22	32
Ehrlich, gerade heraus, offen	22	30	29
Leben wahrscheinlich glücklicher als wir	–	41	29
Gläubig, religiös	16	22	28
Haben viel Humor	–	21	27
Verweichlicht, verwöhnt	26	25	25
Fleißig, arbeitsam	24	24	22
Jeder meint, er muß das haben, was der Nachbar auch hat, einer schaut auf den anderen	–	15	22
Können sich nicht benehmen, schlechte Manieren	–	–	21
Zuverlässig, verläßlich	–	–	19
Schlechte Soldaten	19	16	18
Höflich, zuvorkommend	–	23	18
Kultiviert, gebildet	–	20	17
Rücksichtslos gegen andere	–	13	16
Unberechenbar	12	13	15
Hochmütig, eingebildet	17	11	12
Erziehen ihre Kinder gut, verstehen was von der Kindererziehung	–	13	12
Sind nicht oberflächlich, nehmen das Leben ernst	–	10	11
Falsch, hinterlistig, unaufrichtig	4	3	4

... STEREOTYPEN

Frage: „*Würden Sie zustimmen oder nicht zustimmen, wenn jemand sagt:*"

Mai 1981

	Zustimmen	Nicht zustimmen	Unent- schieden
	%	%	%
„Die Amerikaner sind als Konsum- und Wegwerfge- sellschaft ein abschreckendes Beispiel für den Rest der Welt"	60	23	17 = 100
„Kein Land tritt immer wieder so für die Demokratie ein, ist ein so starkes Bollwerk gegen kommunisti- sche Diktaturen wie die USA"	57	21	22 = 100
„Die USA scheuen keine Mittel, um ihre Position als Weltmacht zu stärken. Dafür unterstützen sie sogar faschistische Unrechtsregime in Mittel- und Südame- rika"	47	22	31 = 100
„Die USA sind heute endlich wieder eine zuverlässi- ge Führungsmacht des Westens, die aus einer Posi- tion der Stärke für Sicherheit gegenüber dem Osten sorgt"	47	26	27 = 100
„Auf Amerika als Weltmacht kann man sich nicht verlassen,weil die selbst im eigenen Land mit vielen Problemen nicht fertig werden können"	37	41	22 = 100
„Die USA sind nach wie vor das Land der unbegrenz- ten Möglichkeiten, wo jeder einzelne die Chance hat, sein Glück zu machen"	32	49	19 = 100
„Die USA steuern wieder auf den ‚kalten Krieg' zu und machen die Welt dadurch wieder unsicherer" . .	27	53	20 = 100

ZUM VERGLEICH

Frage: „Hier auf dieser Liste steht verschiedenes, was sich in Zukunft in unserer Gesellschaft verändern kann. Könnten Sie mir zu jedem Punkt sagen, ob Sie eine solche Entwicklung begrüßen oder ablehnen würden?"

Juli 1981

ÜBEREINSTIMMUNGEN	Begrüße ich	Lehne ich ab	Unentschieden
Wenn in Zukunft –	%	%	%
mehr Wert gelegt wird auf familiäre Bindungen			
USA	91	5	4 = 100
Bundesrepublik	88	4	8 = 100
mehr Wert gelegt wird auf persönlich Entfaltung			
USA	75	15	10 = 100
Bundesrepublik	88	3	9 = 100
weniger Wert auf Geld gelegt wird			
USA	70	21	9 = 100
Bundesrepublik	60	21	19 = 100

ABWEICHUNGEN

Wenn in Zukunft –

der Autorität wieder mehr Achtung gezollt wird			
USA	89	6	5 = 100
Bundesrepublik	53	30	17 = 100
mehr Wert auf technischen Fortschritt gelegt wird			
USA	75	12	13 = 100
Bundesrepublik	48	26	26 = 100
die Arbeit im Leben weniger wichtig genommen wird			
USA	25	69	6 = 100
Bundesrepublik	38	42	20 = 100
sexuelle Freiheit als selbstverständlich angesehen würde			
USA	29	62	9 = 100
Bundesrepublik	28	45	27 = 100

FÜHRUNGSROLLE

Frage: „Wie stark ist Ihr Vertrauen darauf, daß die Vereinigten Staten heute fähig sind, in Weltproblemen eine kluge Führungsrolle zu übernehmen?"

	1979 Aug.	1980 Sept.	1981 Mai	16–29	30–44	45–59	60 u. ä.	SPD	CDU/CSU	FDP
	Bevölkerung inges.				Altersgruppen			Politische Orientierung		
	%	%	%	%	%	%	%	%	%	%
Sehr stark	8	6	8	5	9	11	8	7	9	10
Ziemlich stark . . .	26	28	34	30	33	35	40	30	43	34
Nicht so stark	42	43	39	41	46	43	26	45	34	36
Gar nicht	12	10	8	10	7	6	7	8	2	15
Unentschieden . . .	12	13	11	14	5	5	19	10	12	5
	100	100	100	100	100	100	100	100	100	100

INTERESSE AN AMERIKANISCHER POLITIK

Frage: „Interessieren Sie sich für den Wahlkampf in Amerika, wer dort der nächste Präsident wird?"

	Bev. ges.	16–29	30–44	45–59	60 u. ä.	Bev. ges.	16–29	30–44	45–59	60 u. ä.
	August 1976		Altersgruppen			September 1980		Altersgruppen		
	%	%	%	%	%	%	%	%	%	%
Ja	34	36	38	34	26	40	38	43	42	36
Nicht besonders . .	39	41	42	37	35	42	45	42	42	41
Gar nicht	27	23	20	29	39	18	17	15	16	23
	100	100	100	100	100	100	100	100	100	100

NAMEN AUS DER POLITIK

Frage: „Hier habe ich die Namen von amerikanischen Politikern aufgeschrieben. Könnten Sie mir bitte sagen, von welchen Sie schon einmal gehört haben?" (L)

Nachfrage an Personen, die mindestens von einem der Politiker gehört haben: „Halten Sie diesen Politiker für das Amt des amerikanischen Präsidenten für geeignet oder nicht geeignet?"

	Jimmy Carter		Edward Kennedy		Ronald Reagan		John Anderson	
	Bekannt	Geeignet	Bekannt	Geeignet	Bekannt	Geeignet	Bekannt	Geeignet
	%	%	%	%	%	%	%	%
Bevölkerung insgesamt	98	43	93	23	78	10	32	3
SCHULBILDUNG Volksschule . .	97	45	90	23	70	9	23	2
Höhere Schule .	99	37	98	23	92	11	47	5

(Alle Tabellen unter NAMEN AUS DER POLITIK: September 1980)

CARTER UND DIE RUSSEN

Frage: „Glauben Sie, daß sich Carter gegenüber den Russen besser behaupten wird als seine Vorgänger oder weniger gut oder gleich?"

Mai 1977

	Bev. insges. %	Politische Orientierung SPD %	CDU/CSU %	FDP %
Besser	35	33	38	38
Weniger gut .	9	11	9	12
Gleich	26	29	24	31
Weiß nicht . .	30	27	29	19
	100	100	100	100

H. KISSINGER

Frage: „Haben Sie schon von Kissinger gehört?" (Ja = 92%)

„Könnten Sie mir sagen, wer Henry Kissinger ist, was er macht?"

Februar 1980

	%
Richtige Antworten (früherer Außenminister von USA) . .	55
Vage Antworten (Amerikanischer Politiker) .	20
Weiß nicht	17
Nichts gehört von Henry Kissinger	8
	100

DREI PRÄSIDENTEN

Frage: „In Amerika ist ja nun Ronald Reagan (1976: Jimmy Carter, 1960: John F. Kennedy) zum Präsidenten gewählt worden. Was halten Sie von Reagan (Carter/Kennedy) persönlich: Ist er ein sympathischer Mensch, oder ist er Ihnen nicht so sympathisch.

„Was glauben Sie, ist es für Deutschland gut oder nicht gut, daß Reagan (Carter/Kennedy) Präsident geworden ist?"

	John F. Kennedy 1960 %	Jimmy Carter 1976 %	1980 %	Ronald Reagan 1980 %		John F. Kennedy 1960 %	Jimmy Carter 1976 %	Ronald Reagan 1980 %
Sympathisch	59	41	41	36	Gut für			
Nicht so					Deutschland . .	28	24	27
sympathisch .	8	21	36	22	Nicht gut	6	15	17
Kein Urteil . .	33	38	23	42	Kein Urteil . . .	66	61	56
	100	100	100	100		100	100	100

RONALD REAGAN

Frage: „Haben Sie von Ronald Reagan alles in allem eine gute Meinung oder keine gute Meinung?"

	1980 Okt. %	1981 Mai %	1981 Dez. %	1982 Okt. %
Gute Meinung ..	13	43	33	24
Keine gute Meinung	33	22	38	46
Unentschieden..	54	35	29	30
	100	100	100	100

Frage: „Finden Sie, der politische Kurs von Präsident Reagan ist alles in allem eher zu hart, zu weich oder gerade richtig?"

	1981 Mai %	1981 Dez. %	1982 Nov. %	1983 Juni %
Zu hart	25	38	47	40
Zu weich	2	4	4	6
Gerade richtig ...	45	33	18	24
Unentschieden ...	28	25	31	30
	100	100	100	100

REAGAN IN BONN

Frage: „Zur Zeit finden ja im Zusammenhang mit dem Besuch von Ronald Reagan in der Bundesrepublik verschiedene Kundgebungen und Demonstrationen statt. So zum Beispiel von Anhängern der Friedensbewegung und anderen Gruppierungen am 10. Juni eine Kundgebung in Bonn unter dem Motto ‚Aufstehen für den Frieden'. Finden Sie eine solche Veranstaltung gut oder nicht gut?"

	Juni 1982 %
Finde ich gut	51
Finde ich nicht gut	24
Unentschieden	25
	100

Frage: „Schon im letzten Herbst 1981 gab es in Bonn eine große Friedensdemonstration. Können Sie sich noch daran erinnern oder nicht mehr?" (Ja, erinnerlich = 68%)

Falls JA: „Wenn Sie die Demonstration im Herbst 1981 mit der vergleichen, die letzten Samstag stattgefunden hat: welche Demonstration hat Sie persönlich stärker beeindruckt, die vom Herbst letzten Jahres oder die jetzt vom Samstag?"

A

Beeindruckt –	Juni 1982 %
Die Demonstration vom Herbst 1981	33
Die Demonstration vom letzten Samstag	13
Beide gleich..	8
Unmöglich zu sagen	6
Keine Erinnerung an die Demonstration vom Herbst 1981	32
	100

ERDGAS AUS SIBIRIEN

Frage: *„US-Präsident Reagan hat ja verboten, daß amerikanische Firmen Ausrüstungsteile für die soujetische Gasleitung von Sibirien nach Westeuropa liefern. Dieses Verbot gilt auch für ausländische Tochterfirmen amerikanischer Unternehmen. Haben Sie davon gehört oder nicht gehört?"* (Ja, gehört = 85%)

„Finden Sie dieses Lieferverbot alles in allem richtig oder nicht richtig?"

„Glauben Sie, daß durch das Lieferverbot die deutsch-amerikanischen Beziehungen belastet werden oder meinen Sie, daß das diese Beziehungen nicht stört?"

	1982 Okt.		A	1982 Okt.
Lieferverbot:	%			%
Richtig	8		Belastet deutsch-amerikanische	
Nicht richtig	71		Beziehungen	59
			Stört sie nicht weiter	14
Unentschieden/keine Antwort	21		Unentschieden	18
	100		Nicht befragt: Personen, die das Lieferverbot „nicht richtig" fanden bzw. „unentschieden" waren	9
				100

LIEFERSTOP

Frage: *„Noch eine Frage zu dem Lieferstop für den Bau der soujetischen Gasleitung: Hier unterhalten sich zwei darüber. Wem würden Sie eher zustimmen?"* (B)

	1982 Sept. %
„Die Amerikaner machen mit der Sowjetunion ihre Geschäfte, dann sollen sie uns auch unsere Geschäfte machen lassen. Außerdem haben wir mit der Sowjetunion Lieferverträge abgeschlossen, die eingehalten werden müssen."	72
„Sicherlich machen auch die Amerikaner Geschäfte mit der Sowjetunion, zum Beispiel mit Weizenlieferungen, aber bei der Gasleitung geht es um etwas anderes: Durch die moderne Technik wird die Sowjetunion politisch und wirtschaftlich gestärkt, und deshalb sollte der Westen seine Lieferungen für den Bau der Gasleitung einstellen."	12
Unentschieden	16
	100

VERHÄLTNIS ZU DEN USA

Frage: „Hat sich das Verhältnis zwischen der Bundesrepublik und den Vereinigten Staaten in letzter Zeit verbessert, oder verschlechtert oder würden Sie sagen, es ist gleichgeblieben?"

	1973 Aug. %	1975 Aug. %	1980 Sept. %	SPD %	CDU/CSU %	FDP %
				Politische Orientierung		
Hat sich verbessert	10	17	7	10	5	4
Hat sich verschlechtert	27	12	28	17	39	32
Ist gleichgeblieben	50	59	53	60	46	55
Weiß nicht	13	12	12	13	10	9
	100	100	100	100	100	100

ORIENTIERUNGSPROBLEME

Frage: „Für die Bundesrepublik gibt es ja mehrere Möglichkeiten, wie sie ihre Außenpolitik künftig ausrichten kann. Auf dieser Liste sind diese Möglichkeiten beschrieben. Welche davon würden Sie für die beste halten, worauf sollte die Bundesrepublik besonderes Gewicht legen?" (L)

	1980 Sept. Bev. %	1983 Juli insges. %	Altersgruppen				Politische Orientierung			
			16–29 %	30–44 %	45–59 %	60 u. ä. %	CDU/ CSU %	SPD %	FDP %	Grüne %
Weiter eng an der Seite der USA stehen	57	47	38	44	52	56	67	36	38	9
Mit den Staaten der Europäischen Gemeinschaft eine eigene Politik betreiben	40	38	35	42	41	36	39	39	51	45
Eine Politik der Neutralität zwischen den Großmächten in Ost und West führen	31	38	44	41	35	30	26	47	41	71
Eine neutrale Position unter freundschaftlicher Abstimmung mit der Sowjetunion einnehmen	15	15	16	15	14	14	13	19	3	27
Eng mit der Sowjetunion zusammenarbeiten	4	5	6	6	3	5	5	5	6	5
Unentschieden	9	8	9	5	7	11	6	7	2	5

ANTI-AMERIKANISMUS – EINE RANDERSCHEINUNG

Elisabeth Noelle-Neumann

Wenn man die deutsche Bevölkerung fragt: „Was wäre Ihrer Ansicht nach die bessere Außenpolitik – sollten wir uns weiter mit den Amerikanern militärisch verbünden, oder sollten wir versuchen, ganz neutral zu sein?" –, dann ist die Mehrheit der Bevölkerung doch lieber mit den USA verbündet (Tabelle Seite 622). Allerdings sind hier die Unterschiede zwischen der jungen Generation und der übrigen Bevölkerung ausgeprägt: Während die Angehörigen der mittleren Jahrgänge – und erst recht die Älteren – im Verhältnis zwei zu eins dem Bündnis mit den USA den Vorzug geben, gibt es bei den unter 30jährigen eine Mehrheit für Neutralität: nämlich 45% gegenüber 40%, die der Ansicht sind: „Besser mit den USA verbündet".

Was in der Bundesrepublik als wachsender Anti-Amerikanismus wahrgenommen wird, ist anscheinend wieder nur eine sich selbst verstärkende Kombination von Medienberichterstattung und Amerika-kritischer Einstellung der jungen Generation, und zwar besonders derjenigen, die als Grüne die öffentliche Aufmerksamkeit fesseln. Sonst nämlich, in den nüchternen Trenddaten der Repräsentativumfragen seit Anfang der siebziger Jahre, kann man keinen wachsenden Antiamerikanismus in der bundesdeutschen Bevölkerung entdecken.

Die Frage zur deutschen Außenpolitik: „Sollten wir für die Zukunft mit Amerika und Rußland gleich eng zusammenarbeiten oder lieber enger mit Rußland oder enger mit Amerika – was meinen Sie?", wurde in fünf Umfragen zwischen 1973 und 1981 noch nie so ausgeprägt zugunsten Amerikas wie im Frühjahr 1981 beantwortet (Tabelle Seite 621).

Auch wenn man die Fragen anders formuliert und in jedem zweiten Interview fragt: „Wenn wir uns für eine dieser beiden Möglichkeiten entscheiden müßten – was ist dann für die Zukunft des deutschen Volkes wichtiger –, ein gutes Verhältnis zu Amerika oder ein gutes Verhältnis zu Rußland?", kommt man zum gleichen Resultat: keine Anzeichen von wachsendem Anti-Amerikanismus (Tabelle Seite 619).

Was man vielleicht atmosphärisch als Anti-Amerikanismus wahrnehmen könnte, ist ein distanziertes Verhältnis zur unbedingten Gefolgschaft gegenüber der Führungsmacht USA. Schon als die Frage nach der Bündnisloyalität zum erstenmal im Mai 1980 gestellt wurde, schien es vielen schockierend, wie die Deutschen ihre Rolle als Verbündete auslegten. Die Frage, im Mai 1981 abermals gestellt, lautete: „Sollte sich die Bundesrepublik in der gegenwärtigen Lage außenpolitisch ganz auf die Seite der Amerikaner stellen, oder sollte sie von Fall zu Fall entscheiden, ob sie mit den Amerikanern oder ihren eigenen Weg geht?" Schon 1980 fanden 56%, man sollte „von Fall zu Fall entscheiden", ein Jahr später hat sich diese Auffassung noch weiter ausgebreitet, jetzt vertreten sie 65%.

30% vor einem Jahr, 28% jetzt sind entschiedene Atlantiker. Noch schärfer zeigen sich die Tendenzen bei einer anderen Fragefassung, die den Verpflichtungscharakter und die Bündnisloyalität auf Gegenseitigkeit stärker herausarbeitet.

Wird „USA" spontan als sympathisch oder unsympathisch empfunden? Der Vokabeltest, jenseits rationaler Argumente so angelegt, daß die Gefühle spontan zum Vorschein kommen, zeigt die Sympathie der Deutschen für Amerika (Tabelle Seite 607).

65% empfinden, wenn sie das Wort USA sehen, Sympathie, 17% Antipathie. Die Anhänger von CDU/CSU, SPD und FDP sagen alle zu mehr als 60%: „USA – sympathisch." Aber wie ein Signal heben sich von ihnen die Grünen ab – offenbar eine andere Welt, und zwar eine antiamerikanische: 25% der Grünen, denen die USA sympathisch sind, stehen 46% gegenüber, die sagen: „unsympathisch".

Die Grünen und die übrige Bevölkerung unterscheiden sich gar nicht so sehr in ihrem kritischen Blick auf Amerika. Zu 60% (Grüne: 81%) stimmt die Bevölkerung insgesamt der Ansicht zu: „Die Amerikaner sind als Konsum- und Wegwerfgesellschaft ein abschreckendes Beispiel für den Rest der Welt." Nur 23% stimmen dieser Ansicht nicht zu (Tabelle Seite 609).

Fast jeder Zweite in der Erwachsenenbevölkerung (47%, Grüne 70%) denkt: „Die USA scheuen keine Mittel, um ihre Position als Weltmacht zu stärken. Dafür unterstützen sie sogar faschistische Unrechtsregime in Mittel- und Südamerika."

Was die große Mehrheit der Bevölkerung von den Grünen trennt, ist, daß sie an den USA nicht nur Schattenseiten, sondern Licht und Schatten sieht. Sie widersteht beispielsweise der Ansicht: „Die USA steuern wieder auf den kalten Krieg zu und machen die Welt dadurch wieder unsicher." „Das stimmt nicht", sagen 52% der Bevölkerung (Grüne 26%). Nur ein Viertel der Bevölkerung unterschreibt die Kalte-Kriegs-These: „Stimmt zu." Hier sind die Grünen mehrheitlich anderer Meinung: 56% von ihnen stimmen zu.

Dafür sieht fast die Hälfte der Bevölkerung die USA wieder in der Rolle als Verteidiger der Demokratie. „Die USA", so lautete eine im Interview vorgelegte These, „sind heute endlich wieder eine zuverlässige Führungsmacht des Westens, die aus einer Position der Stärke für Sicherheit gegenüber dem Osten sorgt." – „Das stimmt" sagen 47% der Bevölkerung (Grüne 15%) bei 26% Gegenstimmen (Tabelle Seite 609).

Der politische Kern der Sympathie der Deutschen für die USA zeigt sich bei dem Satz: „Kein Land tritt immer wieder so für die Demokratie ein, ist ein so starkes Bollwerk gegen kommunistische Diktaturen wie die USA." 57% der Deutschen bei nur 21% Gegenstimmen sagen: „Das ist meine Meinung."

Die Sympathien sind um so weniger zu trüben, als die Erfahrungen der Zeit nach dem Zusammenbruch von 1945 mitschwingen. Eine Frage im Mai 1981 lautete: „In den ersten Jahren nach dem zweiten Weltkrieg ging es in Westdeutschland darum, eine neue Demokratie aufzubauen. Haben nach Ihrer Ansicht die Amerikaner daran viel oder wenig mitgewirkt, damit das gelingen konnte?" 50% der Bevölkerung meinen: „sehr viel", und noch einmal 29%: „ziemlich viel".

Aber es gibt sonderbare Zeichen an der Wand: Im Blick auf die Zukunft unterscheidet sich das Meinungsklima in den USA und in der Bundesrepublik Deutschland in eigentümlicher Weise. 1978 kam das amerikanische Gallup-Institut auf die Idee zu fragen, was sich denn verstärken solle im Lebensgefühl und in den Einstellungen der Menschen. Im Mai 1981 legten wir daraufhin dieselbe Frage den Bürgern in der Bundesrepublik vor (Tabelle Seite 610).

In manchem treffen sich die deutschen und die amerikanischen Wunschvorstellungen: stärkere Betonung der Familie, auch der persönlichen Entfaltung, weniger Wert auf Geld legen. Aber in den Fällen, wo sich eine Bevölkerung für die Zukunft und zur technischen, wirtschaftlichen Kraftentfaltung rüstet, da gehen die Meinungen der Deutschen und Amerikaner weit auseinander.

Erschienen in Capital Heft 8/81

TRANSATLANTISCHE
UMORIENTIERUNG

Frage: „Was wäre Ihrer Ansicht nach die bessere Außenpolitik: Sollten wir uns weiter fest mit den Amerikanern militärisch verbünden, oder sollten wir uns ganz eng mit den anderen westeuropäischen Staaten zu einem politischen Block in Europa zusammenschließen?"

A	1974 März %	1979 März %	1981 Mai %
Politischer Block in Europa	41	38	32
Mit den Amerikanern verbünden	38	36	44
Unentschieden	21	26	24
	100	100	100

Frage: „Die einen sagen, wir sollten eng mit Frankreich zusammenarbeiten, dann wird Europa stark, und Amerika muß Rücksicht nehmen."

„Die anderen sagen: Nur Amerika garantiert unsere Sicherheit. Darum dürfen wir in erster Linie nicht die Amerikaner verärgern. Wie denken Sie?"

	1965 Jan. %	1980 Jan. %
Nur Amerika garantiert Sicherheit	48	45
Eng zusammen mit Frankreich . .	19	22
Unentschieden	33	33
	100	100

Frage: „Wenn wir uns für e i n e dieser beiden Möglichkeiten entscheiden müssen – was ist dann für die Zukunft des deutschen Volkes wichtiger: ein gutes Verhältnis zu Amerika oder ein gutes Verhältnis zu Rußland?"

	1954 Juni %	1975 Okt. %	1979 Nov. %	1981 Mai %
Amerika	62	52	63	65
Rußland	10	12	12	6
Unentschieden	28	36	25	29
	100	100	100	100

KRITISCHE SOLIDARITÄT

Frage: *„Darüber wie sich die Bundesregierung gegenüber der Politik der Amerikaner verhalten soll, kann man unterschiedlicher Meinung sein. Hier sind zwei Ansichten aufgeschrieben. Welcher würden Sie eher zustimmen?"* (L)

	1980 Mai	1981 Mai
	%	%
„Ich finde, wenn wir von den Amerikanern verlangen, daß sie uns in Europa beistehen, dann müssen wir ihnen jetzt durch Taten zeigen, daß wir ihre Politik in anderen Teilen der Welt unterstützen, auch wenn wir nicht mit allen Maßnahmen einverstanden sind, und dies Opfer von uns verlangt."	39	20
„Da bin ich anderer Meinung. Zwar sollten wir uns soweit wie möglich mit den Amerikanern solidarisieren, aber wenn sie eine unvernünftige Politik machen, dann können sie nicht von uns verlangen, daß wir uns Maßnahmen anschließen, die unseren eigenen Interessen schaden."	49	68
Unentschieden	12	12
	100	100

Frage: *„Darüber, wie die Beziehungen der Bundesrepublik zu anderen Staaten aussehen sollen, gibt es ganz unterschiedliche Ansichten. Könnten Sie einmal lesen, was die beiden hier sagen. Welchem würden Sie eher zustimmen?"* (B)

	September 1982
	%
„Das Bündnis mit Amerika und den anderen befreundeten Staaten der westlichen Welt hat der Bundesrepublik seit mehr als 30 Jahren den Frieden und die Freiheit gesichert. Als neutraler Staat wären wir allein zu schwach, um uns bei einem Angriff verteidigen zu können."	66
„Die Freiheit der Bundesrepublik ist auch dann nicht bedroht, wenn sie neutral wird. Und für den Weltfrieden und die Verständigung der Völker untereinander können wir mehr tun, wenn wir zu keinem der beiden Machtblöcke gehören."	22
Unentschieden	12
	100

ZUSAMMENARBEIT MIT AMERIKA UND RUSSLAND

Frage: *„Sollten wir für die Zukunft mit Amerika und Rußland gleich eng zusammenarbeiten, oder lieber enger mit Rußland oder lieber enger mit Amerika? Was meinen Sie?"* (X)

	1973 Mai	1977 Nov.	1978 Okt.	1980 Jan.	1981 Mai	1982 April	1983 Jan.	1983 April
	%	%	%	%	%	%	%	%
Gleich eng mit Amerika und Rußland	54	38	36	41	32	43	51	46
Enger mit Amerika	36	49	51	49	56	43	39	42
Enger mit Rußland	3	2	1	2	1	2	1	1
Kein Urteil	7	11	12	8	11	12	9	11
	100	100	100	100	100	100	100	100

	Politische Orientierung			Altersgruppen			
	SPD	CDU/CSU	FDP	16–29	30–44	45–59	60 u. ä.
GLEICH ENG MIT AMERIKA UND RUSSLAND	%	%	%	%	%	%	%
1973 – Mai	71	37	65	60	60	53	41
1977 – November	51	28	43	46	38	37	32
1981 – Mai	33	25	42	34	37	31	27
1982 – April	52	33	58	49	48	38	36
1983 – Januar	64	36	48	53	52	52	52
1983 – April	64	31	39	46	46	49	44

ENGER MIT AMERIKA							
1973 – Mai	20	55	29	28	34	38	44
1977 – November	37	65	48	40	52	53	61
1981 – Mai	51	67	48	51	57	59	57
1982 – April	34	58	32	33	40	49	50
1983 – Januar	28	58	41	37	41	40	40
1983 – April	24	60	49	39	41	41	45

NEUTRALITÄT

Frage: *„Was wäre Ihrer Ansicht nach die bessere Außenpolitik: Sollten wir uns weiter fest mit den Amerikanern militärisch verbünden, oder sollten wir versuchen, ganz neutral zu sein?"* (Zusatz 1961 und 1969: *„... wie zum Beispiel die Schweiz")*

	1961 Sept. %	1965 Sept. %	1969 Mai %	1973 Juni %	1975 Febr. %	1978 Okt. %	1980 Juli %	1981 Nov. %	1983 Juli %
Mit den Amerikanern verbünden	40	46	44	41	49	57	54	48	49
Neutral	42	37	38	42	36	27	27	33	34
Unentschieden	18	17	18	17	15	16	19	19	17
	100	100	100	100	100	100	100	100	100

DIE SCHUTZMACHT

Frage: *„Das ist ja sicher nicht leicht zu sagen, aber was meinen Sie: Unter welchen Voraussetzungen wären die Amerikaner bereit, ihre Truppen einzusetzen? Hier auf diesen Karten steht eine Reihe von Ereignissen. Legen Sie doch bitte diejenigen heraus, bei denen Sie sagen: wenn das geschieht, würden die Amerikaner mit militärischen Mitteln antworten und ihre Truppen einsetzen."* (L)

	Bev. ges. %	September 1980 Personen, die sagen, sie mögen die Amerikaner %	mögen nicht die Amerikaner %
die Bundesrepublik angegriffen wird	77	84	67
Kanada überfallen wird	65	69	59
die Russen in West-Berlin einmarschieren	63	69	53
die amerikanischen Geiseln im Iran getötet werden	51	54	46
die Araber dem Westen kein Öl mehr liefern	45	44	50
Frankreich angegriffen wird	44	48	37
die Russen in Österreich einmarschieren	34	36	31
die Russen in Jugoslawien einmarschieren	27	29	26
in einem Krieg die Niederlage Israels durch die Araber droht	25	27	24
Nordkorea einen Krieg gegen Südkorea beginnt	20	23	19
die Volksrepublik China Taiwan (Nationalchina) überfällt	8	9	7
Nichts davon	7	4	11

Frage: „*Hier unterhalten sich zwei über das Verhältnis zwischen den USA und der Bundesrepublik. Welcher von beiden sagt eher das, was auch Sie denken?*" (B, X)

	Mai 1981				
	Bevölkerung insgesamt %	16–29 %	Altersgruppen 30–44 %	45–59 %	60 u. ä. %
„Die Bundesrepublik braucht die Amerikaner als Schutzmacht heute so nötig wie vor dreißig Jahren, als die Allianz gegründet wurde. Daran hat sich nichts geändert. Deshalb müssen wir Deutschen weiterhin fest an der Seite der USA stehen und sie als Führungsmacht akzeptieren."	48	38	50	56	49
„In den letzten dreißig Jahren hat sich vieles verändert. Die Bundesrepublik hat im Kreis der großen Mächte an Bedeutung gewonnen. Mit der neuen Rolle der Deutschen in der Weltpolitik verträgt es sich nicht mehr, wenn wir uns in allem der amerikanischen Führung unterordnen."	35	43	38	33	26
Unentschieden	17	19	12	11	25
	100	100	100	100	100

KOHL IN WASHINGTON

Frage: „*Haben Sie davon gehört, daß Bundeskanzler Kohl kürzlich Präsident Reagan in Amerika besucht hat?*" (Ja, gehört = 94%)

„*Was ist Ihr Eindruck: Glauben Sie, daß sich durch Kohls Besuch bei Reagan unser Verhältnis zu Amerika verbessert oder nicht verbessert hat?*"

	November 1982 %
Verbessert	39
Nicht verbessert	25
Unentschieden	22
Weiß nicht	14
	100

ERBETENE GÄSTE

Frage: „*Wenn Sie morgen in der Zeitung lesen würden, die Amerikaner ziehen ihre Truppen aus Europa zurück. Würden Sie das begrüßen oder bedauern?*"

	1956 Juli %	1957 Dez. %	1962 Juni %	1970 Mai %	1973 Juni %	1976 Juni %	1978 Aug. %	1979 Sept. %	1981 Okt. %	1982 Okt. %
Begrüßen	51	34	12	22	23	15	17	11	17	21
Bedauern	22	34	59	51	45	55	57	60	59	55
Unentschieden	27	32	29	27	32	30	26	29	24	24
	100	100	100	100	100	100	100	100	100	100

E. SOWJETUNION

Frage: „Hat sich Ihre Meinung über die Sowjetunion in den letzten ein, zwei Jahren eher verbessert oder eher verschlechtert?"

A	1968 Nov. %	1972 April %	1977 Febr. %	1980 Jan. %	1981 Dez. %
Verbessert	31	40	13	5	15
Verschlechtert	54	8	30	61	25
Gleichgeblieben	5	38	48	25	50
Unentschieden	10	14	9	9	10
	100	100	100	100	100

VERSTÄNDIGUNGSBEREITSCHAFT

Frage: „Glauben Sie, daß die Russen heute im Grunde den guten Willen zur Verständigung mit dem Westen haben, oder glauben Sie das nicht?"

	1959 April %	1965 April %	1970 April %	1974 Juli %	1977 Febr. %	1980 Jan. %	1981 Juli %	1983 Jan. %
Glaube ich	17	23	33	29	27	16	36	45
Glaube ich nicht	57	56	46	55	60	70	48	37
Keine Meinung	26	21	21	16	13	14	16	18
	100	100	100	100	100	100	100	100

Frage: „Mögen Sie eigentlich die Russen oder mögen Sie sie nicht besonders?"

	Juli 1981 %
Mag sie	14
Mag sie nicht besonders	47
Unentschieden	39
	100

Januar 1983

	Bev. insges. %	SPD %	CDU/CSU %	FDP %	Grüne %
		Politische Orientierung			
Glaube ich	45	61	29	57	72
Glaube ich nicht	37	27	52	17	×
Keine Meinung	18	12	19	26	28
	100	100	100	100	100

VERBESSERTE BEZIEHUNGEN – ZU WESSEN NUTZEN?

Frage: „Wer hat, glauben Sie, von einer Verbesserung der deutsch-sowjetischen Beziehungen alles in allem den größeren Vorteil – die Sowjetunion oder die Bundesrepublik?"

	1973 Mai %	1977 Nov. %	1980 Jan. %
Die Sowjetunion	45	44	55
Die Bundesrepublik	9	6	6
Beide gleich	31	33	25
Unmöglich zu sagen	15	17	14
	100	100	100

Frage: „Hier sind einige Meinungen aufgeschrieben – wenn Sie das bitte einmal lesen. Wo würden Sie zustimmen, was ist auch Ihre Ansicht?" (L)

	1977 November %
VORTEILE FÜR DIE BUNDESREPUBLIK –	
Wenn wir unsere Beziehungen zur Sowjetunion verbessern, dann wird unsere Wirtschaft auch mehr Aufträge aus dem Osten bekommen	55
Eine Verbesserung der Beziehungen zur Sowjetunion bringt uns mehr Sicherheit vor dem Osten	38
Bessere Beziehungen zur Sowjetunion bringt uns der deutschen Wiedervereinigung näher	17
VORTEILE FÜR DIE SOWJETUNION –	
Bessere Beziehungen bringen hauptsächlich der Sowjetunion Vorteile, weil sie dadurch billig an Waren und Kredit kommt	48
Wenn wir unsere Beziehungen zur Sowjetunion verbessern, gewinnt damit die Sowjetunion im Westen mehr Ansehen und Einfluß	21
Eine Verbesserung unserer Beziehungen zur Sowjetunion bedeutet vor allem, daß die sowjetische Vorherrschaft in Osteuropa gestärkt wird	15

Frage: „Hier unterhalten sich zwei darüber, was die Sowjetunion mit ihrer Politik eigentlich will. Könnten Sie das bitte einmal lesen. Welcher sagt eher, was auch Sie denken?" (X, B)

A	1982 Januar %
„Die Sowjetunion will im Grunde nichts anderes, als den Einfluß behalten, den sie jetzt hat. Ihr kommt es in erster Linie auf die Sicherung ihrer Machtposition an."	25
„Da bin ich aber anderer Meinung. Die Sowjetunion tut nach wie vor alles, um ihren Einfluß in der Welt auszudehnen. Sie will vor allem ihren Machtbereich erweitern."	60
Unentschieden	15
	100

LEONID BRESCHNJEW

Frage: „Was für eine Meinung haben sie von Breschnjew – eine gute Meinung oder keine gute Meinung?"

A	1981 Nov.
	%
Gute Meinung	14
Keiner gute Meinung	39
Weder noch	43
Nicht bekannt	4
	100

Frage: „Nach allem, was Sie von Leonid Breschnjew gesehen oder gehört haben: Wie sympathisch finden Sie ihn als Mensch – würden Sie sagen:"

	1973 Mai %	1977 Nov. %
„Sehr sympathisch"	3	2
„Ganz sympathisch"	29	22
„Weniger sympathisch"	20	34
„Unsympathisch"	6	14
Kein Urteil	34	25
Breschnjew unbekannt	8	3
	100	100

GEFÜHL DER BEDROHUNG

Frage: „Haben Sie das Gefühl, daß wir von Rußland bedroht oder nicht bedroht sind?"

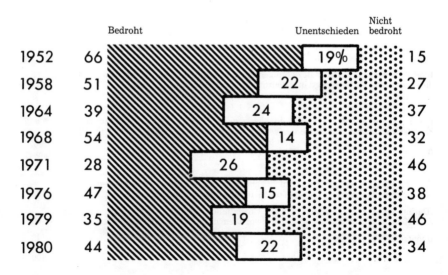

	Bedroht	Unentschieden	Nicht bedroht
1952	66	19%	15
1958	51	22	27
1964	39	24	37
1968	54	14	32
1971	28	26	46
1976	47	15	38
1979	35	19	46
1980	44	22	34

NÜTZLICHE BESUCHE?

Frage: „Breschnjew wird ja in Kürze die Bundesrepublik besuchen. Was halten Sie von diesem Besuch? Glauben Sie, es ist gut und nützlich für uns, wenn er kommt, oder bringt uns dieser Besuch weiter nichts ein, oder schadet er uns eher noch?"

Frage: „Es ist ja geplant, daß sich Bundeskanzler Helmut Schmidt und der sowjetische Parteichef Breschnjew im Sommer in Moskau treffen. Sind Sie dafür oder dagegen, daß Schmidt im Sommer nach Moskau fährt?"

	1973 Mai %	1977 Nov. %
Gut und nützlich	51	37
Bringt nichts weiter ein	28	45
Schadet eher	3	4
Keine Meinung	10	11
Breschnjew nicht bekannt	8	3
	100	100

A Mai 1980

	Bev. insg. %	Politische Orientierung SPD %	CDU/CSU %	FDP %
Dafür	69	85	56	81
Dagegen	12	6	22	5
Unentschieden	19	9	22	14
	100	100	100	100

ANDROPOWS ANGEBOT

Frage: „Der sowjetische Generalsekretär Andropow hat ja dem Westen das Angebot gemacht, nur soviel Atomraketen im europäischen Teil der Sowjetunion zu stationieren, wie Frankreich und Großbritannien zusammen haben. Dafür müßte die NATO aber darauf verzichten, amerikanische Atomraketen in Europa zu stationieren. Haben Sie davon gehört oder nicht?" (Ja, gehört = 81%)

„Sollte der Westen Ihrer Meinung nach diesen Vorschlag annehmen oder nicht annehmen?"

„Glauben Sie, daß dieser Vorschlag eine gute Lösung wäre, oder glauben Sie das nicht?"

	1983 Jan. %
Annehmen	30
Nicht annehmen	32
Unentschieden	38
	100

	1983 Jan. %
Gute Lösung	29
Glaube ich nicht	38
Unentschieden	33
	100

Frage: „Glauben Sie, das ist ein Versuch der Sowjetunion, die Bindung zwischen den USA und der Bundesrepublik zu lockern, oder glauben Sie das nicht?"

	Bevölkerung insgesamt %	Politische Orientierung CDU/CSU %	SPD %	FDP %	Grüne %
Ist ein Versuch	38	48	31	53	23
Glaube ich nicht	34	28	41	18	51
Weiß nicht	28	24	28	29	26
	100	100	100	100	100

Januar 1983

F. VERTEIDIGUNGSPOLITIK – NATO

Eine Frage zur Rüstung in Ost und West: *„Nachdem, was Sie wissen oder gehört haben – wie schätzen Sie das Kräfteverhältnis gegenwärtig ein? Ist der Oster stärker, oder der Westen stärker, oder sind Ost und West gleich stark?"*

	1976 Febr. %	1977 Nov. %	1978 Jan. %	1979 Nov. %	1980 Mai %	1981 Juli %
Osten stärker	57	48	46	48	49	52
Westen stärker	5	6	7	5	7	6
Gleich stark	24	33	34	31	27	27
Weiß nicht	14	13	13	16	17	14
	100	100	100	100	100	100

BEDINGT VERTEIDIGUNGSFÄHIG

Frage: *„Angenommen, die Russen würden einen Krieg anfangen – glauben Sie, daß wir heute mit der NATO zusammen genug Truppen haben und genug gerüstet sind, um einen russischen Angriff abzuwehren und die Russen nicht hereinzulassen, oder könnten wir uns im Ernstfall gegen die Russen nicht verteidigen?"*

	1971 Sept. %	1976 April %	1979 Sept. %	1980 Febr. %	1981 Mai %	1982 Dez. %
Könnten wir uns nicht verteidigen	37	29	31	35	41	32
Genug gerüstet	27	26	27	33	25	34
Weiß nicht	36	45	42	32	34	34
	100	100	100	100	100	100

Frage: *„Glauben Sie, daß die Russen zur Zeit dem Westen mit Mittelstreckenraketen überlegen sind, oder glauben Sie das nicht?"*

	März 1983 Bevölkerung insgesamt %	Politische Orientierung CDU/CSU %	SPD %	FDP %	Grüne %
Russen sind überlegen	61	72	52	61	38
Sind nicht überlegen	13	6	17	9	40
Weiß nicht	19	18	23	18	11
Unmöglich zu sagen	7	4	8	12	11
	100	100	100	100	100

NATO

Frage: *„Es ist jetzt 30 Jahre her, daß die NATO gegründet wurde, das westliche Verteidigungsbündnis, dem auch die Bundesrepublik angehört. Hier auf dieser Liste stehen einige Ansichten über die NATO, die man heutzutage hören kann. Könnten Sie die einmal lesen und mir sagen, wo Sie da zustimmen würden?"* (L)

	1979 September %
Durch die NATO sind sich die westlichen Länder erheblich nähergekommen	46
Der NATO verdankt die westliche Welt den Frieden	40
Ohne die NATO wären wir längst von den Kommunisten angegriffen und in den Ostblock eingegliedert worden	33
Die NATO ist nicht stark genug, um Europa gegen einen ernsten Angriff aus dem Osten zu verteidigen	29
Die NATO-Mitgliedsländer sind sich zu selten einig – jedes denkt nur an seine eigenen Interessen	26
Die NATO ist ein Verteidigungsbündnis, vor dem die Russen Furcht haben	25
Die NATO nützt vor allem den Amerikanern	15
Die NATO wird seit de Gaulle durch die Politik Frankreichs geschwächt	14
Die NATO ist nicht straff genug geführt, sie hat auf die Mitglieder zuwenig Einfluß	14
Solange es die NATO gibt, wird es zu keiner wirksamen Entspannung zwischen dem Westen und dem Ostblock kommen	8
Nichts davon	5
Weiß nicht, was mit „NATO" gemeint ist	13

Weitere Ergebnisse s. JB V, 553; VI, 291

DER WARSCHAUER PAKT

Frage: *„Die Bundesrepublik ist ja Mitglied im westlichen Verteidigungsbündnis NATO. Wissen Sie zufällig, wie das Militärbündnis der Ostblockstaaten heißt?"* (O)

I	1979 Sommer %
Es gaben zur Bezeichnung des Militärbündnisses der Ostblockstaaten	
– richtige Antworten (Warschauer Pakt, Warschauer Bündnis)	41
– falsche Antworten (z. B. Comecon, SEATO, UNO)	2
Name fällt mir im Moment nicht ein	57
	100

ALLIANCE NOTWENDIG

Frage: „Darüber, wie die Beziehungen der Bundesrepublik zu anderen Staaten aussehen sollen, gibt es ja ganz unterschiedliche Ansichten. Könnten Sie einmal lesen, was die beiden hier sagen. Welchem würden Sie eher zustimmen?" (B)

Der eine: „Das Bündnis mit Amerika und den anderen befreundeten Staaten der westlichen Welt hat der Bundesrepublik seit mehr als 30 Jahren den Frieden und die Freiheit gesichert. Als neutraler Staat wären wir allein zu schwach, um uns bei einem Angriff verteidigen zu können."

Der andere: „Die Freiheit der Bundesrepublik ist auch dann nicht bedroht, wenn sie neutral wird. Und für den Weltfrieden und die Verständigung der Völker untereinander können wir mehr tun, wenn wir zu keinem der beiden Machtblöcke gehören."

	1982 Dezember %
Als neutraler Staat und allein wären wir nicht verteidigungsfähig	66
Als neutraler Staat könnten wir für den Weltfrieden mehr tun	22
Unentschieden	12
	100

ABSCHRECKENDES

Frage: „Wenn jemand sagt, ein Angriff aus dem Osten kann am besten durch Abschreckung verhindert werden, wenn der Westen selbst ausreichend gerüstet ist. Würden Sie dem zustimmen oder nicht zustimmen?"

	1976 Feb. %	1978 Jan. %	1979 Sept. %	1981 Juli %	1982 Jan. %	1982 Nov. %
Zustimmen	58	58	55	53	47	55
Nicht zustimmen	23	22	21	22	26	25
Kein konkretes Urteil	19	20	24	25	27	21
	100	100	100	100	100	100

	September 1979			November 1982		
	Zustimmen	Nicht zustimmen	Unentschieden	Zustimmen	Nicht zustimmen	Unentschieden
ALTERSGRUPPEN	%	%	%	%	%	%
16–29 Jahre	47	29	24 = 100	45	36	19 = 100
30–44 Jahre	59	24	17 = 100	56	27	17 = 100
45–59 Jahre	55	18	27 = 100	62	18	20 = 100
60 und älter	57	15	28 = 100	57	19	24 = 100

NACH AFGHANISTAN

Frage: „Manche fürchten ja nun, daß die Sowjetunion in weitere Länder einmarschiert, um näher an den Indischen Ozean zu kommen und um die Ölversorgung des Westens abschneiden zu können. Deshalb wird von einigen Politikern gefordert, daß die NATO Maßnahmen trifft, um nicht nur Westeuropa, sondern auch diese Länder und damit unsere Ölversorgung zu schützen. Was meinen Sie: sollte die NATO auch für den Schutz dieser Staaten im Nahen Osten sorgen, oder sollte sie sich da besser raushalten?"

B	Januar 1980
	%
Auch diese Staaten schützen	50
Sich raushalten	38
Unentschieden	12
	100

VERZICHT AUF STEUERSENKUNG ZUGUNSTEN ERHÖHTER VERTEIDIGUNGSAUSGABEN?

Frage: „Für das Jahr 1981 ist ja eine spürbare Entlastung der Steuerzahler geplant. Es wurde nun auch der Vorschlag gemacht, die Steuern nicht so stark herabzusetzen, wie ursprünglich geplant, um dafür zusätzliche Mittel für Verteidigungsausgaben zu erhalten. Sind Sie mit einem solchen Vorschlag einverstanden oder nicht einverstanden?"

„Für das Jahr 1981 ist ja eine spürbare Entlastung der Steuerzahler geplant. Nach dem sowjetischen Einmarsch in Afghanistan wurde der Vorschlag gemacht, die Steuern nicht so stark herabzusetzen, wie ursprünglich geplant, um dafür zusätzliche Mittel für Verteidigungsausgaben zu erhalten. Sind Sie mit einem solchen Vorschlag einverstanden oder nicht einverstanden?"

A	März 1980				A	März 1980			
	Bev.	Politische Orientierung				Bev.	Politische Orientierung		
	ges.	SPD	CDU/CSU	FDP		ges.	SPD	CDU/CSU	FDP
	%	%	%	%		%	%	%	%
Einverstanden	23	18	33	25	Einverstanden	23	17	33	23
Nicht einverstanden . . .	58	68	48	63	Nicht einverstanden . . .	58	65	47	59
Unentschieden	19	14	19	12	Unentschieden	19	18	20	18
	100	100	100	100		100	100	100	100

Frage: „*Wenn Sie jetzt noch mal an die Verteidigungsbereitschaft Westeuropas denken: Genügt das Ihrer Meinung nach, was die westeuropäischen Länder zur Zeit für ihre militärische Sicherheit tun, oder müßten sie dafür mehr tun als bisher?*"

	1973 März %	1979 Sept. %	1980 Mai %	1981 Jan. %
Genügt	50	34	34	42
Mehr tun als bisher	26	38	41	34
Weiß nicht	24	28	25	24
	100	100	100	100

TRUPPENVERSTÄRKUNG

Frage: „*Wären Sie dafür oder dagegen, daß die NATO ihre Truppen verstärkt (Parallelumfrage: verringert)?*"

A	1971 Sept. %	1976 April %	1979 Sept. %	1980 Febr. %	A	1971 Sept. %	1976 April %	1979 Sept. %	1980 Febr. %
Für Verstärkung . . .	25	41	38	51	Für Verringerung . .	20	10	14	11
Dagegen	36	20	24	25	Dagegen	51	55	57	66
Unentschieden	24	28	25	18	Unentschieden	14	24	16	17
Es wissen nicht, was NATO bedeutet	15	11	13	6	Es wissen nicht, was NATO bedeutet	15	11	13	6
	100	100	100	100		100	100	100	100

NATO-NACHRÜSTUNG

Frage: „*Wenn Sie irgendwo das Wort NATO-Nachrüstung hören oder lesen: Können Sie mir sagen, was das heißt, was man darunter versteht?*" (O)

NATO-Nachrüstung bedeutet:	März 1981 %
Das Rüstungsgleichgewicht zwischen Ost und West, Wettrüsten	27
Allgemein: Aufrüstung, verstärkte Rüstung	16
Neue moderne Waffen für die NATO; mit der Rüstung auf dem neuesten Stand sein (darunter: Stationierung von Raketen in der BRD = 2%)	15
Erhöhte Rüstungsausgaben	3
Westliches Verteidigungsbündnis u. ä. allgemeine Erklärungen	2
Falsche Angaben	2
Weiß nicht	39

NEUTRONENBOMBEN

Frage: „*Haben Sie mal etwas von der Neutronenbombe oder Neutronenwaffe gehört?* (1978: Ja, gehört = 92%, 1981 = 80%)

Fragen an Personen, die schon von Neutronenwaffen gehört haben: „*Das entscheidet zwar der amerikaniche Präsident, aber was ist Ihre Meinung: Sind Sie dafür oder dagegen, daß die Neutronenwaffe gebaut wird?*"

„*Glauben Sie, der Westen braucht die Neutronenwaffe, um dem Osten nicht militärisch unterlegen zu sein, oder halten Sie die Neutronenwaffe nicht für notwendig?*"

„*Wenn die Bundesregierung entscheiden müßte, ob die Neutronenbombe bei uns in der Bundesrepublik stationiert werden soll, wären Sie dann dafür oder dagegen?*"

A	1978 April %	1981 März %
Gegen Bau von Neutronenwaffe	47	49
Für Bau von Neutronenwaffe	24	14
Unentschieden	21	17
Nichts gehört von Neutronenwaffe	8	20
	100	100
Westen braucht Neutronenwaffe	39	23
Neutronenwaffe nicht notwendig	30	33
Unentschieden	23	24
Nichts gehört von Neutronenwaffe	8	20
	100	100
Gegen Stationierung in der Bundesrepublik		46
Dafür		16
Unentschieden		18
Nichts von Neutronenwaffe gehört		20
		100

MITTELSTRECKENRAKETEN IN DEUTSCHLAND

Frage: „*Die NATO – das ist das westliche Verteidigungsbünbnis – plant als Gegengewicht zu den sowjetischen Mittelstreckenraketen, in den europäischen NATO-Ländern amerikanische Mittelstreckenraketen zu stationieren, zum Beispiel auch in der Bundesrepublik Deutschland. Meinen Sie, das sollte verhindert oder nicht verhindert werden?*"

A	1981 Aug. %	1981 Nov. %	1982 Nov. %
Sollte verhindert werden	47	45	47
Nicht verhindert werden	29	30	28
Unentschieden	24	25	25
	100	100	100

SCHLIMMSTENFALLS

Frage: „Kürzlich sagte jemand, wenn wirklich in Europa ein Krieg ausbricht, ist sowieso alles aus.
Da ist es ganz sinnlos, daß hier bei uns die Verteidigung verstärkt wird. – Würden Sie dem zustimmen oder nicht zustimmen?"

A

	Dezember 1982				
	Bevölkerung insgesamt	Altersgruppen 16–29	30–44	45–59	60 u. ä.
Zustimmen	49	51	48	47	48
Nicht zustimmen	37	34	40	39	36
Unentschieden	14	15	12	14	16
	100	100	100	100	100

ZIVILSCHUTZ

Frage: „Die einen sagen, wenn es bei uns zu einem Krieg kommt, dann ist sowieso alles aus,
dann helfen auch die besten Vorsorgemaßnahmen und der Katastrophenschutz nichts mehr.

Andere meinen, daß man bestimmt sehr viele Menschenleben retten kann, wenn man entsprechende Schutzmaßnahmen für die Zivilbevölkerung ergreift.

Was meinen Sie?"

	1977 Dez. %	1981 Juli %
Bei einem Krieg ist alles aus	33	45
Schutzmaßnahmen retten sehr viele Menschenleben	56	41
Unentschieden, weiß nicht	11	14
	100	100

ATOMVERZICHT

Frage: „Die NATO will darauf verzichten, in einem Krieg als erste Atomwaffen einzusetzen.
– Hier unterhalten sich zwei darüber, welcher sagt am ehesten das, was auch Sie darüber
denken?" (B)

	1983 Jan. %
„Wenn die Russen darauf verzichten, als erste Atomwaffen einzusetzen, dann sollte die NATO auch erklären, daß sie nicht als erste Atomwaffen verwendet."	64
„Die Russen sind mit anderen Waffen ohne Atom so überlegen, daß sich die NATO dagegen nicht verteidigen kann. Sie muß also das Recht behalten, notfalls als erste auch Atomwaffen zu gebrauchen."	17
Unentschieden	19
	100

FÜHRUNGSMACHT

Frage: „*Welches Land hat Ihrer Meinung nach in der NATO am meisten zu sagen, die Vereinigten Staaten, England, Frankreich oder Deutschland?*"

A	1971 Sept. %	1979 Sept. %
Vereinigte Staaten	74	67
Frankreich	1	2
England	×	1
Deutschland	1	3
Unentschieden	9	14
Weiß nicht, was mit „NATO" gemeint ist	15	13
	100	100

KLARER VORTEIL

Frage: „*Bringt die NATO für uns Westdeutsche alles in allem mehr Vorteile oder mehr Nachteile – was meinen Sie?*"

	1971 Sept. %	1979 Sept. %	1981 Dez. %
Mehr Vorteile	47	48	50
Mehr Nachteile	9	7	11
Weiß nicht	44	45	39
	100	100	100

Frage: „*Wie sympathisch sind Ihnen die folgenden Wörter?*"
(24 Wörter)

Auszug –

Mai 1981
NATO (Westliches Verteidigungsbündnis)

	Sympathisch %	Unsympathisch %	Unentschieden %
Bevölkerung insgesamt	65	17	18 = 100
ALTERSGRUPPEN			
16–29 Jahre	52	26	22 = 100
30–44 Jahre	68	15	17 = 100
45–59 Jahre	73	11	16 = 100
60 Jahre und älter	66	13	21 = 100
POLITISCHE ORIENTIERUNG			
CDU/CSU	77	10	13 = 100
SPD	60	19	21 = 100
FDP	57	16	27 = 100
Grüne	32	46	22 = 100

NATO-MITGLIEDSCHAFT

Frage: „*Sollte die Bundesrepublik weiterhin Mitglied in der NATO bleiben, oder sollte sie austreten?*"

	1971 Sept. %	1979 Sept. %	1981 Mai %
Weiterhin Mitglied	71	78	78
Austreten	5	2	6
Unentschieden bzw. weiß nicht, was mit „NATO" gemeint ist	24	20	16
	100	100	100

NATO-DOPPELBESCHLUSS

Frage: *„Seit einiger Zeit gibt es den sogenannten NATO-Doppelbeschluß. Darin haben die NATO-Länder einerseits vereinbart, als Gegengewicht zu den sowjetischen Mittelstreckenraketen selbst entsprechende Raketen in Mitteleuropa zu stationieren, und andererseits mit der Sowjetunion Verhandlungen über den Abbau der Rüstungen zu beginnen. Finden Sie diesen Doppelbeschluß alles in allem gut oder nicht gut?"*

	1981 Mai %	1981 Juli %	1981 Aug. %	1981 Okt. %	1981 Dez. %	1982 Jan. %	1982 Juni %
Finde ich gut	53	52	49	50	48	52	54
Finde ich nicht gut	20	21	26	22	22	22	24
Unentschieden	27	27	25	28	30	26	22
	100	100	100	100	100	100	100

Anmerkung:
Der Interviewer überreichte nach Vorlesen der Frage ein Blatt, auf dem der NATO-Doppelbeschluß noch einmal beschrieben war: „Stationierung von Mittelstreckenraketen als Gegengewicht zu den sowjetischen Raketen in Mitteleuropa. Verhandlungen mit der Sowjetunion über den Abbau der Rüstungen beginnen".

AUSSICHTEN

Frage: *„Wenn die Abrüstungsgespräche zwischen den USA und der Sowjetunion in Genf scheitern, sollen ja bei uns in der Bundesrepublik Ende diesen Jahres neue amerikanische Mittelstreckenraketen stationiert werden. Würden Sie sagen, daß Sie das alles in allem eher bedrückt, weil mehr Raketen mehr Gefahr bedeuten, oder eher beruhigt, weil dann das Gleichgewicht zwischen Amerika und Rußland wieder hergestellt ist?"*

	Januar 1983			
	Bevölkerung insgesamt %	Wähler der – CDU/CSU %	SPD %	Grünen %
Bedrückt mich	61	48	71	79
Beruhigt mich	19	33	11	6
Weiß nicht, unmöglich zu sagen	20	19	18	15
	100	100	100	100

G. ENTSPANNUNGSPOLITIK – OSTPOLITIK

Frage: „Sind Sie mit der Ostpolitik der Bundesregierung alles in allem zufrieden oder nicht zufrieden?"

	1974 April %	1975 Nov. %	1980 Febr. %	1981 Jan. %
Zufrieden	32	31	35	27
Nicht zufrieden .	40	41	38	38
Keine Meinung .	28	28	27	35
	100	100	100	100

Frage: „Finden Sie, daß sich die Ostpolitik, also die Verständigung mit den sozialistischen Staaten Osteuropas, bisher gelohnt oder nicht gelohnt hat?"

	1973 Mai %	1980 Jan. %
Hat sich gelohnt	49	51
Hat sich nicht gelohnt	29	28
Unentschieden	22	21
	100	100

Frage: „Machen Sie sich Sorgen oder keine Sorgen, daß wir vom Osten bedroht werden?"

	1976 Feb. %	1978 Jan. %	1979 Sept. %	1980 Feb. %	1981 Juli %	1982 Feb. %	Altersgruppen 16–29 %	30–44 %	45–59 %	60 u. ä. %
Ja	51	44	41	65	59	55	44	54	57	68
Nein	37	43	41	25	24	29	38	32	28	17
Unentschieden . . .	12	13	18	10	17	16	18	14	15	15
	100	100	100	100	100	100	100	100	100	100

KO-EXISTENZ

Frage: „Glauben Sie, daß die westlichen Länder und Rußland auf die Dauer friedlich miteinander auskommen können, oder glauben Sie das nicht?"

	1954 Dez. %	1956 Nov. %	1962 Juni %	1976 Juli %	1979 Sept. %	1980 Feb. %
Können friedlich auskommen	20	36	36	49	56	51
Glaube ich nicht	66	54	51	33	27	38
Keine Meinung	14	10	13	18	17	11
	100	100	100	100	100	100

Frage: „Sollte die Bundesregierung in Zukunft die Entspannungspolitik gegenüber dem Osten wie bisher fortsetzen, oder glauben Sie, es hat keinen Sinn, die Entspannungspolitik fortzusetzen?"

	1980 Jan. %	1981 Mai. %	Politische Orientierung SPD %	CDU/CSU %	FDP %
Entspannungspolitik fortsetzen	74	68	79	55	84
Hat keinen Sinn	17	17	8	25	10
Unentschieden	9	15	13	20	6
	100	100	100	100	100

H. RÜSTUNG UND ABRÜSTUNG

Frage: „Über die Fragen von Rüstung und Abrüstung kann man ja viele verschiedene Ansichten hören. Hier auf diesem Blatt sind einige aufgeschrieben. Welche davon entspricht am ehesten Ihrer Meinung?" (L)

	Bev. insges.	SPD	CDU/CSU	FDP	Grüne
	%	%	%	%	%
„Der Westen soll mit der Abrüstung beginnen, egal, ob der Osten dabei mitmacht oder nicht" . .	10	12	4	11	38
„Der Westen soll abrüsten, aber nur in dem Maß, in dem auch der Osten dazu bereit ist"	37	42	37	42	36
„Der Osten hat einen deutlichen Militärvorsprung; erst dann, wenn der Osten mit der Abrüstung begonnen hat, soll auch der Westen abrüsten"	19	15	25	12	6
„Der Westen soll erst einmal gar nicht abrüsten; nur durch westliche Stärke läßt sich der Friede garantieren"	9	7	11	8	2
„Ich kann zu dem ganzen Streit über Rüstung und Abrüstung nicht viel sagen; ich bin mir noch nicht im klaren darüber, was letztlich das beste ist"	25	24	23	27	18
	100	100	100	100	100

Dezember 1981
Politische Orientierung

EINDRUCK DER ERNSTHAFTIGKEIT VERSTÄRKT

Frage: „Haben Sie den Eindruck, daß der Osten (Parallelumfrage: Westen) ernsthaft an der Abrüstung interessiert ist?"

A	1956 April %	1964 April %	1981 Juli %	1981 Dez. %	1982 Juni %	1983 Febr. %
OSTEN						
Ja, bestimmt	8	6	13	17	17	19
Vielleicht	16	16	26	37	39	36
Bestimmt nicht	57	53	44	30	30	34
Unmöglich zu sagen	19	25	17	16	14	11
	100	100	100	100	100	100
WESTEN						
Ja, bestimmt	19	31	32	48	46	41
Vielleicht	28	30	34	30	33	35
Bestimmt nicht	34	16	20	10	12	15
Unmöglich zu sagen	19	23	14	12	9	9
	100	100	100	100	100	100

VORLEISTUNGEN

Frage: „Hier unterhalten sich zwei über Abrüstung. Wenn Sie das einmal lesen, wer von beiden sagt eher das, was auch Sie denken?" (B, X)

	1981 Juli %	1982 Jan. %	1982 Nov. %	1983 Jan. %
„Ein Staat, der einseitig abrüstet, liefert sich damit möglichen Angreifern aus. Man kann ihn erpressen, und dadurch wird er eher zur Unsicherheit beitragen als zum Frieden zwischen Ost und West" .	47	42	44	44
„Ich finde, bei der Abrüstung kann es nur dann einen Fortschritt geben, wenn eine Seite einmal damit anfängt. Das wäre ein Vertrauensbeweis, den die andere Seite nicht außer acht lassen kann. Das würde wirklich zu Frieden und Entspannung führen"	33	37	41	42
Unentschieden	20	21	15	14
	100	100	100	100

WIR WOLLEN LEBEN FREI VON FURCHT! DESHALB ...

Frage: *„Es gibt ja ganz verschiedene Auffassungen, wie der Frieden besser gesichert ist. Wenn Sie dieses Bild einmal ansehen. Zu welchen gehören Sie eher, zu den G oder zu den H?"*

	Januar 1983 %
Zu den G	56
Zu den H	14
Zu keinen von beiden	20
Unmöglich zu sagen	10
	100

SALT II

Frage: „Vor kurzem haben der amerikanische Präsident Carter und der sowjetische Parteichef Breschnjew in Wien ein Abkommen zur Begrenzung der Atomrüstung unterzeichnet, das sogenannte SALT II-Abkommen. Wußten Sie das, oder hören Sie das zum ersten mal?" (Ja, wußte ich = 77%)

Frage: „Was ist Ihr Eindruck von diesem Abkommen? Glauben Sie, damit ist der Frieden zwischen Ost und West sicherer geworden, oder glauben Sie das nicht unbedingt?"

Frage: „Und für wen bringt dieser Vertrag mehr Vorteile, für den Westen oder für den Osten?"

SALT II –	1979 Sept. %	Bringt Vorteile für –	1979 Sept. %
macht Frieden sicherer	20	den Osten	21
glaube ich nicht	40	den Westen	3
Unmöglich zu sagen	17	beide gleich	31
Wußte nichts von SALT II	23	Unmöglich zu sagen	22
	100	Wußte nichts von SALT II	23
			100

EIN ERSTER SCHRITT

Frage: „Hier unterhalten sich zwei über das SALT II-Abkommen. Welcher von beiden sagt eher das, was auch Sie denken?" (B)

	1979 Sept. %
„Ich finde es schon viel wert, wenn die Großmächte sich überhaupt an einen Tisch setzen und über die Begrenzung der Atomwaffen verhandeln. Das ist wenigstens ein erster Schritt zur Abrüstung."	46
„Solche Verhandlungen sind doch nicht viel wert. Die Großmächte reden zwar von Abrüstung, aber gleichzeitig geht der Rüstungswettlauf weiter."	24
Unmöglich zu sagen	7
Wußte nichts von SALT II	23
	100

ABRÜSTUNGSVORSCHLÄGE

Frage: „Der amerikanische Präsident Reagan hat ja neulich einen Vorschlag zur Abrüstung gemacht. Hier haben wir aufgeschrieben, was er vorgeschlagen hat. Vielleicht lesen Sie es sich einmal durch. Haben Sie schon davon gehört oder noch nicht?" (Ja, gehört = 74%)

„Amerika verzichtet darauf, in den NATO-Ländern Mitteleuropas zusätzlich Mittelstreckenraketen der Typen Pershing 2 und Tomahawk zu stationieren"

„Die Sowjetunion soll einen Teil ihrer Mittelstreckenraketen SS 4, SS 5 und SS 20, die auf Mitteleuropa gerichtet sind, abbauen"

„Halten Sie das für einen Vorschlag, der uns auf dem Weg zur Friedenssicherung weiterführt, oder bringt uns das nicht weiter?"

Dezember 1981

	Bringt uns weiter %	Bringt uns nicht weiter %	Unentschieden %
Bevölkerung insgesamt	45	22	33 = 100

Frage: „Vor kurzem hat der Kanzlerkandidat der SPD, Hans-Jochen Vogel den Vorschlag gemacht: Der Westen sollte bereits dann auf die Aufstellung eigener Raketen verzichten, wenn die Sowjetunion wenigstens einen Teil ihrer Raketen abbaut. Dazu gibt es zwei Ansichten:

Wenn die Russen die Zahl ihrer Mittelstreckenraketen erheblich vermindern, sollte der Westen auf die Aufstellung neuer Raketen ganz verzichten.

Der Osten darf kein Raketenmonopol haben. Wenn die Russen einen Teil ihrer Raketen stehen lassen, muß die NATO etwa ebenso viele Raketen aufstellen.

Wem würden Sie eher zustimmen, der einen oder der anderen?"

März 1983

	Bevölkerung insgesamt %	Politische Orientierung CDU/CSU %	SPD %	FDP %	Grüne %
Der Westen sollte ganz verzichten	33	18	43	41	73
Die NATO sollte Raketen aufstellen	41	58	27	24	13
Unentschieden	26	24	30	35	14
	100	100	100	100	100

NULL-OPTION

Frage: „Bei den Genfer Abrüstungsverhandlungen hört man jetzt öfter von der sogenannten Null-Option. Sie bedeutet, wenn die Sowjetunion ihre Mittelstreckenraketen verschrottet, dann werden die USA auf die Stationierung ihrer Pershing 2-Raketen in Europa verzichten. Haben Sie schon von der Null-Option gehört oder noch nicht gehört?" (Ja, gehört = 83%)

Frage: „Und finden Sie die Lösung der Null-Option gut oder nicht gut?"

Frage: „Wissen Sie zufällig, wer den Vorschlag mit der Null-Option gemacht hat? Die Deutschen, die Amerikaner oder die Russen?"

	Febr. 1983 %
Gut	65
Nicht so gut	12
Unentschieden	23
	100

	Febr. 1983 %
Die Deutschen	23
Die Amerikaner (Richtige Antwort)	27
Die Russen	5
Weiß nicht	45
	100

Frage: „Meinen Sie, diese Null-Option läßt sich verwirklichen oder nicht?"

Frage an Personen, die meinen, die Null-Option lasse sich verwirklichen: „An wem wird dieser Vorschlag Ihrer Meinung nach scheitern: an den Russen, weil sie ihre Raketen nicht abbauen, oder an den Amerikanern, weil sie neue Raketen aufstellen wollen?"

	Febr. 1983 %
Läßt sich verwirklichen	17
Läßt sich nicht verwirklichen	53
Weiß nicht	30
	100

	Febr. 1983 %
An den Russen	24
An den Amerikanern	6
An beiden	21
Unentschieden	2
	53

KRIEGERISCHE NATUR

Frage: „Glauben Sie, daß Kriege zu vermeiden sind oder in der Natur der Menschen liegen?"

Kriege –	Bevölkerung insgesamt %	Altersgruppen 16–29 %	30–44 %	45–59 %	60 u. ä. %	Schulbildung Volks- schule %	Höhere Schule %
sind vermeidbar	55	62	54	52	52	56	54
liegen in der Natur der Menschen	33	29	33	35	35	30	37
Unentschieden	12	9	13	13	13	14	9
	100	100	100	100	100	100	100

PERSÖNLICHES ENGAGEMENT

Frage: *„Es gibt ja verschiedene Möglichkeiten, wie sich der einzelne in der Abrüstungsdiskussion heute verhalten kann, was man alles tun kann. Wie verhalten Sie sich da? Was von dieser Liste trifft auf Sie zu?"* (L, X)

	1981 Dez. %
Ich verfolge laufend, was darüber in der Presse, im Radio und im Fernsehen gesagt wird . .	59
Ich unterhalte mich darüber oft mit Leuten, die auch so denken wie ich	34
Ich bemühe mich, die Argumente von Leuten kennenzulernen, die über Abrüstung anders denken als ich	29
Ich versuche, andere Leute von meiner Meinung zu überzeugen	15
Ich vertrete meine Meinung auch in der Öffentlichkeit, unterschreibe Aufrufe, verteile Flugblätter, nehme an öffentlichen Kundgebungen und Demonstrationen teil	6
Das ganze Thema von Rüstung und Abrüstung interessiert mich nicht, deshalb kümmere ich mich nicht darum	21

... OHNE KOMMUNISTISCHE BETEILIGUNG

Frage: *„In den letzten Monaten kam es in der Bundesrepublik öfter zu Unterschriftensammlungen, Demonstrationen und anderen Veranstaltungen gegen die Rüstung in Ost und West. Was ist Ihre Meinung: Sind Sie alles in allem dafür, daß gegen die Rüstung in Ost und West demonstriert wird* (Parallelumfrage: *auch wenn sich kommunistische Gruppen daran beteiligen) oder sind Sie grundsätzlich dagegen?"*

B   Juli 1981

	Ohne Erwähnung kommunistischer Beteiligung			Mit Erwähnung kommunistischer Beteiligung		
	Alles in allem dafür %	Grundsätzlich dagegen %	Unentschieden %	Alles in allem dafür %	Grundsätzlich dagegen %	Unentschieden %
Bevölkerung insgesamt	46	16	38 = 100	35	38	27 = 100
POLITISCHE ORIENTIERUNG						
SPD	52	16	32 = 100	44	35	21 = 100
CDU/CSU	39	21	40 = 100	26	49	25 = 100
FDP	52	13	35 = 100	35	32	33 = 100
Die Grünen	89	×	11 = 100	95	×	5 = 100

FRIEDENSBEWEGUNG

Frage: „Wenn Sie einmal an die Friedensbewegung bei uns in der Bundesrepublik denken, die sich ja dafür einsetzt, alle Waffen abzuschaffen. Wie stehen Sie persönlich zu dieser Bewegung? Würden Sie sagen, daß Sie selbst ein Anhänger der Friedensbewegung sind?" (Ja, Anhänger = 32%)

Frage an Anhänger der Friedensbewegung: „Arbeiten Sie aktiv in der Friedensbewegung mit, ich meine, daß Sie auch andere davon zu überzeugen versuchen, oder stehen Sie ihr einfach so nahe?"

	Bev. ges.	\multicolumn{4}{c}{Dezember 1982 Altersgruppen}			\multicolumn{2}{c}{Schulbildung}
		16–29	30–44	45–59	60 u. ä.	Volks- schule	Höhere Schule
	%	%	%	%	%	%	%
Anhänger der Friedensbewegung	32	51	32	22	22	29	38

	ges.	\multicolumn{6}{c}{Anhänger der Friedensbewegung}
		\multicolumn{4}{c}{Altersgruppen}	\multicolumn{2}{c}{Schulbildung}
		16–29	30–44	45–59	60 u. ä.	Volks- schule	Höhere Schule
	%	%	%	%	%	%	%
Arbeite aktiv mit	9	15	9	2	×	5	14
Stehe ihr nahe	91	85	91	98	100	95	86
	100	100	100	100	100	100	100

BERGPREDIGT IN DER POLITIK

Frage: „In der Bergpredigt aus dem Neuen Testament steht der Satz: Leistet dem, der euch etwas Böses antut, keinen Widerstand, sondern wenn Dich einer auf die rechte Wange schlägt, dann halte ihm auch die andere hin. Haben Sie diese Stelle aus der Bergpredigt schon einmal gehört oder nicht?"

Frage: „Sollte man sich Ihrer Meinung nach im politischen Leben so verhalten, wie es in der Bergpredigt steht, also keinen Widerstand leisten und die andere Wange hinhalten, oder nicht?"

	Bevölkerung insgesamt	\multicolumn{4}{c}{April 1983 Altersgruppen}			
		16–29	30–44	45–59	60 u. ä.
	%	%	%	%	%
Ja, von dieser Stelle aus der Bergpredigt gehört	85	80	84	85	91
A					
Im politischen Leben –					
so verhalten wie in der Bergpredigt	6	6	4	6	11
nicht so verhalten	74	76	79	74	65
Unmöglich zu sagen	20	18	17	20	24
	100	100	100	100	100

VOR ALLEM KRIEG VERMEIDEN

Frage: „Niemand weiß, wie es gehen wird, aber was meinen Sie: Wenn wir eines Tages vor der Wahl stehen, entweder Europa sowjetisch werden zu lassen oder uns mit allen Mitteln dagegen zu verteidigen – was ist dann wichtiger: die demokratische Freiheit zu verteidigen, auch wenn es dabei zu einem Atomkrieg kommt – oder vor allem den Krieg zu vermeiden, auch wenn man unter einer kommunistischen Regierung leben wird?"

A	1955 Mai %	1960 Juli %	1976 April %	1979 Sept. %	1981 Juli %	1982 Sept. %
Vor allem Krieg vermeiden	36	38	52	44	41	46
Demokratie verteidigen	33	30	28	31	35	24
Unmöglich zu sagen	31	32	20	25	24	30
	100	100	100	100	100	100

Frage: „Hier steht verschiedenes, was man über diesen Slogan ‚Frieden schaffen ohne Waffen‘ (Parallelumfrage: ‚Frieden schaffen mit immer weniger Waffen‘) sagen kann. Suchen Sie doch bitte auf dieser Liste alles heraus, was für Sie rein gefühlsmäßig auf diesen Slogan paßt." (L)

	Frieden schaffen – ohne Waffen %	mit immer weniger Waffen %	April 1983 Altersgruppen 16–29 %	30–44 %	45–59 %	60 u. ä. %
Wenn alle wollen, läßt sich das verwirklichen	53	54	62	58	47	49
Ein Gebot der Vernunft	49	56	65	56	45	59
Das wäre die einzige vernünftige Lösung	48	48	49	50	44	48
Drückt genau das aus, was ich mir wünsche	47	47	55	47	45	41
Utopisch, nicht zu verwirklichen . . .	40	28	26	29	33	24
Christlich	36	29	30	23	28	36
Stimmt nachdenklich	35	38	46	35	35	35
Wer weiß, ob es je dazu kommt? . . .	34	35	33	37	34	37
Geht ins Ohr	32	27	36	26	29	19
Spricht das Gefühl an und nicht den Verstand	29	20	16	22	27	15
Gut gesagt	28	29	30	28	31	28
Ein Motto, das in Zukunft an Bedeutung gewinnen wird	24	29	36	27	27	25
Gefährliche Vereinfachung	19	15	11	15	19	15
Verführerisch	19	15	14	17	21	9
Damit kann man keine Politik machen	17	13	8	12	19	14
Leeres Gerede	16	18	14	22	23	15
Geht unter die Haut	12	12	19	8	12	10
Zu akademisch	3	1	1	1	2	1

I. KRISEN UND INTERNATIONALE KONFLIKTE

Frage: „Einige Politiker haben in letzter Zeit gesagt, die heutige Weltlage ist ähnlich ernst und verworren wie vor dem Ausbruch des Ersten Weltkrieges 1914. Glauben Sie auch, daß wir uns jetzt in so einer gefährlichen Situation befinden, oder halten sie diesen Vergleich für übertrieben?"

| | Mai 1980 | | |
	Halte ich für übertrieben %	Glaube ich auch %	Unentschieden %
Bevölkerung insgesamt	46	33	21 = 100
ALTERSGRUPPEN			
16–29 Jahre	45	29	26 = 199
30–44 Jahre	54	27	19 = 100
45–59 Jahre	43	36	21 = 100
60 Jahre und älter	41	42	17 = 100
SCHULBILDUNG			
Volksschule	42	35	23 = 100
Höhere Schule	54	30	16 = 100
POLITISCHE ORIENTIERUNG			
CDU/CSU	41	39	20 = 100
SPD	51	31	18 = 100
FDP	56	24	20 = 100

VERHÄLTNIS CHINA – SOWJETUNION

Frage: „Halten Sie es für möglich, daß sich der Westen und China gegen die Sowjetunion verbünden, oder glauben sie das nicht?"

„Falls es zu einem solchen Bündnis käme, würden sie das begrüßen oder nicht begrüßen?"

| | Januar 1980 | | |
	Bevölkerung insgesamt %	Volks-schule %	Höhere Schule %
Halte ich für möglich	61	59	65
Glaube ich nicht	22	23	20
Unentschieden	17	18	15
	100	100	100

| | Januar 1980 | | |
	Bevölkerung insgesamt %	Volks-schule %	Höhere Schule %
Begrüßen	48	48	47
Nicht begrüßen	19	17	21
Unentschieden	33	35	32
	100	100	100

1. ISRAEL UND DIE ARABISCHEN STAATEN

Frage: *„Hier unterhalten sich zwei darüber, wie sich die Bundesregierung im Nahen Osten verhalten soll. Welcher der beiden sagt das, was auch Sie denken?"* (B, X)

A   Februar 1983

	Bevölkerung insgesamt %	Politische Orientierung SPD %	CDU/CSU %	FDP %	Grüne %
„Wir dürfen die guten Beziehungen zu Israel nicht über alles stellen. Die arabischen Länder sind für unsere Erdölversorgung wichtig. Deshalb dürfen wir uns wegen Israel nicht mit diesen Ländern verfeinden."	52	49	58	48	31
„Es ist für die Bundesrepublik auch heute noch wichtig, für ein besonders freundschaftliches Verhältnis zu Israel zu sorgen. Wir haben zuviel Schuld gegenüber den Juden auf uns geladen."	18	21	16	13	21
Unentschieden	30	30	26	39	48
	100	100	100	100	100

Frage: *„Zum Konflikt zwischen Israel und den arabischen Staaten: Auf welcher Seite stehen Sie, mehr auf der Seite der Israelis oder mehr auf der Seite der Araber?"*

	1970 Mai %	1974 Dez. %	1978 April %	1981 Mai %	1982 Okt. %	1983 Febr. %	Politische Orientierung SPD %	CDU/CSU %	FDP %	Grüne %
Seite der Israelis ...	45	50	44	21	20	19	18	21	13	10
Seite der Araber ...	7	7	7	24	26	15	16	13	9	36
Weder noch	32	29	33	43	35	51	51	52	74	41
Kein Urteil	16	14	16	12	19	15	15	14	4	13
	100	100	100	100	100	100	100	100	100	100

SADAT IN ISRAEL

Frage: „Der ägyptische Staatschef Sadat reiste ja kürzlich zu einem Staatsbesuch nach Israel. Haben Sie sich mit anderen über dieses Ereignis unterhalten, oder haben Sie mit niemand darüber gesprochen?" (Ja, darüber unterhalten = 57%)

Frage: „Glauben Sie, daß sich Sadat mit seiner Israelpolitik bei den übrigen arabischen Staaten durchsetzen wird, oder glauben Sie nicht?"

Frage: „Glauben Sie, daß es zu einem dauerhaften Frieden zwischen Israel und den arabischen Staaten kommt, oder glauben Sie nicht?"

	1977 Dez. %		1977 Dez. %	1978 Nov. %
Wird sich durchsetzen	35	Glaube ich	23	25
Glaube ich nicht	30	Glaube ich nicht	49	38
Unentschieden	35	Unentschieden	28	33
	100		100	100

DIE CHANCEN ISRAELS

Frage: „Glauben Sie, daß sich Israel auf die Dauer gegenüber den Arabern behaupten kann, oder werden die Araber eines Tages die Stärkeren sein?"

A	1970 Mai %	1974 Dez. %	1978 April %	1981 Mai %
Israel wird sich auf die Dauer behaupten	29	26	40	27
Die Araber werden stärker sein	27	34	20	33
Unentschieden	44	40	40	40
	100	100	100	100

WAFFENLIEFERUNGEN

Frage: „*Saudi-Arabien möchte ja von der Bundesrepublik Panzer kaufen. Hier unterhalten sich zwei darüber, ob die Bundesrepublik diese Panzer liefern sollte. Welcher der beiden sagt eher das, was auch Sie denken?*" (B)

A   Februar 1981

	Bev. ges. %	Politische Orientierung			
		SPD %	CDU/CSU %	FDP %	Grüne %
„Ich finde, die Bundesrepublik kann ruhig Panzer an Saudi-Arabien liefern. Saudi-Arabien war immer politisch sehr zurückhaltend. Es gibt keinen Grund, warum man ihnen die gewünschten Panzer nicht liefern sollte."	27	24	31	29	14
„Das sehe ich anders. Die politische Situation im Nahen Osten ist insgesamt sehr unruhig und unklar. Man kann da nie genau wissen, wo diese Panzer im Ernstfall eingesetzt würden."	53	58	49	55	75
Unentschieden	20	18	20	16	11
	100	100	100	100	100

Frage: „*Hier unterhalten sich zwei, ob die Bundesrepublik Waffen an andere Länder liefern soll. Welcher der beiden sagt eher das, was auch Sie denken?*" (B)

G   Februar 1981

	Bev. ges. %	Altersgruppen				Politische Orientierung			
		14–29 %	30–44 %	45–59 %	60 u. ä. %	SPD %	CDU/CSU %	FDP %	Grüne %
„Wer an andere Länder Waffen liefert, muß damit rechnen, daß damit Krieg geführt wird. Deshalb sollte die Bundesrepublik schon aus moralischen Gründen keine Waffen an andere Länder liefern, außer an die NATO-Partner."	47	54	46	42	43	53	40	52	81
„So lange die Großmächte USA und Sowjetunion die Weltpolitik durch Waffenlieferungen beeinflussen, muß auch die Bundesrepublik andere Länder unterstützen können, wenn es in ihrem Interesse ist."	36	31	40	41	33	32	43	35	11
Unentschieden	17	14	14	16	24	15	17	14	8
	100	100	100	100	100	100	100	100	100

MEINUNGSUMSCHWUNG

Im Auftrag des STERN befragte das Institut für Demoskopie Allensbach am 8. und 9. Mai 1981 einen repräsentativen Querschnitt der Bevölkerung in der Bundesrepublik (556 Personen ab 16 Jahre). Zur gleichen Zeit wurden im Auftrag des STERN 600 Personen ab 18 Jahre in Israel vom dortigen Gallup-Institut interviewt.

Frage an Israelis: : *„Menachem Begin hat erklärt, daß er sich weigere, einem Deutschen die Hand zu geben, der Kriegsteilnehmer im Zweiten Weltkrieg war. Identifizieren Sie sich mit dieser Erklärung?"*

	Israel – Mai 1981			
	Bev. ges.	Altersgruppen		
		18–30	31–45	46 u. ä.
	%	%	%	%
Ja	49	49	47	43
Nein	30	34	35	43
Unentschieden	21	17	18	14
	100	100	100	100

Frage: *„Glauben Sie, daß nach den Angriffen Begins die Vorurteile gegenüber den Juden bei uns wieder zunehmen werden, oder glauben Sie das nicht?"*

B

	Mai 1981					
	Bev. ges.	Männer	Frauen	Altersgruppen		
				16–29	30–44	45 u. ä.
	%	%	%	%	%	%
Ja, das glaube ich	41	45	39	33	40	47
Nein, glaube ich nicht	40	40	40	47	41	35
Unentschieden	19	15	21	20	19	18
	100	100	100	100	100	100

Frage: *„Finden Sie, daß auch Helmut Schmidt an dem Streit schuld hat, weil er sich für das Selbstbestimmungsrecht der Palästinenser eingesetzt hat, oder sind Sie der Ansicht, daß man ihm nichts vorwerfen kann?"*

B

	Mai 1981					
	Bev. ges.	Männer	Frauen	Altersgruppen		
				16–29	30–44	45 u. ä.
	%	%	%	%	%	%
Helmut Schmidt hat auch daran schuld	18	17	19	18	22	17
Man kann ihm dabei nichts vorwerfen	57	60	54	56	52	59
Unentschieden	25	23	27	26	26	24
	100	100	100	100	100	100

SELBSTBESTIMMUNGSRECHT

Frage an Israelis: „*Glauben Sie, daß der Streit zwischen Begin und Schmidt den israelisch-deutschen Beziehungen schaden wird?*"

	Israel Mai 1981			
	Bev. ges. %	Altersgruppen 18–30 %	31–45 %	46 u. ä. %
Ja	40	35	34	44
Nein	51	54	56	54
Unentschieden . . .	9	11	10	2
	100	100	100	100

Frage an Israelis: : „*Manche sagen, daß nicht nur die Israelis Anspruch auf garantierte Sicherheit haben und daß man auch den Palästinensern das Selbstbestimmungsrecht einräumen müsse. Stimmen Sie dieser Ansicht zu oder nicht?*"

	Israel – Mai 1981			
	Bev. ges. %	Altersgruppen 18–30 %	31–45 %	46 u. ä. %
Stimme zu	16	14	16	13
Stimme nicht zu . .	70	69	68	68
Unentschieden . . .	14	17	16	19
	100	100	100	100

DAS PALÄSTINENSER-PROBLEM

Frage: „*Soll man den Palästinensern das Recht zugestehen, einen eigenen Staat zu gründen, oder sollte man das nicht, weil ein Palästinenserstaat eine zu große Gefahr für Israel wäre?*"

A	1981 Mai %	1983 Febr. %	Politische Orientierung			
			SPD %	CDU/CSU %	FDP %	Grüne %
Recht auf eigenen Staat	56	51	52	46	66	75
Zu große Gefahr für Israel	16	13	12	15	7	7
Unentschieden	28	36	36	39	27	18
	100	100	100	100	100	100

Frage: „*Finden Sie, die PLO sollte allgemein als politische Vertretung der Palästinenser anerkannt werden, oder finden Sie, die PLO hat wegen ihrer Verbindung zu Terrororganisationen kein Recht auf politische Anerkennung?*"

B	1981 Mai %	1983 Febr. %	Politische Orientierung			
			SPD %	CDU/CSU %	FDP %	Grüne %
PLO sollte anerkannt werden	25	27	28	21	26	64
PLO hat kein Recht auf Anerkennung	43	36	30	45	41	10
Unentschieden	32	37	42	34	33	26
	100	100	100	100	100	100

2. IRAN

Frage: *„Im Iran hat es ja einen Umsturz gegeben. Der Schah und die von ihm eingesetzte Regierung sind abgesetzt worden. Warum, glauben Sie, ist das geschehen: hauptsächlich aus religiösen Gründen oder aus Unzufriedenheit über die sozialen und politischen Zustände während der Schah-Herrschaft?"*

Februar 1979

	Bev. ges. %	Volks- schule %	Höhere Schule %
Unzufriedenheit über das Schah-Regime	43	41	48
Religiöse Gründe	21	23	17
Beides gleich	30	29	32
Kein Urteil	6	7	3
	100	100	100

UMSTURZ

Frage: *„Hat das für uns in der Bundesrepublik, für unsere Wirtschaft erhebliche Nachteile, daß der Schah gestürzt wurde, oder keine nennenswerten Nachteile?"*

Februar 1979

	Nachteile –		Unentschieden
	erheblich %	unerheblich %	%
Bevölkerung insgesamt	60	24	16 = 100

BERUFSKREISE

Angelernte Arbeiter	55	28	17 = 100
Facharbeiter	59	25	16 = 100
Einfache Angestellte, Beamte	64	20	16 = 100
Leitende Angestellte, Beamte	61	27	12 = 100
Selbständige, freie Berufe	64	19	17 = 100
Landwirte	57	32	11 = 100

3. AFGHANISTAN

Frage: „Haben Sie Vertrauen, daß die USA in der jetzigen Afganistan-Krise geeignete Maßnahmen treffen, denen sich die amerikanischen Bündnispartner, also auch die Bundesrepublik, anschließen können, oder sind sie dagegen, daß sich die Bundesrepublik der amerikanischen Politik anschließt?"

B   Januar 1980
                                                          %

Habe Vertrauen   54
Bin dagegen   22
Unentschieden   24

                                                         100

HANDELSBESCHRÄNKUNG: ZWEISCHNEIDIG

Frage: „Wegen Afghanistan hat Amerika den Handel mit der Sowjetunion stark eingeschränkt. Die einen meinen nun, wir sollten unseren Handel mit der Sowjetunion auch einschränken, um gegen den Einmarsch in Afghanistan zu protestieren. Die anderen sind dagegen, weil sie fürchten, daß wir uns mit solchen Maßnahmen nur selbst schaden. Was meinen Sie, sollten wir den Handel mit der Sowjetunion einschränken oder nicht einschränkten?"

B   Januar 1980
                                                          %

Einschränken   46
Nicht einschränken   40
Unentschieden   14

                                                         100

KRIEGSGEFAHR?

Frage: *„Glauben Sie, daß durch die Ereignisse in Afghanistan eine wirkliche Kriegsgefahr entstanden ist, oder glauben Sie das nicht?"*

Falls ‚Ja': *„Sehen Sie darin eine Kriegsgefahr, die uns in Europa direkt betrifft, oder eher eine Kriegsgefahr nur für andere Teile in der Welt?"*

	Februar 1980 %
Kriegsgefahr entstanden	56
– betrifft Europa 31	
– nur andere Teile in der Welt 19	
– weiß nicht 6	
Glaube ich nicht	31
Unentschieden	13
	100

HEIKLE ANGELEGENHEIT

Frage: *„Es gibt verschiedene Meinungen dazu, wie sich die Ereignisse in Afghanistan auf die Weltpolitik auswirken. Ich möchte Ihnen einige Meinungen dazu vorlesen, und Sie sagen mir bitte immer, ob Sie da zustimmen oder nicht zustimmen."*

Februar 1980

So wird zum Beispiel gesagt:	Stimme zu %	Stimme nicht zu %	Unent- schieden %
Der Westen muß mit allen Mitteln versuchen, eine Rückkehr zum Kalten Krieg zu verhindern	78	9	13 = 100
Die europäischen Länder, vor allem die Bundesrepublik, sollen auf jeden Fall die Entspannungspolitik fortsetzen	78	9	13 = 100
Durch den Einmarsch in Afghanistan sind die wahren Ziele der Sowjetunion, ihre machtpolitischen Absichten, sichtbar geworden	75	9	16 = 100
Durch das Eingreifen der Russen in Afghanistan wird das Verhältnis der Sowjetunion zur Dritten Welt für lange Zeit stark gestört sein	66	13	21 = 100
Durch die Vorgänge in Afghanistan ist auch die Entspannungspolitik in Europa gescheitert	39	39	22 = 100
Unter dem Druck der Weltmeinung wird sich die Sowjetunion schließlich wieder aus Afghanistan zurückziehen	14	64	22 = 100

Frage: „*Hier unterhalten sich zwei darüber, wie wir uns gegenüber Afghanistan verhalten sollten. Welcher von beiden sagt eher das, was auch Sie denken?*" (B)

	1981 Dezember %
„Gerade für ein Land wie Afghanistan, wo die Bevölkerung sich nicht selbst helfen kann, sollten wir uns einsetzen."	41
„Das sehe ich anders. Eigentlich ist Afghanistan doch kein Land, das uns direkt nahesteht. Und außerdem haben wir genug eigene Probleme, die wir erst einmal lösen müssen."	34
Unentschieden	25
	100

AUS ZEITLICHER DISTANZ BETRACHTET

Frage: „*Vor zwei Jahren sind ja sowjetische Truppen nach Afghanistan einmarschiert. Wissen Sie zufällig: Sind jetzt noch sowjetische Einheiten in Afghanistan oder jetzt nicht mehr?*"

Es meinen in Afghanistan sind –	1981 Dez. %
Noch sowjetische Einheiten	79
Jetzt nicht mehr	2
Weiß nicht	19
	100

„*Seit zwei Jahren ist Afghanistan ja von sowjetischen Truppen besetzt. Informieren Sie sich seitdem darüber, wie sich die Dinge dort entwickeln? Würden Sie sagen, Sie verfolgen die Nachrichten darüber ...*"

Nachrichten darüber verfolgen –	1981 Dez. %
„sehr genau"	16
„etwas"	40
„kaum"	29
„gar nicht"	2
Keine Angabe	13
	100

4. POLEN

Frage: „*In Polen ist es ja in einigen Städten in der letzten Zeit zu Streiks und Demonstrationen gekommen. Haben Sie davon gehört oder gelesen, oder hören Sie jetzt davon zum ersten Mal?*" (Ja, gehört, gelesen = 98%)

Frage: „*Glauben Sie, daß die Russen in Polen einmarschieren werden, wenn die polnische Regierung die Forderungen der Streikenden nach Pressefreiheit, freien Gewerkschaften und Freiheit der Kirche erfüllt, oder glauben Sie, daß die Russen das nicht riskieren werden?*"

	1980 Aug.
Russen werden einmarschieren	27
Werden das nicht riskieren	47
Unentschieden	26
	100

Frage: „*Glauben Sie, daß durch die Ereignisse in Polen eine wirkliche Kriegsgefahr entstanden ist, oder glauben Sie das nicht?*"

	1980 Aug. %
Kriegsgefahr entstanden	20
Glaube ich nicht	63
Unentschieden	17
	100

KEIN ÖL INS FEUER

Frage: „*Darüber, wie sich die deutsche Regierung zu der derzeitigen Krise in Polen verhalten soll, gibt es unterschiedliche Meinungen. Hier unterhalten sich zwei darüber. Wer von beiden sagt auch das, was Sie dazu denken?*" (B)

A

	Bev. insg. %	August 1980 Politische Orientierung		
		SPD %	CDU/CSU %	FDP %
„Ich finde, unsere Regierung sollte Verständnis für die Streikenden in Polen zeigen. Die Forderungen nach Wohlstand und Freiheit verdienen unsere offene Sympathie"	30	26	35	35
„Das sehe ich anders: Auch wenn uns die Streikenden in Polen und ihre Forderungen sympathisch sind, sollte sich die Bundesregierung zurückhalten, damit nicht die ohnehin gespannte Lage weiter aufgeheizt wird."	54	59	50	57
Unentschieden	16	15	15	8
	100	100	100	100

MILLIARDEN KREDITE

Frage: „Einige deutsche Banken und die Bundesregierung wollen der polnischen Regierung einen Kredit über 1,2 Milliarden Mark gewähren. Hier unterhalten sich zwei darüber, was es bedeutet, wenn wir den Polen in der gegenwärtigen Lage einen hohen Kredit zahlen. Wer von den beiden sagt eher das, was auch Sie denken?" (B)

A		August 1980		
	Bev. insg.	Politische Orientierung		
		SPD	CDU/CSU	FDP
	%	%	%	%
„Ich finde es richtig, den Kredit an Polen zu zahlen, auch wenn wir mit dem Regime in Polen nicht einverstanden sind. Am wichtigsten ist es doch, mit dieser Wirtschaftshilfe dazu beizutragen, einen Unruheherd auszuschalten"	42	50	33	63
„Ich finde, man sollte Polen keinen Kredit geben. Man sieht doch an den derzeitigen Unruhen, daß mit dem Geld nur ein undemokratisches Regime an der Macht gehalten wird."	35	25	48	29
Unentschieden	23	25	19	8
	100	100	100	100

INITIALZÜNDUNG

Frage: „In Polen haben die Arbeiter durch ihren Streik die Einführung freier, das heißt von Staat und Partei unabhängiger Gewerkschaften durchgesetzt. Glauben Sie, daß es auch in anderen sozialistischen Ländern Bewegungen geben wird, die sich, wie in Polen, für freie Gewerkschaften einsetzen werden, oder glauben Sie das nicht?"

„An welches Land oder welche Länder denken Sie da in erster Linie?" (L)

A		Dezember 1980				
	Bevölkerung insgesamt	Schulbildung		Politische Orientierung		
		Volks- schule	Höhere Schule	CDU/CSU	SPD	FDP
	%	%	%	%	%	%
Ja, glaube ich	35	32	40	32	39	37
und zwar in:						
Rumänien	18	16	22	16	21	19
Tschechoslowakei	17	14	22	14	21	18
Ungarn	16	15	19	15	17	20
DDR	14	13	17	13	15	15
Bulgarien	11	9	15	9	12	14
Sowjetunion	4	4	5	3	6	5
Anderem Land	2	2	2	3	2	×
Nein, glaube ich nicht, bzw. unentschieden	65	68	60	68	61	63
	100	100	100	100	100	100

DER GROSSE BRUDER

Frage: „Befürchten Sie, daß die Russen in Polen einmarschieren werden, oder werden die Russen das nicht tun?"

	1981 Jan. %
Befürchte ich	35
Werden sie nicht tun	41
Unentschieden	24
	100

Frage: „Rechnen Sie damit, daß die Russen noch in Polen einmarschieren, oder rechnen Sie nicht damit?"

B	1982 Jan. %
Rechne noch damit	19
Rechne nicht damit	53
Unmöglich zu sagen	28
	100

KEINEN DRUCK AUSÜBEN

Frage: „Wie sehen Sie den Einfluß der Sowjetunion auf die Ereignisse in Polen: Ist das Kriegsrecht auf Druck der Sowjetunion verhängt worden, oder war es mehr eine Entscheidung der polnischen Regierung selbst?"

B	Januar 1982				
	Bev. insg.	Politische Orientierung			
		CDU/ CSU	SPD	FDP	Grüne
	%	%	%	%	%
Druck der Sowjetunion	61	72	53	60	60
Polnische Entscheidung	23	18	33	20	15
Unentschieden	16	10	14	20	25
	100	100	100	100	100

Frage: „Die Bundesregierung vertritt den Standpunkt, scharfer wirtschaftlicher und politischer Druck auf die Sowjetunion und Polen könnten die Entspannung oder gar den Weltfrieden gefährden. Stimmen Sie zu oder nicht zu?"

	Januar 1982				
	Bev. insg.	Politische Orientierung			
		CDU/ CSU	SPD	FDP	Grüne
	%	%	%	%	%
Stimme zu	55	35	74	53	62
Stimme nicht zu	27	47	14	26	24
Unentschieden	18	18	12	21	14
	100	100	100	100	100

Frage: „Glauben Sie, daß durch wirtschaftlichen und politischen Druck das Kriegsrecht und die Unterdrückung in Polen gemildert werden können, oder glauben Sie nicht, daß man damit etwas erreicht?"

	1982 Jan. %
Können gemildert werden	32
Man erreicht nichts	55
Unentschieden	13
	100

Frage: „Es wurde vorgeschlagen, die USA sollten die Genfer Abrüstungsverhandlungen unterbrechen, um auf Moskau Druck auszuüben. Glauben Sie, daß man damit etwas erreichen kann, oder glauben Sie das nicht?"

	1982 Jan. %
Kann etwas damit erreichen	17
Glaube ich nicht	69
Unentschieden	14
	100

Frage: „*Die Bundesregierung in Bonn hat sich bisher an den von den USA beschlossenen wirtschaftlichen Maßnahmen gegen die Sowjetunion und Polen nicht beteiligt. Finden Sie, da hat sich die Bundesregierung richtig verhalten, oder finden Sie, nicht richtig?*"

B	1982 Jan. %
Richtig verhalten	63
Nicht richtig verhalten	21
Unentschieden	16
	100

WENNS HART KOMMT

Frage: „*Wenn die sowjetische Armee in Polen einmarschieren würde? Sollten wir uns dann an wirtschaftlichen Maßnahmen gegen Rußland und Polen beteiligen oder nicht beteiligen?*"

B	1982 Jan. %
Beteiligen	53
Nicht beteiligen	31
Unentschieden	16
	100

ERDGAS AUS RUSSLAND

Frage: „*Wie denken Sie über das deutsch-sowjetische Erdgasgeschäft? Sollte das weitergeführt werden, oder sollte man das jetzt stoppen?*"

A			Januar 1982		
	Bevölkerung insgesamt	Arbeiter	Angestellte/ Beamte	Selbständige	Landwirte
	%	%	%	%	%
Weiterführen	66	67	63	69	70
Stoppen	16	13	19	14	13
Unentschieden	18	20	18	17	17
	100	100	100	100	100

BALANCEAKT

Frage: „*Man hört ja manchmal die Meinung: Wenn die Bundesregierung ihre Zurückhaltung beibehält, wird sich das Verhältnis zu USA und Frankreich verschlechtern und der Einfluß der Bundesrepublik im westlichen Bündnis abnehmen. Glauben Sie, das ist eine Gefahr oder keine Gefahr?*"

		Januar 1982			
	Bev. insg. %	CDU/CSU %	Politische Orientierung SPD %	FDP %	Grüne %
Ist eine Gefahr	34	51	16	30	28
Ist keine Gefahr	44	29	64	46	55
Unentschieden	22	20	20	24	17
	100	100	100	100	100

5. EL SALVADOR

Frage: „Könnten Sie auf dieser Weltkarte sagen, wo der Staat El Salvador liegt?" (B)

	Bevölkerung insgesamt	Personen, die sich über Vorkommnisse in der Welt hauptsächlich informieren durch –			
		Fernsehen	Zeitung	Radio	Gespräche
	%	%	%	%	%
Ja	57	47	66	62	60
Präzise richtige Angaben	12	10	16	11	11
Im weitesten Sinn richtige Angaben	21	17	26	24	19
Vage Angaben	14	13	12	20	15
Falsche Angaben	9	7	11	7	14
Kein Kreuz gezeichnet	1	×	1	×	1
	57	47	66	62	60
Es wissen nicht, wo El Salvador liegt/keine konkrete Angabe	43	53	34	38	40
	100	100	100	100	100

Juli 1981

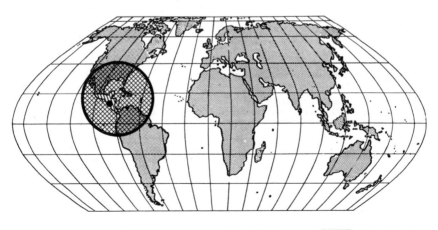

● Präzise richtig   〰〰〰 Im weitesten Sinn richtig   ▧▧▧ Vage Angaben

EL SALVADOR

Frage: *„In El Salvador gibt es ja einen Bürgerkrieg zwischen Regierungstruppen und Gegnern der Regierung. Wußten Sie das oder hören Sie das zum ersten Mal?"* (Ja, gewußt = 79%)

Falls ,Ja, wußte ich': *„Was würden Sie sagen, auf welcher Seite stehen Sie, eher auf seiten der Regierung oder eher auf seiten der Regierungsgegner?"*

A

	Bev. ges.	Altersgruppen 16–29	30–44	45–59	60 u. ä.	Schulbildung Volksschule	Höhere Schule
	%	%	%	%	%	%	%
Seite der Regierung	10	6	11	11	10	8	13
Seite der Regierungsgegner	25	35	29	21	14	21	33
Unentschieden	44	39	45	48	44	43	45
Nicht befragte Restgruppe	21	20	15	20	32	28	9
	100	100	100	100	100	100	100

Frage: *„Über El Salvador wurde ja in den letzten Monaten manchmal in der Zeitung berichtet. Wissen Sie zufällig, worum es da geht, worüber da berichtet wird?"* (O)

	1981 Juli %
Allgemeine Angaben, ohne erklärende Zusätze: Bürgerkrieg, Unruhen, Revolution, Krieg, Kämpfe, Machtkämpfe, Bürgerrevolte, Regierungskrise, politischer Umschwung	29
Diktatur, Obristenregime, Rechtsdiktatur, die soziale Reformen unterdrückt	10
Volkserhebung, Befreiungsbewegung gegen die gegenwärtige Regierung	9
Auseinandersetzung zwischen feindlichen politischen Lagern, Guerilla-Krieg, Partisanen .	4
Hinrichtungen, Folgerungen erwähnt, Regierung, die die Menschen unterdrückt und foltert	4
Einmischung der USA in innerpolitische Auseinandersetzungen · Unterstützung der Regierung durch die Amerikaner · Wird von Reagan unterstützt · Die Amerikaner haben da Waffen hingeschickt	3
Rassenunruhen – Bürgerkrieg: Weiße gegen Schwarze	2
Beteiligung von außerhalb des Landes etablierten Kommunisten, Kuba, Sowjetunion · Eine Partei wird von Fidel Castro gesteuert · Der Kommunismus versucht, sich dort auszubreiten	1
Andere richtige Angaben; Landreformen · Katholischer Bischof wurde ermordet · Unterdrückung in Verbindung mit Kaffee	2
Andere falsche Angaben; Kampf gegen den Diktator Somoza · Kuba-Flüchtlinge	1
Weiß nicht, keine Angabe	48

EL SALVADOR – WO LIEGT DENN DAS?

Seit der Erfindung des Fernsehens ist die Welt zum universalen Dorf geworden. So jedenfalls meinte der kanadische Medienforscher Marshall McLuhan, der mit seinen Thesen am Anfang der siebziger Jahre auch bei uns viel Aufsehen erregt hat. Das klingt für jeden, der täglich Zeitung liest, die Nachrichten im Radio oder im Fernsehen verfolgt, absolut plausibel. Was auch immer auf diesem Erdball passiert, spricht sich in mehr als Windeseile buchstäblich rund. Die Schwierigkeit scheint nur zu sein, daß wir bei dem dauernden Hin und Her von einem Ende des Weltdorfs zum andern gar nicht dazu kommen, eine räumliche Orientierung zu entwickeln, und daß es – was die Aufnahmefähigkeit der Nachrichtenkonsumenten angeht – natürlich Grenzen gibt, die zum Teil sehr eng sind. Wer sich mit Medienwirkung beschäftigt, kennt die Frage: Was kommt im ununterbrochenen Trommelfeuer der Medien mit Neuem und dem Neuesten aus aller Welt überhaupt beim Leser, Zuschauer oder Zuhörer an? Was wird vom täglich Gebotenen über den Augenblick hinaus, in dem das Bild vor Augen steht, das Wort im Ohr klingt, überhaupt wahrgenommen?

Zum Beispiel: Ein Thema wie El Salvador wird in unseren Medien schon mehr als zwei Jahre lang behandelt; mal auf Seite 1, wenn Morde an Amerikanern oder Europäern für Aufsehen sorgen, mal auf Seite 3 oder 4, wenn es um die stillen politischen Konsequenzen aus der chaotischen Situation in diesem Land geht, wenn etwa, wie Anfang 1980, die deutsche Botschaft aus Sicherheitsgründen geschlossen oder – wie demnächst – wieder eröffnet werden soll.

Das Institut für Demoskopie Allensbach hat jetzt am Beispiel El Salvador überprüft, inwieweit denn die deutsche Bevölkerung nach so langer journalistischer Berichterstattung über dieses Land und dieses Thema informiert ist, über dieses Thema, das gewiß nicht die atemberaubende weltpolitische Brisanz der arabischen Ölregion hat, das aber im Zusammenhang der west-östlichen Auseinandersetzung um Einflußsphären in Süd- und Mittelamerika symptomatische und zentrale Bedeutung hat.

Wieweit weiß man in Deutschland, worum es unter dem Stichwort El Salvador geht? Oder zuerst: Wieviel wissen überhaupt, wo El Salvador liegt? Immerhin glaubt mehr als jeder zweite, daß er sich auskennt. 57% der Befragten beantworteten die Frage, ob man wohl auf der Weltkarte aufzeigen könne, wo der Staat El Salvador liegt, ohne langes Zögern mit Ja. Bei näherer Überprüfung dieser geographischen Orientierungsfähigkeit zeigt sich allerdings, daß nur 12% den mittelamerikanischen Staat auf einer vorgelegten Weltkarte bezeichnen können. 21% sind immerhin in der Lage, El Salvador ungefähr zu lokalisieren. Dabei sind diejenigen, die sich in erster Linie durch Zeitungslektüre über das Weltgeschehen informieren, deutlich besser zu einer geographischen Orientierung in der Lage als Menschen, die vorwiegend andere Medien benutzen. Das Fernsehen, das doch alle Informationen mit Land- und Weltkarten zu illustrieren sucht, zeigt dabei erstaunlicherweise gegenüber dem Hörfunk, der das nicht kann, keinen Erfolg.

Noch einmal, was weiß man in Deutschland über El Salvador? „Über El Salvador wurde ja in den letzten Monaten manchmal in der Zeitung berichtet. Wissen Sie zufällig, worum es da geht, worüber da berichtet wird?" Das ist eine der Fragen, mit denen das Allensbacher Institut zu überprüfen suchte, wieweit man hier bei uns darüber informiert ist, was sich hinter dem lateinamerikanischen Namen an – man ist versucht zu sagen – lateinamerikanischen Problemen verbirgt. Die meisten Befragten, 48%, wissen mit dem bloßen Stichwort El Salvador so noch nichts anzufangen, trotz des langen Zeitraums, in dem sich bei uns die Parteien und auch die Medien mit diesem Thema beschäftigen. Dabei dürfte weniger überraschen, daß vor allem ältere Menschen über 59 Jahre keine Antwort zu geben wissen als daß die Jugendlichen von 16 bis 29 Jahren sich schlechter informiert erweisen als die Altersgruppen von 30 bis 59 Jahren. 47% der Jungen wissen ohne Erinnerungshilfe so gut wie nichts über El Salvador zu sagen oder können jedenfalls auf die ganz allgemein und offen gehaltene Frage keine konkrete Antwort geben. Den 30- bis 44jährigen fällt dagegen nur zu 42%, den 45- bis 59jährigen zu 45% nichts ein.

29% der Befragten können jedoch allgemeine Angaben zur Situation in El Salvador machen: etwa auf den Bürgerkrieg hinweisen und angeben, daß sie von Unruhen, von Revolution und harten Machtkämpfen gehört hätten. 10% haben in den Nachrichten im Zusammenhang mit El Salvador von einer Militärdiktatur, 4% in diesem Zusammenhang auch von Massenhinrichtungen und Folterungen gehört. 9% wissen von einem Aufstand gegen die Regierung und von Befreiungsbewegungen. 3% erinnern sich auch, ohne daß man näher nachfragt, von einer Verwicklung der USA, von amerikanischer Einmischung in die politischen Verhältnisse von El Salvador gehört zu haben. Von einer Einmischung in El Salvador durch kommunistische Länder, etwa durch Truppen aus Kuba, weiß nur 1% etwas bei uns. Auf die konkrete Frage nach der Regierungsform in El Salvador sprechen 31% von einer Diktatur von rechts (das entspricht ja durchaus dem Medientenor der deutschen Berichterstattung und der Einschätzung der politischen Situation, wie sie die Bundesregierung bis vor kurzem hatte). 11% glauben aber, daß in El Salvador eine Linksdiktatur etabliert sei. Nur 4% vermuten, daß es dort eine demokratische Regierung gibt.

Die Welt ein universales Dorf? Vieles scheint aber doch – wie elektronisch auch immer das Zeitalter sein mag, und wie dicht auch immer die Berichterstattung – weit wegzubleiben oder unterzugehen im kaum erfaßbaren Strom der Ereignisse, die wir täglich rund um den Erdball betrachten können.

„allensbacher berichte" 1981 Nr. 26

6. FALKLAND-INSELN

Frage: „*Um die Falkland-Inseln gibt es ja einen Konflikt zwischen Großbritannien, zu dem die Inseln bisher gehören, und Argentinien, das jetzt die Inseln besetzt hat. Wußten Sie das, oder hören Sie das zum ersten Mal?*" (Ja, wußte ich = 99%)

Falls ‚Ja': „*Was würden Sie sagen, auf welcher Seite stehen Sie, eher auf seiten von Großbritannien oder eher auf seiten von Argentinien?*"

A	Mai 1982 %
Auf seiten von Großbritannien	46
Auf seiten von Argentinien	18
Unentschieden	35
Nichtbefragte Restgruppe	1
	100

Frage: „*Die Mitglieder der Europäischen Gemeinschaft haben sich ja zu Beginn der Auseinandersetzungen zwischen Großbritannien und Argentinien auf die Seite der Engländer gestellt und ihre Wirtschaftsbeziehungen zu Argentinien stark eingeschränkt. Halten Sie es für richtig, daß man versucht, mit wirtschaftlichen Maßnahmen politische Entscheidungen zu beeinflussen, oder nicht?*"

	Mai 1982 %
Richtig	37
Nicht richtig	30
Kommt drauf an	23
Unmöglich zu sagen	10
	100

Frage: „*Könnten Sie mir auf dieser Weltkarte zeigen, wo die Falkland-Inseln liegen?*" (B) (Ja = 84%)

„*Könnten Sie bitte hier auf der Karte ein Kreuz einzeichnen, wo die Falkland-Inseln liegen?*"

(Hinweis für den Leser: Vgl. Bildblatt Seite 661)

	Mai 1982 %
Präzise richtige Angaben	52
Im weitesten Sinn richtige Angaben	23
Vage Angaben	5
Falsche Angaben	4
Nichtbefragte Restgruppe	16
	100

Frage: „*Über die kriegerischen Auseinandersetzungen zwischen Argentinien und Großbritannien um die Falkland-Inseln kann man ja unterschiedlicher Meinung sein. Hier unterhalten sich zwei darüber. Wem würden Sie eher zustimmen?*" (B)

A	Juni 1982 %
„Die Argentinier haben eindeutig das Völkerrecht verletzt, als sie die Falkland-Inseln besetzten. Die Engländer mußten so hart darauf reagieren, auch wenn das jetzt viele Menschenleben kostet. Sonst würde dies andere Länder geradezu einladen, ebenfalls fremde Gebiete gewaltsam zu besetzen."	31
„Sicher haben die Argentinier das Völkerrecht zuerst verletzt, aber man kann doch nicht wegen dieser Inselgruppe, die die Engländer sowieso nicht auf Dauer halten können, gleich Menschenleben und den Weltfrieden aufs Spiel setzen."	56
Unentschieden	13
	100

J. ENTWICKLUNGSLÄNDER

Frage: „*Eine Frage zur finanziellen Hilfe an Entwicklungsländer der Dritten Welt: Wenn es nach Ihnen ginge, sollten wir diese Länder mehr unterstützen oder weniger als bisher?*"

I

	Bevölkerung insgesamt	Altersgruppen			Politische Orientierung		
		18–29	30–59	60 u. ä.	SPD	CDU/CSU	FDP
	%	%	%	%	%	%	%
Mehr unterstützen	15	25	14	8	18	12	20
Weniger	38	34	38	41	36	40	36
So wie bisher	36	32	39	36	40	34	37
Unentschieden	11	9	9	15	6	14	7
	100	100	100	100	100	100	100

Juli 1977

VORBEDINGUNGEN

Frage: „*Es gibt die Forderung, daß die Bundesrepublik nur an solche Länder Entwicklungshilfe zahlen soll, in denen freiheitliche, demokratische Verhältnisse herrschen, und die sich dem Westen gegenüber freundlich verhalten. Wie denken Sie darüber: Stimmen Sie dieser Forderung zu oder nicht zu?*"

Frage: „*Es gibt die Forderung, daß die Bundesrepublik k e i n e Entwicklungshilfe zahlen soll an Länder, in denen Kommunisten oder Diktatoren an der Macht sind. Wie denken Sie darüber: Stimmen Sie dieser Forderung zu oder nicht zu?*"

A

Juli 1977

	Stimme zu	Stimme nicht zu	Bin grundsätzlich gegen Entwicklungshilfe	Unentschieden
	%	%	%	%
Entwicklungshilfe nur an Länder mit freiheitlichen, demokratischen Verhältnissen .	60	17	8	16 = 100
K e i n e Entwicklungshilfe an Länder, in denen Kommunisten oder Diktatoren an der Macht sind	58	20	5	17 = 100

PRO UND CONTRA

Frage: „Könnten Sie mir Ihre Ansicht noch etwas näher erklären? Auf dieser Liste steht einiges, was uns schon gesagt worden ist. Bei was davon würden Sie zustimmen?" (L)

	1977 Juli %
POSITIVE ARGUMENTE	

Wenn wir den wirtschaftlichen Aufbau dieser Länder fördern, nützt das auch unserer Industrie 52

Wir bekommen unser Erdöl und andere Rohstoffe von den Ländern der Dritten Welt und müssen darum mit ihnen zusammenarbeiten 50

Finanzielle Hilfe an die Länder der Dritten Welt ist ein Gebot der Menschlichkeit, wir dürfen uns dem nicht entziehen 46

Durch die Hilfe an die Länder der Dritten Welt gewinnen wir Freunde, die wir in der internationalen Politik gut gebrauchen können 39

Wir müssen den Ländern der Dritten Welt helfen, weil sonst eines Tages der Krieg der armen gegen die reichen Länder losgehen wird 26

NEGATIVE ARGUMENTE

Die Länder der Dritten Welt sind ein Faß ohne Boden, das Geld kommt oft in die falschen Hände 49

Wir brauchen unser Geld für unser eigenes Land, bei uns ist noch genug zu tun . . . 43

Warum müssen immer wir helfen? Die reichen Ölländer könnten da doch auch mehr tun 37

Bei den Ländern der Dritten Welt ist das Wichtigste die Selbsthilfe; wenn man solche Länder dauernd unterstützt, verhindert man auch, daß sie lernen, selber mit ihren Problemen fertig zu werden 34

Die meisten Entwicklungsländer sind kommunistisch. Wenn wir sie unterstützen, fördern wir nur den Welt-Kommunismus 22

Frage: „Sind Sie dafür oder dagegen, daß wir den Entwicklungsländern in Afrika und Asien finanzielle Hilfe leisten?"

	1959	1963	1968	1974	1980	Politische Orientierung		
	\%	Bevölkerung insgesamt				SPD	CDU/CSU	FDP
	%	%	%	%	%	%	%	%
Dafür	62	47	48	49	50	53	48	62
Dagegen	17	27	26	24	23	23	24	19
Unentschieden	21	26	26	27	27	24	28	19
	100	100	100	100	100	100	100	100

Februar 1980

	Berufskreise					
	Ange-lernte Arbeiter	Fach-arbeiter	Einfache Ange-stellte, Beamte	Leitende Ange-stellte, Beamte	Selbstän-dige, freie Berufe	Land-wirte
	%	%	%	%	%	%
Dafür	39	48	54	65	49	44
Dagegen	31	26	18	17	21	32
Unentschieden	30	26	28	18	30	24
	100	100	100	100	100	100

POLITISCHE PERSPEKTIVEN

Frage: „Was glauben Sie, was für ein politisches System sich letzten Endes in den Entwick-lungsländern in Asien, Afrika und Südamerika durchsetzen wird: das westlich-demokrati-sche oder das kommunistische, oder werden die einen eigenen Weg finden?"

	Dezember 1977						
	Bev. insg.	Altersgruppen				Schulbildung	
		16–29	30–44	45–59	60 u. ä.	Volks-schule	Höhere Schule
	%	%	%	%	%	%	%
Ganz verschieden	32	34	34	33	26	29	38
Werden eigenen Weg gehen	22	22	25	23	20	21	24
Kommunistisches System	19	21	19	18	18	18	20
Westlich-demokratisches System	8	6	9	8	8	8	8
Unmöglich zu sagen	19	17	13	18	28	24	10
	100	100	100	100	100	100	100

KAPITEL VII

HOFFNUNGEN – BEFÜRCHTUNGEN – PERSPEKTIVEN

STIMMUNGSAUFSCHWUNG

Wir haben uns fast schon daran gewöhnt, in den Nachrichten von einer seltsamen, nicht recht faßbaren und doch als unabänderlich empfundenen Depression zu hören, die in allen Bereichen des gesellschaftlichen Lebens über unserem Land liegt. Auch das Institut für Demoskopie Allensbach sprach am Ende des letzten Jahres mit Blick auf die Ergebnisse der regelmäßig durchgeführten November/Dezember-Umfrage über Hoffnungen und Befürchtungen zum neuen Jahr noch von einer anhaltenden Besorgnis. Vom Ausland war die Warnung zu hören, daß die Deutschen womöglich ihrer eigenen Katerstimmung zum Opfer fallen könnten.

Auf einmal scheint aber im Stimmungshaushalt der Bevölkerung etwas in Bewegung geraten zu sein. Was in der ersten Januarumfrage noch wie ein unverhoffter einzelner Lichtblick aussah, hat sich jetzt in der neuen Umfrage von Mitte Januar bestätigt. Seit langem haben nicht so viele Menschen von ihren Hoffnungen gesprochen, wenn sie nach ihren Erwartungen für das gerade angebrochene Jahr befragt werden. Aus den 34%, die im Dezember sagten, daß sie dem neuen Jahr mit Hoffnungen entgegensehen, waren Anfang Januar plötzlich 40%, und sind jetzt zuletzt 41% geworden. Die Zahl der Menschen mit Befürchtungen ist von 32 auf nun 24% zurückgegangen (Seite 675 u. 673).

Damit scheint der Abwärtstrend, der zwischen 1978 und Ende 1981 die Zahl der Optimisten von 60% auf 32% hat schrumpfen lassen, nicht gestoppt, sondern auf geradezu sensationelle Weise in einen Aufwärtstrend verwandelt worden zu sein. Dabei läßt sich der Zeitpunkt des Umschwungs fast datumsgenau ablesen. Denn noch Mittel Dezember 1982 war von einer tiefgreifenden Klimaverbesserung fast nichts zu bemerken. Zu dem überraschenden Umschwung, der sich plötzlich in der Umfrage zwischen dem 1. und 11. Januar 1983 abzeichnete, ist es erst nach Weihnachten, also in der letzten Woche des alten Jahres gekommen.

Während sich das Institut für Demoskopie seit Jahren bei den Beobachtungen des Zusammenhangs zwischen Wirtschaftswachstum und Bevölkerungsstimmung auf die Ergebnisse der Hoffnungsfrage von November und Dezember bezieht, zeigt sich nun im Rückblick, daß auch die Stimmungsbewegung, wie sie sich jeweils nach Weihnachten messen läßt, deutlichen Prognosewert hat. Als Anfang 1980 die Zahl der Optimisten aus der 79er November/Dezember-Umfrage von 51% auf 35% gesunken war, war das ein deutlicher Hinweis für den Abwärtstrend, der dann Ende 1980 mit 34% bestätigt wurde. Auf dem Hintergrund dieser Erfahrung kann man die neuen positiven Januarergebnisse sicherlich als gutes Zeichen nehmen.

Deutliche Signale zum Besseren ergeben sich auch, wenn man die momentane Situation mit Hilfe eines Frageinstruments beobachtet, das speziell auf die Wirtschaftsentwicklung gemünzt ist: „Wie sehen Sie unsere wirtschaftliche Entwicklung: Glauben Sie, daß es mit unserer Wirtschaft in den nächsten 6 Monaten eher bergab oder eher bergauf geht?". (Tabelle Seite 372 f) Auch hier gab es bis in den Dezember hinein überwiegend pessimistische Stimmen. Mehr als jeder zweite hielt den Daumen – fast schon in einer Reflexbewegung – nach unten. Nur 13% sagten „eher bergauf", 31% tippten auf „gleichbleibend" und 4% waren unentschieden. Der Klimaumschwung, der anhand der Hoffnungsfrage Anfang Januar schon markant war, zeigt sich hier in den Ergebnissen dieser Frage erst einmal nur ansatzweise. Doch mittlerweile haben viele Befragte auch direkt im Blick auf die Wirtschaftsentwicklung das ungewohnte Gefühl, daß die Dinge sich zum Guten bewegen. Aus den 13%, die im Dezember an eine wirtschaftliche Aufwärtsentwicklung glaubten, sind Mitte Januar 20% geworden. Und von den 52% Pessimisten, die anderthalb Monate früher an ein Ende der Talfahrt nicht glauben wollten, sind inzwischen nur noch 39% übriggeblieben.

Die Situation ist spannend wie selten. Wir wissen, wie schwer es ist, den Einfluß zu kontrollieren, den unsere Stimmungen auf unser Wollen und Tun haben. 64% der Bevölkerung haben in einer Umfrage vom Dezember letzten Jahres die Ansicht geäußert, daß das wirtschaftliche Tief überwunden werden kann, „wenn wir jetzt alle Kräfte dafür einsetzen". Es kommt im Moment alles darauf an, diesem neuen Optimismus nicht nur weiteren Mut zuzusprechen, sondern Spielraum zum effektiven Handeln zu geben.

„allensbacher berichte", Februar 1983, Nr. 2

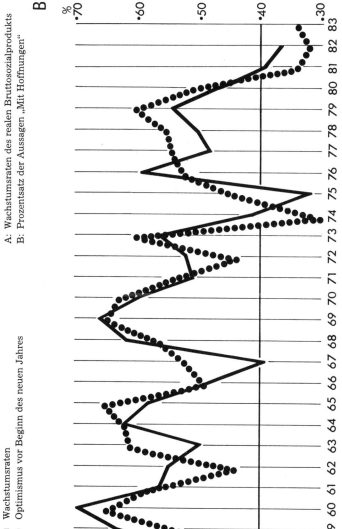

HOFFNUNGEN AUF DAS NEUE JAHR LAUFEN DER WIRTSCHAFTSENTWICKLUNG VORAUS

Frage: „Sehen Sie dem neuen Jahr mit Hoffnungen oder Befürchtungen entgegen?"

A: Wachstumsraten des realen Bruttosozialprodukts
B: Prozentsatz der Aussagen „Mit Hoffnungen"

Wachstumsraten
Optimismus vor Beginn des neuen Jahres

Quelle: STEINBUCH, KARL: „Über die Tragkraft der Voraussagen", 1979, und Institut für Demoskopie Allensbach.

RÜCKBLICK

Frage: „Wenn Sie einmal zurückdenken an das jetzt abgelaufene Jahr: War das für Sie alles in allem ein gutes Jahr oder kein so gutes Jahr?"

	1960 %	1961 %	1962 %	1963 %	1964 %	1966 %	1967 %	1968 %	1969 %
Gutes Jahr	50	51	46	52	52	52	44	52	57
Kein so gutes Jahr .	18	18	20	17	17	19	22	18	14
Mittel; teils, teils . .	32	31	34	31	31	29	34	30	29
	100	100	100	100	100	100	100	100	100

	1970 %	1971 %	1972 %	1973 %	1974 %	1975 %	1976 %	1977 %	1978 %	1979 %
Gutes Jahr . .	53	57	55	49	44	48	47	46	48	47
Kein so gutes Jahr	18	15	15	17	23	21	21	22	19	18
Mittel; teils, teils	29	28	30	34	33	31	32	32	33	35
	100	100	100	100	100	100	100	100	100	100

	1980 %	1981 %	1982 %	Berufskreise					
				Ange-lernte %	Fach-arbeiter %	Einfache Ange-stellte, Beamte %	Leitende Ange-stellte, Beamte %	Selbstän-dige, freie Berufe %	Land-wirte %
Gutes Jahr	47	42	38	31	35	41	45	33	38
Kein so gutes Jahr	19	22	26	31	31	24	20	29	19
Mittel; teils, teils .	34	36	36	38	34	35	35	38	43
	100	100	100	100	100	100	100	100	100

DAS NÄCHSTE JAHR

Frage: *„Sehen Sie dem neuen Jahr mit Hoffnungen oder Befürchtungen entgegen?"*

	1950 %	1951 %	1952 %	1953 %	1954 %	1955 %	1956 %	1957 %	1958 %	1959 %
Mit Hoffnungen ...	27	45	48	60	54	61	53	58	53	65
Mit Befürchtungen ..	43	26	21	14	18	11	20	15	18	8
Mit Skepsis	17	14	16	12	13	12	14	14	14	12
Unentschieden	13	15	15	14	15	16	13	13	15	15
	100	100	100	100	100	100	100	100	100	100

	1960 %	1961 %	1962 %	1963 %	1964 %	1965 %	1966 %	1967 %	1968 %	1969 %
Mit Hoffnungen ...	58	44	61	62	65	49	52	56	65	63
Mit Befürchtungen ..	13	25	13	11	10	18	19	14	10	13
Mit Skepsis	14	18	14	13	13	19	19	19	14	14
Unentschieden	15	13	12	14	12	14	10	11	11	10
	100	100	100	100	100	100	100	100	100	100

	1970 %	1971 %	1972 %	1973 %	1974 %	1975 %	1976 %	1977 %	1978 %	1979 %
Mit Hoffnungen ...	54	44	60	30	44	52	54	55	60	51
Mit Befürchtungen ..	18	24	13	34	25	15	15	14	10	16
Mit Skepsis	17	20	17	24	21	24	21	19	17	21
Unentschieden	11	12	10	12	10	9	10	12	13	12
	100	100	100	100	100	100	100	100	100	100

	1980 %	1981 %	1982 %	Altersgruppen 16–29 %	30–44 %	45–59 %	60 u. ä. %
Mit Hoffnungen	34	32	34	38	37	32	30
Mit Befürchtungen	27	32	32	28	30	35	33
Mit Skepsis	29	28	27	26	27	26	29
Unentschieden	10	8	7	8	6	7	8
	100	100	100	100	100	100	100

DIE NÄCHSTEN ZEHN JAHRE

Frage: „Es gibt ja Probleme, die uns heute oder in den nächsten ein, zwei Jahren besonders beschäftigen, und andere, die heute vielleicht noch nicht so brennend sind, die uns aber möglicherweise in fünf oder zehn Jahren schwer zu schaffen machen werden. Wenn Sie einmal lesen, was auf diesen Karten hier steht. Was davon wird uns in der Bundesrepublik besonders in den nächsten ein, zwei Jahren beschäftigen, und was wird vermutlich nocht nicht so bald, aber in fünf oder zehn Jahren brennend sein? Könnten Sie die Karten entsprechend auf dieses Blatt verteilen. Karten, bei denen Sie vermuten, das wird in den nächsten Jahren kein Problem sein, legen Sie einfach beiseite." (K)

	November 1980 Ein brennendes Problem	
	in 1–2 Jahren %	in 5–10 Jahren %
BUNDESREPUBLIK		
Daß die Arbeitslosigkeit in der Bundesrepublik zunimmt	76	13
Daß wir uns durch die Verteuerung der Rohstoffe weniger leisten können . .	58	25
Die Inflation, ständige Geldentwertung	57	26
Daß es in der Bundesrepublik zwischen Gastarbeitern und Deutschen immer mehr zu Spannungen kommt	50	31
Daß die Bundesrepublik bei einer Verschlechterung ihrer wirtschaftlichen Lage weltweit weniger leistungsfähig wird und an Einfluß verliert	28	35
Daß man sich im Ausland unsere Produkte, unsere Waren nicht mehr leisten kann	23	35
Daß es zu einer neuen Berlin-Krise kommt	18	30
Daß die Bundesrepublik in kriegerische Auseinandersetzungen außerhalb Europas hineingezogen wird	10	29
EUROPA		
Daß die Politik der DDR die Entspannungspolitik in Europa zum Scheitern bringt	39	22
Daß die europäische Einigung nicht vorankommt	35	28
Daß die europäischen Interessen in der Politik gegenüber dem Osten zu kurz kommen	25	22
Daß Großbritannien aus der Europäischen Gemeinschaft austritt	23	29
Das Vordringen des Kommunismus in Europa	23	40
Daß die USA wegen Krisen in anderen Erdteilen Soldaten aus Europa abziehen müssen	21	32
Daß die Europäische Gemeinschaft die Aufnahme von Portugal, Spanien und Griechenland nicht verkraftet	14	30
Daß die USA nicht mehr bereit sind, Europa zu verteidigen	9	33
WEST – OST		
Daß der Osten einen härteren Kurs gegenüber dem Westen einschlägt	55	21
Daß es zu einer neuen militärischen Aktion des Ostens in einem Land in Osteuropa kommt	44	22
Daß die Ost-West-Gespräche über die Rüstungsbegrenzung und die Abrüstung scheitern werden	41	22
Daß wir mit dem Rüstungstempo des Ostens nicht Schritt halten	40	25
Daß der Westen gegenüber dem Osten zuwenig Einigkeit zeigt	37	22
Daß nicht genug für die Abrüstung getan wird	36	22
Daß der Osten mit seinen eigenen Problemen nicht fertig wird	30	37
Daß das westliche Verteidigungsbündnis, die NATO, nicht mehr fest zusammenhält	14	33

Fortsetzung

Fortsetzung

	November 1980 Ein brennendes Problem	
	in 1–2 Jahren %	in 5–10 Jahren %
WELT		
Daß Energie und Rohstoffe noch knapper und teurer werden	67	23
Daß Terrorismus und Gewalt auf der ganzen Welt zunehmen	59	25
Daß die Flüchtlingsströme aus der dritten Welt zu einem großen Problem werden	53	29
Daß es zwischen den Industrieländern zu einem immer schärferen Konkurrenzkampf um die Rohstoffe kommt	47	32
Daß durch Krisen der dritten Welt unsere Rohstoffversorgung unterbrochen wird	44	35
Daß der Einfluß des Ostens auf die Entwicklungsländer immer großer wird .	32	36
Daß die schlechte Wirtschaftslage in den armen Ländern der Welt auch für uns gefährlich wird	29	45
Daß Konflikte in der dritten Welt zu einem Weltkrieg führen könnten	14	44

ERWARTUNGEN

Frage: *„Was erwarten Sie von den nächsten zehn Jahren, wie sehen Sie die Entwicklung? Sehen Sie eher mit Hoffnungen oder Befürchtungen in die Zukunft?"*

	1973 Okt. %	1979 Nov. %	1980 Juni %	1981 Mai %	Altersgruppen			
					16–29 %	30–44 %	45–59 %	60 u. ä. %
Mit Hoffnungen	34	42	37	23	29	22	20	18
Mit Befürchtungen . . .	28	22	31	41	33	42	45	47
Mit Skepsis	26	26	26	31	33	32	31	28
Unentschieden	12	10	6	5	5	4	4	7
	100	100	100	100	100	100	100	100

IN ERWARTUNG DER 90ER JAHRE

Frage: „*Wenn Sie diese Karten hier durchsehen: Was, meinen Sie, wird in zehn Jahren im großen und ganzen alles zutreffen? Wie wird es 1991 bei uns aussehen? – Ich meine jetzt nicht, was Sie sich wünschen, sondern wie es wohl tatsächlich sein wird.*" (K)

„*Sie kenne ja jetzt diese Karten schon. Könnten Sie noch mal alles ansehen und mir sagen, was Sie sich alles wünschen? Was davon sollte in 10 Jahren, also etwa 1991, verwirklicht sein, wenn es nach Ihnen ginge?*" (K)

November 1981

	Wie wird es 1991 aussehen? %	Wie sollte es 1991 aussehen? %
Krankheiten, die heute noch unheilbar sind, sind dann zum großen Teil erforscht, auch Krebs kann geheilt werden	55	86
Durch den technischen Fortschritt ist erreicht, daß Wasser und Luft rein gehalten werden	28	79
Die Atombombenversuche sind dann in jeder Form verboten, die Menschen brauchen vor den Atombomben keine Angst mehr zu haben	13	77
Die neuen Stadtteile werden so gebaut, daß es fast keinen Lärm mehr gibt	19	61
Kostenlose Krankenversorgung für alle Staatsbürger	14	61
Jeder begabte junge Mensch hat die Möglichkeit, an der Universität zu studieren	33	60
Der Wohlfahrtsstaat ist vollkommen ausgebaut, niemand kann mehr in Elend geraten	11	60
Körperlich schwere Arbeit wird dann meist nur noch von Maschinen gemacht, die Menschen müssen sich damit nicht mehr plagen	62	59
Weil sie viel mehr Freizeit haben als früher, haben die meisten Menschen viele Interessen entwickelt, lernen basteln, bauen selbst, fotografieren, malen, spielen ein Musikinstrument und so fort	39	58
Mit 50 Jahren Ruhestand, ab dann bekommt man eine gute Rente . .	18	56
Die Straßen sind so breit und gut ausgebaut, daß es viel weniger Unfälle gibt als heute	21	55
Alle Leute gehen einmal im Jahr zur ärztlichen Pflichtuntersuchung	32	52
Viele Sportarten, die sich heute nur die reichen Leute leisten können, werden dann für alle da sein – zum Beispiel Tennis, Reiten, Segeln und so weiter	38	50
Es wohnen viel mehr Menschen im eigenen Haus als heute	27	44
Verheiratete Frauen arbeiten überhaupt nicht mehr beruflich, sondern kümmern sich nur um den Haushalt	10	37

Fortsetzung

Fortsetzung

	November 1981 Wie wird es –Wie sollte es– 1991 aussehen?	
	%	%
Alte Menschen wohnen in besonders ruhigen Wohngebieten, in Siedlungen, die extra für alte Leute gebaut werden	16	36
Weil die Menschen mehr Zeit haben, kümmern sie sich mehr um das politische Leben	16	28
Die Kernkraft ist für unsere Energieversorgung am wichtigsten . . .	54	26
Große Wissenschaftler und Künstler werden sehr gut bezahlt und haben hohes Ansehen. Man erkennt mehr als heute ihren Wert für die Allgemeinheit	14	20

LEBENSMUT ODER TODESANGST?

Frage: „Wenn die Wissenschaft es möglich machen würde, daß man 150 Jahre alt werden kann und auch so lange im Besitz seiner Kräfte bleibt: Würden Sie gern so lange leben oder nicht?"

								Im Vergleich			
	1956	1964	1967	1973	1974	1978	1982	Männer		Frauen	
	Mai	März	Juni	Juli	März	Jan.	Okt.	1967	1982	1967	1982
	%	%	%	%	%	%	%	%	%	%	%
Gern so lange leben	32	55	47	49	50	46	41	52	46	42	37
Kommt drauf an	17	16	19	21	21	23	27	24	27	35	27
Besser nicht so lange leben . .	44	24	30	27	26	27	27	19	22	19	32
Unentschieden	7	5	4	3	3	4	5	5	5	4	4
	100	100	100	100	100	100	100	100	100	100	100

	Altersgruppen im Vergleich							
	16–29 Jahre		30–44 Jahre		45–59 Jahre		60 und älter	
	1967	1982	1967	1982	1967	1982	1967	1982
	%	%	%	%	%	%	%	%
Gern so lange leben	60	46	48	45	45	40	31	31
Kommt drauf an	19	27	21	31	19	27	18	22
Besser nicht so lange leben . . .	17	22	27	19	32	28	46	41
Unentschieden	4	5	4	5	4	5	5	6
	100	100	100	100	100	100	100	100

RETORTEN-BABY

Frage: *„In England wurde neulich ein Kind geboren, das künstlich gezeugt wurde. Haben Sie von diesem sogenannten Retorten-Baby gehört?"* (Ja, gehört = 93%)

„Hier unterhalten sich zwei darüber. Welcher von beiden sagt eher das, was auch Sie denken?"

A	Bev. insges. %	Männer %	Frauen %	\multicolumn{4}{c}{August 1978 Altersgruppen}
				16–29 %	30–44 %	45–59 %	60 u. ä. %
„Ich meine, wenn ein Paar auf natürliche Weise keine Kinder bekommen kann, sollte es sich damit abfinden und auf eigene Kinder verzichten. Diese künstliche Methode geht zu weit."	43	41	45	31	39	51	58
„Ich begrüße es, wenn ein Paar, das sonst keine Kinder bekäme, sich für diese künstliche Methode entscheidet. Ich bin dafür, daß man den wissenschaftlichen Fortschritt voll nutzt."	43	44	43	53	48	36	30
Unentschieden	14	15	12	16	13	13	12
	100	100	100	100	100	100	100

GEBURTENRÜCKGANG

Frage: *„In den letzten Jahren ist die Zahl der Geburten in der Bundesrepublik zurückgegangen, es sind mehr Leute gestorben, als Kinder geboren wurden. War Ihnen das bekannt, oder hören Sie es jetzt zum ersten Mal?"* (Ja, bekannt: 1973 = 70%; 1978 = 90%)

„Darüber gibt es nun verschiedene Ansichten: Die einen begrüßen diese Entwicklung, andere finden es eher nachteilig. Was würden Sie ganz allgemein sagen: Ist das für die Zukunft der Bundesrepublik eher ein Nachteil, wenn weniger Kinder geboren werden, oder kein Nachteil?"

	\multicolumn{3}{c}{August 1978}		
	Eher Nachteil %	Kein Nachteil %	Unentschieden %
Bevölkerung insgesamt	76	12	12 = 100
Männer	76	13	11 = 100
Frauen	76	11	13 = 100
ALTERSGRUPPEN			
16–29 Jahre	66	18	16 = 100
30–44 Jahre	78	14	8 = 100
45–59 Jahre	81	10	9 = 100
60 Jahre und älter	82	6	12 = 100
BERUFSKREISE			
Angelernte Arbeiter	69	16	15 = 100
Facharbeiter	78	12	10 = 100
Einfache Angestellte/Beamte	76	13	11 = 100
Leitende Angestellte/Beamte	79	12	9 = 100
Selbständige, freie Berufe	77	14	9 = 100
Landwirte	85	×	15 = 100

IN FÜNFZIG JAHREN

Frage: *„Natürlich kann niemand in die Zukunft sehen – aber was glauben Sie, wie die Welt in 50 Jahren aussieht: Wer wird dann mächtiger sein: Amerika oder Rußland?"*

	1953 %	1955 %	1957 %	1959 %	1962 %	1966 %	1969 %	1973 %	1975 %	1977 %	1980 %
Amerika	32	21	22	20	24	28	21	14	14	18	20
Rußland	11	16	21	27	13	21	21	32	37	30	27
Beide gleich . . .	9	13	17	13	17	16	21	21	22	22	22
Unmöglich zu sagen	48	50	40	40	46	35	37	33	27	30	31
	100	100	100	100	100	100	100	100	100	100	100

	Bev. insg. %	Januar 1980 Altersgruppen 16–29 %	30–44 %	45–59 %	60 u. ä. %	Schulabschluss Volks- schule %	Höhere Schule %
Amerika	20	20	21	20	17	20	21
Rußland	27	24	25	31	29	29	25
Beide gleich	22	23	22	25	20	22	21
Unmöglich zu sagen	31	33	32	24	34	29	33
	100	100	100	100	100	100	100

DIE CHINESEN KOMMEN

Frage: *„Welches Land wird Ihrer Ansicht nach im Jahre 2000 das mächtigste Land der Welt sein?"* (O)

	1967 April %	1979 Dez. %
China	17	29
USA, Amerika	38	20
Rußland	19	20
Europa (EG)		3
Deutschland . . . . }	5	2
Anderes Land		2
Keine Angabe	25	27

UNSICHERE ZUKUNFT

Frage: „Wenn Sie an die Zukunft denken – glauben Sie, daß das Leben für die Menschen immer leichter oder immer schwerer wird?"

BEVÖLKERUNG INSGESAMT	1957 Jan. %	1960 Jan. %	1963 Okt. %	1965 Nov. %	1973 Feb. %	1976 Sept. %	1980 Jan. %	1980 Dez. %	1981 Dez. %
Immer schwerer	55	42	46	44	49	51	58	53	69
Immer leichter	19	27	22	28	27	13	16	8	6
Bleibt gleich	19	21	20	19	19	27	18	29	19
Weiß nicht	7	10	12	9	5	9	8	10	6
	100	100	100	100	100	100	100	100	100

ALTERSGRUPPE 16- BIS 29JÄHRIGE	1960 Jan. %	1965 Nov. %	1976 Sept. %	1980 Jan. %
Immer schwerer	31	37	54	56
Immer leichter	36	34	15	18
Bleibt gleich	22	18	27	17
Weiß nicht	11	11	4	9
	100	100	100	100

Frage: „Was meinen Sie, wenn heute einer heiratet und eine Familie gründet – kann der beruhigt in die Zukunft sehen, oder muß man Angst haben, daß es auf dieser Welt immer gefährlicher wird zu leben?"

A

	Bevölkerung insgesamt %	Februar 1983 Altersgruppen				Volks- schule %	Höhere Schule %
		16–29 %	30–44 %	45–59 %	60 u. ä. %		
Beruhigt in die Zukunft sehen	17	16	22	21	10	16	19
Immer gefährlicher zu leben	58	61	54	57	60	61	54
Unentschieden	25	23	24	22	30	23	27
	100	100	100	100	100	100	100

KRIEGSFURCHT

Frage: „Was meinen Sie, wenn heute einer heiratet und eine Familie gründet – kann der beruhigt in die Zukunft sehen, oder muß er Angst haben, daß ein neuer Krieg kommt?"

	1963 Jan. %	1965 Febr. %	1968 Nov. %	1971 April %	1973 Febr. %	1976 Febr. %	1979 Jan. %
Beruhigt in die Zukunft sehen	21	27	29	42	62	43	44
Angst, daß neuer Krieg kommt	45	38	43	27	14	33	25
Unentschieden	34	35	28	31	24	24	31
	100	100	100	100	100	100	100

	Bevölkerung insgesamt %	Januar 1979				Schulabschluss	
		Altersgruppen				Volks- schule	Höhere schule
		16–29 %	30–44 %	45–59 %	60 u. ä. %	%	%
Beruhigt in die Zukunft sehen . . .	44	51	49	45	31	41	51
Angst, daß neuer Krieg kommt . . .	25	19	22	26	33	26	24
Unentschieden	31	30	29	29	36	33	25
	100	100	100	100	100	100	100

Frage: „Finden Sie, wir müssen damit rechnen, daß noch mal ein neuer Weltkrieg kommt, oder glauben Sie, es wird niemand mehr einen großen Krieg riskieren?"

	1961 Sept. %	1963 Jan. %	1964 Febr. %	1965 Febr. %	1967 Juni %	1975 Dez. %	1979 Sept. %	1980 Jan. %	1980 Febr. %	1981 Jan. %	1981 Okt. %	1982 Jan. %
Wird niemand riskieren .	45	49	56	48	54	63	59	50	56	59	41	46
Muß mit Weltkrieg rechnen	46	42	35	41	38	29	32	44	38	34	37	34
Unmöglich zu sagen . . .	9	9	9	11	8	8	9	6	6	7	22	20
	100	100	100	100	100	100	100	100	100	100	100	100

	Bev. ges. %	Januar 1982							
		Altersgruppen				Politische Orientierung			
		16–29 %	30–44 %	45–59 %	60 u. ä. %	CDU/CSU %	SPD %	FDP %	Grüne %
Wird niemand riskieren .	46	43	47	48	46	49	49	50	34
Muß mit Weltkrieg rechnen	34	39	34	31	33	32	31	31	51
Unmöglich zu sagen . . .	20	18	19	21	21	19	20	19	15
	100	100	100	100	100	100	100	100	100

SCHRUMPFENDER OPTIMISMUS

Frage: „*Glauben Sie an den Fortschritt – ich meine, daß die Menschheit einer immer besseren Zukunft entgegengeht, oder glauben Sie das nicht?*"

	1967 Juli %	1972 Okt. %	1975 Juli %	1977 Nov. %	1978 Nov. %	1980 Jan. %	1981 Dez. %	1982 Nov. %
Glaube an Fortschritt	56	60	48	39	34	31	32	28
Glaube nicht daran	26	19	30	35	40	41	48	46
Unentschieden	18	21	22	26	26	28	20	26
	100	100	100	100	100	100	100	100

	November 1982				
	Bevölkerung insgesamt %	Altersgruppen 16–29 %	30–44 %	45–59 %	60 u. ä. %
Glaube an Fortschritt	28	31	31	29	21
Glaube nicht daran	46	42	45	42	53
Unentschieden	26	27	24	29	26
	100	100	100	100	100

Frage: „*Vor einigen Jahren erschien ein Buch mit dem Titel ‚Grenzen des Wachstums'. Haben Sie davon gehört?*"

	Mai 1981				
	Bevölkerung insgesamt %	Männer %	Frauen %	Volks- schule %	Höhere Schule %
Ja, davon gehört	25	34	19	13	48

VIELE WÜNSCHEN SICH IN DIE VERGANGENHEIT

Seit Beginn der Neuzeit gibt es in der Literatur immer wieder den Versuch, sich aus der eigenen Gegenwart und aus den gegenwärtigen sozialen Verhältnissen herauszudenken in eine andere Zeit und in ein anderes Leben. Anfangs, im 16. Jahrhundert, war das immer wieder der mit Akribie beschriebene Traum von einem Utopia in der Zukunft oder überhaupt jenseits von Raum und Zeit. Bei Jules Verne im letzten Jahrhundert war das der Versuch, sich im voraus eine Zeit der technischen Wunder bis hin zum Mondflug auszudenken. In diesem Jahrhundert haben sich schließlich eine ganze Reihe von Schriftstellern an die fiktive Konstruktion einer Zeitmaschine gemacht, die den Menschen sowohl in die Vergangenheit als auch in die Zukunft versetzen kann. Sowohl der historische Roman des letzten Jahrhunderts als auch die Masse an Science-Fiction-Literatur machen deutlich, daß es im Menschen ein starkes Bedürfnis gibt, sich – wenn auch nur in der Phantasie – in anderen Zeiträumen zu bewegen.

Das Institut für Demoskopie hat kürzlich versucht, darüber Genaueres zu ermitteln (Tabelle Seite 687). Die Ergebnisse dieses Spiels mit der Vorstellungskraft der Befragten ist überaus aufschlußreich, weil sich aus ihnen auch etwas über das Gegenwartsgefühl der Menschen heute ablesen läßt.

Sicherlich ist es eine Sache, einen kurzen Besuch bei unseren Ahnen oder Nachfahren zu machen, und eine ganz andere, ein Leben in der Steinzeit oder im Mittelalter zu verbringen. Dementsprechend wünschen sich die meisten Befragten auch gar nicht weg aus der Gegenwart (64%). Immerhin wünschen sich aber doch auch 15% zurück in ein früheres Jahrhundert, und zwar mehr Frauen als Männer, mehr ältere Menschen, die das 60. Lebensjahr überschritten haben als jüngere, die voll in ihre Gegenwart eingespannt sind, mehr Großstadtmenschen als Dorfbewohner.

Der Zusammenbruch des Fortschrittsoptimismus und der Technikbegeisterung, wie man anhand von Meinungsumfragen aus den letzten zehn, fünfzehn Jahren in Deutschland feststellen kann, schlägt sich in den Ergebnissen auf die Frage nach dem Zeitabschnitt, in dem man am liebsten leben würde, in einer überraschenden Skepsis gegenüber der Zukunft nieder. Während 1967 noch 56% der erwachsenen Bevölkerung in der Bundesrepublik daran glaubten, „daß die Menschheit einer besseren Zukunft entgegengehen" würde, waren am Anfang der 80er Jahre nur noch 28% so ungebrochen optimistisch gestimmt. Auf die Frage: „Wenn Sie an die Zukunft denken – glauben Sie, daß das Leben für die Menschen immer leichter oder immer schwerer wird?" antworteten 1967 31% mit „immer leichter". Das sagten Ende 1981 nur noch ganze 6%. Dem entspricht, daß auch 1983 nur 5% der Befragten sagen, daß sie am liebsten erst in der Zukunft, nach dem Jahr 2000 geboren wären.

Daß sich die Negativ-Prognosen, die der Menschheit seit den siebziger Jahren immer wieder für die Zukunft gestellt worden sind, hier widerspiegeln, zeigt sich auch daran, daß besonders jene sozialen Gruppen auf ein Leben in der Zukunft verzichten, die die Bücher über den „Zukunftsschock" oder die „Grenzen des Wachstums" am stärksten wahrgenommen haben. Höhere Schulabsolventen etwa, von denen schon 1981 fast jeder zweite etwas über Meadows Buch von den „Grenzen des Wachstums" gehört hatte, wünschen sich nur halb so oft (3%), erst in der Zukunft geboren zu werden, wie Volksschulabsolventen (6%), von denen nur jeder achte schon einmal den Titel von Meadows Buch gehört hat.

Erst kürzlich hat Rudolf Bahros Vorschlag, die Grünen sollten sich über kurz oder lang um ein Bündnis mit den Konservativen bemühen, für Überraschung und Aufregung gesorgt. Wenn man sich anschaut, wie die Wähler der Grünen auf die Frage, wann man am liebsten leben würde oder gelebt hätte, reagiert haben, kann man jedoch tatsächlich auf den Gedanken kommen, daß sich bei vielen, die mit den Vorstellungen der Grünen sympathisieren, die alles umgreifende Kritik an der heutigen Gesellschaft und dem derzeitigen politischen System in einer Sehnsucht nach rückwärts niedergeschlagen hat. Statt 64% der Gesamtbevölkerung erklären sich von den Wählern der Grünen nur 45% für ein Leben in der Gegenwart. Zwar scheinen 8% der Grün-Engagierten aus diesem Engagement auch wieder Hoffnung für die Zukunft bezogen zu haben, aber ein erstaunlich großer Anteil derjenigen, die die Grünen bei der Wahl bevorzugen, sagen, daß sie am liebsten in einem früheren Jahrhundert geboren worden wären. Von den Wählern der CDU/CSU oder der SPD sagen das nur 14 bzw. 12%, von den Wählern der Grünen aber sagen das 28%. Die damaligen Probleme, die man ja heute nur noch vom Hörensagen kennt, von der Pest über die Hungersnöte des letzten Jahrhunderts in Deutschland bis zu der hohen Kindersterblichkeitsrate, scheinen vielen Grünen eher harmlos gewesen zu sein, verglichen mit den Problemen der Technik, die sie heute vor Augen haben.

„allensbacher berichte", Juni 1983, Nr. 15

ZU ANDERER ZEIT

Frage: „*Es gibt ja Menschen, die gern in einer anderen Zeit leben würden. Wie ist das bei Ihnen?*
Hätten Sie lieber in einem früheren Jahrhundert gelebt, oder wären Sie lieber erst nach dem Jahr
2000 zur Welt gekommen, oder sind Sie froh, in der heutigen Zeit zu leben?"

	April 1983						
	Bevölkerung insgesamt	Männer	Frauen	Altersgruppen 16–29	30–44	45–59	60 u. ä.
	%	%	%	%	%	%	%
In einem früheren Jahrhundert . . .	15	13	16	15	13	14	18
Erst nach dem Jahr 2000	5	7	4	9	5	4	2
In der heutigen Zeit	64	65	64	61	70	62	64
Weiß nicht	16	15	16	15	12	20	16
	100	100	100	100	100	100	100

	Bevölkerung insgesamt	Schulabschluss Volks- schule	Höhere Schule	Politische Orientierung CDU/CSU	SPD	FDP	Grüne
	%	%	%	%	%	%	%
In einem früheren Jahrhundert .	15	16	13	14	12	10	28
Erst nach dem Jahr 2000	5	6	3	5	5	×	8
In der heutigen Zeit	64	62	69	68	69	73	45
Weiß nicht	16	16	15	13	14	17	19
	100	100	100	100	100	100	100

ORAKEL NICHT GEFRAGT

Frage: „*Man weiß ja meist nicht im voraus, was die Zukunft alles bringen wird. Aber wenn*
das möglich wäre: Würden Sie dann gern wissen wollen, was Ihnen die Zukunft bringt, oder
möchten Sie das nicht vorher wissen?"

	Dezember 1979						
	Bevölkerung insgesamt	Männer	Frauen	Altersgruppen 16–29	30–44	45–59	60 u. ä.
	%	%	%	%	%	%	%
Nicht vorher wissen	61	56	65	48	62	64	69
Gern vorher wissen	27	32	22	38	26	23	20
Unentschieden	12	12	13	14	12	13	11
	100	100	100	100	100	100	100

WIE SCHNELL LÄUFT DIE ZEIT?

Frage: *„Was würden Sie sagen, wie schnell läuft die Zeit, wie schnell oder wie langsam verändert sich alles? So kann man das natürlich nur schwer sagen, aber ich habe hier ein Bild mitgebracht. 1 auf diesem Blatt würde bedeuten, die Zeit steht fast still, und 7: Die Zeit ändert sich rasend schnell. Welche Nummer von 1 bis 7 würden Sie für unsere heutige Zeit typisch finden."* (B)

	Fast still-stehend			Januar 1983			Rasend schnell	Keine Antwort
	1 %	2 %	3 %	4 %	5 %	6 %	7 %	%
Bevölkerung insgesamt ..	×	2	4	12	28	32	20	2 = 100
ALTERSGRUPPEN								
16–29 Jahre	1	3	6	17	31	26	13	3 = 100
30–44 Jahre	×	2	4	14	31	30	17	2 = 100
45–59 Jahre	×	×	4	9	29	35	22	1 = 100
60 Jahre und älter	×	1	4	9	22	35	29	× = 100

SO SCHNELL SOLLTE SIE LAUFEN

Frage: *„Und wenn Sie es bestimmen könnten, mit welchem Tempo sollte sich alles ändern, was wäre Ihnen da am liebsten?"* (B)

	Fast still-stehend			Januar 1983			Rasend schnell	Keine Antwort
	1 %	2 %	3 %	4 %	5 %	6 %	7 %	%
Bevölkerung insgesamt ..	3	15	32	29	13	3	3	2 = 100
ALTERSGRUPPEN								
16–29 Jahre	2	8	26	35	15	5	5	4 = 100
30–44 Jahre	1	15	32	29	13	4	3	3 = 100
45–59 Jahre	2	18	36	27	14	2	1	× = 100
60 Jahre und älter	5	21	33	26	9	2	1	3 = 100

So schnell läuft die Zeit
So schnell sollte sie laufen

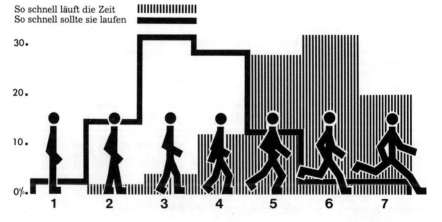

SCHLUSS

pro domo

Frage: „Glauben Sie, daß man mit Hilfe der Meinungsforschung wirklich herausfinden kann, was die Bevölkerung denkt, oder glauben Sie das nicht?"

	1971 Jan. %
Kann man	35
Mit Einschränkung	40
Glaube ich nicht	14
Unentschieden	11
	100

Frage: „War vor mir schon einmal jemand von einem Meinungsforschungsinstitut bei Ihnen, um Ihre Meinung zu erfragen, oder ist das jetzt das erste Mal?"

	1961 Juni %	1980 Nov. %
Schon mehrmals befragt . . .	3	8
Schon einmal befragt	10	21
Jetzt das erste Mal	87	70
Keine Auskunft	×	1
	100	100

IN EIGENER SACHE: IFD

Frage: „Haben Sie schon einmal vom Institut für Demoskopie Allensbach gehört: Hier steht es noch einmal geschrieben." (B)

„Und können Sie mir sagen, womit sich dieses Insitut beschäftigt?" (O)

	August 1977								
	Bevölkerung insgesamt	Männer	Frauen	Altersgruppen				Schulbildung	
				16–29	30–44	45–59	60 u.ä.	Volks- schule	Höhere schule
	%	%	%	%	%	%	%	%	%
Zutreffende Angaben: Meinungs- forschung, Markt- forschung	55	63	47	54	68	55	41	47	72
Vage oder falsche Angaben	8	7	9	5	7	9	11	8	7
Das Institut ist unbekannt	37	30	44	41	25	36	48	45	21
	100	100	100	100	100	100	100	100	100

WAHLPROGNOSE

Frage: „Bei Wahlen sagen die Meinungsforschungsinstitute oft voraus, wie das Wahlergeb-nis sein wird. Stimmen diese Voraussagen meistens, oder stimmen diese meistens nicht?"

A	1981 Okt. %
Stimmen meistens	63
Stimmen meistens nicht	9
Unentschieden	28
	100

GLAUBWÜRDIGKEIT

Frage: „Man liest ja oft Ergebnisse von Meinungsumfragen in der Zeitung oder hört sie im Radio. Glauben Sie, diese Ergebnisse stimmen meistens, oder stimmen diese meistens nicht?"

	1981 Okt. %	1983 Febr. %	Politische Orientierung CDU/CSU %	SPD %	FDP %	Grüne %
Stimmen meistens	58	54	58	53	61	27
Stimmen meistens nicht	11	14	12	15	3	25
Unentschieden	31	32	30	32	36	48
	100	100	100	100	100	100

PERSONEN- UND SACHWORTREGISTER

PERSONENREGISTER

A

Adenauer, Konrad 185, 239
Aichinger, Ilse 32
Albrecht, Ernst 245, 270, 274, 347 f.
Alt, Franz 541, 548
Amery, Carl 32
Anderson, John 611
Andropow, Jurij 132, 627
Apel, Hans 245, 276, 278
– Verteidigungsminister 331

B

Bachmann, Ingeborg 32
Bahr, Egon 276
Bahro, Rudolf 686
Bangemann, Martin 268
Barbie, Klaus 194 ff.
Barzel, Rainer 270
Baum, Gerhart Rudolf 279, 289 f.
Begin, Menachem 651
Bergengruen, Werner 32
Biedenkopf, Kurt 245, 270, 347
Bilz, Rudolf XXXIX, XLV f.
Bismarck, Otto von 185
Blüm, Norbert 270
Böll, Heinrich 32 f.
Börner, Holger 276
Brandt, Willi 185, 239, 245, 276, 278, 330, 586
Brecht, Berthold 28, 32
Breschnjew, Leonid 626 f., 641
Brüning, Heinrich 28
Büchner, Georg XXXIV

C

Callaghan, James 586
Carstens, Karl 198, 230, 270
Carter, Jimmy 611 f., 641
Castro, Fidel 662
Coppik, Manfred 268
Csikszentmihalyi, Mihaly XVI

D

Dahrendorf, Ralf XVII, XXXV f.
de Gaulle, Charles 629
Dietrich, Marlene 28
Dohnanyi, Klaus von 268

Dollinger, Werner 270
Dregger, Alfred 245, 270, 274, 347
Dürrenmatt, Friedrich 32
Dutschke, Rudi 328

E

Ebert, Friedrich 28
Echternach, Jürgen 268
Ehmke, Horst 277
Ehrenberg, Herbert 277
Engelhardt, Hans A. 268, 270
Enzensberger, Hans Magnus 32
Erhard, Ludwig 185, 239
Ertl, Josef 279, 290
Erzberger, Matthias 28
Ewert, Otto XIV

F

Filbinger, Hans 270, 275
Fleming, Paul XVIII
Fredersdorf, Hermann 293
Freud, Sigmund XIII
Friderichs, Hans 248
Frisch, Max 32
Funke, Liselotte 290

G

Gansel, Norbert 268
Gehlen, Arnold 381, XIV
Geissler, Heiner 271, 363
Genscher, Hans-Dietrich 245, 248, 279 ff., 290, 586
Glotz, Peter 268, 277, 351, 367
Göring, Hermann 28
Goethe, Johann Wolfgang von 29 ff., 185, XXXI, XXXIII
Grass, Günter 32 f.
Gruhl, Herbert 268, 293
Gscheidle, Kurt 277

H

Häfele, Hansjörg 268
Hagelstange, Rudolf 32
Hahn, Otto 28
Hamm-Brücher, Hildegard 290

Hansen, Karl-Heinz 268
Hauff, Volker 245, 278
Heath, Edward 586
Heine, Heinrich 32
Hemmerle, Klaus XVIII
Hennis, Wilhelm 353
Hentig, Hartmut von XVIII
Hersch, Jeanne XI f., XIII
Hesse, Hermann 32
Heuss, Theodor 185
Hindenburg, Paul von 28
Hitler, Adolf 185, 191, 193
Hochhuth, Rolf 32
Höfer, Werner 541, 548
Holtz, Uwe 268
Hugenberg, Alfred 28
Hume, David 353

I, J

Jannings, Emil 28
Jaspers, Karl 32
Johannes Paul II. (Papst) 130 ff.
Johnson, Uwe 32
Joyce, James 198

K

Kafka, Franz 32
Kennedy, Edward 611
Kennedy, John F. 612
Keyserling, Graf Hermann von 28
Kiep, Walther Leisler 271, 274
Kiesinger, Kurt Georg 239
Kirsch, Sarah 32
Kissinger, Henry 612
Klar, Christian 324
Klee, Paul 28
Kleining, Gerhard XXIX
Kohl, Helmut 247, 586, 623, XXX
– Bundeskanzler 247 f.
– Bundeskanzlerkandidat 347, 353, 359
– Einverständnis mit Politik 240
– Oppositionsführer 256
– Vertrauensfrage 253
Kollwitz, Käthe 28
Kronzucker, Dieter 541
Küng, Hans 131
Kunze, Rainer 32

L

Lambsdorff, Otto Graf 245, 248, 279, 290, 492
Leber, Georg 277
Lefebvre (Bischof) 131
Lenin, Wladimir Iljitsch 228
Lenz, Siegfried 32

Löwenthal, Gerhard 541, 548
Ludendorff, Erich 28
Lübbe, Hermann XXXI
Lueg, Ernst-Dieter 541, 548
Luther, Martin 132 f., 185
Luxemburg, Rosa 28

M

Maihofer, Werner 279
Mann, Thomas 28, 32
Marc, Franz 28
Marcuse, Ludwig 32
Marx, Karl 228, XIII
Matthäus-Maier, Ingrid 268, 289
Matthöfer, Hans 277 f.
Meinhof, Ulrike 328
Merseburger, Peter 541
Merton, Robert K. XII f.
Mischnick, Wolfgang 279, 290
Möllemann, Jürgen W. 290
Mommsen, Hans 198 f.

N

Neumann, Robert 32
Noelle-Neumann, Elisabeth 198, 285
Nowottny, Friedrich 541, 548

O

Offergeld, Rainer 268
Owen, David 586

P

Papen, Franz von 28
Papst Johannes Paul II. 130 ff.
Pieroth, Elmar 268
Planck, Max 28
Presley, Elvis 35

Q, R

Rathenau, Walter 28
Rau, Johannes 277
Reagan, Ronald 355, 611 ff., 623, 662
Riesenhuber, Heinz 271
Riesmann, David XIX
Ringelnatz, Joachim 28
Rinser, Luise 32
Rommel, Manfred 268
Rühmann, Heinz 544

S

Sadat, Anwar el 649
Seghers, Anna 32
Seidel, Ina 28
Somoza, Anastasio 662

SCH

Schädlich, Hans Joachim 32
Scheel, Walter 290
– Bundespräsident 230
– Eigenschaften 232
Schelsky, Helmut XXVII f.
Schiller, Friedrich von 31
Schlei, Marie 277
Schleyer, Hanns-Martin 318
Schmidt, Helmut 185, 241, 277 f., 347, 362, 364,
  586, XXX
– Briefe an – 243
– Bundeskanzler 239 f., 248, 291, 349
– Menachem Begin 651
– Vergleiche: Kohl 246,
    Strauss 346,
    SPD 242
– Verrat 244 f., 360
Schneider, Oscar 271
Scholl-Latour, Peter 541
Schuchardt, Helga 268, 289
Schwarz-Schilling, Christian 271

SP, ST

Späth, Lothar 274
Stephan, Klaus 548
Stierlin, Helm XIV
Stoltenberg, Gerhard 245, 271, 274, 347
Strauss, Franz Josef 245, 272 ff., 287, 346 ff., 362,
  364, 367, 586, XXX

T

Tandler, Gerold 268
Thälmann, Ernst 28
Thatcher, Margaret 586
Todenhöfer, Jürgen Gerhard 268

U, V

Verheugen, Günter 268, 289
Vogel, Bernhard 272
Vogel, Hans-Jochen 257, 277 f., 353 ff., 359, 642
– Oppositionsführer 256

W

Wallraff, Günter 32
Walser, Martin 32
Warnke, Jürgen 272
Watzlawick, Paul XLIII f.
Wehner, Herbert 277
Weiss, Peter 32
Weizsäcker, Carl Friedrich von 32
Weizsäcker, Richard von 274
Wernitz, Axel 268
Wieczorek-Zeul, Heidemarie 268
Wilms, Dorothee 272
Wilson, Harald 586
Wischnewski, Hans-Jürgen 277 f.
Wissmann, Matthias 268
With, Hans de 268
Wörner, Manfred 268, 272
Wohmann, Gabriele 32

Z

Zahn, Peter von 541
Zille, Heinrich 28
Zimmermann, Friedrich 272

SACHWORTREGISTER

A

Abgeordnete s. u. Bundestag, Politiker
Abitur 5, 423
Abrüstung 125, 242, 334, 359, 597, 638 ff., 676
  s. a. u. Nato, Rüstung
– Bergpredigt 645
– Friedensbewegung 645 f.
– persönlicher Einsatz 644
Absatzschwierigkeiten 376 f.
Abschreckung, militärische 630
Abtreibung 131, 134, 310
Ägypten
– Anwar el Sadat 649
– Zusammenarbeit 596
Ämter, Institutionen 299 ff.
Ärger 16, 438, 507
  s. a. u. Sorgen, Angst
Afghanistan 329, 348, 631, 654 ff.
– Kriegsgefahr 655
– Sanktionen 654
Afrika 668
– Reiseziel 69
Aggression im Wahlkampf 156
Agrarwissenschaft 156
Akademiker 150 f., 155, 320, 419, 421
  s. a. u. Wissenschaftler
Albanien 163
Alkoholiker 55, XLII
Alkoholkonsum 16, 24, 52 ff., 61, 483
Alleinsein 11 ff., 104, 112
Allensbacher Berichte
  siehe einzelne Berichte im Inhaltsverzeichnis
– Pressemeldungen des Instituts für Demoskopie
Allensbacher Bundestagswahl-Prognosen 365
Alpträume 22
Altenheime 116, 337
Alter, ältere Generation 109 ff., 114, 679
– Berufstätigkeit 116
– finanzielle Lage 115
Alternatives Leben 17, 20
Altersbeschwerden 116
Altersstruktur 3 f.
Altersversorgung 116 f., 412, 540, XXV
Altes und Neues Testament s. u. Bibel
Altruismus 8, 20, 122, 128, 174, 176
Amerika s. a. u. Vereinigte Staaten von Amerika
– Lebensverhältnisse 547
– Reiseziel 69
Amerikaner 190, 588
  s. a. u. Vereinigte Staaten von Amerika
– Sympathie 606
Anarchisten 319

Anerkennung, Lob 23, 145, 414 f., 417, 420, XV
Angestellte 6
Anglistik 156
Angst 22 f., 164, 244, 436, 451, 494, 501, 514, 524, 682, XXIV, XXVIII f., XXXVIII, XLIII
  s. a. u. Sorgen
Anonymität XIX, XXIII, XXVII
Anschaffungen 485
Ansehen
– Ärzte 168
– Akademiker 151, 679
– Beamte 420 f.
– Bundeswehr 328
– Deutsche, Deutschland 188 f., 583 ff.
– eigenes – 8, 433
– Eltern 94, 120
– Künstler 679
– Unternehmer 220, 388, 419
– verschiedene Berufe 419
– Wehrdienstverweigerer 327 f.
Ansporn 146
Anti-Amerikanismus 616 ff.
Anzeigen, Inserate 563, 568, 574
Arabische Staaten 622, 648 ff.
– Anwar el Sadat 649
– Palästinenser, PLO 651 f.
– Siegeschancen im Nahost-Konflikt 649
– Waffenlieferungen 650
Arbeit 407 ff.
  s. a. u. Beruf, Betrieb
– Ansehen der eigenen 412, 433
– Beschreibung der eigenen 413 ff.
– Bewerbermangel 455 f.
– Einstellung zur – 426 ff., 434 f., 442, 494, 591, 610, XXV f.
– Gesprächsthema 87
– Job sharing 431
– Leben ohne Arbeit 431
– Nebenverdienst 438
– Schwarzarbeit 460, 468
– Sorgen 22 f.
– Zufriedenheit 427
– zumutbare – 455, 457
Arbeiter 6
Arbeitgeber s. u. Unternehmer, Vorgesetzte
Arbeitsamt 144, 303
Arbeitsbedingungen 24, 38, 42 f., 412, 435, 437, 457
Arbeitskollegen 79, 145, 412 ff., 415, 417, 439, XX
Arbeitslose
– die Betroffenen 6, 155, 448 ff., 465, 492
– Eigenbild-Fernbild 454
– Einstellung zu – 79, 284, 452
Arbeitslosengeld, Unterstützung 242, 254, 337
Arbeitslosenversicherung 386

Arbeitslosigkeit 260 f., 263, 267, 334, 336, 355, 359, 363, 378, 448 ff., 456, 458 ff., 464 ff., 512, 514, 581, 676
s. a. u. Parteien und deren Problemlösungskompetenz
– in den Vereinigten Staaten von Europa 601
– Sonderabgabe 406
– staatliches Beschäftigungsprogramm 242, 459 f.
Arbeitsplatz 145, 407 f., 524, 527
– Entscheidungsfreiheit am – 412, 430
– Rationalisierung 398, 463, 517
– Teilzeit 96, 431
– Wechsel 443 f., 446, XX
Arbeitsplatzbeschaffung 242, 259, 514, 517
Arbeitszeit 119, 412, 426, 512, XXXI
– Überstunden 412, 426, 473
Arbeitszeitverkürzung 242, 264, 363, 381, 398, 441, 460, 462 f.
Archäologie 156
Architektur 156
ARD 545
s. a. u. Fernsehen, Rundfunk
– politische und wirtschaftliche Magazine 551
– Werbefunk 560
Argentinien 665
Arznei s. u. Medikamente
Arzneimittelhersteller 495
Arzt 106, 167, 347, 419, 421
Asien 668
Askese s. u. Selbstbeherrschung
Assoziationen, Wort-
– Atomkraft, Kernenergie 524
– Auto 501
– Europäische Gemeinschaft 599
– Japan 591
– Kultur 26, 515
– Technik 512
– Wirtschaftswachstum 378
– Zivilisation 27
Astrologie 123
Asylrecht 177, 221
Atomenergie s. u. Atomkraft
Atomkraft 516, 522, 525, 528, 679
– Assoziationen 378, 512 f., 524
– Gegnerschaft 15, 315, 531
Atomkraftwerke 23 f., 518
– Anzahl 525
– Bau 242, 261, 264, 337, 523, 527, 529, 533
Atomverzicht 634
Atomwaffen 591
– Verbot 15, 678
Attentat
– auf Hitler 192
– auf Papst 132
Audiogeräte 481
Aufstehen, morgens 163
Ausbeutung 378, 389, XV
Ausbildung 141 ff., 544, XVIII
s. u. Fortbildung, Kindererziehung, Schule

– von Lehrlingen 103, 252
Ausbildungsförderung (BAföG) 254, 461
Ausbildungsplätze für Jugendliche 261, 263
Ausflüge 53, 67, 92
Ausgaben
– des Staates s. u. Staatsausgaben
– private 482, 484 f.
Ausgehen 11, 64, 67, 81, 92, 488
Ausländische Arbeitnehmer 79, 125, 170, 175, 177 ff., 261, 263, 338, 468, 676
Auslandsaufenthalt 23, 66, 69, 582
Auslese,
Schüler- 143
Ausruhen s. u. Erholung
Aussperrung 404
s. a. u. Streik
Außenpolitik 595 ff.
s. a. u. EG u. einzelnen Staaten
– Afghanistan 654
– Anti-Amerikanismus 616 ff.
– Beziehungen zu Arabischen Staaten 648 ff.
– Beziehungen zu England 587
– Beziehungen zu Israel 648 ff.
– Beziehungen zu den USA 242, 262, 264, 606
– Erfolge 595
– Globale Probleme 597
– Interesse an – 595
– Problemlösungskompetenzen der Parteien 260, 262
– Waffenlieferungen 650
Außenseiter der Gesellschaft 79, 179
Auswandern 103, 190, 206, XXXII
Auszeichnung, Orden 187
Auszubildende 145 f.
Auto, Autofahren 23, 64, 69, 483 ff., 505 f., 520 f., 540, 592
– Assoziationen 501
– Besitz 379, 500
– Do-it-yourself 506
– Freude am Fahren 504
– Kauf 379, 482, 502, 509
– Kilometer pro Jahr 501
– Typ 500
– Urlaubsreisen 506
– wichtig am Auto 505
– Zweitwagen 503
Autorität, autoritär 94, 113, 120, 158, 229, 610, XLVI

B

Baden-Württemberg 3
– Urlaub in – 69
BAföG = Bundesausbildungsförderungsgesetz 254, 461
Banken 219, 303, 495
Basteln 65, 540
Bauernverband 219
Baugewerbe, -industrie 403, 455, 495

Bayern 3
- CDU in – 269
- Reiseziel 69
Beamte 6
- Ansehen 420 f.
- Beschreibung 299
- Bestechlichkeit 301
- Einkommen 254, 337
- politischer Einfluß 219
- Radikalenerlaß 317
Befürchtungen 670 ff.
Begabtenförderung 143
Begabung 142, 678
Behörden 299 ff.
  s. a. u. Beamten, Bürokratie
- zuviel 300
- Verhalten gegenüber 219
Bekannte 60, 65, 67
  s. a. u. Freunde
Belgien, Belgier
- Reiseziel 69
- Nationalstolz 597
Benelux Länder 69
Benzin 519, 521
Bergbau 337
Bergpredigt 645
  s. a. u. Bibel
Berlin, West-Berlin 3, 197 ff., 210, 334 f., 676
- die Mauer 214
- politische Probleme 213
- Krieg wegen Berlin 216, 622
- Stadt 41 ff.
- Verantwortung für – 215
Berliner
- Eigenschaften 214
Beruf 407 ff., 412
- Ansehen 426
- Berufsbild der Selbständigen 395
- Einstellung 434 f., 436, XXIV
- Prestigeberufe 419
- Stolz 433
- Traumberufe 106, 421
Berufsausbildung 5, 144 ff., 259
- und elterliches Sorgerecht 309
Berufsempfehlungen 144, 420 ff.
Berufskreise 6
Berufsschule 147
Berufsstrukturen 407 ff.
Berufstätige 6, 407 ff.
- Frauen 469 ff., 473
- Frauen in Männerberufen 472
Berufsverbot s. u. Radikalenerlaß
Berufswahl 218, 445
Berufswechsel 443 f.
Berufswünsche 144 f., 162, 443
Beschäftigungsprogramm, staatliches 459
Bescheidenheit 93, 189, 590
Beschwerde, sich beschweren 77
- bei Behörde 302, 530
Bestseller-Listen 574

Beten 119, 121
Betriebe 264, 376
  s. a. u. Arbeit, Beruf
- Ärger 438
- Grösse 410 f.
- Mitbestimmung 125, 218, 252, 398, 404
- multinationale 219
- soziale Einrichtungen 302, 418
- Zugehörigkeitsdauer 411, 447
Betrug 23
Bibel, Altes und Neues Testament 120, 645
Bibliotheken 44 f.
Bier 53 f., 490
Bild-Zeitung 563 f.
Bildschirmtexte 65
Bildung(swesen) 141 ff., 545, 547, 556, XVIII
Biologie 146, 156
Biologisch angebautes Obst und Gemüse 489
Branntwein 53, 490
Brasilien 163
- Vorbild 155, 594
Brauchtum 56 ff., 185
BRD = Bundesrepublik Deutschland s. u.
  Deutschland
Bremen 3, 70
Brief schreiben 59, 83
- an Abgeordnete 238
- an Bundeskanzler 243
Brillenträger 164
Briten s. u. Engländer
Brot, Brotgebäcke 489
Buch 31, 112, 540, 569 ff.
- Bestand im Haushalt 576
- Bücherscheck 570
- Einstellung zum Buch 573
- Kauf 482 f., 485, 561, 569 f., 574
- Lesegewohnheit 571
- Leseverhalten 572 f.
- Romane 575
- Sammelobjekt 66
Buchbesprechungen 574
Buchgemeinschaft 569
Bücherscheck 570
Bürgerinitiativen 118, 219, 341, 529, 532, XXVI
Bürokratie 162, 349, XVII, XLVI
- Ärger 300
- Einfluß in Politik 219
Bulgarien 658
- Reiseziel 69
Bundesamt für Verfassungsschutz 316 f.
Bundesausbildungsförderungsgesetz (BAföG)
  254, 461
Bundesbahn 301, 495, 510
Bundesbank 234
Bundesbürgerschaft 212
Bundesflagge 187, 201
Bundesgebiet
- Bezeichnung 211
Bundeskanzler 239 ff.
  s. a. u. Adenauer, Brandt, Kohl, Schmidt

- Briefe an – 243
- Einverständnis 240
- Kandidaten 347 f., 353 f.
Bundesländer 3, 218
- politischer Einfluß 234
- Landtage, Landesregierungen 237 f.
Bundesminister
- des Auswärtigen Amtes 248
- der Verteidigung 331
- für Wirtschaft 248, 492
Bundesministerium
- Bildung und Wissenschaft 161
- Forschung und Technologie 161
Bundespost 300 f., 423, 495
Bundespräsident 218, 230 f., 233 f.
- politischer Einfluß 234
Bundesrat 234, 238
Bundesregierung 239 ff.
- Koalitionen 249, 250 ff., 282, 285, 289, 297, 356 f.
- Meinung von – 518, 593
- politischer Einfluß 234
- Regierungswechsel 251
- Sparmaßnahmen 254
Bundesrepublik Deutschland (BRD) s. u. Deutschland
Bundestag 235
- Abgeordnete 235 f., 302, 340 f.
- Auflösung 233
- Opposition 218, 255 f., 234
- politischer Einfluß 234
- weibliche Abgeordnete 236
Bundestagswahlen 67, 341, 343, 345 ff., XXVI
- Allensbacher Prognosen 365 ff.
- Erst- und Zweitstimme 364 ff.
- Gründe für Stimmabgabe 349
- Interesse 342, 363
- Prognosewert 690
- Sendungen im Radio und Fernsehen 350
- Sonntagsfrage 298
- Wechselwähler 219, 364
Bundestagswahlkampf
- Eindrücke vom Wahlkampf 350, 364
- Exponierbereitschaft 361
- Fernsehen 360
- Interesse 363
- Presse 360
- Radio 360
- Themen 362 f.
- Wahlanzeigen 360
Bundesverfassungsgericht 219, 234
Bundesversammlung 230
Bundeswehr 148, 218 f., 221, 301, 325 ff., 423
- Dienstverweigerer 327
- Ersatzdienst 327
- NATO 260, 325, 335
- öffentliche Vereidigung 325
- politischer Einfluß 219, 234
- Wehrpflicht für Frauen 326
Butter 491 f.

C

Camping, Camping-Ausrüstung 68, 481
Cap Anamur 589
Capital 564, 567
Cassettenrecorder 481, 592
CDU = Christlich Demokratische Union
Chancengleichheit 471, XLVI
Charakter 123
Chef 413, 424 f.
s. a. u. Vorgesetzte
Chemie 146
- Entwicklung 512
- Schäden durch – 23
- Wissenschaft 156
Chemiker 421
Chemische Industrie 403, 495, 518
China, Volksrepublik 622, 647
- im Jahr 2000 681
- Vorbild 155, 594
- Zusammenarbeit mit Deutschland 596
Christentum 122, 127, 137
s. a. u. Religion, Kirchen
Christlich Demokratische Union (CDU) 258 ff., 269 ff.
s. a. u. Regierung, Wahlen
- Anhänger 298
- Ausrichtung von Fernsehsendungen 551
- Ausrichtung von Zeitungen und Zeitschriften 564
- CSU bundesweit 269
- einig oder zerstritten 269
- einzelne Politiker 270 ff.
- Koalitionspartner 249, 282
- Nachwuchspolitiker 268
- Problemlösungskompetenz 259 ff.
CSU = Christlich Soziale Union
s. u. Christlich Demokratische Union

D

Dänemark 597
- Reiseziel 69
Dänische Sprache 36
Daheimsein 11
Datenschutz 24, 260, 263, 303
DDR = Deutsche Demokratische Republik
Delikte s. u. Verbrechen
Demokratie 219, XXV
Demokratie 220, 223, 581, 666
- Begriffswandel 351 ff.
- globales Ziel 597, 617
- plebiszitäre – 236
- Soll/Ist-Beschreibung 217 f.
- Sozialismus/Kommunismus 226
- Verteidigung der – 646

Demonstrationen, politische 315 f., 341, 530,
    613, 644, 657, XXVI
Demoskopie 289, 689 f., XIII
Denken 185
Depression, seelische, XXXV
Deutsche 26 f.
– Ansehen im Ausland 188 f., 583 ff.
– Beliebtheit 188, 586, 593
– Eigenschaften 584 ff.
– Große – 185
– Nationalität 588
– Nationalstolz 597
Deutsche Demokratische Republik (DDR)
    207 ff., 210 ff., 582, 658, 676, XIV
– Bezeichnungen 211
– Beziehungen 209, 213
– Gesellschaftsordnung 260, 208, 335
– Landkarte 210
– menschliche Kontakte 335 f.
– Reisen in die DDR 69, 209
– Staatsbürgerschaft 212
– Verfassung 221
– Verwandte 208
– Vorbild 155, 594
Deutsche Forschungsgemeinschaft (DFG)
    160 f.
Deutsche Kommunistische Partei 317
Deutschland (BRD) 588
    s. a. u. Außenpolitik, Nationalbewußtsein
– Beschreibung 581, XXXVI
– Bezeichnung 211
– Beziehungen zur DDR 208 f., 213
– Freiheitsgefühl 587
– Gesamtdeutsche Fragen 197 ff.
– im Jahr 2000 681
– innerpolitische Verhältnisse 218, 221
– Landkarte 210
– Lebensverhältnisse 154, 587
– Nationalhymne 186, 205
– Verdienste um Deutschland 185
– Weltmacht 188
– wichtigste politische Frage 334
Deutschlandlied 186, 205
Diät 540
Dialekt 37, XX
Dichter 31 ff., 185
    s. a. u. Schriftsteller
Die Welt 562 f., 564
Diebstahl 314
Dienstleistungen 393
Diktatur 193, 609, 662, 666
Diskothek 44 f., 64
Disziplin 590
    s. u. Selbstbeherrschung, Erziehungsziele
DKP = Deutsche Kommunistische Partei
Do-it-yourself 64, 506, 540
Dokumentarsendungen 553
Dritte Welt 131, 655, 666 ff., 677, XXXII
Drittes Reich 192
    s. a. u. Hitler, Nationalsozialismus

Drogen, Drogensucht 24, 261
Druckindustrie 403
Düsseldorf 41 ff.
– Reiseziel 70
Du-Sagen 12

E

EG s. u. Europäische Gemeinschaft
Ehe 84 ff., XXV
– Dauer 88 f., 107
– Gesprächsbereitschaft 87
– Gleichberechtigung 97
– Glück, Zufriedenheit 86, 88
– notwendig oder überlebt? 88
– ohne Trauschein 89, 134
Ehescheidung 90, 125, 305 ff., 252, XXV
Ehrgeiz 436
Ehrlichkeit 85, 151, 189, 584
Eigenschaften 93
– Ältere Generation 110
– Akademiker 151
– Berliner 214
– Deutsche 187, 189, 586
– Engländer 586
– Frauen 85
– Japaner 590
– Jugend 101 f.
– kinderlose bzw. kinderreiche Ehepaare 95
– Helmut Kohl 246 f.
– Männer 85
– Mitmenschen 78
– Helmut Schmidt 241, 246, 346
– Selbstbeschreibung 11 ff.
– Franz Josef Strauß 273, 346
– Unternehmer 389
– Hans Jochen Vogel 257
Eigentum, Besitz 221
Eigentumswohnung 46
Einfluß, politischer
– Banken 219, 234
– Beamte 219
– Bürokratie 219
– Bundesländer 234
– Bundespräsident 234
– Bundesrat 234
– Bundesregierung 234
– Bundestag 234
– Bundesverfassungsgericht 219, 234
– Bundeswehr 219, 234
– Gewerkschaften 219, 261, 264, 334 f., 399, 401
– Kirchen 219
– Landwirte 219
– Medien 219, 333, 360, 616
– multinationale Betriebe 219
– Nazis 219
– Polizei 219
– Franz Josef Strauß 275
– Studenten 219

– Unternehmer, Industrie 219, 389
– Wissenschaftler 159, 219
Einheimisch 39
Einkaufen 23, 77
Einkaufsmöglichkeiten 42 f., 569
Einkaufszentrum 569
Einkommen 6, 254, 408 f., 412, 426, 474 ff.
– ältere Generation 110, 114 f.
– Ärzte 168
– Facharbeiter 168
– Möglichkeiten 144 f.
Einladungen 81 f.
  s. a. u. Ausgehen, Essen, Gastlichkeit, Gesel-
  ligkeit
Einsam, Einsamkeit 12, 23 f., 112, 152, 545, XXX
Einstellungen zu
– Arbeitskollegen 79
– Arbeitslosen 452
– ausländischen Arbeitnehmern 179
– Mitbewohnern 79
El Salvador 661 ff.
Elektrizitätswerke 485, 495, 518, 521 ff.
Elektrotechnik 156
Eliteschüler 143
Eltern 120
– Kindererziehung 94, 121, 140
– Sorgerecht der – 309 f.
Emanzipation 10, 97
  s. a. u. Gleichberechtigung
Empfängnisverhütung 131
Energie 511 ff.
  s. a. u. Atomkraft, Benzin, Elektrizität, Erd-
  gas, Kohle, Öl
– neue 512
Energiekrise 334
Energiepolitik 526, 648, 660, 667
Energiesparen 485, 520 f., 540
– Maßnahmen 521, 530
Energieversorgung 677, 679
  s. a. u. Ölversorgung, Erdgas
– Erdgas aus Sibirien 614
– Sicherung 261, 263, 336, 362, 518, 523, 527, 597
Engländer 190, 582 f.
– andere Nationalität 588
– Beliebtheit 586
– Eigenschaften 584 ff.
– Nationalstolz 597
– Politiker 586
– über Deutsche 593
England 582 f.
– Beziehung zu Deutschland 594, 596
– Europäische Gemeinschaft 676
– Falkland-Inseln 665
– Freiheitsgefühl 587
– NATO 635
– Reiseziel 69, 583
– Vorbild 155, 594
– Wiedervereinigung Deutschlands 588
Englische Sprache 36 f.
Entdecker 185

Entführung
– Peter Lorenz 319
– Hanns-Martin Schleyer 318 f.
Entscheidungsfreiheit am Arbeitsplatz 412,
  430, XXV
Entspannungspolitik s. u. Ostpolitik
Entwicklungshelfer 20, 106
Entwicklungshilfe 125, 242, 264, 301, 337, 666
Entwicklungsländer 131, 159, 597, 666 ff.
– Bedingungen für Wirtschaftshilfe 666 f.
– politische Systeme 668, 677
Erdgas 521, 614, 660
Erdöl s. u. Ölversorgung
Erfinder 185
Erfolg im Leben 9, 104
Erholung 44 f., 59, 63, 65, 68
  s. a. u. Freizeit, Lesen, Sport
Ernährung 159
  s. a. u. Essen, Lebensmittel, Mahlzeiten
Ersatzdienst 327
  s. a. u. Wehrdienst
Erststimme s. u. Bundestagswahl
Erziehung 26 f., 44 f., 119, 540, XIII
  s. a. u. Eltern, Kinder, Schüler
– Religion 121, 139 f.
– Zeitungsartikel 563
– Ziele 93
Erziehungswissenschaft 156
Essen (Stadt) 70
Essen 50 ff., 232, 482, 484 f., 489, 491 f., 540
  s. a. u. Mahlzeiten
– Ausgehen 483, 488
– deutsches – 185, 488
– gut – 50, 540
– internationale Küche 488
– Sonntags-, Festtags- 59, 61
– weniger – 16
Ethos 8, 101 f., 122
Etikette s. u. Manieren
Europa 681
  s. u. einzelnen Staaten und Europäische Ge-
  meinschaft
Europa-Fahne 603
Europa-Parlament 602
Europa-Währung 602 f.
Europäische Gemeinschaft (EG) 377, 598 ff., 615
  s. a. u. Vereinigtes Europa
– Abkommen 377
– Auflösung der Europäischen Gemeinschaft
  605
– Assoziationen 599
– Falkland-Inseln 665
– Nationalstolz 597 f.
– persönliche Einstellung 603
– Rolle Deutschlands 604
– Wiedervereinigung 605
Euthanasie 125, 172
Experten 567
  s. a. u. Ratgeber
Exponierbereitschaft, politische 20, 342

F

Fähigkeiten, Entwicklung persönlicher – 26 f., 432
Falkland-Inseln 665
Familie 8, 11, 67, 69 f., 84 ff., 92, 229, 610, XXI f., XXV, XXVII f.
– Förderung 96, 259, 261
– Glück 107
– Größe 91
– Großfamilie 90
– Zukunftsaussichten 682 f.
– Zusammenleben verschiedener Generationen 114
Familienstand 4
Faschismus 609, 617
Fatalismus 118, 123
FAZ – Frankfurter Allgemeine Zeitung 562 f., 564
FDP = Freie Demokratische Partei
Fehlleistungen, menschliche 23
Feierabend 438
　s. a. u. Freizeit
Feinschmecker 50
Fernsehen 16, 65, 537 ff., 541, 543 ff., 578, XXX
– Glaubwürdigkeit 541
– Informationsquelle 253, 537, XXVI
– interessante Themen 540, 544
– Kabel- 383, 512, 557
– Meinungsbildung 538 f.
– Nachrichten 544
– Politik 550 f.
– politische Ausrichtung 551
– politischer Einfluß 219
– privates – 242, 262, 264, 554
– Programmkritik 549, 553
– Sendezeit 543
– Unterhaltung 546 f.
– Verhalten 553
– Werbesendungen 545
– Zeitbudget 542
– Zeitgeschichte 552
– Zuschauerbeteiligung 548
Fernsehgeräte 481, 542, 592
　s. a. u. Video
Fertigkost, Fertigkuchen 489
Feste feiern 52 f., 60 f., 67, 81, 119
　s. a. u. Gastlichkeit, Geselligkeit
Filme 540, 544, 553, 563, 578
　s. a. u. Kino
Filmen 540
Filmkamera 481, 593
Finanzamt 300, 303, 423
Finnen 190
Fitness 540
Fleisch 491 f.
Fleiß 85, 151, 189, 584, 590, XIV
Fließbandarbeiter 455
Flüchtlinge 552, 589, 677
Flucht aus dem Alltag 20, XXX

Förderalismus 218, 237
Forschung, wissenschaftliche 156 ff., 512, 526
– Förderung 161, 337
Fortbildung 16, 67, 112, 122, 148
　s. a. u. Bildung
– Bücher lesen 571, 538
– Fernsehen 544
Fortschritt, technischer 105, 118 f., 229, 378, 501, 511, 513, 516, 524, 528, 610, 678
– Assoziationen 512
Fortschritt, wissenschaftlicher 119, 680
Fortschrittlich 15
Fortschrittsglaube 682, 684 ff., XXXVII
Foto-Geräte 481, 592
Fotografieren 540
Fraktionszwang 236, 351
Frankfurt 41, 43, 45
– Flughafen, Startbahn West 534
– Reiseziel 70
Frankfurter Allgemeine Zeitung (FAZ) 562 f., 564
Frankfurter Rundschau 564
Frankreich 155, 582, 622, 629, 660
　s. a. u. Französische Sprache, Franzosen
– Beschreibung 581
– Beziehung zu Deutschland 594, 596
– Nationalstolz 597
– NATO 635
– Reiseziel 69
– Vorbild 594
Französische Sprache 36 f.
Franzosen 190, 588 f., 593
Frauen 3, 4, 469 ff.
– Eigenschaften 85
– Männerberufe 472
– Perspektiven 678
– Politik 236, 341
– Vogesetzte 471
– Wehrmacht 326
Freie Berufe 6
Freie Demokratische Partei (FDP) 258 f.
– Anhänger 298
– Eigenschaften 266, 284
– einig oder zerstritten 281
– einzelne Politiker 279 f.
– Koalitionspartner 249, 253, 282 f., 357 f.
– Problemlösungskompetenz 259 f.
Freie Meinungsäußerung 152, 218, 222 f.
Freiheit 119, 259, 335 f., 515, XXXV, XLIII f., XLVI
– in Deutschland/England 587
– oder Gleichheit/Gerechtigkeit 224
– Verteidigung der – 646
Freiheitsstrafe 311
Freizeit 63 ff., 484, 493, 512, 678
　s. a. u. Sonntags, Urlaub, Wochenende
– Beschäftigungen 44 f., 64, 67, 538
– Medien 538
– Ratgeber 544
– Verhalten 11

Freizeitbudget 538
Fremdsprachenkenntnisse, -erwerb 36 f., 64, 68,
  146, 232
Fremdwörter 27 f.
Freunde, Freundschaft 11, 23, 60, 65, 67, 79, 105,
  XXVII f., XXX
  s. a. u. Bekannte, Geselligkeit
Frieden 61, 125, 159, 216, 329, 334 f., 362 f., 512
– Parolen 242, 331, 646
– Sicherung des – 597, 601, 629, 640 f.
Friedensbewegung 613, 645
Friedens-Slogan 646
Friseurbesuch 58, 499
Fruchtsäfte 490
Führungsrolle 436
– in NATO 635
Führungsstil 424
35-Stunden-Woche 242
Fußball 72 f., 106, 186

G

Garten 46, 64, 112, 485
Gas s. u. Energie
Gastarbeiter s. u. Ausländische Arbeitnehmer
Gastlichkeit 44 f., 52 f., 82
Gaststätten 44 f., 67, 488
  s. a. u. Ausgehen, Essen
Gebot(e)
– Das Vierte – 120
– Die Zehn – 120, 137
Geburt
– Anwesenheit des Vaters 99
Geburtenkontrolle 131
Geburtenrückgang 96, 259, 335, 680
Gegenwartsgefühl 25
Geiseldrama 593
Geisteskranke 79
Geld im Beutel 21
Geld und Zufriedenheit 393
Geldanlage 540 s. a. u. Zinsen
Geld(verdienen) 101 f., 105, 393, 420, 428, 584,
  610
Generationsunterschiede 67, 202, 313
  s. a. u. Alter, Jugend,
Genf 643
Genußmittelverbrauch 489 f., 491
Geowissenschaften 156
Gerechtigkeit, soziale 118, 224, 581, XXXV,
  XLIII f.
  s. a. u. Justiz, Recht
Gerichte, Gerichtswesen 218, 300, 303 f.
Germanistik 156
Gesamtdeutsche Fragen 197 ff.
Geschenke 58, 60 ff., 570, 574
Geschichtsbewußtsein 20, 132 f., 183, 185, 191,
  193 f.
  s. a. u. Israel, Juden

Geschichtswissenschaft 156
Geschwindigkeit im Verkehr 508
Geschwisterzahl 91
Geselligkeit 53, 65, 81 f., XX, XLVI
  s. a. u. Bekannte, Freunde, Gastlichkeit
Gesellschaftsordnung 217 ff.
– Deutsche Demokratische Republik 208
– Bundesrepublik Deutschland 208
– Veränderungen 122, 229
Gesellschaftspolitik 118, 259, 335 f., 686
  s. a. u. Problemlösungskompetenzen der Par-
  teien
Gesellschaftsspiele 92
  s. a. u. Spiele
Gespräche 26
– Arbeit, Beruf 439
– eigene Information 537
– Partner 439, XXI f., XXVIII
– Politik 219, 340
Gesundheit 110, 116, 146, 163 ff.
  s. a. u. Aufgaben der Regierung, Parteien
– Schäden 23 f.
– Zeitschriften 566
Gesundheitswesen 163 ff., 398, 678
– Kostensenkung 254, 264
– Selbstbeteiligung 386, 461
– Verstaatlichung 242
Geschlecht 3 ff.
– Gleichheit vor dem – 218
Getränke
  s. a. u. Genußmittel, Trinken
– alkoholfreie 52, 490
– alkoholische 52 f., 485, 490
Gewalttätigkeit 23, 154, 315, XI
Gewerkschaften 220, 242, 274, 278, 293, 320, 330,
  376, 398 f., 400 ff., 405, 419, 461, 518, 558, 657
  (Polen)
– Mitgliedschaft 83, 219, 400
– politischer Einfluß 219, 260 f., 264, 334, 399,
  401
Gewerkschaftsführer 220
Gewinnspiele 19, 66
Gewissensprüfung s. Bundeswehr
Gewohnheiten 56 ff., 95
– Aufstehzeit 163
Glaube, religiöser 105, 113, 124, 127
  s. a. u. Kirchen, Religion
Glaubwürdigkeit der Medien 541
Gleichberechtigung 97, 259, 261, 264, 335
– Beruf 99, 470, 472
– Ehe 98
Gleichheit 224, XXXV, XLIII ff.
– vor dem Gesetz 218
Glück 8 f., 25, 89, 104, 118, 143, 493, XVI, XLII
  s. a. u. Lebensgefühl, Lebenssinn
– DDR 208
– Ehe- 86, 92
– Kinder- 84
Glücksspiele 19, 66

Golden Seventies 187
Gott 8, 137, XLV
Gottesdienst, Teilnahme am 16, 59, 67, 77, 119,
128, 135, 558
Grenzschutz 593
Griechen 179, 582
Griechenland 582, 676
– Reiseziel 69
Großbritannien s. u. England
Großstadt s. u. Stadt
Grüne, Die Grünen 258 ff., 292 ff., 617, 686
– Anhänger 298
– Koalitionspartner 297, 359
– Lösungskompetenzen, Programme, Stärken,
Ziele 266, 295 f.
Grundgesetz 152, 352
– Asylrecht 177
– Einheit Deutschlands 212
– Textauszug 221 f.
– Widerstandsrecht 314
Gruppenzugehörigkeit 15, 151, 153

H

Hamburg 3, 41 ff.
– Reiseziel 70
Handarbeiten 64 f., 104, 107, 112, 540
Handel 393
Handke, Peter 32
Handkuß 57
Handwerk 393 ff.
Handwerker 58, 347, 391, 394, 396, 472
Hannover 41 ff.
– Reiseziel 70
Hauptverdiener 6
Hausarbeit 92, 98, 469
Hausbesetzer 242, 316
Hausbesitz, -erwerb 46 f., 113, 378 ff., 482, 678
Hausfrauen 6, 469
s. a. u. Ehe, Familie
– Fernsehsendungen für – 544
Haushalte, Ausstattung der – 376, 481
– Auto 500
– Bücher 576
– Fernsehgeräte 542
Haushaltsgröße 6, 478
Haustiere 77, 112
Heilig 119
Heilmittel s. u. Medikamente
Heimatfilme 546
Heimatgefühl 38 f., XX
Heimwerken 64, 540
Heizöl 519, 521
Heizung 485, 519 f.
Hektik 21, 581
s. a. u. Zeitgefühl
Hessen 3
Hifigeräte, -technik 540

Hilfeleistungen
– ehrenamtliche 174
– für ausländische Schulkinder 176
Hilfsbereitschaft 8, 77, 122, 128, 173, 389
Hiroshima 591
Historische Romane 575
Hobby 59, 64, 112, 520
Hochschulen 44 f., 150 f.
s. a. u. Akademiker, Universität
– Sparmaßnahmen 301
Hochschullehrer 320, 419, 421
Höchstgeschwindigkeit 508
Höflichkeit 56, 93, 584, 586, 590, XIII
Hoffnungen 671 ff.
– „... und Befürchtungen" 675, 677
Holland, Holländer 155, 190, 582, 588, 593
– Holländische Sprache 36
– Nationalstolz 597
– Reiseziel 69
– Vorbild 594
Holocaust 198, 552
Homöopathie 540
Hungerstreik 311

I

Ideale, Idealismus 8, 15, 20, 101 ff., 113, 119, 291,
389, 590
s. a. u. Vorbild, Werte
Illustrierte s. u. Zeitschriften, Zeitungen
Imperatives Mandat 351
Industrie 153, 393, 581
Industrielle s. u. Unternehmer
Inflation 375, 378, 383, 676
Informationsmöglichkeiten 44 f., 153, 218,
XXVI
s. u. Medien
Ingenieur 419, 421
Ingenieurwissenschaft 156
Institut für Demoskopie Allensbach 689
Institutionen, politische 230 ff.
– Institutionalisierung 225
Intellektuelle s. u. Akademiker
Interessen 113, 540
– filmen, fotografieren 112, 540
– Fortbildung 44 f., 67, 105, 112, 549 f.
– Fremdsprachen 37, 64, 68, 146
– Gesellligkeit 44 f., 67, 82
– Gesunde Lebensweise 540, 544, 550
– Handarbeiten, Basteln 64, 104, 107, 112, 540
– Kindererziehung 563
– Kochen, Ernährung 44 f., 540, 549 f.
– Kosmetik 540, 550
– Kunst, Kultur 104, 107, 112, 563
– Lesen 92, 104, 112
– Literatur 31 ff.
– Medizinische Fragen 540
– Motorsport 64, 540, 550

- Mode 540, 550
- Musik 44 f., 64, 67, 92, 104, 112, 544, 549
- Natur, Tiere 549 f.
- Politik 101, 107, 146, 154, 219, 339, 544, 549, 558, 563, 611
- Reisen 104 f., 112, 540
- Sammeln 66, 112
- Spiele 92, 112
- Sport 44, 67, 92, 104, 107, 112, 549 f.
- Technik 563
- Verbraucherfragen 495, 549
- Vereine 83
- Warentests 540
- Wohnung, Garten 64, 104, 540
Interessenvertretung 152
- Abgeordnete 153, 235
- Gewerkschaften 398
- Parteien 267
- Regierung 153
Internationalität 581
Investitionen 260, 376, 383
Investitionsanleihe 254 f., 363
Iran 622, 653
Irland 69, 198
- Nationalstolz 597
Israel 622, 648 ff.
- Anwar el Sadat 649
- Beziehungen 596, 648
- Siegeschancen im Nahost-Konflikt 649
Italien 589
- Aufenthalt 69
- Beziehungen zu Deutschland 596
Italiener 179, 190, 589
- Nationalstolz 597
Italienische Sprache 36 f.

J

Japan, Japaner 590 ff.
- Assoziationen 591
- Beziehungen zu Deutschland 596
- Produkte 592
- Sterotypen 581, 590
- Vorbild 155, 594
- Wirtschaftserfolg 591
Job sharing 431
Joule 51
Journalisten 106, 320, 347, 541, 548
Juden 79, 191, 552, 648, 651
Jugend 100 ff., 359, 581, XI, XIV, XXIX
- Arbeitslosigkeit 450
- Fernsehsendungen 544
- Kirche 134 ff.
- Zeitschriften 566
Jugoslawien 69, 155, 622
- Vorbild 594
Jungsozialisten 320
  s. a. u. Sozialdemokratische Partei

Jura 156
Jusos = Jungsozialisten
Justiz s. u. Recht

K

Kabelfernsehen 383, 512, 557
  s. a. u. Fernsehen
Kaffeekränzchen 82
Kaiser 185
Kalorien 50 f.
- -arme Kost 489
Kanada 69
Kapitalanlagen 480, 540
Kapitalismus 227
Katastrophenschutz 634
Kaufzeitungen 562 f.
Kenntnisse 26 ff.
Kernenergie s. u. Atomkraft
Kernkraft s. u. Atomkraft
Kibbuz 20
Kinder 4, 8, 77, 84, 92, 105
- bei Ehescheidung 307
- Fernsehsendungen 544
- Rechte 221, 310
Kindererziehung 93 f., 119, 563
Kinderfeindlichkeit 79, 91, 189
Kinderfreundlich 584
Kinderlos 84, 92, 95
Kindergeld 242, 254, 383, 386
Kinderreich 79, 95
Kinderzahl 91, 95
Kindheit 100
Kinobesuch 44 f., 67, 482 f., 485, 577
Kirche, evangelische und katholische 117 ff., 125 ff. 544, XXI
- Austritt 138
- Jugend 134 ff.
- Verhältnis zum Staat 362
- Zeitgemäß 126
Kirchenführer 130 f., 220
Kirchenspaltung 133
Kirchgang s. u. Gottesdienst
Klassenkampf 152, 403
  s. a. u. Gewerkschaften
Kleidung 483 ff.
Koalition s. u. Bundesregierung
Kochen, Kochrezepte 66, 92, 98, 489, 540
Köln 41 f., 45
- Reiseziel 70
König 185
Körpergewicht 50
Körperpflege 26 f., 59, 483, 540, XIV
Koexistenz 330 f.
Kohlebergbau 337
Kohlekraftwerke 518, 523, 533
Kommentatoren, politische 541, 548
  s. u. den einzelnen Namen

Kommunismus, Kommunisten 79, 320, 604 f.,
629, 644, 662, 666, 668, 676
– Berufsverbot 317
– Demokratie 226
– Idee 227 f.
– Zusammenarbeit 278, 335, 402
Konfession s. u. Kirchen, Religion
Konflikte, internationale 519, 647 ff., 677
Konkret, Zeitschrift 564
Konservativ 15, 102, 153, 219, 241, 246, 257 f.,
273, 280, 686
Konsum 480 ff., XIV, XXV
s. u. Ausgehen
Konsumerwartungen 478
Konsumgesellschaft 609, 617
Konsumstop 375
Konsumtive Ausgaben 384
Kontakte, menschliche 77 f., 114
s. a. u. Bekannte, Freunde
Konzertbesuch 65, 67, 112
Kosmetik 483, 498, 540
Krankenhaus 169 f.
– Aufenthaltskosten 171
– Beschreibung 170
– Selbstbeteiligung an Kosten 254, 286
Krankheit 159, 164 f., 167, 169 f., 678
Krankenstand, -urlaub 439 f.
Krankenversicherung s. a. u. Gesundheitswe-
sen, Sozialleistungen
Kredite für Polen 658
Krieg 191, 524, 543, 553, 667, XXX, XXXIV
– Atomkrieg 528, 591
– Berlin 216
– Erster Weltkrieg 647
– Kalter Krieg 655
– menschliche Natur 643
– Schutzmaßnahmen 634
– unter allen Umständen vermeiden 646
– Zweiter Weltkrieg 651
Kriegsdienst s. u. Wehrdienst
Kriegsfurcht 22, 24, 191, 329, 609, 617, 676 f.,
XXX, XXXVIII
– Weltkriegsrisiko 683
Kriegsgefahr
– Afghanistan 655
– Falkland-Inseln 665
– Polen 657
Kriegsopferversorgung 386
Kriegsromane 575
Kriminalität s. u. Verbrechen
Krimis 543
– im Fernsehen 544, 546
– Romane 575
Krisen 647 ff.
– Berlin 676
– Falkland-Inseln 665
– Israel 648 ff.
– Polen 657
Kuba 662

Küche 48, 481
s. a. u. Wohnung
Künstler 15, 20, 28, 185, 320, 679
s. u. einzelnen Namen
Kultur 179, 184, 203, 563, 581, 586, 591, 601,
XVII, XXXII, XXXIV f.
– Wortassoziationen 26, 515
Kunst 26 f., 544, 563, 591
Kunstwissenschaft 156
Kurzarbeit 449
Kuß 57
Länder s. u. Bundesländern und einzelnen
Namen
Lärm 23, 41, 77, 261, 263, 533, 678, XXVIII
– Schutzeinrichtungen
Landleben 20, 40
Landwirt 6, 420 f.
– Beihilfen 301
– politischer Einfluß 219
Langeweile 64 ff., XXXI ff.
– sonntags/feiertags 64
Leben
– alternatives 17, 20
– auf dem Land 40
– in anderer Zeit 687
– nach dem Tod 124
– soziales 75 ff.
Lebensabschnitt s. u. Alter, Jugend, Lebens-
phase
Lebensarbeitszeit 464, 468
Lebensbedingungen
– in Bundesrepublik Deutschland 154
– in Deutscher Demokratischer Republik 208
– künftige 682
Lebenschancen 432
Lebensgefühl 7 f., 24, 97, 104, XVI
Lebensgenuß 10, 113, 493
–ohne Arbeit 431
Lebensgewohnheiten
s. a. u. Brauch, Mahlzeiten, Sitten
– Aufstehzeit 163
Lebenshaltungskosten 6
Lebenshilfe 159, 550
Lebensmittel XXXI
– Einkauf 486
– Schadstoffe 23 f., XXX
– Verbrauch 489, 491
Lebensmittelgeschäft 569
Lebensmittelhändler 394
Lebensmittelindustrie 495
Lebensmut 679
Lebensperioden s. u. Alter, Jugend
Lebensphase 4, 100
Lebensqualität 40, 105, XXVIII, XXXIII
Lebenssinn 8, 10, 105, 113, 117, 122, 137, 162,
414, 493, XXXII
Lebensstandard 27, 478, 492, XXV, XXXI
Lebenswert 105, 137, 172
Lehrer 320, 347, 421, 455
– Hochschullehrer 419

– Studienrat 419
– Volksschullehrer 419
Lehrlingsausbildungsreform 252
Leichtathletik 72
Leistung 220, XVI
Leistungsdruck 23, 152
Leistungsethos 8 f., 376, 437, 493
– am Arbeitsplatz 338, 385, 412, 430
– in der Schule 143, 146, 162, 264
Leistungsfähigkeit, wirtschaftliche 676
Leistungslohn 430
Lesen 59, 92, 104, 538, 555 f.
   s. a. u. Bildung, Jugend, Medien
– Bibel 120
– Bücher 65, 93, 112, 571 f.
– Zeitschriften 65, 565
– Zeitungen 65, 564
Leserschaftsstruktur
– Zeitschriften, Zeitungen 562, 565, 567
Liberale Partei 358
Liebe 84 ff., 110
Lieblingsbeschäftigung 104, 112
   s. a. u. Freizeit, Hobby
Lieferstop, amerikanischer 614
Linke, links (politischer Standort) 153, 219, 258, 278, 289 f.
Literatur 31 ff., 544
Lob s. u. Anerkennung
Lohnfortzahlungsgesetz 440
Lohnpolitik 242, 334, 375 ff., 398, 479
   s. a. u. Einkommen
– Lohn-Preis-Spirale 376
Lokalberichterstattung 544, 558, 561, 563
Lokale 81, 488
Lotterie, Lotto 19 f.
Luftverschmutzung 24, 533
   s. a. u. Umwelt
Luxus 26, 379

M

Made in Germany 593
Männer 3 f.
   s. a. u. Ehe, Familie
– Eigenschaften 85
– politische Betätigung 341
Magazine s. u. Zeitschriften
Mahlzeiten 48, 51 f., 59, XIV f.,
Management 377
Manieren 26, 56, 93, 189, 584, 586, XIII, XXXIV
Manifest, SPIEGEL- 205
   s. u. Wiedervereinigung
Mannesmann-Konzern 404
Marktwirtschaft 219, 227, 459
Materialisten 389
Mathematik 146, 156
Max-Planck-Gesellschaft 169
MdB = Mitglied des Bundestages s. u. Abgeordnete

Medien 535 ff., 663 f., XXII, XXIX, XXXII
– Glaubwürdigkeit 541
– Meinungsbildung 538
Mediennutzung 556
Medikamente 540
– Naturheilmittel 166
– Rezeptfreie 165
– Schlafmittel 164
Medizinische Wissenschaft 156
Meinungsbildung 538
– politische 539
Meinungsforschung 289, 689 f.
Meinungsfreiheit 218, 222 f.
Melancholie XXXIV f.
Menschenrechte
– Deutsche Demokratische Republik 260, 335 f.
– global 597
Metallindustrie 403
Mikrozensus 3
Militär 185, 419, 421
Mineralölgesellschaften 495, 518
Mißtrauen 152, 624
Mitbestimmung in Betrieben 125, 218, 252, 398, 404
Mitglied des Bundestages (MdB) s. u. Abgeordnete
Mitgliedschaft
– in Gewerkschaft 400
– in Parteien 344
– in Vereinen 35, 83
Mitmenschen 8, 12, 77 ff.
   s. a. u. Arbeitskollegen, Freunde, Nachbarn
Mitte (politischer Standort) 219, 264, 289 f.
Mittelamerika 609
Mittelstreckenraketen-Stationierung 242, 363, 627 f., 632 f., 642
   s. a. u. NATO
Mobilität
– Arbeitsplatz 446
– Beruf 443, 446
– Wohnort 39
Mode 26 f., 102, 119, 540, 563
Möbel 48
Mogadischu 593
Monarch 185
Monotonie XLIII
Montan-Mitbestimmung 404 f.
Moral 24
Moskau s. u. Olympische Spiele
Motorboot 72
Motorrad 64, 481, 540, 592
Motorsportzeitschriften 566
München 41 f., 44
– Reisezeit 70
Multinationale Unternehmen 219
Mundart 37, XX, XLI f.
Musik 112, XLII
– Chorsingen 35
– Gattungen 34
– Hören 34, 559

– Instrumente 35
– Schlager 559
– Sendungen im Radio und Fernsehen 544
– Unterhaltung 438
– Vereinsmitgliedschaft 83
Musikcassette 540, 561
Musizieren 64 f., 92
Muße XXXIV
Mußebeschäftigungen s. u. Freizeit, Hobby,
    Lieblingsbeschäftigung, Sport, Tätigkeiten,
    Urlaub
Mutter, Rolle der – 94, 96

N

Nachbarschaft 67, 77 f., 179, XX f., XXIII
Nachrüstung 328
    s. a. u. NATO
Naher Osten 69
Nahrungsmittel s. u. Lebensmittel
Nation 203
Nationalbewußtsein 113, 119, 183 f., 185 f., 188 f.,
    197 ff., 264, 581, 584
Nationaldemokratische Partei Deutschlands
    317
Nationalhymne 186, 205
Nationalität, Wunsch- 190
Nationalkultur 601
Nationalsozialismus 79, 191 f., 219
– im Film 553
Nationalstolz 185, 198 ff.
– international 597
NATO 161, 204, 208, 328, 331, 362, 627 ff., 642,
    650, 676
– Afghanistan 631
– Bundeswehroberbefehl 325
– Doppelbeschluß 242, 363
– Einstellungen 629
– Führungsrolle 635
– Gegner 15
– Mitgliedschaft 635
– Stärke 260, 262, 264, 335 f., 349, 628
– Sympathie 635
Natur 26 f., 39, 102, 105, 112
– menschliche 643
Naturfilme 544
Naturheilmittel 166, 540
Naturschutzanhänger 15
Naturwissenschaft 127
Nazis, ehemalige 219
Nebenverdienst 111, 387, 438, 441, 469
Neger 79
Neo-Nazismus 193
Neue Deutsche Welle XLIII
Neue Heimat 406
Neues Testament s. u. Bibel
Neutralität 204, 208 f., 615 f., 622, 630
Neutronenbomben, Neutronenwaffen 633

Niedersachsen 3
Nordrhein-Westfalen 3
Norwegische Sprache 36
Notgroschen 17
NPD = Nationaldemokratische Partei
    Deutschlands
NS s. u. Nationalsozialismus
Nürnberg 70
Null-Option 643
Nulltarif der öffentlichen Verkehrsmittel 509
Numerus clausus 335

O

OECD 161
Öffentlicher Dienst 383 f., 403, 421, 455
    s. a. u. Beamten
Öffentlichkeit 302
Ökologie s. u. Umwelt
Ölkraftwerke 518
Ölversorgung 334, 519, 622, 631, 648, 653, 667
Österreich, Österreicher 202 f., 582, 622
– Beziehungen zu Deutschland 594
– Reiseziel 69
– Vorbild 594
Offizier 347, 419, 421
Olympische Spiele 74
Omnibusausflüge 64
Opposition im Bundestag 153, 218, 239, 255 f.
Optimismus 684 f.
Option 588
Orakel 687
Orden, Auszeichnungen 187
Ordnung, Ordnungsliebe 85, 93 f., 183, 189, XIV,
    XVII
Orientalistik 156
Orthographie 27
Ostblockstaaten 629 f.
Ostdeutschland 211
Osterbräuche 60
Ostpolitik 242, 260, 262, 330, 349, 597, 629, 676
– Bedrohung 637, 655
– Beurteilung 637
Ostverträge 200, 215
Ostzone 211

P

Palästinenser 651 f.
– Anerkennung der PLO 652
Papst Johannes Paul II. 130 ff.
Paragraph 218   134, 310
Paragraphen 300
Paritätische Mitbestimmung 252
Park and Ride 510
Parlament s. u. Bundestag
Parlamentarier s. u. Bundestags-Abgeordnete

Parteien, politische 258 ff.
s. a. u. den einzelnen Parteien
- Anhänger 298, 361 f., 400
- Datenschutz 303
- Ein-Parteiensystem 223
- Interessenvertretung 267
- Koalitionsmöglichkeiten 249 f.
- Liberale Partei 358
- Links-Mitte-Rechts-Spektrum 258
- Mehrheitsbeschlüsse 219
- Mehrparteiensystem 218
- Mitgliedschaft 218 f., 344
- Problemlösungskompetenzen 259 ff., 359
- Steuerpartei 293
- Verdrossenheit 267
- Versammlungen 67, 81
- Zünglein an der Waage 359
Patriotismus 183 ff.
Pazifismus 331 f.
s. a. u. Friedensbewegung
- Syndrom 328
Persönlichkeiten, bekannte 28, 185
s. a. u. einzelnen Politikern
Persönlichkeitsmerkmale s. u. Typologie
Pessimismus, Pessimisten 15, XXXVII
Pfeifenraucher 497
Pflichten, staatsbürgerliche - 220
Perspektiven 676 f.
Philosophie 156
Physik 146, 156
Pille XV
Pkw = Personenkraftwagen s. u. Auto
Plebiszit 230, 236
PLO 651 f.
Polen 657 ff.
- Gewerkschaft 330
- Haltung der Bundesregierung 657, 659 f.
- Kriegsgefahr 657
- Kriegsrecht 659
- Polnische Sprache 36
- Sanktionen 659 f.
- Zusammenarbeit 596
Politik 146, 153, 181 ff., 225
s. a. u. verschiedenen Einzelbegriffen wie
Bundesregierung, Deutschland, Europa, Parteien, Soziales, Wahlen, Wirtschaft
- Betätigung 220, 339 ff., 361 f.
- Einfluß s. u. Einfluß, politischer
- Institutionen 230 ff.
- Interesse 101, 154, 219, 339, 611, XXV
- Kommentatoren 548
- Medien 538 f.
- Probleme und Lösungskompetenzen 190, 259 ff., 334
- Standort, Spektrum 219, 258
- Unterhaltung 340
- Wichtigste Frage 334
- Ziele 242
Politiker s. a. u. Bundesminister, Parteien und den einzelnen Namen

- Ansehen 419, 595
- Bekanntheit 28, 586
- als Beruf 106, 421
- Nachwuchs 268
Politische Wissenschaften 156
Polizei 300, 303, 315, 508, XLV
- politischer Einfluß 219
- Meinung von - 316
- Widerstand gegen- 314
Pornographie 125
Populärwissenschaft 567
Portugal 69, 676
- Beziehungen zu Deutschland 596
Prädestination 123
Preisausschreiben 568
Preise 24, 261, 334 f., 362
Preisindex 6
Preiskontrolle 242
Preispolitik 375 f., 479, 521
Presse 218, 302
s. a. u. Zeitschriften, Zeitungen
Pressefreiheit 657
Prestige s. u. Ansehen
Prestige-Berufe 419
Privatleben 113, 376, 473
Professoren s. u. Hochschullehrer, Wissenschaftler
Prognosen, Wahl- 365
Progressiv 15
Protest 302, 524, 530
Protestanten 118 f., 128, 133
Psychologie 146, 156
Publizistik 156 s. a. u. Medien
Pünktlichkeit 85, XIV

Q

Qualitätsarbeit 593
Quiz-Sendungen 544, 548

R

Radfahren 72
Radikale, Radikalismus 24, 151, 193, 315, 581
- im öffentlichen Dienst 260, 262, 317, 335 f.
Radikalenerlaß 317
Radio s. u. Rundfunk
Radiohören 65
s. a. u. Rundfunk
Rapacki-Plan 204
Ratgeber 80, 499, 567, XXII
- Sendungen 544
Rationalisierung 398, 463, 517
Rauchen 16, 23 f., 50, 232
- Tabakkonsum 496 f.
- Verzicht, Verbot 55
Rauschgift s. u. Drogen
Recht 218, 304 ff.
- Rechtssicherheit 152

Rechts (politischer Standort) 219, 258, 290
Rechtsanwalt 320, 347, 419, 421
Rechtschreibung 27
Rechtskunde 146
Reformation 132 f.
Reformen 217, 252
Reformhaus 486
Regelstudienzeit 152
Regierung s. u. Bundesregierung
Reisen 8, 20, 64, 67 ff., 107, 112 f., 540
  s. a. u. Urlaub
– Art der – 68
– Häufigkeit 68, 70
– Information 540
– Vehikel 69, 510
– Ziele 69 f.
Reiseveranstalter 495
Reizklima 178 ff., 507
Religion 105, 113, 117 ff., 124, 127, XIII
– Erwartungen 122
– im Elternhaus 121
– überholt? 117
Religionsfreiheit 218
Renten 242, 254, 259, 261, 263, 334 f., 337, 359,
  363, 441, 678
– Altersversorgung Geschiedener 308
– Rentenalter 464, 468
Rentner 6, 109 ff., 407
– Krankenkassenbeitrag 171
Republik 27
Retorten-Baby 680
Revolution 217
Rheinland-Pfalz 3
Rhythmus 27
Richter 421
Risiko, Risikobereitschaft 516, 527
Roboter 591
Rohstoffe 581, 676
Rohstoffverknappung 534, 677
Roman 544, 563, 575, 578
Romanistik 156
Rüstung 242, 331, 334, 513, 638 ff.
  s. a. u. Abrüstung, NATO
– Einstellungen 638
– SALT II 641
– Vorleistungen 639
– Wettlauf 641
Rumänien 658
– Reiseziel 69
Rundfunk 112, 537 f., 541 ff., 558 ff.
– Glaubwürdigkeit 541
– Informationsquelle 537
– Meinungsbildung 538 f.
– Musik 559
– Reichweiten 560
– Werbung 560
Rundfunkgeräte 481, 592
Russe 190
Russische Sprache 36
Rußland s. u. Sowjetunion

S

Saarland 3
SALT II 641
Sammler, Sammlungen 66, 112
Sanktionen
– im Fall Afghanistan 654
– im Fall Polen 660
Satellit 27
Sauberkeit 85, 93, 179, 189, XIV
Seele, Pflanzen-, Tier- 124
Seelenwanderung 124
Segeln 72
Selbständig 6, 394 ff.
– Berufsbild 395
Selbständigmachen 20, 390 ff.
Selbstbedienungsladen 486
Selbstbeherrschung 16 ff., XI ff., XV
Selbstbeschreibung 11, 14, XXXIX
Selbstbestimmungsrecht
– der Deutschen 212
– der Palästinenser 651 f.
Selbsteinstufung 15, 151
Selbsthilfegruppen XXII
Selbstverwirklichung 432, XV, XXVII
Sexualmoral 229, XV
Sicherheit, äußere 209, 325 ff.
  s. a. u. Politik
– Vereinigtes Europa 604
– Vereinigte Staaten 619
Sicherheit, innere 314 ff.
  s. a. u. Politik, Polizei
Sicherheit, soziale 225, 581, 678
  s. a. u. Arbeitsplatz, Krankenversicherung,
  Renten, Sozialleistungen
Singen 25, 92
Sinn des Lebens s. u. Lebenssinn
Sitte 24, 56 ff.
Skandinavien 69
Skepsis 25, 675, 677
Skifahren 72
Soldaten 326, 419, 421, 581, 608
Sonderabgabe 406
Sonnenenergie 512, 518
Sonntag, sonntags 52, 59 f., 119
– Langeweile 64, XXXIII
Sonntagsfrage s. Parteipräferenz 298, 345
Sonntagszeitungen 562
Sorgen 22 f., 24, 54, 102, 164, 382, 451
  s. a. u. Angst
Sowjetunion 132, 330, 355, 582, 612, 614 f., 622,
  624, 626 f., 629, 642, 646 f.
  s. a. u. Abrüstung, NATO, Rüstung, Verteidi-
  gungspolitik
– Afghanistan 654 ff.
– Beziehungen zu Deutschland 596, 619, 621,
  625, 637, 656
– El Savador 662
– Gefahr 626
– Polen 657

– Reiseziel 69
– Sympathie 624
– Vereintes Europa 600
– Verständigungsbereitschaft 624
– Vorbild 155, 594
– Zukünftige Machtposition 681
Sowjetunion 211
Sozialdemokratische Partei Deutschlands
(SPD) 258 ff., 263, 265
s. a. u. Regierung, Wahlen
– Anhänger 298
– Ausrichtung von Fernsehsendungen 551
– Ausrichtung von Zeitschriften und Zeitungen 564
– einig oder zerstritten? 276
– einzelne Politiker 240 f., 256 f., 276 ff.
– Koalition 249 f.
– Nachfolger für H. Schmidt 278
– Nachwuchspolitiker 268
– politische Ziele im Vergleich mit H. Schmidt
242
– Problemlösungskompetenz 259 ff.
Soziale Sicherheit 225, 581, 678
s. a. u. Sozialleistungen
Sozialismus
– einführen? 226
– Fortschritt oder Gefahr 226
– Gegensatz zur Demokratie? 226
– verhindern 259, 261, 335, 349, 362
Sozialleistungen XXV
– Abbau verhindern 242
– Krankenversicherung 254, 386, 461, 581
– Mißbrauch verhindern 263
– Sparvorschläge 301, 337, 386, 461
– Verbesserung 398
– Vergleich mit anderen Ländern 581, 591
Soziologie 156
Sucht XLII
s. a. u. Alkohol, Drogen
Südafrika 155
Südamerika 609, 668
Süddeutsche Zeitung (SZ) 562 f., 564
Süßigkeiten 483
Supermarkt 394, 486, 569
Sympathie
– Amerikaner 606
– L. Breschnjew 626
– Carter 612
– Ehepaare, kinderlos/kinderreich 95
– England 582 f.
– Frankreich 589
– Italiener 589
– Japaner 590
– Kennedy 612
– NATO 635
– Reagan 612
– Russen 624
Sympathisant 152, 320 f., 586
SZ = Süddeutsche Zeitung

SCH

Schah-Regime 653
Schallplatten 540
– Hören 65, 538
– Kauf 482 f., 561
Scheidung s. u. Ehescheidung
Schicksal 118, 123
Schlaf 11, 16, 59, 164, XLV
– beim Fernsehen 553
Schlafmittel 164
Schlagermusik 544, 559
Schleswig-Holstein 3
Schnaps 53, 490
Schnellebigkeit 110
Schönheitspflege 483, 498, 540
Schokolade 51, 489
Schottland 69
Schreibweise 27
Schriftsteller 28, 32 f., 106, 185, 320, 419
Schulbildung 5 f.
Schule 38, 44 f., 104, 141 ff., 264
s. a. u. Berufsschule, Hochschule, Lehrer
– ausländische Kinder 176
– Begabtenförderung 143
– Einsparungen 301
– Hilfe bei Hausaufgaben 141
– Leistung oder Los? 143
– System 261
Schulden s. u. Staatsausgaben
Schwangerschaftsabbruch 131, 134, 310
Schwarzarbeit 460, 468
Schwarz-rot-gold, Bundesflagge 187
Schweden, Schwede 190, 588, 593
– Vorbild 155, 594
Schwedische Sprache 36
Schweiz, Schweizer 69, 202 f., 582
– Beziehungen zu Deutschland 594
– Vorbild 155, 594

SP

Spanien, Spanier 69, 73, 190, 676
– Beziehungen zu Deutschland 596
– Nationalstolz 597
Spanische Sprache 36 f.
Sparanlagen 480
Sparen 16 f., 93, 484 f., 501
– Benzin 509
– für eigenes Haus 47
– Tips fürs – 550
Sparmaßnahmen, staatliche
– Benzin 509
– Energieverbrauch 521 f.
– Vorschläge, Wünsche 254, 262, 301, 337, 363,
386
Sparsamkeit 78, 85, 93, 189, 389, XIII
Spazierengehen 65, 67

SPD = Sozialdemokratische Partei Deutschlands
SPIEGEL, Der 564
– Manifest zur Wiedervereinigung 204
Spielbanken 66
s. a. u. Glücksspiele, Lotterie
Spiele, spielen 65 f.
– Ball- 65
– Brett- 65
– Gesellschafts – 65, 92
– Glücks – 19, 65
– Karten – 65, 67, 92, 112
Spielzeug 62, 483, 592
Spirituosen 483
s. a. u. Alkoholkonsum
Sport 20, 63, 71 f., 484, 501, 544, 581, XII ff., XV
– Aktivitäten 16, 59, 65, 71 f., 92, 103, 105, 112, 678
– Förderung 301
– im Fernsehen 544
– Möglichkeiten 38, 44 f.
– Nachrichten 558, 563
– Veranstaltungsbesucher 53, 67, 72
– Vereinsmitgliedschaft 83
– Zeitschriften 566
Sprache 26 f.
Spracheinheit, deutsche 202
Sprachgemeinschaft 203 f.
Sprichwörter 18

ST

Staat 113, 181 ff., 374, 394
s. u. Bundesregierung, Bundestag, Deutschland, Nationalbewußtsein, Wirtschaft
Staatliches Beschäftigungsprogramm 459
Staatsausgaben 242, 382 ff., 386
– Industriehilfe 461
– Verschuldung 262, 284 f., 334 f., 359, 362 f., 382, 461
Staatsbürgerschaft der Deutschen Demokratischen Republik 212
Staatsform 119
– Demokratie als beste – 217
Staatsmänner 185, 191, 219 f.
Staatsoberhaupt 218
Stadt 42 ff., XXVII f.
s. a. u. einzelnen Namen
– im Vergleich zu Land 40
Stahlindustrie 377, 461
Stammtisch 82
Startbahn West 534
Steckenpferd 112
Sterbehilfe 125, 172
Stereoanlage 481, 592
Stereotypen
– Amerikaner 608
– Ausländische Arbeitnehmer 179
– Deutsche 584
– Engländer 584 f.
– Japaner 590
– kinderlose/kinderreiche Ehepaare 95
Stern, Zeitschrift 564
Steuererklärungen 387
Steuerlast 376, 385, 394, 437
Steuern 254, 267, 376, 382 ff.
– Erhöhungen 254, 386, 631
– Senkungen 261, 263, 459
– Verschwendung 301
Steuerreform 252
Stifterverband für die Deutsche Wissenschaft 169
Stiftung Volkswagenwerk 169
Stiftungen für die wissenschaftliche Forschung 161
s. a. u. einzelnen Namen
Stolz 185, 198, 433
Strafen
– Freiheitsstrafe 94
– Kinder 94
– Todesstrafe 312 f.
Straßenbau 383 f.
Streik 403, 657
Streit 77
Streß 21, 162, 412, 438, 581, XXXI
Strom, elektrischer s. u. Elektrizität
Studenten 6, 32, 152 f., 320, 407
– Verbindungen 153, 219
Studium 152, 335, 678
s. a. u. Hochschulen
– Numerus clausus 259
Stuttgart 41, 43, 45
– Reiseziel 70

T

Tabakkonsum s. u. Rauchen
Tätigkeiten, Mußebeschäftigungen 107
s. a. u. Freizeit, Hobby, Sport, Urlaub
– falls allein 104
– Familie gemeinsam 92
Tageszeitungen 562 f., 564
Tanzen 67, 72
Tarifauseinandersetzungen 403
Tarifverträge 461
Taschenbuch 573 f.
Taschenrechner 592
Technik 26, 444, 494, 501, 511 ff., 678, XVII, XXIV, XXX, XXXVII f.
– Assoziationen 512 f.
– Fernsehsendungen 544
– Fortschritt 229, 378, 516
– Segen oder Fluch 511, XXVIII
– Zeitungsberichte 563
Teilstaatbewußtsein 198 ff., 203
s. a. u. Deutsche Demokratische Republik

Terrorismus, Terroristen 259 ff., 311, 318 ff., 335, 552, 677
- Anti-Maßnahmen 322 f.
- Ende? 324
- Hungerstreik 311
- Staat bedroht? 321
- Verhalten des Staates 319
Testament, Altes und Neues 119 f., 645
Textilindustrie 403
Theater 44 f.
- Berichte 563
- Besuch 65, 67, 112, 482 f., 485
- im Fernsehen 544
Theologie 156
Tiefgekühltes 489
Tierfilme 544
Tischsitten 26, 121
  s. a. u. Manieren
Tod 122, 124, 172
Todesangst 679
Todesstrafe 312 f.
- Terroristen 320
Toleranz 79, 101 f., 108, 219
- der Ehepartner 86 f.
Tonband 540
Toto 19
  s. a. u. Glücksspiele
Tradition 26 f., 185, 198, 581
Tränen 578
Traum 20, 22, XL f.
Traumberufe 106
Trauung, standesamtliche 134
Treffpunkte 81
Trinken 50 ff., 232, 482, 490, 540
  s. a. u. Getränke
- Alkoholisches 53
- Festlichkeiten 52, 61
- Gewohnheiten 53
- Kalorienbewußt 50
Trinker 55
Trinkgeld 58
Trinkwasser 23, 533
  s. a. u. Umwelt, Wasserverschmutzung
Tschechoslowakei 69, 582, 658
Tüchtigkeit 85, 151, 188 f., 389, 590
Türken 176, 179
Tugenden, deutsche 189, XIII, XVII
- Jugend 101 f.
- Kindererziehung 93
Typologie 11 f., 14, 487

Umwelt 38, 259, 335, 678
- menschliche XXI, XXVIII, XXX
- oder Vererbung? 17
Umweltgefahren 23, 529
Umweltorganisationen 529
Umweltschutz 125, 261, 263, 267, 284, 336, 359, 550
- Aktiv 15, 20, 529, 532
- globales Problem 597
Umweltschutzpartei 292, 294
Umweltverschmutzung 24, 39, 378, 512, 591
Umweltzerstörung 514, 533
UNESCO 161
Ungarn 69, 658
Universität 44 f., 150 ff., 301, 678
  s. a. u. Akademiker, Hochschulen, Studenten
- Beurteilung 150
- Forschung 156 ff.
UNO 597, 629
Unordnung 77
Unsterblichkeit 124
Unterhaltung 81
  s. a. u. Gespräche
- Arbeit, Beruf 439
- Politik 340
Unterhaltungslektüre 538
Unterhaltungsmöglichkeiten 44 f.
Unterhaltungsmusik 438
Unternehmen s. u. Betriebe
Unternehmer 15, 185, 227, 242, 260, 336, 376, 388 ff.
- Ansehen 220, 388, 419
- Eigenschaften 389
- politischer Einfluß 219, 390
- soziale Einstellung 388
Unterschriftensammlung 530, 644
Untugenden, deutsche 189
- Jugend 101 f.
Urlaub 11, 61, 501, 540, XX
- Ausgaben 482, 484 f.
- Dauer 398, 419, 426, 464, 512
- Erholung 68
- Tips 540, 550
Urlaubsgeld 418
Urlaubsreisen 520
- Anzahl 68
- Gefährt 69, 506
- Kurzreisen 70
- Ziele 69 f., 550
USA s. u. Vereinigte Staaten von Amerika
Utopia 585

U

UdSSR s. u. Sowjetunion
Überkapazität 376 f.
Überproduktion 376 f.
Überstunden 412, 426, 473

V

Vater
  s. a. u. Eltern, Familie
- Anwesenheit bei Geburt seines Kindes 96
- Respektsperson 94

Vaterland 105, 183 ff., 198 ff.
Vaterunser, das 119
Verantwortung 26, 425
Verantwortungsbewußt 14, 389, 412, 426
Verantwortungslos 95
Verbraucher s. u. Ausgaben
Verbraucheraufklärung 495, 549
Verbraucherschutz 495
Verbrechen 23 f., 259 ff., 335, 337, 581, XXIX,
  XXXII
  s. a. u. Recht, Sicherheit, Terrorismus
– Bekämpfung 260
– Häufigkeit 314
– Nationalsozialismus 194 ff.
Verdienst s. u. Einkommen
Vereine, Vereinstätigkeit, -mitgliedschaft 35,
  83, 112, 219, XXVI
Vereinigte Staaten von Amerika (USA) 588,
  593 f., 606 ff., 633
– Abzug der Truppen 623, 676
– Afghanistan 654
– Beschreibung/Vorstellung 581
– Beziehungen zu Deutschland 242, 594, 596,
  614 ff., 619 f., 627, 630, 660
– Einsatz der Truppen 622
– Führungsrolle 609, 611, 681
– Geschäfte mit Sowjetunion 614
– Hilfe für Berlin 216, 622
– Lieferstop für Erdgasleitung 614
– Präsidenten 611 f.
– Schutzmacht 622 f.
– Stereotypen 608 f.
– Sympathie 606 f.
– Vorbild 155, 594
– Wertvorstellungen 610
– Zukunft 681
Vereinigte Staaten von Europa, Vereinigtes Eu-
  ropa 262, 264, 335 f., 598 f., 676
Vererbung 17
Verfassung s. u. Grundgesetz
Verfassungsschutz 316 f.
Vergangenheit 685 ff.
Verjährung von NS-Verbrechen 194 ff.
Verkehr 337, 500 ff., 509
– Behinderungen 507
– Verbindungen 38, 42 f.
Verkehrsmittel
– Eisenbahn 69
– Fahrrad 69
– Flugzeug 69
– Motorrad 69
– öffentliche – 337, 509
– Omnibus 64, 69
– Personenkraftwagen 69, 500 ff.
– Schiff 69
Verlobung 62
Verrat 245, 283, 360
Versandhaus 303, 487, 569
Verschwendung öffentlicher Gelder 301
Versicherungsunternehmen 303, 495, 540

Verstaatlichung
– Betriebe 242
– Gesundheitswesen 242
– Wirtschaft 227
Verteidigungspolitik 242, 264, 628 ff.
– Atomverzicht 634
– Ausgaben 301
– Kräfteverhältnis 628 f.
– Nachrüstung 632
– Steuermittelaufwand 631
Vertrauen 80, 107, XXVIII
– in Andersdenkende 108
Vertrauensfrage des Bundeskanzlers 253
Vertreibung 552 f.
Verwaltung 299 ff., 335 f.
– Sparsamkeit 263
Verwandte XXI
  s. a. u. Eltern, Familie
– Geschwister 91
– in der DDR 208
Video-Geräte 65, 540, 542, 592
Viermächteabkommen von 1972: 213
Viertes Gebot 120
Vietnam 552
Völkerrecht 665
Volksabstimmung 230, 236
Volkshochschule 44 f.
Volkskunst 185
Volksstücke, Aufführungen im Fernsehen 544
Volkswagenwerk, Stiftung 169
Volksweisheiten 18
Volkszählung 303
Vorbestrafte 79
Vorbilder 545
– andere Nationen für Bundesrepublik 155, 594
– Papst Johannes Paul II. 131
Vorgesetzte 145, 412, 420, 424 f.
– Beurteilung 425
– Frau als – 471
– Zufriedenheit mit – 424
Vorsätze, gute 16, 111, 113, XVII
Vorsorge, Alters- 540
Vorurteile 79, 118, 178 f., 394, 651

W

Wachstum, wirtschaftliches 378 f., 684, 686
Währungsreform 383
Waffenlieferungen 650, 662
Waffensysteme, neue 512
Wahlalter 344
Wahlen s. u. Bundestagswahlen
Wahlprognosen 365 ff.
  s. a. u. Bundestagswahlen
Waldsterben 533
Wandern 67, 92, 112
Warentest 540
Warschauer Pakt 208, 629

Wasserverschmutzung 24
  s. a. u. Trinkwasser, Umwelt
Wechselwähler 219, 364
Wehrdienst oder Ersatzdienst? 327
– zur Zeit im Zivildienst 148
Wehrdienstverweigerung 219, 221, 242, 327 f.,
  332 f.
– Ansehen der Wehrdienstverweigerer 327
– Recht auf Widerstand 314
– Zivildienstdauer 327
Wehrmacht 326
Wehrpflicht für Frauen 326
Weihnachten 61, 119
Wein 53 f., 490
Weiterbildung s. Bildung, Fortbildung
Welternährung 597
Weltkarte 662
Weltkrieg
  s. a. u. Krieg
– Erster – 647
– künftige Möglichkeit 683
– Zweiter – 651
Weltläufigkeit 188
Weltmachtposition 609, 617, 625
– im Jahr 2000 681
– in fünfzig Jahren 681
Weltregierung 601
Weltuntergang 123
Weltwirtschaft 376 f., 597
Werbung 125, 303, 545, 568
– Fernsehsendungen 545, 555
– für politische Partei 342
– Rundfunk 560
– Zeitschriften, Zeitungen 563, 568
Werte, Wertvorstellungen 105, 110, 113, 119,
  XXIX
  s. a. u. Tugenden
– amerikanische/deutsche 610, 618
– Ehe 88
– Erziehung 93, XIV
– ethische 122, 136
– Familie 96
– Jugend 101 f., 105
– Männer, Frauen 85
– Mitmenschen 78
– zeitgemäße 118 f.
Wertewandel 113, 494
West-Berlin s. u. Berlin
Westdeutschland 211
Western 544, 552
Wettbewerb 376 f., 591 f., 677
Wetterbeeinflussung 517
Widerstand
– im Dritten Reich 192
– Recht auf – 221, 314
Wiedervereinigung 197 ff., 262, 264, 334 f.
– Europäische Gemeinschaft 605
– Friedenssicherung 216
– Hoffnung 209
– Möglichkeit 209, 588

Windenergie 512, 518
Wirtschaft 220, 371 ff., 591, 593
  s. a. u. Preispolitik, Wirtschaftspolitik, Wirt-
  schaftswachstum
– allgemeine Lage 371, 384, 587
– Krise 374, 376
– persönliche Lage 95, 371, 475, 587, 674
– staatliche Maßnahmen 374, 376
– vermutliche Entwicklung 373
Wirtschaftshilfe
– Entwicklungsländer 666 f.
– Polen 658
Wirtschaftsnachrichten 558, 563 f.
Wirtschaftspolitik
– Einverständnis 248
– Marktwirtschaft oder Staatswirtschaft 227,
  374
– Problemlösungskompetenzen der Parteien
  260 f.
Wirtschaftsprognose 673
Wirtschaftswachstum 372 ff., 378 ff., 514, 671,
  XXXI
Wirtschaftswissenschaft 146, 156
Wissen, Können 26 ff., 113
Wissenschaft 118
– Fernsehsendungen 544
– Lebensverlängerung 679
– populäre – 567
– Stand der – 601
– Zeitungsartikel 563
Wissenschaften, einzelne Fächer 156
  s. a. u. Hochschule, Universität
Wissenschaftler 28, 517, 526, 679
– politischer Einfluß 219
Wochenendausflug 70
Wochenende 11, XXXIX f.
Wochenzeitungen 562, 564
Wohlfahrtsstaat 678
Wohlfahrtsverbände 169, 173 f.
Wohltätigkeit 173 ff.
  s. a. u. Hilfeleistungen
Wohnen, Wohnort 38 ff., 42 ff.
– Verbundenheit 39
– Wichtiges am Wohnort 38
Wohngeld 254
Wohnsitz im Bundesland 3
Wohnung 76
– Ausstattung 379, 481 f., 484 f., 540
– Besitz/Erwerb 46, 113, 379, 482
– Größe 46 f.
– Wohnzimmermöbel 48 f.
Wohnungsnot 261
Wohnungspolitik 263, 359, 383
Wohnungssuche 47, 95
Wort-Assoziation 26 f., 378, 512 f., 515
Wünsche, persönliche 107

Z

Zahnarztbesuch 164
ZDF 545
- politische und wirtschaftliche Magazine 551
- Werbefunk 560
Zehn Gebote 120, 137
Zeitablauf 688
Zeit haben 21
Zeitgefühl 25, 110, 685, 688, XI
- historisches – 187, 190
- Zeitdruck 412, 438
Zeitgeschichte
- im Film 551
- in der Literatur 572
Zeitung, Zeitschriften 38, 65, 438, 537 f., 541, 562
- Glaubwürdigkeit 541
- Informationsquelle 253, 537, 662
- Interessengebiete 563
- Kauf 485, 561
- Leserschaft-Experten 567
- Nutzungsintensität 563
- Meinungsbildung 538 f.
- politische Ausrichtung 564
- verschiedene Gattungen 567 f.
Zeitvertreib 65
  s. a. u. Freizeitbeschäftigungen
Zentralismus 237
Zigaretten 496 f.

Zigarren 496 f.
Zinsen 376, 387
Zivilcourage 219
Zivildienst 327
  s. a. u. Wehrdienstverweigerung
Zivilisation 27, XXXIV
Zivilschutz 634
Zölibat 131
Zufriedenheit XXXII
- Arbeit, Beruf 426 f.
- persönliche 7, 46, 88, 475, 493
- Verhältnisse in der Bundesrepublik 154, 217
Zufriedenheit und Geld 393
Zuhausesein 11
Zone, die 211
Zukunft 513, 524, 534, 581, XXXVIII
  s. a. u. Fortschritt
- Lebensverhältnisse 478, 682 f., 684 f.
- Menschheit 105
- Sorgen 22, 378, 382
- Weltmächte 681
Zwangsernährung 311
Zwangsumtausch 209
  s. a. u. Deutscher Demokratischer Republik
Zwanzigster Juli 1944
- Attentat auf Hitler 192
Zweiter Weltkrieg 651
Zweitstimme s. Bundestagswahl
Zweitwagen 503
  s. a. u. Auto

K·G·Saur München·New York·London·Paris

K·G·Saur Verlag KG · Postfach 711009 · 8000 München 71 · Tel. (089) 798901